児玉源太郎

長南政義
CHONAN Masayoshi

作品社

はじめに

人は一代なるも、事業は一代にして絶えざるを銘記せよ
——「平時の予言的改革者」

帝国の興廃はこの一戦によって岐れる

明治三十八年（一九〇五年）三月一日頃の早朝、烟台にある満洲軍総司令部の屋外に立ち、東天から昇る旭日に向かって一心に祈りをささげる男がいた。その祈りは、日露戦争の「関ヶ原」（満洲軍総司令官大山巌の訓示）である奉天会戦の総攻撃開始を控えてのものだった。[1]

その男の名は、児玉源太郎。

明治期の陸軍大将である児玉源太郎（一八五二年～一九〇六年）の名前は、彼が満洲軍総参謀長として作戦を指導した日露戦争の戦勝の栄光と不可分に結びついている。

児玉の傍らには、彼の長男である秀雄が立っていた。大蔵書記官である秀雄は、戦後の満洲経営を視野に入れた満洲における財政調査のため、大本営御用掛の資格で同地に派遣されていたのである。[2]やがて祈りを終えた児玉は、秀雄に向かい次のように述べた。

「いよいよ奉天総攻撃を開始することになった。帝国の興廃はこの一戦によって岐《わか》るるのである。自分は従来人事を尽して戦勝を期していたが、今や天命を待つよりほかには仕方がないと思うている。お前はすみやかにこの地を去って遼陽に赴き、静かに戦局の発展を待つがよろしい」[3]。

この発言は、明治国家の興廃を双肩に担う児玉の苦悩を剔出《てきしゅつ》したような一言であった。児玉は、日露戦争の政略目標を奉天に設定し、奉天会戦の戦勝を利用して、有利な講和条件でこの戦争を終結に導くべきだと考えており、それが「帝国の興廃はこの一戦によって岐るる」という発言となって現出したのである。プロイセンの軍人クラウゼヴィッツは『戦争論』において、「戦争は政治の道具である」と述べたが、児玉は奉天会戦の軍事的勝利を政略（政治）的勝利に連結させようと考えたのだ。[4]

そのため、児玉・松川敏胤（満洲軍作戦主任参謀）ラインで立案された奉天会戦の作戦計画は、人事を尽くし巧緻を極めたものとなった。

作戦の目的は沙河右岸（渾河左岸）で敵を包囲殲滅し奉天を占領することにあり、機動方式は第二軍左翼と第三軍

とをもって敵右翼を包囲する方法が採用された。しかも包囲作戦は、遼陽会戦の経験から側背に対する感受性の強いロシア満洲軍総司令官クロパトキンの心理的弱点を見抜いた児玉・松川が「迂回するものは能く迂回せらる」という当時の兵学界の戦理に反し、「迂回するものは敵に迂回せられずして能く迂回す」という信念に基づき採用したものであった。[▼5]

作戦の鍵は、渾河右岸を奉天方面に向けて前進し敵側背を衝く任務を与えられた第三軍の包翼運動にあった。そのため、児玉は、第三軍の行動を徹底して秘匿・欺騙する措置を講じた。第一に、第三軍を第二軍のやや左後方に置いてロシア軍の眼から隠した。第二に、第三軍の前進開始前に、鴨緑江軍と第一軍にロシア軍左翼を脅威させてロシア軍予備兵力を同方面に牽き付けた。第三に、第三軍の運動を秘匿する目的で、第一・第四・第二軍に敵戦線に対する砲撃を行なわせたのだ。[▼6]

この作戦計画からは児玉・松川の用兵思想の特徴を見て取ることができる。戦場での軍事的勝利を政略的勝利獲得のための手段として利用しようとする戦略的発想、主動性を確保するために戦力劣勢にもかかわらず攻勢作戦を採用した積極主動的な態度、側背に対し敏感なクロパトキンの性格的弱点を衝く包囲作戦の採用、秘匿・欺騙措置を利用して敵の予期しない方向から打撃を加えようとしたこと（奇襲の追求）などがそれだ。

「平時における飽くなき予言的改革者」

だが、日露戦争における満洲軍総参謀長としての活躍から、帷幄の中で籌策を運らせる天才的作戦家というイメージが強い児玉であるが、日清戦争後のある時期までの児玉は、帷幄の参謀や野戦攻城の部隊指揮官というよりも、軍人の多くが苦手とする軍事行政手腕を持った「軍政指導者」ないしは「軍服を着けた政治家」として一般に知られていた。[▼7]

実際、日露戦争以前の児玉は、軍制改革、軍隊教育、軍政、植民地統治など多くの分野で成功を収めている。たとえば、児玉は、臨時陸軍制度審査委員長として軍制改革を推進し、陸軍大学校幹事・校長として実践的参謀教育やドイツ兵学導入に尽力し、陸軍次官として日清戦争時の後方支援業務や平時の戦後軍備拡張で功績を挙げ、台湾総督として難治の地、台湾統治の基礎を築き台湾経営を軌道に乗せた。そして、児玉は、満洲軍総参謀長として、自らが改革や整備に携わった軍隊と、松川をはじめとする自身が育成した参謀を使い日露戦争を勝利に導くと共に、満洲経営委員会委員長として戦後の満洲経営の基礎を造ったのである。

児玉は、「人は一代なるも、事業は一代にして絶へさる」ことを銘記せよ、との名言を残しているが、児玉の生涯はまさに自身のこの発言を体現した一生であったといえよう。[8]

このように、多くの分野で成功を収めた児玉であるが、戦争・作戦指導と並び児玉が特に卓越した才能を示したのが「平時の予言的改革者」としての側面である。どんなに優れた組織や制度であっても、時代の趨勢の変化に応じた改革を行なわなければ、やがて制度疲労を起こしてしまう。そのため、軍や政治の指導者は、次の時代の戦争や社会の形態を精確に予測し、潮流の変化に先駆けて次の時代の様相に適合するように組織や制度を改革し続けなければならない。その意味で、軍や政治の指導者は予言的改革者でなければならないのであるが、児玉は予言的改革者として卓越した才能を発揮したのだ。

詳細は後述するとして、ここでは軍事指導者としての「平時の予言的改革者」の側面を簡単に紹介しておこう。軍事の世界では、戦争の本質は変化しないが、その性格は時代により変化するといわれる。つまり、各時代には各時代に応じた戦争の文法が存在するのだ。[9] そのため、軍事指導者は、過去の戦勝に酔うことなく、次の時代の戦争の様相を鋭敏に洞察して、将来の戦争に適合するように、軍事システム全般（組織・編成・ドクトリン・兵器体系など）を絶えず改革し続けなければならない。しかも、軍事指導者には、ただ将来の戦争像を洞察するにとどまらず、将来の戦争像に基づく改革策を政策として実現化するために必要な決断力・政策実現力・調整力が求められる。

児玉は、臨時陸軍制度審査委員長や陸軍大学校校長として、軍制改革やドイツ兵学の導入などに関与し陸軍近代化に尽力したにとどまらず、日清戦争後には陸軍大臣として次の戦争では強固な野戦陣地攻略や要塞攻略の必要が生じると精確に洞察し攻城砲兵隊（野戦重砲兵隊）の編成などに努めると共に、日露戦争後には参謀総長に就任して、日露戦争の経験を踏まえた将来の戦争像予測に基づき、国家戦略に吻合した統合的陸海軍戦略に基づく軍備整備や参謀本部の組織改正の必要性などを主張した。まさに児玉は、「平時における飽くなき予言的改革者」であったのだ。

本書は、このように多面的才能を持つ児玉の生涯を、近年公開されたばかりの「児玉源太郎関係文書」を含む新史料を駆使して、通説を再検証しつつ、軍事学・戦史的視点を中心に描くものである。

▼1　大山の訓示については、沼田多稼蔵『日露陸戦新史』（芙蓉書房、一九八〇年）一八七頁。日時は、児玉秀雄「児玉源

太郎」犬養健ほか『父の映像』（筑摩書房、一九八八年）一三五頁。なお、秀雄は、「三月五日頃」のこととするが、①総攻撃開始が三月一日であること、②秀雄が三月二日に遼陽にいたことから、三月一日頃のことと推定した。

▼2 秀雄の任務については、「満大日記　明治三十八年四月　上」(JACAR（アジア歴史資料センター）Ref.C03027942500・陸軍省-陸満普大日記-M38-8-30・防衛省防衛研究所戦史研究センター所蔵)。

▼3 児玉秀雄「児玉源太郎」犬養健ほか『父の映像』（筑摩書房、一九八八年）一三五頁。

▼4 以上、「日露講和締結に満足する覚書」児玉源太郎関係文書編集委員会編『児玉源太郎関係文書』（尚友倶楽部、二〇一四年）二五四頁。カール・フォン・クラウゼヴィッツ『戦争論　レクラム版』（芙蓉書房出版、二〇〇一年）三三七頁。

▼5 沼田多稼蔵『日露陸戦新史』一七五～一七六、一七九～一八〇頁、谷寿夫『機密日露戦史』（原書房、一九六六年）五三一、五五〇～五五一頁、四手井綱正「日露戦史講授録第二篇（奉天会戦に於ける第三軍の包翼）」（陸軍大学校、一九四二年）二〇～二三頁。

▼6 秘匿措置については、参謀本部編『明治三十七八年日露戦史』第八巻附図（東京偕行社、一九一五年）第五、谷寿夫『機密日露戦史』五三七～五三八頁。

▼7 天才的作戦家のイメージは、司馬遼太郎『坂の上の雲』四（文庫新装版、文藝春秋、一九九九年）一四～一五頁、『坂の上の雲』三、文庫新装版、一七〇～一七二頁。「軍政指導者」、「軍服を着けた政治家」は、鳥谷部春汀「児玉台湾総督」『春汀全集』第二巻（博文館、一九〇九年）一三〇～一三五頁。

▼8 台湾総督府陸軍幕僚『台湾総督府陸軍幕僚歴史草案』第二巻（川口喜三男、二〇〇四年）一一八〇頁。

▼9 カール・フォン・クラウゼヴィッツ『戦争論　レクラム版』三一九～三二一頁。

児玉源太郎　目次

はじめに　*i*
帝国の興廃はこの一戦によって岐れる／「平時における飽くなき予言的改革者」
児玉家略系図　*xx*

序章　明治天皇の御沙汰書……3
七十年ぶりに陽光を浴びた石像／明治天皇の悼惜／本書の目的

第一部　萬里南を鎮めて快哉を叫ばん

第一章　四十二の二つ児……11
1、生誕と家系　*11*
詩筵を賑わす男児出生の報／家系
2、父と義兄の死　*12*
父の悶死と浅見巌之丞の入婿／源太郎の教育／執政富山源次郎暗殺失敗と次郎彦の死
3、落魄と復興　*17*
家名断絶と報仇雪恨の教え／藩論転換と家名復興

第二章　河東の精兵……20
1、初陣　*20*

献功隊／敗戦で幕を開けた児玉の戦歴

2、教導隊でのフランス式歩兵学修行 22

将校速成教育と大村益次郎の死／児玉が受けたのは純粋な下士官教育か？／仮病事件／脱隊騒動に出陣／山田顕義による抜擢

第三章 憤涙、雨の如く滴る……29

1、任官と大阪鎮台での部隊勤務 29

任官――将校昇進は異例の出世なのか？／近代軍建設／大阪鎮台在勤時代――貼紙事件／任務の趣旨に基づく独断専行／食客から知識を吸収する／友人山田穎太郎との芸者遊び

2、戦傷 33

佐賀の乱／通説に対する疑問／石黒忠悳との出会いと野津鎮雄の知遇／憤涙、雨の如く滴る

第四章 児玉参謀は健在なるや……39

1、結婚と熊本鎮台での新生活 39

結婚・昇進・母の死／琉球出張と熊本鎮台幹部との交友

2、敬神党の乱 41

敬神党挙兵／鎮台の反撃／児玉による迅速な対応／隣県への叛乱波及を未然に防ぐ／「児玉参謀は健在なるや」の真偽／なぜ児玉が指揮権を継承したのか？／反撃を組織したのは児玉か？――通説の誤り／関係者からの評価

第五章 妖気地を捲き山河を蔽う……50

1、熊本城攻防戦　50
政府へ尋問の廉これあり／熊本鎮台籠城策に決す／政府軍は加藤清正の築城で勝利したのか？／天守炎上／児玉が放火したのか？——有力説に対する疑問／籠城中の問題をどう解決したのか？／高まる城内の不安／児玉、抛擲弾を発明する／突囲隊の出撃／児玉にとっての熊本城攻防戦の意義
2、豊後・日向方面での戦い　61
速やかに鹿児島を突かざるべからず／児玉は遊撃戦を戦い治安対策に精通したのか？／幕僚勤務とは？／奇兵隊の豊後進入／児玉提案の可否——通説の再検討／児玉の甘い作戦見通し／赤松峠・陸地峠の戦い／攻撃成功に寄与した児玉の前線偵察／西南戦争終結／児玉の軍歴は無傷だったのか？／児玉と乃木の交代問題／旭旗再び勝山城を照らす

第六章　東京鎮台第一等の連隊……71
1、近衛局での勤務と山県有朋からの評価　71
西南戦争の勲功調査と竹橋事件の事後処理／児玉は自主的に待罪書を提出したのか？／近衛局時代の履歴をめぐる謎と山県有朋の評価
2、歩兵第二連隊長　74
歩兵第二連隊長に就任／酒席での児玉／木鼠《りす》連隊長／明治十三年・十四年の検閲報告／乃木第一連隊との対抗演習／演習場での児玉のリーダーシップ／将校の学術力不足を嘆く／東京鎮台「第一等」の連隊／日本一の連隊長／行政や法律への関心を高める

第七章　陸軍の児玉か、児玉の陸軍か……83

1、参謀本部第一局長 83
参謀本部に入る／児玉の島嶼防衛計画／フランス語研究／メッケル少佐との邂逅
2、軍制改革への関与 86
臨時陸軍制度審査委員長／審査委員としての児玉／軍制改革における児玉の功績／陸軍紛議と児玉／月曜会解散
3、軍事教育への関与 92
陸軍大学校幹事・校長として／監軍部参謀長に就任／破産の危機
4、市谷薬王寺前町での私生活 95
市谷薬王寺前町／無人の兵を使う——児玉と禅
第八章 ドイツ軍隊の骨髄は国境の軍隊にあり……98
1、ドイツ視察 98
船中奇談／パリ到着／「兵隊町」マインツでの衝撃／ベルリンでの憂鬱
2、ロシア訪問 102
ロシアの軍学校を視察する／皇室と軍人との関係／ロシアの南侵策は宗祖の遺伝なり／マインツでの生活／将校の智勇が戦争の勝敗を決する／クルップ製鉄所視察と官営製鉄所への関心／駐仏公使野村靖との密談／突然の帰国
第九章 陸軍省は即ち児玉なり……108
1、陸軍次官 108

陸軍次官就任の経緯／着任当時の陸軍省／士官学校長人事に関与する／陸軍次官としてのリーダーシップ／政党や他省庁との折衝の手腕／有能な官僚との出会い／鉄道会議議員として／国土防衛作戦計画策定への関与

2、日清戦争と児玉 115

日清戦争開戦／児玉による開戦準備／日清戦争における児玉の役割／児玉と後方支援業務／戦略策定・作戦指導への関与／政戦略の一致を考える／児玉と山県／川上は児玉の意見を煙たがったのか？／拒否された児玉の戦時抜擢／後藤新平との出会い／馬車馬のように検疫を実行せよ／後藤による賛辞

3、児玉と戦後経営 127

児玉と軍備拡張計画／日清戦争の論功行賞／脳卒中で倒れる／大隈重信の回想／乃木を説得する／台湾総督候補に名前が挙がる／児玉ケーブル／威海衛視察

4、児玉は統帥権改革を企図していたのか？ 136

軍政と軍機軍令の境界の明確化を提議する／帷幄上奏権強化の動きを承認する／伊藤博文の激怒

第十章 我が断案所信を貫くべし……141

1、台湾総督の権限と人事 141

台湾総督の権限／台湾を熟知していた児玉／三人鼎足の台湾統治――民政長官人事／後藤との衝突を危ぶまれる／児玉を支えた陸軍軍人――陸軍人事

2、統治方針と統治課題 145

統治の方針は無方針／施政方針と台湾経営構想／統治課題

3、**文武の権限を明確化して軍部を抑える** *147*

清涼館での活劇／台湾総督府評議会官制を改革する／成功の理由――他を圧する軍事行政能力と断固たる意志／立見尚文は更迭されたのか？／あるべき将校像を説く

4、**行政の大リストラ** *152*

地方行政の大整理／明治三十四年の行政改革／官僚の待遇改善と制服制定／轟々たる批判の中で貫いた所信

5、**土匪政策と「油さし政治」** *154*

忘れられた植民地戦争／三段警備法の廃止／土匪観の大転換／人心の向背は討伐方法次第／恩威並行の土匪平定策／土匪招降策の展開／中部情勢を一変させた劉徳杓釈放／土匪招降策成功の要因／警察力強化と保甲制度／児玉の武力鎮圧方針／土匪の完全平定／理蕃政策／「人心を治めること、これが政治である」／威厳ある有徳者を演じる／台湾人名望家の支持を調達する／地方信仰の保護／土匪平定成功の要因

6、**産業開発と財政独立** *167*

財政二十年計画とインフラ整備／君の理想論が聞きたい／児玉の決断と財政独立の達成

7、**厦門事件と対岸政策** *170*

厦門は東洋のスエズである／児玉は清国の警官にあらず／北清事変勃発／児玉の意図／児玉の焦慮／夜空にあがる怪火／頬を伝う熱涙／明治天皇の慰留／恵州起義と児玉／経済中心の対岸経営

8、台湾総督としてのリーダーシップ 177
児玉の統治手法／科学技術力による社会統合／権限委譲と卓越した統率力／果断と調整力／台湾総督の一日／南清政策・台湾統治の手段としての仏教

第十一章　悪戯好きの洗練された紳士……185
1、児玉の外見と性格 185
その相貌／電光の如き鋭敏さ／その性格——悪戯好きと涙もろさ
2、人脈 188
政策実現を助けた人脈／怪人・杉山茂丸との交流
3、趣味と日常生活 190
趣味と嗜好／日常生活
4、郷里徳山と児玉 193
別荘に見る人間性／児玉文庫／海軍煉炭製造所の徳山誘致
5、父としての児玉 195
子煩悩な子福者／秀雄への訓誡と助言

第二部　戦血山野を染めて総て荒涼中に在り

第十二章　軍備充実と軍政刷新——軍制大改革……201
1、陸軍大臣就任と省内人事 201

大臣就任の経緯と主要人事／児玉人事の特徴／陸軍の欠陥

2、「政治家」児玉の誕生　203

閣内対立を調整する／後継首相選定に関与する／明治天皇の薄い信任

3、陸軍大臣としてのリーダーシップ　205

組織を活性化させた児玉流の執務スタイル／不祥事に「神速」に対処せよ／第五連隊遭難事件での迅速な対応／軍紀粛正問題と馬蹄銀事件

4、陸軍大臣としての児玉の施策　208

児玉による軍制大改革／「陸軍省文官組織化」論という名の幻／児玉の「軍備充実」案／児玉の「軍政刷新」構想／陸海軍一致のために／会計経理制度の大改革／児玉による軍制改革の特徴／軍制改革に見る児玉の用兵思想

5、数度にわたる辞表の提出　213

台湾行政改革をめぐる混乱／再度の辞表提出

6、陸軍大臣辞任　215

児玉は帷幄上奏権縮小を企図したのか？／台湾守備隊削減をめぐる意見対立／守備隊削減反対の中心人物／対立の背景／大山・寺内と児玉の関係

第十三章　大鉈を揮って削るべし……220

1、伊藤への絶交宣言と外遊中止　220

政党との調停に努める／伊藤博文に絶交を宣言する／大租権整理／桂の政治手腕に対する不満／

南アフリカ・欧米視察と突然の外遊中止
2、内務大臣としての政策とリーダーシップ 224
三顕職を兼勤する／内務官僚による適格審査／実行を要求した大臣訓示／「立憲的政治家」として警察の選挙干渉を諫める／内務大臣としてのリーダーシップ／内務大臣としての理想と政策／府県半減案とその挫折／市電事業統一と社会政策
3、失敗に終わった大鉈整理 229
文部省廃止構想とその挫折／陸軍幼年学校廃止構想の挫折／大鉈整理失敗の理由

第十四章　名利は糞土の如し

第十四章　名利は糞土の如し……232
1、対露交渉始まる 232
対露関係の緊迫化／対露交渉の開始
2、参謀本部次長就任と降格人事説の誤り 233
田村怡与造の急死／参謀本部次長就任の経緯と就任快諾の理由／降格人事説の誤り／参謀本部改革説の誤り／参謀本部次長就任の意義／部内人事と児玉の人材網羅主義
3、児玉の早期開戦論 238
現実主義者児玉の早期開戦論／財界の協力を得て世論を喚起する
4、陸海軍間の作戦調整に尽力する 240
陸海軍円滑化の立役者児玉源太郎／「対露作戦計画」の策定と臨時派遣隊／児玉の妥協と海軍の違約／陸海軍協同一致のため戦時大本営条例を改正する

第十五章　初戦の結果は全局の成敗に関する……245

1、児玉の戦争指導方針　245

開戦当初の作戦方針／児玉の戦争指導構想／児玉構想の軍事学的意義

2、鴨緑江の戦い　251

初戦に必勝を期す／初戦の勝利と児玉の歓喜

3、第二軍上陸作戦　253

困難な上陸作戦／苦境でも揺るがぬ決心／独立第十師団上陸地をめぐる寺内との対立

4、満洲軍総司令部の編成　255

児玉の大本営分置論／寺内の反対／山県の中間高等司令部案と児玉の激怒／明治天皇の調停／第三軍指揮系統をめぐる対立／児玉・寺内間に残された感情のしこり／山県・寺内構想の挫折

5、絶妙な人事　258

大山はなぜ総参謀長に児玉を起用したのか？／総参謀長であることのメリット／大将昇進を喜ばず／戦争の長期化を覚悟する／第二軍に前進を督促する

第十六章　諸君の意見は国家の意見なり……262

1、第一回旅順総攻撃の失敗　262

旅順攻略決定の経緯／戦略予備をめぐる論争／第一回旅順総攻撃失敗をめぐる論点

2、遼陽会戦　266

児玉の執務スタイルと役割／児玉の大英断／遼陽会戦の作戦計画／第二陣地をめぐる判断ミス／惜しまれるミス／遼陽陥落／外国人観戦員退去問題

第十七章　実は厠に隠れ居たりしなり……275

1、第一回旅順行　275
二十八サンチ榴弾砲の投入／児玉の旅順視察とその意義

2、沙河会戦　277
児玉の不決断／羅大台会議／失敗した児玉の作戦／変化した戦争の様相／戦血山野を染める／便所に籠もり言い訳を考える／児玉の師団長・旅団長評価

3、第二回総攻撃失敗と二〇三高地論争　284
一点突破案か広正面案か／軍司令部改造論の出現／主攻論争と海軍への抗議／満洲軍と第三軍の対立

第十八章　親友乃木と会い、軍に忠告せん……291

1、第二回旅順行　291
二〇三高地奪取の失敗／遺書を書き旅順へ向かう／児玉と乃木の会談

2、二〇三高地攻撃と児玉　294
児玉の激怒／児玉は二〇三高地攻めで何をしたのか？／児玉の役割をどう評価すべきか？／児玉の提案／乃木更迭論

2、満洲軍の危機　301

児玉の敵情判断ミス
3、鴨緑江軍新設をめぐる大本営との対立 302
鴨緑江軍編成問題／陣中での児玉／観戦武官への配慮

第十九章　万難を排して奉天東北に進出せよ……305
1、奉天会戦の作戦計画と問題点 305
作戦計画／兵力部署の不徹底
2、児玉の作戦指導 308
第三軍の前進は緩慢だったのか？／殲滅の好機を逸した停止命令／遅きに失した前進督促／長蛇を逸する／児玉による奉天会戦評価

第二十章　戦争をやめる技倆……314
1、児玉の戦争終末戦略 314
現実主義的思考に立脚した講和論／講和不成立の場合の作戦構想
2、政府首脳の意見を講和でまとめる 318
大山・児玉主導で始まった講和への動き／一時帰国
3、講和期の軍事作戦 321
桂の馬鹿が／政治攻勢の一端としての軍事攻勢／敵国皇帝の心理的弱点を衝く／講和期における児玉
4、二度と戦はすまいもの 323

交渉方法への批判／軟派との批判に満足する／平和克服後の社会政策の必要を説く／内政外交の刷新を説く／戦争指導者としての児玉――三つの位相の統合者／児玉は天才的戦術家か？

第二十一章　突飛新式の果断家の終焉……330

1、児玉内閣構想と統監府官制四条問題　330

内閣組織の意思なし／伊藤博文の児玉内閣構想？／統監府官制四条問題と児玉

2、満洲・韓国経営構想　332

文官総督構想と関東州民政署の設置／「満洲経営策梗概」／断ずること神の如し／満鉄総裁人事／児玉の満洲経営案／児玉の満韓一体経営論／満洲経営方針をめぐる伊藤博文との対立

3、軍備整備構想　337

参謀総長に就任する／軍制改革をめぐる寺内との対立／軍備整備をめぐる山県との対立／軍制改革案の基本思想／児玉の軍備整備案／戦闘力とは兵力数にあらず／参謀本部の組織改正と省部間の権限整理／国家戦略に吻合した「帝国」作戦計画に基づく軍備整備／統帥権改革説への疑問／終焉／山県による挽歌

終章　児玉源太郎とは？――窮境に勝機を識る男……347

政治家・行政長官・軍政指導者としての児玉／軍事・作戦指導者としての児玉――「予言的改革者」

註（本文）　354

主要参考文献一覧　402／附表1・2　416／児玉源太郎年譜　420

凡例

一、史料を引用する際は、読みやすさを考慮して、旧漢字や異体字を新漢字に、変体仮名やカタカナをひらがなに改め、句読点・濁点を補ったり、句読点の位置を変更したりするなどの修正を行なった。なお、引用文中の〔 〕内は著者による補注である。

一、人名には適宜ルビを振った。読み方については、各種事典や『陸軍現役将校同相当官実役停年名簿』などを参考にした。だが、寺内正毅の「正毅」（まさたけ・まさたか・まさかた）のように、読み方が定まっていないものも多く、本書の読み方が確定的というわけではない。

一、文官が武官職を併有する場合、「兼」（兼任）と書くのは不正確であるが、わかりやすさを考慮して、「兼」（兼任）と記す場合もある。（例）台湾総督兼参謀本部次長。

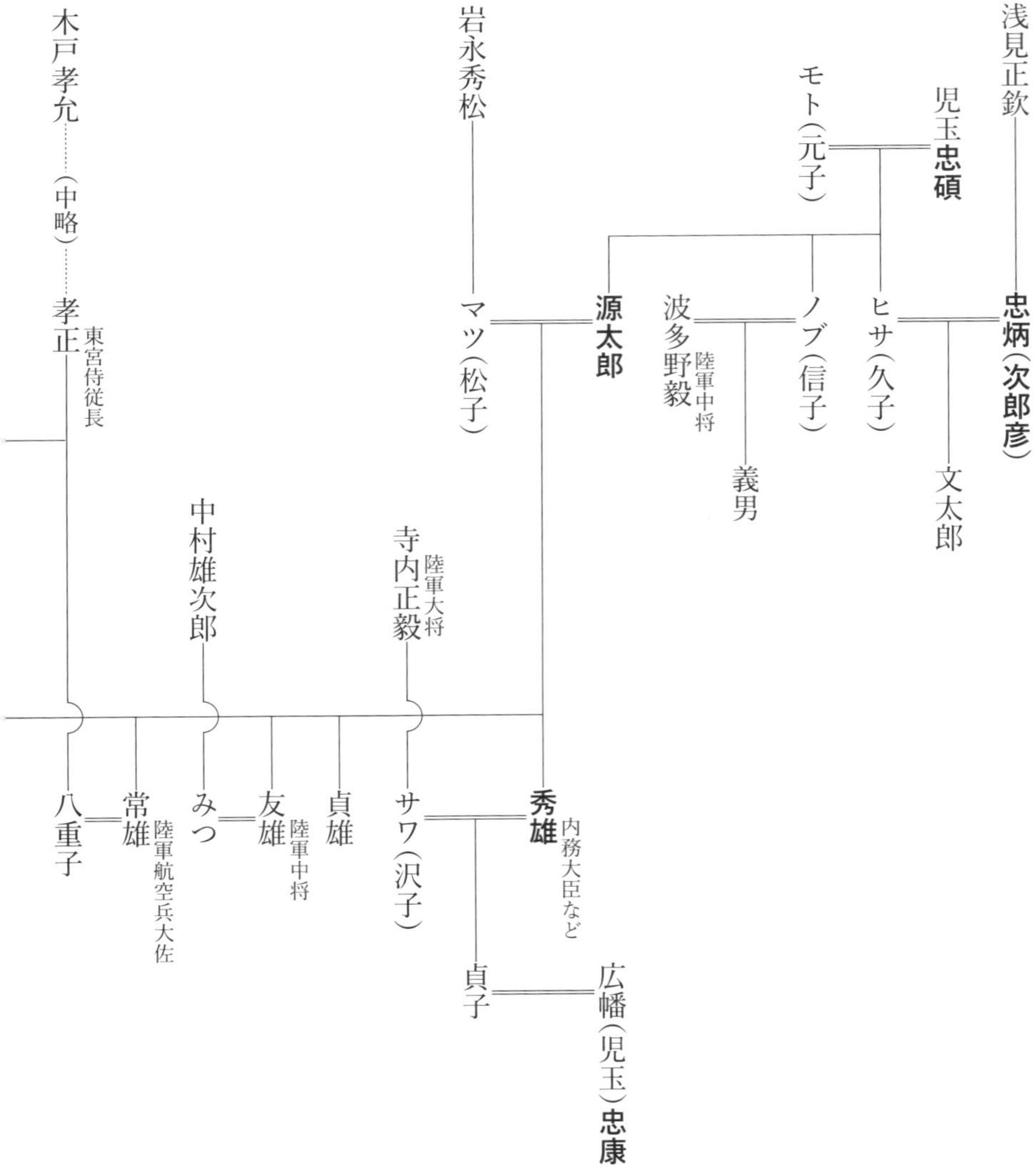

浅見正欽
児玉忠碩
モト（元子）
忠柄（次郎彦）
ヒサ（久子）
文太郎
ノブ（信子）
波多野毅
陸軍中将
義男
源太郎
岩永秀松
マツ（松子）
秀雄
内務大臣など
寺内正毅
陸軍大将
サワ（沢子）
貞子
広幡（児玉）忠康
貞雄
中村雄次郎
友雄
陸軍中将
みつ
常雄
陸軍航空兵大佐
八重子
木戸孝允
（中略）
孝正
東宮侍従長

児玉家略系図

日露戦争出征前の児玉家の家族写真（児玉秀雄編『藤園記念画帖　児玉源太郎十三回忌記念』マツノ書店、二〇一〇年）。

　手前第一列（地面に座っている列）左から、児玉八郎（児玉の六男）、寺内毅雄、児玉九一（児玉の七男）。第三列（椅子に座っている女性の列）左から一番目が仲子（児玉の次女）六番目の老女が久子（児玉の姉）、七番目が松子（児玉の妻）、八番目が芳子（児玉の長女）。最奥部四列目（立っている男性と女性の列）左から二番目が常雄（児玉の四男）、三番目が国雄（児玉の五男）、四番目が寺内正毅、六番目が秀雄（児玉の長男）、九番目が沢子（秀雄夫人）、十番目が文太郎（久子の長男）、十一番目が児玉。

国雄
　＝節（中村覚 陸軍大将）
ヌイ
　＝山口十八 陸軍少将（山口素臣 陸軍大将）
ヨシ（芳子）
ナカ（仲子）
　＝穂積重遠（穂積陳重 枢密院議長）
八郎
ミツ
九一 島根県知事
　＝幸子（大森鍾一 枢密顧問官）
モト（元子）
　＝嗣雄（藤田嗣章 陸軍軍医総監）
ツル（鶴子）
　＝幸一 内大臣

参考資料：霞会館華族家系大成編輯委員会編『平成新修旧華族家系大成』上下巻（霞会館、一九九六年）。

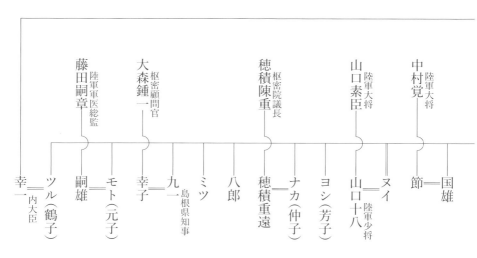

序章　明治天皇の御沙汰書

七十年ぶりに陽光を浴びた石像

二〇一五年十二月のことである。一人の男が中華民国台南市北区にある日本家屋（旧・台湾歩兵第二歩兵連隊兵舎）の床下換気口を懐中電灯で照らし覗き込んでいた。男は床下に入った野良猫を探していたのだ。だが、男の目に飛び込んだのは、野良猫ではなく日本軍人の石像の頭部であった。調査の結果、重量約二十キロ、アラバスター（雪花石膏）製のその石像は、日本統治時代の台南市大正公園（現・湯徳章紀念公園）に聳立していた児玉源太郎像の頭部であることが判明した。

明治四十年（一九〇七年）に落成した児玉像は、当時の市民から「石像」と呼ばれ親しまれていた。だが、第二次大戦終結後の一九四六年頃に引き倒され、石像は行方知れずとなってしまった。人々の記憶から忘れ去られた児玉像が、一匹の野良猫によって約七十年ぶりに発見されたのである。

石像頭部は公園に戻されることなく台南市政府文化局が保護することとなったが、中華民国にはこれとは別の児玉像が現存し展示されている。その像は、台湾総督としての児玉の業績を記念して大正四年（一九一五年）に建てられた台北市の旧「児玉総督及後藤民政長官記念館」（現・国立台湾博物館）にある。亜熱帯の強い陽光を浴び乳白色に輝く大理石を用いたルネサンス様式の記念館のエントランスを入ると中央ロビーが広がっている。その中央ロビー左側のアルコーブに、戦前まで児玉像が置かれていた。児玉家の家紋にある「軍配団扇」と、後藤家の家紋にある「藤花」を組み合わせた図案を持つ天井ステンドグラスから注ぎ込む柔らかい光を浴びて、児玉像が屹立していたのだ。

「児玉総督及後藤民政長官記念館」（現・国立台湾博物館）の児玉源太郎像（著者撮影）。

戦後、大理石の児玉像は国民党の命令で撤去されたが、二〇〇八年になり三階に「児玉・後藤銅像陳列室」が設けられた。現在、展示室に立つ児玉像はその鋭くも温かいまなざしを訪問者に注いでいる。

たとえどんなに善政を敷いたとしても、植民地支配は被植民地の人々の心に疼痛にも似た陰影を落とすものだ。植民地支配下にあった国の国立博物館に、植民地総督の記念室が設けられ、その大理石像が訪問客を睥睨している例は世界でも稀であろう。一体、児玉の何がそこまで人の心を惹きつけるのであろうか。児玉の人生の足跡と業績をたどることを通じてその人物像に迫ってみたい。

明治天皇の悼惜

本論に入る前に、本書の目的について述べておく。

「夙《つと》に身を軍務に委《ゆだ》ね、久しく力を要職に竭《つく》し、新附の地に莅《のぞ》みては治績大《おおい》に挙《あが》り、帷幄《いあく》の謀《はかりごと》に参しては武勲維《こ》れ隆《たか》し。今や溘亡《こうぼう》す、曷《なん》ぞ悼惜《とうせき》に勝《た》へむ[1]」。

これは明治天皇が児玉の死後に彼の生前の功績を称えて霊前に下賜した御沙汰書である。明治天皇は、陸軍大臣や陸軍次官としての軍政面での児玉の尽力、台湾総督として台湾統治を軌道に乗せた政治家・行政長官としての児玉の功績、満洲軍総参謀長として大国ロシアとの戦争を勝利に導いた幕僚としての児玉の偉勲を称えたのだ。

有能な幕僚が有能な指揮官や軍政家になれるとは限らないが、軍人としての児玉は幕僚としてのみならず、指揮官や軍政家としても成功を収めた。児玉の場合は、これに政治家や行政長官としての成功が加わる。一人の人物が児玉のように、政治家・行政長官・指揮官・幕僚・軍政家という複数の分野で成功を収める事例は稀である。たとえば、児玉と同様に台湾総督や参謀次長を歴任した明石工作で有名な明石元二郎は、韓国駐箚憲兵隊司令官や台湾総督としては概ね成功を収めたが、参謀次長としての評価は低かった[2]。

本書の目的

では、なぜ一人の人物が複数の分野で成功することが困難なのか？　換言すると、なぜある役職で成功した人物が昇進して階層が上の様々な役職に就いていくうちに、やがて失敗するに至るのだろうか？

この現象はピーターの法則で説明が可能だ。ピーターの法則とは、階層組織の構成員は自身の能力以上に出世するので、ある地位で有能な人物であっても昇進を続けていくとやがて無能になるという法則である。地位上昇などにより仕事内容が異なると、要求される能力・知識・技術も異なってくるので、これまでの能力・知識・技術が新しい仕事では役に立たなくなることから、このような現象が生じるとされている。[3]しかも、軍人は戦略次元・作戦次元・戦術次元で要求される識能が異なるため、この法則が如実に現れてくる。駐在武官（大佐）として大活躍した明石が参謀次長（中将）として失敗した事例や、師団長として有能だった「砂漠の狐」エルヴィン・ロンメル元帥が軍・軍集団司令官として能力的欠点を示した事例はその好例といえよう。

だが、ピーターの法則に反して、児玉は地位が上昇しても、様々な分野で大きな成功を収めることができた。その理由を児玉のリーダーシップに注目して考えることが本書の第一の目的である。また、そうすることで、リーダーや名将に必要な条件も明瞭になるに違いない。日本は、一部の例外はあるものの昭和戦前期から現在に至るまで長期にわたり有能なリーダー不在の時代が続いているが、児玉の生涯はその処方箋となり得るはずである。

ところで、児玉は、司馬遼太郎『坂の上の雲』の影響もあり、歴史ファンの間でも人気の高い人物の一人である。しかし、巷間語られる児玉は史実から離れた虚像が独り歩きしており、児玉の実像となると、いまだ未解明な部分が多い。その理由は、最近のある時期まで児玉に関する史料が少なく、児玉を論じるに際して、戦前に書かれた森山守次『児玉大将伝』（星野錫、一九〇八年）と宿利重一『児玉源太郎』（国際日本協会、一九四三年）を典拠とするしかなかったからだ。戦後になって刊行された加登川幸太郎氏、生出寿氏、古川薫氏の手による児玉伝は、いずれも同書が典拠となったものだ。

この児玉研究の停滞を打破したのが小林道彦氏による児玉伝である。[4]同氏の評伝は児玉が統帥権改革を行なおうとしたという仮説を提起し注目を浴び、通説的位置を占めるに至った。

だが、小林氏の著書には欠点が存在する。刊行後に発見された「児玉源太郎関係文書」をはじめとする児玉の関係史料を網羅的に収集・使用していないこと、基本的事実や軍事的記述に誤りが散見されること、小林氏が政治外交史の研究者であるため「軍事官僚」や「政治家」としての分析（政治史的分析）には卓越したものがある反面、軍人の核心部分である「指揮官や幕僚」としての分析（戦史的・軍事学的分析）に弱点や誤りが存在することである。つまり、新史料を含む関係史料を博捜・収集し、それらを綿密に検討して児玉の実像を解明するという点では、まだ追究の余地が残されているのだ。

そこで、本書では、児玉の人生の核となった「軍人」児玉の実像、特に児玉の人生のハイライトである日露戦争期の「戦争・作戦指導者」としての児玉の姿を、史料を網羅的に収集・使用することで実証的に描き出してみたい。つまり、「軍人」児玉、特に日露戦争期の児玉を、「児玉源太郎関係文書」などの児玉関係史料を網羅的に使用して戦史的・軍事学的分析を中心に論じること、これが本書の第二の目的である。[5] 児玉は日露戦争の戦争・作戦指導で大きな成功を収めたが、この分析を通じて、戦争・作戦指導者に必要な要素が明確になるはずである。

また、既述したように、統帥権改革など児玉に関する通説は、小林道彦氏の評伝により形成されている。そこで、本書では、新史料を含む児玉史料を駆使することで、統帥権改革を含む通説の多くも検証してみたい。これが第三の目的である。

第四の目的は、児玉の人間関係と政策の両面に立脚して、明治軍事史・政治史の潮流に児玉を位置づけることである。本書が児玉の評伝であるからといって、児玉だけを見ていてはその実像はわからない。戊辰戦争に出征し品川に凱旋した直後に明治政府によりフランス式兵学修行を命じられて陸軍に身を投じ、日露戦争終結から一年足らずの内に薨じた児玉の人生は明治陸軍や明治国家の発展と形成の歴史と軌を一にしている。そして、児玉はその公的人生において、山田顕義・山県有朋・谷干城・大山巌といった上司の後援を受け、桂太郎・川上操六・寺内正毅といった同輩と協力し、井口省吾・松川敏胤・後藤新平・石塚英蔵・関屋貞三郎といった部下のフォロワーシップを得ながらその政策を実行することができた。そこで、本書では、児玉の政策や陸軍内外での人脈の系譜を追うことで、明治軍事史・政治史の中に児玉を位置づけてみたい。

第五の目的は、性格や嗜好などといった児玉の人間性を描くことである。一般的に歴史学者が書く人物評伝は、実証性を重んじるあまり平板な記述となりがちで、主人公の人間的内面を描き切れていないものが多い。そこで、本書では網羅的に収集した児玉史料を基に実証的かつ面白く児玉の人間性を描き出したいと思う。

ところで、日本では戦争に対する嫌悪感もあって、近年までアカデミズムにおいて軍事学や戦史に関する研究がほとんどなされてこなかった。最近ではこうした状況が改善されつつあるが、文学部史学科や法学部政治学系で教育を受けた研究者が軍人に関する書籍を執筆するため、軍人研究は政治外交史的・政治的分析が主となり戦史や軍事に関する視点が欠落していたり、軍事に関する記述に誤りが存在したりする。しかし、軍人の本質は指揮官や幕僚として戦争・作戦・戦闘を勝利に導くことにあり、軍人を研究する以上、軍人を政治外交史的・政治的に分析するだけでは不十分である。軍人でもあり政治家や行政長官でもあった児玉を、政治史的観点のみならず、戦史的・軍事学的観点から分析することを通じて軍人研究のあるべき姿を提示すること、これが第六の目的である。

では、児玉の足跡をたどる旅を始めてみたい。

大正公園の児玉源太郎像（著者所蔵）。

第一部　萬里南を鎮めて快哉を叫ばん

明治十八年、大佐時代の児玉源太郎（児玉秀雄編『藤園記念画帖　児玉源太郎十三回忌記念』マツノ書店、二〇一〇年）

第一章　四十二の二つ児

1、生誕と家系

詩筵を賑わす男児出生の報

児玉源太郎は、ペリーの浦賀来航の前年、嘉永五年（一八五二年）閏二月二十五日（実は十五日）に、萩藩の支藩である徳山藩藩士児玉半九郎忠碩（一八一一年〜一八五六年）とモト（元子）の長男として、周防国徳山城下の本丁（現、山口県周南市岐山通）で呱々の声を上げた。[1]八月児《やつきご》（早産）であったと伝わる。小柄な児玉の体格を考えると、事実かもしれない。幼名を百合若《ゆりわか》といい、長ずるにおよび健と改め、後に遠祖・源太郎元経からとって源太郎と称した。藤園、桂山外史、東浦、古榴生などの号があり、晩年は専ら藤園を使用した。藤園の雅号は、敷地内に藤の棚があったことから、児玉家の邸宅を「藤の園」と呼んだことにちなむものだ。[2]

忠碩夫妻には長女ヒサ（久子）と次女ノブ（信子、元長州藩士陸軍中将波多野毅に嫁す）の二女があったが、男子はおらず、児玉は児玉家待望の家嗣であった。

忠碩は後に児玉の師となる島田蕃根《みつね》宅の詩会に参加していた際に源太郎誕生の報を受け、小躍りして自宅に帰来し児玉と対面したという。徳山藩の風習で、四十二の二つ児にはその児に百の字を加えて前途を祝したため、児玉は幼名を百合若と名付けられた。[3]当時は迷信の時代だ。父親が大厄を迎える四十二歳の時に二歳となる子供は親を殺すという俗信があり、百合若の名の由来となった徳山藩の風習はこの俗信に基づくものであろう。

周南市の児玉公園内にある児玉源太郎銅像（著者撮影）。国立台湾博物館所蔵の新海竹太郎制作の児玉像をもとに作られた。

家系

ここで児玉家の家系を確認しておきたい。というのも、出自は武士の人格形成に大きな影響を与えていたからである。児玉家（児玉は苗字であるため「家」をつけて呼ぶのが正しい。「氏」をつけるならば本姓の「有道氏」となる）は武蔵国の開発領主有道氏を遠祖とする。有道維能《これよし》（惟能）が武蔵国児玉郡阿久原に居住し、子の維行《これゆき》（惟行）の代に遠峰《こだま》（児玉）と称するようになった。武勇で名高い武蔵七党の一つ児玉党の遠祖がこの維行である。

なお、「児玉略系」は、藤原鎌足十五代の藤原遠岩を遠祖とし、武蔵国児玉郡を領地としたため児玉を名乗ったとする。[4]つまり、児玉家を藤原氏としているわけであるが、この説は怪しいので、本書では藤原氏説ではなく有道氏説を採用したい。

児玉家は、鎌倉時代の広家の代に安芸国に下った毛利家譜代の臣で、関ヶ原の戦いで毛利家が敗れると、毛利家の移封に随従して安芸国から防長（周防国・長門国）に移った。毛利輝元に仕えた児玉元良の娘が輝元の側室周姫《かねひめ》（清泰院）である。広島城二の丸に居住したため二の丸殿と呼ばれた周姫は、輝元の寵愛を受け、萩藩初代藩主毛利秀就《ひでなり》、徳山藩初代藩主毛利就隆《なりたか》を産んでいる。

徳山児玉家は萩児玉家から分かれた家だ。源太郎の名の由来となった児玉源太郎元経の子である児玉半九郎就忠が、母方の姓である桂八兵衛を名乗り、初代徳山藩主毛利就隆に禄高百五十石（後に百二十石）で仕えたのを祖とし、忠頼の代に児玉姓に復した。元経は輝元から「元」を、就忠は秀就から「就」の偏諱を賜っている。源太郎誕生当時の児玉家は家禄百石、馬廻の格式であった。[5]

児玉の評伝を書いた直木賞作家の古川薫氏は児玉を下級武士出身と書いているが、徳山藩において、馬廻は家老、用人に次ぐ格式であったので、徳山児玉家は上級ないし中級武士であったといえよう。[6]

児玉の父忠碩は、西丁の河田家（八十石）から児玉忠清の長女モトの婿として児玉家に入った人物で、小姓役として君側に仕えた後、小笠原礼法師範役、代官、評定役を務めた徳山藩中出色の人物であった。その性格は所信に忠実で信念を実行するに仮借がなかった。喬木は風に折らるるというが、忠碩はこの性格が災いし、藩校興譲館の学監に左遷されたうえに、座敷牢に監禁されることとなった。[7]

2、父と義兄の死

父の悶死と浅見巌之丞の入婿

安政三年（一八五六年）十月十九日、児玉を悲劇が襲う。

父の忠碩が四十六歳で憤死したのである。時に、嗣子源太郎は五歳（数え年）。藩の規則では十五歳を過ぎないと家督相続が許されないため、児玉家は徳山藩士浅見栄三郎正欽の次男、巌之丞《いわのじょう》（次郎彦忠炳《じろひこただあき》、一八四二年〜一八六四年）を長女ヒサの婿養子に迎えて児玉家の当主にすることとし、二人は安政五年（一八五八年）に華燭の典を挙げた。巌之丞が児玉家家督の相続を藩から正式に仰せ付けられたのは、安政五年一月二十三日のことである。[8]

当時の次郎彦は十七歳であったが、身長六尺（約百八十センチ）近くある文武両道の士で、後に二十一歳で藩の目付に就任した有為の人物であった。目付以外にも、京都で周旋方や留守居役を、徳山では藩校興譲館の助訓導役兼学寮長などを務めている。

源太郎の教育

次郎彦は早くから久坂玄瑞《げんずい》ら勤王の志士と交流があった。さらに、次郎彦は、徳山藩出身の国学者で有栖川宮家に仕えた飯田忠彦が『大日本史』（徳川光圀編纂）の続編として著した『大日本野史』の稿本奪還に尽力している。

飯田は桜田門外の変への関与を疑われ、伏見奉行所により逮捕・幽閉されたが、それは冤罪であった。そのため飯田が抗議の意を込めて自刃した後に、次郎彦は、有栖川宮熾仁《たるひと》親王の命を受け、『大日本野史』稿本奪還のために伏見奉行所に出頭し、返還交渉にあたったのである。[9]

安政六年（一八五九年）、児玉は八歳で藩校興譲館に入学した。興譲館には、文学師範として本城清が、武学の師範として次郎彦の父栄三郎（一刀流の師範役）と兄安之丞（大島流槍術）がいた。幼少期の児玉の教育に藩校が果たした役割が大であったことは論を俟たないが、藩校での教育以上に修養上影響が大きかったのは、島田蕃根と義兄・次郎彦による薫陶教化であった。[10]

島田蕃根（一八二八年〜一九〇七年）は天台宗本山派修験道の大先達で、教学院住職を務めた修験者である。神儒仏三学に通暁する島田は、藩命により仕官して興譲館教授となり、政務座にも出仕、藩主毛利元蕃《もとみつ》の偏諱を賜って名を圓眞から蕃根に改めた。維新後は藩の大参事を務めた後、東京に出て教部省や内務省社寺局に出仕し、宗教行政に関与した。辞官後は、『大蔵経』の編纂に従事し、稀覯本である『礼記子本疏義』巻五十九「服喪小記子本疏義」が清国公使の手に渡ろうとしていることを知り、書画骨董に造詣の深い時の警視総監田中光顕《みつあき》に購入させている。同書は戦前、国宝に指定されており、島田の見識の高さが窺える。[11]

島田は亡父の旧知にして、児玉家と住居が相対していたため、忠碩の代わりに児玉の訓育にあたった。児玉が長じ

島田蕃根の延寿会で撮影された児玉最後の写真（博文館編『児玉陸軍大将』（マツノ書店、二〇〇五年）。
　最前列右から二番目が児玉。児玉の向かって左の老人が島田、児玉の右上は寺内正毅。

て漢詩を趣味としたのも島田の薫陶によるところが大きく、児玉は栄達後も島田を師の礼をもって遇した。また、島田は次郎彦暗殺後に零落した児玉家を見捨てることなく児玉を激励し続けた。児玉が十四歳にして次郎彦の跡を相続できたのも島田の推薦があってのことと伝わる。[12]

　師弟の情誼の深さを物語る次の挿話がある。児玉の名声が絶頂にあった日露戦争後のことである。島田が児玉に対し、号の藤園の「藤」の草体の略法が正しくないことを難詰すると、児玉はその指摘を諒として以後は筆法にかなった「藤」の字を書くようになったというのだ。[13]

　児玉は最晩年に至るまで師恩を忘れることがなかった。児玉を写した最後の写真は、島田の中寿八十歳を記念として開催された延寿会の記念写真であり、児玉は延寿会の席上、「〔島田〕先生とは、親爺が腹の中から、イヤ母親の腹の中から御約束申してあつた師匠である」と述べている。[14]

　児玉の精神を形成し、その性格の造形に影響を与えたのは、次郎彦の勤王志向、島田蕃根の漢学、そして後述する児玉家断絶後の母と姉とによる薫陶であったといえよう。

　後年、児玉は軍人精神を強化するための手段として、皇室権威を利用することを構想したが、これは次郎彦の勤王志向の影響によるものだと考えられる。

執政富山源次郎暗殺失敗と次郎彦の死

　当時の国内は、開国か攘夷かで国論が分裂していた。公武合体と外国貿易を説く長井雅楽《うた》の「航海遠略策」を藩論とした長州藩であったが、久坂玄瑞ら尊攘派の工作により、文久二年（一八六二年）に藩論が破約攘夷に変じ、長井は失脚して翌年切腹を命じられた。

　公武合体政策の一環として皇女和宮を正室に迎えていた、時の将軍徳川家茂は、文久三年（一八六三年）に、三代将軍家光以来となる上洛を果たし、五月十日をもって攘夷実行の期日とすることを孝明天皇に約束した。

この頃の児玉家には、佐世八十郎《させやそろう》（前原一誠）、大楽源《だいらくげん》太郎《たろう》、周布《すふ》政之《まさの》助《すけ》といった萩藩攘夷派の大立物が訪問して時事を議論したが、次郎彦は児玉を同席させて、政客の議論を傍聴させたという。少年ながらもこれら維新の志士から児玉が受けた感化は、他日の大成に資したものと思われる。▼15

元治元年（一八六四年）は長州藩にとって内憂外患の一年であった。この年の七月に起きた禁門の変で、御所に向けて発砲した長州藩は朝敵となり、長州藩追討の勅命が出され、幕府は問責の師を発した（第一次幕長戦争）。さらに八月には、前年の攘夷実行に対する報復として英米仏蘭四国艦隊が下関を砲撃し、長州藩は砲台を破壊・占領される惨敗を喫した。朝敵となった長州藩の藩論は、幕府を批判する「正義派」の主戦論と「俗論派」の謝罪恭順論との対立で紛糾したが、これを契機に「俗論派」が政権を握り、幕府に恭順の意を示す路線をとった。

徳山藩内でも宗藩に従い恭順するか否かで藩論が分かれたが、徳山藩執政の富山源次郎が宗藩の「俗論派」と気脈を通じて藩政を主導するようになった。富山の意見に賛成する者には、後に児玉の戦友となる梅地庸之丞の父・梅地央らがいた。これに対して、次郎彦、浅見安之丞、河田佳蔵、本城清らは、幕府との抗戦を主張した。

元治元年八月九日、次郎彦は富山の姻戚である同志の河田佳蔵と謀り富山暗殺を実行に移すも未遂に終わる。八月十一日夜、親族を会集すべしとの藩命が児玉家に下った。親族会議の開催が命じられるときは、遠流か禁錮刑に処せられるのが慣例であったため、児玉家は驚愕した。

そして運命の八月十二日、来訪した藩の用人と長時間激論を戦わせた後、用人を見送るために玄関に出た次郎彦は、背後から親戚の塩川順蔵による襲撃を受け、さらに暗中から躍り出た井上達次の凶刃を浴びて二十三歳を一期に絶命した。児玉十三歳の時のことである。

児玉は、十一日夜、母の命で浅見家に使いに行き、次郎彦と共に自宅に帰った。途次、騒擾甚だしく、時折「掛れ掛れ」の声が聞こえたという。帰宅した次郎彦と藩吏の間で交わされる激論を聞いた母は、変があることを恐れて、児玉を親戚の遠藤氏を迎えに走らせた。だが、遠藤氏は児玉に先に帰るようにと述べただけであった。

十二日払暁、遠藤邸からの帰路、母と出会った児玉は次郎彦が斬られたことを告げられた。母は次郎彦が斬られたことを組頭に報告することを望んだが、児玉はこれを制止し、母を慰めながら帰路を歩んだ。そして家に到着した児玉親子は血に染まって玄関先に横臥する次郎彦の姿を目に

児玉次郎彦遭難遺跡（著者所蔵）。
次郎彦が殺害された児玉家の玄関跡に建てられた。児玉の義兄への思いがよくわかる。

する。親族や旧知も譴責を蒙っていたため、児玉一家を助ける者はいない。そのため児玉は母および次姉ノブと共に遺体を白布で蔽い、周囲に墻を結んで検使の到着を待った[16]。この一件からわかるように、児玉の胆気と冷静さは若年からの特質であった。

なお、小林道彦氏は、長姉ヒサが児玉を叱咤し、死屍を白布で蔽い墻を結んだとするが、これは誤りである。児玉の回想によれば、ヒサは産後の回復が整っていなかったため、これには参加していない。小林氏の典拠は『児玉久子刀自』所収の後藤新平談話であるが、著者が典拠とした『児玉大将伝』所収の児玉の回想手記の方が、当事者の回想であるため史料的信頼度が高い。小林氏の著作は名著であることは確かだが、基本的事実に誤りが多く存在する[17]。

尊王攘夷派に対する粛清は続いた。八月十二日、江村彦之進が暗殺、十月二十四日には河田佳蔵と井上唯一が処刑、元治二年一月十四日には本城清、浅見安之丞、信田作太夫が絞殺されている。彼らに次郎彦を加えた七名を徳山七士（殉難七士）といい、維新後に靖国神社に合祀され、従四位が追贈された。

次郎彦の遭難は、児玉の人格形成に大きな影響を与えた。小林道彦氏は、この事件が児玉に政治に対する不信感を植え付けたと論じるが、それを裏付ける史料はない。むしろ、史料から読み取れるのは、次郎彦の死が、児玉の精神修養に資し、度胸の良さや胆力をつけるのに寄与したという点だ。これは児玉が、後年以下のように述べていることからも窺える。

「人は自ら人を殺し、又は人を殺すを目睹《もくと》するにあらされは、到底度胸の定まるものにあらす。又真の精神修養の出来るものにあらす〔中略〕予は十二三歳の頃、実兄か玄関にて異端者の為めに抜討ちにせられたるを目睹せるを始めとして、随分とかゝる惨劇に遭遇するの機会多かりき。而《しこう》して、斯《これ》は好むへき事にはあらさるも、之《これ》によりて予の修養を助けたるもの多し[18]」。

児玉は後年に至るまで次郎彦から受けた薫陶を忘れず、

彼を敬慕し続けた。後述するように次郎彦が暗殺された邸宅は藩により没収されるが、児玉は後に同地を買い戻し、児玉文庫を創設すると同時に、次郎彦暗殺現場である玄関跡に御影石をもって石垣を作り、その中に石碑を建てて、次郎彦の功績を長く伝えようとしたのだ。[19]

3、落魄と復興

家名断絶と報仇雪恨の教え

次郎彦横死後、藩庁は、家名断絶・邸宅没収・次郎彦の一子文太郎が十五歳になるまで一人半扶持を給する、との命を下した。さらに、十二月、藩庁は、即夜邸宅立ち退きを児玉家に命じる冷酷な措置をとった。当主のみならず住居をも失った児玉家は親族牧与三右衛門方に半月余り寄寓した後、松岡塙の邸宅に移住した。

百石取りから一人半扶持で一家六人を支えなければならなくなった児玉家の生活は貧苦を極めた。家計のため母姉三人は、裁縫や機織りで賃金を得て一家六人の糊口をしのいだが、時には薪料に窮して庭前の樹木を伐って薪にすることもあった。

家禄なき浪人となった児玉は、藩規により、前髪を剃ったり、帯刀したり、割羽織袴を着用したりすることが許されなかった。そのため、児玉は脇差のみを佩びて総髪で外出しなければならなかった。道往く人はこれを見て「浪人々々《ろうにん》」と嘲笑し、旧友も児玉から離れた。後年になり往時を回顧した児玉は、「浪人々々」の声は「骨髄に徹し、今猶耳底に在るが如し」と書いている。[20]

母モトは、『曾我物語』を自ら児玉らに読み聞かせ、「文太郎が十五歳になったならば、是非とも父の仇を討たせなければなりません。お前たちは曾我兄弟の志を心としなさい」(現代語訳)と訓戒した。[21]『曾我物語』は曾我祐成と時《とき》致《むね》の兄弟が十七年の苦難の末に父の仇である工藤祐経を討つ仇討ちの話である。

『曾我物語』が児玉に与えた影響については、児玉の長男である秀雄が次のように語っている。

「姉の久子は冬の夜空に自分で糸を繰り、機を織りながら、弟源太郎の教養につとめていた。話す話はいずれも曾我兄弟の物語りを中心とした仇討ちの話であった。蓋《けだ》し、姉は弟源太郎に対して、いずれの時か家名を復興すべきことを熱望しつつ、将来の立身を望んでいたものと思われる。この姉の養育が、将来、父源太郎をして一身を国家に捧げて君国のために御奉公申し上げるという基礎的教訓となったものと考えられるのである」。

秀雄によれば、児玉は町の子供が親類の者を軽蔑し、これにいたずらを加えて栗のいがを親類の子供の襟首に放り入れることがあった際、門の陰に待ち伏せして、いたずらをした子供に栗のいがを投げつけて復讐をしたという。[22] 母や姉が児玉に植えつけた復讐の観念がいかに強いものであったかが窺われる挿話である。

周囲の迫害に対し、児玉は他日を期して耐え忍んで励むところがあった。後年、児玉が幾多の艱難や周囲の圧力に直面しても屈することなく、職務上の大成果を挙げることができた強靱な胆力は、主としてこの窮境時代に獲得されたものと思われる。艱難が児玉を玉にしたのだ。

藩論転換と家名復興

しかし、苦難の時代は長くは続かなかった。萩藩の藩論が一変したのである。元治元年十二月十五日、功山寺で挙兵した高杉晋作が、大田・絵堂の戦い（元治二年一月）で萩藩政府軍を撃破して「俗論派」政権を降した。これにより「正義派」が政権を握り、藩論が武備恭順（表面上は幕府に恭順の意を示しつつ、裏では幕府軍の攻撃に備えて軍備増強を進める策）に確定する。

だが、徳山藩では「俗論派」の勢力が残り、藩主毛利元蕃の意思に反して宗藩の命に抵抗しようとした。そこで、萩藩は佐世八十郎らを徳山に派遣して要路者の更迭を勧告し、その結果富山一派が藩政から退けられた。これにより、藩論が児玉家に有利な方向へと変化することとなった。

慶応元年（一八六五年）六月二十九日、次郎彦の罪が赦免された。七月三日には、親類一同より、次郎彦の跡式を児玉に相続させたい旨の嘆願が出され、十三日、児玉は赦免された次郎彦の養子として家名を相続し、中小姓として二十五石を給された。ここに曩《さき》に断絶した児玉家は復興したのである。これを機に児玉は元服し、戦国期に活躍した先祖・児玉源太郎元経にちなんで源太郎忠精《ただきよ》と名乗った。児玉、十四歳の時のことである。さらに、十月、児玉は児玉家本来の馬廻役となり、百石を給された。[23]

藩内抗争で血を流した徳山藩は「俗論」・「正義」両派の融和を必要とした。そこで慶応元年、藩主毛利元蕃は前年の藩内対立をおさめて、藩内が一致協力すべしとの諭告書を出した。これをうけて家臣が誓約書に署名血判したが、児玉も十一月十九日附でこれに署名している。[24] 母や姉から『曾我物語』を聞かされて育った児玉も仇討ちの念を完全に断ち切ったであろう。

後日談であるが、児玉・浅見両家の宿敵梅地央は、明治十六年に、切腹未遂を起こし、浅見栄三郎の息子・端が児玉に宛てた書簡で「後日の恥辱」であり笑う可しだと書いている。[25]

長州藩は、宗藩・支藩ともに第二次長州征討に備えて軍備を整える必要があった。慶応元年七月、徳山藩は兵制改革を実施し、砲術および騎射を廃止して銃陣に統一すると共に、練兵塾を開設した。児玉も十一月十八日に練兵塾入塾を命じられている。その後、児玉は二番中隊半隊司令士に任じられた。

慶応二年（一八六六年）八月に徳山藩士八十人で朝気隊《ちょうきたい》が結成されると、九月三日に児玉も二番中隊半隊司令士を免じられて朝気隊加入を命じられた。なお、児玉家は次郎彦死亡後に屋敷を没収されていたが、児玉は桜馬場の屋敷（現在の児玉公園のあたり）を与えられた[26]。

第二章　河東の精兵

1、初陣

献功隊

明治元年（慶応四年、一八六八年）一月三日の鳥羽伏見の戦いが契機となって戊辰戦争が始まった。十月、徳山藩は、献功隊・山崎隊に秋田への出陣を命じた。児玉は、献功隊二番小隊半隊司令士として、これに従軍している。これが児玉の初陣である。時に、児玉十七歳であった。奥羽越列藩同盟に属する庄内藩の攻勢を受け苦戦する久保田藩を支援することが出兵目的である。

献功隊は、明治元年に朝気隊・斥候銃隊・武揚隊・順祥隊の四隊を合併して結成された部隊で、下は十七歳から上は四十歳までの士族とその子弟で編成された。献功隊士の軍装は、頭に帽子をかぶり、洋服を着用して靴を履くという洋装であった。▼1 献功隊の指揮を司ったのは、取締参謀林《はやし》与《たすく》、参謀兼書記内山正太郎であった。児玉が属する二番小隊の司令士は神代恰である。

「献功隊士服装之図」（周南市美術博物館所蔵）。
髷を結い刀を帯びているが、洋服と靴を着用し、手には帽子と洋装である。

敗戦で幕を開けた児玉の戦歴

明治元年九月二十三日、徳山藩山崎隊一中隊（二番小隊・四番小隊）と献功隊一中隊（一番小隊・二番小隊）は、徳山城内に整列して藩主毛利元蕃に拝謁後、徳山を出発し三田尻に向かった。徳山勢の兵力は、兵士二百十九人、小使・人夫三十五人の総勢二百五十四人、小銃百八十挺であった（十一月二十八日時点）。▼2 献功・山崎両隊は三田尻で、萩藩の整武隊と合流し、山田顕義《あきよし》の指揮下に入った。

なお、整武隊には後に総理大臣になる寺内正毅《まさかた》が従軍していた。後年二人は親交を結び、寺内の長女サワ（沢子）が児玉の長男秀雄に嫁《か》し親戚となる運命にあるが、それは遠い未来のことである。

　十月一日に英艦「サントウ」号に乗艦した部隊は、十月三日朝、三田尻港を抜錨し、佐渡国小木港を経由して、十月十日から十一日にかけて出羽国土崎港に上陸した。総勢約七百人余（千三百人とも）を乗せた英艦は、座するに席なしと形容されるほどの満員状態であり、航海中の隊士は、船酔い、狭隘な居住空間、糧食不足に悩まされた。▼3 特に深刻だったのは糧食・飲料水不足で、萩藩庁は第一・二日分として握飯、第三・四日分として寿司、第五日以降分として熬米《ごうまい》（干飯）を用意していたが、握飯は二日目にして腐敗して食することができなくなり、水や湯の用意も不十分であったのだ。▼4

　航海中の様子については、献功隊士の梅地庸之丞が談話を残している。それによると、隊士は、船底の荷物部屋にアンペラを敷き「荷物同様」に押し込められた。船内は狭隘なため、満員電車の様相を呈し、丸窓を開けると海水が浸入するため新鮮な空気を入れることもできず、隊士は船酔いに呻吟しながら「我慢一点張《ばり》」で通した。糧食は水餅が配給されるほど不足し、飲用水欠乏も深刻で上陸まで絶水で過ごしたという。▼5

　苦難の航海を経て児玉らが土崎に上陸した時にはすでに庄内藩は降伏していた。そのため、献功隊士は一同大いに失望したという。▼6

　だが、蝦夷地の榎本武揚らが抵抗を継続していたため、長州藩兵は二軍に分かれて青森に転陣することとなった。十月下旬、献功隊は土崎を出発し、冱寒《ごかん》と降雪に苦しみながら矢立峠を越えて十一月初旬、青森に到着、最初は宮川専太郎居宅に、後に正覚寺に宿陣した。

　明治二年（一八六九年）四月十六日、献功隊は江差に上陸し、二股口を目指して進軍を開始した。二股口は、旧幕府軍フランス人顧問の指導の下に造られた堅固な台場を擁し、難攻不落を誇っていた。献功隊は四月二十四日、二股口の台場を攻撃するが、戦勢「利無」く攻撃は失敗に終わる。▼7 児玉の戦歴は敗戦で幕を開けたのだ。

　なお、小林道彦氏は、献功隊が二十三日の二股口金山に対する攻撃に参加したとするが、この説には検討の余地が残る。「山崎隊日記」は徳山勢の二股口での戦闘を二十四日とするからだ。記して後考を俟ちたい。▼8

　二股口の戦いは監軍駒井政五郎が戦死する激戦であったが、四月二十九日、新政府軍は二股口を突破し、榎本武揚が籠もる五稜郭に迫った。だが、五月八日、旧幕府軍が献功隊の守る大川村台場に暁襲をかけ激戦となった。献功隊は取締参謀林与が戦死し、漆黒の闇の中で同士討ちを演じるなど一時苦戦したが、「克く戦ひ、大に」勝利を得た。[9]

参戦初期の頃の児玉ら献功隊士は、毛附きの背嚢を背負って神速に行動する伝習隊と深山で遭遇し、「虎が出た」と騒ぐほど戦闘に不慣れであったが、戦闘経験を積むごとに戦場生活に慣熟し、過熱した銃身を河水で冷却するなど戦闘方法を工夫するようになった。[10]

五月十八日、五稜郭が開城し、箱館戦争はここに終結した。[11]

2、教導隊でのフランス式歩兵学修行

将校速成教育と大村益次郎の死

六月一日、献功隊は品川に上陸、七月二十日、徳山に凱旋した。だが、児玉は徳山に凱旋せず東京に留まった。新政府は諸隊から優秀者を簡抜してフランス式歩兵学を修行させることとし、整武隊士七十五人（五十人とする史料もある）、献功隊士十人、山崎隊士十人、岡山藩士や鳥取藩士若干名を含む約百人を採用したが、これに児玉も選ばれたのだ。[12]

※なお、宿利重一『児玉源太郎』を典拠とする小林道彦『児玉源太郎』は、献功隊士十三人とするが、この数には友安治延・岡逞兵衛ら山崎隊士が含まれており正しくない。本書では、当時の辞令を引用する森山守次『児玉大将伝』の十人説に従う。[13]

被採用者の中には、献功隊の梅地庸之丞（後の陸軍少将）・河野通好（後の陸軍中将）、日露戦争で二〇三高地攻撃隊指揮官となる山崎隊士の友安治延（後の陸軍中将）、整武隊の寺内正毅・福原豊功《とよこと》（後の陸軍少将、日清戦争従軍中に戦病死）といった、後年児玉と親交を結ぶ運命にある者が含まれていた。また、この百余人とは別に乃木《のぎ》希典《まれすけ》を含む長府藩報国隊士も採用された。彼ら被選出者は、戊辰戦争において軍人としての資質を評価されたものと推測される。

明治二年九月四日、京都伏水（伏見）で教習を受ける乃木ら報国隊士を除く、児玉ら約百余人は、兵部省御雇として京都二條川東の仮兵営に入営し、仏式伝習所でフランス式教練を受けることとなった。この約百余人が大村益次郎の言う「河東精兵」（「河東の精兵」）である。大村は、大阪に創設される兵学寮に銃兵一大隊の屯所を併設し、銃兵の訓練を河東精兵に担当させることを企図していたのだ。[14]

だが、入営当日の四日、朝野を震駭させる事件が起こった。時の兵部大輔大村益次郎が、京都木屋町の旅寓で刺客の襲撃を受け、重傷を負ったのである。大村は、藩兵解体（＝身分制軍隊の廃止）と、徴兵制導入を主張しており、こ

れに不満を持つ不平士族に狙われたのだ。在営者の談によれば、大村襲わる！の一報を受けた兵営は「鼎の沸騰」するが如き混乱の状を呈し、ある者は帰郷を命じられると予想して行李を整え、ある者は犯人を捜索して復仇を果たすべきだと唱える有様であった[15]。

十月一日、大村は、大阪病院に在勤する蘭医ボードウィンの治療を受けるため、臥床のまま河原町の藩屋敷裏から乗船し、高瀬川を経由して淀川を下り大阪に移送されたが、この時、船場まで、児玉、寺内正毅ら有志が大村を担いだという[16]。だが、ボードウィン執刀による右膝関節部以下の切断手術後に敗血症を発症した大村は、十一月五日に死去した。奇しくも、この五日は児玉ら河東精兵が京都二條川東から、大村の建議で大阪に設けられた兵学寮に移った当日であった。大村は、海陸四達の要地で日本の中央に位置し四方の変に応じやすい大阪を兵学寮設立の最上立地と考えていたのである[17]。河東精兵は、大阪移転直後に第一教導隊と命名され、明治三年四月、教導隊に再編された。

将校養成の重要性を認識する大村は、専門軍事教育機関を創設して将校を養成すること、そのうち上級将校は語学教育と留学とにより育成し、下級将校は速成教育後に部隊配属させて兵士の訓練に従事させるという構想を抱いていた。

明治三年の大阪の兵学寮には、長期的な将校育成を行なう「幼年学舎」（陸軍幼年学校の前身）、中期的な将校養成を目的とした「青年学舎」、将校・下士官養成を目的とした児玉の属する「教導隊」の三者が併存していた[18]。明治三年の兵学寮の主要幹部は、権頭原田一道、権助川勝広道、権允大島貞薫《さだか》という顔ぶれである。教官には後に幕府陸軍出身の揖斐《いび》章《あきら》が加わった。児玉は卒業後も揖斐と交流を維持している[19]。

なお、教導隊学徒の多くは、士族出身で戊辰戦争の従軍経験があるため、封建の遺風から脱け出せず、学術に専念する者が少なく、その統御が困難であったようだ[20]。

児玉が受けたのは純粋な下士官教育か？

ところで、小林道彦氏は、河東精兵・教導隊においてフランス式歩兵学を学ぶ児玉らに期待された役割は「下士官」であったと指摘し、これが通説となっている。だが、これは事実と異なる[21]。

というのも、児玉らが属した教導隊が教導団（下士官養成機関）の前身であることは確かであるが、この頃の教導隊は下士官のみならず将校をも速成教育する目的を有していたからだ。

明治五年（一八七二年）三月に出された「教導団生徒願

出順序」第一条に、「生徒は陸軍上下士官に入用の科目を学ばしめ、速成を要するを以て、西洋原書を用ひず、総て翻訳書を以て教授す」とあるように、当時の教導隊は、翻訳書を使用した速成教育により、将校（上等士官）・下士官（下等士官）を養成する機関であった。[22]

明治五年五月に教導団に入学した小原正恒（日露戦争時の歩兵第一連隊長）が、在学中に教導団の条例が改正されて、教導団は「全く各兵科の下士を養成する」ところとなったと述べている。このことからわかるように、教導団の教育目的が下士官養成に特化するのは、明治五年六月二十七日に出された「陸軍兵学寮概則」第六条で「教導団は各兵下等士官」を育成すると明記されて以降のことである。[23]

では、陸軍揺籃期の教導隊が将校・下士官養成機関とされた理由はどこにあるのか。

先に指摘したように、当時の大阪兵学寮には、青年学舎・幼年学舎・教導隊が存在し、青年学舎は速成教育により将校を育成することを、幼年学舎は語学教育→留学により長期的に将校を育てることを目的としていた。だが、両学舎の卒業生が将校に任官するまでには時間がかかる。そこで、青年学舎・幼年学舎卒業者が将校に任官するまでの間、兵士の指揮・訓練を行なう下級幹部（下級将校・下士官）を育成するという目的が教導隊に課せられたのだ。つまり、児玉在学当時の教導隊は、士官学校兼下士官養成学校であり、通説と異なり、児玉は下級将校としての速成教育を受けたのである。

仮病事件

教導隊時代の児玉に関しては次のような挿話が残されている。教導隊には後に判事に転官する中定勝《なかさだかつ》という軍医がいた。ある日のこと児玉は医務室を訪れ、痔に罹患したので一日休暇にして欲しいと申し出た。中が尻を検診してみたところ、赤肉が肛門からはみ出していて脱肛のようであった。だが、怪しいと思った中がピンセットで摘出したところ、赤肉は一塊の牛肉であった。

中が叱りつけると、児玉は吹き出しながら、昨夜少し飲みすぎて頭痛がするので、小細工をして仮病を使ったと平身低頭したという。[24] 後年、児玉は諧謔の人として知られたが、その片鱗は若い頃から見られたようだ。

脱隊騒動に出陣

フランス式歩兵学を学ぶ児玉ら大阪兵学寮生が、学習の成果を実戦で試す機会は意外と早く訪れた。明治二年末から明治三年（一八七〇年）にかけて起きた脱隊騒動がそれである。

明治二年の版籍奉還により、山口藩は占有地であった石見浜田と豊前小倉を返却し財政難となった。藩知事毛利元徳は藩政改革を断行し、戊辰戦争で殊勲を挙げた奇兵隊を含む諸隊約五千余人から御親兵（常備軍）二千二百五十人を精選し、その他は論功行賞も不十分なまま除隊させられることとなった。しかも、精選にあたっては身分が重視された。

これに不満を持つ遊撃隊・整武隊その他諸隊の兵約二千人が、十二月、山口を脱走、宮市に屯集して各所に十八の砲台を築いた。そして、明治三年一月二十四日、脱隊兵が山口藩議事館を包囲したのである。藩内では農民一揆も続発しており、脱隊兵鎮圧が急がれた。

山口藩は防長出身の大阪・伏見の生徒兵を召還して脱隊兵鎮撫の任にあてることとした。同胞相食む！　児玉・寺内正毅らは、かつての戦友を討伐する苦しい立場に身を置くこととなったのだ。

明治三年一月二十九日、児玉ら七十余人は天保山沖で乗船し、二月四日、下関に上陸した。当時、山口および小郡一帯は脱隊兵の勢力下にあったが、藩命により豊浦（長府）・徳山・岩国の兵も討伐にあたることとなった。

木戸孝允が、山口藩常備兵二百人・第四大隊二百五十人・大阪および伏見の生徒約八十人からなる討伐軍第一軍の指揮をとった。

二月八日、児玉の属する第一軍は、馬関を抜錨して小郡海岸に上陸、九日には陶垰《すえだお》・鎧ヶ垰・小郡《おごおり》柳井田《やないた》関門を占領するも（児玉の戦場は不明）、脱隊兵の逆撃に苦戦し、三田尻まで退却した。この日の戦闘は、木戸をして「今日の苦難不可語尽《かたりつくすべからず》」（今日の苦難は語り尽くすことができない）と言わしめるほどの苦戦であった。

二月十一日、討伐軍は脱隊兵を撃破して山口に突進し、包囲下にあった山口との連絡が回復した。こうして騒動は鎮圧され、児玉らは、三月三日、大阪に帰営したのである。▼25

脱隊兵側の損害は戦死六十人・負傷七十三人、斬首に処せられた者八十四人、一方の討伐軍の損害は戦死二十人・負傷六十四人であった。児玉ら「浪華仏式修業兵」七十人には、藩庁から金十両が下賜された。▼26

山田顕義による抜擢

当時、大村益次郎の遺志を継ぎ、兵部省の実務を事実上仕切っていたのが、戊辰戦争で児玉の上司であった兵部大丞山田顕義である。児玉は、山田に推服し感化を受けた。▼27児玉が選抜されてフランス式歩兵学を学ぶことになったのも、山田の推薦があってのことだろう。

山田は敵の意表を衝く衝背戦術を得意とし、戊辰戦争でも、敵の背後に上陸する作戦を成功させて、北越戦争を勝利に導いている。後に、歩兵第二連隊長時代の児玉は機敏な機動戦術で名を上げるが、これは山田の戦術に学ぶところがあったものと思われる。

しかし、山田が実務を掌握した時代は短かった。明治三年八月に山県有朋が欧州歴訪から帰朝すると、薩摩派軍人と提携した山県が軍政を掌握するようになった。その結果、欧州歴訪（明治四年〜六年）から帰国した後の山田は司法の世界に活躍の場を移さざるを得なかったのだ。

児玉源太郎生家跡と児玉大将産湯の井戸（著者撮影）。

児玉源太郎は嘉永五年閏二月二十五日（実は十五日）にこの地にあった児玉家の屋敷で生誕した。父忠碩死後に児玉家を継いだ義兄次郎彦が俗論派により殺害されたのもこの屋敷の玄関であった。

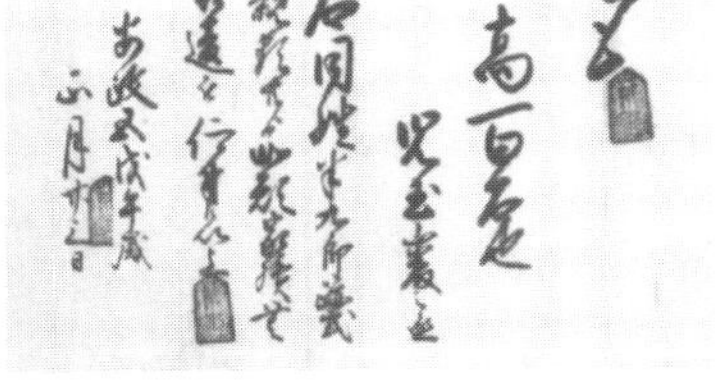

児玉巖之丞への家督相続仰付書（安政五年一月二十三日、周南市美術博物館提供）。

献功隊士墓所（著者撮影）。

明治二年五月八日の大川村台場の戦闘で戦死した献功隊取締参謀林与（右）らの墓所。

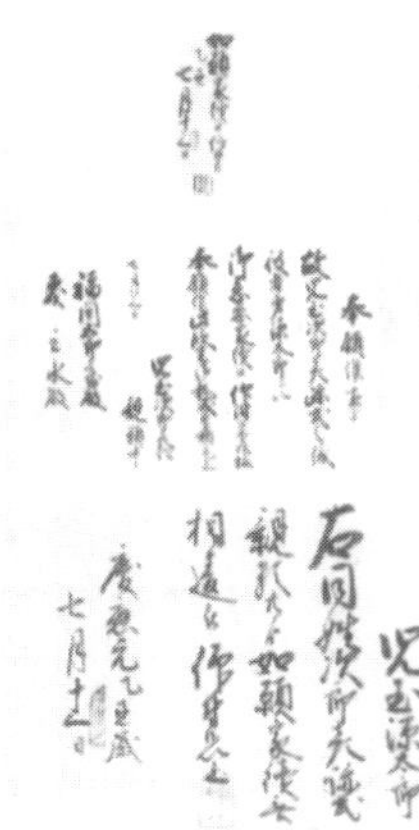

児玉への家督相続歎願書と家督相続仰付書（慶応元年七月十三日、周南市美術博物館提供）。

小郡柳井田関門跡（著者撮影）。
柳井田関門は、文久三年に山口防備のために中領八幡宮の馬場先に関門と砲台場が設けられたのを起源とする。脱隊騒動の際に、脱隊藩士がここを奪って防備を固め、討伐軍と関門を中心に激戦を展開した。

児玉将軍旧邸（著者撮影）。
児玉次郎彦暗殺後、児玉家は家名断絶、邸宅も没収されたが、児玉の家督相続後、現在の児玉公園附近のこの地に新たに屋敷を与えられた。

児玉を育てた姉ヒサ（久子）（児玉秀雄編『藤園記念画帖　児玉源太郎十三回忌記念』マツノ書店、二〇一〇年）。

大阪兵学寮（著者所蔵）。
フランス式兵営建築を参考に、中央中庭の四周を囲む形で正方形二階建ての建物が建てられていた。

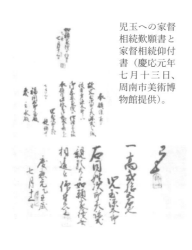

第三章　憤涙、雨の如く滴る

1、任官と大阪鎮台での部隊勤務

任官――将校昇進は異例の出世なのか？

明治三年六月、この年十九歳の児玉は、大阪兵学寮を卒業し、六月二日、大隊第六等下士官（月棒二両二分、約二十五万円）に任じられた。なお、初任は年齢と戊辰戦争当時の階級とを勘案して決定されたようだ。▼1

通説と異なり、児玉が下士官として陸軍での軍歴をスタートさせたのは、下士官養成機関たる教導隊出身者であったからではなく、単に児玉の年齢が若年すぎたことに起因するものであろう。十代の青年が戊辰の戦歴を誇る年齢の離れた下士卒を指揮するのは威望不足であるため非現実的であるからだ。児玉が二十歳以上であれば将校任官も可能であったように思われる。

同期の代表的人物と初任を比較すると、福原豊功の初任が最も良く、児玉・河野通好がそれに次ぎ、寺内正毅が最下位だ（巻末の附表2参照）。准少尉任官が早い福原を除いて、三人共に初任から約一年二ヶ月後の明治四年八月に、二十二歳～二十歳で少尉に任官している。当時は、規律に難のあった壮兵（士族兵）が在隊した時代である。このような下士卒を指揮・教育することを考慮すると、二十歳未満で将校になるのは現実的ではなかった。こうしたことを考えると、二十歳で少尉に任官した児玉らは年齢的問題をクリアして直ちに将校に任官したといえそうだ。

明治六年大阪鎮台勤務当時の児玉源太郎大尉（森山守次『児玉大将伝』星野錫、一九〇八年）。

先に、児玉らが、士官速成教育を受けたと書いたため、児玉の初任が、下士官であることを奇異に思われる読者がいるかもしれない。だが、下士官→将校は当時の通常のキ

ャリアパスである。たとえば、明治三年十二月に、陸軍兵学寮青年学舎（後の陸軍士官学校）に入学した人物の経歴を見ると、三等教導生（明治五年三月）→大隊附下士官勤務（明治五年六月）→軍曹（明治五年八月）→曹長（明治六年十二月）→少尉試補（明治七年三月）→少尉（明治八年五月）となっている。[2]

つまり、①児玉が兵学寮教導隊で下士官教育を受け、下士官から軍歴をスタートさせたからエリートではなかったとか、②下士官から将校へ「異例の昇進」を遂げたとする通説は誤りなのだ。[3]

正確には、兵学寮教導隊で士官速成教育を受けた児玉は、若年であったため下士官から軍歴をスタートせざるを得なかったが、年齢が一定に達すると直ちに少尉に任官した。そのため、下士官から少尉への迅速な昇進は異例でなかったというべきなのである。つまり、児玉はエリートであったのだ。

児玉は、初任から六ヶ月後には権曹長（十一両二分）、その四ヶ月後には准少尉、さらに四ヶ月後の明治四年八月には少尉（二百八十八両）、一ヶ月後には中尉（三百八十四両）、十ヶ月後の明治五年七月には大尉（四百八十両）というように、急速な出世を遂げた。初任からわずか二十五ヶ月で大尉に任官され、給料も約二百十八倍となったのである。

ただし、迅速な昇進は児玉だけではない。たとえば、福原は、児玉より七ヶ月早く、初任から十八ヶ月で大尉に昇進している。彼らの昇進が速かった理由は、実役停年（同一官等に服務しなければならない最低年限で、これを過ぎなければ進級できない）など進級に関する規定の不整備や、明治初期の陸軍が近代的な戦術教育を受けた下級将校を多数必要としていたことにあった。

近代軍建設

各藩から兵権を吸収して一元化し、近代軍を建設することは、明治政府の急務であった。明治四年（一八七一年）、政府は、薩長土三藩の兵士から御親兵を編成し、廃藩置県を断行した。御親兵は、明治五年に近衛兵と改称される。さらに、同年八月に、東京・大阪・鎮西・東北の四鎮台が設置され、諸藩の兵隊が鎮台兵として駐留し治安維持にあたった。当時の隊附人員は、佐官十九人、尉官五百四十二人、下士官二千六十八人、兵士一万千六百二十人の総計一万四千二百四十九人であった。

明治六年（一八七三年）一月、徴兵令発布にあわせて東京・仙台・名古屋・大阪・広島・熊本の六鎮台制（平時三万千六百八十人、戦時四万六千三百五十人）となり、隊附人員は一万六千二百六十八人となった。[4]

近代軍建設は士族の特権剝奪を伴う。不平士族や一部の士族出身軍人は、外征にその存在意義を求めた。士族の不平が高まりつつあったこの時期に征韓論が閣議に上程され、明治六年十月、論争に敗れた西郷隆盛ら五参議が野に下った。

大阪鎮台在勤時代——貼紙事件

明治五年（一八七二年）八月一日、児玉は歩兵第十九番大隊副官から大阪鎮台地方司令副官心得に異動した。大阪鎮台司令長官は公卿出身の四条隆謌《しじょうたかうた》で、児玉は四条から目をかけられたと伝わる。大阪鎮台在勤当時の児玉の勤務ぶりについては、宇佐川一正（日露戦争時の軍務局長）が次のように回顧している。

> 児玉は、事務の余暇に各隊を巡視し、欠点を挙げることが巧みであった。しかし、「公平正直」であるため、皆が心服し畏敬していた。
>
> 当時、士官所と呼ばれた役所の便所が暗い所にあり、皆が遠くから放尿するため、便所が非常に汚かった。そこで、大隊副官が「気を着《つ》けて前に出てやれ」という貼紙をした。しかし、児玉がこの貼紙を発見し、大隊長に対して「兵卒や何んぞの厠でなし、苟も士官の厠である。〔中略〕貼札をしなければ将校として小便さ〔ママ〕することが出来ないか」と食って掛かり、貼紙を撤去させたうえで、「斯様な事をしなければ、分らないやうでは士官たる資格はない」と将校を叱責した。▼5

この逸話からわかるように、児玉は細部に気が付く人物であると共に、将校の自主性を重視する傾向があった。この傾向は後年に至るまで児玉の特徴であり続ける。

任務の趣旨に基づく独断専行

明治六年三月、大坂鎮台歩兵大隊が近衛に編入されることとなり、児玉は取締として上京した。輸送指揮官という任務であるが、似たような任務が複数回あったようだ。

ある時、児玉は、東京鎮台に騎兵を連れていく輸送指揮官を務めることとなった。児玉は上官に海路輸送の可なることを説いたが、馬は船に載せられないとの上官の反論に遭い、彼の意見は却下された。しかし、陸路は海路よりも多くの時日を要するのみならず、人馬の疲労も大きいと考えた児玉は、「騎兵を馬と共に東京へ輸送しろ」という命令の趣旨に鑑み、許された範囲内の独断専行で、海路輸送で任務を遂行してしまったという。

また、東京鎮台の交代兵を神戸まで迎えに出た時のことである。午前三時頃に東京鎮台兵到着の報を下士から受けた児玉は、寝かして置いて欲しいと述べてこの下士を追い返した。児玉が目を覚まして東京鎮台兵の受け取りに出たのは、午前七時を過ぎてのことであった。だが、児玉が朝まで鎮台兵を上陸させなかったのは、深い考えに基づく処置であった。すなわち、午前三時に船から兵士を上陸させたら、宿屋を起こして朝飯等の準備をさせなければならず、大事になると考えて上陸させなかったのだ。[6]

上記二つの児玉の挿話は、彼が命令の趣旨を考えて目標達成に最適な行動に出るという意味で、ミッション・コマンド（任務指揮）に近い思考をしていたことがわかり興味深い。

食客から知識を吸収する

大阪鎮台在勤時代の児玉をよく知る人物に、黄葉秋造（後に台湾国語学校教授）がいる。当時、大阪の外国語学校学生であった黄葉は、学費に窮して中退の危機に瀕していた。そこで、黄葉は他家の書生になろうと考え、官員街で自身と同じ山口県人の表札を探した。その彼の目に留まったのが「山口県士族児玉源太郎」の表札であった。食客に置いて欲しいという黄葉の頼みに、児玉は外国語学校の校長に在校を照会するという条件で、その願いを承諾した。

自身が苦労人であったためか、当年二十二歳の陸軍大尉である児玉は、十七歳の一学生にすぎない黄葉に対し、その夜から自身と同じ食事を供するという厚遇ぶりを示した。だが、児玉にも狙いがあった。児玉は黄葉に対し、英語ができることを確認したうえで、彼を賓師として遇して、食客から英語を学ぶことにしたのである。

児玉は、寸陰を惜しんで勉学に励んだ。アルファベットを一週間程度で習得すると、黄葉に頼んで、費用を惜しむことなく丸善から舶来の地理書・地図・歴史書を取り寄せて、これを講義させた。

特に、児玉のお気に入りであったのがパーレーの『万国史』で、児玉は、「歴史の趣味は又た格別だ」と述べながら、黄葉の話を傾聴した。なかでも児玉は、ナポレオン一世の事蹟を特に愛好し、「今に見て居れ、乃公《おれ》は東洋の小那翁《ナポレオン》になつて見せる」と気炎を吐いたという。といっても、この児玉の歴史愛好は単なる軍談的なものではなく、歴史から教訓を汲み取って自己の用に役立てるためのものであった。[7]

友人山田穎太郎との芸者遊び

黄葉を師として勉学に励む児玉であったが、彼には風流を解する一面もあった。たとえば、金はあるだけ使うのが尉官の心意気とされ、昼夜軍服を着通して「これが仏国流の軍人気質だ」と負け惜しみを言う同僚の中にあって、児玉は一通りの和服はもとより、時季に適う各種洋服まで揃えていたという[8]。

また、大阪在勤時代の児玉は、山田穎太《えいた》郎《ろう》（萩の首謀者前原一誠の弟）と交友があり、頻繁に芸者遊びをしていた。児玉自身が山田を「友人」といっており、両者の交際はかなり親密であったようだ[9]。

熊本勤務時代の山田が大阪在勤の児玉に宛てて書いた次の内容の書簡が、残されている。

「当地〔熊本〕では通いたくても行くに道なく、登るに楼なく、たまさか行けばパッテンクサイにて色も香もなくほとんど困っている。いつも御地〔大阪〕の遊びを思い出します。ついでに国、又国、若、千、その他知己の諸妓に然るべくお願いいたします。〔中略〕老兄も繁華の地に長居は毒なので、折々当地のような田舎へお出でになられるといいです。〔中略〕しかし、当地のようなところに長居するのは大毒で馬鹿になります」（現代語訳[10]）。

山田は、熊本では遊ぶ場所が少ないうえに、あったとしても芸妓が綺麗でないと嘆き、大阪で芸妓と遊んだ往昔を懐古している。しかも「知己の諸妓」に然るべくとの文言があることから、大阪在勤時代の児玉は山田らの友人と、頻繁に登楼して芸妓と遊んでいたようだ。

なお、山田は、乃木希典の前任の歩兵第十四連隊長心得に就任するも、前原一誠との関係を疑われて更迭され、萩の乱に参加して処刑されている。

2、戦傷

佐賀の乱

明治七年（一八七四年）の佐賀県には、征韓実行を主張する征韓党と、政府の欧化政策に反対する憂国党という士族集団が存在した。明治六年政変（征韓論政変）に敗れ下野した前参議江藤新平が征韓党の首領で、一方の憂国党の党首は前秋田権令で明治天皇の侍従を務めた経歴を持つ島《しま》義勇《よしたけ》であった。両名共に、士族を鎮撫する目的で佐賀入りしたものの、逆に党首に担ぎ上げられてしまったのだ。

二月一日、佐賀県士族が官金を預かる小野組佐賀出張所を襲撃、四日、政府は熊本鎮台司令長官谷干城《たにたてき》に佐賀士族鎮圧を命じた。佐賀の乱の勃発である。

政府は、陸軍省に出兵を命じ、参議・内務卿大久保利通に軍事・行政・司法の全権を委任して佐賀に出張させた。大久保は、乱が不平士族の多い鹿児島・高知・熊本などに波及して、全国的大乱に発展することを恐れていたため、迅速な鎮圧を企図していた。

佐賀権令岩村高俊は熊本鎮台兵と共に佐賀城に入るも、

二月十六日、佐賀軍が佐賀城を包囲攻撃する。十八日、鎮台兵は包囲を突破して佐賀城から脱出した。籠城中、山川浩（後の陸軍少将）や奥保鞏《おくやすかた》（後の元帥陸軍大将）ら多数の将校が負傷する苦戦であった。

政府軍の戦闘参加部隊は東京・大阪・熊本鎮台兵二千六百八十三人（戦闘不参加部隊も含めた総兵力五千三百五十六人）で、野津鎮雄《のづしずお》陸軍少将が鎮台兵指揮長官として実質的指揮をとった。この他に現地徴集士族八千八百十六人（うち、戦地出征千五百八十五人）がいた。一方、佐賀軍の兵員数は不明であるが、乱後の降伏叛徒数は六千三百二十七人であるので、戦闘参加者数はこれ以下である。

児玉は、二月十六日、熊本差遣の参謀渡辺央少佐の随員（伝令使兼書記）として九州行きを命じられた。二月十九日～二十日、博多に上陸した政府軍は、二日市を経由して田代に進軍、二十二日には長崎街道を扼する要衝朝日山を陥落させて中原まで進出した。そして、児玉は運命の二十三日を迎える。

二月二十三日、大阪鎮台第十大隊を先鋒とする政府軍は、中原を発して寒水《しょうず》村に至り、寒水村出口の要地に布陣する佐賀軍の要撃に遭遇し苦戦する。この時の政府軍は、「官兵殆と敗れんとす」（『佐賀征討戦記』二五丁裏）、「甚た苦戦」（『佐賀征討日誌』第二号七丁表）と形容されるほどの苦境に立たされ、指揮長官の野津少将自らが弾丸の下に立ち将兵を督励している。

この政府軍の窮境を救ったのが、大阪鎮台第十大隊の急を聞き佐賀軍の後背に進出した厚東武直《ことうたけなお》少佐率いる大阪鎮台第四大隊である。厚東大隊の攻撃により、佐賀軍は寒水附近の陣地を捨てて退却を開始した。

この時、本隊から分かれて「左り下道［ママ］」を進撃する第四大隊の一小隊が敵の堅塁に遭遇し、一時寒水村へ退がり本隊と合流している。寒水の戦いに勝利した政府軍は、神埼進出を企図して前進を再開することとし、第四大隊一個小隊が抜けなかった地点には第十大隊の一個中隊を派遣して攻撃をかけさせた。

この攻撃途中で、第十大隊第四中隊と行動を共にしていた児玉は、指揮旗を揮って陣頭に立っているところを敵弾に右腕首を貫かれた。さらに、これに屈せず指揮旗を左手に持ち替えて進軍するところを、飛来した敵弾に左上膊を貫かれ、その貫通弾が肋部に達する盲貫銃創の重傷を負った。児玉は、出血多量で昏倒したものの、夢の中で指揮をとり続けたという。そして、児玉は、福岡仮病院に後送された。▼11

児玉と近い関係にある陸軍大尉林隼之輔は、二十三日の戦い直後に「生死之程も難計《はかりがたい》」重傷と聞き「驚嘆」したというから、児玉の負傷の程度はかなり深刻であった。[12]

児玉はどこで負傷したのだろうか。宿利重一『児玉源太郎』は児玉の負傷地を安良川《やすろ》とするが、小林道彦氏の指摘通りこれは誤りである。また、小林氏は負傷地点を切通と連想させる記述を行なっているが、これも誤りである。[13]というのも、児玉は寒水村出口から「左り下道」［ママ］（長崎街道より南方の道路）方面に進軍して負傷していることから、切通よりも南方の地、現在の中津隈周辺で負傷していることが確実であるからだ。[14]

寒水の戦勝で勢いに乗る政府軍は、佐賀軍を追撃し、田手川を越えて一時は神埼まで進出した。この二十三日の戦いが佐賀の乱の関ヶ原で、敗報を聞いた江藤新平は征韓党を解散して佐賀を脱出し、鹿児島へ逃走した。

二月二十七日、政府軍は、戦役中「第一の激戦」（『佐賀征討戦記』三二丁表）と評された境原の戦いに勝利、翌二十八日に佐賀城に入城し、ここに叛乱は平定された。鹿児島を経て四国に逃れた江藤は高知県甲ノ浦で逮捕され、佐賀に送られて裁判にかけられた後に徐族のうえ、梟首の判決を受け処刑された。

通説に対する疑問

小林道彦氏は、佐賀の乱での児玉の働きは「突出」したものではなく、児玉の存在が人々の注目を集めるには、若干の年月が必要であったと指摘していて、これが通説となっているが、これは事実に反する。[15]

というのも、佐賀の乱における児玉の功績は陸軍中央に高く評価されていたからだ。これは人事から証明可能だ。乱鎮圧直後の明治七年十月、児玉は少佐に抜擢されている。河野・寺内・児玉・福原の四人の大尉昇進時期はほぼ同じであるが、児玉の少佐昇進は他者より約三～五年早く、児玉の大尉の実役停年は他者の半分以下の二年三ヶ月である（巻末の附表2参照）。後に定められた陸軍武官進級令第三条では、大尉から少佐へ進級する実役停年は四年と定められており、これと比較すると児玉の進級がいかに早いかがよくわかる。

従って、児玉の少佐進級が抜擢人事であるのは明白といえよう。通説と異なり、佐賀の乱における児玉の活躍は陸軍中央で評価されていたのだ。これ以後、抜擢を受けた児玉と寺内らの同期生とでは、進級速度が大きく違ってくることとなる（巻末の附表2参照）。

石黒忠悳との出会いと野津鎮雄の知遇

児玉が、「殆黄泉之客《ほとんどよみのきゃく》と可相成候所《あいなるべくそうろうところ》、医之《の》妙術に寄り鬼籍を免候《まぬがれそうろう》」（ほとんど黄泉の客となりかけたのですが、医の妙術に救われて死を免れました）と語っているように（遠藤貞一郎宛児玉源太郎書簡）、福岡仮病院に後送された児玉の銃創は、一時彼の命を脅かすほどの重傷であった。[16]

右手に筆記具を持つ児玉源太郎（児玉秀雄編『藤園記念画帖　児玉源太郎十三回忌記念』マツノ書店、二〇一〇年）。

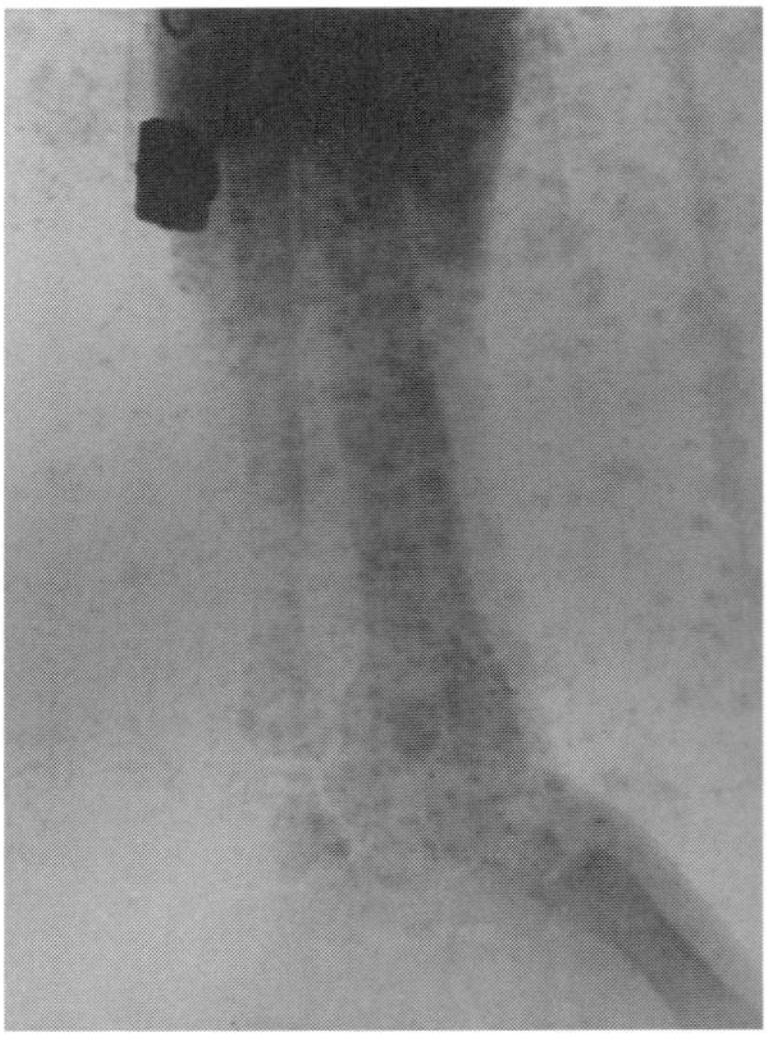

児玉源太郎の前膊骨銃創治癒後のX線写真（陸上自衛隊彰古館所蔵）。
骨質肥厚と骨片の存在が確認できる。

児玉は、福岡仮病院入院中に、久留米病院から福岡に毎週往診していた石黒忠悳《いしぐろただのり》（後の軍医総監。陸軍軍医制度の基礎を確立）と出会っている。後に児玉は陸軍次官として、石黒は医務局長として、陸軍省で一緒に勤務したこともあって、二人は「莫逆の友」となった。両者の信頼関係があってこそ、日清戦争時に、石黒から紹介を受けた後藤新平の臨時陸軍検疫部事務官長起用を、児玉は一度の面会で決めたのだ。[17]

石黒は、福岡往診当時から、児玉の才に気づいて、「此人は普通の大尉ではないぜ」と周囲に話している。その一人に野津鎮雄がいた。野津は「児玉はなかなか切れる男だ。なかなか切れるが、若いから自分で怪我をしなければ可《よ》いが……」と答えたという。[18]

野津は、征韓論政変で西郷隆盛、桐野利秋、篠原国幹が下野して以降、薩摩派の最有力軍人であった。児玉は佐賀の乱の奮戦により、薩摩派軍人の頂点に位置する野津の注目を浴びることに成功したのである。

憤涙、雨の如く滴る

四月、創傷が漸次快癒に近づいた児玉は福岡から大阪の病院に転院し、さらなる療養生活を送ることとなった。だが、自身が「不具之身」で不自由を覚えると書いているように（遠藤貞一郎宛児玉源太郎書簡）、児玉は、久しい間、右手で筆を持つことができず、左手で筆を持つ生活を強いられた。そのため、戦傷から回復し右手で文字を書けるようになった後年になっても、左手で物を書くことがよくあった（後年撮られた写真では右手で筆記具を持っており、右手で筆を使えたことがわかる。写真参照[19]）。

児玉は後に負傷部のX線写真を撮影している。この写真の説明書きには、「前膊骨銃創治癒後（骨片存在、骨質肥厚）」と書かれている。現存するX線写真を見ると、劣化のため骨片は確認できないが、橈骨の下端から約十センチ上の部分に骨質肥厚が確認できる（写真参照）。

人間は満足を知らない。傷が快方に向かうにつれて、児玉の煩悶の種となったのは、佐賀の乱のごとき「小戦」で重傷を負ったため、進展中の台湾出兵と幻の日清戦争（後述）に従軍できない自身の境遇であった。児玉は、その悔しさを次のように書いている。

右手が使えない不自由を感じ、「佐賀之一小戦」を考えると、「実に残念之至り」で、料紙に臨むと「憤涙」が雨の如く落ち、筆も手から落ちるような状況だ（遠藤貞一郎宛児玉源太郎書簡）。

このような精神状況にあった児玉に、熊本鎮台在勤の内命が届いた。だが、小林道彦氏が明らかにしたように、児玉は、自身が「不具之身」であることを理由に、この内命をいったん断っている。

しかし、周囲から説諭を受けて、熟慮した結果、児玉は、熊本鎮台への異動を承諾する。児玉は承諾の理由を、「支那事件」に際して、熊本鎮台は鎮西の要衝であり、軍人は「先を争」う時なので熊本転勤を引き受けたと説明している（遠藤貞一郎宛児玉源太郎書簡[20]）。つまり、児玉は、軍人として、外地出征の機会を逃したくなかったため、熊本転勤を承諾したのである。

なお、「支那事件」とは、幻の日清戦争のことを指す。明治四年十一月、台湾に漂着した琉球漁民が現地住民に殺害された事件をうけて、明治七年五月に台湾蕃地事務都督の西郷従道《じゅうどう》が台湾出兵を強行した。これに対し、清国が日本に即時撤兵を要求すると共に台湾への増兵を行なったため、日本政府は七月八日に、やむを得ない場合は開戦するとの方針を決定し、日清両国間で開戦の気運が極限にまで高まっていたのだ。

遠藤貞一郎宛の書簡を書いた翌日の八月二十八日、児玉は、熊本鎮台准官参謀を仰せ付けられて、熊本に赴任することとなった。准官参謀には説明が必要であろう。当時、参謀には本官の参謀将校と准官の参謀将校の二種類があった。本官参謀は正規の参謀教育を修得し参謀科に属する者のことであり、准官参謀は才能があり将来参謀科将校となる見込みのある歩・騎・砲・工兵科将校を抜擢して、実務や学術に従事させた後に本官に任ずる者のことである（明治七年六月「参謀局条例」第八・第九条）。誤解を恐れずに単純化すると、准官参謀とは、非参謀科出身の参謀将校ということになろう。結局、参謀科将校は小《こ》坂《さか》千《ち》尋《ひろ》一人に止まり、准官参謀の名称や参謀科は陸軍大学校の開校に伴い明治十六年に廃止されている。

なお、北京談判の結果、日清間の戦争が回避されたのは児玉の熊本鎮台准官参謀就任から約二ヶ月後の十月末のことであった。

第四章　児玉参謀は健在なるや

1、結婚と熊本鎮台での新生活

結婚・昇進・母の死

明治七年（一八七四年）十月十七日、児玉は、大阪府平民岩永秀松・タキ夫妻の長女マツ（松子、安政三年（一八五六年）四月十八日生）と華燭の典を挙げた。[1] 児玉二十三歳、マツ十九歳であった。

マツの出自については、大阪の料亭加賀伊で出会った芸妓松龍だとする説を古川薫氏が唱え、小林道彦氏もそれを採用している。[2] 管見の限りでは典拠が確認できないが、児玉が大阪で盛んに登楼していたことを考慮すると、加賀伊の松龍か否かは別としても芸妓であった可能性は高いといえよう。

若い夫婦は、熊本での新居を、熊本市内を流れる白川に架かる安巳橋と長六橋との中間あたりに所在する借家に定めた。[3]

そして、美酒の酔覚《よいさ》めやらぬ十月十九日に、児玉は少佐に昇進した。この少佐昇進が、佐賀の乱の戦功を認められたものであり、同期と比較しても突出して早い進級であることは既述した通りだ。児玉の少佐昇進は、下士官からスタートした児玉よりも初任が良い（大尉と中尉）、桂太郎・川上操六と同年であり、しかも、年齢は両者よりも五～四歳若かった（巻末の附表1参照）。この点からも、この時点で、児玉が陸軍中央で注目されていたことがわかる。

明治八年（一八七五年）十月八日、悲運と貧窮の中で児玉を育てた母モトが死去した。享年六十四。これ以前、モトは脳卒中に罹患し、言語障害と右手に麻痺があった。な

佐賀の乱で負傷し入院療養中の児玉（森山守次『児玉大将伝』星野錫、一九〇八年）。

お、通説では、モトの死亡日は九日とされていたが、新史料の公開により八日であることが判明している。[4]

琉球出張と熊本鎮台幹部との交友

明治九年（一八七六年）七月十九日、児玉家に待望の男子が産声を上げた。長男秀雄（一八七六年～一九四七年、後の内務大臣）の誕生である。だが、児玉は、赤子をあやす暇もなく、約一ヶ月後の八月十四日、歩兵分遣隊巡視のため琉球に差遣された。この年の七月に熊本鎮台歩兵第十三連隊の一分隊が琉球藩に分遣されており、児玉はその視察に赴いたのである。児玉の琉球滞在中、古波蔵に新兵舎が完成し、分遣隊は新兵営に移転した。[5]児玉は、九月十四日まで琉球に滞在し、同日の同地出帆に際して、琉球王府高官伊舎堂盛英から出艦の祝詞を受けている。[6]

熊本鎮台在勤中の児玉は、高島茂徳《しげのり》や大島邦秀らと交友があり、彼らの書簡が現存している。[7]なお、明治九年当時の熊本鎮台は、司令長官種田政明、参謀長高島茂徳、第十三連隊長与倉知実《ともざね》、第十四連隊長心得乃木希典、工兵第六方面提理大島邦秀という陣容である。ちなみに、高島は、幕末期に砲術家として高名な高島秋帆の養嗣子であった。

大島は、児玉を自宅に招待し、「自余之《じよの》御京所と相変り、真に殺風景に而《て》御窮屈」と思われるが、ぜひ訪問して欲しい、大迫尚敏《なおはる》（大尉、後の陸軍大将）らと万一出会ったならば、彼らも同伴して欲しい、と書いており、児玉との交友ぶりが窺われる。

高島の書簡は、与倉による部隊の隊中取り締まりが「至極厳正」だと報じたうえで、明治九年十月二十八日に萩の乱を起こす前原一誠一党の動向を報告する重要な内容を含んでいる。

この書簡によると、高島は前原一党の動向を乃木希典から聞いている。乃木によれば、長州人横山俊彦（松下村塾塾生、萩の乱に参加し処刑）が、鹿児島に行き、西郷隆盛の返翰を持ち帰った。横山が、西郷の漢詩三首を、玉木正誼《まさよし》（乃木の実弟で玉木文之進の養子）に見せた関係で、玉木経由でこれを入手した乃木が下関の高島の許に持参した。前原方は下関に探偵を入れている様子で、政府が馬関・長府に軍隊を配置しているのは征韓を名目にしているが、実際は薩長の不平士族対策であると言って、大いに疑いを抱いている。

大義親を滅すという言葉がある。玉木正誼は乃木に対し前原方に味方するよう説得したが、乃木は肉親の情よりも天皇に対する忠義を優先して、誘いを峻拒したのみならず、弟から前原方の動向を巧みに聞き出したのだ。一方の前原方も密偵を放って情報収集に努めていた様子もわかり、政府・前原方の虚々実々のやりとりが窺われる貴重な書簡だ。

第十四連隊長心得乃木希典と児玉との交流も盛んなものがあった。小倉駐屯の乃木は業務で熊本鎮台を訪問するたびに、児玉と頻繁に面談や書簡のやりとりを重ねたり宴席を共にしたりしており、乃木の日記には児玉と「小酌」・「大酌」したとの記述が何度も登場している。後年、児玉が二〇三高地攻撃に際し、乃木の名誉を傷つけない方法で作戦を指導し、乃木が児玉の作戦指導を受容した背景には、若い頃からの両者の濃密な交流に基づく信頼関係が存在したのだ。[8]

2、敬神党の乱

敬神党挙兵

明治九年十月二十四日午後十一時頃、太田黒伴雄《おおたぐろともお》・加屋《かや》霽堅《はるかた》らが率いる敬神党（神風連）百七十余人が、藤崎八幡宮背後の愛敬正元《あいきょうまさもと》宅を出発した。冑《よろい》や烏帽子《えぼし》直垂《ひたたれ》を着用し、刀槍を携えた一団は、漆黒の闇を貫き、文武の要路者を斃すと同時に、熊本城内の兵営を襲撃した。敬神党（神風連）の乱の勃発である。明治政府が進める西洋化を嫌う彼らは、廃刀令・断髪令に憤激、蹶起《けっき》の実行と蹶起日を宇気比《うけい》と呼ばれる神託で決定し、襲撃に際しては西洋式火器の使用すら避けた。

七隊に分かれて襲撃を実行した敬神党は、熊本鎮台司令長官種田政明・参謀長高島茂徳を殺害すると共に、敬神党蹶起の動向を察知し熊本県令安岡良亮宅で対策を協議中の安岡県令および警察幹部を斬殺した。

実は、警察は敬神党蹶起の情報を早くにつかんでいた。情報を入手したのは敬神党と親交のあった弟を持つ六等警部村上新九郎で、村上は蹶起当日の午後九時過ぎに安岡県令に蹶起の情報を報告している。だが、鎮台と県庁・警察とが反目していたため、県庁・警察はこの情報を鎮台に通報しなかった。このことが、敬神党の襲撃が完全な不意打ちとなり、鎮台将兵に多数の戦死傷者を出す最大原因となった。

かくして大島邦秀のように、変を聞いて自宅から鎮台に駆け付けようとするところを要撃されて殺害される将校が多数出た。要人が相次いで凶刃に倒れたことにより、鎮台・県庁・警察の指揮系統が寸断された。さらに、敬神党が嫌う西洋文明の象徴である電信局も襲撃を受け、外部との連絡が絶たれた。敬神党は、現代戦で言う「斬首攻撃(decapitation strike)」を実行したのだ。

また、第十三連隊長与倉知実の自宅も襲撃された。与倉は刀傷を受けたものの、辛くも脱出に成功している。だが、与倉はこの時、連隊旗を奪われており、これが後に問題となる。

太田黒・加屋率いる第二隊が砲兵営を襲撃したのは、午後十一時三十分頃のことである。一党は、焼玉を用いて兵舎に火を投じ、寝込みを襲われ慌てて逃げ惑う鎮台兵を殺傷した。営内で焼死する者もいたという。砲兵は五十七人という鎮台部隊最大の戦死者を出したことからも、その混乱ぶりが窺える。

歩兵と比べて砲兵の戦死者が多かった理由の一つは、歩兵が銃剣で敬神党と格闘したのに対し、砲兵は銃剣を銃に着剣できず敬神党の白兵攻撃に対し防護手段がなかったことにあった[9]。

鎮台の反撃

同時刻、富永守国率いる第三隊が二の丸の歩兵営を襲撃、ここでも焼玉を使い兵営に放火し、驚いて兵営から飛び出す兵卒を斬殺すると共に、弾薬庫を占領した。そのため、銃弾を持たない歩兵は銃剣で敬神党と斬り結ぶ展開となった。

しかし、非番であった佐竹広命中尉・沼田尚粛少尉試補が城から揚がる怪火を見て自宅から鎮台に急行する途中、偶然出会った御用商人の倉庫から弾薬百八十発と雷管千個を入手して、城内に駆け付け、銃による反撃を開始した。そこへ、敬神党の魔の手を逃れた連隊長与倉知実が歩兵営に到着、敗兵を取りまとめて反撃を組織化し、敗勢を盛り返した。

弾薬庫奪還に成功した鎮台側は盛んに銃撃を始め、敬神党を次々に斃した。また、城外の花畑兵営に在って襲撃を免れ無傷であった小川又次大尉率いるスナイドル銃装備の歩兵第三大隊が城内に展開、ここに奥保鞏少佐らが駆け付けて、諸隊を指揮し南坂の敵を攻撃した。やがて、児玉も城内に到着し、将校を会して方略を定め、善後策を指示、こうして二十五日午前零時三十分頃に鎮台は混乱から回復するに至った[10]。

敬神党の敗因は、奇襲効果を持続できず、鎮台側に指揮系統回復の時間的余裕を与えてしまったことにあるといえよう。

児玉による迅速な対応

当夜の児玉の行動を確認しておこう。午後十一時頃、白川端の児玉の家に、家主の落合某が、慌ただしく駆け込んで来て、鎮台に怪火があり銃声が聞こえる、と告げた。児玉が服を着替えて、鎮台に馳せ参じようとすると、落合が「唯の火事ではない」と、これを諫止した。隣家に居住する酒谷砲兵少尉の馬丁も、当夜は主人に随って鎮台にいたが、馳せ帰って、兵営の火災と帰途で目撃した交刃の様子を語って、鎮台に赴くことの危険を語った。

安岡県令の住む山崎方面や、県民会議長太田黒惟信《これのぶ》（逃走に成功）の住む本荘方面に火の手があがり、鎮台の怪火がますます燃え盛るのを見た児玉は、もはや躊躇すべきではないと考え、一僕を従えて新屋敷に住む種田司令長官の居宅に走った。

大火にかかわらず、四辺寂寞として、ただ犬の鳴き声のみがけたたましく響いていた。そこへ、城の方面から川岸に沿って駆けて来る者がいる。児玉が身を潜めて凝視すると、甲冑を着込んだ二人の武士であった。児玉はここに至って初めて「士族の一揆じゃな」と、騒動が不平士族の叛乱であることを認識し、歩を速めた。

種田邸に着いた児玉が目にしたものは、首がない種田の死体であった。種田は襲撃時に長押に掛けてあった鑓を取ろうとしたところを斬られたらしかった。児玉は種田が手にしていた鑓の柄を切って、室内で使用可能な長さにした。

暫くして、鎮台の書記河島高良らがやって来た。児玉は手帳の頁を引き裂いて、①「今夜鎮台を襲へる賊を討伐すべし」、②「司令長官種田少将は健在なり」、③「此の命令に接受せる隊は直に護衛兵を送るべし」という三項の命令を書き込み、平服に着替えさせた河島にそれを鎮台に届けるよう命じた。種田少将健在を装ったのは、鎮台兵の士気阻喪を防止するための策略で、高く評価できる。

児玉の命令書は、城外花畑分営に駐屯していた小川又次大尉率いる第三大隊に届き、一個中隊の護衛兵が児玉の許に派遣された。

その後、児玉は、種田少将の遺体に布団をかぶせて眠れるがごとく装い、高島参謀長宅に赴いた。だが、高島も庭の泉水のほとりで斬殺され首を奪われていた[11]。

二十五日、鎮台司令長官代理に就任した児玉は、鎮台・県庁関係者と協議し、①熟睡中に襲撃を受け裸のまま逃げた兵士に軍服を支給する、②県庁と共同して賊徒の所在を偵知するための探偵を派遣すると共に、林隼之輔少佐率いる追撃隊を編成して残敵追撃に送り出す、③熊本電信局が破壊されているため、川崎良澄書記を久留米に急派して、騒動の顛末を東京などに報告させるなどの措置をとった[12]。

ところで追撃隊編成には裏の事情がある。すなわち、敬神党はあちらこちらで割腹・戦死していてまとまった残敵はいなかったが、世間で熊本鎮台が陥落したという噂がたったため、士気振興策として追撃隊を編成したというのだ[13]。児玉の周到な配慮が窺われる。

児玉が迅速果断に出した指示により、鎮台の指揮系統が麻痺から回復し、外部との連絡も復旧したのである。

隣県への叛乱波及を未然に防ぐ

児玉は周辺県士族の対応にも腕の冴えを見せた。敬神党は挙兵前から秋月・萩・久留米・福岡・柳川の士族と連絡を取っており、児玉は二十五日の段階で敬神党の乱が不平士族を擁する「隣県へ波及」することを懸念していた。そのため、児玉は、二十六日に秋月士族が動揺しているとの情報を得るや、直ちに、小倉・福岡の鎮台兵に出兵を命じたのである。[14] つまり、秋月士族の動向を早期探知し、迅速に鎮圧策を実行に移したのである。

翌二十七日、児玉の危惧が的中し、秋月の乱が勃発する。児玉はこの日、歩兵第十三連隊から二個中隊を抽出して徳久蘇八大尉を指揮官とした部隊を久留米に急派し、示威運動をさせて「西面の不虞《ふぐ》」に備えさせた。この時児玉は、四囲の形勢不穏な情勢下で、熊本城下を手薄にする危険性を考慮し、久留米市内に入らず郊外に駐兵し、万一怪しい事態が生じたら熊本に戻るよう、徳久に内意を言い含めている。さらに、二十八日には、鹿児島に探偵を派遣して鹿児島県士族の動向を探知させてもいる。[15] 九州には、佐賀・久留米・柳川・鹿児島など、敬神党が連絡を取っていて士族叛乱が懸念される地点が存在したため、この児玉の措置は、士族叛乱が西国に波及するのを抑止するのに寄与したと高く評価できよう。

「児玉参謀は健在なるや」の真偽

陸軍卿山県有朋は敬神党の乱での児玉の活躍を高く評価した。末松謙澄《けんちょう》は、山県が敬神党の乱における児玉の働きを頻りに称賛するのを聞いたという。[16]

山県といえば、敬神党蹶起の報が東京に伝わるや、山県が「児玉参謀は健在なるや否や」との電報を打ち、その健在を知るや「児玉が居れば後事も安心だ」（現代語訳）と述べたという有名な逸話がある。[17]

この逸話は別の史料では発言者が山田顕義となっていて、山田が敬神党蜂起の電報を手に山県を訪問して「児玉さへ生きてをれば、善後の措置も、必ず剴切《がいせつ》にやると儂《わし》は確信してゐる」と断言したとなっている。[18]

研究者の中には、山県の電報が現存しないことを理由に、前者の逸話の信憑性を疑わしいと論じる者もいるが、児玉の安否を確認する電報の不存在のみでは、後者の逸話の信憑性を否定する根拠とはならない。[19] 著者は、児玉死亡直後の明治四十一年に関係者への取材を基に編纂された森山守次『児玉大将伝』に前者の逸話が採用されていることから、安否確認電報打電の事実がなかったことは確実だとしても、

「明治九年神風党之変　軍旗奪還之跡」石碑（著者撮影）。
　敬神党の乱発生当時、連隊長与倉知実の私邸で敬神党に奪われた歩兵第十三連隊軍旗は、この地で隈部幸作の手により奪還された。なお、敬神党側の資料には、一党が汚らわしいとして遺棄したものを鎮台側が拾ったとある。

「軍旗染血之跡」石碑（著者撮影）。
　鎮台側が奪還した歩兵第十三連隊の軍旗は佐竹広命中尉が腹に巻いて奮戦中に、負傷した佐竹の血で染まったことから「血染めの軍旗」と呼ばれるようになった。小林道彦氏はこの地を軍旗奪還の地と説明するが、誤りである。

関係者の間で逸話と同趣旨の会話が交わされた可能性が高いと考える。

　ただし、敬神党の乱は児玉の軍歴に光だけでなく影も投げかけた。敵に鹵獲された連隊旗は、鎮台兵の隈部幸作の手で歩兵営の戦闘中に奪還されたが、軍旗被奪に関する報告書提出が遅れたことで、児玉が乱後の明治十二年（一八七九年）になって謹慎三日間の処罰を受けたからだ。

　宿利重一氏が指摘して以来、この児玉の処罰は西南戦争に際して乃木希典率いる歩兵第十四連隊の連隊旗が敵手に落ちたことに伴うものであるといわれていたが、小林道彦氏により、児玉の処罰は敬神党の乱当時の歩兵第十三連隊旗事件に関する報告書提出の遅延に起因するとの指摘がなされ、通説が覆されている。[20]

※ただし、小林氏は、軍旗奪還の地を「軍旗染血之跡」の石碑が建つ地点（写真参照）と指摘しているが、[21]これは誤りで、この地点は軍旗奪還後に、軍旗喪失を懸念した佐竹広命中尉が軍旗を腹に巻いて戦闘中に負傷し、その鮮血で軍旗が染まった地点である。軍旗奪還の地の正確な場所は現在の二の丸駐車場附近で、そこには「軍旗奪還之跡」の石碑（写真参照）が建っていることを指摘しておきたい。

なぜ児玉が指揮権を継承したのか？

ところで、与倉知実中佐より階級の下の児玉少佐が、なぜ与倉に代わって鎮台司令長官代理に就任し、指揮権を掌握したのであろうか？　この経緯については先行研究でも明確な説明がなされていない。そこで、この謎を解明してみたい。

当時は指揮権継承順位を明確に定めた規定が存在せず、しかも鎮台本営の司令長官・参謀長・参謀が戦死するという前例のない非常事態であった。そのため、協議の結果、十月二十五日に、階級が上の与倉中佐を諸兵総指揮官とすると共に、司令長官の種田政明を病気ということにして児玉が鎮台司令長官代理に就任することとなった。[22]

要は、階級の問題があって児玉の下に与倉を置くことができないので、実兵部隊の指揮権をすべて与倉に預ける形を作って、指揮権の所在を曖昧にしたのだ。そのため、先行研究の指摘とは異なり、必ずしも児玉が指揮権を完全に掌握したわけではない。[23]

だが、この処置は欠点ばかりではなく、隊附ポスト（大隊長・連隊長）の経験しかなく参謀業務に不慣れな与倉に代わって、熊本着任以来約二年間、参謀として勤務していて鎮台本営の業務に通暁する児玉の手腕を発揮可能にさせるメリットも有していた。熊本鎮台の将校は、現実的で柔軟な対応をしたと評することができよう。

反撃を組織したのは児玉か？——通説の誤り

敬神党の乱における児玉の功績はどう評価できるだろうか。この点に関連して、小林道彦氏は小川又次や佐竹広命・沼田尚粛の反撃を組織化したのは児玉であると指摘しているが、これは正しいのであろうか？[24]

結論から先にいえばこれは誤りである。既述したように、佐竹・沼田は児玉の命を受けて反撃を開始したわけではなく、独自の判断で反撃を開始している。さらに、小川が、児玉から撃退命令を受領する前に、すでに独自の判断で反撃を始めていた点も既述した通りだ。

また、乱当時の日誌には、児玉より先に与倉知実が熊本城に駆け付け、「諸隊を指揮し、忽《たちま》ち営内の賊を掃攘《そうじょう》」したとある。[25]

つまり、襲撃直後に児玉が反撃を組織化したという通説は誤りであり、反撃は緊急事態を知った各将校独自の判断で散発的に開始され、その反撃を襲撃直後の営内で最も素早く組織化したのは与倉であると評価できそうだ。

小林道彦氏は児玉を「トラブルシューター」と評価する。だが、小林氏は「トラブルシューター」としての児玉の活躍の開始時期を熊本時代に求めるあまり、敬神党の乱における児玉の活躍を誇張し過ぎなのである。

敬神党の乱における児玉の主たる功績は、鎮台内兵営に侵入した敬神党を撃破したことよりも、①斬首戦略により麻痺した指揮系統を回復させたこと、②外部との連絡を復活させたこと、③熊本の士族叛乱が西国全体に波及することを抑止したこと、以上三点にあるといえる。つまり、二十四日深夜から二十五日にかけて、鎮台に侵入した敬神党を撃退した小川・与倉・佐竹ら隊附将校の活躍と、それ以降の児玉の活躍というように、鎮定の功績を二つの時期に分けて考える必要があるのだ。

こうして、敬神党側に百二十余人、県庁・鎮台側百二十五人の死者（県庁・鎮台側は戦傷死者を含む）を出して敬神党の乱は鎮圧された。だが、いったんあがった叛乱の火の手は秋月や萩の各地に飛び火して、政府はその対応に追われることとなった。

関係者からの評価

敬神党の乱鎮圧における児玉の活躍は関係者の間で高く評価された。たとえば、薩摩出身の野津道貫《のづみちつら》大佐（近衛参謀長心得）および西寛二郎《にしかんじろう》少佐（近衛局参謀）は、十一月に連名で児玉に書簡を送り、「今回予期しない暴動が発生し、〔熊本鎮台が〕一時混乱したが、〔児玉が〕速やかに追討に着手し、暫時にして鎮定した。〔児玉の〕ご尽力とご成功のほど感服の至り」（現代語訳）であると書いている[26]。

また、福原和勝《かずかつ》大佐は、歩兵第十四連隊長心得の乃木希典少佐に宛てて、児玉を絶賛して次のように書いている。「熊本変動の際、児玉少佐の所為を詳しく聞くに及び、覚えず膝を打って嘆美した。というのも、あなたもご存知の通り、最も依頼する将校が多数死亡したのにもかかわらず、それに屈することなく、残兵を集合し、直ちに筑後等へ追討のために、援兵を請求することなく、鎮台兵を分遣して、速やかに追討の功を奏し、その職掌を尽くしたのみならず、兵備・駆け引きなどが適宜にかなっていたのが古の名将にも恥じないからだ。少佐がこのような事業を成したのは、平生から武門の嗜み深く、兵事に志が厚いからである」（一部意訳[27]）。

福原と乃木は長府藩出身であり、幕末期に報国隊士として一緒に戦塵にまみれた仲である。福原は秋月の乱に際し、乃木が一個連隊を率いながら積極的に兵を動かすことなく、大阪鎮台に増援を要請したことを強く批判し、敬神党の乱での児玉の偉勲と、萩の乱での諏訪好和（長府藩出身・元報国隊士）の活躍とを比較して、長州人の名誉を汚したと難詰したのである。

この福原の乃木批判の背景には、乃木の実弟の玉木正誼が萩の乱に関与していたため、秋月での乃木の消極的行動が周囲から疑惑の目で見られていたことがあるようだ。

もっとも、これは福原の誤解であった。乃木は自分の行動を、熊本士族の蜂起に呼応して、久留米・柳川・佐賀・秋月・鹿児島の不平士族が歩兵第十四連隊の管轄である小倉・福岡の営所を襲撃する情報があったので、軽率に兵を動かすことができなかったのだと説明し、福原もこの説明に納得している。

児玉が代理を務めた熊本鎮台司令長官には、陸軍少輔大山巌が東京から派遣されて一時これを兼任し、間もなく谷干城がその職に就き、鎮台参謀長には樺山資紀《すけのり》が就任した。大山と児玉の奇縁はこの時をもって嚆矢とするようだ。

司令長官・参謀長が着任間もなかったため、鎮台の事情によく通じる児玉が、乱後の鎮台運営に力を発揮した。そのため、樺山はこの時の児玉の功績を偉大であると高く評価している[28]。

十一月初旬、敬神党の乱の顚末を太政官に報告するために熊本を出発し東京に向かった児玉は、十二月十三日、萩の乱鎮圧にあたった三浦梧楼らと共に、明治天皇から小御所に召されて午餐を賜う栄誉に浴した[29]。

児玉は十二月三十日頃、東京を出発して熊本への帰路についた。出発に際して陸軍卿山県有朋から、「鹿児島には陸軍の火薬を置いてあるが、追々あれを取り寄せねばならぬ。取り寄せるについては何か混雑でも始まるじゃろうから、気をつけてくれ」と注意を喚起されたものの、児玉は深く考えることなく聞き流したという。だが、山県の不吉な警告は的中し、弾薬運搬が契機となって鹿児島で戦乱が勃発することとなった[30]。

なお、山県の注意を聞き流した児玉であったが、熊本に戻ると不穏な情勢を察して、妻子をまず柳川に、次いで親戚の居住する大阪に移転させている[31]。熊本城攻防戦では、熊本鎮台司令長官谷干城の妻玖満子《くまこ》をはじめとする将校の妻子が城内の空堀に天幕を張って避難するなど、籠城将校の家族保護が問題となっており、児玉の妻子疎開は彼の先見の明の確かさを物語る挿話といえよう。

明治七年佐賀の乱当時の石黒忠悳（石黒忠悳『懐旧九十年』博文館、一九三六年）。

赤十字の印がキリスト教に関係するため陸軍部内の徽章として使用するのは不適切であるとの太政官の意見により、軍帽の徽章が赤一文字になっていることに注意。

寒水の戦い跡地（著者撮影）。

旧長崎街道から見た佐賀軍陣地。最奥部の道路左右両側が高地となっており、そこに佐賀軍が陣地を敷いて政府軍を迎撃した。

児玉の妻・マツ（松子）（児玉秀雄編『藤園記念画帖　児玉源太郎十三回忌記念』マツノ書店、二〇一〇年）。

「神風連加屋霽堅・斎藤求三郎等戦死之跡」石碑（著者撮影）。

歩兵営は二の丸公園・二の丸駐車場一帯にあった。歩兵第十三連隊は敬神党の襲撃・焼討を受け大混乱に陥るも、将校の到着で次第に態勢を立て直し反撃に転じた。鎮台兵の一斉射撃を受けた敬神党は大損害を受け、副首領の加屋霽堅、斎藤求三郎等が戦死し、首領の太田黒伴雄が重傷を負った。

第五章　妖気地を捲き山河を蔽う

1、熊本城攻防戦

政府へ尋問の廉これあり

明治十年（一八七七年）一月、陸軍卿山県有朋は、鹿児島にあるスナイドル銃弾製造機械と弾薬の大阪移送を命じた。一月末、三菱の汽船「赤龍丸」が機械と弾薬移送のために入港すると、私学校党は二十九日夜の草牟田《そうむた》火薬庫襲撃を皮切りに、二月二日にかけて連日火薬庫や海軍省造船所を襲撃すると共に、鹿児島に潜入中の警視局関係者を逮捕して拷問にかけ、西郷隆盛暗殺計画の存在を記した調書に強制的に捺印させた。これを読み暗殺計画の存在を信じた西郷隆盛も挙兵を決断するに至り、二月十四日「政府へ尋問の廉有之《かどこれあり》」として薩軍の先陣が五十年ぶりの大雪のなか加治木を出発した。西南戦争の勃発である。

政府軍総兵力五万八千五百五十八人に対し、二月出兵時の薩軍の総兵力は約一万六千といわれている。兵力差や装備の優劣から無謀だと評される西郷の挙兵であるが、西郷にはそれなりの勝算があった。西郷は熊本鎮台参謀長樺山資紀や海軍大輔川村純義といった鹿児島県出身の政府軍幹部が寝返ると考えており、二月下旬から三月上旬までには大阪に到着できると判断していたのだ。西郷は、川村は四十～五十％の確率で味方する、熊本には樺山がいるので肥薩国境に進出すれば一～二個大隊の鎮台兵は寝返ると述べるなど強気であった。この他に、桐野利秋が熊本鎮台にいた川上操六と直接面会し説得工作を行なったという逸話も伝わっている。▼1

二月十五日、鹿児島県令大山綱良は西郷の名で熊本鎮台

少佐時代の児玉（明治九年頃の撮影、児玉秀雄編『藤園記念画帖　児玉源太郎十三回忌記念』マツノ書店、二〇一〇年）。

に、「兵隊整列指揮を受けらるべく」の文言の入った照会書を送った。当時の西郷は陸軍大将であったため、その指揮下に入れというのだ。勧降状ともいうべき挑発的文面である。

　十九日、これを受け取った樺山資紀は、怒りに任せてこれを寸裂し地面に叩き付けようとした。だが、児玉が「これは西郷が出したものではなく、策士の手によるものであろう。色をやわらげて返答した方がよい」と述べたので、樺山は「薩人がもし隊列を組んで城下を通過するなら、断然威力を以って遮断する」（現代語訳）と返答し、使者を追い返した。実際、児玉の予測通り、この照会書は西郷の知らぬ間に発せられていて、高圧的内容を知った西郷は起案した県第一課長の今藤宏に取り消すよう指示を出している。[▼2]

熊本鎮台籠城策に決す

　当時の熊本鎮台司令部首脳は、司令長官谷干城（土佐）、参謀長樺山資紀（薩摩）、参謀副長児玉（徳山）といった陣容であった。台湾出兵の際に、谷と樺山は意見を衝突させた経緯があるため、児玉は両者の関係が円滑に行くか憂慮したようだが、戦争中、硬骨漢の谷と大胆冷静な樺山との関係は良好で、児玉の心配は杞憂に終わっている。[▼3]

　薩軍を迎撃する熊本鎮台では、肥薩国境の三太郎峠で迎撃するか、城外で決戦をすべきか、籠城するかで議論が分かれた。だが、①敬神党による襲撃を受けてから兵士の士気が回復していないことや、②熊本県下の士族が薩軍に呼応する動きを見せていたため、出撃策を採った場合、鎮台のある熊本城を衝かれる恐れがあったこと、③いったん戦闘して敗れた場合、味方の士気が阻喪して敵に勢いを与えてしまう、といった理由から、谷干城は籠城策を決断した。西南の要石たる熊本鎮台が瓦解した場合、九州のみならず北は庄内から南国土佐に至る全国の反政府勢力の蜂起を連続的に誘発しかねない危険性があったので、不確実性の高い積極策は採れなかったのだ。[▼4]実際、熊本県内では池辺吉十郎を頭とする保守派の熊本隊や、民権派の協同隊が薩軍に呼応しているので、谷の判断は妥当なものと評価できる。

　なお、参謀長の樺山資紀は着任して日が浅かったため、以前から熊本鎮台に勤務し地形等に詳しい児玉が参謀部の中心となって守城計画を立案したようだ。[▼5]

　熊本鎮台の隷下には、歩兵第十三連隊（長、与倉知実）と歩兵第十四連隊（長心得、乃木希典）、砲兵第六大隊（長心得、塩屋方圀《かたくに》）、工兵第六小隊（長、筒井義信）が配属されていた。この他に、東京から派遣された警視隊（長、綿貫吉直、四百八十二人。戦闘要員の約十五％）も谷の指揮下にあった。ただし、歩兵第十四連隊の大部分は籠城戦開始までに熊本城に入城できなかったため、籠城総員三千七百六十九人（うち戦闘要員三千三百十五人）で薩軍を迎撃することとなった。

当時の主力兵器は小銃と大砲だ。熊本鎮台には最新鋭の後装式施条銃であるスナイドル銃が優先的に支給され、計二十六門の大砲を装備していた。薩軍はスナイドル銃と比べて発射速度の劣るエンフィールド銃が主力であったため、小銃火力の点で不利であった。

政府軍は加藤清正の築城で勝利したのか？

熊本鎮台には火力の他に工兵隊の野戦築城能力という強みがあった。旧幕府工兵隊出身で五稜郭改修の経験を有する筒井率いる工兵隊は、堡籃《ほうらん》と呼ばれる木の枝や竹でできた籠に土を入れてこれを並べたり、土塁で胸墻《きょうしょう》を築くなどして野戦築城を行なった。当時の小銃弾は約二十五メートルからの距離でも五十センチ程度の土盛で防御可能であった。熊本鎮台は石垣の上の櫓や塀を撤去して堡籃を並べて胸墻を築くと共に、法華坂などの要所にも胸墻を築いている。火力戦の時代に無力な櫓や塀よりも、堡籃や胸墻の方が歩兵や大砲を配置しやすいのだ。熊本鎮台参謀長樺山資紀からも「土百姓素町人の烏合の衆」と評された鎮台兵が、野戦陣地なくして精強剽悍な薩軍を撃退できたかは疑問である。[6]

通説では、薩軍は加藤清正の築城術に負けたとか、清正の縄張りが「近代戦で絶大な効果を発揮した」と指摘されるが、実際には熊本鎮台は清正の基本設計を活用しつつ、火力戦の時代に即した野戦築城を実施することで薩軍の猛攻を防いだのだ。[7]

だが、熊本鎮台の防御には穴が存在した。兵力不足のため藤崎台と道を挟んで目睫の距離にある段山《だにやま》に配兵できなかったことと、警視隊入城まで二の丸の線で防御する作戦構想であったため本丸から見て西から北西にあたる藤崎台や漆畑といった突出部に十分な野戦築城を行なっていなかったことだ。熊本城攻防戦が始まると、歴戦の薩軍は当然この弱点を見逃さなかった。

天守炎上

熊本鎮台兵は敬神党による夜襲で士気が沈滞していた。樺山資紀によれば、暗夜の歩哨は犬が鳴らした物音に過剰な反応を示し敵襲だと誤解して発砲する体たらくであった。そこで、児玉ら熊本鎮台幹部は、士気振興策として、敬神党の乱の戦死者の大招魂祭を挙行し、余興として相撲や花火を行ない停滞する鎮台兵の士気を鼓舞した。[8]

熊本城天守と宇土櫓（著者撮影）。
画面手前が宇土櫓で、奥が天守。

熊本城宇土櫓（著者撮影）。
熊本城天守閣焼失後、熊本鎮台本営が宇土櫓に置かれた。

熊本城攻防戦

（明治10年2月22日〜23日）

→ は、薩軍の攻撃ルート

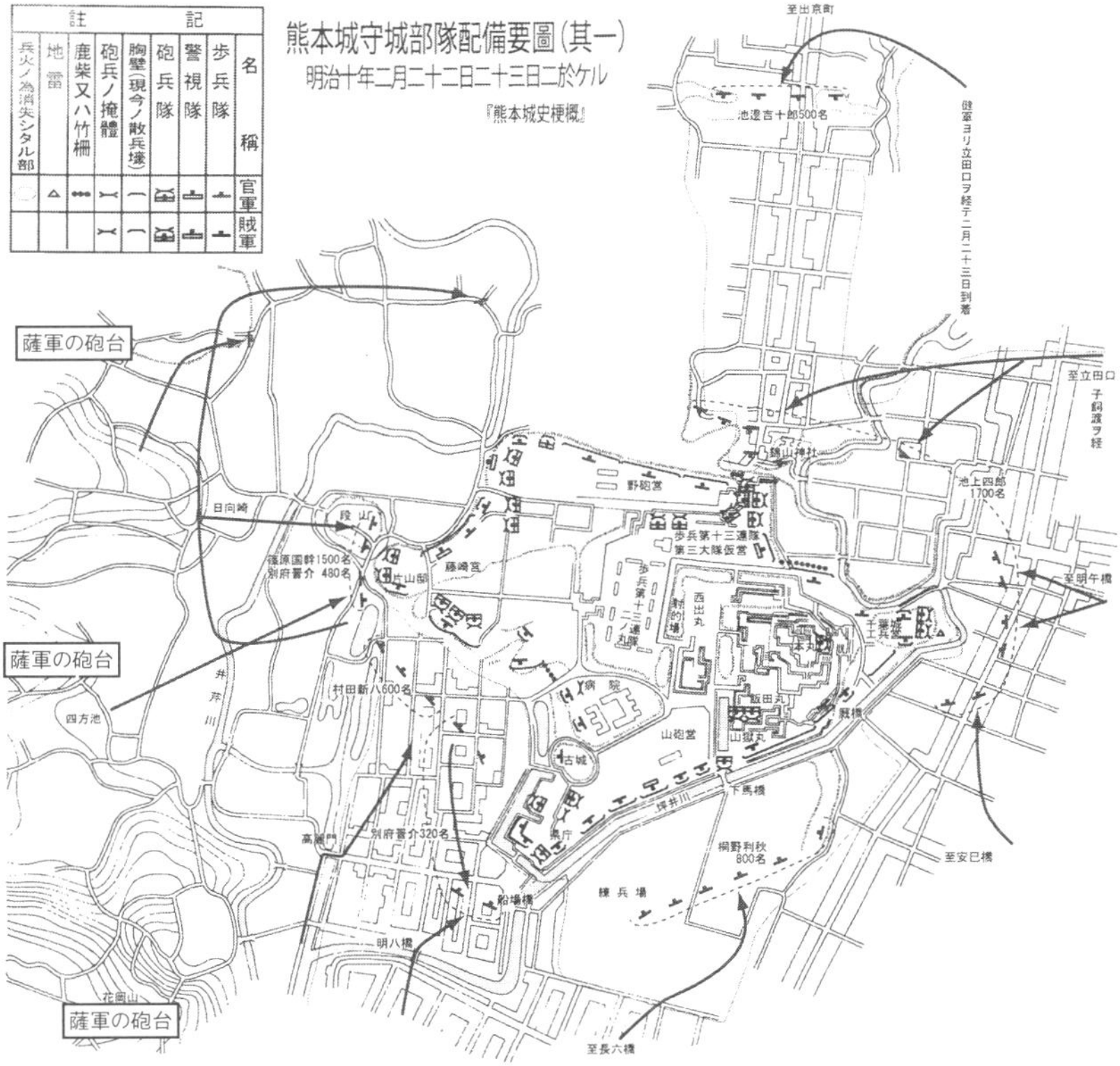

出典：熊本市文化振興課編刊『年刊　田原坂』第四号（二〇一七年）四頁所収の図版に加筆。

熊本鎮台兵が城内要所に地雷を埋設したり、鹿砦《ろくさい》や柵などの障害物を設置したり、交通壕を掘るなど籠城準備を万全にすることに余念のなかった時に、鎮台を驚愕させる事件が起きる。

二月十九日午前十一時十分、熊本城本丸から出火し、大小天守閣や鎮台本営が置かれていた本丸御殿が、五百石（三十日分）の兵糧米と共に、焼失したのだ。鎮火したのは午後三時頃といわれる。

出火時、司令長官谷干城・参謀長樺山資紀は城内巡視のため留守にしていた。留守を預かる児玉は、御書院に居て火災発生を知り、天守閣と本丸御殿の渡り廊下から火があがるのを目撃して急ぎ避難しようとするも、機密書類と守兵配置図を置き忘れたことに気づく。これがなければ作戦に支障が出るのは必至だ。児玉は急ぎ駆け戻って煙が渦巻く中からそれらを持ち出した。

城内には一つの隅櫓があった。隅櫓は高さ三十間の高石垣の上にあって、石垣の下には火薬庫が存在した。火はすでに隅櫓に燃え広がっている。隅櫓が焼け落ちれば火薬庫は大爆発を起こす。兵糧と違い銃砲弾は城下での調達が難しいので、火薬庫が引火大爆発を起こせば、作戦計画が破綻するのは必至だ。熊本鎮台の命運は旦夕に迫っていた。

これを見た児玉は、直ちに行動に移った。倉庫を開き火薬を搬出するよう叱咤命令したのだ。だが、誰一人命令に応じて危険を冒そうとする者がいない。そこで、児玉は、少尉試補北川柳造（児玉は「砲兵大尉北川龍蔵」と誤記）と共に火薬庫の屋根に奮然とかけ登って、持ち前の大声で火薬を搬出するよう鎮台兵に命じた。この児玉の勇敢な行動により、右往左往する将兵の混乱が収まった。彼らは勇を鼓して火薬庫から火薬を搬出して、これを石垣の下に放り投げたのである。

熊本鎮台の次は児玉に生命の危機が訪れた。火薬搬出指揮中の児玉がふと頭上を見上げると、隅櫓が火炎となって今にも焼け落ちてきそうになっていたのだ。児玉は逃れることはできないと覚悟して、火薬を搬出するよう将兵を督励する。すると霹靂一声、万雷が落下するかのような激音を発して、櫓が崩壊した。だが、児玉には名将が必ず持つ強運があった。児玉が幽冥の国に居ることを観念した時、児玉の居る方へ倒れてくるはずの櫓が、反対方向に落下したのだ。▼[9]

こうして児玉は、勇気を示して衆を鼓舞することで熊本鎮台と自身の生命の危機を回避したのである。危機を脱した熊本鎮台は直ちに城下で食糧調達を行ない、火災前の貯蔵量を上回る六百石の兵糧を集めることに成功した。

児玉が火薬庫で見せたリーダーシップは、熊本鎮台の命運のみならず、西南戦争の行方を左右する重要な意味があった。熊本鎮台が陥落した場合、全国の不平士族が蹶起し、戦争の展開が史実と大きく異なった蓋然性が高いからだ。

児玉が火事場で示したリーダーシップは、鎮台の運命を救った他に、熊本鎮台将兵の団結力を強化する効果もあった。この点に関して児玉は、熊本鎮台兵は鹿児島・熊本・福岡などの九州出身者で構成されていて、薩軍側に寝返るリスクのあることを憂慮していたが、火事その他があったため一体感が増したと回想している[10]。児玉は火事その他と述べているが、火薬庫での児玉の率先垂範も団結力強化に寄与したことは間違いない。

クラウゼヴィッツは名将の条件として、危険に対する勇気と責任に対する勇気を挙げている[11]。また、率先垂範は古来よりリーダーシップの必須要素とされている。児玉は混乱に陥って右往左往する鎮台兵を見て、自身の生命を顧慮することなく真っ先に危険の中に身を投じ火薬運搬を指揮した。人間の真価は危地において現出するといわれるが、児玉は自身の胆力と勇気とを示すことで、火薬庫周辺の混乱回復に成功したのだ。

勇気の他に、偶然の領域に属する運を味方につけることも名将の条件の一つとされるが、児玉には強運もあった。戦争には偶然がつきものだが、児玉は勇気と大胆さとで運を引き寄せることができたのだ。児玉は早い時期から名将としての資質を示していたといえよう。

児玉が放火したのか?――有力説に対する疑問

出火原因は公式記録では失火とされているが、①失火説、②放火説、③熊本鎮台による自焼説などの説があっていまだ決着していない。一時失火説が有力視されていたが、平成二十九(二〇一七年)に熊本市が有識者を集めて開いたシンポジウム「熊本城炎上の謎に迫る!」では、攻撃目標になりやすい天守閣を事前に撤去する必要があったなどの理由から、熊本鎮台による自焼説が有力だとの指摘がなされた[12]。

また、熊本市の本丸御殿発掘調査報告書は、市消防局職員による実地検分では火元特定ができなかったとしつつも、発掘遺物の被熱状況から火元を小広間と推定したうえで、富田紘一氏の最新研究から自焼の可能性が高いと論じる。富田氏によれば、市街地からの視認が容易である天守閣は、攻撃目標になりやすく、戦闘中に砲撃を受けて炎上する可能性が高い。そのため最も合理的な軍事的選択肢は天守閣を焼却することであり、焼却計画の立案は谷干城・樺山資紀らが中心となって行ない、焼却計画実行の現地指揮は児玉がとったというのだ。

熊本市の報告書は、火元を小広間とする見解は富田説を補強すると論じたうえで、小広間は児玉が「隠密裏に作戦を指揮するのに格好の場所」といえると結論づけている。つまり、天守閣・本丸御殿炎上は、天守閣という薩軍の砲撃目標を除去するために、谷・樺山らが放火計画を立案し、児玉が放火計画を遂行してなされたというのだ。[13]

しかし、この結論には疑問が残る。第一に、薩軍の砲撃目標を除去するという軍事的理由から放火したのであれば、「三の天守」と俗称され天守閣に匹敵する高さのある宇土櫓をなぜ放火せず残したのであろうか？ 従って、砲撃目標となりやすいことを理由とする富田説は説得力に欠ける。第二に、熊本鎮台の計画的自焼というなら、なぜ喪失が敗北につながる弾薬を火薬庫に放置して火を放ち、弾薬を爆発の危険に曝したのだろうか？ こういった理由から、小広間が火元であったとする推定から、富田説を自説の補強として使い、熊本鎮台自焼説をとる熊本市報告書の結論は説得力に欠け、従来通り失火説が妥当であると著者は考える。

なお、富田氏は本丸での発掘調査で、炭化米が発見されなかったことも熊本鎮台自焼説の論拠としている。五百石の米が焼けたなら炭化米が出るはずだというのだ。だが、この点に関しても、熊本鎮台会計部が、①出火により「糧食品の如きは数日の準備も悉く一朝の灰燼に属し」たので、②会計部士官以下が全員熊本市内に出て「食米は精玄を問はず、其諸物品を厳に購求」してこれを城中に運ばせたと日誌に書いていることから、炭化米未発掘は熊本鎮台による計画的自焼説の論拠とはできないといえよう。[14] 児玉を放火の実行犯とする説には問題があるといえるのだ。

籠城中の問題をどう解決したのか？

熊本鎮台は、守備地区を十一区（片山邸・藤崎八幡宮・漆畑・法華坂ほか）に分割して、各所に一個歩兵中隊を配兵した。熊本鎮台は十四個歩兵中隊であったので、残り三個中隊が予備隊であったものと思われる。予備隊は西出丸北地区に置かれ、本営は宇土櫓に設置された。

二月二十二日、薩軍の総攻撃が開始さ

熊本城攻防戦の激戦地、藤崎台（著者撮影）。
西南戦争当時、藤崎八幡宮が鎮座していたこの地は、政府軍・薩軍による攻防戦の舞台となり激戦が展開された。写真のクスノキは藤崎八幡宮境内に存在していたもので、両軍激闘の目撃者である。

れた。薩軍は政府軍の弱点である段山方面に主攻を向けた。熊本鎮台が兵力不足のため段山に配兵できなかったため、薩軍は段山を占領し、ここを攻撃拠点として、道を挟んで至近距離にある片山邸・藤崎八幡宮のある藤崎台に猛射を浴びせ、熊本鎮台兵を苦戦に追い込んだ。片山邸では歩兵第十三連隊長与倉知実が戦傷死し、藤崎八幡宮でも参謀長樺山資紀が重傷を負った。与倉の後任の連隊長には川上操六が就任している。樺山が負傷入院したため、以後、司令部における児玉の役割の重要度が増すこととなった。

　薩軍の猛攻は翌二十三日も続いたが熊本鎮台はこれを撃退した。樺山は児玉が立案した防御計画の良さを勝因に挙げている[15]。以後、薩軍は攻撃方針を強襲から長囲持久策に転換し、熊本城攻囲戦は長期化する。攻囲中の薩軍は花岡山や四方池《よもち》に砲台を設置し、城内を盛んに砲撃した。なお、通説では、花岡山からの砲撃は熊本城には届かず途中の新町や段山附近に落ちたといわれ、熊本市設置の「花岡山薩軍砲座の跡」史跡案内板にもそのように書かれているが、これも誤りだ。花岡山から熊本城までは直線距離で約二キロであり、これは四斤砲の射程距離約二キロの範囲内である。また、籠城軍側史料には花岡山砲台からの着弾記録が残されている。四斤砲の射程距離のみならず文献史料からも、城内に着弾していた可能性が高い[16]。

児玉によると、熊本鎮台首脳は籠城中、①食糧不足、②銃砲弾不足、③衛生問題（排泄物処理・戦死者埋葬）に頭を悩ませたという[17]。では、児玉ら熊本鎮台首脳はこれらの問題にどのように対処したのであろうか？

　糧食問題は熊本鎮台にとって最困事であった。二月二十日に集積した米は二十日分にすぎず、備蓄量の減少のため三月三十一日から全軍米・粟の混用となり、四月四日からは粥食となった。副食は牛肉がなくなって以降、馬肉が支給され、警視隊員の中には猫を狙撃し食す者もいた。籠城兵は犬も食べたため城内に犬の姿が無くなったと伝わる。また、副食物が枯渇し病人も増加したため、徴兵された兵士に飴屋や豆腐屋などを本職とした者が存在することを利用して、飴や豆腐を城内で製造して病人に支給することもあり、実際「白川町口とうふや」の銘が入った鉢が本丸から発掘されている[18]。

　熊本鎮台は、明治九年に他鎮台に先駆けてスナイドル銃が優先的に支給されたことは既述した。だが、児玉ら熊本鎮台首脳は、スナイドル銃弾薬の欠乏を防止するために、スナイドル銃は急戦用とし、夜間の探偵射撃にはエンフィールド銃を使用する決定を下している。砲弾については薩軍が射撃した不発弾を掘り出し再利用して不足分を補ったようだ。また、城内に薩軍の砲弾が飛び込んでくるため、直撃弾による誘爆を防ぐ目的で、弾薬庫に貯蔵していた銃砲弾を土の中に横穴を掘って穴蔵とし、そこに貯蔵する対策がとられている。[19]

籠城総員三千七百六十九人の排泄物処理も難問であった。この問題を放置すれば軍隊衛生上寒心すべき事態となるのは必至だ。平時なら大便は肥料として払い下げ可能だが、重囲下ではそれもできない。そのため、便所から汲み取った大便は城内の空き地に穴を掘って埋めて処理をした。だが、四月になり暖かくなると埋めたはずの大便が地気に蒸されて地表面に溢れ出て虫が発生し、臭気が強烈となった。悪疫発生のリスクが高い。そこで児玉は城下の酒屋から二十～三十石入りの桶を運び込ませ、これを空堀に置いてそこに大便を溜めて処理する方針をとった。

熊本城攻防戦では百二十七人の戦死者が出ており、児玉ら熊本鎮台首脳は戦死者の埋葬場所にも頭を悩ませた。特に熊本は寝棺で埋葬する慣習があったため、座棺と比較して広い埋葬面積が必要であった。そこで空き地となっていた城内の一郭を仮埋葬地として利用し、解囲後に立田山招魂社に改葬したという。[20]

高まる城内の不安

第一旅団と第二旅団からなる征討軍団が博多に上陸した二月二十二日、熊本城を目指し進軍中の乃木希典率いる歩兵第十四連隊が植木附近の向坂で薩軍に敗れ、連隊旗を奪われた。児玉らは向坂の戦闘の銃声を耳にし、援軍の到着を期待したが、その後の消息は杳として知れなかった。そこで二十四日、熊本鎮台首脳は宍戸正輝を征討軍団本営に派遣して外部との連絡を試みた。宍戸は三月三日無事帰城し、征討軍団の詳細な戦況を復命したため、城内の士気が上昇した。児玉も「単身投敵気何豪　上将涙痕浸戦袍　天下人心為君決　功名千歳与城高」（単身で敵中を突破するとは何という豪気だろうか、上将は軍服を涙で浸している。天下の人心は君の行為で決し、功名は千歳に残り城と同じくらい高い）との漢詩を賦して、宍戸を称賛している。[21]

三月三日、四方池村の敵塁に乃木が奪われた連隊旗が掲げられ、児玉も城内からそれを視認した。不安が高まった城内では真贋論争が起きたが、本物であることが後に判明することとなる。[22]

児玉、抛擲弾を発明する

戦機が動いたのは三月十二日のことである。熊本鎮台の砲撃で段山の家屋が炎上するのを見た警視隊の三等大警部川路利行・三等中警部池端清秀らが熊本城の脅威となっている段山に対し独断で攻撃を開始し、これを見た両軍が援軍を出し合ったため激戦となったのだ（段山攻防戦）。戦闘は翌十三日まで継続し、熊本鎮台は段山の奪回に成功した。二日間にわたる段山攻防戦での熊本鎮台側の死傷者は二百二十一人、薩軍の遺棄死体は七十三体で、段山攻防戦は熊本鎮台公式記録が「我か軍死傷頗る多く、戦ひ最も苦しむ」と書くほどの、籠城戦中最大の激戦であった。▼23

三月二十日に田原坂を突破され、吉次峠―荻迫―木留―植木方面に新たな防衛線を敷いた薩軍は、二十六日に包囲兵力を吉次峠から植木に至る防衛線に転用する目的で、坪井川と井芹川の合流点を堰き止め水攻めを開始した。城下が溢水し始めた三月二十九日、児玉は「抛擲弾《ほうてき》」を発明し、裁その製造を命じている。抛擲弾はガラス瓶の中に火薬、裁断した釘およびガラス破片を充塡して導火線を付けたもので、病院からガラス瓶百五十個を調達して製造を開始し、一週間で百個の抛擲弾が完成するに至った。▼24

突囲隊の出撃

籠城日数四十日を過ぎても征討軍との連絡はできないうえに、四月四日になると糧食は粟米合わせて十八日間、すなわち四月二十二日までしかもたないことが判明する。そこで、四月七日に軍議が開催され、熊本鎮台司令長官谷干城が突囲隊を組織して自らその隊長となり、八日に植木方面に向け出撃することを提案した。谷は、突囲隊が任務に成功すれば征討軍との連絡回復が果たせるし、失敗しても戦死した突囲隊の人員分だけ消費人口が減少するため籠城期間が延長できると考え、突囲案を提議したのだ。悲壮な決意というべきである。

だが、参謀長樺山資紀が谷の離城に反対したため、歩兵第十三連隊第一大隊長奥保鞏が突囲隊の指揮官に就任することとなり、出撃方面もたまたま川尻方面から砲声が聞こえたため川尻方面に改められた。すでに三月十九日に別働第二旅団（後に別働第一旅団に改称）が熊本城から約四十キロ南の日奈久南方の洲口に、二十五日には別働第二旅団・別働第三旅団が八代に上陸しており、この衝背軍が四月一日に熊本城まで約十キロの宇土に進出していたのだ。

四月七日夜、出撃準備が進められ、突囲隊には貴重な軍馬三頭を屠殺して二食分の白米馬肉弁当が支給された。粟飯ではなく米飯を支給したのは戦死体が検分された際に、城内の食糧事情の窮状を悟られないようにするための深慮によるものだ。また、突囲隊には銃弾百五十発と抛擲弾が支給された。

作戦計画では、小川又次大尉率いる侵襲隊が安巳橋・明午橋を襲撃して突囲隊の進路を開き、奥保鞏少佐率いる突囲隊が安巳橋から包囲網を突破して川尻の衝背軍に合流するとされた。奥には大迫尚敏大尉が参謀として配属されている。[25]

後に奥は第二軍司令官として、小川は第四師団長として、日露戦争に従軍し、大迫は第七師団長として二〇三高地攻略に参加し、涙を流しながら第七師団の二〇三高地攻撃継続を児玉に訴える運命にある。

児玉は春景色の中で悲壮な計画を立案した心情を漢詩に詠んで自身の悶々たる気持ちを慰めた。

「妖気捲地蔽山河　天色濛々時未和　早鎖門関春寂寞　微風猶送落花多」（妖気が地を捲き山河を蔽っている。天色は濛々として和らがない。春の到来前に城門を閉ざし籠城したので春が城内に入ってこず寂寞としている。微風が春花を落としている）。[26]

城下が暁霧に煙る四月八日午前四時、突囲隊・侵襲隊が攻撃を開始し、侵襲隊が薩軍の胸壁陣地に抛擲弾を投げ込んだ。不意を衝かれて混乱する薩軍の隙を衝いて突囲隊は水前寺に進出し、水前寺園内の空屋に火を放って合図の烽火を揚げた。奥は出撃前に敵の重囲を脱することができたら合図の烽火を揚げることを約束していたのだ。合図の烽火を一日千秋の思いで待っていた児玉を含む籠城兵は、烽火が揚がるのを見て、「しめた！　軍は無事だぞ」と狂喜した。[27]

午後四時、突囲隊は宇土に進出して衝背軍との連絡に成功、他方の侵襲隊は九品寺《くほんじ》村に侵入して米七百二十俵を獲得して城内に運び込むことに成功し、籠城兵の士気を高めた。必死の覚悟で出撃した突囲隊であったが、戦死者はわずか八名にすぎなかった。

奥の報告で城内の窮境を知った衝背軍は四月十二日から熊本城解囲作戦を開始した。なお、前日十一日には谷が段山から本妙寺方面の敵線を視察中に狙撃を受け負傷する事件が生起している。衝背軍は十五日に熊本城に入城する計画であったが、別働第二旅団参謀山川浩中佐は薩軍の気勢が沮喪しているのを看破し、独断で部隊を熊本城に入城することに成功させた。かくして五十二日間にわたる熊本城攻防戦は熊本鎮台の勝利で幕を下ろしたのである。

児玉にとっての熊本城攻防戦の意義

熊本城攻防戦の勝利は児玉に二つの政治的・軍事的資産を与えた。

第一に、小林道彦氏も指摘しているように、谷干城、樺山資紀、川上操六、奥保鞏、小川又次、大迫尚敏、品川弥二郎といった人々と五十二日間に及ぶ籠城戦の苦労を共にしたことで、彼らとの間に強固な「人間的紐帯」が形成されたことだ。[28]

豊後戦線での戦闘以後、児玉と川上の関係が微妙になったとする小林氏の見解と意見を異にするが、児玉が川上と籠城戦の苦労を共にし、解囲後も豊後戦線で薩軍相手に共に苦杯を嘗めたことは、両者の信頼感を強めた。この信頼関係があってこそ、児玉が臨時陸軍制度審査委員長として委員の川上と激論を戦わせたり、日清戦争で児玉陸軍次官が川上参謀本部次長と円滑な作戦協力を行なったりすることが可能であったのだ。また、籠城生活を通じて奥、小川、大迫の性格を熟知したことや、信頼に基づく彼らとの人間関係は、児玉が満洲軍総参謀長として日露戦争での戦争・作戦指導を進めるうえで、大きな財産となった。

第二に、児玉が銃弾や食糧の不足といった兵站問題、排泄物処理や死体埋葬といった軍隊衛生上の問題に対処したことで、児玉が戦争における兵站の重要性に対する認識を深めたことも重要だ。児玉が陸軍次官として日清戦争の兵站業務を円滑に処理し実戦部隊をして後顧の憂いを無からしめたり、臨時陸軍検疫部を創設してその部長に就任し、熱心に伝染病対策に取り組んだりした背景には、籠城戦を通じて獲得した兵站の重要性に対する深い理解があったといえるであろう。

2、豊後・日向方面での戦い

速やかに鹿児島を突かざるべからず

衝背軍が薩軍の背後を衝く形勢となったことで、田原坂に匹敵する堅塁を誇った荻迫・向坂方面の薩軍戦線が崩壊、四月二十日の城東会戦にも敗れた薩軍は翌二十一日に矢部郷浜町で作戦会議を開き、根拠地を人吉において、薩摩・大隅・日向の三州に盤踞して、機会を見て攻勢に転じることとした。いわゆる薩隅日三州割拠の策である。

熊本鎮台は城東会戦を健軍—保田窪の線で戦うも、敵の猛射により死傷者が続出し、参謀長樺山資紀が再度負傷し、堀江芳介が出先参謀長に就任した。熊本鎮台が薩軍を追撃して本営を福原に進めた四月二十三日、児玉は谷干城に書簡を送り、薩軍は浜町を固守するようであるが、①薩軍兵士が帰心を抱いて戦わずして浜町を退却する可能性があることや、②薩軍の弾薬が非常に欠乏しているとの風聞があることを論拠に、速やかに鹿児島を突くべきであると提案した。[29]

この児玉の提案は兵法の説く「先ずその愛する所を奪わば、即ち聴かん」(『孫子』九地篇)を実行しようとしたもので、敵の兵站根拠地を奪取することにより敵の継戦能力を減少させると共に、戦争の主導権を奪還しようとしたものであると評価できよう。児玉の戦略・作戦眼は二十代の頃から卓越していたのだ。

しかも、児玉の提案は征討軍団首脳の意見と一致しており、この書簡が書かれた二十三日には参軍川村純義を総司令官として鹿児島に分遣隊を派遣することが決定され、分遣隊は二十七日に鹿児島に上陸し、甲突川―城山―多賀山の線に海岸堡を確保して野戦築城を施し薩軍の逆襲に備えた。この後、鹿児島海岸堡をめぐる激戦は、別働第三旅団が分遣隊との連絡回復に成功する六月二十五日まで続くこととなる。

児玉は遊撃戦を戦い治安対策に精通したのか？

城東会戦後、児玉の戦場は豊後・日向方面に移った。豊後転戦以後の戦争形態に関し、小林道彦氏は、薩軍が「遊撃戦」（ゲリラ戦）を展開し、児玉がこれに対処していく中で治安対策に精通し、ここでの経験が台湾総督時代の対土匪政策の中で活かされたと指摘している。小林氏によれば、児玉は、薩軍の遊撃戦に対処する中で、児玉が良民を味方につけて匪徒を浮かび上がらせる土匪掃討作戦のノウハウを習得し、これが台湾総督時代の対土匪政策において有益であったというのだ。▼30

この見解は学界でも支持されて、小林氏による児玉の評伝が高く評価されるポイントの一つとなっているが、この通説は正しいのであろうか？

結論から先にいえばこれは史実に反する。というのも、豊後侵攻を企てた薩軍「奇兵隊」指揮官野村忍助《おしすけ》が展開したのは、南北戦争の名将リー将軍を彷彿させるような、劣勢な兵力を、高い行軍能力を利用した大胆な機動と政府軍の意表を衝く攻撃でカバーする戦い方（機動戦）であり、それが不可能になって以降は、両軍間で野戦陣地攻防戦が展開されたからだ。つまり、良民から匪徒を浮かび上がらせるような治安対策を必要とする遊撃戦が豊後戦線で展開された事実は存在しないのだ。

たとえば、五月十二日に豊後重岡に到達した薩軍は、政府軍の不意を襲撃する作戦を展開し、九里（約三十六キロ）の険路を進んでいる。また、大分県内には両軍の野戦陣地跡が多数残されていることが、高橋信武氏の研究により明らかにされている。例を挙げると、六月二十五日から七月十六日まで激戦が続いた陸地峠《かちぢとうげ》一帯には広範囲にわたり、両軍の台場が多数構築（現在約百三十基確認）されている。▼31

機動戦や人里離れた山中を中心に戦われた野戦陣地攻防戦で、対遊撃戦に有効な形態の治安対策を展開しても効果がどれほどあったか疑問であるし、そもそも児玉がこの戦

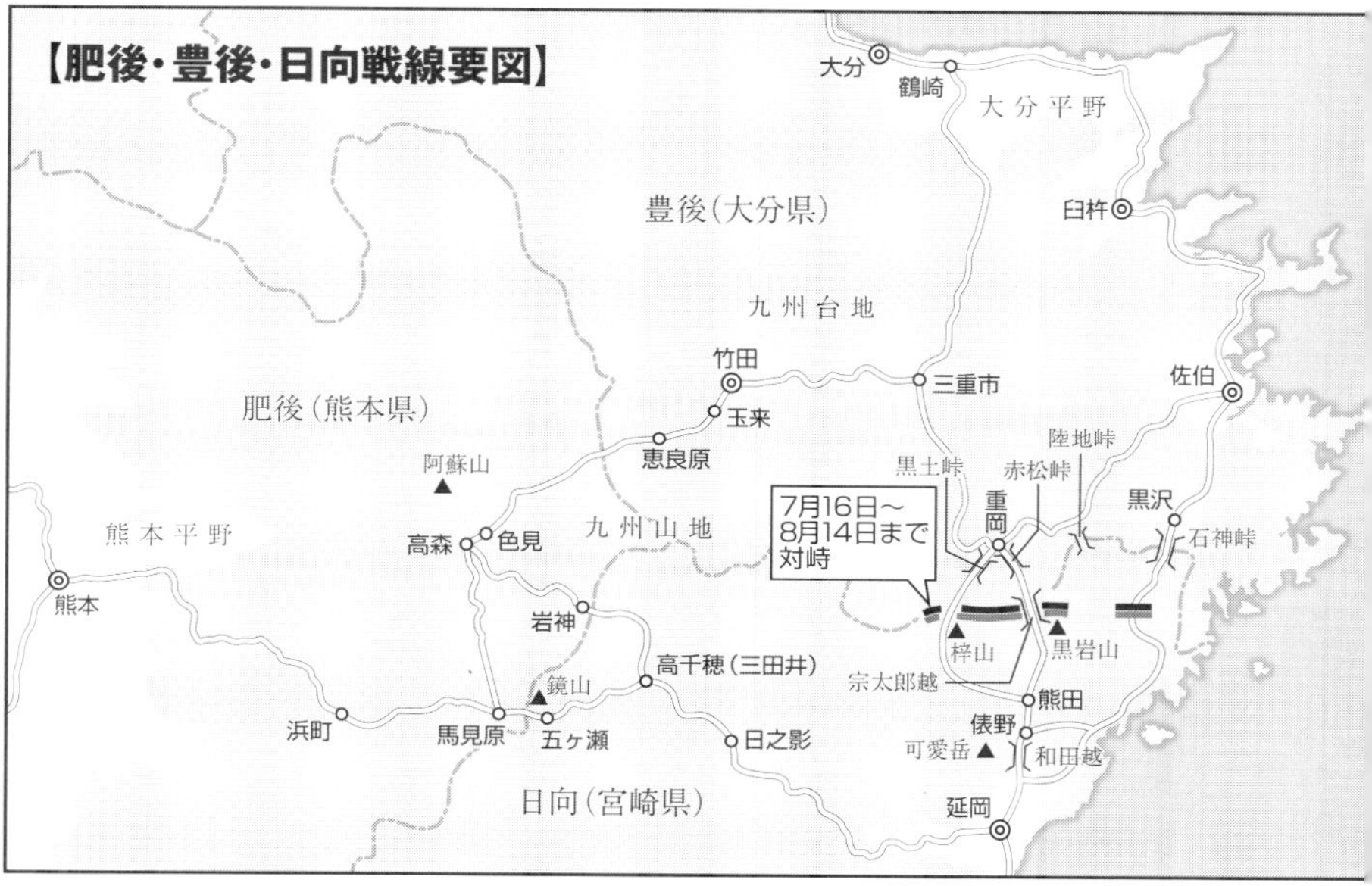

線で治安対策に精通するようになったことを示す史料は確認されていない。

幕僚勤務とは？

児玉は大分・宮崎方面の戦闘において、熊本鎮台本営や前線近くに設置された出張参謀部で幕僚勤務に従事したが、戦闘の経緯に話を進める前に、幕僚勤務の実態を簡単に確認しておきたい。

電報などの史料から窺える児玉の幕僚勤務の内容は、偵察、作戦立案、前線と本営または本営と征討軍団本営との連絡、熊本鎮台と隣接兵団との連絡や作戦調整、兵站などの多岐にわたる。変わったところでは、暗号制定、密偵を使った情報収集、混乱した会計事務の建て直しにも関与している。幕僚勤務というと作戦立案にばかり注意が集中するが、児玉の幕僚業務には多様性があったのだ。▼32

果断は後に児玉の代名詞となるが、児玉はこの頃から果断な決断力で幕僚事務を機敏に処理している。たとえば西南戦争で山県有朋の副官を務めた末松謙澄は、旅費が不足して児玉に相談した際に、児玉が官金支出なのにもかかわらず「一言の下に承諾」して旅費を支出してくれた事例を引き、通常人ならばなかなか承諾しないこの一件に、児玉の事務処理の機敏さが象徴されていると回顧している。▼33

奇兵隊の豊後進入

四月二十八日に江代《えしろ》で開かれた薩軍の軍議において、四国との連絡路を確保する目的で、野村忍助を指揮官とする約二千四百五十人の奇兵隊を豊後に投入することが決定された。薩軍の豊後作戦を指揮した野村は、開戦当初から豊後進出の意見を抱懐していた。豊後臼杵方面からは海路で四国との連絡が可能である。実際に四国では土佐の立志社の林有造や大江卓が挙兵を企てたとして逮捕される事件が起きていた。後に野村は起死回生の策として、薩軍主力を豊後に投入する提案を行なっている。この提案は桐野利秋の反対で実現しなかったものの、もし実行に移されていたならば、政府にとって大きな脅威となった可能性が高い。

五月十日、野村は竹田占領を目標として奇兵隊主力を豊後口に進撃させた。奇兵隊は延岡に根拠地を置き、五月十三日には竹田を、十六日には鶴崎を占領している。征討軍団本営が薩軍の竹田占領を知ったのは五月十四日のことで、直ちに熊本鎮台に豊後口への進撃を命じた。

児玉提案の可否——通説の再検討

この間の五月十一日、児玉は「豊後路へ進入、延岡より蚕食するの議」を参軍山県有朋に意見具申している。小林道彦氏によれば、この作戦は、豊後を押さえて四国方面の動揺を防止すると共に、隙を見て延岡から宮崎に進出するという内容で、第二旅団の投入が予定されていた。だが、この児玉の意見具申は採用されず、山県は第二旅団を別の戦線へ投入する決断を下した。小林氏は、山県の堅実な作戦指導と対比させる形で、児玉の放胆な作戦構想を高く評価している[▼34]。

だが、著者は以下の理由からこの評価に同意できない。

第一に、児玉が作戦構想を意見具申した日までに薩軍は行動を開始していて、意見具申の翌日には竹田を占領しており、児玉の提案は薩軍の行動に後《おく》れを取っているからだ。いくら優れた作戦計画でも、相手に後れを取っては無価値である。しかも、地形等を考慮すると、もし第二旅団が投入されていたとしても、その後の展開は史実と同じであった蓋然性が高いといえるであろう。

第二に、児玉は豊後から延岡を経て宮崎に進出するというが、薩軍は大分と宮崎の県境に存在する険しい山岳地帯に野戦陣地を構築しており、薩軍が和田越の戦いに参加する目的で自主的に退却する八月十四日まで、政府軍は長期間この陣地を抜くことができなかった。そのため、児玉の意見具申が採用されていたとしても、延岡や宮崎への侵入は困難であった蓋然性が高いからだ。

後述するように、この意見具申以後も児玉は豊後から延

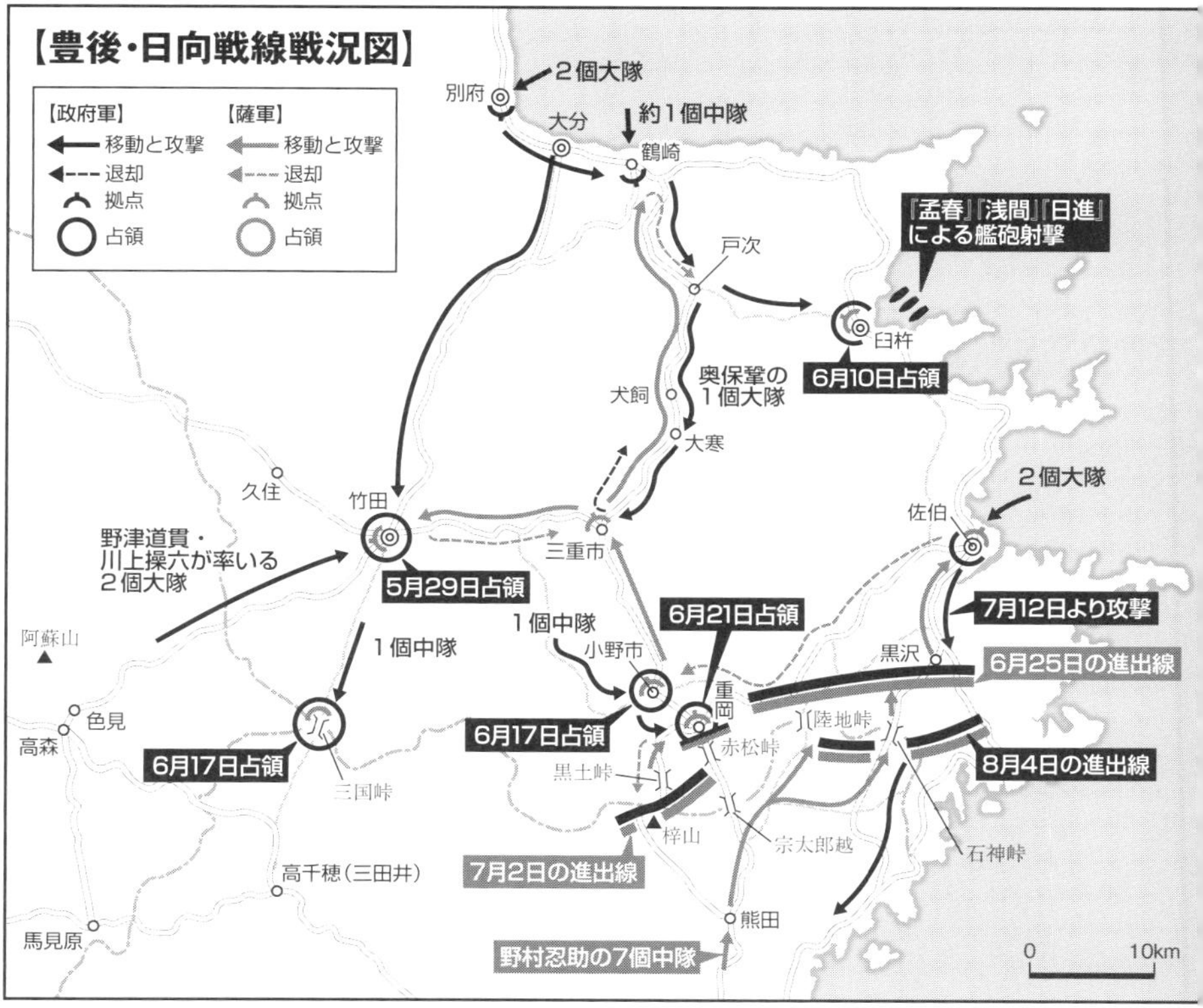

岡への進攻作戦を提案するが、児玉は県境の地形や山岳地形に構築された野戦陣地の強度を見誤っていたと評価せざるを得ない。

第三に、史実では第二旅団は薩軍の攻勢で窮地に陥った八代・水俣方面の戦線に増援として投入されており、児玉構想に基づいてこれを豊後戦線に投入していた場合、山県は八代・水俣方面に投入する兵力のやりくりに困った可能性が高いからだ。

確かに児玉の作戦構想は白紙戦術的には優れたものである。だが、それは実現可能性に乏しいものであり、児玉の作戦構想よりも大局的視点から練られた山県の堅実な作戦構想の方が妥当性を有していたのだ。

児玉の甘い作戦見通し

征討軍団は、奇兵隊の竹田占領に対し、歩兵第十四連隊長心得奥保鞏を小倉に急行させて豊前方面から兵を進めると共に、熊本鎮台主力を肥後から豊後竹田に進めて薩軍を挟撃する計画を立てた。

豊後口の総指揮官には第二旅団参謀長野

津道貫が就任し、児玉が浜町本営（後に馬見原に移転）で参謀勤務に従事する一方で、歩兵第十三連隊長心得川上操六が竹田方面の部隊を指揮する体制がとられた。

竹田口攻撃を翌日に控えた五月二十六日、児玉は谷干城に書簡を送っている。それによると、児玉は第一旅団が馬見原を受け持つことになり、この方面の熊本鎮台兵は豊後路攻撃に「惣繰込」（全投入）することが可能となった。この兵と竹田口に展開する熊本鎮台兵とで奇兵隊の根拠地のある「延岡迄《まで》掃攘」するつもりである、と述べている。[35]熊本鎮台の宮崎県進出はこの書簡が書かれた時から二ヶ月以上先の八月中旬以降であったことを考えると児玉の見積りは甘かったといわざるを得ない。

翌二十七日の攻撃は失敗に終わり、政府軍が竹田を奪還したのは二十九日のことである。竹田を退却した薩軍は臼杵に撤退するも、ここも政府軍に奪取された（六月十日）。以後、両軍は、大分・宮崎県境の山岳地帯（黒土峠、赤松峠、陸地峠、宗太郎越周辺）において持久戦を展開することとなる。

なお、この間の六月十五日、児玉は三田井（高千穂）方面から延岡進出を目指す第一旅団参謀長岡本兵四郎に宛てて、延岡侵入も不日のことなので、その時は相談したいと述べている。[36]だが、戦局を楽観視する児玉を驚愕させる事態が生起する。野村忍助が敗勢を挽回するために、政府軍と雌雄を決しようとして、重岡を目標に赤松峠・陸地峠一帯に対して一大攻勢をかけてきたのだ。

赤松峠・陸地峠の戦い

六月二十四日、薩軍は豆殻峠・赤松峠一帯を攻撃し、赤松峠の政府軍防衛線を突破し、重岡集落の手前まで一時的に進出するも、川上操六率いる政府軍の反撃を受け退却し、政府軍は元の防衛線をほぼ回復することができた。野村忍助はこの日の戦闘で自ら前線で指揮をとり負傷している。

赤松峠と比べて事態が深刻だったのが六月二十五日に薩軍の攻撃を受けた陸地峠一帯であった。陸地峠一帯では、迂回攻撃を受けた別働遊撃隊二中隊が潰走したため防衛線が崩壊したのだ。政府軍はこの敗戦に動揺し、陸地峠を担当する奥保鞏は援軍を要請し、野津道貫は本営を重岡から仁田原に移すなどしている。薩軍に奪取された陸地峠では、政府軍が奪還に成功する七月十六日まで争奪戦が展開されることとなった。

六月二十八日、児玉は陸地峠を担当する奥の本営に赴き、別働遊撃隊の敗因を調査している。児玉は調査結果と対応策を谷干城に報告して次のように述べている。

別働遊撃隊は将校の指揮統率能力が不足しているうえに、

兵士の勇気もない。別働遊撃隊は陸地峠での大敗後士気が阻喪しているため独力で一方面を担当することは不可能だ。奥は約三百人の兵力で約八キロの戦線を維持しており、煩念の様子である。そちらにある二個中隊を増援として投入して欲しい。苦労して奪取した要地を敵の手に渡したのは残念千万だ。陸地峠の敗績は三国峠の敗戦を繰り返したようなものである。[37]

なお、小林道彦氏は赤松峠・陸地峠での敗戦を川上操六が屈辱としてとらえたとしたうえで、この敗戦が原因で児玉と川上の関係が以後微妙になったと説明している。[38]だが、この説には重大な事実誤認がある。そもそも、陸地峠は奥の管轄であるので、川上は陸地峠の大敗とは無関係である。また、川上は赤松峠の奪還に成功している。そして、この頃から児玉と川上の関係が微妙になったことを示す史料は管見の限りでは存在しないからだ。[39]

攻撃成功に寄与した児玉の前線偵察

七月五日、谷干城が重岡本営に到着して豊後口の総指揮をとることとなった。七日、児玉と野津道貫が黒沢村に赴き地理偵察を行なっている。児玉・野津の偵察報告を受けた谷は、黒沢口からの進撃が可能と判断し、九日、黒沢口に出張参謀部を設置し野津・児玉を配置した。政府軍の黒沢口攻撃は十二日に開始され、戦線を約六キロ進めることに成功した。児玉・野津の偵察と児玉の幕僚勤務が政府軍の攻撃成功を生んだのだ。[40]

なお、小林道彦氏は、政府軍が七月十二日の戦闘で陸地峠を奪還したと述べたうえで、陸地峠奪還の功績を自ら敵情を偵察した児玉にあると指摘しているが、これも誤りである。政府軍が陸地峠の奪還に成功したのは十六日のことであり、七日の児玉・野津の偵察と無関係であるからだ。これまでにも何度か指摘したが、小林道彦『児玉源太郎』は豊後戦線における児玉の役割を高く評価しようとするあまり、事実と違う説明をすることが多いので、この点は注意が必要である。[41]

だが、政府軍の攻勢もここまでであった。政府軍は七月十六日に陸地峠の奪還に成功すると、大原越に多稜堡塁群を築造し守りを固めたのだ。十六日以降、両軍は大分・宮崎県境で約二キロの空白地帯を置いて対峙し、この状態は薩軍が自主的に撤退する八月十四日まで約一ヶ月近く継続することとなる。[42]

西南戦争終結

熊本鎮台が大分・宮崎県境で苦戦する一方で、政府軍主力は快進撃を続けた。政府軍主力は六月一日に人吉を陥落させると、鹿児島県内から宮崎県内に進攻し、逃げる薩軍を追撃して八月十四日には延岡を陥落させたのだ。八月十五日、和田越の決戦で西郷隆盛が陣頭指揮をとる薩軍を撃破した政府軍は、可愛岳《えのだけ》山麓の長井村に薩軍を追い詰めた。

薩軍を完全包囲した政府軍は勝利を確信した。だが、薩軍の戦闘能力は驚異的であった。八月十七日夜から十八日朝にかけて登攀不能と思われた可愛岳の絶壁を攀じ登り、政府軍に奇襲をかけ重囲を脱し鹿児島市内に帰還（九月一日）することに成功したのだ。

参軍山県有朋は薩軍の籠もる城山に対する性急な攻撃を避けて包囲策を採用した。薩軍を二度と逃してはならない。山県は城山を竹木の柵で何重にも囲って薩軍を厳重な重囲下に置いたうえで、連日激しい砲撃を繰り返して薩軍に圧力をかけた。

この頃児玉は、戦線後方の熊本県八代や鹿児島県出水に置かれた出張参謀部で兵站任務や戦線後方の警備任務に従事している。[43]

九月二十四日午前四時三発の号砲を合図に政府軍の総攻撃が開始され、銃弾で負傷した西郷隆盛が別府晋介（桐野利秋とする史料もある）の介錯で首を落とされた。こうして西南戦争は終結したのである。[44]

児玉の軍歴は無傷だったのか？

大分・宮崎方面の戦闘における児玉の功績をどのように評価すべきであろうか。この点に関して小林道彦氏は、赤松峠や陸地峠での川上操六や奥保鞏の敗戦と児玉の活躍を対比させて、「軍歴に傷を負わなかった」のは谷干城・樺山資紀・児玉のみであったとする。[45]

だが、この評価は適切ではない。というのも、大分での戦闘が終盤を迎えた八月十二日に参軍山県有朋に宛てた書簡で、児玉は「豊後口の攻撃、遅滞に渉り恐悚の至に堪へす」と述べ、延岡への進撃が停滞していることを詫びているからだ。また児玉は、この書簡において、地形の不利と薩軍陣地の堅固さを進撃停滞の理由として挙げている。[46]つまり、児玉は延岡への進撃が停滞している責任を自認すると共に、ここにきて初めて県境の地形の険しさと野戦陣地攻略の困難さを認識するに至ったのだ。

それゆえ西南戦争において児玉のみが軍歴に傷を負わなかったとか、敗戦を経験した川上操六と無敗の児玉との人間関係が微妙になったとする通説は誤りといえる。

児玉は、豊後経由で延岡に進出すべきと説くなど白紙戦術的には素晴らしい計画を持っていた。だが、この計画は大分・宮崎県境の険阻な地形やその地形を活かして構築された野戦築城の強度に対する評価を誤ったもので、実行困難な計画であった。

　確かに児玉が自身の偵察活動で黒沢口攻撃成功の端緒を作るなど幕僚勤務に卓越した手腕を見せたことは事実である。だがその一方で、児玉は大分・宮崎県境での攻撃停滞の責任を痛感し、参軍山県有朋に謝罪していたこともまた事実なのだ。

　熊本城攻防戦や大分での戦闘での児玉の幕僚勤務が示すように、児玉が優秀な参謀であり、谷や樺山から幕僚としての能力を高く評価されていたことは確かであるが、その彼であっても無謬とか軍歴が無傷であったとはいえないのだ。

児玉と乃木の交代問題

　この章を終えるにあたり、西南戦争における乃木希典と児玉との関係について確認したい。
　二月二十二日の向坂の戦いで連隊旗を失った歩兵第十四連隊長心得乃木希典は、退却先の千本桜で軍旗紛失を知り、返戦して軍旗を奪還しようとするも、櫟木《くぬぎ》哲造軍曹らの制止にあい返戦を断念した。雪辱に燃える乃木は二月二十七日の高瀬会戦で奮戦したが、足に銃創を受け久留米の病院に後送された。だが、乃木は三月十九日に戦傷がいまだ癒えていないのにもかかわらず戦線に復帰し、四月九日に辺田野でまたもや左腕に貫通銃創を受け戦線離脱を余儀なくされた。
　五月二十三日、熊本鎮台司令長官谷干城が乃木に書状を送った。谷は児玉をはじめとする参謀が前線に出てしまい熊本の参謀部で勤務する幕僚が少人数であることや、自身が事務に不慣れであることを理由に、乃木に熊本鎮台での幕僚勤務を要望したのだ。▼[47]こうして乃木は熊本鎮台参謀としての勤務を開始した。
　だが、乃木は前線から遠く離れた熊本鎮台での勤務に満足できなかった。乃木は谷に書簡を送り、自分を児玉の代わりに出張参謀部勤務にしてくれるよう働きかけを開始した。乃木は、傷も全癒し山野の奔走も試して異常がないことを確認したと、谷に宣伝している。▼[48]
　しかし、参謀長樺山資紀が乃木の出張参謀部勤務に反対した。谷から相談を受けた樺山は、乃木は以前のような「過激之挙動」に出る心配がないので前線に派遣しても問題ないが、自身が歩行困難で重岡本営などとの往復ができないことや、児玉も足を痛めているので乃木と交代させると熊本鎮台が不健康の者ばかりになって業務に支障が出ることを理由に、児玉と乃木の交代を暫時見合わせるべきだと論じたのだ。▼[49]
　この点に関して小林道彦氏は、この樺山の説明を屁理屈だとしたうえで、谷や樺山は激情家の乃木を前線に出すと部隊を危険に曝す可能性が高いことを危惧し、乃木の要求を斥けたと指摘している。[50]だが、著者はこの見解に同意できない。

というのも、樺山が同じ手紙の中で、児玉が快気し鎮台に戻ってきた時に乃木に前線出張を命じていただければ幸せであると述べていたり、五日後に書いた手紙で、堀江芳介の負傷により参謀部に支障が出るかもしれないので、乃木か自分かのどちらかを前線に派遣してはどうかと提案したりしているからだ。[51]

つまり、樺山は乃木を前線に出すこと自体には反対していなかったのである。それゆえ、谷や樺山が乃木を前線に出すと部隊を危険に曝す可能性があることを懸念して、樺山が屁理屈を述べて児玉と乃木の交代論を潰した、とする通説は誤りといえる。

別役成義《べっちゃくなりよし》が、平常事務をやらせるなら乃木よりも児玉の方が良いと谷に書き送ったことからもわかるように、[52]谷や樺山は幕僚としての児玉の能力を高く評価していた。だが交代説が出た当時は、児玉の足の状態から児玉と乃木の交代を見合わせざるを得なかったのである。

旭旗再び勝山城を照らす

戦争中の経験を通じて児玉と乃木の関係はより親密になった。

連隊旗を奪われたことを恥辱と感じて「殆《ほと》んど何もかも忘れて」しまい夜中に自殺を試みた乃木を、児玉が軍刀を奪って諫めたことがあり、戦争中に両者の間には絶対的な信頼関係が形成された。[53]

また、前線から一時熊本に戻った児玉が乃木と酒杯を共にして漢詩を交換したことがあり、二人は共通の趣味である酒と漢詩を通じて戦争中も親交を深めている。[54]

さらに、戦争後の明治十一年に第十四連隊に連隊旗が再下賜されると、児玉はこれを喜び、「孤軍直進不期生　誰知銃鎗優血鎗　植木艱難木留苦　旭旗再照勝山城」（孤軍熊本城に直進して生を期さなかった。銃鎗が血鎗に優ることを誰が知っているだろうか。向坂での敗戦の艱難と木留での苦難を経て、連隊旗が小倉城を再び照らしている）と詠み、親友の乃木を祝福した。[55]向坂の敗戦と辺田野の負傷を織り込んだこの詩は、児玉・乃木両者間の深い友情を物語っており、乃木のみならず読む者すべての心を強く打つ内容である。

第六章　東京鎮台第一等の連隊

1、近衛局での勤務と山県有朋からの評価

西南戦争の勲功調査と竹橋事件の事後処理

明治十一年（一八七八年）二月二十五日、児玉は近衛局出仕を命じられた。近衛局は近衛師団の前身である。小林道彦氏は、当時の近衛都督を山県有朋とし、このことからこの人事を近衛都督である山県の引きによるものと指摘するが、これは誤りで、この時の近衛都督は西郷従道で、山県は陸軍卿である。[1]

ただ、当時の山県は陸軍卿であったので、この人事が陸軍卿山県の意向であった可能性は残る。陸軍卿山県と近衛都督山県とでは些細な相違に見えるがその持つ意味は大きく異なる。というのも陸軍卿は人事権を握っているからだ。児玉の近衛局勤務には人事に大きな発言力を持つ陸軍卿山県の意向が働いた蓋然性が高い。

また、小林氏は谷干城が児玉の才幹を買っていて、児玉が近衛局に移るのはよろしくないと述べて、児玉を手元に引き留めようとしたと指摘しているが、これは史料の誤読で、谷は児玉の近衛局勤務を「至極之都合」（大変好都合）と喜んでいる。[2]

なお、三月一日附で、児玉は、熊本鎮台旧征討残務取纏御用兼勤を仰せ付けられているため、直ちに東京には赴任せずに、十二月まで熊本鎮台に居たとする説がある。だが、この説は誤りである。というのも、児玉が三月までに東京に転居し、妻を東京に呼び寄せていたことが一次史料から明らかであるからだ。児玉は、二月中に上京し、熊本鎮台参謀長樺山資紀と共に、勲功調査や軍旗被奪問題などの残

明治十一年、近衛局出仕時代の児玉（森山守次『児玉大将伝』星野錫、一九〇八年）

務を東京で処理していたのである。[3]

ちなみに、東京赴任後の児玉は、麹町区富士見町に居を卜《ぼく》し、明治十二年（一八七九年）一月十五日に次男の貞雄（後に、三井物産重役）が生まれている。近衛局着任当時の月給は百円程度であった。[4]

明治十一年八月二十三日午後十一時過ぎ、近衛砲兵隊を中心とする二百五十九人が山砲二門を引き連れて蜂起し、制止しようとする大隊長宇都宮茂敏少佐、週番士官深沢巳吉大尉らを殺害し、大蔵卿大隈重信の邸宅に銃撃を加えた後、天皇に強訴するために赤坂仮皇居に向かった。竹橋事件の勃発である。

近衛兵は西南戦争の論功行賞の遅延、俸給減額および糧食や被服などの待遇悪化に不満を抱き暴発したのだ。事件は西寛二郎少佐らの活躍で直ちに鎮圧されたが、軍紀の確立が陸軍の課題となった。

竹橋事件当時の児玉は何をしていたのであろうか。通説によれば、児玉は、勲功調査に従事していて、各地の鎮台への出張が予定されていたとされる。そのため、八月二十四日附で皇居警備部隊の臨時増加を解く旨の報告が児玉の名前で提出されたことを不可解とし、報告書の形式を整えるために児玉の名義を用いたのであろうとの指摘が小林道彦氏によりなされている。[5]

だが、この通説も誤りで、後述するように鎮台への出張は九月に入ってからのことである。従って、竹橋事件当時の児玉が、東京に居て、事態収拾や事後処理に追われていたことは確実である。

九月十日、児玉は、御用のため名古屋・大阪・広島鎮台に差遣された。前日九日に三鎮台に宛てて出された電報に、児玉を勲功調査のため出張させるとの記述があるので、この御用は西南戦争の勲功調査である。[6]さらに十二月、児玉は勲功調査御用掛兼勤を命じられている。従って、児玉は明治十一年の多くを西南戦争の残務整理と勲功調査に追われて過ごしたようだ。

なお、児玉自身も佐賀の乱と西南戦争での勲功が認められ、明治十一年一月に勲四等に叙されて年金百八十円を下賜されている。この行賞は児玉同様少佐で従軍した川上操六や奥保鞏と同格のものであった。[7]

児玉は自主的に待罪書を提出したのか？

明治十一年二月下旬、軍旗被奪に関する報告書提出の遅延が問題となった。三月、児玉は敬神党の乱の際の軍旗被奪事件の報告書提出が遷延した問題の責任を取り進退伺（待罪書）を提出し、十二月十九日に陸軍卿山県有朋が謹慎三日の処分を決定している。児玉によれば、報告が遅れた理由は、連隊旗を奪われた与倉知実が負傷し、これを奪還した隈部幸作が脱走、隈部から旗を受け取った佐竹広命も負傷したため調査に手間取っているうちに西南戦争が勃発し、さらに調査報告が遅延したことにあった。[8]

なお、小林道彦氏は、児玉が「撲滅の挙」（真実を闇に葬る）に出ることなく、不手際は不手際だとして待罪書を自ら提出したと指摘しこれが通説となっているが、この説は誤りである可能性が高い。[9]

というのも、谷干城が当時の新聞紙などに種々の悪言が記載されているので、撲滅はもとよりでき難いと述べているし、樺山資紀が児玉に示談に及んで報告遅延の罪は免れ難いので進退伺提出が上策であると説いたと谷に書き送っていることから、撲滅の挙に出ることはそもそも不可能であったし、児玉が自主的に待罪書を提出したわけではないからだ。[10]

近衛局時代の履歴をめぐる謎と山県有朋の評価

ところで、兵籍簿を典拠とした宿利重一『児玉源太郎』・森山守次『児玉大将伝』と『日本陸海軍総合事典』とでは、近衛局在勤時代の児玉の履歴が異なり、この点が謎となっている。すなわち、前二者では明治十二年七月「〔近衛局〕参謀」に補職となっているのに対し、後者では明治十一年七月「近衛局参謀」、十二月「近衛幕僚参謀副長」に補職となっていて、どちらが正しいのかが解明されていないのである。[11]

この点に関しては、参謀本部の史料によれば、児玉は明治十一年十二月二十六日附で近衛幕僚参謀副長を仰せ付けられていることから、明治十一年七月に近衛局参謀、十二月に近衛幕僚参謀副長に補職されたとする『日本陸海軍総合事典』の記載の方が正しいようだ。[12]

短期間のうちに近衛局出仕→参謀→参謀副長と補職されたこの人事の背景には、明治十一年五月に近衛都督に就任した山県有朋の評価と引き立てがあったものと推測される。当時の山県は、陸軍卿兼務（明治十一年十二月まで）のため多忙であり、竹橋事件の責任を追及され神経不調に陥り療養生活を送ったこともあって、児玉が近衛都督代理として事務を処理することが多かったが、この時の精励ぶりが山県の目に留まったのである。[13]

山県の回想によれば、当時の児玉は、椿山荘に引き籠もる山県の所に朝夕来訪しただけでなく、少佐であった彼自らが陸軍省への使者の役まで務めたという。[14] 児玉は、山県の下で働いた近衛局での勤務を通じて、山県の信頼と評価とを獲得し、山県との強い関係を構築したのだ。

児玉は、戊辰戦争および大阪兵学寮時代の山田顕義、佐賀の乱時代の野津鎮雄、熊本鎮台時代の谷干城、近衛局時代の山県有朋と、仕えた上司から連続して信頼と評価とを獲得することに成功しており、これが児玉の早い進級に繋がったのである。

2、歩兵第二連隊長

歩兵第二連隊長に就任

約二年二ヶ月続いた近衛局での勤務が終わる時が来た。

明治十三年（一八八〇年）四月、歩兵中佐に昇進した児玉は、五月に東京鎮台歩兵第二連隊長に補職され、千葉県佐倉の衛戍地《えいじゅち》に赴任することとなったのである。この人事の背景を語る史料は残されていない。だが、中隊長・連隊長・師団長の三隊長は、指揮官の人格や意志が部下に反映しやすいため、陸軍将校にとって憧憬のポストであるとされている。[15] そのため、児玉の連隊長就職は、本人の強い希望によるものであったと推測される。

歩兵第二連隊跡（著者撮影）
歩兵第二連隊は佐倉城跡に所在した。児玉は連隊を約五年間率い、日本一の連隊に育てた。

なお、小林道彦氏は、約五年間に及ぶ児玉の歩兵第二連隊長時代を、エリートコースから外れた「流謫の日々」であったと指摘しているが、これは事実ではない。[16] なぜならば、児玉と同時に陸軍大将に昇進した岡沢精《くわし》、西寛二郎、乃木希典、長谷川好道《よしみち》は全員、大隊長か連隊長を務めている例からもわかるように、右腕を負傷した寺内正毅や軍政の知識を買われた桂太郎といった一部の例外を除き、外遊前や中央で要職に就く前に連隊長などの部隊長職を経由することは通常のキャリアパスであるからだ。

約五年に及ぶ連隊長在職期間が長過ぎることを論拠に左遷とすべきとの考えがあるかもしれないが、欧州視察団（後述）のメンバーに選ばれた川上操六の連隊長在職は児玉よりも長い五年半以上に及んでおり、児玉の連隊長時代が「流謫の日々」を意味しないことは明白といえよう。

また、小林氏は、大山巌を長とする欧州視察団の選に漏れたことをエリートコースから外れた根拠としているが、この点についても、非視察団メンバーの中には山口素臣・岡沢精・西寛二郎のように児玉より先任の陸軍大将がおり、大山視察団のメンバーに選出されなかったこととエリートコースから外れたこととの間には因果関係は存在しない。

小林氏は明治初期の陸軍軍人にとっての欧州外遊の意味を過大評価しているといえる。[17]

歩兵連隊は三個大隊、大隊は四個中隊で編成されていて、児玉の下には、大隊長（少佐）三人、中隊長（大尉）十二人、合計約二千人以上の将兵がいた。大隊長からは安東貞美《あんどうていび》や浅田信興のように、後年陸軍大将に累進する者が輩出されている。ちなみに、着任当時の東京鎮台司令官は野津道貫、同参謀長は岡沢精であった。

児玉の歩兵第二連隊長在職は約五年に及び、児玉はその間に歩兵大佐に昇進し、三男友雄（後に、陸軍中将）、四男常雄（後に、陸軍航空兵大佐）の二人の子供を授かっている。

児玉源太郎旧宅跡（著者撮影）
　歩兵第二連隊長時代の明治十三年から十八年の間、源太郎はこの地に居住した。

歩兵第二連隊長の児玉は、佐倉営所から谷を一つ隔てた台地上にある鏑木小路（旧武家屋敷街）の借家に居住した（現、千葉県佐倉市宮小路町）。居宅は敷地約千坪、建坪約六十坪で、通りに面した側には、馬上から覗かれるのを防ぐために土手の上に生垣が植えられていて、現在もその名残が残っている（写真参照）。

なお、明治十三年六月当時（中佐）の月俸は二百円、明治十八年六月当時（大佐）の月俸は二百五十円であった。[18] だが、家族が増えたうえに、児玉の料理屋通いもあって家計は苦しく、児玉の妻マツは佐倉時代が貧乏の絶頂で、自宅内でも外出時でも市楽織の帯一本で過ごしたと回想している。[19]

酒席での児玉

児玉は酒豪であり、部下と一緒に飲んで騒ぐことを好んだ。連隊長として着任直後のことである。ある夜、部下将校の招宴に臨んだ児玉は、酒間を周旋する女性が悉く丸髷で紋服姿であったのを見て、彼女らを将校の家族と判断し、良家の女性に接するように膝を組んで丁寧に応接した。ところが、後に当夜の女性は変装した芸妓とわかり、児玉は一杯喰わされたと失笑したという。

また、連隊長時代の児玉は豪遊で知られ、佐倉で繁盛していた料理屋の米新楼に六百円の借財を作ってしまった。大佐の月俸の二ヶ月分以上の額である。そこで児玉は、この借金のため軍人を廃業しなければならないので、借金を棒引きにして欲しいと女将に依頼したところ、女将は児玉が軍人を辞めるならば借金は棒引きにすると答えた。五、六日後、車夫の格好をして米新楼に現れた児玉は、免官になったと話して借財を棒引きしてもらったうえで、連隊の将校を呼び集め、「今日は六百円の御馳走だぞ」と述べて、東京から連れてきた芸妓と大騒ぎを始めたと伝わる。[20]

木鼠《りす》連隊長

児玉は磊落な連隊長であり、着任早々に部下の心を掌握した。児玉が連隊長に就任して一ヶ月経つか経たないかの頃、児玉は部下の将校らに向かって「貴公等の綽名を兵卒等は何んと言って居る」と尋ねた。そして、奇問に驚いて答えられない将校らに対して「俺のことを木鼠と附けて居る。貴公等にも必ず相当の綽名が附いて居るであらう」と呵々大笑して述べたという。[21]兵士らは機敏かつ敏捷に駆け回る小柄な児玉の姿を見てリスと名付けたのだ。

では、木鼠と呼ばれた児玉の統率ぶりはどのようなものであったのだろうか。平時の軍隊において、指揮官の評価基準となるのは、検閲（部隊教育の実績や練度などの検査）と演習の成績であるので、これを基に連隊長としての児玉の手腕を確認してみよう。

明治十三年・十四年の検閲報告

検閲は監軍部長が実施し、検閲報告は明治天皇に上奏されて、連隊長の昇進や人事に影響を及ぼす。児玉が連隊長に着任した明治十三年秋、東京鎮台を検閲したのは西部監軍部長三浦梧楼であった。三浦は歩兵第一〜第三連隊を検閲して、歩兵隊の各種運動は第二連隊が最も熟練していて、体操および銃剣使用は第三連隊に次いで第二連隊が熟練していると評価した。

さらに三浦は、第二連隊について、「軍紀風紀厳粛、内務整理し、士気振起す。而して、其操法も亦精熟せり。士官下士の学科未熟にして、兵卒の教育未た一、二の尽ささるものなきに非すと雖とも、将来の成果大に見るへき所あり。総て之《これ》を前年に比すれは大に進歩の状を露《あら》はせり」と評価している。[22]

すなわち、児玉率いる第二連隊は、士官や下士官の学科が未熟であったものの、第三連隊と並んで東京鎮台の三個連隊中で最上位の評価を得たのだ。児玉は着任して一年未満で、連隊の状態を前年の水準から大きく改善させることに成功し、将来の成果も期待できるとして、連隊長としての能力を高く評価されたということができよう。

明治十四年（一八八一年）の検閲では、軍紀・風紀は厳粛で、内務も可とされたが、射的および実地演習が未熟との判定を受けた。また、昨年問題とされた学術については、下士の学術はやや可だが将校の学術は概して不可と判定された。将校の学術レヴェルの低さが第二連隊の宿痾であったことがわかる。[23]

乃木第一連隊との対抗演習

明治十四年は、児玉率いる歩兵第二連隊と乃木希典率いる歩兵第一連隊の対抗演習が開催された年でもある。この対抗演習は四月一日から十四日にかけて千葉県習志野で実施され、児玉が中央突破戦術により勝利を収め、「何事も機転〔希典〕の利きし野狐〔乃木つね〕も五分の小玉〔児玉〕に投げられにけり」（いくつかのバージョンがある）との狂歌が生まれたことで有名だ（帝国聯隊史刊行会編刊『歩兵第二聯隊史』一九一八年）。

実は演習中の四月十一日、乃木は児玉に宛てて書簡を書いていたことが近年発見された史料により明らかになった。それによると、乃木は「日々対抗運動の審判に困っている。あなたも同様のことと拝察している。あなたは地形などを十分に研究し、十四日の勝算が十二分におありのことと思われますが、当方は現在に至っては遺憾です。いつものように漢詩を詠みました」として、下記の漢詩を書いたうえで、「十四日の演習終了後にゆっくりと会談しましょう」（一部意訳）と書簡を結んでいる。[24]

聞説満城春色多　東台墨水定如何
戦袍生虱垢埋骨　鞍上等閑朝野花

（皇城は春満開だと人が説くのを聞いた。上野や隅田川周辺はどうであろうか。軍服には虱が発生し垢が骨を埋めている。馬上からは朝の野花など気にしてはいられない）。

戦闘中に二人が書簡や漢詩を交わすのは西南戦争でも見られたことだが、同様のことが演習中にも行なわれており、両者間の深い友情と信頼関係が窺える。乃木はこの時期大酒を飲んでいたといわれ、児玉も酒豪であったが、演習終了後の会談の席では酒や詩が交わされたことは想像に難くない。

ところで、史上有名な対抗演習はどのような演習内容であったのであろうか？　今回新たに発見した史料によりその詳細を確認してみたい。

対抗演習は不期遭遇戦をテーマとしたもので、児玉を司令官とする東軍（歩兵第二連隊基幹）と乃木を司令官とする西軍（歩兵第一連隊基幹）との間で戦われた。

演習の想定は次のような内容であった。すなわち、東軍は銚子港に上陸して佐倉城を抜き皇居江戸城に進撃する、西軍は東軍の佐倉城到達前に佐倉城を救援するか、その時間的余裕がない場合は国府台および利根川下流行徳駅渡船場西岸において東軍を邀撃《ようげき》するというものである。

四月十三日午後、佐倉城が陥落し、東西両軍は大和田駅周辺に露営した。そして翌十四日払暁、両軍の前衛が習志野原で突然会敵し、午前五時七分、開戦の号砲が発せられた。午前六時四十分、東軍の歩兵一個大隊が「中央衝突」を仕掛けたが、西軍は援隊によりこれを防御し、逆に騎兵で襲撃を仕掛け、両軍の距離が極めて近接することとなった。そして午前七時、東軍が兵力を集中して「一撃突貫」（一点突破攻撃）を仕掛けたことで激戦となり、西軍の兵員が寡少であったため、午前七時十五分、審判官が止戦を命じて演習が終了した。演習の判定結果は次のようなものであった。

「本道東軍の一撃突貫は西軍諸兵寡少なるを以て衆寡敵せす、其《その》要点を占むるに至る。因《よっ》て東軍の勝とす。

中央衝突の東軍は西軍之《こ》れに抗するに兵員倍し、加之《しかのみならず》騎兵に蹂躙せらる。且《かつ》地形平坦、為めに全体を失ふに至る。因て西軍の勝とす。

前二項を全隊に比較すれは東軍は其六分の勝にして西軍は四分の勝なりとす[25]」。

すなわち、主戦の一撃突貫は東軍の勝利、支戦の中央衝突は西軍の勝利としたうえで、全体的に見て東軍が六分の勝利、西軍が四分の勝利との判定が下されたのである。この対抗演習に関しては、児玉七分の勝ち、乃木三分の勝ちとして、乃木無能論の根拠とする説もあるが、実際は児玉六分、乃木四分とかなりの接戦だったのである。つまり、巷説と異なり、乃木が児玉に一方的に負けたわけではないのだ。

ただし、児玉率いる東軍の一撃突貫には乃木も閉口したらしく、演習終了後に山県有朋の「どうだ乃木、弱つたぢやらう」との問いに対して、負けず嫌いの乃木が「左様、中央突貫は受けたが、私の軍には予《あらかじ》め其為《そのため》の予備隊がちやんと備えてある。ぢやから児玉の突貫は要するに無効ぢや」と弁解したと、山県は回想している[26]。

また、乃木は「其頃から児玉の策戦と云へば、如何にも放胆で、且つ細心驚く計りなので、非常に其敵から恐れられたものであつた。それでよく命令通りに少しの間違もなく軍隊を操縦した点などは、児玉の児玉たる所であらう」と、児玉の周到かつ放胆な戦術能力を高く評価する証言を残している[27]。

児玉は明治十八年三月に三浦半島で実施された初の海陸合同演習においても、正面を広大に見せかけることにより敵をして兵力を広正面に展開せしめた後に、部隊を集結して敵の側背を衝く巧妙な機動戦術を使い、歩兵第一連隊長（乃木の後任）山沢静吾を潰走させており、分散と集中を巧妙に駆使して敵将の意表を突く大胆な機動戦術は児玉の得意戦術であったようだ。▼28

演習場での児玉のリーダーシップ

児玉は短軀であったが、その音吐は明晰かつ声量豊富であり、銃砲声轟く際にも、児玉の発する号令は全隊に透徹したといわれ、「大声隊長」との異名が生まれた。

演習が一段落ついて、部隊が露営や宿営に就く時、児玉は夜間哨兵線を巡視した後に宿舎に帰り、翌日の演習に関する諸計画を立案してから就寝するのを常とした。そのため部下の将校は、児玉が宿舎に不在の時は、例の戦線巡視かと首肯するようになったという。

また、児玉は将兵の戦力回復や給養にも意を尽くし、その日の演習が終わると、速やかに宿舎で休めとか、早く糧食を給与して兵の空腹を満たすよう指示を出し、もし糧食の給与が遅れた場合には、「空腹では疲労が癒《いえ》るものではない」と担当者を大声で叱りつけたといわれる。▼29

このような児玉の自らの労を厭わぬ率先垂範や部下将兵の戦力回復や給養に対する細かな配慮が、部下将兵からの児玉に対する信頼を生み出し、児玉が連隊を自分の手足のごとく機敏に動かすことを可能にしたのである。

将校の学術力不足を嘆く

連隊の成長は児玉自身も認識していた。明治十六年（一八八三年）一月、児玉はフランス派遣中の寺内正毅に宛てた書簡の中で、歩兵第二連隊が明治十五年の検閲において東京鎮台中「第一等の位地」を獲得したと述べている。児玉は連隊長就任約二年半で、連隊の水準を東京鎮台一に引き上げたのだ。

だが、同時に、各将校等が学術に心を用いないのはまことに残念であり、佐官に昇進したら最早検閲もないため、「学問は不用同様之姿」となっており「慨嘆之《の》至《いたり》」であるとも述べている。▼30

当時の陸軍将校は大別すると、実戦経験豊富であるが軍事学の知識に欠ける古参将校（実戦派・実験派）と、軍事学の知識に通暁するが実戦経験に乏しい士官学校出身の将校（学術派）とに二分されており、高級将校になればなるほど軍事学的専門知識の欠如が著しかった。▼31しかも、佐官に昇進すれば検閲もないため地位に安住してしまう佐官級将校が存在した。児玉は、この陸軍の現状を慨嘆したのである。

児玉は実戦経験豊富であるが、軍事学を軽視することは

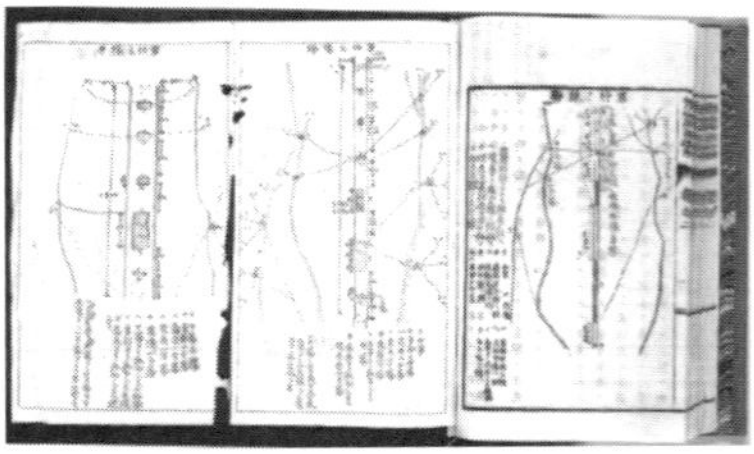

『仏国歩兵陣中要務実地演習軌典』（一八七六年、周南市美術博物館提供）。
明治政府は最初、フランス式兵制を採用したため、フランス陸軍の影響が強く、児玉が最初に学習した兵学もフランス式兵学であった。本書には、児玉の精励振りを示す、赤ペンでの書き込みが見られる。

なく、連隊長在職中、操典類の精読や御雇外国人による個人講義を受講することで、軍事専門知識を精力的に学習している。前者については、赤ペンによる多くの書き込みが書かれた『仏国歩兵陣中要務実地演習軌典』が現存している。後者については、児玉は、明治十八年頃から、戸山学校御雇教師ヒラレーと親しい関係となり、彼に佐倉に来てもらって新説の教授を受けている。[32]

後述するように、児玉は連隊の課題であった将校の学術能力向上に成功している。児玉は自身が兵学を学習するだけでなく、部下将校に兵学学習を奨励することで、連隊の戦闘能力を向上させようとしたのである。後年児玉は「戦争の勝敗は将校の智勇に帰す」と述べているが、児玉は将校の知的能力が軍隊の実力の消長を左右することを認識していたのだ。[33]

東京鎮台「第一等」の連隊

明治十六年春、歩兵第二連隊の第一・第三大隊が習志野で仮設敵演習を実施した。この演習を検閲した東部監軍部長三好重臣《しげおみ》は、演習計画や戦闘隊形をとる際の中隊の展開が良好で、開戦に際しての各隊の運動や射撃の緩急も適切であるとの評価を下した。また、第二大隊が宇都宮西方の駒生原で実施した仮設敵演習は、初動から諸隊の動作が適切であり、将校下士官の注意もよく行き届いているとの評価を得る一方で、迂回しようとして迂回部隊に多数の兵力を分遣した結果、戦闘線が薄弱となって敵の突貫を受けたとの批判を受けた。

明治十六年秋の検閲では、西部監軍部長高島鞆之《ともの》助《すけ》が歩兵第二連隊を検閲し、「軍紀風紀厳粛、士気も亦振興し、内外務及教育既に緒に就き、学術も亦見るへき所あり。操練は各大隊稍優劣ありと雖とも、概して熟練せり。就中《なかんずく》、野外演習は活潑にして機に応し変化し、其指揮宜きを得、兵卒の進退も亦活潑にして戦闘の活機を失はす」との評価を下している。第二連隊の宿痾であった学術が改善されたのである。

ちなみに、東京鎮台の操練の練度は、第一連隊がやや熟練した程度、第三連隊が熟練には及ばない水準であったので、第二連隊の操練の練度が第一位であった。[34] 歩兵第二連隊は前年に続いて東京鎮台第一等の連隊との評価を受けたのだ。

日本一の連隊長

連隊長としての児玉の到達点を示すのが、明治十七年（一八八四年）秋の検閲報告である。歩兵第二連隊を検閲した中部監軍部長心得黒川通軌《みちのり》は、「軍紀風紀最も厳粛、士気振興、教育訓練も亦至り、将校以下能く職務に勉励、殊に射的術は能く熟練し、全体に於て概して間然する所なし。之《これ》を前年に比するに其進歩顕著するを見る。是れ該隊長、部下を訓導する宜しきを得ると、将校以下各其職務に精励するの効す所ならん」と最上級の評価を与えている。[35] すなわち、第二連隊が前年と比較して顕著に進歩した理由は、将校以下の精励と、将校を訓導する児玉の教育能力の高さにあると認定しているのだ。

この頃までに児玉率いる歩兵第二連隊は、東京鎮台一の連隊から日本一の連隊へと飛躍を遂げるに至った。この点について、近衛野砲連隊附として児玉と接触した内山小二郎は、「或る日その部下を率ひて児玉中佐が見えられた。予《かね》て我々には日本一の連隊長として著聞する人であるので、緊張してその風采を仰ぎ、耳を熱心に傾けた。乗馬の儘で長閑《のどか》に語り、他愛のないことで笑はせるが、兵卒の装備を冷かに観察すれば、帯革まで滑かに手入が届き、その内務に些の間然する処なきを看取し、流石に日本一の連隊、連隊長たることを首肯した」と回顧している。[36] こうして、児玉は約五年の連隊長勤務を通じて、その指揮統率力と教育力とにより歩兵第二連隊を日本第一の連隊へと成長させることに成功したのである。

行政や法律への関心を高める

連隊長としての約五年間は、軍事以外の分野に児玉の視野を広げる契機を提供した。たとえば、連隊長は地方官吏や地元の御用商人といった地域社会関係者との接点に立つ機会が多いため、児玉は必然的に地域社会との関係について経験を積み重ねることができた。そのせいもあってか、児玉は連隊長時代に地方の状況を観察し、自分も一度知事になってみたいと思うようになった。すなわち児玉は、知事の広範な権限を目撃し、行政に関心を持つに至ったのである。

また、児玉はこの頃から法律を勉強していたとも伝わる。[37]

行政への関心や法律の勉強が、後に児玉が政治家や軍政家として活躍可能な素地を形成したといえるであろう。

児玉の連隊長時代は従来簡略に説明されることが多かったが、連隊長としての指揮統率力や教育力を陸軍高官に認識させることに成功したのと同時に、行政や法律への関心を高めることができるなど、児玉の今後の軍人人生において裨益するところが大きい時代であったのだ。

第七章　陸軍の児玉か、児玉の陸軍か

1、参謀本部第一局長

参謀本部に入る

明治十八年（一八八五年）五月二十六日、児玉は参謀本部管東局長の任に就いた。児玉の参謀本部入りの風説はこの年の四月から本人の耳に入っていたが、噂が実現したのだ。[1]

明治十一年に設置された参謀本部は作戦計画立案や作戦用兵のことを担当する軍令機関である。当時の参謀本部の中心は管東局および管西局で、両局が名古屋を境に日本を東西二つに分割して各地域と隣接する外国のことを管轄していた。管東局は第一軍管（東京鎮台所管）、第二軍管（仙台鎮台所管）、北海道、樺太、満洲、シベリア、カムチャツカの地誌などを管掌していた。

ただし、児玉の着任間もない七月、参謀本部条例が改正されて管東局・管西局は廃止となり、第一局（出師《すいし》計画・団隊編制布置・軍隊教育）・第二局（外国地理・運輸・条規調査）が設置され、児玉は第一局長にスライドしている。

なお、着任当時の参謀本部長は山県有朋、参謀本部次長は川上操六、管西局長は小川又次である。児玉の参謀本部入りは、山県による抜擢の可能性が高い。山県は参謀や連隊長として児玉が挙げた業績を高く評価していたのだ。また、川上と小川は西南戦争において児玉と一緒に熊本城に籠城し辛酸を嘗めた戦友なので、仕事を進めやすかったばかりでなく、信頼しあって激論を展開できたものと思われる。

参謀本部第一局長時代の児玉（森山守次『児玉大将伝』星野錫、一九〇八年）

児玉の島嶼防衛計画

この当時、日本の国防にとって死活的に重要な朝鮮半島での影響力をめぐる日清両国間の争いは清国側の優位のうちに展開していた。朝鮮を属国と見なす清国が、明治十五年の壬午事変、明治十七年の甲申事変を通じて、朝鮮での実効支配を強化していたのだ。また、中央対立における英露対立の余波が極東に及んでおり、一八八五年四月にイギリスがロシアの朝鮮進出に対抗するために巨文島を占領する事件（巨文島事件）が起きていた。

児玉が局長就任早々に取り組んだ課題は島嶼防衛問題であった。巨文島事件の記憶がさめやらぬ明治十八年八月六日、児玉は、英露対立が極東に波及したことで島嶼警備の緊急性が生じたとして、対馬・大島・琉球・隠岐・佐渡・小笠原に分営を設置すべき旨の意見書を参謀本部長山県有朋に提出した（後日、天皇の裁可を得た）。

児玉は鎮台営所から隔絶し、交通不便な孤島には特別な警備兵を配置して、各島の兵備を独立的なものとすべきだと考えたのだ。児玉は意見書の中で「殷鑑遠からす、彼の巨文島にあり」と述べており、この提案が巨文島事件の衝撃を受けてなされたことが窺える。[2]

さらに児玉は十二月九日に、対馬・大島・琉球・隠岐・佐渡・小笠原の分営に司令部を設置して軍令権を附与すべきとの提案を参謀本部次長川上操六に行なっている。従来、兵を出動させる権限は監軍、鎮台司令官および営所司令官にしかなく、分営司令官はこれを保有していなかったので、離島の分営司令官にこの権限を附与すべきだと提案したのである。[3]

ところで児玉のいう独立的兵備とはどういうものだろうか？　児玉は八月十七日に、「対馬国兵備案」を山県に提出しており、そこにその答えが存在する。それによると児玉は、対馬に独立的防衛体制を構築する目的で、通常三年現役のところを一年現役で島民を徴兵して全島の士民を訓練することにより予備役・後備役の数を多くしておき、有事の際に多数の兵を召集する「全島皆兵」による郷土防衛隊案を考えていたようだ。[4]

換言すると、交通不便なため緊急時に鎮台営所からの援軍が間に合わないという問題を解決するために、①島を一つの徴兵・防衛管区として、②一年現役兵役制で多数の予備役・後備役を確保し、③有事の際にそれらをもって固定防御を行なう、という独立守備隊構想を、児玉は案出したのだ。

そしてこの児玉の「対馬国兵備案」が基礎となり、明治十九年に対馬警備隊が設置されることとなった。

フランス語研究

東京に戻った児玉が最初にやったことの一つにフランス語学習がある。当時の陸軍には、三浦梧楼・曽我祐準《すけのり》らに代表されるフランス派と山県有朋・桂太郎らに代表されるドイツ派との二派が存在し、目指すべき国防構想や軍事制度構想をめぐって溝が生じつつあった。

児玉の親友の寺内正毅は、大尉時代に福原豊功と共にフランス語学習のため休職を願い出て横浜で一年以上フランス語学習をし、復職後にフランスへ留学したこともあり、フランス語に堪能であった。そのため、寺内は陸軍内で有力なフランス派として知られていた。

児玉は若い頃から欧州留学の企図を持ち、近衛局出仕時代からフランス語学習に着手していたが、佐倉に赴任したため学習は中断していた。だが、管東局長として東京に赴任したのを機にフランス人の私塾に通学して学習を再開することとした。当時のことを児玉の嗣子である秀雄は「フランス人の私塾に父は熱心に通ふたもので、軍服に佩剣の父が小形の教科書を如何にも大事相に小脇に抱へ、出掛けてゐた姿を今猶ほ忘れることが出来ぬ」と語っている[5]。

とはいうものの、児玉がフランスの軍事システムに興味を持ち始めた時期が参謀本部局長時代というわけではない。というのも、前述したように、児玉はこれ以前からフランスの操典を研究し、フランス人御雇教師ヒラレーの個人授業を聴講していたからである。児玉を「遅れて来たフランス派」とする説があるが、これは怪しいといえよう[6]。

メッケル少佐との邂逅

しかし、フランス語研究に精を出す児玉がドイツ型軍事システムの信奉者になる機会が間もなく訪れることとなる。クレメンス・ヤーコプ・メッケル少佐が来日したのだ。

明治十七年二月、欧州の軍事制度視察を目的として、陸軍卿大山巖以下数十人の視察団が横浜を出発した。約一年近い視察旅行であった。視察団には桂太郎、川上操六が参加していた。部隊長の経験がない桂は学理的、部隊指揮経験豊富な川上は実戦的人物であり、思考様式が正反対の両者には対立の危険があった。人才を見抜く慧眼を持つ大山は、欧州視察中に両者の関係を融和させる必要性を感じ、両者にそれを説いた。欧州巡回中、船室と宿舎の部屋を共にした両者は、桂が軍政、川上が軍令を担当するという盟約を結ぶに至る。

この視察団の成果の一つがメッケルの雇用であった。明治十八年に来日したメッケルは、明治二十一年に帰国するまで、三年間日本に滞在し、軍制改革や軍事教育改革に貢献することとなる。

メッケルと出会った児玉はメッケルに親炙し、メッケルも児玉を深く信頼して軍制上の知識を惜しげもなく児玉に教授した。二人の関係について、メッケルの教え子である井口省吾《せいご》は、「将軍（メッケル）に親炙し、昼夜傍にあつて教へを受けたのが、古参の士では先づ指を児玉子に屈せねばならぬ。子はあの通り快活な敏捷な性質であるから、深く将軍の信頼を受け」るようになり、児玉の才幹を看破したメッケルが「将来日本の陸軍は、陸軍の児玉か、児玉の陸軍か」と言われるようになると発言するほど児玉を親愛するようになったと回顧している。[▼7]

メッケル少佐肖像写真（和服姿）（周南市美術博物館提供）。

井口によれば、メッケルはドイツを訪問した井口らに対し「先づ第一に児玉は健康であるか」と尋ねたというが、児玉もメッケルに深い親しみを感じ、彼の学識を頼った。このことは、児玉が外遊した際、最も滞在期間が長かった場所がメッケルの勤務するマインツであったことや、明治三十九年にメッケルが死去した際、追悼会を企画し、追悼会で読まれた弔文を起草したのが児玉であったことからも窺える。[▼8]

児玉とメッケルとの性格が合致したことは、視察団の帰国とメッケル来日後に開始された軍制改革において、大きな意味を持つことになった。

2、軍制改革への関与

臨時陸軍制度審査委員長

この時期、陸軍では軍制改革が進行中であった。従来のフランス型システムから、日本の国民性に適合すると判断されたドイツ型システムを基礎とした日本独自のシステムへの転換が進みつつあったのだ。そして、軍制を日本型システムに改組する心臓部となったのが臨時陸軍制度審査委員であった。

明治十九年（一八八六年）三月十九日、児玉は臨時陸軍制度審査委員長に任命された。委員には陸軍大臣秘書官寺内正毅、陸軍省総務局第三課長心得真鍋斌《あきら》、参謀本部第一

局第二課長小坂千尋、陸軍省総務局制規課員井上祥、同課員長沢六郎、陸軍省会計局次長小池正文という俊才が選ばれた。陸軍省五人、参謀本部二人という構成だ。そして、これにメッケルが顧問格として加わると共に、陸軍次官桂太郎と参謀本部次長（三月二十二日、近衛歩兵第二旅団長に転出）川上操六が審査に関与した。[9]

委員の中で特に注目すべき人物が小坂である。小坂は岩国藩出身の頭脳明晰な人物で、フランス留学後、陸軍参謀中尉に任じられたが、これは日本初にして唯一の参謀科将校であった。委員の中でも特に欧州事情に通じた小坂が児玉の相談役であったようだ。小坂は児玉の欧行中に急死するが、その死を知った児玉は「為陸軍為邦家可惜《りくぐんのためほうかのためおしむべき》人才」を喪ったとして「残念千万」と述べその死を悼んでいる。[10]

また、フランス留学経験のある有力なフランス派で、フランス派の「闘将」とも「飛将軍」とも称された寺内が委員に任命されたことも絶妙な配置であった。というのも、改革の反対勢力からフランス派と見られていた小坂と寺内をして、三浦梧楼らフランス派を説得せしめることで、彼らの反対を挫くことが可能になったからである。[11]

軍制改革は次のような手順で行なわれた。まず、委員が調査のうえ起草した案がメッケルの諮問にかけられるか、メッケルが立案・建議した案が委員の審査にかけられる。次いで桂・川上が審査過程に加わりながら改革案が作られ、これを陸軍大臣大山巌や山県有朋が承認した後に実行に移すという手順だ。[12]

こうして、陸軍省官制改革、明治二十年の監軍部設置（教育統括機関、後の教育総監部）、同年の陸軍士官学校改革（士官学校入校前に隊附勤務を行なう士官候補生制度導入）、明治二十一年の鎮台廃止と師団司令部設置、明治二十二年の徴兵令改正（徴兵免除規定を大削減して徴兵数を増やすと共に一年志願兵制度を導入して予備役幹部を確保した）、明治二十三年の委任経理制度導入などが、児玉ら委員・桂・川上・メッケルの共同作業により実現したのである。[13]

桂は軍制改革が成功した理由として、①山県有朋と陸軍大臣大山巌からの信任、②桂と川上操六との盟友関係の存在、③児玉の鋭敏さを列挙し、児玉が果たした役割について「児玉少将の鋭敏にして、我が主義を賛成し、中に就て自ら難局に当りて、事の整理を為し得べき基礎を成就するにあらざれば、又一の困難を感ぜしなるべし」と高い評価を与えている。[14]

そして、この児玉に対する桂の高い評価が両者の深い親交を生み出すことにつながった。後年、断金の交わりを結ぶことになる両者の関係は、両者が軍制改革にあたったこの時に締結されたものであったのだ。[15]

審査委員としての児玉

臨時陸軍制度審査委員以外に、歩兵操典並びに鍬兵操典取調委員（明治十九年三月）や砲兵隊編制審査委員（明治十九年五月）など多くの委員を兼任していた児玉は、毎週二回、個別の問題に精通する担当将校と共にメッケルの官舎を訪問して講義を聴き、陸軍省と協議して改革案を実行に移していった。時には児玉と小坂が、メッケルが避暑のため滞在している箱根のホテルを訪問し協議を行なうこともあった。[16]

多くの委員を兼任したこの時期の児玉は「〔児玉が〕一生を通じて此時代程繁劇なことがなく、又随て此時代程国家に貢献することの多かつたことがない」と、桂が評するほどの多忙さであった。[17]

委員としての児玉の活動を確認してみよう。歩兵操典改正は、陸軍が手本としていたフランス歩兵操典の改訂に伴い必要となった。児玉ら取調委員による約一年に及ぶ審議の後に答申が出され、明治二十年五月に発布された新歩兵操典は、一八八四年制定のフランス陸軍歩兵操典を基準に編纂され、旧操典と比較して攻勢・積極の方針が強調された内容となった。佐倉での約五年間の連隊長勤務が操典取調に際し有益であったことは想像に難くない。

当時の陸軍には歩兵隊に鍬兵が置かれ（一大隊に十六人、数が少ないので連隊でまとめて使った）、工兵を助けて簡単な土工作業（陣地構築、道路修理など）を行なっていた。だが、火器の発達により火力が向上し、野戦陣地構築の重要性が高まっていたため、鍬兵の位置づけをどうするかが問題となっていた。そこで、児玉を含む五人（歩兵科三人、工兵科二人）の鍬兵操典審査委員が任命され調査が開始された。審査項目は、①歩兵隊が戦場で自ら工作する作業の種類、②作業を実施する兵員（鍬兵を増減するのか、それとも歩兵一般で作業を担当するのか）、③作業器具の種類・品目・運搬方法、④操典改正案の起草の四項目である。

約九ヶ月に及ぶ審議の後、明治十九年十二月、答申が陸軍大臣大山巌に提出された。これによると、①については、火力向上により戦闘中の歩兵は一進一止の際でも掩蔽物を利用する必要があることや、戦闘のテンポが迅速になったため掩蔽物を急速に完成する必要があることから、歩兵が自ら工作する作業は、速成堡塁や副防御物構築等で最も単簡軽易なものとされた。②については、攻守共に掩蔽作業が不可欠となったので、鍬兵を全廃して歩兵全隊に作業を担任させるべきであると審定された。③については、従来の鍬兵の携帯器具が重量・形状共に過重過大で携帯に不便であるため、兵卒が自ら携帯可能な携帯器具と、駄馬に積載して運搬する駄馬器具との二種類を装備すべきとの結論が出された。④については、将校・下士官が兵卒に器具使用法や作業種類を教授しやすいように、それらの要領を記載した野戦作業小典が起草された。[18] こうして歩兵に器具を持たせて軽易な土工作業を練習・実施させることになり、明治二十年に鍬兵は廃止された。従来指摘されていなかったが、児玉は鍬兵廃止という大改革に関与していたのだ。

　児玉は、当時陸軍で議論となっていた師団砲兵の編制問題にも砲兵隊編制審査委員として関与した。当時、各鎮台の砲兵連隊は野砲二個大隊（四個中隊）と山砲一個大隊（二個中隊）で編制すると定められていたが、弾薬縦列の編制と絡んで師団砲兵隊の編制の適否に関し議論があったため、審査委員に審査討論が命じられたのだ。

　審査委員は委員長の砲兵会議議長大築尚志《おおつきなおし》を含む十人（砲兵科七人、歩兵科三人）で、歩兵科の三人は全員参謀本部部員であった。歩兵科の三人は、第一局長（団隊編制等）児玉、第二局長（作戦計画等）小川又次、第一局第二課長（団隊編制）小坂千尋である。

　審査委員は、①山野砲併用、山砲専用、野砲専用のどれを採用すべきか、②山野砲併用の場合、砲数の比率をどうするか、③各鎮台の砲兵中隊の個数は何個が適当か、またその編制は連隊とすべきか大隊とすべきかを審議するよう命じられた。

　なお、山砲は分解して駄馬運搬可能であるため移動性に富むが、射程と威力の面で野砲に劣り、野砲は輓馬で牽引するため馬匹の確保に時間がかかることや移動可能な地形が制限されるといった欠点を持つ。そのため、国土防衛のみを考えれば、日本の地勢と交通事情から山砲が有利であるが、広大な直隷平野（北京・天津周辺の平野）の広がる清国での作戦を考慮した場合は野砲が有利となる。従って、師団砲兵編制をめぐる議論は、将来の作戦計画や予想戦場をどう考えるかという問題と直結している。

　議論は大別、児玉の山砲専用論と、それ以外の山野砲併用論とに分かれた。ただし、山野砲併用論は、野砲中心論（小川ら五人）、山砲中心論（小坂ら三人）、山野砲均分論（大築）に分かれている。

　大築が出した結論は、①については山野砲併用論、②については東京・大阪・熊本鎮台は野砲三分の二・山砲三分の一ずつ、仙台・名古屋・広島鎮台は野砲三分の一・山砲三分の二ずつ、③については各鎮台一連隊三大隊六中隊編制にするというものであった。

　この大築の決断の背後には、軍事的理由の他に政治的理由が存在した。すなわち大築は、野砲中心論も山砲中心論もどちらも合理的理由があるため、双方の論者が自説に固執して譲らず、いまどちらか一方を採用しても、他方が決定を覆そうとして運動を行なう事態が生じ、これが軍政上の禍患となると考え、均分論を採用したのである。[19]

小川は清国視察の経験を基に、八個師団で北京攻略を目指す「清国征討策案」（明治二十年）を立案した人物であり、外征のことを考えて野砲中心論を主張したのであろう。これに対して児玉は外征よりも国土防衛を重視した編制を主張したのである。そして、この問題の諮問を受けたメッケル少佐が山砲専用論を主張し、小川と激論を展開したことは有名な話だ。[20]

師団砲兵編制論争は、明治二十年四月の「戦時一個師団編制」（案）では、児玉やメッケルの主張に基づいて、師団砲兵隊は山砲兵連隊（三十六門）とされたが、明治二十二年三月に、師団の一個野砲兵連隊は野砲二個大隊・山砲一個大隊で編制するとの決定が下り、最終的決着をみた。[21]

昭和期の海軍大将井上成美《しげよし》は、委員会とは責任の所在を曖昧にして「責任を回避する為の組織」であり百害あって一利なしと評したというが、児玉が委員長や委員を務める委員会はこれとは違い多くの成果を挙げたのである。[22]

軍制改革における児玉の功績

これまで見てきたように、軍制改革における児玉の功績は、①監軍部設置に代表される中央機関の整備、②師団制導入や野砲兵連隊編制といった編制改革、③徴兵制改正や委任経理といった軍事行政システム整備、④歩兵操典編纂に代表される軍隊の指揮、教育訓練の基準となるマニュアル編纂、⑤陸軍大学校教育への実践的参謀教育やドイツ兵学の導入（後述）など多岐に及ぶものであった。児玉は制度設計者としても功績を挙げたのだ。

しかも後述するように、児玉は後に軍隊教育を管掌する監軍部参謀長に就任し、自身が導入したこれら諸制度が各級部隊の演習・訓練で実施されるのを監督することをも担当している。児玉は軍制改革や軍隊教育に携わることを通じて、導入されたばかりの師団戦闘力の質的向上に大きな役割を果たしたといえる。

そして軍制改革に関与することで、児玉は軍事行政、軍事法制、編制、教育訓練などに及ぶ幅広い軍事専門知識を習得し、後に陸軍大臣・次官に就任して軍政家として名を馳せるための素地を築いたのである。

陸軍紛議と児玉

軍制改革が進行する過程で、軍制改革を推進する山県有朋・大山巖・児玉・桂太郎・川上操六と、これに反発する谷干城・三浦梧楼・曾我祐準・鳥尾小弥太ら反対派（いわゆる四将軍派）との間で対立が生じた。明治十九年の陸軍紛議である。

陸軍紛議の本質は、権力闘争と、あるべき将来の陸軍像をめぐる争いにあったが、直接のきっかけは陸軍大臣大山巌が閣議提出した監軍部（検閲・軍令実施機関）廃止案と陸軍検閲条例・陸軍武官進級条例改正案とにあった。陸軍大臣提出案は監軍部を廃止して、検閲は陸軍大臣が鎮台司令官に命じて実施する、尉官の進級は古参順にするという内容であった。この案に対し参謀本部長有栖川宮熾仁親王と参謀本部次長の曾我が、検閲は従来通り監軍部が実施し、進級は能力順にすべきであると反対したのだ。また、士官学校出身の青年将校も自身の昇進に不利に働く進級条例改正に批判的であった。

児玉も陸軍紛議と無関係ではなく、臨時陸軍制度審査委員として、検閲条例や進級条例などの改正案の調査に関与していて、有栖川宮熾仁親王と答弁書の往復があった。[23]

結局、総理大臣伊藤博文が調停に乗り出し、進級条例は陸軍省の原案通りとし、検閲条例は参謀本部の意見を容れて将来監軍部を再興するという条件で認めるという案で決着をみた。明治十九年七月監軍部が廃止され、四将軍派は左遷人事により陸軍要職から排除された。これにより、山県・大山を頂点に戴き、これを児玉・桂・川上らが支える権力構造が完成したのである。[24]

月曜会解散

陸軍紛議に勝利した陸軍主流派は月曜会の解散に乗り出した。月曜会とは、士官学校出身の青年将校の一人長岡外史が、明治十四年に十三人の有志で創設した兵学研究団体で、明治二十年までに千七百人近くもの会員を集めるまでに成長していた。

月曜会趣意書は「今世の将校は智力を養はざる可らず」と謳っており、将校の兵学力不足を慨嘆し、兵学研究に熱心であった児玉のみならず桂太郎・寺内正毅らも月曜会会員となった。だが、明治二十一年に休職中の曾我祐準が幹事に就任し、同じく休職中の三浦梧楼らが月曜会に入会すると、月曜会が彼ら反主流派と提携して政治性を帯びることが懸念されるようになる。

そこで桂ら主流派は将校の親睦団体である偕行社を利用して月曜会に対抗することとし、機関誌『偕行社記事』に学術的記事を増やすなどして、新進有為の将校の関心を吸収することに努めた。

当然、児玉も月曜会の政治性を問題視し、会から距離を置く決断を下した。明治二十一年七月、児玉・桂ら有力者が相次いで退会すると、これを契機として退会者が続出し、十二月末までに退会者は五百三十五人の多きに達した。そして明治二十二年二月、陸軍大臣大山巌により月曜会は解散を命じられ、官製の将校親睦学術研究団体である偕行社に統合された[25]。

反主流派の巨頭である曾我・三浦・鳥尾小弥太は明治二十一年十二月に予備役に編入されていたので、月曜会の解散により反主流派の影響力は陸軍内から完全に排除され、山県有朋・大山を頂点とする主流派の地位は揺るぎないものとなったのである。

3、軍事教育への関与

陸軍大学校幹事・校長として

明治十九年（一八八六年）九月、児玉は陸軍大学校幹事を兼任した。当時は、陸軍大学校に校長は置かれておらず、参謀本部長に直隷していたので、児玉が事実上の校長ということになる。児玉は明治二十年（一八八七年）十月に陸軍大学校条例改正に伴って校長が置かれると初代校長に就任している。陸軍大学校は参謀や高級指揮官を養成することを教育目的とする。児玉は幹事・校長として将来の陸軍を担うエリートの教育を担当する重責を担うこととなったのだ。

明治十六年（一八八三年）に開校した陸軍大学校では、当初フランス式の教育が行なわれていたが、明治十八年にメッケルが陸軍大学校雇教師として着任して以降、教育内容がフランス式の理論的・講義中心なものから実践的なものへと一変した。

メッケルは学生に想定を与え、その想定に基づいてどのように部隊を運用すべきかを考えさせることで、学生の判断力・思考力を鍛える教育法を展開したり、校外に出て実際の地形に即して部隊運用を考えさせる現地戦術や参謀演習旅行（卒業前に実施される現地戦術の拡大版）を重視したりしたのだ。また、文字でしか知らない兵站や架橋縦列などを実地に教えたのもメッケルであった[26]。

参謀演習旅行は画期的だとして大きな反響を呼び、メッケルから指導を受けた長岡外史らの第一期卒業生から将来の陸軍首脳候補（大佐・中佐級）にもこれを経験させるべきだとの提案が出され、明治二十一年（一八八八年）二月、これらの人々を対象とした参謀旅行がメッケル統裁の下、九州で実施された。

この時の演習は、動員を完了した国防軍と九州に上陸した上陸軍との攻防を想定したもので、これに陸軍大学校校長の児玉も国防軍専習員として参加した。この参謀旅行には、児玉の他に、小川又次、大島義昌、川村景明、西寛二郎といった将来陸軍大将に累進する錚々たる佐官が専習員として参加している。

第一問題は鹿児島湾と深江附近に上陸した上陸軍に対する国防軍の九州防御計画を問うたもので、児玉の解答に対するメッケルの合評は「概して至当」というものであったが、児玉の答解には作戦計画とは無関係の出師準備（物的・人的資源を平時態勢から戦時態勢に移行すること）に属する内容が多いとして「作戦計画と出師準備とを混同」しているとの批判もなされている。ただし、メッケルが児玉の解答に最優秀の点数をつけたという通説は誤りで、そういった事実は存在しない[27]。

ともあれ、児玉は当然、学生の教育の場に臨席することや、現地戦術を参観する機会もあったであろう。児玉は、以上のような機会を通じて、メッケルから軍制関係の知識以外に戦術の原理原則をも教授されたのだ。後に、児玉が満洲軍総参謀長としてロシア軍と対峙する際に、この時代に児玉が習得した戦術的知見が大いに役立ったであろうことは想像に難くない。

児玉が明治十九年以降、陸軍大学校幹事や校長として陸軍大学校に関わったことは、彼の作戦・戦術能力向上以外にもメリットがあった。彼の任期中には第二期から第七期までの学生が入学・卒業しており、その中には日露戦争で児玉の右腕として活躍する松川敏胤や、明石工作で有名な明石元二郎、各軍参謀として活躍する落合豊三郎、内山小二郎、立花小一郎などが含まれている。そのため、児玉は満洲軍総参謀長として、熟知する彼らの能力や性格に応じた作戦指導を展開することが可能であったのだ。

児玉の陸軍大学校幹事・校長の任期は三年以上に及び、この間に、陸軍大学校教育はフランス式からドイツ式への転換が進められた。児玉は陸軍大学校の整備と、陸軍大学校教育への実践的参謀教育やドイツ兵学導入に大きな役割を果したのだ。その意味で、児玉は軍隊教育面でも改革者であったということができよう。

監軍部参謀長に就任

明治二十年六月、監軍部条例が制定され、監軍部が設置されると、児玉は参謀本部第一局長から監軍部参謀長に異動した（陸軍大学校幹事は兼務）。監軍部は軍隊教育を管掌する官衙で、教育総監部の前身である。再設時の監軍は山県有朋であった。山県以後、児玉は、監軍大山巌、三好重臣を補佐している。この人事が山県による抜擢であったことは間違いない。児玉は軍制改革における児玉の働きを高く評価し、設置されたばかりの監軍部の基礎作りを彼に任せたのだ。児玉は近衛局出仕、参謀本部管東局長に続き山県の抜擢を受けており、山県の児玉に対する高い評価が窺える。

なお、小林道彦氏は、参謀長の任用資格が少将であったが、山県が大佐の児玉を敢えて登用した「強引な人事」であるとして、このことを山県による児玉信任の証だと指摘し、通説となっているが、これは事実に反する。というのも、参謀長の任用資格は「少将若《も》くは大佐」（「監軍部条例」第四条）とされており、大佐が任用されても強引な人事とはいえないからだ。[28]

監軍部参謀長は「一切の事務を統理」（「監軍部幕僚服務概則」第一条）する監軍部の実務上の最高責任者であり、しかも山県が内務大臣を兼任していたため、事実上の監軍でもあった。そのため児玉の職務は多忙を極めた。児玉は以後の数年間を、各地の鎮台に派遣されて軍制の実地を監査したり、特命検閲使随員として各地の師団を巡視したりするなどして過ごした。児玉は各衛戍に出張すると将校と膝を交えて歓談し、将校教育令などの成規や操典類に関する将校の疑問点を解決することに努めた。[29]

こうして児玉は、監軍部参謀長や陸軍大学校校長の職務を通じて、将来の陸軍を担うエリート将校から各地の隊附将校に至る全陸軍の将校や日本全国の部隊の内部事情を熟知することになったのである。

明治二十一年七月、ドイツに約五年半留学し、ドイツ陸軍の軍制、戦略、戦術などを学んで帰国したばかりの田村怡与造《いよぞう》歩兵大尉（後の参謀本部次長）が監軍部参謀として児玉の下で働くこととなった。この田村に注目し抜擢進級させたのが児玉である。明治二十二年制定の陸軍武官進級条例は、抜擢進級制度を明記し、大尉から少佐への昇進は抜擢によると規定していた。同年、実役停年（同一階級で服務すべき最低年限）四年満了と共に少佐に進級した田村は、士官学校歩兵科出身者最初の抜擢進級者であるが、彼を事実上抜擢したのが児玉だったのだ。[30] 後藤新平らを抜擢したことで有名な児玉の人材鑑識眼の鋭さを物語る挿話である。

明治二十二年（一八八九年）八月、児玉は三十八歳にして陸軍少将に昇進した。児玉が将官になるまでに関与した分野は、軍令、軍政、軍隊教育および部隊長勤務など多岐にわたる。この多様な職務経験が、彼が後に軍政家や満洲軍総参謀長として活躍するための基礎となったのである。

破産の危機

だが、好事魔多しとは上手く言ったもので、児玉に危機が訪れた。負債が膨らみ破産の危機に陥ったのだ。負債額は一万二千円で、債務の大部分は、物事に恬淡な児玉が他人に印鑑を委ねたことが原因で生じたといわれる。当然、債務の一部には料理屋に対する借金も含まれていたであろう。[31] 少将の俸給は年額千八百円（「陸軍給与令」第八条）なので、年俸の約六・六倍の巨額な負債額だ。
児玉は破産すれば軍人を辞めざるを得ないと覚悟した。だが、親友の桂太郎や徳山毛利家当主の毛利元功《もといさ》が児玉に救いの手を差し伸べた。

児玉は毛利元功に借金を願い出る嘆願書を桂の添書と共に提出し、元功はさらに毛利本家の毛利元徳に借金を依頼した。要は桂が借金の周旋をしたのだ。そして、明治二十三年（一八九〇年）十一月、児玉は桂を保証人として毛利元徳から借金をし、これで負債を整理して窮地を脱することができた。借り入れ成立の背後には、毛利家に影響力を持つ井上馨の斡旋があった。借り入れ条件は、①年利三分で一万円を借り入れる、②児玉の月俸を一応桂に全額入れて、うち百五十円を返金に充てるというものである。[32] 年俸を十二で割ると一ヶ月百五十円なので、年俸は全額返済に回される計算だ。

借金返済は順調に進んだが、明治二十五年（一八九二年）に児玉が陸軍次官に就任するや、職務の関係上やむを得ない支出が増加したため、返済計画は修正を余儀なくされた。この時児玉は、毛利家に嘆願して、一ヶ月の返済額を減額してもらっている。しかも、第四議会において、政府と民党とが建艦費支出をめぐり対立するや、児玉は政党工作費として月俸を使用する必要があり、返済計画は危機に陥った。そこで、児玉の盟友である桂が井上馨に依頼して、児玉の窮境を救う手立てを講じている。[33]

毛利家からの借金は、日清戦争中の明治二十七年（一八九四年）十一月一日、児玉が陸軍省や参謀本部に詰め切って職務に精励していることを知った毛利元徳が債務を免除すれば児玉も一層職務に専念するだろうと考え、毛利元功もこれに同意したことにより、貸借関係が破棄されている。[34]

4、市谷薬王寺前町での私生活

市谷薬王寺前町

ここで児玉の私生活を見てみよう。参謀本部管東局長に就任し、佐倉から東京に越してきた当初の児玉は、麹町の官舎に住んでいた。だが、家族が多いため、陸軍と縁の深い牛込方面の土地を物色するようになる。そして、明治二十一年（一八八八年）七月、児玉は市谷薬王寺《いちがややくおうじ》前町《まえまち》三十番地にあった約百五十三坪の土地を購入し、そこに邸宅を立てた。最初は建坪百二十坪の木造本館のみであったが、後に隣接地を購入し、西洋館や二階建て日本家屋（三十七番地屋敷）を敷地内に新築している。西洋館は児玉が欧州視察から持ち帰ったドイツ式設計図を基に、大倉組の普請により建築されたものだ。児玉夫婦は西洋館に居住し、三十

市谷薬王寺前町の児玉邸（吉武源五郎編『児玉藤園将軍』前輯、拓殖新報社、一九一八年）。

七番地屋敷は次郎彦と姉ヒサの子息である文太郎夫婦や嗣子秀雄夫婦などが順次居宅として利用した。後に児玉は西洋館の二階で薨去することとなる。▼35

家族も増え、欧州視察出発前までの間に、五男国雄、長女ヨシ（芳子、拓殖局次長立花俊吉夫人）、次女仲子（最高裁判事穂積重遠夫人）、六男八郎を授かっている。児玉は薨去するまでにマツ夫人との間に七男五女十二人の子女を儲けた子福者であった。実子の他に、姉ノブの子息と旧徳山藩主毛利家の二人の子女とを預り育てていたので、児玉家は大家族であった。

児玉を内助の功で支えこれら子女の教育にあたったのがマツ夫人と姉ヒサである。将官夫人となると家庭の外に出て社交活動や社会奉仕活動に従事する女性も多かったが、マツは家庭本位の地味な女性で、家庭外の活動に参加することが滅多になかった。▼36

市谷児玉邸の本邸及び洋館の間取り

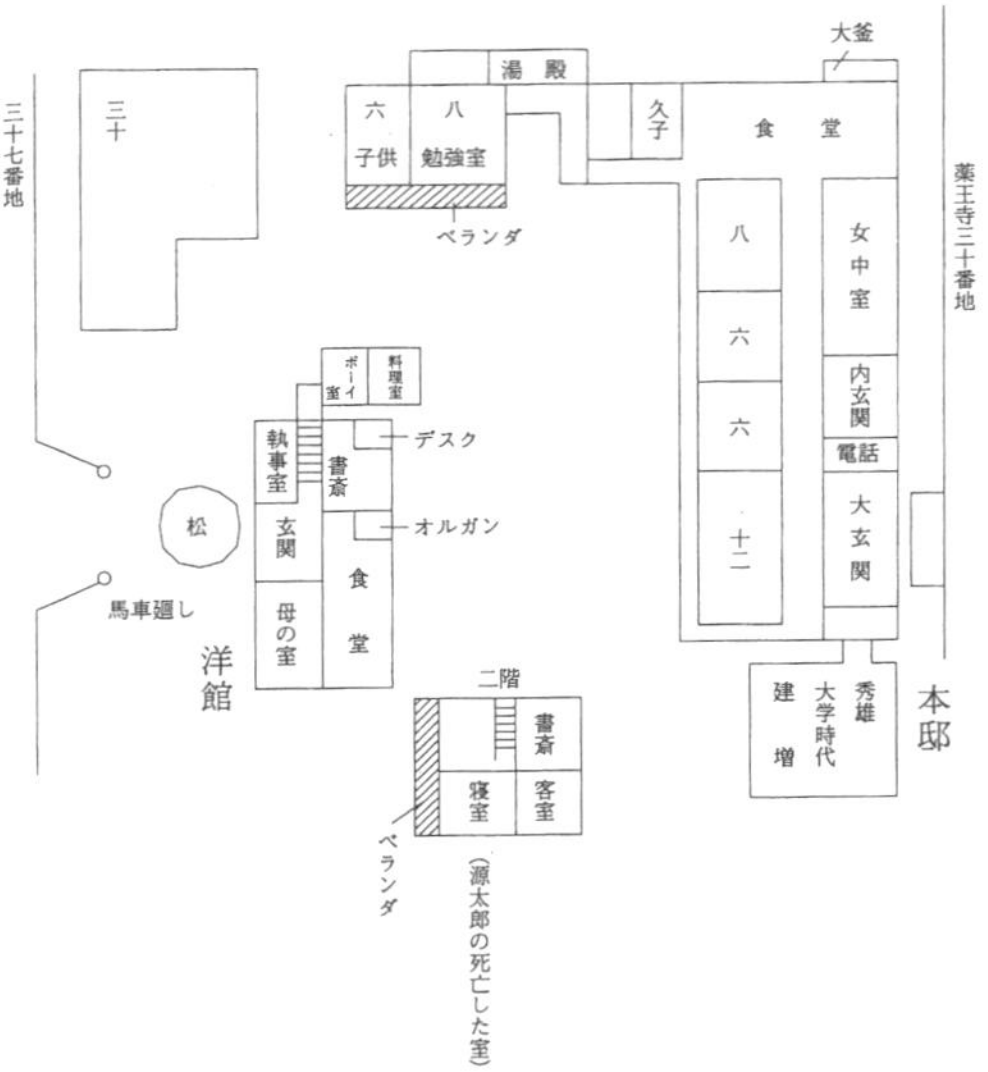

出典：長田昇『児玉源太郎』（「児玉源太郎」出版記念委員会、二〇〇三年）一八八頁。

無人の兵を使う――児玉と禅

これまでの児玉の伝記で言及されたことがないが、この時代の児玉は、自宅近くに所在する市ヶ谷瑞光山道林寺住職中原鄧州《とうしゅう》の下で参禅に励んだ。中原は南天で作られた棒を警策として携え、全国の禅道場をめぐっては師家を殴打したことから南天棒の異名で知られた豪僧で、山岡鉄舟ら各界有力者を門下に従えていた。

明治十九年、中原は山岡鉄舟の拝請で道林寺に晋山した。これに先立つ明治二年、中原は、徳山藩主毛利元蕃の招きで徳山毛利家の菩提寺である大成寺住職となっていて、児玉も大成寺に参禅したとされる。だが、この時期の児玉は戊辰戦争に従軍して徳山に不在であったため、大成寺参禅の真偽は定かではない。ただし、児玉が大成寺住職時代の中原と面識があった可能性はある。

児玉が道林寺の中原の下に参禅に通うようになった理由は、①薬王寺の自宅近くであったという理由の他に、②中原が徳山所縁の人物で相識の仲にあった点にあるようだ。「無字」や「隻手の声」といった公案にも通過するほど、児玉は道林寺に熱心に通って一心に禅に励んだ。そのため、禅にまつわる面白い挿話が伝わっている。

ある時、児玉は中原に「軍人は禅を如何に扱うべきか」と問いかけたので、中原は「即今三千の兵を使ってみせよ。それが出来れば、戦って勝てないということはない」と答えた。児玉が「目前に兵がないではないか。何を以って使うことが出来る」と反問したので、中原は「そんなこと朝飯前の茶の子だ。とても易いことなのに、それが使えぬようでは将軍にはなれない。……それしきのことが出来なくて、どこに将軍面がある。この贋《にせ》軍人め」とやり返した。これには児玉もムッとして、「然らば老師が使ってみよ」と言ったところ、中原は児玉を引き倒して「ソレ馬になれ」というや否や、児玉の背中に跨り、南天棒を振るって、「全隊進め」と、児玉の尻に一鞭当てた。児玉は前へ進みつつ「解りました」と答え、禅機を悟ったという。

また、明治二十年に道林寺で乃木希典を中原に紹介したのも児玉であり、乃木も熱心に中原の下に通い「趙州の露刃剣」の公案に通過して、石樵居士の尊号を賜わるほど禅に通じるようになった。▼37 これまでの詩酒を通じての交流に加えて、二人は参禅を通じても交友を深めたのである。

第八章　ドイツ軍隊の骨髄は国境の軍隊にあり

1、ドイツ視察

船中奇談

明治二十四年（一八九一年）六月十日、児玉は欧州差遣の辞令を受けた。待望の外遊の機会がめぐってきたのだ。

欧州巡回の主目的は、①軍隊教育の視察および②動員研究であるが、重点は①に置かれた▼1。この視察目的は、軍隊教育の消長が軍隊実力の消長につながるという児玉の認識に基づく。児玉は渡欧前に部隊指揮官や軍隊教育など幅広い実務経験を持っていたことで、欧州で何を学ぶべきかについて焦点を絞ることができたのだ。

十月二十五日、児玉はフランスの郵船「カレドニアヤ」号に搭乗し横浜を出発した。

語学ができない児玉単独の旅行であるため、道中、奇談が続出した。第一日目の船旅の様子を、児玉が寺内正毅に宛てた書簡から再現してみよう。

一等船室の日本人は児玉一人であった。午前十時、朝食開始の時間となり、甲板で運動中の児玉のところに給仕がやってきて「ヨンヨン」と声をかけたが、児玉は何のことかわからず首を振った。給仕はこれを見て手を口に当てて食事をする真似をしたので、ようやく児玉も食事だと理解し食卓についた。児玉はこれを「手まねの第一着」だと自嘲している。

午後一時、昼食が始まった。スープを飲んで冷肉を食した児玉は給仕にリンゴを持ってくるよう命じたものの給仕にうまく伝わらず、困惑する。思案した児玉が小刀で皮をむく真似をしたところ、給仕も理解し果物数種を持ってき

ベルリン滞在中の児玉（森山守次『児玉大将伝』星野錫、一九〇八年）

たので、その中からリンゴを取った。児玉はこれを「手まねの第二着」と呼んでいる。

夕刻甲板から富士山を見送ると晩餐時刻となった。香水をふりかけた衣服を着こみ、堂々たる帝国陸軍の将軍として食卓に臨んだ児玉は、将軍ということで第一席を与えられた。食事中は「ジャパニーズ・ジェネラル」云々の声のみが耳に入り、満堂の視線を一身に受けたかのような感覚を覚えた。ただし、有名な郵船だけあって万事万端行き届いたサービスが提供されたため、航海中不自由は感じなかったようだ。

将軍としての威儀を維持するために身体の清潔や衣服に注意を払う必要があることには「毎日御客」になった気分であると閉口しつつも、将軍に対する欧州人の敬意や出発前の寺内の助言などもあって、児玉の船旅は大恥をかくこともなく快適に過ぎていった。[2]

シンガポールに一時上陸しホテルに一泊した折にはこんなこともあった。散歩からホテルに戻り就寝しようとした時のことだ。児玉は寝台の上に枕以外に中幅七~八寸、長さ四尺くらいの枕があることに気づき、部屋を間違えたのではと疑心を抱いた。しばらくして従業員がやってきたので質問したところ、睡眠時、暑さのため掛布を身体にかけることができない際にこの枕を抱いて腹を冷やさないようにするのだとの回答が返ってきた。怪しい枕は竹夫人《ちくふじん》だったのである。児玉も合点がいきこれを抱えて寝に就いたが、何とも言えない感情を発し、かえって困却したという。

船がシンガポールを出港しインド洋に入ると船体の動揺が激しくなり、食卓につく客数が普段の三分の一に減った。だが、船酔いに強い児玉は一度も食事を欠かすことなく摂取したという。

長い航旅である。退屈しのぎのために船客一同が醵金して慈善運動会が開催されることとなった。上等船室の客が通常十フランを醵金するところを、将軍であり食卓の第一席に座る児玉は奮発して二十フランと投扇興一組を寄附した。児玉は球投げと二人三脚競争に参加し、前者は最高点六百点のところ四百点の好成績を収めた。[3]

パリ到着

児玉は、十二月四日マルセイユに上陸し、六日にパリに到着した。「巴里男児になる第一着は理髪店」に行くことである。そう考えた児玉が理髪店に入ると、理髪師は「この旦那は巴里の人ではない」と言いつつ焼鏝《やきごて》で髭を挟み、「巴里男にしてあげましょう」と述べたので、児玉は失笑している。

パリには九日間滞在したが、これは出発時に船旅用の衣服しか持ってこなかったため、パリで衣服等を新調する必要が生じたからである。身長百五十センチ程度の児玉は当然、仕立服も手袋も最小サイズであった。児玉がパリで洋服を注文した時、仕立屋が「寸法が小柄ながらも、完全な寸法だ」（小柄だけど均整がとれている）と話したという有名な逸話はこの時のものであろう。

児玉がかつて学んだフランス語はまったく役に立たなかった。言語不通のため不自由を感じる児玉は、せっかく芸術の都を訪問したのにもかかわらず美術を鑑賞する気力が出なかったようだ。

パリからは直接ベルリンに向かう予定であった。だが、マインツで連隊長勤務中のメッケルが児玉の来独を知り、旅行の予定を見合わせていることを知った児玉は、マインツに立ち寄ってからベルリンに向かうこととした。

パリからマインツへの旅は単独行であり、パリ駐在日本人は児玉が無事に着けるかを怪しんだ。そこでパリ駐在の池田正介歩兵少佐が一計を案じ、名刺の裏に「この名刺持参の旅客はフランクフルト・アム・マインツ[ママ]の連隊に赴く」とドイツ語で明記し児玉に手渡した。これにより児玉は無事マインツに着くことができたという。ただし、よく知られたこの逸話には誇張があるようで、児玉自身は「池田より送状を受取、結局送状仕[使]用可致心得に御座候処、又た案外之者《のもの》にて無事に到着仕《つかまつり》候」と書いているので、池田から手渡された名刺は使用することがなかったようだ。▼[4]

「兵隊町」マインツでの衝撃

十二月十五日、鉄路パリを発した児玉は同日マインツに到着し、停車場でメッケルらの出迎えを受けた。児玉に対するメッケルの応接は万事親切を極めた。児玉が早くドイツ軍人との交際に慣れるようにとの配慮から、ホテルも当地の上長官（佐官）が昼餐を摂るホテルを手配してくれた。

ある日、連隊附少佐の自宅に招かれた児玉は、少佐夫人の手を取り食堂に入る役目を任された。だが、児玉は無作法にも左手を取ってしまう。食後になって間違えであることを察した彼は、田舎者の無知であったと夫人に謝罪した。だが、一同は児玉の遠慮のない性格を理解して、この間違いが逆に交際を温めることにつながったという。快活で開放的な性格の児玉は外国語が話せなくても外国人を魅了することができたのだ。

マインツは歩・騎・砲・工・徒歩砲兵のみならず要塞司令官までもが駐箚する「兵隊町」であり、ドイツの軍事事情を視察するには便利な土地であった。

視察に励む児玉の目を特に惹き付けたのが、徒歩砲兵が二十一サンチ榴弾砲を馬六頭で牽引する光景であった。「守城の具も転して容易に攻城の具」（要塞砲も容易に攻城砲となる）になる、そう考えた児玉は、日本の要塞砲兵に「運転の性質」（機動力）を持たせ攻城任務にも従事させるべきだと本国に提案している。児玉は陸軍大臣就任後に攻城砲兵隊の編成に力を入れるようになるが、この政策の源流はマインツでの経験にあったのだ。

マインツは「兵隊町」であるだけに、児玉が日本の将官であることが早く街中に伝聞し、民間人であっても身分ある人は皆、児玉に敬礼するため、児玉はかえって迷惑に感じている。▼5

ベルリンでの憂鬱

マインツの次の訪問先はベルリンであった。「巴里を見て伯林に至れは田舎の一小都府の如き観あり」、これが児玉のベルリン第一印象である。

児玉は諸学校の視察とドイツ皇帝への謁見が済み次第ベルリンを離れてロシアに向かい、その後マインツに戻り同地に二ヶ月間滞在する予定であった。「独乙《どいつ》軍隊の骨髄は、却《かえっ》て国境の軍隊に在る」と考える児玉は、首都ベルリンでの視察に国境の軍隊の視察ほどの重要性を感じていなかったのだ。▼6

しかも、曇天に降雪というベルリンの気候が児玉の心を憂鬱にした。「日は短く夜は寂しく一日も早く帰朝したい。日本ほど良い国はない。地震さえ無ければ実に安楽国である」（現代語訳）、児玉は望郷の念をこのように書き送っている。▼7

だが、ベルリンでも視察の成果はあった。第一に、ポツダム駐屯の歩兵教導大隊の視察で、軍隊を精強にする一大要因が軍隊に対する皇室の周到かつ優渥な待遇にあると感じたことだ。児玉は、皇室と軍隊との関係についての理解を深め、軍隊精強化の手段を、皇室と軍隊との紐帯強化に求めたのである。

第二に、中央幼年学校を視察し、そこでの教育が感化中心で、気風の養成に注意していることを理解したことだ。すなわち、中央幼年学校には名誉室があり、そこには歴代皇帝の像や戦死将校の像が飾られていて、知らず知らずのうちに生徒が軍人精神を涵養される仕組みになっているというのだ。▼8

ベルリンでは中央幼年学校以外に、砲工学校、体操学校、士官学校、射的学校などを視察しており、学校関係者との交際が多く、児玉は「学校の将校との交際にて少々酒の稽古は出来《でき》候《そうら》へ共、矢張シヤツパン《〔シャンパン〕》ワインの方《ほう》万事に付、都合宜敷《よろしく》」と書いている。▼9

2、ロシア訪問

ロシアの軍学校を視察する

ドイツ皇帝ヴィルヘルム二世との謁見を終えた児玉はベルリンを出発し、明治二十五年（一八九二年）一月十九日に露京サンクトペテルブルクに到着、当地第二の高級ホテル「ホテル・ド・フランス」に投宿した。児玉によれば、露京は一八七六年以来の寒気で、温度計は零下三十度を示し、口髭が銀針のごとく凍結したという[10]。

ロシアに到着した児玉は幼年学校や歩兵士官学校などの軍学校を視察した。「学校の盛衰は直に軍隊の実力の消長に関係する」、こう考える児玉は軍学校の視察に熱心であった[11]。

この当時、日本では超然主義（政府が政党の動向に制約されることなく政治を運用しようとした政治姿勢）をとる政府と民党との対立が激しく、明治二十四年十二月末に議会が解散されたばかりであった。二月に実施される衆議院総選挙では、児玉と熊本城籠城を共にした内務大臣品川弥二郎が選挙干渉を行なっている。議会解散の報をベルリン滞在中に知った児玉は、「政事上にのみ狂奔」する日本の少年が、民権政治という悪慣習に感染して、「国家百年の長計を誤る」ことになるのではとの危機感を抱いた。

次世代の軍幹部たる少年が政治問題に狂奔するのを防止しなければならない。この課題に対する解決策をロシア軍学校視察で発見した児玉は、監軍三好重臣に次のように書き送った。

「小官出発前に端緒を開いた地方幼年学校を拡張して、（中略）極めて優美高尚な多数の幼年生徒を養成し、候補生の大部分は幼年生徒より出すようにしたい」（現代語訳）。

すなわち、児玉は、①地方幼年学校を開校して若年の頃から軍人精神教育を施し優美高尚な生徒を育成すると共に、②士官学校入校者の大部分を地方幼年学校出身者から採用すべきだと考えたのだ[12]。換言すると、児玉は若年期から軍人精神を注入された地方幼年学校出身者を将校団の中核に据えようと構想していたのである。

皇室と軍人との関係

では、次世代の軍幹部たる少年にどうやって軍人精神を涵養するのか？

第一に、児玉は、ロシアの軍学校の教育目的が「忠君愛国」の気質を養成することにある点に着目し、日本もこれを模倣すべきだと考えた。つまり、児玉は、皇帝や国家への忠誠を強調する軍学校教育に感銘を受け、日本にこれを導入しようと考えたのだ。
　第二に、児玉は、陸軍幼年学校に皇室の保護を与え、皇室と軍人との関係を江戸時代の「殿様と士族」の関係と同様にしたいと考えた。つまり、児玉はドイツと同様にロシアでも、皇室の権威を利用して生徒や軍人に天皇への忠誠心を主軸とする軍人精神を涵養しようと考えたのだ。[13]
　この結論からは、児玉が少年時代に受けた次郎彦の勤王思想の影響が看取できる。現代人は違和感を覚えるかもしれないが、これが当時の時代精神であった。
　また、児玉の観察では、ロシアでは帝室と軍隊との間に特別な関係が存在した。一般省庁の法令には元老院の長の副署が必要だが、陸軍軍令にはそれが不要で大本営から発令される。また、社会一般の間に、軍人は格別であるとの観念が普及していて、軍人は威儀を保持するために公私共に軍服以外着用しない、児玉はこのように監軍部参謀土屋光春に書き送っている。[14]
　なお、小林道彦氏はこの書簡で、児玉が「軍人たるもの公私ともに軍服を着用すべし」と述べ「軍服常用論」を主張するようになったと説明しているが、これは史料の誤読であり、この時点ではそうした事実は存在しない。児玉はロシアの軍人が公私を問わず軍服の外は着用を許されていない（「公私を論せす軍服の外は着用するを許さす」）とロシアの事例を紹介しているにすぎず、公私共に軍服を着用すべしと論じているわけではないからだ。[15]
　それよりも、児玉が、軍服の意味を威儀の保持に見出している点に注目すべきである。児玉が台湾総督時代に官吏に制服を導入した理由の一つにはロシアでの視察経験があるようだ。
　学ぶべきことの多いロシアでも奇談があった。露京では夜になると電灯下に売春婦が立つ。通常人でも三回程度買うのが普通であると噂されていたが、児玉は手を出さなかったようだ。ただ、児玉の親友福原豊功はその方面も盛んだったようで、児玉は福原にベルリンやパリなどの売春婦の様子を彼に一見させたら大声で「たまらず」と声をかけるだろうと二人の共通の友人である寺内正毅に書き送っている。
　ロシア滞在中に日本を発ってから三ヶ月が経過し、児玉は「最早、鰻飯にスキヤキを思ひ出し一日も早く帰朝致《いたし》度《たく》」と述べるようになった。[16]

ロシアの南侵策は宗祖の遺伝なり

　二月三日、児玉はアレクサンドル三世に謁見し、翌四日マインツへ向けてロシアを出国した。なお、児玉はロシア視察から軍隊教育以外の収穫を得ている。児玉は「魯の南侵策は宗祖の遺伝なり。〔中略〕七十六年の魯土の役は其の一端緒なり。第二はシベリア鉄道なり」と手帳に書き、南侵政策はロシアの国家的体質で、シベリア鉄道も南侵策の一環であると認識したことだ。[17]

児玉はロシアの南侵策を国防の脅威であると強く認識したのである。この認識が後に児玉をして日露早期開戦論者たらしめる一因となったのだ。

マインツでの生活

マインツに戻った児玉は、念願だった出師準備や大隊区司令部の帳簿など動員に関することを視察した。だが、学習量が多すぎて全部を記憶しきれなかったうえに、通訳の不手際のため理解不能なことも多かったようだ。言語不通は欧州視察の障害であり、児玉は「言語不通の者の外遊は一年でたくさんだ。あまり長すぎるといろいろと故障が生じかねない」(現代語訳)と述べている。

二月のドイツは寒く夜が長い。雪中三～四時間の新兵検閲を傍観する児玉は寒さに耐えられずひそかにコニャックを口にしている。また、長い夜に一人時間を持て余して飲むビールがついつい過量になることに困却することもあった。[18]

「メッケルは随分評判良き方なれとも、あの面附きにては妻になる人なき趣にて今に無妻なり」、児玉はメッケルをこう描写しているが、彼は今回も児玉に対し親切に世話をしてくれた。児玉は語学の他にも乗馬が不得意だ。メッケルが児玉のために善意で実施してくれた野外演習を終日乗馬で陪観した児玉が閉口することもあった。

言語や乗馬以外に、児玉はマインツの粗末な食生活にも困却した。兵食の大部分はジャガイモばかりであったため、児玉は「鯛の作〔刺〕身を思い出し時々舌を鳴らし」ている。そんな不慣れで多忙な異国生活における唯一の楽しみはもちろん酒であり、児玉は「朝夕軍服の着詰は習志野の野営より苦敷《くるしく》、只《ただ》寝室に入り寝衣を着け赤葡萄の一瓶か此上なき楽み」であると寺内正毅に書き送っている。

また、児玉は日本の軍服に気恥ずかしさを感じていたようで、日本の軍服が華美すぎてどこの国に行っても気障《きざ》に感じられ心恥ずかしいと書いている。[19]

将校の智勇が戦争の勝敗を決する

四月一日、児玉はマインツを出発しミュンヘン(バイエルン王国首都)に向かった。独自の陸軍省や参謀本部まで有するバイエルン王国軍は小規模なプロイセン王国軍の観があり、陸軍組織全体の研究、すなわち陸軍諸機関がどのように動くのかを短期間で研究するうえで便利だったのだ。[20]

その後、児玉は、オーストリア＝ハンガリー帝国に渡り、キシュベル牧場やラゴルナ牧場などを巡視した後、ドイツ経由でベルギーを訪問し「ベルギーのヴォーバン」と呼ばれた要塞建築の権威アンリ・ブリアルモン中将に面会すると共にリエージュ要塞を見学している。そして六月九日、再びパリの地を踏んだ。[21]

この間、児玉は、ベルリンから本国に宛てた書簡の中で「戦争の勝敗は無論将校の智勇に可帰《きすべし》」という注目すべき見解を示している。ただ、現実的には四〜五千の将校全員が知者であることは不可能なので、各将校の能力に応じた任務を附与し、全将校の任務を一つの目的に収斂させることが「現世紀［ママ］養兵の大要」であると述べている。[22] 戦力を構成する無形的戦闘力の重要な一要素として知力・学術を重視する児玉の姿勢は連隊長時代から一貫して変化がなかったのである。

クルップ製鉄所視察と官営製鉄所への関心

六月二十五日、児玉はエッセンのクルップ製鉄所を視察した。児玉はクルップ製鉄所の視察に期待感を抱いていた。兵器独立（兵器国産化）に不可欠な鉄の自給に強い関心を持っていたからだ。後に、児玉は政治的斡旋を行ない、製鉄所官制公布（明治二十九年三月）と官営八幡製鉄所の創立に貢献している。[23]

官営製鉄所設立は農商務省所管で開始されたが、児玉は製鉄所に深く関心を抱いていた。児玉は農商務省技師の建設計画案に対して規模小にして先進技術から遅れていると異議を唱え、計画規模を大きくすると共にもっと学識を有する者を起用すべきだと主張したのである。[24] また、明治三十五年四月には、陸軍大臣時代の児玉を陸軍総務長官兼軍務局長として支えた児玉の腹心である中村雄次郎が予備役編入と共に軍人出身者として初の製鉄所長官に就任するが、児玉がこの人事に関与していた可能性が高い。

駐仏公使野村靖との密談

児玉は欧州諸国の軍事事情視察を通じて、大いに感じるところがあり、日本陸軍の現状を「杞憂」するに至った。[25] 児玉は欧州視察の結果、祖国の国防の現状に強い危機感を感じるようになったのだ。

欧州巡回の最末期に、児玉はパリで駐仏公使の野村靖と会談し、国防および政略について密話を交わし、野村の意見に大きな賛意を示している。野村は吉田松陰門下で山県閥の官僚であり、妹が伊藤博文の妻であった関係で伊藤とも親しい関係にあった。野村は児玉との会談の模様を、井上馨に宛てた書簡で詳細に報告し、井上はこの書簡を伊藤に転送している。

では、野村は児玉に何を話し、児玉は何に賛意を示したのであろうか。第一に、野村は参謀本部総長と陸海軍大臣の更迭をなすべきであると話したようだ。当時の陸軍首脳は参謀総長有栖川宮熾仁親王、参謀本部次長川上操六、陸軍大臣高島鞆之助といった陣容であったが、野村は参謀総長に山県有朋を、陸軍大臣に川上操六か桂太郎を据えるべきであると考えていた。しかもこの場合、野村は参謀総長山県を補佐できるのは児玉以外にいないと考えていたのだ。

第二に、野村は天皇が総裁を務める「国防会議」を組織し、その構成員には陸海の軍政・軍令の長の他に、有栖川宮および文官の伊藤博文も加えて、政略・戦略の一致と、経済状況に応じた国防政策の整備を図るべきであると話したようだ。しかも、こうすることで、軍務の秘密を自身の脳裡のみに留めようとする山県の秘密主義が原因となり、ややもすると疎隔となりがちな伊藤と山県の関係を改善し、両者の関係を寸分の間隙もない状態にすることができると野村は考えていた。

第三に野村は、日本の国防政策には一切方策と呼べるべきものがないと断言したようだ。野村は、要塞や砲台の整備が不十分で、たとえ砲台が建築されていてもそこに設置する大砲の種類が未決定という状態であるため、国防上の最優先課題は要塞設置の場所と範囲を確定することであると話したようだ。児玉は野村の意見に賛意を表したらしいが、児玉は欧州で最新の軍事技術により建築された要塞を視察しており、彼が賛意を表した核心部分は要塞や要塞砲に関することであった可能性が高い。

国防政策や政略に関して児玉と意気投合した野村は、児玉が軍事政策上の素志を実現するには一般政略にも関係せざるを得ないが、一般政略は政治上の駆け引きを必要とするデリケートな分野であるため、児玉が政略について軽率に発言した場合、「万事瓦解」し、「大害を醸成」する危険がある。そのため、井上馨と相談してその意見に従い発言・行動するように、と児玉に忠告したようだ。

児玉を「軍事に斃れしむる」のは仕方がないことであるが、児玉を「政略上において蹉跌せしめ候ては残念千万」であると野村は感じていた。だが、山県有朋と同様に「一介の武弁」を口癖とし、「予は兵隊にして一も民政を知る所なし」と自認する児玉は、当面の間、自身の役割を軍事分野に限定しており、この野村の心配は杞憂に終わっている。▼26

突然の帰国

出発前の欧州巡回計画では、児玉の巡回期間は十一ヶ月で、パリを出てイタリア、ロンドンおよび米国を視察した後に帰朝することになっていた。[27]

だが、七月二日、児玉は突然巡視予定を変更して帰朝する決断を下した。変更の理由は、通訳となる留学武官の不足や、英米旅行に同行する南部大尉の旅費不足により、単身旅行となることにあった。[28]言語不通の異境の地で単身旅行しても成果が挙がらないというわけである。

こうしてパリを出発しマルセイユから郵船に搭乗した児玉は八月十八日帰朝した。巡視日程は一ヶ月短縮されたものの、それでも欧州巡回の成果は大きかった。十ヶ月の欧州視察経験は次の三点でその後の児玉の軍人人生に影響を与えたからだ。

第一に、徒歩砲兵が二十一サンチ榴弾砲を馬で牽引する光景を見て、固定防御主体だった日本の要塞砲兵に機動性を附与し攻城任務で使用しようと考えたことだ。児玉は陸軍大臣になると、このための予算措置を講じている。

第二に、ロシアの国家的本質が南侵策にあると考え、それを日本の脅威であると認識したことである。この認識が一因となり、児玉は参謀本部次長就任後、日露早期開戦の必要性を説いたのだ。

第三に、皇室と軍隊の関係についての理解を深め、皇室と軍人との紐帯を強化しようと考えたことだ。児玉はこれを渡欧前から調査計画していた陸軍幼年学校改革に利用しようとした。

そして、児玉が渡欧前に軍隊教育から部隊勤務に及ぶ幅広い実務経験を有していた関係で課題を持って視察に赴いたことが、このような有益な外遊結果を生み出したのだ。

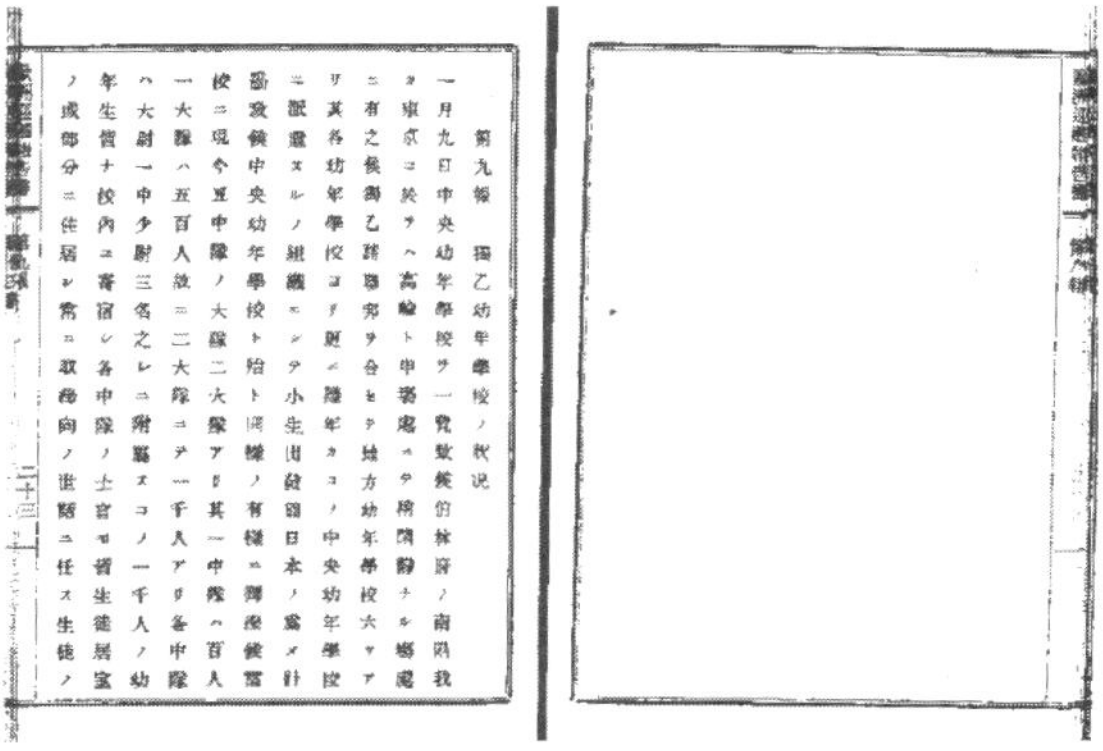
第九條　獨乙幼年學校ノ状況
一月九日中央幼年學校ヲ一覧致候伯林府ノ南西我
ヲ東京ニ於テハ高輪ト申場處ヘタ稍閑靜ナル場處
ニ有之候獨乙諸邦ヲ合セテ地方幼年學校六ヶア
リ其各幼年學校ヨリ更ニ隨年カヨノ中央幼年學校
ニ派遣スルノ組織ニシテ小生出發前日本ノ爲メ計
畫致候中央幼年學校ト殆ト同様ノ有様ニ御座候當
校ニ現今夏中隊ノ大隊二大隊アリ其一中隊ハ百人
一大隊ハ五百人教ニ二大隊ニテ一千人アリ各中隊
ハ大尉一中少尉三名之レニ附屬ス二ノ一千人ノ幼
年生徒ハ校内ニ寄宿シ各中隊ノ士官ハ皆生徒居室
ノ或部分ニ住居シ常ニ取締向ノ世話ニ任ス生徒ノ

児玉源太郎『児玉陸軍少将欧洲巡廻報告書』(監軍部、一八九三年、国立国会図書館所蔵)。

児玉は欧州視察中に、本国の監軍三好重臣や、監軍部参謀土屋光春に宛てて、視察結果を報告する書簡を差し出している。

第九章　陸軍省は即ち児玉なり

1、陸軍次官

陸軍次官就任の経緯

児玉が欧州巡回から帰朝したのは、明治二十五年（一八九二年）八月十八日のことである。直後の八月二十三日、児玉は陸軍次官兼軍務局長に補職された。児玉の帰朝を待っていたかのようなこの人事にはいかなる経緯が存在したのであろうか。

次官就任の動きは児玉の帰朝前から水面下で進んでいた。八月八日、第二次伊藤博文内閣が組閣され、大山巌が陸軍大臣に就任した。大山は、明治十八年の内閣制度発足時から前年の明治二十四年五月まで陸軍大臣を務め、大臣辞任に際して「生涯再び内閣に入らざる」旨を広言して、予備役に編入されていた。

だが、大山はわずか一年三ヶ月後に、特に現役に復帰させる旨の明治天皇の御沙汰を拝したうえで、陸軍大臣に再任することとなったのである[1]。

陸軍大臣に復帰した大山が大臣の伴侶となる次官として要望したのが児玉であった。このことを裏付ける史料が残されている。八月十五日に大山が第三師団長桂太郎に宛てて書いた書簡がそれだ。

「岡澤少将は病気に付、是迄度々《これまでたびたび》辞表を差出され候。付而《ついて》は児玉少将本月中に帰朝の筈に付、同氏に次官仰付らるゝことに粗々決定致申候[2]」。

これによると、児玉の前任の次官兼軍務局長岡沢精は病気を患っていて度々辞表を提出し、大山が慰留していたようだ。そこに、児玉が帰朝することになり、大山の希望で

陸軍中将時代の児玉（尚友倶楽部児玉源太郎関係文書編集委員会編『児玉源太郎関係文書』（尚友倶楽部、二〇一四年）。

岡沢の後任に児玉を充てることとなったのである。換言すると、この人事は大山主導でなされたのだ。

これを裏付けるかのように、大山は児玉の帰朝翌日の十九日に児玉に宛てて、「御拝顔の上、御談中度事御座候間、甚乍御足労《はなはだごそくろうながら》明朝永田町官邸迄御来臨被下度《くだされたく》候」（お会いしてお話ししたいことがあるので、大変御足労ですが明朝官邸までお越しください）との書簡を書いている。▼3

八月二十日、大臣官邸で児玉と面会した大山は児玉に次官就任を要請したのであろう。このような経緯で大山の希望が叶い、二十三日に児玉は陸軍次官兼軍務局長に補職されたのである。大山は監軍時代に児玉監軍部参謀長の補佐を受けており、児玉を評価していたため、児玉を陸軍次官に抜擢したのだ。こうして、日露戦争における満洲軍総司令部の大山・児玉コンビへと繋がる直接的な機縁が形成されたのである。

着任当時の陸軍省

軍務局長は、陸軍の軍政全体を統括すると共に、陸軍大臣の政治幕僚として議会工作を行なうなど陸軍大臣の政治活動を補佐する役職である。次官が軍務局長を兼任するのは明治二十三年三月の陸軍省官制改革で軍務局が設置されて以降の慣習で、前任者の桂太郎・岡沢精も同様であった。次官が陸軍省の心臓であり陸軍の軍政を統括する軍務局の長である軍務局長を兼任することは、省務処理が能率的となるメリットがある。

児玉が着任した当時の陸軍省は軍務局・経理局・医務局・法官部の三局一部制であった。児玉は軍務局長として軍政を統括すると共に、次官として経理局（長、野田豁通《ひろみち》）・医務局（長、石黒忠悳）・法官部（長、渡辺央）の仕事を決裁した。明治二十六年には児玉が法官部長を約一ヶ月間兼務している。当時の陸軍省そして全陸軍の軍政は児玉が心臓となって動かしていたのだ。

時の陸軍大臣大山巌は「無頓着」や「放任主義」を自認する人物であり、定時に馬車で登庁し、正午になれば昼餐を摂り、報告を聴取し書類に捺印して午後二時頃に退庁するような人物であった。▼4

そのため、万事を任されていた児玉の責任は重大で、陸軍次官としての児玉は「有名な干渉家」、すなわち些事も等閑に附さない万事に細かいやかまし屋として陸軍部内で知られることとなった。たとえば、新設部隊の予算表を閲覧した児玉が、「この予算表には馬糧がおちてゐる」と指摘することがあったという。

そしてこの細かさを支えていたのが児玉の記憶力の良さである。秘書官や副官がメモを見ながら応答するのに対し、メモや手帳を使用しない児玉が「さう云ふものを使用してをるのか。その年歯《とし》で、そんな事ぢや将来が案ぜらるるね」と風刺したとの逸話が伝わる。[5]

だが、大山は万事を次官に任せきっていたわけではない。大山は政治・経済・外交の諸問題に通暁する極めて聡明な人物である（陸軍中将大島健一談）と共に、諸問題に対する自分の意見を確固として保持し、所信を毅然として断行する人物でもあったからだ。

たとえば、明治十九年の陸軍検閲条例・陸軍武官進級条例改正案提出に際し、参謀本部長有栖川宮熾仁親王・同次長曾我祐準の異論を聴いた明治天皇が、なお参謀本部長と協議して調べ直すべきであるとの御沙汰を出したことがあった。これに対し大山はこの問題は「陸軍大臣の職務であり、別に参謀本部長と協議すべきものではない」と回答して、裁可を得ている。[6]

そのため、大山の本質を見抜いた児玉も大山に敬意を払い、どんな些事であっても常に遅滞なく報告したといわれる。万事をゆるがせにすることなく処理し、かつ些事でも報告を欠かさない児玉の職務態度が大山の信頼を勝ち取る原因となったのだ。[7]

よく、明治期に成功を収めた大山を大将のモデルとした昭和陸軍がなぜ失敗したのかが議論になる。明治・昭和共に大臣が放任主義であったことに相違はない。だが決定的な違いが存在する。昭和陸軍は局長級以上が不勉強であったため下僚が増長し、その結果下剋上の風が生じ陸軍大臣がロボットと化す事態が生じた。[8]

だが明治期は、大山に代表されるように陸軍大臣が放任主義をとりつつも政治外交経済などの諸問題に通暁し、かつ重要問題では所信を毅然として断行するという意味で下僚のロボットとなることはなかった。

また、児玉軍務局長を見てわかるように局長級以上であっても省務に通暁し些事をゆるがせにするようなことがなかったため、部内統制が行き届いていた。こうした点に、明治陸軍と昭和陸軍との運命を分けた一因があるようだ。

士官学校長人事に関与する

陸軍次官着任直後に児玉が関与した問題に陸軍士官学校長人事がある。当時、陸軍士官学校長大久保春野の後任者が問題となっており、児玉と監軍三好重臣との間で、真鍋斌の就任が内定していた。だが、三好の検閲出張中に、真鍋を第四師団参謀長に就任させる必要が生じたため、児玉と参謀次長川上操六が相談して、陸軍士官学校長には杉山直矢か波多野毅（児玉の姉ノブの夫）かを選択すべきという話になり、この選択を書簡で三好に依頼したのである。

そして、この書簡が書かれてから九日後に波多野毅が陸軍士官学校長に就任した。

三好不在中の内定人事変更は、監軍として児玉監軍部参謀長の補佐を受けた三好の児玉に対するあつい信頼が存在しなければできなかったはずである。監軍部参謀長としての児玉は監軍の山県や大山のみならず、三好からも高い評価を得ていたのだ。[9]

陸軍次官としてのリーダーシップ

ここで次官としての児玉の執務ぶりを見てみよう。児玉は陸軍省内の職務慣例を打破し省内に新風を吹き込むことに成功した。

第一に児玉は、次官が用のある時は下僚を呼鈴で呼び出す慣例を廃止し、「次官が用があれば自分でそこに行く。次官に用のある者は呼びに来い、自分がその局課へ出掛けて行って裁断する」と言明して、「児玉式」（人の意表を突くような児玉独特のやり方）を発揮した。こうすることで、児玉は部下の事務処理の能率を上げると共に、部内の様子の変化を迅速に察知可能になったのだ。

第二に、従来、陸軍省では大臣や次官は自室で昼食を喫食し、その他の者は食堂で昼飯を喫するのが慣例となっていた。だが児玉は、「元来寝食を共にしなければ彼我の心腹を充分知り合うことは出来ない。生死を共にする軍人には最も必要なことである。次官が一人、自室で喫食する理はない」と述べてこれを改め、食堂に弁当を持参して下僚と一緒に食事を摂ることにした。これは気楽な雰囲気の中で交わされる部下の発言を通して部下の人となりを鑑識できるメリットがあり、児玉は内務大臣時代にもこれと類似の方式を採用している。

第三に、会議室としても使われる次官室には多くの椅子があり、上中下の三等に区別されていた。だが、児玉は「いやしくも会議に列するのに勲位官等など問題にならん。元来議場は相互対等の権利をもって議論を戦わせる場所だ。こんな具合では折角の会議も椅子の上下でその人を左右するかの感がある」と述べて、この区別を廃止して、すべての椅子を籐張りの椅子に変えてしまった。[10]

高等官と判任官とでは使用する便所が異なるほど階級の上下が明確に区分されていた当時の官僚社会において、これは画期的な試みであった。人間はややもすると上司の意見を忖度し自由な発言を控える傾向があるが、こうすることで児玉は官等の上下に左右されない活発な議論を展開させ、これにより省内を活性化させることに成功したのだ。

満洲軍総参謀長時代もそうであるが、児玉は、部下が会議において対等な立場で腹蔵なく意見を吐露できる環境づくりに配慮している。こうすることで、児玉はある課題に取り組む際に、部下の反対論を通じてあらゆる角度から課題を分析すると共に、部下の衆知を結集して対策を具案化することが可能となったのだ。

第四に、児玉は、陸軍省の仕事を、①平常事務、②編制改良、③将来ヴィジョンの調査研究の三つに区分して処理したことから窺えるように[11]、将来ヴィジョンの調査研究を重視すると共に、時世の進運に乗り遅れないように、絶えず編制の改良に意を尽くした。児玉は目前の仕事をただ能率的に処理するだけの事務能力の高い能吏ではなく、国防政策の将来像を常に考えていたのだ。

政党や他省庁との折衝の手腕

児玉は「政党は〔中略〕我か立憲政治を誤るもの」だと述べ、衆議院における政党勢力の減殺を企図したことからわかるように、反政党主義者であり超然主義を支持していた[12]。

だが、軍事政策実現化には予算措置が伴う。そのため陸軍次官兼軍務局長の児玉は、軍政を統括する以外に、陸軍省を代表して他省庁と調整を行ないながら政策を実現していくという難しい役割を担わされた。

また、議会に政府委員として出席して予算案を説明することも次官の仕事であり、児玉の折衝能力が試されることとなった。省内統制や省内の活性化・効率化に成功した児玉の議会対策や政党・他省庁との折衝の様子を見てみたい。

児玉が政府委員に任命されたのは明治二十五年十一月のことで、初答弁は十二月五日であった。後に議会における明晰な弁論で知られることになる児玉だが、当初は答弁に失敗することもあったようだ。

明治二十六年（一八九三年）二月二十八日、貴族院で鉄道敷設法の審議が行なわれた。午前中、曾我祐準（予備役陸軍中将）・小沢武雄（明治二十四年舌禍事件で予備役陸軍中将を免官）の質問を受けて演壇に立った児玉の答弁は「不都合」で、議場の雰囲気が悪くなった。だが、休憩後の午後に登壇した内務大臣井上馨の答弁により議場の雰囲気が一変し可決に至った[13]。

では、何が不都合だったのか？　当時、奥羽線敷設に関して、仁別線と檜山線の両案があり、陸軍は仁別線を推していた。だが、両案のどちらを軍事的に有利と考えるかという曾我の質問に対し、児玉が二月二十六日の答弁内容と矛盾する印象を与える答弁を行なってしまったのだ。しかも、檜山線に不同意というのは政府を代表しての見解かとの小沢武雄の質問に対し、児玉は政府としては軍事的観点から仁別線を良いと考えるが、衆議院が檜山線と修正したので、貴族院の議決がどうなるか明言できないと不得要領の答弁を行なった。
そのため、午後の審議で井上馨が政府は軍事のみならず経済上の利益も考えて衆議院の議決に同意したと答弁し場を収める必要が生じたのである。[14]
しかし、そのような失敗も最初のうちだけで、答弁に慣れると、児玉は弁論明晰かつ機略縦横な政府委員として議員やジャーナリストの間で知られるようになっている。[15]
児玉は省内のみならず省外でも腰が軽かった。当時は民党と政府の対立が激しい時代であり、民党との折衝は容易でなかった。当時の政党の事務所はステッキを持った壮士達が殺気をみなぎらせて詰めており、官吏は誰も出入りしようとしなかった。しかし児玉は違った。政党と予算問題で衝突すると、自身が政党の事務所に赴き予算の説明をしたというのだ。[16] 児玉は次官室の椅子に座って待つのではなく自分が積極的に動くことで政党との折衝を進めたのである。

有能な官僚との出会い

政党との折衝の他に、陸軍省は予算措置のために大蔵省と折衝しなくてはならない。児玉のカウンターパートとして陸軍側の予算を査定したのが時の主計官阪谷芳郎《さかたによしろう》である。児玉は阪谷と良好な関係を構築することに成功した。日清戦争が開戦すると、児玉と阪谷はほぼ毎日のように顔を合わせ、大本営が広島に設置されると、大本営で一緒に勤務をしている。三国干渉により対策が必要となると児玉は一日に三通もの書簡を阪谷に出している。[17] 日清戦争後の軍備拡張が比較的スムーズにいった理由の一つとして、両者の円滑な人間関係の存在を数えても良いかもしれない。
台湾総督時代に児玉の腹心の一人となる法制局参事官石《いし》塚英蔵《づかえいぞう》との関係も児玉が次官時代に彼と接触したのを機縁とする。石塚によれば児玉は大きな問題があると、説明のために自身で法制局にやってきたというのだ。[18]
児玉が各省との折衝に成功した秘訣は、説得力のある論理明快な説明と共に、労を厭わず自ら相手先に出向いて議論を重ねることで、相手方の信頼を得たことにあるようだ。
このように次官兼軍務局長としての児玉は、内にあっては陸軍省内を完全に掌握し、外にあっては政府委員として議会の演壇上で明晰な弁論を振るって政党の逼迫に応じると共に、政党や他省庁と折衝することに手腕を発揮した。そのため、陸軍省の全権は児玉の掌中にあるかのような観を呈するに至り、「彼は即ち陸軍省にして、陸軍省は即ち彼なり」と評されるようになったのである。[19]

鉄道会議議員として

明治二十五年十月一日、児玉は鉄道会議議員を仰せ付けられた。この年の六月、国が敷設すべき路線を定めた「鉄道敷設法」が公布され、所管大臣（内務大臣、後に逓信大臣）の諮詢機関として鉄道会議が発足した。鉄道工事着手の順序決定に大きい権限を持ったのが鉄道会議である。発足当初の会議は議長川上操六、幹事田健治郎《でんけんじろう》と議員二十二人（軍人・官吏十二人、貴議院・衆議院議員各五名）とで構成された。

路線選定をめぐっては、国防的観点を重視するか経済効果を重視するかで意見が対立した。児玉は国防上の理由から、海岸線をなるべく回避することを主張したのに対し、渋沢栄一らは軍事的利益のみを考慮するのではなく経済効果を考えて路線を選択するよう主張したのである。

両者は明治二十六年二月十二日の会議において激論を戦わせるに至った。軍事上の理由から奥羽線中、仁別線に賛成した児玉に対し、渋沢が経済的理由から「国家捍衛《かんえい》（防衛）の心掛けが薄いと御叱りを蒙るとも」檜山線もしくは能代線を採択すべきだとこれに反駁、これに児玉が「事実の上に就て此国家捍衛と云ふことを外《そと》に御置きになる有様である」（事実上、国家防衛の観点を除外した議論である）と応じたため、議論が紛糾し議事中止という事態に至ったのだ。

だが翌日一票差で檜山線が可決され、この論争は軍事優先主義の児玉の敗北に終わっている。[20]

後に国家政策や国家経済との均衡を考えた軍事政策を追求することになる児玉であったが、この時点での児玉は軍事的観点に固執し個別利益の追求に傾斜する傾向があったのである。

国土防衛作戦計画策定への関与

この時期の児玉は陸軍次官として、中長期的な国土防衛作戦計画の策定に関与している。明治二十五年三月、参謀総長有栖川宮熾仁親王が「作戦計画要領」と「国防に関する施設の方針」を明治天皇に上奏した。

前者は参謀本部が作成した最初の本格的作戦計画で、敵の上陸に対する部隊の移動集中要領や緊要地点への兵力配置などを示したものである。後者は東京湾以下の海岸防御地点を決定し、これに第一期・第二期と優先順位を附与して砲台建設の方針を示すと共に、将来の部隊増設方針を示したものであった。

明治二十六年三月三十日、児玉は、先に参謀本部から内牒のあった「作戦計画要領」および「国防に関する施設の方針」について、将来の予算措置のため意見を聞きたいと、参謀次長川上操六に質問書を提出した。[21]

当時の国防計画は守勢計画であり、紀淡・鳴門・芸予・下関海峡などの全国各地の要部に要塞を建築することが国防計画の骨幹であった。こうすることで、政経中枢の東京湾や大阪湾への敵の侵入を防ぐと共に、瀬戸内海防御を固めて本州・四国・九州間の交通を確実にしようとしたのだ。だが、要塞建築には莫大な経費が必要となる。そのため、予算的制約から参謀本部案の早期全成を困難と考えた児玉は、将来の施設方針を明瞭にして優先順位の高いものから順次完成を期そうとしたのである。

児玉と川上は屯田兵の増員数や四国に将来配備予定の混成旅団の編成内容に関して質疑応答を交わしている。こうして、陸軍は日清戦争前にようやく具体的な国土防衛作戦計画の策定を完了し、日清戦争を迎えることとなった。

2、日清戦争と児玉

日清戦争開戦

明治二十七年（一八九四年）朝鮮で東学党の乱が勃発、朝鮮政府は武力鎮圧のため清に対して出兵を要請した。時の第二次伊藤博文内閣は議会で民党の攻勢を受けており、これを見た李鴻章《りこうしょう》は日本の対抗出兵の可能性が低いと判断しこの要請に応じる決断を下す。清は朝鮮が属国であることを示す実績を作りたかったのだ。

六月二日、閣議が出兵を決定し、五日には大本営が設置された。派遣兵力は一個混成旅団（約八千人）である。公使館および居留民保護が出兵目的であったが、朝鮮での勢力伸長も視野に入れた出兵であった。

清や朝鮮政府は、叛乱が鎮静化に向かいつつあったので、日本に撤兵を求めた。だが、撤兵できない日本は日清共同で朝鮮内政改革を実施することを提議する。清はこの提案を拒絶、イギリスやロシアが仲裁に乗り出すも失敗に終わった。そして、七月二十五日、日清両海軍が豊島沖海戦《ほうとうおきかいせん》で衝突し日清戦争が幕を開けた[22]。

児玉による開戦準備

この間の児玉は、出師準備品目数量取調委員長として動員体制の調査構築（明治二十六年五月二日）、輜重車輌審査委員長として兵站輜重の準備（八月二十九日）、戦時大本営条例の制定（五月十九日）、紀淡海峡の海岸防備の視察（六月一日）、陸海共同作戦案の協議（明治二十七年六月二十一日）に関わっている。

なかでも重要であったのが、児玉が委員長を務める出師準備品目数量取調委員会である。同委員会は当時進行中であった戦時編制改定作業に対応して、動員令発令により遅滞なく全師団が戦時動員可能なように諸準備品の調整を行なう任務を負っていた。

このように、開戦前から戦時にかけて児玉が多くの委員に選出されたので、陸軍大臣官房副官山内長人《やまのうちおさひと》は、「何か出来ると必ず児玉さんが委員に選まれる。戦前に於ても、戦時にあつても、児玉さんが居ないと事欠くからであつた。〔中略〕児玉さんなくしては、陸軍省の万事が運ばなかつたのです」と述べている。[23]

また、児玉は山陽線の完成促進にも寄与している。部隊を動員集中し、給養物品を大量かつ迅速に輸送するには鉄道利用が不可欠だ。日清戦争は外征であり、軍港宇品まで鉄道を繋がなければならない。陸軍は仙台・東京・名古屋・大阪・広島の師団司令部所在地を結ぶ青森から下関までの縦貫鉄道の敷設を目指していた。

だが、明治二十六年当時、三原・広島間が未完成であった。そのため、山陽線を完成させ、広島から宇品港へ軽便鉄道を敷設することが陸軍の緊急課題となった。

そこで児玉は参謀本部や海軍との協議の後、山陽鉄道取締役の荘田平五郎《しょうだへいごろう》と面会して三原・広島間の工事促進を懇請、その結果同区間は明治二十七年四月三十日に竣工し六月十日より営業運転を開始することとなった。こうして辛くも日清開戦までに青森・広島間が全線開通したのだ。そして八月二十日、参謀本部第一局員山根《やまね》武亮《たけすけ》の指揮によって広島・宇品間の軽便鉄道が完成、青森・宇品間が約六十時間で結ばれることとなり、陸上運輸態勢が整うこととなった。[24]

製鉄所建設や鉄道整備に熱心であったことからもわかるように、児玉は正面装備や操典類の整備にとどまらず、国防基盤（国防インフラ）の充実にも熱心であったのである。

日清戦争における児玉の役割

話を日清戦争に戻す。開戦後の児玉はデスクワークではなく出征（部隊勤務）を頻りに希望したようだ。だが山県有朋が「戦争は韓信のみでするのではない。蕭何《しょうか》も戦争の功を建《た》てたでないか」と児玉を慰撫したため、児玉は思いとどまった。韓信は野戦攻城の将、蕭何は兵站を担当した人物である。山県は、戦争は野戦攻城の将のみでやるものではないことを理解していたのだ。後に、児玉は日清戦争の蕭何と評されることとなる。[25]

山県の説得を受け戦線後方に留まった児玉の主要任務は、①後方支援（兵站）、②戦略策定・作戦指導、③検疫であった。

児玉と後方支援業務

戦争では人馬・モノ・情報を適切な場所に適時に供給しなければならないが、この後方支援の責任者が児玉であった。戦争になると、編制を平時編制から戦時編制に切り替え、予備役・後備役を動員して、鉄道を使って宇品軍港に集中し、海路朝鮮半島や中国大陸に輸送しなければならない。しかも、輸送船が不足していた日本は輸送船を購入・徴用しなければならなかった。さらに、武器弾薬・食料・燃料・衣料・衛生資材といった大量多品種の軍需品を購入輸送し、戦場からは負傷者を本国へ後送しなければならない。

児玉は参謀本部次長兼兵站総監川上操六や運輸通信長官寺内正毅と協力してこの複雑な後方支援業務を処理した。川上は児玉と熊本城籠城を共にし、軍制改革に最善を尽くした仲であるし、児玉と寺内は大阪兵学寮の同窓である。児玉・川上・寺内の良好な人間関係が業務の円滑な遂行に寄与したのだ。

また、児玉は高い事務処理能力を有しており、これも業務の円滑な遂行に寄与した。自身も有能な大蔵官僚であった阪谷芳郎は、諸方から山のような電報が到着しても、少しも意に介することなく平然と電報に目を通し、秩序整然と事務を処理する児玉の姿を見て感心したとの回想を残している。[26]

児玉が関与した後方支援関係の仕事の一つに、船舶の購入・徴用に関する業務がある。開戦当時の日本の汽船保有量は約十九万一千トンで、うち外航可能な汽船は約十一万トンであった。この数字は陸軍が外航可能な船舶の七割を徴用しても一個師団しか輸送できない数であり、船舶量の不足は明白であった。

そこで、陸軍は外国船を購入して、日本郵船に貸与して運航させるなどの対策をとった。その結果、明治二十八年（一八九五年）七月には日本の汽船保有量は約三十二万トンに到達し、凱旋輸送時には、陸軍の徴用船舶は約十九万五千トンに達した。[27]

汽船の徴用は陸軍大臣が参謀総長と協議して進めるため、省部（陸軍省・参謀本部）を実質的に動かしていた児玉と川上がこの仕事を協力して進めたのである。

船を徴用した後も難問が横たわる。船を運用するには運輸規則が必要であるし、民間会社からの船舶徴用には貸借料を支払う必要があるし、損害が出た際には政府がこれを賠償する必要がある。そのため、こうした問題に詳しい法律家が必要となった。

この問題に当惑した児玉は海軍省経理局長川口武定に相談して、海商法の専門家で海軍省法律顧問の松波仁一郎を紹介してもらい、陸軍省法律顧問として軍事輸送の法律任務の一切を任せることとした。

松波によれば、児玉は颯爽としていて、てきぱきと仕事を進めていたという。また、賠償額の決定を任された松波が「小生が一度び極めた以上は、何官が何と云つても顧みないで小生の意見通りして下さい」と頼むと、児玉は「勿論」と答え、実際、経理関係者から賠償額が多すぎるとの苦情が出た際も、児玉は「夫れは松波君に委せてある事だ」と苦情を抑えつけた。[28]

児玉は些事に細かい干渉家である反面、松波の事例や後述する後藤新平の事例からもわかるように、自分が詳しくない分野に関しては、事業を任すことのできる有能な専門家を登用したうえで十分な権限を附与して万事を一任し、権限の形骸化を防ぐために、専門家に対する批判を許さずその命令に服するよう命じたようだ。巧みな内部統制手腕といえよう。

朝鮮半島を北進する日本軍が快進撃を続けると、兵站線路の変更という問題が生じたが、児玉はこの問題にも関与している。日清戦争における兵站線路は釜山を起点として朝鮮半島を貫通し遼東半島を横断して大連湾に及ぶ総延長約二千キロに及ぶ長大なものであった。特に釜山から京城に至る兵站線路（中路）は長遠かつ道路修理が困難であり、朝鮮半島を北上する第五師団長はこれを廃止して仁川もしくは元山から京城に至る路線に変更することを要求していた。だが、制海権を掌握していないためこの路線を放棄することはできないため、八月二十二日、大本営は漢江を境界として兵站線路を二分し、以北を第五師団兵站線、以南を兵站総監直轄の中路兵站線とした。

九月十七日、日本が黄海海戦に勝利し制海権を得たことで、兵站線路の管区改編に関する議論が始まった。九月二十二日、児玉は寺内正毅に書簡を送り、平壌会戦と黄海海戦で陸海軍が勝利を収めたので、戦場の変更を希望する。中路の兵站線路担当者から「苦情百端」していて中路兵站線路は効力が微弱だと判断される。黄海海戦の勝利により海路危険論を唱える時期でもなくなったので、兵站線路の変更に尽力していただきたい、と要請している。[29]

この児玉の要請もあってのことだろう、大本営は兵站線路の管区を変更し、中路兵站監部を仁川に移しこれを南部兵站監部と改称し大同江以南の兵站線路を管轄させ、第一軍兵站監部には大同江以北を管轄させるようにした。こうすることで、仁川揚陸の人員や物資の量が増え、従来よりも短距離かつ短時間で前線に人員や物資を送り込むことが可能になったのである。

九月二十五日、陸軍大臣大山巌が第二軍司令官に就任し遼東半島へ向かうこととなり、十月九日、海軍大臣西郷従道が陸軍大臣を兼任することとなった。陸軍省の省務に詳しくない西郷が児玉に万事を一任したため、当然一人で省務を担うような形となった児玉は繁忙を極めた。清国への出征途中の広島から児玉に送った手紙の中で大山が、「東京之陸軍部内は全く御老兄一人之御引受けに而《て》、定而《さだめて》御多忙之事なるべし」と書いていることからもわかるように、軍政機関を円滑に運用して野戦軍に後顧の憂いをなからしめた児玉はまさに事実上の陸軍大臣であったのだ。▼30

戦略策定・作戦指導への関与

九月八日、児玉は参謀本部御用取扱兼勤を仰せ付けられた。省部間の連絡を緊密にするための処置であろう。十五日に大本営が広島に進出すると、児玉は東京と広島の間を往復することとなった。こうして児玉は戦略策定・作戦指導にも関与することとなったのである。

開戦当初、大本営は、直隷平野において清国軍主力を撃破する直隷決戦を企図していた。だが、制海権獲得が遅れた結果、作戦は思うように進捗しなかった。そこで大本営は、八月三十一日に冬季作戦方針を策定し、直隷決戦実施を翌年に延期する決定を下す。冬季作戦方針は、翌年の直隷決戦実施の準備として、①根拠地としての旅順半島（遼東半島の金州以南）占領、②牽制作戦としての奉天攻略、③台湾占領などを定めていた。

通説では、十月上旬から末頃にかけて、児玉と第一軍司令官山県有朋との間に作戦方針の不一致が存在したとされている。たとえば政治史研究者の季武嘉也氏は、十月九日附の山県書簡や、十月三十一日附の児玉宛山県書簡を根拠に、山県は、遼東半島の金州に第一軍部隊の一部を割くようにとの児玉の要請を無視したと指摘する。▼31

だが、この説には疑問の余地がある。というのも、十月九日附の書簡で山県は、①金州半島（旅順半島）の攻撃奪取に着手しないことを戦略上の欠点であると考え、海軍軍令部長樺山資紀と面会してこの問題を協議しようとしたが面会できなかったとか、②金州半島占領について児玉から書簡や電報で注意を促されたが決行するのが難しい（「決行難致《いたしがたく》」）と書いており、金州半島占領を目指す児玉の考えと山県の考えとに不一致は見出せないからだ。▼32 山県は児玉と同様に金州半島占領の必要性を認識しており、同半島占領を求める児玉の要請を無視したというよりも、種々の事情で金州半島攻撃を実行に移せなかった（「決行難致《いたしがたく》」）可能性が高いのではないだろうか。

また、『児玉源太郎関係文書』の編者は、十月三十一日附児玉宛山県書簡を根拠に、旅順攻撃中の第二軍と合流しての直隷決戦か奉天進撃を考える積極的な山県と慎重な児玉との間に齟齬が存在したと指摘している[33]。

だが、この説も以下の二点から疑問の余地が残る。第一に、山県は同書簡において、「此後《このあと》全軍進行之方向に付而《ついて》は、篤《とく》と熟慮を尽し親裁を可仰《あおぐべく》決意」であると述べていて、この段階での山県は爾後の作戦方針を熟慮中であったこと。第二に、山県が、山海関附近に上陸し直隷決戦の根拠地を確保、旅順で第二軍と合流、もしくは奉天への進撃の三案（「征清三策」）を大本営に上申し、冬営を主張する大本営と意見の齟齬が表面化するようになるのは十一月三日以降のことであるからだ[34]。つまり、書簡が書かれた十月三十一日の時点では、児玉と山県との間に、作戦方針をめぐる意見対立は存在していなかった可能性が高いのだ。

政戦略の一致を考える

十一月六日、米国から講和の打診があり、この頃から政府は講和条件を有利にするために、新たな勝利と占領地獲得を目指すようになった。当時第一軍は鴨緑江を越え九連城周辺まで進出していたが、児玉は第一軍のこれ以上の北進は困難であると判断していた。そこで、児玉は、第一軍がこのまま冬営するのか否かという点や、冬季に南洋方面で軍事作戦を開始する予定があるのか否かという点について、意図を教えて欲しいと、参謀本部次長川上操六宛の書簡で述べている。児玉は川上の意図次第で、厳寒地用装備と酷暑用装備の両方を準備する必要があったのだ[35]。

なお、小林道彦氏はこの書簡を根拠に、児玉が台湾攻略に打って出ようと考えていたと指摘し、これが通説となっているが、この説も検討の余地がある。というのも、この書簡は今後の作戦準備のために、川上の意図を教えて欲しいという内容であり、児玉自身の意図を述べた内容ではないため、この書簡を根拠に児玉が台湾攻略を企図していたと断言することはできないからだ[36]。

では、児玉は何を考えていたのであろうか？　十一月～十二月頃に児玉が書いたと思われる意見書草稿が残されている。これによると児玉は、冬営中に揚子江附近に二～三隻の砲艦を派遣し、敵の商業活動を妨害したり南北の交通を途絶させたりすべきであると論じたうえで、この作戦の目的が「戦争の終局をして好結果」を齎《もたら》すことにあると述べている[37]。つまり、児玉は講和条件を有利にするために軍事作戦を利用することを意図していたのだ。児玉は、日清戦争を戦う中で、政略と戦略を一致させることの重要性を認識するようになったのである。

児玉と山県

第一軍司令官山県有朋は戦陣生活で健康状態を悪化させた。そこで、明治天皇は山県と親しい長州出身の官僚白根専一と侍従武官中村覚《さとる》とを派遣し、山県に帰国を命じる勅語を伝達させた（十二月八日伝達）。だが、ここに至るまでの間、帰国を嫌がる山県をどう説得するかが関係者の間で問題となり、児玉もこれに関与している。

児玉は山県の出征以来、第一軍参謀副長田村怡与造から逐次山県の病状に関する報告を受け、これを総理大臣伊藤博文に伝えて転地療養の手段を相談していた。だが、十一月二十六日附で田村から、山県が冬を厳寒の地で越すことが難しいという報告があったことで事態が急を告げた。この報告を接受した児玉は山県と幕末以来の同志であった野村靖や品川弥二郎らと相談し、そのうちの一人が伊藤と協議したことで白根の派遣が決定されたのである。▼38

病気が原因とはいえ山県にとっては不本意な帰国である。児玉は、山県の心情に配慮して、帰朝する山県に「相当なる名誉之《の》位置」を与えて欲しいと井上馨宛の書簡で依頼している。児玉は山県の腹心であったが、児玉も山県を信頼し敬意を払っていた。両者の仲はこの頃はまだ緊密であったのだ。

なお、この書簡には「毛利家之一条」が落着し、両公から児玉が優渥なる親書を賜ったとの記述がある。小林道彦氏は、この記述から、児玉が毛利家の家政に関与を許されていたと推測し、長州閥内部での児玉の地位がかなり上昇していたと論じているが、これは事実に反する。というのも、時期的に見て、毛利家一条が落着したとは、児玉が毛利家から借りた借金の債務を免除されたことを意味し、実際この時毛利元功が児玉に宛てた親書と思われるものが現存しているからだ。▼39

山県の帰国に際しては田村怡与造が同行していた。田村は第一軍参謀長小川又次と作戦方針をめぐって対立したため事実上更迭されたのである。田村は過去に児玉が抜擢した人物であった。そのため、児玉は田村のような「有為之人物は時機を見て御採用」すべきであると考え、田村を第九連隊長に就職させることを参謀本部次長川上操六に提案し、約一ヶ月後に田村は第九連隊長に就任している。児玉は人事にも影響を及ぼすようになったのだ。▼40

川上は児玉の意見を煙たがったのか？

明治二十八年二月、日本軍は清国北洋艦隊の根拠地である威海衛を攻略し、北洋艦隊を壊滅させ制海権を掌握することに成功した。これにより大本営は宣戦布告前から研究・計画していた直隷決戦に着手することとなり、通信・交通上の理由から大本営を敵地に推進する必要性が出てきた。

こうして編成されたのが征清大総督府である。征清大総督には参謀総長の小松宮彰仁《あきひと》親王が、征清大総督府参謀長には大本営陸軍上席参謀の川上操六が就任するなど、征清大総督府の幕僚の大部分が大本営職員からスライドしている。川上の抜けた穴を埋めるため児玉は、三月、大本営陸軍参謀を仰せ付けられた。陸軍次官としての軍政・後方支援業務に加えて大本営陸軍参謀として軍令も担当することとなり、児玉の職務は一層繁劇なものとなった。

だが、陸軍の目指した直隷決戦は不発に終わった。四月十七日、下関講和条約が調印されたのである。条約により日本は台湾を割譲されたが、同地で騒乱が発生したため、清国領土に展開中の近衛師団が台湾接収のため派遣されることとなった。近衛師団の野砲兵連隊は野砲二個大隊・山砲一個大隊で編制されていたが、児玉は台湾の地形を考慮して、野砲を山砲に改めることを征清大総督府参謀長川上操六（在旅順）に提案した。だが、川上は児玉提案の「精神」には賛同しつつも、調査の結果、台湾でも野砲を運用可能な地形が多いと判明したとしてこの提案に賛同しなかった。

なお、小林道彦氏は、この一件を評価して、川上が「内地」にいる児玉の意見を煙たく感じていたと評している。だが、これも誤った評価といえる。というのも、当時、陸軍は台湾の兵要地誌についての詳細な情報を持っておらず、このような意見の食い違いが発生したとしてもおかしくはないからだ。しかも、小林氏は児玉が「内地」に居たことを強調しているが、川上自身も台湾から離れた旅順に居るので、川上も児玉も現地から離れているという点では同条件である。どうやら小林氏は、この史料の時代背景を読み解くことができず、近衛師団の運用地を台湾ではなく中国大陸と誤解し、そのために誤った評価をしてしまったようだ。[41]

拒否された児玉の戦時抜擢

明治天皇は、将校人事・昇進に細心の注意を払う人物であった。特に、大将・中将の進退については極めて慎重に考量を廻らした。たとえば、山県有朋の大将進級に際して、天皇は皇族以外で大将に昇進した先例が西郷隆盛以外になかったため、なかなか山県の大将昇進を裁可しなかった。天皇が、最終的に山県の大将昇進を認めるのは、山田顕義・西郷従道・大山巌らといった有力軍人の承認を得た後のことで、山県が中将に任官してから十八年が経過していた。[42] 大将がインフレ化していた昭和陸軍では考えられない話である。

人事に慎重であった明治天皇が日清戦争において最も心を痛めたのが、明治二十八年四月の児玉の中将昇進の議であった。児玉の中将昇進を推薦したのは陸軍大臣山県有朋である。山県が挙げた推薦理由は、①児玉が陸軍次官として運輸通信の任を掌って、出征軍数万の食料・被服その他の軍需品全般の輸送を担任し、時機を失せず、軍機（タイミング）を誤ることなく機敏に事務を処理した功績は偉大であり、出征軍の指揮官・参謀に劣らない。②出征軍は大本営の作戦計画の命令を奉じて戦闘するだけであるが、児玉の功績は出征軍将官に勝ること大である。③将校の進級は停年（同一の官等に服務しなければならない最低年限）に拘束されるが、これは平時のことであり、戦時には古参順にこだわらずに抜擢しても構わない、というものであった。

だが、明治天皇は山県の奏薦を容易に聴許しなかった。天皇は、児玉の功績は大きいが、①児玉は永山武四郎（明治十八年五月少将昇進）・長谷川好道（明治十九年十二月少将昇進）・西寛二郎（明治二十二年八月少将昇進）の次席の中将（明治二十二年八月少将昇進）で、②年齢も彼らと比べ約二〜十五歳も若い、そのうえ③出征軍を指揮する将官でもないという理由から、児玉の中将進級は戦争終結後でも問題ないと述べたのだ。

参謀総長小松宮彰仁親王から天皇の内旨を告げられた山県は、これを参謀本部次長川上操六の差し金ではないかと疑い、喜ばなかった。そこで、山県は川上の先輩で薩摩閥の長老である海軍大臣西郷従道を伴って、川上を訪問し、両者間で激論が展開された。

だが、川上は、「将官の進退は大権に属せり、吾人が之れを左右せりとは大将の言とも覚えず」（将官の進退は大権に属する。私がこれを左右したとは山県大将の発言とも思われない）と烈火のごとく論駁し、山県の説得に応じなかった。

これを聞いた明治天皇は、児玉の進級をめぐって、薩長閥の両巨頭（山県と川上）が争うことを心痛し、侍従長徳大寺実則に命じて、総理大臣伊藤博文の意見を徴し、伊藤をして山県を慰撫せしめた。

結局、児玉の進級は見送られたが、この問題の側杖を食ったのが臨時第七師団長永山武四郎少将である。本来は師団長ということで中将に昇進するはずが、永山の進級は児玉の進級問題に影響を及ぼしかねないため、中将進級が見送られたのだ。[43]

この事件から以下の四点がわかる。第一に、陸軍次官として後方支援業務を滞留なく円滑に処理した児玉の功績が大変高く評価されていたことだ。この高評価は、山県が奏薦書類の中で、出征軍が大本営の作戦計画・命令に基づき戦闘に勝利することは「難事なりと雖も尚成し易き業なり」

（難事であるが達成しやすい仕事である）と書き、児玉が担当した後方支援業務を、戦闘での勝利以上に達成困難であると認識していたことに由来するものであった。

第二に、通説では日清戦争での日本軍は兵站軽視の報いを受けたとされることが多いが、陸軍中央は後方支援の重要性を認識し、後方支援担当者の功績を前線指揮官のそれと同等以上に評価していたことだ。通説に反し、明治陸軍は兵站を軽視していたというわけではなく、限られた予算・資源で戦闘以外の分野に手を回す余裕がなかったと考えるべきであろう。

第三に、児玉が山県の庇護を受けていたことや、山県と川上とが児玉の進級をめぐり激しく衝突したという、人間関係の機微がこの事件から窺知できることだ。

ちなみに、長谷川は明治二十九年六月に、永山・西・児玉は同年十月に中将に昇進している。長谷川一人が厚遇された形であるが、大将昇進時に、児玉と西は長谷川に追いついている。

なお、小林道彦氏は、この問題に関し、山県が上奏に際して陸軍武官進級令を改正して児玉を中将に昇進させようとしたと指摘し、山県の公平な采配が山県閥の形成に寄与したと論じているが、山県が児玉の昇進のため進級令を改正しようとした事実はないことを指摘しておく。[44]

後藤新平との出会い

陸軍省は復員将兵の検疫をどうするかという問題に取り組む必要があった。陸軍には、西南戦争の復員輸送に際して、コレラに罹患した兵が検疫を拒んで上陸した結果、国内にコレラが大流行した苦い記憶があった。しかも、日清戦争の死者の八十八％が病死者であったことからわかるように、戦地では伝染病が流行しており、帰国する将兵の検疫は焦眉の問題であった。後藤新平が児玉に述べたように、検疫事業は「一の戦争」であり、伝染病の危険は「弾丸より大」であったのだ。[45]

伝染病対策は内務省管轄の衛生局の担当である。だが、軍医として西南戦争当時の惨状を目撃していた陸軍省医務局長兼大本営野戦衛生長官の石黒忠悳は、軍隊検疫の必要性を陸軍大臣に上申した。

同様の建議は中央衛生会も行なっており、明治二十八年三月、中央衛生会は委員の後藤新平を広島の大本営に派遣し当局者と協議させることとした。こうして、児玉と後藤が邂逅することとなった。

児玉と後藤が出会った経緯については諸説あるが、通説に従って記述を進める。後藤は参謀本部次長川上操六から「これは後方勤務のことだから、児玉陸軍次官に行って呉れ」と指示されて児玉と初めて会ったという。[46]

児玉・後藤の会談には石黒も参加した。児玉も石黒の建議により検疫実施を決意していた。そのため話の中心は検疫の実行方法となった。まず問題になったのが内務省と陸軍省のどちらが責任を持つかであるが、これを児玉は一瞬で決断して、凱旋軍人や陸軍用船に係る一切の検疫は陸軍省が担当し、内地の防疫は内務省が責任を負うと述べた。後藤は「児玉閣下の英断明決」に敬服したと公式報告書で述べている。[47]

話題は必要予算額に移った。児玉から必要額を尋ねられた後藤が無理を承知で百万と答えたところ、児玉は百五十万円出そう、伝染病を防遏できれば惜しむべき金額ではないと答えたという。これを聞いた後藤は児玉の大局打算の明快さに感銘を受けた。[48]

検疫業務の大枠は決まり、誰が検疫責任者となるのかが問題となった。本来ならば石黒が責任者となるべきところだが、石黒は征清大総督小松宮彰仁親王に随行して旅順に行くことになっていたため、後藤を推薦した。だが、後藤はこれを固辞した。

後藤は旧相馬藩主相馬家の御家騒動に巻き込まれ拘引収監後に無罪判決を受けたばかりであった。そのため、石黒が後藤を推薦した時、児玉は「先日まで入獄して居た後藤では困る」と述べ、採用を躊躇した。だが、阪谷芳郎にも後藤の人物を確認したうえで、後藤の採用を決断した。[49]

その際、陸軍軍医になりたくないと渋る後藤に対し、児玉は後藤の都合の良いような官制を作るといって後藤を口説き落とした。

こうして定められたのが明治二十八年三月三十日の「臨時陸軍検疫部官制」である。同官制第二条では、部長は陸軍将官が、事務官は上長官・士官（佐官・尉官）が務めると規定されたが、事務官は必要な場合軍人以外から任用しても良いという一文が存在し、四月一日、児玉が部長に、後藤が高等官三等（大佐相当）の事務官（事務官長）に就任した。児玉は自身の部長就任について、内務大臣野村靖に、「虎軍〔コレラ〕防禦司令官は随分困難」な職であるが、行き掛かり上引き受けたと書き送った。[50]

四月二十六日発布の「臨時陸軍検疫部検疫規則」では、「事務官長は部内一切の事を管知し、部長の命を承け、検疫方法を計画し、部内事務の整理に任し」（第一章第五）と定められていて、事務官長の権限が非常に大きく、児玉の全面的な後援の下で後藤が部内の仕事を取り仕切ることが可能な体制となっていた。事実上、文官が陸軍行政を行なう官制ができたことになる。

馬車馬のように検疫を実行せよ

後藤は早速仕事にとりかかった。検疫所は似島（広島市）・彦島（下関市）・桜島（大阪市）の三ヶ所に設けられ、検疫業務にあたる将兵の教育や、凱旋将兵に配布する「臨時陸軍検疫所消毒場案内」二十五万部の印刷も完了した。だが、検疫を行なうなど名誉ある凱旋兵を遇する道ではないとの非難の声が軍隊や世間から囂々と巻き起こった。

そこで、後藤が児玉に相談すると、児玉は名案があるので容易《たやす》いと答えた。五月二十日、征清大総督小松宮彰仁親王が下関に凱旋すると、出迎えに出た児玉は検疫を受けてもらうよう小松宮を説得したのだ。出征軍最高指揮官の小松宮が真っ先に検疫を受けたため、配下の師団長以下も反対することができなくなった。児玉の機知により、検疫がスムーズに実施可能となったのだ。

六月一日検疫が開始された。だが、運輸通信長官寺内正毅が猛烈な電報を発して後藤を非難し、両者間で電報戦が展開された。寺内は出征軍の迅速かつ円滑な内地帰還を望んだため、検疫所で帰還輸送が停滞することを好まなかったのだ。だが、友人寺内の批判を耳にしても後藤に対する児玉の信頼が動揺することはなかった。児玉は後藤に次のような書簡を発し、後藤を激励したのだ。

「多少之批難攻撃は当初より覚悟之前之儀に御座候。〔中略〕今後と雖も普通之攻撃批難は更に意に留め不申《もうさず》候間、最初御相談致置候通り、馬車馬にて御経過有之度《これありたく》、此国家重大之事業に於て、些細之論争は無益と奉存《ぞんじたてまつり》候」。[51]

また、後藤の部下の事務官が、後藤は請託を受けていると児玉に讒訴した時も、児玉は「後藤は俺が見て居るわ、俺でさへ黙つて見て居るのを貴様たちが余計な事をいふな。命令通り黙つて働いて居ればよいのだ」と一喝している。[52]

児玉は後藤に十分な権限を与えて一切を任せると、後藤を全面的に支援して、自身が干渉しないことはもちろん、検疫部事務官による批判さえ許さず、しっかりと部内を統制したのだ。

こうして臨時陸軍検疫部は廃止までに、船舶六百八十七隻（うち消毒は三百六隻）、人員二十三万二千三百四十六人（うち消毒者は十五万八千四百六十人）の多数を検疫し、日本初の大規模検疫業務を成功させたのである。[53]

児玉の許には後藤を非難する電報が多数届いたが、児玉はこれを箱に入れて保存しておき、検疫事業終了後に、「此の箱は君の月桂冠だ、持つて行つて開いて見よ」と手渡したと伝わる（ただし、後藤自身は検察官仲小路廉《なかしょうじれん》の書簡と二束程度の投書類しかなかったと話している）[54]。

後藤による賛辞

後藤によれば、初対面の時の児玉の印象は、せっかちかつ神経質そうな人で、偉人とは思われないというものであった。だが、後藤は、決断力や大局観、そして一切を自分に任せて干渉しない度量の広さに感服し、検疫事業成功の功績を児玉に帰して、公式報告書で次のように書いた。

「児玉閣下の洪量大度なる、終始軍務の枢機に参し、帷幄の謀議に与り、寝食且つ遑なきの身たるに拘はらす、綽々として余裕を存し、事を処する快決流るゝ如く、其人に任するや疑ふ所あることなし。故に部下争つて死力を致さんことを願ひ、事務著々進捗せさるなし。〔中略〕事業の功績、全く児玉閣下に在ること余の明言するを憚からさる所なり」▼55。

後藤の児玉評には、日清戦争における児玉のリーダーシップのすべてが詰まっているといえよう。松波仁一郎や後藤の例でもわかるように、人の能力を見抜いて信頼できる有能な人物を登用する人材鑑識眼。自分が登用した人物に全面的に仕事を任せる度量の広さ。登用した人物が専門知識を駆使して能力を発揮できるようできる限りの権限と保護を与えることで、意欲を引き出す人づかいの巧さ。裁決流るるがごとき迅速果断な決断力。これらが日清戦争での児玉の活躍を可能にしたのである。

3、児玉と戦後経営

児玉と軍備拡張計画

日清戦争開戦時の陸軍は七個師団体制（近衛師団、第一～第六師団）であった。日清戦争中から、軍備拡張に関する議論が存在し、児玉も明治二十七年に軍備に関する意見書を起草している。意見書において児玉は、日清戦争後の東アジア情勢が権力伸張を企図する欧州列強のために「優勝劣敗の世運」になると論じ、一般師団三個の増設を提案した（近衛師団を含め十個師団体制。附表3参照）。

児玉案で興味深いのは、師団を編成する歩兵連隊数を四個から三個に減らす（三単位師団）ことで師団の運動性を高めると同時に、実質的な兵力増加数を三個歩兵連隊に抑えている点である。それと同時に児玉は騎兵を二十七個中隊、砲兵を三個連隊（百八門）増設することを提案しており、児玉の拡張構想が、歩兵火力強化よりも野戦砲兵の火力や騎兵の機動力・情報収集力の強化を重視したものであったことがわかる。換言すると、児玉は総合戦闘力を重視したのだ。

また、意見書の中で児玉は、一国の兵備は外交方針、国土の位置、隣国の兵備などを明確にしたうえで、国の財政

附表３：日清戦争後の軍備整備計画案

	師団数	一個師団の歩兵連隊数	歩兵大隊	騎兵中隊	野戦砲兵中隊
日清戦争時（近衛師団を含む）	7	4	80	21	40
日清戦争時（近衛師団を除く）	6	4	72	18	36
児玉案（近衛師団を除く一般師団のみ）	9	3	81	45	54
山県案（近衛師団を含む）	7	一般師団 6 近衛師団 4	120	27	60
日露開戦時（近衛師団を含む）	13	4	156	54	106

出典：参謀本部編『明治二十七八年日清戦史』第一巻（東京印刷、一九〇四年）六二頁、附録第六。尚友倶楽部児玉源太郎関係文書編集委員会編『児玉源太郎関係文書』（尚友倶楽部、二〇一四年）二三五〜二三八頁。大山梓編『山県有朋意見書』（原書房、一九六六年）二三一〜二三七頁。沼田多稼蔵『日露陸戦新史』（芙蓉書房、一九八〇年）二八頁。

力を勘案して決定すべきだと述べている。[56] 陸軍次官としての経験を積んでいくうちに、児玉は国家財政と軍備との均衡に配慮できるようになっていたのだ。

　児玉は明治二十六年十二月の答弁で、陸軍の行政整理を行なって官衙の事務官を削減し、その余剰金で戦闘部隊の強化を図ると述べており、この軍備拡張案を「整理と拡充」を同時に行なう方針により達成しようとしたのであろう。[57] これ以後、陸軍の行政整理により余剰金を得て、それを財源に軍備整備を行なう手法は児玉の常套手段となる。陸軍全体を編制表の一人一馬に至るまで隈なく通暁し、かつ組織的頭脳を持つ児玉だからこそ可能な方針であるといえよう。

　明治二十八年四月十五日、陸軍大臣山県有朋が「軍備拡充意見書」を上奏した。山県の構想は、師団数を従来と同じ七個師団としつつ一個師団の歩兵連隊数を四個から六個に増やそうとするものであった。しかし、一個師団当たりの歩兵数を増やす山県案は実現しなかった。参謀本部が中心となり策定された六個師団増設案（十三個師団）が採用されたのだ。この十三個師団体制（平時定員約十五万四千人、戦時総兵員五十四万千二百人）は、仮想敵国ロシアが戦時に東洋へ派遣可能な兵力数約三十万人を軍備標準として立案されたものであった。[58]

　なお、策定過程の六月、参謀本部附の宇都宮太郎歩兵大尉が四軍団（各三個師団）＋独立三個師団＝十五個師団にすべきとの意見書を提出したことがあったが、陸軍次官の児玉は参謀本部第一局長寺内正毅と共に、過大だとして宇都宮案に反対している。[59]

　軍備拡張を容易ならざる事業と考え、費用を捻出するために「整理と拡張」を同時に計画すべきだと考えていた児玉にとって、国力も考えずに師団を増強しようとする宇都宮案は無謀な計画であったのだ[60]。

六個師団増設を柱とする軍備拡張計画の完成年度は明治四十二年度とされ、明治二十九年に議会を通過して実行に移され、明治三十二年までに大部の編成が、明治三十六年末までにすべての編成が完了した。

部隊新設と並行して、教育機関の新設・拡張も実施された。明治二十九年五月、従来の陸軍幼年学校が廃止され、陸軍中央幼年学校と陸軍地方幼年学校（六校）が設立され、一期百名の生徒が三百名に増員された。幼年学校改革では、軍人精神の強化徹底、地方・中央二段階制の導入による早期・長期教育の実施、卒業式への明治天皇の臨幸開始などに代表される皇室と幼年学校との関係強化などといった点で、児玉構想が実現化されている[61]。

軍備拡張は参謀本部の川上操六と陸軍省の児玉を中心に進められた。この間、児玉は議会で計画案を説明すると共に、関係各省や政党との折衝に努めた。戦前、弁論明晰な政府委員として知られるにすぎなかった児玉が多くの軍人の苦手とする行政的手腕を持った軍政家としての名声を確立したのは軍備拡張期であったのだ。

日清戦争の論功行賞

明治二十八年八月、児玉は、日清戦争の論功行賞により、功三級金鵄勲章を授与されると共に男爵位を賜り華族となった。日清戦争時に少将として軍功があった者には、功三級・男爵位が授与されているので、この論功行賞は一見すると破格でないようにも思える。

だが、金鵄勲章・男爵位授与は破格な扱いではなかったようだが、この時同時に授与された旭日重光章については政府内で異論があったようで、恩給局長末松謙澄が総理大臣伊藤博文に宛てて「彼れ少将なりと雖も、留守供給官の勤労を認めざるべからず。政略上にても実戦者以外の功労を認むるを可とす」と書いた書簡が残されている[62]。どうやら政府関係者には一等低い旭日中綬章を授与すべきとの考えもあったようだ。児玉の旭日重光章授与は、野戦軍をして後顧の憂いをなからしめた陸軍次官としての抜群の功績と、後方勤務者の功労も認めた方が良いという「政略上」の理由の二点に基づき決定されたといえるようだ。その意味で、旭日重光章授与に関しては破格の行賞といえるであろう。

なお、明治二十九年（一八九六年）十月、児玉は陸軍中将に昇進している。十六人の現役陸軍中将のうち、児玉は最年少であった[63]。

脳卒中で倒れる

明治二十八年九月、親友の桂が大病に倒れ日本赤十字社病院に入院した。桂が入院するや、児玉は病院内に宿泊し、日夜桂の看護を監督した。陸軍省へも病院から通勤したという。病勢が軽快となった桂が鯛の刺身を食べたいと発言するや、児玉は暴風雨を冒して日本橋の魚河岸で鯛を購入し、自ら料理して桂に供した。桂は児玉の友情に感激し、この一件をしばしば人に語ったと伝わる。[64]

だが、病魔は児玉の身にも忍び寄っていた。激務と過度な飲酒が彼の健康を損ねていたのだ。明治二十九年二月三日、児玉は閣議に参加して徒歩で官舎（この時期の児玉は文という名のボーイとここに住んでいた）に帰る途中、脳卒中で倒れた。以後、児玉は四月二十七日に職務復帰するまで、養生生活を送ることとなった。療養期間中の一時期、児玉は医師の勧めで鎌倉に転地し、これが縁で児玉家は毎夏家族で鎌倉に避暑に出かけることが恒例となった。全快に近づくと、児玉は鎌倉での療養生活を「罪人の禁固」であると自嘲気味に語っている。[65]

児玉家の毎夏の鎌倉避暑について補足すると、児玉家は当初、鎌倉坂ノ下の油屋権之丞宅に間借りしていたが、後に波打ち際に石垣のある海辺の別荘に滞在するようになったようだ。

児玉は湘南の風景中、江の島の絶勝を特に愛賞し、鎌倉滞在中、頻繁に江の島を訪問し恵比寿屋に宿泊することがあった。児玉は恵比寿屋の上に連なる高地に一庵を結び公務の余暇に訪れて静養することを希望したものの、御料地であることを聞いて諦めたようだ。だが、このことが機縁となり、児玉の没後に同所に児玉神社が創建されている。[66]

大隈重信の回想

明治二十九年九月十八日、第二次松方正義内閣が成立した。その二日後、陸軍大臣大山巌が辞任し、拓殖務大臣高島鞆之助が陸軍大臣を兼任した。実は陸軍大臣には桂太郎が内定していたのだが、高島が強引に陸軍大臣の椅子を奪ったのだ。

だが、高島は政治には熱中するものの行政手腕に欠ける人物であった。当然、省務に関しては児玉頼みとなる。そのため、高島は陸軍大臣を辞める時、児玉の手を取って在職中大過なく大臣として過ごせたのは児玉のお陰であると眼に熱涙をたたえながら謝辞を述べたと伝わる。[67]

第二次松方内閣期の児玉の様子については、当時の外務大臣大隈重信が証言を残している。閣議で陸軍次官の児玉と接触する機会が多かった大隈は児玉について、「役人には珍らしく豪放闊達な気性で、洒々落々、欣好すべき襟度」

を持つ人物であったが、単純な豪傑肌的人物ではなく、複雑難渋な陸軍の行政事務について「驚く可き眼識と伎倆」とを持っていたと回想したうえで、自分はその時代から児玉のことを「軍事行政家として第一の人物」と認識していたと述懐している[68]。

また、大隈は児玉の性格を、「陽気な浮いた気質」で「何事も包み隠くしの出来ない性分」であり、才気ある人物にありがちな肚に陰謀を隠し持つようなところがなかったと証言している[69]。

大隈によれば、児玉は政治的野心があまりなく、画策を企んで、政局に乗りだすという人物ではなく、形勢や舞台が整えば成敗を度外視して、難局に飛び込むような人物であったという[70]。しかし、この性格は内務大臣兼文部大臣就任時に仇となって現れた。府県統廃合（府県半減案）や文部省廃止に大鉈を振り下ろそうとしたものの、官界の情弊は厄介なもので、これに窮した児玉は勢い込んで振り上げた大鉈をついに振り下ろしきれなかったのだ。

乃木を説得する

明治二十九年十月、桂太郎が在任期間わずか四ヶ月にして台湾総督を辞職した。桂には第二次松方正義内閣の陸軍大臣の椅子が約束されていたが、松方が高島鞆之助の強引な働きかけに屈し、約束を反故にして高島を陸軍大臣としたため、これに反発した桂が台湾総督を辞職したのだ。

後任者の詮衡が開始されたが、候補に挙がった第五師団長奥保鞏が就任を拒否したため、第二師団長乃木希典に白羽の矢が立った。だが、乃木は受諾を躊躇し、上京を拒んだ。そこで、児玉は理由をつけて上京を拒むことは「男子之可恥事《のはずべきこと》」だと書き送り、乃木に上京を促した。上京した乃木の説得にあたったのも児玉だ。両者の会談は「武将之談判」（山県有朋の評）である。瞬時間にして乃木は就任を決断した[71]。こうして、明治二十九年十月十四日、乃木が台湾総督に就任することとなったのである。

就任を逡巡する乃木の説得に児玉が成功したことからもわかるように、児玉と乃木は依然として良好な関係にあった。明治二十三年、近衛歩兵第二旅団長から歩兵第五旅団長に左遷された乃木が行方をくらました際には、児玉と三好重臣が乃木説得のために尽力した経緯があるほど、児玉と乃木との間には深い信頼関係が存在したのだ[72]。

台湾総督候補に名前が挙がる

だが、人格清廉な乃木は台湾統治に失敗した。台湾にはびこる官吏腐敗の空気を改善しようとした乃木は、官紀粛正を優先するあまり摩擦を惹き起こしてしまったのだ。また、土匪（抗日武装集団）対策として導入した三段警備制法も有効に機能しなかった。こうして、乃木罷免の声が上がることとなった。

明治三十年（一八九七年）十月十八日、総理大臣松方正義が参内し乃木の後任として枢密顧問官川村純義を推薦した。しかし、明治天皇はこの案を却下し、海軍大臣西郷従道、東京防御総督桂太郎、陸軍次官児玉、第三師団長長谷川好道、第二師団長西寛二郎（優先順）のいずれかを後任に充てるべきだと発言した。

侍従長徳大寺実則を介して意見を諮問された監軍山県有朋は、陸軍次官として軍備拡張を担当する児玉は議会対策面で余人をもって代え難く、児玉が居ないと軍備拡張計画に齟齬が生じるとして児玉後任論に反対し、乃木留任が良いと述べた。▼[73]

確かに台湾総督には児玉が適任であったが、時の陸軍大臣は、政治談議は得意だが細かい省務を見ることを苦手とする高島鞆之助であった。そのため、進行中の軍備拡張を成功させるためには児玉を次官から外すことはできなかったのだ。こうして乃木更迭論は一時的に鎮静化することとなった。

児玉が桂と並んで台湾総督候補となったことからわかるように、山県が軍備拡張を通じて軍政家としての児玉の手腕を高く評価したことで、長州閥での児玉の地位は山県・桂に次ぐ三番目まで上昇したのだ。

児玉ケーブル

正面装備にとどまらず、国防基盤（国防インフラ）の充実にも熱心な児玉は、情報通信網の構築も重視している。日清戦争の結果、台湾が日本の領土となり、樺山資紀が初代台湾総督として台湾に赴任した。内地との通信連絡や船舶運輸の安全確保のため、海底電線敷設や灯台建築が台湾統治上必要な施設となった。この建設を担当したのが児玉である。明治二十八年六月、児玉は臨時台湾電信建設部長および臨時台湾灯標建設部長を兼務することとなったのだ。

電信および灯台事業は本来ならば逓信省の管轄である。だが、戦争中これらの事業が大本営の経費で実施されていたことや、台湾がいまだ叛乱状態にあったことから、工事施工を陸軍省の管下で実施することとなり、臨時台湾電信建設部・臨時台湾灯標建設部が創設されることとなったのだ。▼[74]

電信と鉄道の威力でドイツ統一戦争に勝利したドイツ陸軍をモデルとした陸軍は西南戦争や日清戦争で電信を有効活用した。日清戦争における平壌陥落の報告は、現地から

海底電信線敷設船「沖縄丸」（陸軍省編『臨時台湾電信灯標建設部報告』陸軍省、一八九八年）。

長崎県西泊の海底電信線貯蔵池（陸軍省編『臨時台湾電信灯標建設部報告』陸軍省、一八九八年）。

児玉源太郎の指揮の下で敷設された九州・台湾間の長距離海底ケーブル

九州・台湾間に長距離海底ケーブルが敷設されたことで、大北電信会社を介さずに米英と連絡することが可能となった。なお、点線は買収したルートである。

出典：石原藤夫『国際通信の日本史　植民地化解消へ苦闘の九十九年』（東海大学出版会、一九九九年）一三二頁。

約六時間二十分で大本営に着電している。実質上の陸軍大臣として省務を掌握していた陸軍次官兼大本営陸軍参謀の児玉は、西南・日清両戦争の経験を通じて、電信を活用した迅速な情報伝達の重要性を十分認識していた。

当時の日本の大陸向け通信回線は、デンマークの大北電信会社が敷設した長崎・上海間、長崎・ウラジオストック間、呼子・釜山間の海底電信ケーブルを利用していた。だが、日清戦争後に予期された対露戦争を考慮した場合、ロシアを経由している大北電信会社線はロシアにより遮断されたり（実際、日露戦争時に長崎・ウラジオストック間は遮断された）、通信傍受されたりするリスクが存在した。そこで、児玉はこのリスクに対処する目的で、大北電信会社線を利用しない通信回線の設置を試みることとし、次の施策をとった。

第一に、海底電信ケーブル敷設のために必要な敷設船「沖縄丸」（二千二百七十八トン）をイギリスのロブニッツ社に発注したことである。

第二に、大隅半島の大浜から台湾の基隆との間に海底電信ケーブルを敷設して、これをイギリスのAll Red Routeと連結することで、大北電信会社と無関係の大陸向け通信回線を確保したことである。

第三に、敷設に必要な海底通信ケーブルをイギリスから購入し、長崎県西泊海岸に海底電信ケーブル貯蔵施設を建築し、これを保管したことである。[75]

大隅半島・台湾間の長距離海底電信ケーブル敷設工事は、技師浅野応輔《おうすけ》を主任として、明治二十八年七月に開始され、明治三十年五月三十日に終了し、七月十六日から公衆通信が開始された。

大隅半島・台湾間のケーブル線は総延長約千四十五海里である。これまで逓信省が実施した海底電信ケーブル敷設工事は約五十海里程度であったので、大隅半島・台湾間の海底電信ケーブル敷設工事は日本にとって未曾有の経験であった。そのため、欧米の工学者は欧米人の指導なくしてはこの工事は成功しないと評していた。[76]だが、児玉は、海洋状況不良のため工事が一時中断するなどの困難を克服し、日本で最初の長距離海底電信ケーブル敷設工事という画期的プロジェクトを成功に導いたのである。

このプロジェクト間も児玉の果断が発揮されている。ケーブル敷設工事が沖縄まで完成したところで、海洋状況が不穏になると、児玉は人命の損失を憂えて、事業継続を主張する部下の意見を斥けて、事業を一時中止する決断を下したのだ。[77]

その後、臨時台湾電信建設部廃止後の明治三十一年十二月に、日本は台湾・福建省間の海底電信ケーブルの買収に成功、これにより日本は大北電信会社線を利用することなく英米と通信することが可能となったのである。

なお、児玉は、大隅半島・台湾間の海底電信ケーブル敷設事業において、緊急時に備えて海底電信ケーブルを五百海里分だけ必要線長よりも余分に購入・保管している。このケーブルと「沖縄丸」は臨時台湾電信建設部廃止後に逓信省に移管され、ケーブルは「児玉ケーブル」と呼ばれたと伝わる。[78]

児玉の準備は功を奏し、日露戦争開戦直前の明治三十七年一月十五日に、「沖縄丸」が「児玉ケーブル」を使用して九州の佐世保と朝鮮の八口浦間に海底電信ケーブルを敷設している。

海底通信ケーブル敷設事業から、児玉が先進技術の効用を理解する先見性に優れた人物であったことがわかる。

威海衛視察

明治三十年十月十九日、児玉は清国の威海衛視察旅行に出発した。児玉は威海衛以外に、北清（北京、天津、大沽など）および上海を視察した後、十一月二十八日に新橋に帰還している。

この視察旅行については、先行研究でも「目的は判然としない」と書かれたり、秘密旅行であるため「関係記録の所在は確認されていない」と書かれたりしている。[79]だが、今回著者が発見した視察報告書（児玉提出）により、視察目的が威海衛占領軍の視察であることが判明した。なお、威海衛占領軍は下関講和条約に伴い威海衛の保障占領を行なうために明治二十八年に編成され明治三十一年に廃止された部隊である。

報告書（「威海衛占領軍視察報告」）を確認してみる。[80]冒頭で児玉は、占領直後の占領軍と比較し、現在の占領軍は①風紀軍紀、②教育、③衛生、④給養、⑤彼我の感情等すべて良好で、間然とすべきところがないと述べている。これら五個の視察重点項目のうちいくつかを紹介してみたい。

風紀軍紀について児玉は以下のように報告している。外国に駐屯する日本軍は「帝国軍隊の声価を発揮」することが重要であるが、占領軍は規律厳粛で、軍法会議判決に基づく行刑者は明治三十年五月以来三名しか出ていない。つまり、児玉は外国駐屯日本軍の名声発揚や規律を重んじていたのだ。

教育について児玉は、各部隊長が任務上必要となる清国語学習を奨励した結果、清国語習得者が増加した現状を喜んでいる。児玉が連隊長時代から一貫して、将校以下の学力向上に熱心であった点は彼のリーダーシップを考えるうえで興味深い。児玉は知的能力の向上が軍隊を強くすると認識していたのだ。

現地住民と占領軍との関係について児玉は、当初占領軍に対し敵意を持っていた現地住民が、歳月の経過と共に、占領軍に感化されて好意を持つようになり、今では日本軍の長期駐屯を希望するようになったと報告している。児玉によれば、占領軍が現地住民の民心把握に成功した要因は、衛生・警察面での占領軍の保護や占領軍が提供する雇用にあったようだ。

そして、報告書提出後の明治三十一年(一八九八年)一月、児玉は第三師団長に補職された。こうして、約五年三ヶ月に及ぶ陸軍次官生活に別れを告げることとなったのだ。

4、児玉は統帥権改革を企図していたのか?

軍政と軍機軍令の境界の明確化を提議する

話はさかのぼるが、児玉は陸軍次官就任後の明治二十七年に、従来境界が不分明であった軍政と軍機軍令との境界を明確に区分すべきとの提議を行なっている。
この点に関し、近年、陸軍次官就任後の児玉が帷幄上奏権の縮小をはじめとする統帥権改革に乗り出し、この改革は児玉の参謀総長時代まで一貫して続いたとの仮説が小林道彦氏により提起されている。管見の限りでは、児玉が次官時代に帷幄上奏権の縮小を図ったことを最初に指摘したのは由井正臣氏であるようだ。小林氏と由井氏の研究に導かれながら小林氏の仮説の是非を検討してみたい。[81]
帷幄上奏権とは、軍部が総理大臣とは独立して軍事に関し上奏する権利のことである。帷幄上奏権は本来、統帥機関の長(参謀総長や軍令部総長)が統帥事項に関し上奏することを認めたものであったが、次第に陸海軍大臣にも認められるようになった。しかも、陸海軍大臣がこの権利を濫用し、軍政事項まで上奏するようになったことから、政治的紛議が生じることとなった。
そのため帷幄上奏権問題は、上奏主体の問題(参謀本部長(参謀総長)の他に陸軍大臣にまで認めるか否か?)と、上奏権の範囲の問題(軍政と軍令(国務と統帥)の範囲をどうするのか?)という二点を中心に展開した。
明治十九年(一八八六年)の「上裁文書署名式」で「陸海軍団隊の編制条例等に係るは陸海軍主任大臣と参謀本部長連署捺印し可決の上主任大臣に移す」と規定されていることからわかるように、陸軍編制については閣議を経ることなく陸軍大臣と参謀本部長が協議のうえ、上奏裁可する慣習が認められていた。帷幄上奏の初期形態である。[82]
この事実上の慣行を法制化したのが、明治二十二年(一八八九年)の内閣官制第七条(「事の軍機軍令に係り奏上するものは天皇の旨に依り之を内閣に下付せらるるの件を除く外陸軍大臣海軍大臣より内閣総理大臣に報告すへし」）である。「軍機軍令に係り奏上」する者の主体が明記されていないが、帷幄上奏する者を参謀総長と軍部大臣とする規定だ。この条文により、軍機軍令に関する事項は、原則として内閣を通さずに、軍部大臣が事後的に総理大臣に報告すればよいということになった。だが、軍機軍令とそうでないものの境界や、軍令と軍政の境界が不分明であり、この点が明治二十三年（一八九〇年）の「陸軍定員令」制定で問題となった。

陸軍定員令は、陸軍大臣大山巌が閣議を経ずに上奏を行ない（帷幄上奏）、裁可を得た後に内閣に下したものである。陸軍定員令は、陸軍省・千住製絨所・憲兵制度のような他の行政機関と直接関係するものを除いて、陸軍編制と密接な関連を持つ官衙組織・軍学校などを軍機軍令事項として帷幄上奏で決定するという内容であった。[83] そのため、これ以後、陸軍大臣・参謀本部長の帷幄上奏が急激に増加することとなった。こうして、陸軍は軍機軍令の範囲を拡大し、帷幄上奏により内閣の統一を阻害するようになったのだ。

これを批判したのが児玉であった。児玉は明治二十七年（一八九四年）に、陸軍大臣に宛てて陸軍定員令改正案（「陸軍定員令改正の件」）を提出、陸軍省と法制局との間で協議が行なわれたのだ。改正案の要点は次の通りだ。第一に、帷幄上奏の主体を参謀総長および監軍とした（ただし、陸軍大臣の名で令達される事項は、参謀総長が陸軍大臣と連署して帷幄上奏する）。第二に、軍機軍令の性質を持ち参謀総長の帷幄上奏によるものは、「出師計画及団隊の編制（戦時）に関する事項」と「国防及作戦計画並に陣中要務の規定に関する事項」とされ、平時編制は国家経済に密接な関係があるため陸軍大臣が閣議に諮って上奏することとされた。[84] 児玉は、帷幄上奏権の主体を原則参謀総長と監軍とに限ると共に、軍政と軍機軍令との境界を明確に区分して、帷幄上奏権の縮小を図ったのだ。だが、この改正案は、陸軍部内での決定をみないまま、日清戦争開戦により流案となってしまった。

小林氏は、児玉の統帥権改革の起点をこの改正案に置き、児玉が陸軍次官時代から参謀総長時代まで一貫して統帥権改革を追求していたと説明する。だが、後述するように著者はこの小林氏の仮説には不同意である。というのも著者はこの児玉の提案を、単に軍政と軍機軍令の境界を明確にしようとしたに止まり、これ以後の児玉が統帥権改革を企図していないと考えるからだ。その論拠の一つは、帷幄上奏権の強化を意味する「陸軍平時編制」制定を児玉が承認したことにある。

帷幄上奏権強化の動きを承認する

日清戦争後、軍備拡張に着手した陸軍は、軍備編制の秘密を保持するという理由で、明治二十九年（一八九六年）二月、「陸軍平時編制」を制定し、従来の陸軍定員令を廃止（六月）した。[85] 両者には主たる相違点が二つある。

第一に、陸軍定員令では編制表が公表されていたのに対し、陸軍平時編制では非公表とされたことだ。これにより、平時編制が国民や議会の目から覆い隠されることとなった。

第二に、上奏手続きが変更されたことだ。陸軍定員令では、参謀本部が編制表を立案し陸軍省と協議→参謀本部長が上奏允裁を得る→陸軍大臣に回附し、陸軍大臣が陸軍定員令改正として上奏允裁を得る→勅令として発布という手順をとっていたが、陸軍平時編制では、戦時編制と同様に、参謀本部が編制表を起案し省部（陸軍省・参謀本部）で協議→陸軍大臣・参謀総長連署で上奏允裁を得るという手順に手続きが変更されたのだ。

一見手続きの簡素化に見えるが、これは重大な変更であった。というのも、児玉が提出した「陸軍定員令改正の件」では、平時編制は閣議に諮って上奏することになっていたが、陸軍平時編制はこの手順を省略し、以前よりも内閣の関与を狭め帷幄上奏権を強化する内容となっているからだ。[86]

問題はこれを児玉が承認したか否かだ。この点に関し小林道彦氏は、児玉が明治二十九年二月三日に脳卒中の発作に襲われ、以後約三ヶ月間療養したため（四月二十七日復帰）、陸軍大臣大山巌による陸軍平時編制制定の動き（＝帷幄上奏権強化）を制止できなかったと指摘している。[87]

だが、明治二十八年十一月、児玉は、陸軍省参事官大生《おおみ》定孝《さだたか》の反対意見があったにもかかわらず、「陸軍平時編制」案を陸軍次官兼軍務局長として承認しており、児玉が脳卒中の発作に襲われたため大山を制止できなかったという小林説は成り立たない。[88]

大生の意見は、「若し陸軍全般平時編制を全く公示せす、一に之を兵馬大権の内に収めしめ内閣の職責以外に置くときは陸軍行政は内閣の関知せさるか如く、従て日本政府以外の陸軍の形式をなすの嫌ありて、蓋し当を得たるものにあらさるへし」（傍線部著者）というものである。児玉は、陸軍平時編制が持つこの意味を理解してこれを承認したのだ。それゆえ、軍事行政を内閣の統制下に置こうとした児玉の考えが後退していることは明らかである。

つまり、児玉は、少なくとも明治二十八年十一月の時点で、帷幄上奏権強化の動きを承認しているため、児玉による帷幄上奏権縮小の試みはこの時点で断絶した蓋然性が高いのだ。小林氏の表現を借りるならば、児玉は大山の「暴走」（＝陸軍平時編制制定）を制止できなかったのではなく、暴走を事前承認していたということになる。

陸軍平時編制に児玉が賛成していた事実は児玉が以後参謀総長時代まで一貫して統帥権改革を追求していたとする小林説にとり大きな打撃となろう。児玉も将来戦を見越した軍備拡張の必要性という現実の前にその主張を後退させざるを得なかったのだ。児玉は帷幄上奏権縮小よりも軍備拡張を優先したといえる。

明治三十年（一八九七年）三月四日、明治二十七年に児玉により提出された「陸軍定員令改正の件」を受けて、法制局長官神鞭知常《こうむちともつね》が児玉案を踏襲した内容の照会（「帷幄上奏と閣議を経由すべき事件の区分」）を陸軍次官児玉に送付してきた。

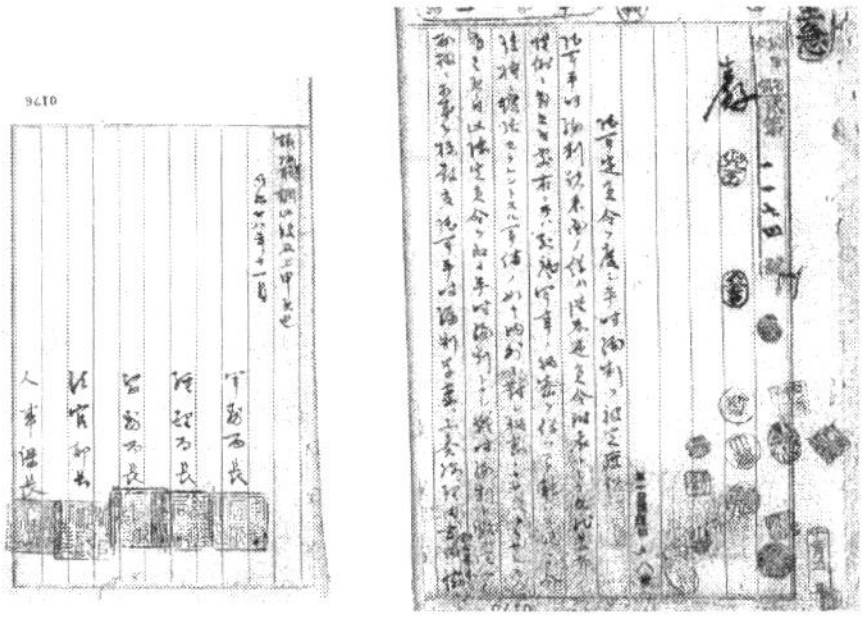
児玉が脳卒中で倒れたため、陸軍平時編制制定（＝帷幄上奏権強化）を目指す陸軍大臣大山巖の暴走を制止できなかったという通説に反し、脳卒中になる以前に、児玉は帷幄上奏権強化の動きを容認していた（「明治二十九年乾　貳大日記六月」防衛研究所所蔵）。

小林道彦氏はこの史料を次のように解釈する。児玉が法制局長からの照会に対し、「官制や条例は陸相から内閣へ提議」すべきであるとの考えを示して、「伊藤の構想（帷幄上奏権縮小構想）に呼応」した。それゆえ帷幄上奏権縮小に関する児玉の考えは変わらなかったと。[89]

だが、これは史料の誤読である。この照会は明治二十七年の「陸軍定員令改正の件」を受けてのものであるが、照会を受けた時（明治三十年）の児玉は、「急には難被行義《おこなわれがたきぎ》に付、当分預り置く」と回答していて、「官制や条例は陸相から内閣へ提議」すべきだとは回答していないからである（そう述べているのは、照会文書に添付された明治二十七年提出の「陸軍定員令改正の件」である）。[90]

気になるのは児玉が預り置いた理由である。小林説に有利に解釈するならば、児玉の本心は帷幄上奏権縮小であったが政治力不足のため預り置いたということになろう。だが、児玉が「陸軍定員令改正の件」提出後に軍備拡張の必要性から帷幄上奏権強化に同意している以上は、児玉が軍備拡張の障害になる、もしくは帷幄上奏権強化の動きに逆行すると考えて預り置いた可能性も排除できず、預り置いた理由を示す史料が発見されない限り、この史料のみを根拠に児玉が政治力不足から預り置いたと結論づけることはできない。つまり、現状では、この文書を児玉の帷幄上奏権縮小構想の論拠とすることはできないのだ。

もっとも、後述するように陸軍大臣や参謀総長時代の児玉は政治力が向上したにもかかわらず、帷幄上奏権縮小の政策を実現しようとしていない。だとするならば、政治力不足から預り置いたとは考えられないのではないだろうか。

小林氏は、児玉が明治二十七年以降一貫して帷幄上奏権の縮小を含む統帥権改革を追求していたと指摘し、これが通説化しつつあるが、①児玉が陸軍平時編制に賛成していたことや、②法制局長官からの照会に対する児玉の回答を児玉の帷幄上奏権縮小企図の論拠とすることができないことから、小林氏の仮説は現状では成立しないのである。

伊藤博文の激怒

児玉も承認した陸軍平時編制は問題を生じさせた。

明治二十九年四月、陸軍大臣大山巌は、「陸軍下士若くは判任文官欠員の補充に充つる雇員給料に関し勅令発布の件」を帷幄上奏により裁可を得た後に閣議に提出した。軍事機密とは考えられない雇員の俸給という純然たる行政事項を閣議に諮ることなく帷幄上奏で決定したのである。これに総理大臣伊藤博文が激怒し、帷幄上奏権の濫用を警告する通牒を四月二十九日附で陸海軍両大臣に送付した。[91]

しかも陸軍が帷幄上奏により裁可を得た陸軍平時編制を内閣に通報し、その同意を求めてきたのが五月のことであった。伊藤は四月二十九日附の通牒に反すると抗議したが、長期療養から復帰後の児玉の懇請を容れて、明治二十八年十二月の閣議で了承したということにして問題の紛糾化を回避している。[92]

第十章　我が断案所信を貫くべし

1、台湾総督の権限と人事

台湾総督の権限

明治三十一年（一八九八年）二月、児玉は台湾総督に就任した。

児玉は陸軍次官としての職務を果たすうちに「陸軍省は即ち児玉なり」と評されるほどの声望と勢力とを陸軍軍人の間で獲得することに成功した。通説では、児玉が軍人社会で声望や勢力を有したのは「赫奕たる武勲」によるものだとされているが、これは事実とは異なる。[1]

人物評論で名高い明治期のジャーナリスト鳥谷部《とやべ》春汀《しゅんてい》が、軍功や戦術面で児玉より優れた者が多く存在すると評したように、児玉が勢力を軍人社会で得たのは、戦場での軍功や戦術能力によるものではなく、多くの軍人が苦手とする行政手腕を持っていたがゆえであった。[2]

児玉は、軍政家として平時に大過なく軍政機関を円滑に運用したのみならず、日清戦争時の後方勤務や戦後の軍備拡張といった困難な問題をも巧みに処理した。そして、児玉がこれまで軍事行政や制度改革で培った経験と能力が、歴代台湾総督が統治に失敗し続けた難治の地、台湾で試されることとなったのだ。

台湾は日本初の植民地である。植民地統治には、宗主国の法律・制度を植民地に適用するフランス型の内地延長主義と、植民地を宗主国と別の法域として統治するイギリス型の特別統治主義とがある。日本の台湾統治は、特別統治主義を原則としつつ、一部で内地延長主義を採用していた。そのため、台湾総督の権限は非常に大きく、委任の範囲内

台湾総督時代の児玉（児玉秀雄編『藤園記念画帖　児玉源太郎十三回忌記念』マツノ書店、二〇一〇年）。

で陸海軍を統率するのみならず、事実上の立法権まで保持していた。特に重要なのは後者で、六三法（明治二十九年法律第六十三号）に基づき、台湾内で法律の効力を有する命令（律令）を発布する権限が台湾総督に与えられていたのだ。

本国であれば、各省大臣や参謀総長・海軍軍令部長、帝国議会に分属する行政権・陸海軍指揮権・立法権（律令制定権）が台湾総督一人に集中するこの統治システムは、児玉のように明確な統治ヴィジョンと強固な意志を持ち強力なリーダーシップを発揮して統治を行なう人物にとって大きな武器となった。児玉が台湾で大胆な統治を実行できた理由の一つは、律令制定権を含めた台湾総督の巨大な権限にあったのだ。だが、その反面で、児玉の統治に対して「官僚主義的専制」との批判も生まれる一因ともなった。[3]

台湾を熟知していた児玉

児玉と台湾との縁は古く、先に海底電信ケーブル敷設の項で言及したように、明治二十八年六月に児玉が臨時台湾電信建設部長および臨時台湾灯標建設部長に就任したことを嚆矢とする。さらに児玉は、同時期に台湾統治の大枠を定める台湾事務局（総裁・伊藤博文）の軍事部委員にも任命され、台湾統治体制の構築にも関与していた。委員としての児玉は、軍人でありながら台湾総督を文官にすべきとの外務部委員原敬の意見に賛成（副総裁の川上操六のみが反対）している。だが、この時は陸軍への配慮を優先した伊藤の決断により、陸海軍の大将・中将が台湾総督に就任する武官制が採用された。[4]

児玉の台湾総督就任論がたびたび議論された背景には、児玉が台湾事務局委員として台湾統治体制に関与し台湾事情に精通していたことが関係していたようだ。

また、児玉は初代ベンガル総督（後にインド総督と改称）としてインド植民地の基礎を確立したウォーレン・ヘースティングズの事績を研究したり、植民地研究の翻訳物を研究・印刷して前任総督の乃木希典の台湾赴任時に贈呈したりするなど、就任前から植民地統治を個人的に研究していた。そのため、児玉は、赴任前から台湾事情を詳細に理解しており、あたかも「歌人居ながらにして名所を知る」（後藤新平の評）境地に達していたのだ。[5]

三人鼎足の台湾統治――民政長官人事

台湾総督に就任した児玉は文官人事の詮衡に着手し、文官トップの民政局長（六月、官制改革に伴い民政長官と改称）に後藤新平を、文官ナンバーツーの勅任参事官には法制局官僚の石塚英蔵を起用した。赴任に際して児玉は、「後藤君は民政を、石塚君は法制を、而して我輩は軍政を治め、三人鼎足の勢ひを以て、台湾統治の大業を完成したい」との抱負を述べ、各人の役割分担を明確にしている[6]。

後藤と石塚起用の経緯と動機を探ってみよう。通説では、後藤の民政局長就任は乃木総督時代に内定していたとされるが、台湾総督就任直後の児玉が第一候補と考えたのは後藤ではなく、農商務次官の奥田義人《よしと》であったとする史料もある。しかし、奥田が「台湾の官界を見ること汚泥の如く、高等官の如きは全部免黜《めんちゅつ》」する意気込みであったのを看破した児玉は奥田の起用を諦め、阪谷芳郎や石黒忠悳と相談して後藤の抜擢を決めたという[7]。

児玉から民政局長就任の打診を受けた後藤は、「閣下は如何なる条件の下に就任せられしや」と児玉に尋ね、「如何なる条件もなし、〔中略〕予め条件を附して任に赴くが如きは予の敢てせざる処なり」という児玉の答えに心を動かされて、就任を快諾した[8]。

当時の台湾は瘴癘《しょうれい》の地であり、疫病流行の根絶が急務であった。しかも台湾人の間で流行する阿片への対策も必要であった。後藤は内務省衛生局長時代に台湾総督府衛生顧問を兼務していたことがあり、台湾の衛生・阿片事情を知悉していた。そのため児玉は衛生行政専門官僚としての後藤の手腕に期待し彼を起用したのであろう。だが、行政全般に関する後藤の手腕は未知数であったため、児玉はこの欠陥を補完するために、法制局官僚として有能な石塚を起用することにしたようだ[9]。

児玉が石塚の起用を決心した理由は、石塚が拓殖務省嘱託として台湾視察後に執筆した復命書を読み、その内容を気に入ったことにある。しかも児玉は、陸軍次官時代に何か問題があると法制局の石塚の許に自ら説明に出向いたり、第二次松方正義内閣の臨時政務調査委員を共に務めたりするなどして、石塚と面識があり、その性格と能力を知っていた。台湾での石塚は律令制定権の枢軸を掌握し、主に立法面で児玉を補佐した。児玉は植民地行政官としての石塚の手腕を高く評価し、日露戦争期には自身が兼務する満洲軍総兵站監督下の関東州民政署民政長官に石塚を起用して、関東州の組織制度の立案を内命している[10]。

だが、三人鼎足という児玉の抱負は完全には実現しなかった。台湾の慣習を重視した後藤の植民地経営方針が法制を重視する石塚の植民地経営方針と対立したのみならず、後藤を抑えて指揮しようとする石塚のやり方が軋轢の火種となって、両者がしばしば対立したからである。その結果、後に児玉自身が「後藤、石塚共に多少円滑を欠き候」と嘆く事態が生じることとなった[11]。

後藤との衝突を危ぶまれる

児玉の台湾総督在任期間は約八年二ヶ月の長期に及んだが、この間の児玉は陸軍大臣・内務大臣・文部大臣を兼任したのみならず、日露戦争の前後には参謀本部次長・満洲軍総参謀長として作戦指導に従事したため台湾不在期間が長く「上京総督」と呼ばれた[12]。

児玉の留守を預かったのが後藤新平である。名コンビとして有名な児玉・後藤であるが、赴任前、周囲は悍馬で知られていた両者の衝突を危ぶんでいた。児玉は「陸軍では有名な干渉家だから、今度はよく注意しなければならん」と後藤に忠告する者もいたという。だが、周囲の心配は杞憂に終わった[13]。

その理由は、第一に児玉が些事も等閑に附さなかった陸軍次官時代のリーダーシップ方式を改め、自らは大綱を握り、後藤に権限を委譲する方式に改めたからだ（本章第8節で後述）。

第二に、後藤は後年「児玉さんが居らなかつたら、鯱鉾立ちをしたつて、あの三分の一の仕事もできません」と回顧したことに示されるように、自身が縦横に手腕を発揮できるのは、児玉が周囲の迫害や干渉から防護してくれるからだと理解していたからである。そのため、児玉に対する後藤の態度は慇懃を極め、公務に関する事はどんな些細な事でも必ず児玉に報告してその承認を求めたという[14]。

児玉を支えた陸軍軍人――陸軍人事

台湾総督は統帥と政務とを一元的に統括していたため、政務を補佐する民政部と並び、軍務を補佐する陸海軍幕僚が置かれていた。台湾総督時代初期の児玉を、陸軍幕僚参謀長として補佐したのが、陸軍次官兼軍務局長時代の児玉を軍務局軍事課長として助けた木越安綱《きごしやすつな》である。木越は後藤と並び、土匪平定作戦における「児玉総督の両翼」と評された。

また、後藤の下に警察を指揮する警視総長大島久満次《くまじ》がいたように、木越の下には前線で討伐作戦にあたる台湾守備歩兵第三大隊長小原正恒がいて土匪掃蕩に活躍している。

木越・小原以外の人物では、第八憲兵隊長林忠文と台湾陸軍軍医部長藤田嗣章《つぐあきら》とが重要だ。林は児玉の土匪政策の「真髄を握つて」いた人物とされ、後に本国に戻り憲兵司令官に就任した有能な軍人であった。また、画家藤田嗣治の父として知られる藤田は台湾陸軍の衛生問題の責任者として児玉の信用を博した人物で、台湾の衛生制度に関し後藤と対立することがあった[15]。

後期の児玉を補佐した陸軍幕僚参謀長が谷田文衛である。その任期は立見尚文・木越・中村覚《さとる》らの前任者の約二年と異なり日露戦争の勃発もあって当時としては異例の四年に及んだ。児玉は日露戦争期に台湾での戒厳令施行をめぐり、谷田と民政部とが対立すると、民政部からの谷田解任要求を「谷田参謀長は更迭する余地がない」と拒絶しており、谷田に対する児玉の信頼はあつかったようだ[16]。

2、統治方針と統治課題

統治の方針は無方針

下関を出港し台湾に向かう「台中丸」のデッキには児玉と後藤新平の他に児玉の愛妾の朝田時子（通称・小妻）が居た。朝田は水戸藩出身の佐藤家の出身で、後に朝田家の養女となり芸者をしていた。児玉は日清戦争後に芸者であった朝田を落籍したと伝わる[17]。

台湾へ向かう航海は平穏であった。そのため、船に弱い後藤と対照的に船に強い児玉は「海波何ぞ怒つて、我が技倆を試みざる」という諧謔を発している[18]。難治の地台湾に向かう児玉は意気軒高であった。

「台中丸」が官民の出迎えを受け基隆港に入ったのは三月二十八日のことである。台湾に到着した児玉は「台湾統治の方針は無方針」にすべきとの後藤の提案を採用し、着任時の恒例であった施政方針演説を行なわなかった。後藤による提案の背後には、不言実行を重視したことや、旧来の制度や慣習を調査検討してから施政方針を決めるべきだという「生物学の原則」（生物が環境に応じて進化したように、統治も慣習を重視して行なうべきという原則）が秘められていた[19]。

施政方針と台湾経営構想

児玉が地方長官に対し将来の施政方針を諭示したのは、台湾到着から約二ヶ月が経過した明治三十一年五月二十五日のことであった。その主な点を確認しておこう[20]。

第一に児玉は、政治の要諦は「地方の人民を安堵」することにあると説き、従来治績があがらなかった原因を行政組織が複雑なため命令が区々となっている点にあると指摘している。児玉は、この問題に対処するため、地方制度を簡易にして、政令が一途に出るようにする対策を示した。さらに、民心把握を重要視する児玉は、民心を得る点において清国の政治に劣ると述べ、台湾総督府の統治の現状を厳しく批判している。

第二に児玉は、土匪政策について、良匪の区別を明確にして処分すべきだとして、三段警備を廃止すると述べた。さらに児玉は、「禍機を未発に禦ぎ、其禍を利して其福と化さしむるの妙味あるは、警察の運用に如かず」と述べて、治安対策には憲兵よりも警察が適任であると明言すると共に、軍隊万能の弊害を矯正すべきだとも述べた。児玉の軍部批判は厳しく、地方官に通知せずに軍隊が討伐に出ることや、帰順を希望する土匪がいるのにもかかわらず武力討伐しか考えない軍部の現状を批判している。児玉は、警察力主体で土匪を帰順させる土匪招降策を実行に移そうとしていたのだ。

しかも、こうすることで、台湾の防衛上不利益となっていた兵力細分化という「用兵上の危険」が改善され、集中した配備（「集屯化」）が可能となるメリットもあった。[21]

第三に、土匪政策と並んで難問とされた財政政策に関しては、国庫補充金に依存せず、漸次独立を目指すことを明確に示すと共に、事業費のために五〜六千万円の公債を起こすとしている。

以下で見るように、実行の人児玉の台湾統治はこの諭示通りに展開していった。

では、児玉は、台湾経営の到達目的をどこに定めていたのであろうか。児玉は、台湾人を「皇化」させて忠義の民とし、彼らに徴兵の義務などを負わせることと、富源を開発して財政独立を達成することに到達目的を設定していた。児玉は台湾人に日本を信頼させて忠義の民とするためには、台湾人を冷遇し奴隷視する風潮を改めると共に、鉄道や庁舎建設などの事業を興して、日本の統治が一時的なものでないことを目でわかる形で示す必要があると考えていた。

また、児玉は南進論の立場から、台湾を日本が南に進出する立脚地であると認識してもいた。ただし、児玉は台湾人の固有の性質が変化して忠良の民となり、徴兵の義務を果たすようになるには「二世紀」もの長い時間が必要だと考えていたようだ。[22]

統治課題

台湾統治の成否は、日本人の植民地統治能力の試金石であった。だが、台湾領有以降、日本の台湾統治は順調に進んでおらず、児玉の前には①土匪、②軍人跋扈、③官匪（不良官僚）、④財政困難といった難題が立ちはだかっていた。

日清講和条約に基づき、台湾が日本に譲渡されると、清国台湾巡撫の唐景崧を総統、劉永福を大将軍とする台湾民主国が建国され日本に対する独立戦争を開始した（乙未《いつび》戦争）。乙未戦争は約五ヶ月で平定されたものの、劉永福が撒き散らした五万挺の銃器と十万発の弾薬が土匪（清国統治時代から存在した漢民族の反社会武装集団・抗日武装集団）に流れた結果、土匪と生蕃（台湾先住民）による武力抵抗が頻発した。しかも、対叛乱作戦の教育を受けていない陸軍が、土匪と良民との区別をせずに台湾住民を殺傷したり、家屋を焼いたりしたため、反発した良民が土匪化する悪循環も生じていた。そのため、統治コストを削減し、産業開発を実行するためには、土匪・生蕃の鎮圧が急務であった。

　台湾が台湾民主国との戦争を通じて獲得され、土匪・生蕃鎮圧に軍隊の力が必要であったため、民政移行後も台湾では軍部の発言力が強く、軍部が民政を左右する事態が生じていた。その結果、文武両官は相互に嫉視反目し、軍部と民政局とが住民に対し矛盾する指示を出すことがあり（「政令二途」）、台湾住民がその向背に迷う弊害が出ていた。そのため、効率的統治実現のためには、文武の権限範囲を明確にすることで行政問題に対する軍部の発言力を抑制し、文官中心の民政主義的統治を確立する必要があった。

　また、初代台湾総督樺山資紀や台湾を監督する拓殖務大臣高島鞆之助に縁故のある官僚や商人が台湾に集まったため、乃木希典総督時代の台湾総督府では贈収賄事件が頻発し、それによる高等官の引致まで起きており、官紀粛正が課題となっていた。

　治安が悪くては資本投下が停滞して産業が興らず、税収も当然悪くなる。台湾経営収支は大赤字で国庫からの持ち出しが多く、明治三十年度の場合、台湾独自の歳入額五百三十二万円に対し国庫補充金五百九十六万円と、本国からの輸血で生きている有様であった。その結果、一億円で台湾を売却すべきとの声が朝野で上がっており、児玉には産業を興し、財政収支を安定させることが求められた。[23]

　こうした難問に対処するため、児玉は政策の優先順位を定め、軍部の抑制→官制改革→土匪平定→産業開発→治蕃事業の順で統治を進めていった。[24]

3、文武の権限を明確化して軍部を抑える

清涼館での活劇

　当時の台湾では、軍部が行政にも介入しようとしたため文武官の軋轢がひどかった。陸軍軍人が「武文官」という新造語を公文書に使用すべきとの提案を行なったという話があるくらいだ。[25]児玉は、軍部万能の弊害を看破し、民政機関と軍務機関との権限を明確にすると共に、軍人による民政への介入を厳禁しなければ、台湾統治の成功は難しいと考えた。

　当時の軍の主要幹部は、台湾総督府陸軍部参謀長立見尚文、台湾守備混成第一旅団長内藤之厚《しこう》、同第二旅団長松村務本《かねもと》、同第三旅団長高井敬義《のりよし》という陣容であった。なかでも立見は、桑名藩雷神隊長として戊辰戦争に従軍し、奇兵隊参謀時山直八を戦死させ、山県有朋に苦杯を嘗めさせている。また、日清戦争にも第十旅団長として従軍し、平壌

攻略戦で功績をたてるなど、陸軍内屈指の用兵家として令名が高かった。弾丸雨飛の間を疾駆した彼ら歴戦の士にとって、「総督の御曹子」にすぎない後藤が児玉の権威を笠に着て威張るのは面白いはずがなかった。

台湾赴任後約三ヶ月が経過した頃、後藤新平が新任披露のため、彼らを料亭の清涼館に招待した。そしてここで事件が起こった。主人の後藤が公務のため遅刻したのが原因で、松村と後藤の間で殴り合いの喧嘩が始まったのだ。

翌日早朝、後藤が総督官邸に児玉を訪問し、昨夜の顚末を報告したところ、意外にも児玉は「それはよかつた」と述べるにとどまった。児玉には内心、期するところがあったのだ。

その日の晩、今度は児玉が立見ら軍人を官邸に招待した。しかし、官邸の西洋館で洋食をもって饗応するのが通例のところを、この日はなぜか日本座敷で日本料理と芸者とでのもてなしであった。

開会劈頭、児玉が「どうかお心置きなく、ゆつくり召上がつて下さい」と定例の挨拶を述べた。だが、これに気を許した松村が「御主人のお許しが出たから、今晩はうんと飲んで」と発言するや、児玉が容を改めて次のように述べた。

「主人が挨拶したからというて、それに甘えて、酔ひ倒れる迄飲むといふことは紳士の態度ではない。しかも陸軍将官たる肩書を持つて居る人は、所謂国家の柱石である。その国家の柱石たる軍人が、台湾の新版図に於いて酔ひ倒れるとか、文官と軋轢するとか、格闘するとかいふような行動をとらるることは、甚だ自分は遺憾に感ずる。この辺は御列席の諸君も御注意を願ひたい」[26]。

今も昔も日本の軍人には宴席と酒杯がつきものである。明治十年代には、将校が宴席で酔えば喧嘩が始まり、膳・椀・徳利・火鉢を弾丸代わりに投げ合うこともあった[27]。国家の柱石たる将官たる者は「高尚優美」な紳士であるべきだ（後述）。こう考える児玉はこうした野蛮な日本的弊風を嫌っていたのであろう。松村の失言を好機と捉え、軍部の横暴に掣肘を加えたのだ。

台湾総督府評議会官制を改革する

もっとも、児玉は自身の厳格な態度のみでは軍部を抑制できないと熟知していた。制度で軍部を抑えないことには、効果が長続きしないからだ。

そこで児玉は、土匪招降策を効果的に進める目的で、台湾総督の最高諮詢機関である台湾総督府評議会を改革しようとした。具体的には、陸海軍幕僚に対し、「民政部の要求ありたる後に非らずんば断じて兵力を用ふ可らず」との原則を励行させると共に、台湾総督府評議会章程を改正し、陸海軍幕僚が軍事問題以外に容喙することを禁止しようとしたのだ。

この改革案が実現されれば、これまで民政部と無関係に軍隊を動かすことができた軍部にとっては大きな痛手となる。議案が総督官邸での会議にかけられると、案の定、立見尚文と台湾総督府陸軍参謀（軍務局第一課長）楠瀬幸彦《くすのせさちひこ》が強く異議を申し立てた。なお楠瀬は、閔妃殺害事件に関与して台湾に左遷された軍人だ。

これに対し児玉は、「立見閣下の御説もあるし、楠瀬大佐の意見もあるが、一体君達は陸軍行政といふものはどんなものか知つて居らるるか。知つて居らるるなら言つて見給へ」と述べた。陸軍随一の軍政家と知られた児玉以上に陸軍行政を知る軍人など存在するはずはない。これには全員が口を閉ざすしかなかった。

頃合いを見計らって児玉が「陸軍に居つて陸軍行政の分らない者が、民政のことに口を出すといふことはない。よさう、よさう」と発言し、これにより立見らの反対意見は粉砕されたのである[28]。

こうして六月二十日、台湾総督府評議会章程（明治三十一年勅令第百七号）が改正され、陸海軍幕僚参謀長は「会議の事件、軍事に関渉する場合に限り議事に参与するものとす」（第一条但書）と明記されたのである。これにより、官制上、文武両機関の権限・役割が明確化され、民政部が台湾総督府の首脳となり統治を行なう民政主義が確立し、政令一途が実現したのである。

実は軍人が身内の軍人を抑制するのは簡単なようで難しい。身内である軍部の不平を抑えるのが難しいからだ。だが、児玉は、軍事・行政にまたがる権限を適切に行使することで、軍部内の不平の声を断固として抑え、軍部万能の宿弊を一洗したのである。

成功の理由——他を圧する軍事行政能力と断固たる意志

それにしても、なぜ児玉は樺山資紀・桂太郎・乃木希典といった歴代総督が成し遂げられなかった軍部の抑制に成功できたのであろうか。小林道彦氏はその理由を児玉の「赫奕たる武勲」に求めるが、既述したようにこの説は怪しい。戦場での武勲という点では、日清戦争では主として後方支援業務担当であった児玉の武勲は立見の野戦攻城の功に見劣りがするからだ[29]。

鳥谷部春汀が、児玉を評して「長所は戦略に在らずして寧ろ政務に在り、彼れの軍人部内に勢力あるは、軍人として卓越なる材能あるに由らずして、軍人の最も短所とする行政的手腕を有するが為めなり」と述べたことに示されるように、成功の理由は野戦攻城の武勲ではなく行政手腕に求めることが妥当であろう。▼30 つまり、余人の及ぶことができない児玉の行政手腕が政治的資産となったのだ。さらに、歴代総督と違い、総督としての強大な権限を適切に行使して改革を断行した児玉の強い意志も成功の理由であったろう。こうして軍人万能の弊害を矯正した児玉は次の改革に乗り出した。

立見尚文は更迭されたのか？

なお、小林道彦氏は、台湾総督府評議会官制改革の後、フィリピン独立運動支援問題を理由に、児玉が立見尚文および楠瀬幸彦を更迭（明治三十一年十月）したと推測し、これが通説となっている。だが、これは史料的根拠や当時の人事慣行の知識に欠ける誤りである。

通説が誤りである第一の根拠は、当時の人事慣習では、台湾勤務は約二年が原則であったことだ。実際、立見も楠瀬も台湾赴任から二年以上が経過して転出時期となっていた。立見・楠瀬の転出は左遷ではなく定期人事であるとみるべきだ。

第二に、明治三十一年十月に中将に昇進した立見は、新設の第八師団長就任が内定しており、立見の人事は「栄転」であるからだ。新設師団の初代師団長に立見のような武勲顕著な歴戦の勇将を配するのは当時の人事慣行である。しかも、台湾総督の児玉が中将で、陸軍幕僚参謀長の立見も中将では、立見が約七歳年上ということもあり統帥上具合が悪いという問題もあった。

第三に、立見の栄転内定にあわせて、後任予定者の木越安綱が明治三十一年三月に軍務局軍事課長の要職から台湾陸軍補給廠長の閑職に出され、十月に立見の後任に就任していることだ。木越の伝記を書いた舩木繁氏が指摘しているように、木越の軍事課長転出は明らかに台湾総督府陸軍幕僚参謀長就任含みの人事である。児玉は軍事課長として陸軍次官の自分に仕えた木越の人格と識見を熟知しており、台湾総督就任（二月）にあわせて、信頼する木越を引き抜いたのであろう。

第四に、児玉自身が立見の第八師団長就任を「栄転」と明言し、その転出を惜しんでいる史料が残されていることだ。立見・楠瀬更迭説は歴史を史料に依拠せず臆測のみで語ることの危うさを如実に表しているといえよう。

なお、台湾総督としての児玉が更迭した陸軍軍人としては、台湾総督副官を務めた堀内文次郎を挙げることができる。今回発見した児玉書簡によれば、明治三十二年八月、児玉は官吏一般を戒飭する目的もあって堀内を更迭し、その裏事情を「堀内も已に出発、此交迭は狭き台北に御座候間、多少耳目を傾け、殊に一般官吏等之為めには薬に相成哉之感に御座候」（堀内もすでに出発した。この更迭は狭い台北なので人の耳目を集め、特に一般官吏等の薬になったように感じます）と書いている。堀内の後任の副官には小沢徳平が就任した。小沢はタイに派遣されるなど、児玉に重用されたようだ。[31]

あるべき将校像を説く

ところで、児玉は台湾総督時代も将校教育への関心を持ち続けていた。台湾の隊附将校は全員独身者であり楼上飲酒の悪習に染まりやすかった。そこで児玉は、明治三十一年に台北偕行社が創設されたのを機に講話を行ない、楼上飲酒の弊風を根絶し、戦術などの学術研究に励むべきだと述べている。[32]

また、児玉は台湾で在台北将校を前に、将校のあるべき姿についても訓示している。児玉は訓示の中で、①将校の持つべき徳目として帝室および国家に対する忠勇を、②持つべき識能として「戦場の知識」を挙げている。さらに、あるべき軍人の態度を平時と戦時に分けて、③戦時においては兵卒と起居を共にし、率先して困苦欠乏に堪え兵卒を労わり将卒の関係を親密に保つことを、④平時においては上流社会の一員として西洋各国の軍人と交際しても言語作法の点で恥じることがない「高尚優美」な西洋式態度を取れるようになることを将校に要望している。

特に児玉が重視したのが平時生活における「高尚優美」な態度である。児玉は今後、北清事変のように陸軍将校が複数国で構成される連合軍の一員として行動する事例が増えると予想しており、西洋諸国の軍人と交際しても日本人の品位失墜につながらないように、言語作法といったマナーから喫茶・喫煙方法や机・腰掛・ベッドの使用法といった生活習慣に至るまで、西洋風の生活に慣れることを将校に求めたのだ。

将校に「高尚優美」な態度を求める児玉は将校の品位保持にうるさかった。明治三十四年（一九〇一年）には、将校の品位保持に関する訓示を行ない、将校の中に醜聞を恥じることなく酒色に耽り代金の支弁に苦しみ債権者の督促を受けるなど将校の品位を汚損する者が多いことや、台湾在勤中停職や休職となった者が最近三年間で三十人の多きに達すると指摘し、「品行を高尚」にし、「徳性を優美」にすることを将校に要望している。[33]

このように、児玉が理想とする「高尚優美」な将校とは、品行徳性が高尚優美であるのみならず、生活習慣も洗練され、貴族の多い列強軍人と対等に交際可能な西洋紳士《ジエントルマン》ということになろう。

4、行政の大リストラ

地方行政の大整理

管見の限りではこれまで指摘されたことがないが、台湾赴任に際し、児玉は大蔵大臣井上馨の要請を受け、民政費百七十万円と軍事費八十万円とを削減する約束を交わしていた。[34] イギリスの歴史学者パーキンソンは、官僚の数は仕事量と無関係に増加するというパーキンソンの法則を発見したが、官僚数が増加し、経費が膨張するのは官僚制の通弊である。児玉が井上との約束を履行するためには、地方税創設（明治三十一年七月規定）により増収を図ると共に、地方行政機関の緊縮整理を実施し統治コストを削減することが急務であった。

児玉の着任当時の地方行政機関は、六県三庁の下に六十五の弁務署・警察署・撫懇署がある複雑巨大な組織であった。人のために官を設けるという言葉があるが、当時の台湾総督府は猟官のための政治的狩猟地と見なされ、人員過剰となっていたのだ。しかも、数が多いだけでなくその素質も本国の官僚に比して劣悪で、本国においては台湾総督府官僚を「湾官」と蔑称する有様であった。[35]

そこで児玉は「人員の多きに過ぐるを認めたり。〔中略〕故に本官は専ら事務に熟練せる者を撰抜し、成るべく少数の人員を以て成績を挙げんと欲す」と官僚に諭告して、地方行政の大整理を断行した。明治三十一年六月、六県三庁制を変革して三県三庁（明治三十四年五月に三県四庁）とし、さらに弁務署を警察署に合併することで弁務署等の数を六十五から四十四弁務署に減少させたのだ。この結果、明治三十一年末までに、勅任官以下千百七十一人の冗員を罷免することに成功した。[36]

なお、この地方行政改革に際し、児玉は行政区の区割を官吏に諮問したところ、台湾内地を踏査して地理に知悉する官吏がいなかったため、後藤と二人で清国時代の地図を斟酌しながら赤鉛筆で区割を行なっている。[37]

※鶴見祐輔『後藤新平』を典拠とする通説は、明治三十一年六月に六県三庁制が三県四庁制に変更されたとするがこれは誤りで、この時は三県三庁制であった。三県四庁制となったのは明治三十四年五月のことである。

また、通説では罷免数を千八十人とするが、官吏数は明治三十一年末の時点で前年と比較して千百七十一人減少している。もっとも現実には、明治三十一年末の段階では、官吏数は前年よりも百五十一人増加している。これは巡査および看守の増加によるもので、この二者を省いた数が千百七十一人減という数字である。

明治三十四年の行政改革

児玉は、明治三十四年十一月にも、行政の能率向上を目的として、本格的な官制改革を断行している。当時の台湾総督府は民政部と幕僚とに分かれていたが、民政部には人事以下の十四課が置かれていて、民政長官が直接各課を指揮する体制となっており、民政長官を助けて数課を指揮する中間機関が存在しなかった。他方、地方官制は明治三十一年の改革と明治三十四年五月の法改正で三県四庁四十四弁務署制となっていたが、なお尾大《びだい》掉《ふる》わずの感があった。

そこで児玉は民政部の中に警察本署以下の五局（局長は勅任官）を設置すると共に、県と弁務署を廃止して二十庁制を採用し（廃県置庁）、緊急を要する場合には民政部の警察本署の長（警視総長）をして警察事務に関し庁長以下を直接指揮せしめる制度を整えたのである。しかも、支庁の長には警部を充てることができ、支庁の官吏の多くが警察官であったので、民衆と直接接触する行政がすべて警察官により施行される感があったようだ。▼[38]

官僚の待遇改善と制服制定

行政長官として児玉が巧みであった点は、ただ人員を整理するだけでなく、浮いた経費を官僚の待遇改善に使用した点だ。当時の台湾が瘴癘の地であったこともあり、台湾総督府官僚には定住の念が希薄であった。そこで児玉は、地方行政機関整理によって浮いたお金を使い、加俸規則を改正したり、官舎を新設して官僚の居住を安易にしたりするなど、台湾総督府官吏に対する優遇政策を推進したのだ。「整理＝拡充」は陸軍次官当時から一貫した児玉の政策方針であったといえよう。

また、児玉は明治三十二年（一八九九年）二月に、文官官僚の制服を制定している（明治三十二年勅令第三十九号）。その政策目的は、制服着用により官吏としての威儀を正すことで、支配者としての「威厳」を台湾人に誇示すると共に、風紀を乱しがちな台湾総督府官僚の「風紀」（紀律）を維持することにあった。

既述したように、児玉は、ロシア視察を通じて、軍服の意味を威儀の保持に見出していた。児玉は、視察結果を台湾で応用し、役人を重んじる中国の政治文化を利用して、官吏の威厳を示すことで統治上の効果を狙ったのである。

また、児玉は文官制服の制定数日前に、ドイツの将軍が述べた「人間は種々なる者より監督せらるるが、服装より能く監督する者はない」の発言を引用し、人間を同じ形に造ってこそ命令が良く貫徹されると演説している。つまり、文官制服の制定には、官吏の威厳を示す他に、文官官僚の綱紀粛正という統治課題の処方箋を制服の規律維持効果に求めた側面もあったのだ。[39]

轟々たる批判の中で貫いた所信

しかし、免職された官吏が本国に戻るや、新聞などにおいて児玉の施策に対する中傷非難の声が見られるようになった。もちろん、淘汰数が千人以上に及ぶ大規模なものであったため、「玉石混合」の色彩がある人員淘汰であったことは、児玉も山県有朋に対し自認していた。[40]

だが、朝野で発生した台政非難の声にも児玉は動じなかった。山口五郎太解雇に対する新聞の非難記事を読んだ児玉は次のように長男の秀雄に書いている。

「自分を以て総督たらしむるの間は、我か断案所信を貫くことは無論にして、他人之論談は単に高み之見物同様之事に可有之候」。新聞買収も策としては可であるが、これは「政治家之所為」であり、自分はなるべく「政事海より超脱し事業を成功」させたいと希望する。[41]

軍部万能の弊風の一洗も、行政改革に伴う官吏の大整理も、台湾総督府内外からの批判が伴うものであった。だが児玉は自身の統治ヴィジョン実現化のために、自身の所信を断行したのだ。台湾総督の強大な権限のみならず、批判を甘受しつつ自身の施政方針を断行しようとする強い意志こそが、児玉の台湾統治改革の成功原因であったのだ。

5、土匪政策と「油さし政治」

忘れられた植民地戦争

十九世紀から二十世紀初期にかけて、フランスがアルジェリアで、イギリスがアフリカ・インド・アフガニスタンで植民地戦争を戦ったように、この時期の日本も植民地戦争を戦っていた。台湾の植民地化は、通常戦たる日清戦争とは別種の戦争形態である台湾植民地戦争の勝利を通じて達成されたのだ。外国人新聞記者は、台湾総督としての児玉を植民地戦争におけるイギリスの英雄フレデリック・ロバーツ元帥（初代ロバーツ伯）になぞらえたことがあるが、その背景には児玉もロバーツも植民地戦争の勝利者であったという理由があるのだ。[42]

これまで等閑視されてきたが、児玉総督在任期の台湾植民地戦争は、土匪によるゲリラ的抵抗の鎮圧を主とするものであり、児玉は現代戦でいうＣＯＩＮ（対叛乱作戦：Counter-Insurgency Operation）を戦い、それに成功したのである。

通常戦が戦闘効率を重視する戦いであるのに対し、ＣＯＩＮは適応能力が要求される戦争形態である。また、ＣＯＩＮは「民衆の心」をめぐる戦いといわれるように、敵部隊の攻撃よりも民衆の保護を重視し、復興支援などを通じて民衆の支持を獲得（人心掌握）することを通じて反政府勢力を民衆から分離・孤立させることを目的とする戦争形態である。それゆえＣＯＩＮでは「民衆の心」の掌握が最重要視される[43]。

では、児玉は土匪に対しどのような作戦と政策を採用したのか？　また、児玉はなぜ歴代総督が失敗した「民衆の心」の掌握に成功し、土匪を鎮定することができたのであろうか？　この問題について説明してみたい。

三段警備法の廃止

初代台湾総督樺山資紀は台湾民主国の平定に忙しく、第二代台湾総督の桂太郎は在任期間が短かったため、土匪鎮定に本格的に着手したのは前任総督の乃木希典が最初である。乃木は、台湾総督府陸軍参謀楠瀬幸彦の献策を容れ「三段警備法」を採用した。

これは台湾全島を三つに分け、軍隊・憲兵が土匪の立て籠もる山間僻地（危険界）を、警察が市街地（安全界）を、憲兵と警察が中間地帯（不穏界）を担当するというやり方である。だが、一見合理的に見える三段警備法は、土匪鎮定に効果がなかったのみならず、民政と軍政の混淆を招き失敗した。そこで、児玉は五月二十五日の施政方針説明で、その廃止を明言した。

土匪観の大転換

次に児玉が乗り出したのは軍人の意識改革である。児玉は土匪の一部は日本人が製造したと軍部の対応を痛烈に批判すると共に、土匪を直ちに討伐の対象とする考えを明白に否定したのである。

明治三十一年六月三日、児玉は、陸軍部幕僚参謀長および三人の旅団長を招集し、訓示を行なった。児玉は開口一番「予の職務は、台湾を治むるに在て、台湾を征討するにあらす」と述べると共に、台湾統治の要点が、①政治の統一、②土匪平定（民衆を安堵させること）、および③殖産を興し経済的基礎を確立することの三点にあると述べた。

政治の統一とは、軍務機関と民政機関とが矛盾する命令を出す政令二途を改善する意味であり、これは軍隊指揮権（統帥権）と行政権とを併せ持つ台湾総督にしかできない仕事であった。そのため児玉は、本職自らがこの任務を担当すると明言し、既述したように見事これを達成している。また、殖産・経済問題については、「諸君直接の関係なきを以て之を略す」と明言し、軍部の民政介入を痛烈に非難している。

民衆を安堵させるためには土匪を平定しなければならな

い。土匪問題に関して児玉は、従来の土匪観を大転換した。すなわち、従来の土匪＝抗日武装集団という単純な見方を改め、土匪には政治的不満分子のみならず、軍や警察に父母兄弟を殺害されその怨みを晴らす目的で土匪に参加したり、台湾総督府の鉱業政策により失業してやむを得ず土匪に投じたりした者もいると分析したのである。つまり、台湾総督府（軍や警察）が原因で、良民が土匪化する事態が発生していたのだ。

児玉はこの土匪分析を踏まえて、台湾人が「土匪は日本人の製造したものなりと誤解」する事態や、台湾総督府が「一般良民の怨府」となる事態が生じていると、軍の施策を強く批判する言葉を発し、居並ぶ軍人を強く諫めた。

そして児玉は、土匪平定の「根本的良策」は、良民と土匪を良く識別して良民に被害を与えないことで、良民の土匪化を回避することにあると断言した。だが、児玉も認めるようにこれは「言ふや易く、之を為すは至難中の難事」であった。▼[44] というのも、土匪の発見が困難だからだ。

人心の向背は討伐方法次第

実際、児玉が軍人の意識改革を行なう必要があるほど日本軍による土匪討伐方法には問題があった。新史料によれば、児玉は、日本軍が土匪容疑者を並べて村田銃の侵徹力を試験したり、彼らの腹を割いて肝を奪ったりするような人道背反行為をしている事実を把握していた。そのため、児玉は明治三十二年二月に各旅団長に対し、人道に背反した行為を猛省すべきだと説き、日本政府は占領以来台湾人に対し一つも利益になるようなことをしておらず、日本の統治は清国政府より悪いと極言したうえで、討伐方法に注意しないと、「永年に患害を貽す」ことになると訓示している。

さらに児玉は、日本軍が雲林地方で家屋を焼き男子を鏖殺した結果、雲林の人民が「怨、骨髄に徹し」、「子々孫々日本政府に寇をなす」と誓い日本軍に味方しないので、土匪の頭目の柯《か》鉄《てつ》が安心して徘徊している事例を挙げ、討伐のやり方次第で人心の向背が大きく変わってくるので、討伐方法に注意すべきであると述べている。▼[45]

恩威並行の土匪平定策

土匪掃討作戦の難点は、土匪が良民と混淆して区別がつかず土匪の発見が困難な点にあった。土匪は良民に混じって生活しており、土匪出現を知って軍や警察が出動しても、土匪はすでに民間人に姿を変えていて、発見困難だからである。しかも台湾人は土匪の復讐を恐れて情報提供に消極的なため、匪情を把握することが困難であった。そのため軍や警察が、良民の財産や生命に被害を与え、反日感情を良民に植え付け、良民を土匪の味方に追いやってしまう事態が生じていたのだ。[46]

良民と土匪とを識別して、良民が土匪化する負の連鎖を食い止めなければならない。児玉は、土匪掃蕩の先務は土匪の実態・実力解明にありと考え、三段警備を廃止して恩威並行の政策を採用した。すなわち、主たる政策として警察力を重視した土匪招降策を採用し、軍事力による討伐を従たる政策として位置付けたのである。

恩の土匪招降策は、民政局長後藤新平や県知事以下の地方官などが自ら土匪首領の説得に従事して帰順させ、帰順した土匪をして道路建設や樟脳製造などの生業に従事せしめることにより、土匪を良民化させる方法である。他方、威は背叛して施政の妨害をなす土匪を武力鎮圧することを意味する。恩威両策共に、実行にあたっては、密偵による情報収集や、政治的戸籍づくりなどによる土匪の実態・実力解明を優先させた。実情を把握することで、帰順者が再び反抗したとしても討伐が容易となったのだ。すなわち、土匪招降策は土匪平定策として効果的であったのみならず、極めて優れた情報収集策でもあったのだ。

しかし、土匪招降策の実施に際して、陸軍軍人から「日本帝国は土匪に降参した」と反対の声が上がった。だが、児玉はこれを断固として抑えつけて土匪招降策を推進している。[47]

土匪招降策の展開

土匪の規模には大小あったが、住民から土匪税を徴収する大匪は意外に少なかった。東部宜蘭の林火旺・林少花・林朝俊、北部台北の陳秋菊・簡大獅、中部の柯鉄、南部の林少猫といったところが代表的な大匪の頭目である。大匪さえ投降させさえすれば、小匪は警察力で逮捕・絶滅可能である。そのため、土匪招降策は大匪を対象として進められた。[48]

児玉は土匪招降策に成算を抱いていた。このことは「土匪之三分の二は帰順可致《いたすべく》、其余りは倒底石川五右衛門之類となすより外手段無之《これなく》」（土匪の三分の二は帰順するだろうが、残り三分の一は武力討伐するしかない）と述べ、土匪の三分の二が帰順すると考えていたことからも窺える。それでも土匪招降策に先立ち、四方に密偵を放ち、土匪の内情を周密に内偵することから策を開始した。[49]

最初に投降を申し出たのは、宜蘭庁長西郷菊次郎（西郷隆盛の長男）が説得にあたった宜蘭の林火旺であった。土匪招降策に対して反対の声があった当時のことである。初戦の失敗は日本帝国の威信に関わるだけではなく、児玉の進退問題にも発展する大問題だ。しかも、児玉の判断材料は西郷の報告以外にはない。だが児玉は、報告を終えた西郷に対し「匪徒帰順の事は、其処理貴下に一任す」と述べただけであった。児玉は、事情を詳知する部下にすべてを任せて、失敗の責任を自身が負う決断を下したのである。

児玉が果断さを示したことで、七月二十八日、林火旺、林少花、林朝俊ら三百余人の帰順式が挙行された。これを手始めに、八月十日には陳秋菊、九月八日には簡大獅らと帰順者が相次ぎ、北部地方の大匪がほぼ平定された。▼50

中部情勢を一変させた劉徳杓釈放

だが、北部と異なり中部・南部では土匪招降策がなかなか功を奏さなかった。中部では雲林（斗六）の柯鉄が元清国陸軍少将劉徳杓らと提携して猖獗を極めていたのだ。

明治三十一年冬、偶然にも劉が逮捕拘留されるや、児玉は劉の影響力に着目し、処刑することなく厚遇を与えて清国の厦門《あもい》に送還（明治三十二年一月）する決断を下した。

この児玉の劉に対する厚遇が中部情勢の変化につながった。児玉が、「劉徳釈〔ママ〕放逐後、台中之状況一変し、彼は厦門より柯鉄一派に書翰を贈り懇切に帰順を勧め候由」と書いているように、児玉の厚遇に感激した劉が中部の大匪柯鉄に帰順を勧めたからである。▼51

明治三十二年三月、柯鉄は帰順した。これにより雲林情勢は一時的に平穏に帰し、児玉も「一番気に懸り居候雲林地方も意外好都合に相運ひ、柯鉄一派も至極静穏に御座候」と述べるに至っている。▼52このように、中部の膠着状況を一変させたのも児玉の深慮と決断であったのだ。

土匪招降策成功の要因

児玉の土匪招降策が優れていた点は、土匪帰順後の処置の巧みさにある。後藤新平が土匪招降策の目的について、七縦七擒《しちしょうしちきん》して匪情を明らかにすることにあると述べたように、土匪招降策は情報収集策でもあったのだ。そのため、児玉は土匪帰順時に頭目以下の名簿を提出させると共に、彼ら全員を撮影して姓名を記録した政治的戸籍を作成したのである。また、投降後に土匪の団結が崩壊して、真の帰順者が偽帰順者の情報を密告するという想定外の効果も生じている。こうしたことにより、土匪の内情を詳細に把握することができ、土匪による襲撃の機先を制し土匪を狼狽せしめたのみならず、再叛時の発見・鎮圧も容易となった。実際、林火旺や簡大獅は、再度蜂起し処刑されている。

さらに、児玉は、帰順者を道路工事に従事させるなどして、帰順者に生業を授けることで、土匪の良民化を容易にすることに努めた。この授産策は功を奏し、陳秋菊のよう

に樟脳業で巨富を築く者も現れている。▼[53]

警察力強化と保甲制度

また、土匪招降策が、保甲制度を利用しつつ、民政部の組織力と警察力主体で実行された点も土匪平定に有効であった。

保甲制度とは台湾に従来からあった民間の自警組織である。児玉と後藤新平は、明治三十一年八月に保甲条例を発布し、警察制度の補助機関としてこれを活用したのだ。旧慣習を利用した保甲制度は、保（十甲）と甲（十戸）の住民に連帯責任を負わせると共に、匪賊や水災害の自警防御のために壮丁団を編成する制度である。

なお、台北保甲局設置に対し、台湾人の辜顕栄《こけんえい》から小銃五百、弾丸十万発の貸し下げ請求があった際、陸軍がこれを拒絶したところ、児玉が大激怒し即刻給付させている。叛乱の恐れのある台湾人に武器を貸与し、逆にこれをして治安維持を担当せしめた児玉の英断は高く評価されて然るべきである。

保甲制度導入の効果は大きかった。保甲制度導入により、土匪の後害を恐れて情報提供を躊躇していた人心が一変して情報入手が容易となり、密告情報を基に壮丁団が土匪の頭目を殺害するまでになったのだ。さらに、保甲制度は、経費自弁の自治組織なので、警察コスト削減につながったことはいうまでもない。▼[54]

土匪平定作戦の主体を警察とすることについては、軍から猛反発があった。だが、児玉は「軍事の教育は固より憲兵の優れるものあるべしと雖も、禍機を未発に防ぎ、其の禍を利して其の福と化せしむるは、警察の運用に如かざる也」（「地方長官に対する児玉総督談話要領」）と訓示したことに示されるように、果断に軍隊を抑えている。

児玉は、警察を土匪政策の中心に据えるに際し、警察官及司獄官練習所を開設（明治三十一年七月設置）し、警察官の教育にも力を注いだ。台湾の警察は内地と異なり、警察業務以外に一般行政を補助執行したり土匪と交戦したりもした。そのため、練習所では軍事講義を正科として採用し、軍事操練も行なったようだ。

新たに募集された巡査はここで二十週間の教育を受け現場に配属され、一定期間勤務に復した後、再度練習所に入学して一年の教育を受けて警部補となり復任した。また練習所には現地語を習得する課程が設けられていて、現地語を習得した巡査には特別賜金が授与されたため、現地語学習の風潮が盛んになったという。

なお、初代練習所所長の湯目《ゆのめ》補隆《すけたか》は、内偵情報を記載した「風声録」を児玉の閲覧に供すると共に、南部の大匪・

林少猫の武力討伐に際して内偵により居宅の図面などの情報獲得に成功するなど、諜報面で児玉を支えている。警察官の能力向上は台湾総督府の情報収集能力向上にもつながり、土匪鎮定に寄与したのである。▼55

児玉の武力鎮圧方針

土匪招降策が民政部・警察力主体で実施されたのに対し、土匪の武力討伐計画策定は児玉自身が立案準備したようだ。土匪の帰順が進んだ明治三十二年三月、児玉は「土匪討伐及捜索に関する訓令」を発している。▼56 児玉の考えが良く示された新史料であるので、内容を詳しく紹介してみたい。

訓令の中で児玉は、軍隊が主体となり土匪を撃滅する「土匪討伐」と、憲兵・警察官が主体となり土匪を捜索・捕縛する「土匪捜索」とに対土匪行動を区分すると共に、土匪討伐・捜索共に軍隊の出動が必要な際には旅団長が地方長官と協議すべきとして軍隊の行動に一定の枠をはめている。

さらに児玉は、土匪討伐・捜索に際しては、良匪の判別に細心注意して、事後の禍害や批難を蒙らないようにすべきであると述べ、厳守すべき事項を列挙している。

児玉が列挙した主な事項は、

一、凶器をもって抵抗し、やむを得ない者を除いては、一切殺戮を許可しない。老幼婦女は特に保護すべきである。

二、土匪が戦闘目的で占拠する物体で、なおかつ焼夷破壊しなければ戦闘目的を達成不可能な場合の他は、家屋およびその他諸物の破壊を許可しない。

三、土匪容疑者を逮捕した場合、街庄長（庁長の下級補助機関）や土地の長老などの意見を聞き、罪跡ない者は直ちに釈放すること。

四、住民不在の土匪部落であっても、地方官吏の承諾を得なければ、一切の財物を収用してはいけない。

というもので、良民の反感を買わぬよう民心に配慮し、ミニマムフォース原則（必要最小限の武力行使しか認めない）を採用すると共にコラテラル・ダメージ（巻き添え被害・付随的損害）の発生を防止する、非常に考えられたものとなっている。

土匪の完全平定

明治三十四年十月二十七日、台北北方の剣潭山に造営された台湾神社で鎮座式が挙行された。鎮座式挙行前のことである。神社内を検分した児玉は、二の鳥居内側に、日清戦争の戦利品の大砲が設置してあるのに気づき、眉をひそめた。「もー台湾を治めるには武力は要らぬ」。こう述べた

明治三十五年五月、帰順式に際して殺害された土匪（博文館編『児玉陸軍大将』マツノ書店、二〇〇五年）。
　この写真が撮影された直後に、児玉は土匪の捕縛を命じ、二百六十余人が処刑された。

児玉は大砲の撤去を厳命している。だが、児玉の期待に反し、台湾統治にはまだ武器の力が必要であった。[57]
　この年の十一月のことである。土匪が嘉義の朴仔《ぼくし》脚《きゃく》支署を襲撃し支署長の庄崎惣次郎を戦死させる事態が出来《しゅったい》した。そこで、台湾総督府は土匪招降策を放棄して、十二月一日より南部地方で土匪大討伐を実行することとしたのだ。この時、児玉が上京中であったため、警視総長大島久満次が作戦の指揮をとることとなり、児玉に大討伐開始の許可を求めたところ、児玉は「遣り遂ぐるの確信あらば遣れ」と返信している。
　こうして開始された討伐作戦は血なまぐさいものとなった。明治三十五年五月には帰順してきた張大猷以下二百六十余人の土匪を帰順式の最中に殲滅することもあった（写真参照）。そして、明治三十五年五月三十一日、林少猫らの殺害で、土匪掃蕩は完了した。
　明治三十年から三十四年までの捕縛者数は八千三十人、殺戮数は三千四百七十三人である。また、明治三十五年の大討伐では捕虜を取らず、裁判で死刑判決を受けた者五百三十九人、帰順式のトラブルなどにより臨機処分で殺戮された者四千四十三人の多数に及んだ。[58]

理蕃政策

　土匪平定後の治安課題となったのが、台湾先住民である蕃族の平定（理蕃政策）である。樟脳や林業開発のためには、東部未開地に進出する必要があったが、児玉は土匪平定（治匪）を優先させ、その間蕃族平定を一時中止とする戦略を採ったため、理蕃政策が遅れていたのだ。ただしこれは治安的リソースを一つの問題に集中可能とする巧妙な戦略であったといえる。
　児玉は理蕃政策でも研究を重んじる方針を採った。理蕃政策は経済問題でもあるため、明治三十六年三月に児玉は、陸軍や警察関係者のみならず、専売局や殖産局などの民政当局者を委員とした蕃地事務委員会を設け、理蕃政策を研究討議させたうえで、[59]理蕃政策の大綱を発表したのだ。

新史料「対蕃政略」などによれば、児玉の理蕃戦略の大綱は次のようなものだ。第一に、児玉は土匪同様に蕃族に対しても「一定の政略を以て統御」する方針を採り、政略を蕃界防衛（治安・軍事）と治蕃術（政策）とに分けている。第二に、蕃族を統御しやすい南蕃と統御困難な北蕃とに分け、南蕃には「撫」を北蕃には「威」を主たる手段として使用し、漸次北方から南方へ対蕃政略を実行することとした。第三に、警察・軍事力が必要な北蕃に対しては隘勇線《あいゆうせん》（先住民居住地を砦や柵などで包囲すること）で包囲する方針を採用している。[60]

警察・軍事問題に属する隘勇線に関しては児玉自身が、地図に線を引き「大体此れに因つて前進せよ」と命じることがあった。ただし、そこは現場の判断を尊重し可能な限り権限を委譲して部下に仕事を任せた児玉らしく、「任意にやれ、兎に角君に全部任すから」と現場責任者に付言することを忘れなかった。さらに臨機応変を対蕃政略の要訣と考える児玉は、計画に自縄自縛となる事態を回避するために、「無計画無方針」で「臨機応変」に実行せよと命じている。そのため、現場責任者は重責を感じる反面、行動を拘束されることがないので、敏活に活動できたという。[61]

さらに児玉は、マニュアルではなく敵戦術に適応することや、戦闘外損耗を防止することを重要視し、無益な戦死傷者を出すことを嫌った。そのため、部隊が野外要務令通りに行動して戦死者を出したり、衛生上の不注意から病兵を出したりすると、関係者を叱咤して、事態改善に成功している。[62]

しかし、理蕃政策開始直後に日露戦争が始まり、戦争終結直後に児玉が台湾総督を離任したこともあり、児玉の理蕃政策は着手したのみに止まった。理蕃政策が大きく進展するのは、後任総督佐久間左馬太《さまた》の時代のことである。

「人心を治めること、これが政治である」

ＣＯＩＮの要諦は、民心掌握のために、賢明な政策を主たる手段とし、警察力・軍事力を従たる手段とすることにある。民心に不快感を与え、新政に反感を惹起させてはならないのだ。「牧民の業は地方人民を安堵せしむるより切なるはなきなり」と明言し、民心安堵を施政の大方針とした児玉は、政治における台湾総督の第一の役割を「民心掌握」にあると考え、民心収攬で大きな役割を果たしている。[63]

この台湾総督観の基礎となったのが、児玉の独特な政治観である。新史料によれば、児玉は「政治は油注《あぶらさ》しなり」とか「判らぬ人の頭に分からせる、これが政治だ。人心を治めること、これが政治である」との名言を残している。

彰化において児玉が乗った輿（台湾日日新報社編『児玉総督凱旋歓迎紀念写真帖』台湾日日新報社、一九〇六年）。

明治三十二年頃の台湾総督官邸での児玉（井出季和太『台湾治績志』台湾日日新聞社、一九三七年、二九七頁）。

つまり、政治の要諦は、治者と被治者の間の円滑な意思疎通を永続させることにあり、そのためには自らが両者の間に油を注ぎ両者の円滑を期さなければならない、と児玉は考えていたのだ[64]。そして、政治の本質をこのように考える児玉は、台湾文化を利用した、極めて巧妙な民心掌握術を展開した。

威厳ある有徳者を演じる

まず、壮麗さを尊崇する台湾文化を理解する児玉は、「台湾の阿房宮」と揶揄されるほど壮麗な外観を持つ総督官邸を建設させた。台湾総督としての威厳を誇示することで、民心収攬を図ったのだ。また、大官ほど金色燦然たる威容を示し、尊大な態度で民衆に接する中国の政治文化を理解する児玉は、青色の羅紗が張られた清の大官が乗るような豪奢な輿を北京から取り寄せ、それを八人の轎夫に担がせて、前後に騎兵一小隊を附し、堂々たる行列を組んで、島内を巡視している。私人としては、粗末な着流しに藁草履で農民と語ることを好む児玉であるが、台湾総督としては民心掌握のため総督の威厳を誇示して自己演出に努めたのだ[65]。

また、中国には有徳者が徳により政治を行なう徳治主義という政治文化がある。「総督閣下は有徳の御方だ」とは後藤新平の発言であるが、中国的政治文化を熟知する児玉は有徳者を演じることも忘れなかった。[66]すなわち着任後直ちに饗老典、揚文会、慈善事業といった民心掌握のための政策を実行に移したのである。

　饗老典とは、八十歳以上の高齢者と付添人を招待して、芝居や音曲で歓待し酒食で饗応する式典で、清国の郷飲酒という典礼に倣った式典である。児玉は明治三十一年七月の第一回饗老典で、彼らの徳行が長寿という応報を招いたと祝辞を述べると共に、記念品を授与して、高齢者に敬意を表している。[67]

　これまでの研究では饗老典は単なる政治的演出と解釈されてきたが、新史料によると、饗老典も対土匪政策であった。秘書官の横沢次郎は次のように証言している。土匪といっても武器を隠して自宅に帰れば良民である。親や親類が記念品を誇らしげに示しながら台湾総督の徳を吹聴すれば、なるほど台湾総督は悪人ではないということになり、台湾総督への叛逆が良くないということを土匪も知ることになると。つまり、饗老典は「土匪懐柔策」でもあったのだ。[68]

　揚文会は、文芸興隆や易俗改風を目的として、清統治時代の科挙合格者や院試・郷試合格者を招待・饗応し、詩文を提出させる式典である。これら試験の合格者は、地方人民の尊敬を集め、地方名望家として地方政治に隠然たる影響力を持っており、彼らが台湾総督府に反感を持てば、総督政治の一大脅威となる危険性があった。そこで、児玉は、旧時代の学者を優遇することで彼らを懐柔すると共に、彼らを介して地方人民の人心を掌握しようとしたのである。[69]

　また、児玉は本来なら職責外の慈善救恤事業にも熱心に取り組んだ。清時代の台湾には身寄りのない鰥寡《かんか》孤独《こどく》の者（孤児や子のない老人など）を収容する慈善施設があったが、児玉着任時には維持費がなく衰退していた。そこで児玉は、自ら寄付金を出したり、台湾人有力者に広く寄付金を募ったりして、慈善施設を復興させると共に、英照皇太后大喪に際して台湾総督府に下賜された慈恵資金に地方庁の保管財産を加えて仁済院を開設したのだ。[70]

台湾人名望家の支持を調達する

　児玉の「油注し政治」は、饗老典・揚文会・慈善事業といった物質的分野に止まるものではなかった。台湾には各地に紳董《しんとう》（名望家・有力者）がいた。なかでも台湾北部の（板橋）林家や台湾南部の陳一族をはじめとするいくつかの家が政治的・経済的に強い威望を有していた。そこで、児玉は、これら台湾人有力者の支持を獲得することが台湾政治の安定には不可欠であると考え、地方巡回出発時に彼らの行為を調査しておき、現地で彼らに名誉を与えることで、台湾人有力者の支持を獲得することに成功している[71]。

たとえば、打狗（高雄）の苓雅寮《れいが》には横浜でも事業を展開する陳中和という名望家がいた。この陳一族の宗家にあたる人物が陳文遠という台湾南部の大資産家で、彼は土匪による危害を恐れて厦門に居を構えていた。文遠は父の代から貧者に対する慈善行為を継続しており、地方官すらそれを知らなかった。ところが児玉は陳家の善行を内報で知るや一計を案じ、打狗巡回の際に、陳中和宅を訪問し、善行を賞揚する記念として日本刀一振を文遠に贈呈し、「陳氏一族がこの陰徳の行為と心志［ママ］とを将来永く失墜せざらんことを冀望《きぼう》す」と述べたのだ。

文遠はこの児玉の好意に深い感銘を覚えた。彼は児玉の好意に報いようと、弁髪を切って和装をなし、苓雅寮方面の区長として地方行政に尽力したのである。陳一族宗家の影響力は巨大だ。文遠が親日派となったことを見た南部一帯の台湾人は翕然《きゅうぜん》として文遠のやりかたを模倣したという[72]。

地方信仰の保護

また、児玉は台湾人地方住民の信仰を保護することにも熱心で、台湾統治に功績のあった先人の廟宇を復興することに尽力している。台湾南部の鳳山城統治に活躍した人物に曹謹という偉人がおり、地方人民は彼を祀るため曹公祠と曹公碑を建て祭祀を怠らなかった。だが、日本による統治開始後、曹公祠のある一帯が衛戍病院となり立ち入り禁止となったため、祭祀が廃絶してしまった。

曹謹の事績を調査した児玉はこの事態を憂えた。そこで児玉は、鳳山視察の際に、鳳山庁長川田久喜を呼び出して曹公祠のことを尋ねたが、川田がこれを知らないと答えるや、「知事以下地方に吏たる者、各その土地の尊信を集むるが如き賢者に対しては尊敬の念を致さねばならぬ」と述べて、行方不明になっていた曹公碑を捜索させると共に、曹公祠の復興費を寄附し、祠への立ち入りを自由にさせる指示を出したのだ[73]。

このように、人心収攬こそ政治の本質と考える児玉は、①台湾人有力者、②有識者、③地域信仰の保護尊重政策を通じて、治安の不安定要因を予め除去し、地方人民の支持を獲得することで、台湾政治の安定化に成功したのである。

土匪平定成功の要因

児玉が歴代総督のなし得なかった土匪平定に成功できた第一の理由は、軍部と民政機関の権限を明確にし、軍部の民政への発言を封じることで、民政部主導（現代でいう文民主導）の平定作戦を実行できた点である。第二に、第一

児玉源太郎の対土匪戦略

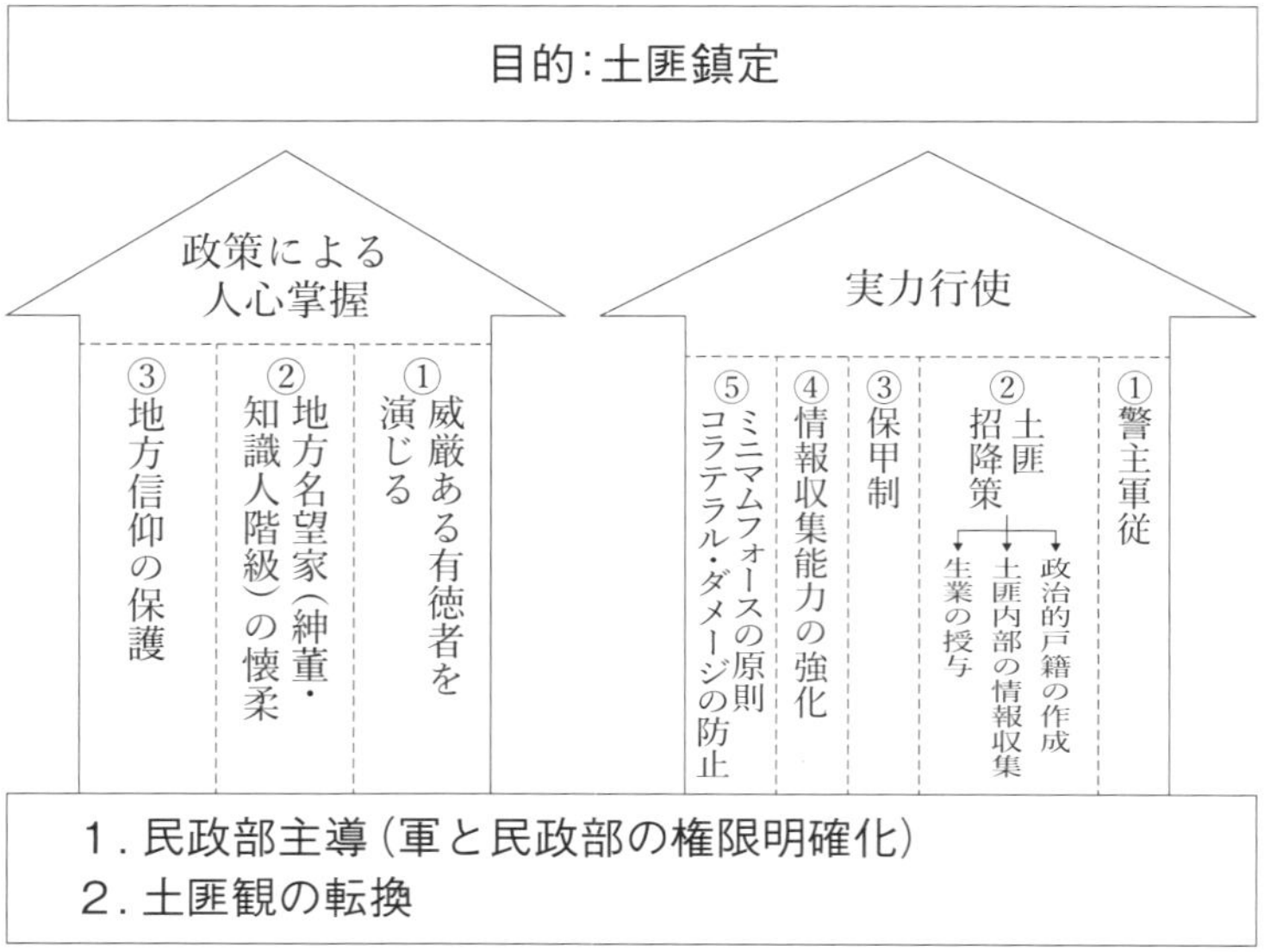

と関連するが、民政部の組織力や警察力を主とし、軍事力による討伐を従と位置付けたのも有効であった。

第三に、「人心を治めること、これが政治である」と考える児玉が、民心掌握のための諸政策を実施したことである。特に児玉が台湾人有力者・有識者を懐柔し、彼らの敵対化を未然に防止して味方化することで、彼らの影響下にある多数の地方人民の支持を調達することに成功した点は台湾の安定化に大きな意味があった。また、児玉が民心掌握策の一環として、台湾人地方民の信仰の場を復興させたことも高く評価すべきである。そして、児玉が民心掌握に成功した背景には、異文化（台湾文化）を理解する児玉が、台湾文化を利用して諸政策を進めたことがあった点を忘れてはならない。

第四に、児玉が、従来の土匪観を転換することで、土匪を「征討」（殺害）するのではなく「治める」（統治による民心掌握）のだと述べて、土匪殲滅戦略から民心掌握戦略へとパラダイム的転換を行なった点だ。それゆえに、児玉は日本軍に対する敵意や憎悪を生み出し民心の離反の原因となるコラテラル・ダメージの発生を防止しようとしたのだ。

第五に、情報獲得を優先した児玉が征討よりも土匪の招降を優先したことで、把握困難であった土匪に関する詳細な情報（構成員など）の掌握が可能となった点だ。しかも、林少猫討伐に代表されるように、大討伐に際しては、情報収集を十分に行なった後に軍事作戦を展開したことも評価に値しよう。

第六に、保甲制度を利用して、台湾人に自分たちの手で治安維持にあたらせたことである。この結果、土匪を恐れる台湾人の意識が一変し、土匪に関する正確な情報入手が容易となった。

第七に、警察を土匪政策の中心に据えるに際し、警察官及司獄官練習所を開設し、現地語学習や軍事講義など台湾の実情に即した警察官教育を実施したことも見逃せない。

最後に、児玉が重大なタイミングで、現場責任者の意見を信頼して、決断力を発揮したことも成功の要因に挙げてよいであろう。陸軍内部の反対を抑え、叛乱の恐れのある台湾人に武器を貸与した決断も評価に値する。こうして土匪が平定され、台湾統治は産業開発の段階に進むこととなった。

6、産業開発と財政独立

財政二十年計画とインフラ整備

財政の確立も治安維持のための土匪征伐同様に台湾統治の最重要事であった。児玉の着任した明治三十一年度の台湾独自の歳入額は八百二十五万円であり、この額では行政経費の支弁すら不可能であるため、三百九十八万円の国庫補充金を受けていた。そこで児玉は後藤新平に命じて財政二十年計画案を樹立させた。

計画案は、明治三十二年度より五十一年度に亙る二十ヶ年の収支見積りを立てて国庫補充金の額を漸減していき四十二年度に財政独立を果たすと共に、台湾縦貫鉄道・基隆築港・土地調査の三大インフラ整備事業を六千万円の事業公債を起債して行なうという内容であった。[74]

六千万円事業公債案作成の実務にあたったのは祝辰巳・中村是公であり、その書類は約九センチの厚さに及んだ。児玉はこれを一晩熟読し、明朝後藤に対し二、三の質問をして花押を据えた後、「君、これは一週間以内に立つて行かなければなるまいな」と述べて、後藤を折衝のために本国に送り出したと伝わる。[75]

だが、六千万円は総理大臣山県有朋により四千万円に減額され、さらに帝国議会での審査で三千五百万円に減額されてしまった。後藤の失敗と書く新聞もあったようだ。台湾に戻った後藤は恐る恐る児玉の許に報告に伺候したが、児玉は「君はえらい修行をしたな」と言ったのみであったという。[76]

三大インフラ整備の中でも重要なのが土地調査であった。台湾では日本の領有以前から住民の抵抗もあり土地調査が進んでいなかったのだ。だが、明治三十一年から開始された土地調査の結果、多数の隠田が発覚し、地積は約一・七倍に増加し、それに伴い地租収入も増加したのだ。なお、児玉は土地調査でも民心把握を重視し、調査の助手に台湾人土地所有者の子弟を採用し、助手を通じて土地調査の真意を土地所有者に伝えさせる巧妙な手段を採用している。▼77

君の理想論が聞きたい

交通インフラを整備してもこれを利用する基幹産業が発達しなければ、交通機関発達の利益は享受できない。明治三十四年十一月、児玉は「糖は本島物産の大宗なり。〔中略〕殖産改良の業、之を以て首位に置く」と宣言し、台湾産業の主軸を糖業に置くこととした。▼78

通説では、台湾に近代的糖業技術を導入することを提案したのは、明治三十四年二月に台湾総督府技師に採用された新渡戸稲造とされているがこれは誤りで、明治三十一年冬頃に、殖産課嘱託の山田熙が提案したのが最初のようだ。▼79

山田提案に基づき、明治三十三年十二月に台湾製糖株式会社が設立された。だが、台湾の製糖高が一時的に減少を来したため、その改革のために採用されたのが新渡戸であ

グラフ１：台湾の歳入一覧

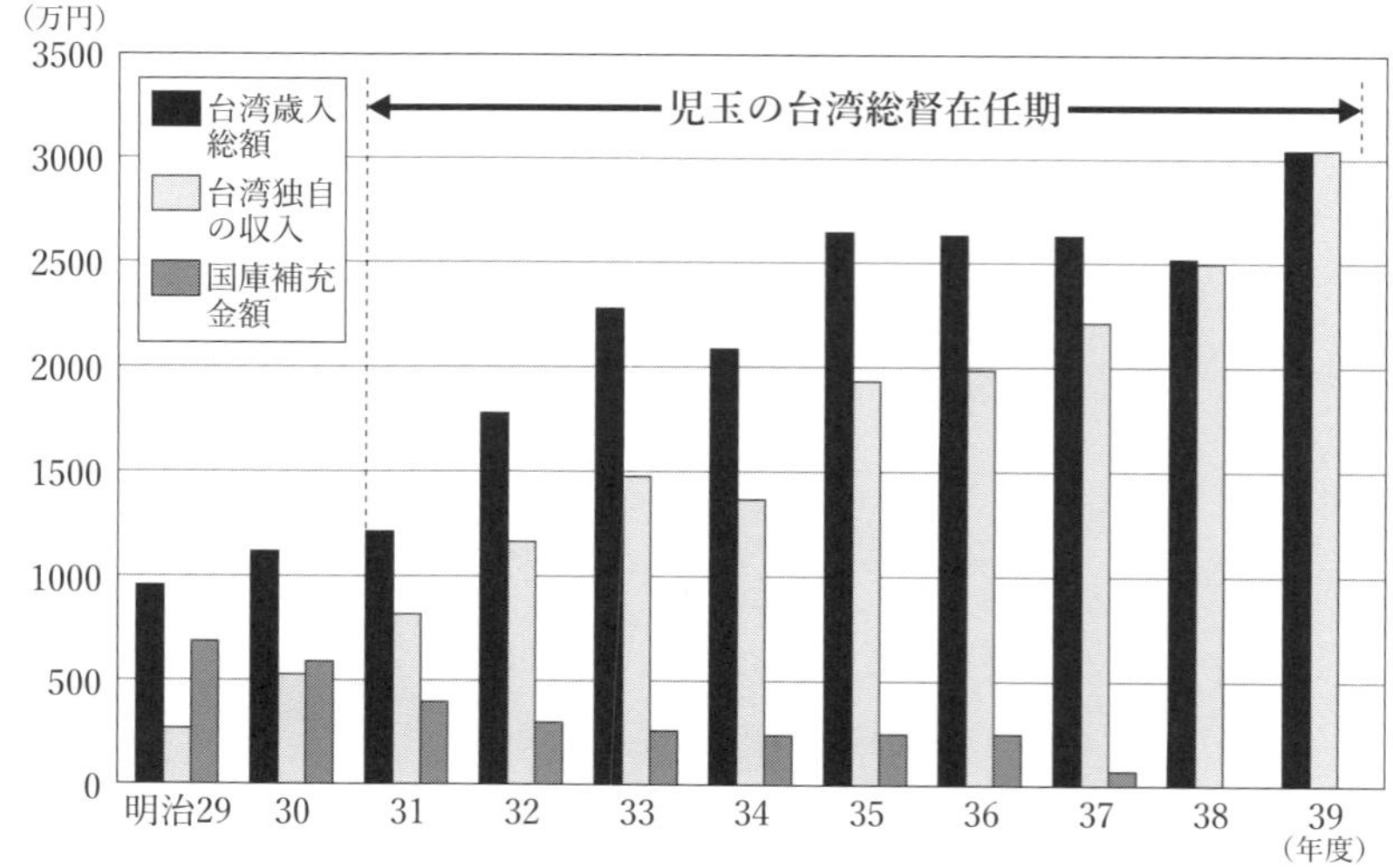

出典：宿利重一『児玉源太郎』（マツノ書店、一九九三年）三一四頁。
※児玉の総督在任中の明治三十八年度に国庫補充金額がゼロになり、「財政独立」が果たされていることに注意。

った。

明治三十四年五月、殖産課長となった新渡戸は、児玉と後藤新平から、台湾産業振興策に関する意見書の提出を求められ、台湾全島を十分視察した後に意見書を提出すると答えた。だが児玉と後藤は、「実際的のことなら、われわれの方がよく知つてゐるから、別に君の議論を煩はす必要がない。われわれの望むところは、君が海外にあつて進んだ文化を見て、その眼のまだ肥えてゐる中に、理想的議論を聴きたいのであつて、台湾の実情を視察すればするごとに眼が瘠せて来る、人はこれを実際論といふか知らぬが、われわれの望むところは君の理想論である」と述べたという。[80]

児玉の決断と財政独立の達成

こうして提出されたのが「糖業改良意見書」である。意見書において新渡戸は、①農業的に蔗種と耕作法を改良すると共に、②糖廍《とうぼう》と呼ばれる原始的生産法を廃止して大工業制度に移行することを提案した。だが、この案を実行に移すためには、台湾総督府の強い決心をもって、改良事業を断行する必要があった。「糖業改良意見書」において展開された技術的可能性が実現するか否かは、児玉の決断力と実行力如何にかかっていたのだ。

意見書を受け取るや、普段一度しか書類を閲読しない児玉にしては珍しく意見書を二回通読した。そして後日、新渡戸を呼び出し、これで行けるかと尋ねた。新渡戸は、必ず行けると答えたうえで、意見書には閣下に読んでいただきたい箇所が一頁あるがお気づきになられましたかと尋ねた。児玉は「それはフレデリック大王のことではないか」と答えた。フリードリヒ大王には、警察権や憲兵を使用して農業改革を断行した故事がある。新渡戸は児玉の回答を肯定したうえで、「糖業を基礎として台湾の財政独立を図るには、フレデリック以上の決心を要する〔中略〕此の意見書でやるか、やらないかと云ふ問題は、全く総督の決心に依ることであります」と述べた。

新渡戸の発言が終わるや、児玉は椅子から立ち上がり部屋の中を五、六度歩き回ったうえで、「君、やらう」と答え、台湾糖業の本格的発展がスタートしたのである。[81]

児玉・後藤新平は、糖業以外にも台湾米や烏龍茶、阿里山林業開発など産業発展に尽力した。また、阿片・樟脳・食塩の三大専売法や地方税導入などにより、歳入が増加したため、財政独立は計画より四年早い明治三十八年度に実現したのだ。これにより、国庫補充金予定総額約三千七百四十八万九千円に対し、実際の補充額は約三千四十八万九千円に止まっている。[82] 台湾の財政的基盤は児玉時代に確立したのである。

7、厦門事件と対岸政策

厦門は東洋のスエズである

台湾には福建省・広東省出身者が多く、福建省との人的・経済的結びつきが緊密であった。しかも福建省厦門には台湾民族運動の拠点があり、台湾総督府はこれにいらだちを感じていた。そのため、児玉の眼は台湾内のみならず国外の対岸南清地域にも向けられた。

明治三十二年六月の覚書において、児玉は、台湾統治は台湾島内の民心収攬のみならず、必ず「対岸福建省、殊に厦門の民心に注意」して、反射的に台湾島民の安堵を図るべきであると述べている。すなわち、厦門と台湾を密接不可分の関係と考える児玉にとって、台湾経営は対岸経営と同義であったのだ。

特に児玉は厦門の持つ地理的・経済的意味を重視し、日本が厦門で優位を占めることは、イギリスのスエズ地峡占有に匹敵すると述べている。児玉にとって、台湾海峡は東洋のスエズであり、それを確保するために台湾と一衣帯水の地にある厦門に進出する必要があったのだ。

また児玉は、「南進の政策」を成功させるためには、国際上の紛争を回避し、対岸清国と南洋の「通商上の優勢」を占めることが重要だと説いた。児玉は台湾銀行厦門支店設置などの経済政策を通じて「戦はすして厦門占領の実」を収めることが可能であると考えていたのだ。すなわち、児玉は南進の目的達成のための手段として、武力ではなく経済開発を優先したのである。換言すると、台湾・厦門一体的開発論ということになろう。▼83

すなわち、児玉にとって対岸経営とは、台湾の治安維持および経済発展という目的達成のための手段であり、経済力を背景とした無理のない形での福建省、特に厦門への進出を意味した。そして、厦門は南清や南洋進出のための跳躍台であったのだ。

果断実行の人である児玉は、自身が考える一体的開発論を実現に移した。台湾銀行厦門支店開店（明治三十三年四月一日）、東亜書院の厦門設置、福州での「閩報《びんほう》」と称する新聞の発行など多岐にわたる経済文化政策を展開したのである。また、児玉は、イギリスのドグラス会社の独占に対抗する目的で、大阪商船会社に経済的支援（航路保護政策）を行なって台湾・南清間の航路を開発し、ドグラス会社を圧倒することに成功している。▼84

児玉は清国の警官にあらず

児玉は清国からの亡命者保護にも積極的であった。一八九八年、清国では明治維新を模範とした政治改革である戊《ぼ》戌変法《じゅつへんぽう》（百日維新）が起こるも、クーデターにより挫折する事件が起きた（戊戌の政変）。

変法に関与し亡命した容閎《ようこう》が台湾に滞在していた時のことだ。児玉に対し、清国の閩浙《びんせつ》総督から容閎の逮捕引き渡し請求があった。だが、児玉は容閎と会見し、「児玉は中国のために警官の役を勤めはしない」と断言し、彼を保護している。[85]

容閎には台湾を抵当に欧州列強から借り入れた金で清の武装を近代化し対日戦争を行なう計画を立案した過去があった。児玉はそれを知りながら保護したのだ。深慮があってのことだろう。史料がなく推測になるが、容閎は孫文と面識があったので、児玉は保護した亡命広東人を使って対岸南清地域で何らかの政治工作を展開する意図を有していたのかもしれない。

※なお、やや信頼度が低い史料によれば、児玉は、日清戦争時に捕虜となり自身が釈放に尽力した清国海軍軍人の蔡廷幹を使って、フランスの影響力が強かった福建省にある馬尾造船所の買収交渉を行なわせたこともあるようだ。[86]

北清事変勃発

一九〇〇年、扶清滅洋を唱える義和団の外国人排斥運動が清国の山東省で起こった。怒濤のように北清一帯に拡大した義和団の勢いを好機と見た西太后は、六月二十一日、日本を含む欧米列強八ヶ国に宣戦を布告した。北清事変の勃発である。事変の余波は台湾対岸の福建省方面にも及び、対岸情勢は切迫化した。

八月十四日、義和団に包囲されていた北京の列国公使館が連合軍により解放される。その前後から列強は事変後を見据え動き始めた。ロシアが満洲に兵を送り（八月四日、牛荘占領）、さらにイギリスも上海に出兵して、勢力拡大に乗り出したのだ。こうした事態をうけて総理大臣山県有朋は「北清事変善後策」（八月二十日）を執筆し[87]、福建・浙江方面への進出策を唱える。これより先の明治三十一年、「清国瓜分《かぶん》」（中国分割）の危機が生じた際、日本は福建省不割譲条約を清国と締結し、福建省を勢力範囲と定めており、山県の意見は北守南進の国是に沿うものであった。

児玉の意図

児玉はいつから厦門での実力行使を考え始めたのだろうか。

北清事変勃発当時の児玉は、北清での事態を利用して「福建省の平穏を保ち、勢力範囲の実を顕はし」たいと考えていた[88]。すなわち、清国領土保全を図りつつ、外交的手段により福建省での影響力を増大させることを考えていたのだ。

では、児玉の考えが厦門での実力行使に変化するのはいつ頃か。この点に関し小林道彦氏は、七月一日に児玉と後藤新平が台湾銀行厦門支店保護を口実にする厦門出兵計画を練っていたと指摘して、これが通説となっている[89]。

だが、典拠の後藤新平日記には、「〔後藤が〕中村参謀長を訪ひ厦門に出兵の事を談す。総督閣下へ厦門台銀保護の件に付、電報を発す」とあるだけで、児玉の賛否や意図については明確ではなく、この史料を根拠として、後藤が厦門出兵計画を練っていたとはいえても、児玉が計画を練っていたとはいえない[90]。

七月七日、児玉は東京から台北に帰任し、翌八日に参謀本部次長寺内正毅に宛てて、「対岸には予防策可相講《あいこうずべく》と研究中」であると書き送っている[91]。通説と異なり、児玉が厦門出兵計画を含む何らかの施策を具体的に研究するようになったのは台北帰任後のこの頃からであろう。

それから約一ヶ月が経過した八月八日に児玉は、対岸の状況が切迫し、「何れ不遠中《とおからずうち》には暴発難免《まぬがれがたく》」考えるので、予めその準備をしておくこと、特に川石山電信中継所占領の準備をしておくことが肝要だと寺内に書き送っている[92]。ロシア、イギリスによる武力を用いた勢力拡大の動きや連合軍の北京進攻開始を見て、児玉も列強の動きに乗り遅れることなく、武力を用いた権益拡張を考えるに至ったのだ。

なお、児玉の覚書から見て、児玉の意図は厦門領有ではなく、厦門を租借地として福建省一帯を日本の勢力範囲とすることにあったようだ[93]。

厦門事件当時の厦門

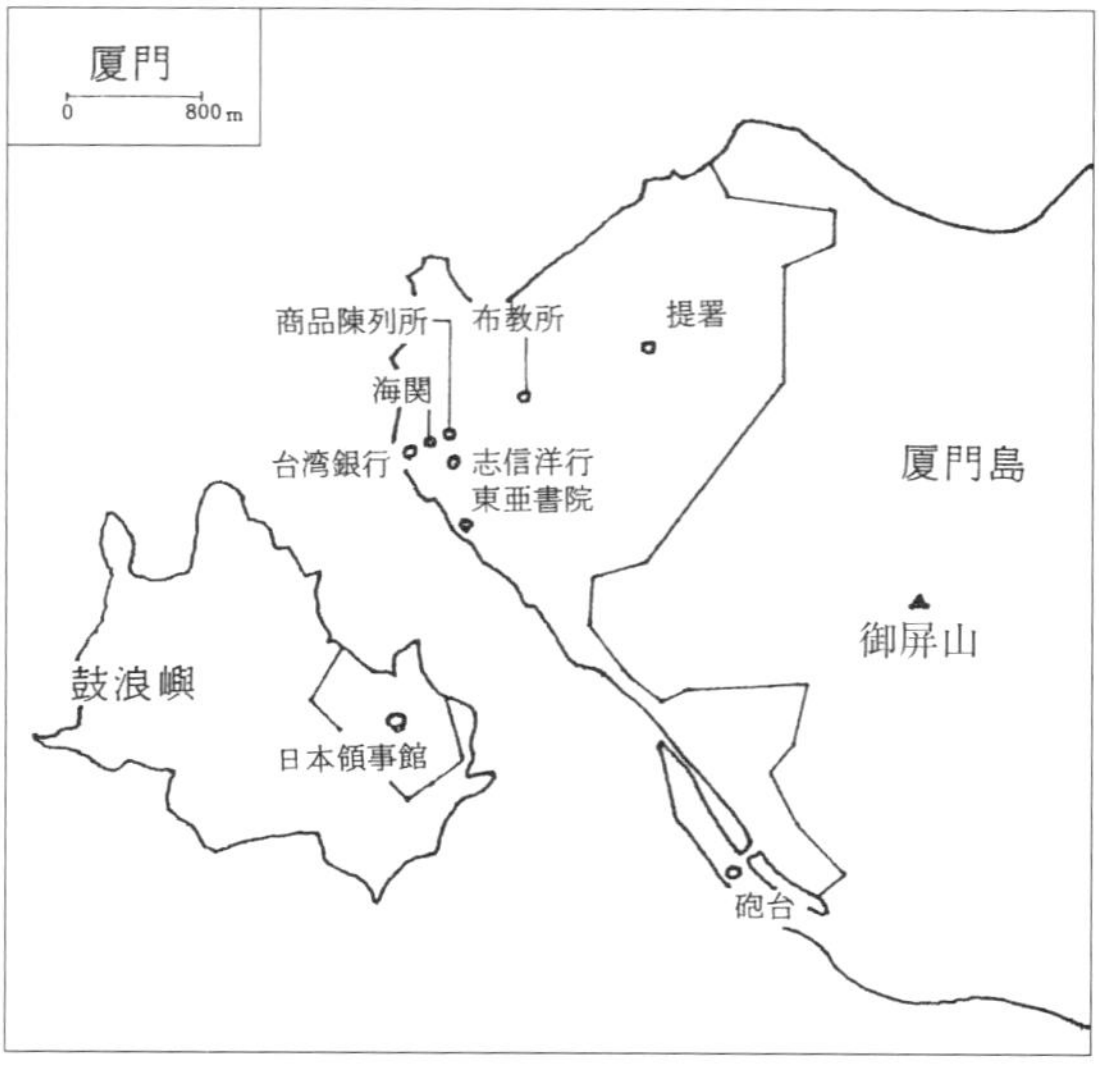

出典：斎藤聖二「厦門事件再考」『日本史研究』第三〇五号（日本史研究会、一九八八年）四一頁所収の図版に加筆。

八月十日、閣議が居留民の保護のために、必要の場合は厦門出兵を辞さないとの決定を行なった。同日、外務大臣青木周蔵が児玉に宛てて「厦門又は福州に於て都合能く排外騒動を起さしむる工夫ありや」と打電した。これに対して児玉は、①騒動を起こす時期を指示するよう要請すると共に、②簡易な騒動誘発手段は軍艦の一時厦門引き揚げにあると返電している。[94] 間近に迫る北京陥落や英露の行動を見た山県内閣は、列強の行動に乗り遅れてはならないと考え、邦人保護の範囲を超えて、騒動を作為し、それに乗じて出兵を行なうという積極方針を示し、児玉もこれに呼応したのだ。

連合軍が北京を陥落させた八月十四日には、海軍大臣山本権兵衛が、在厦門の「和泉」艦長に宛てて、厦門地方で「不穏の状況」が起きるか「他に乗ずべきの機会」があれば若干の陸戦隊を上陸させて、躊躇機会を逸しないようにせよとの訓令を発した（電訓第二一一号）。陸軍大臣桂太郎から転送されたこの電報を見た児玉は政府の積極的方針を認識するに至った。[95]

児玉の焦慮

八月十六日、児玉が参謀本部次長寺内正毅に宛てて、陸戦隊応援のための陸兵派遣計画の有無を照会したところ、寺内から台湾総督府の陸兵派兵能力を問い合わせる電報が返ってきた。児玉は寺内に対して「歩兵一大隊、山砲一中隊、臼砲一中隊、工兵二中隊」と返電している。この時の児玉は、北清事変の動乱に乗じて勢力を拡大しようとする列強の動きに乗り遅れてはならないという焦慮にも似た危機感を抱いており、「此度は拙者にお鉢之廻り候様御尽力奉願上候（中略）最早一日も早く厦門丈けなりとも占領」したいと寺内に書き送っている。[96] 児玉は北清事変終了以前に騒動を誘発して厦門占領の既成事実を作り上げておきたいと考えていたのだ。

一日も早い厦門占領が肝要であると考える児玉は、厦門領事の上野専一が慎重であるため出兵の口実を利用せず機会を逸していると焦っていた。[97]

こうなればもはや自らの手で出兵口実を作為するしかない。八月十八日、児玉は、後藤新平を介して、在厦門東本願寺布教所代理主任の高松誓に軍資金を渡して厦門に送り出した。[98]

夜空にあがる怪火

八月二十一日、閣議が開催され、「様子により、台湾より一大隊の兵を出す」ことを決定、翌二十二日には参謀総長大山巌がこれを上奏し裁可を得た。そして二十三日午前十一時三十分に、陸軍大臣桂太郎が児玉に宛てて「和泉艦長より請求」があれば、厦門港占領のため所定兵力を速やかに厦門に派遣すべきとの奉勅命令を打電した。[99]

八月二十四日午前零時三十分、厦門の東本願寺布教所から怪火があがった。高松誓が火をつけたのだ。児玉・後藤新平が絡んだ謀略であったことはほぼ間違いない。

厦門領事が陸戦隊の出動を要請し、軍艦「和泉」・「高千穂」から陸戦隊が領事館敷地内に上陸した。だが、児玉の期待に反して、厦門領事は陸戦隊を対岸の厦門市街に派遣することを躊躇した。落胆した児玉は、「実に遺憾千万」と寺内正毅に書き送っている。[100] 日本近代史研究者の斎藤聖二氏が指摘するように、北清事変終結までの持ち時間が少ないという児玉の焦りが、性急な謀略に児玉を駆り立てたのだ。しかも、列強との協同行動を重視して事を進めようとする政府と異なり、児玉は列強の動向から、厦門を占領しても列強との関係が悪化する可能性は低いと考えており、ここに政府と児玉との意思の齟齬が存在した。[101]

頬を伝う熱涙

八月二十七日、児玉は「高千穂」艦長および厦門領事から出兵を請求する電報を接受した。児玉の待望した瞬間が到来したのだ。二十八日午前九時、児玉は奉勅命令の趣旨に基づき、歩兵二個中隊を載せた「宮島丸」を基隆港から抜錨させた。翌二十九日午前九時には第二次派遣部隊が出発するはずであった。

だが、事態が急変する。二十八日午後十時十五分、児玉は出兵差し止めの訓令に接したのだ。[102] 列強との協調を重視する山県内閣が、イギリスをはじめとする列強諸国の抗議に接し、作戦中止を命じたのである。伊藤博文の慎重論もこの決定に影響を与えていた。

電報を手にした瞬間のことを児玉自身は「憮然」と感じたと書き残した。だが、秘書官横沢次郎によれば、電報を手にした児玉は、身動きせず考えに沈んでいたが、やがてその双眸から熱涙が頬を伝って流れ始めた、と回想している。[103]

謀略はさておき、児玉の行動は、独断で事を進めた満洲事変の際の関東軍と異なり、政府の奉勅命令や訓令に依拠したものであり、児玉には寸分の非もない。だが、悲憤した児玉は、八月三十日、政府訓令の趣旨を誤解したことを理由に、転地療養か辞職を認めるよう政府に打電した。九月一日には、後藤新平を上京させて、総督辞職問題を政府と協議させている。

明治天皇の慰留

「儂の阿爺《おやじ》は座敷牢で憤死したのぢやが、さう云ふ場合が儂にもないとは限らぬ。注意してゐてくれ」と発言するほど、児玉の落胆や不満は深く、辞職の決意も固かった。[104] だが、政府の指示に基づいて行動した児玉の辞職を認めてしまっては、山県内閣の総辞職も避けられない。山県有朋は窮境に陥った。

事態を収拾したのは明治天皇であった。明治天皇は、山県の上奏で児玉の辞意を知り、一両日勘考した後、勅使として侍従の米田虎雄を台湾に派遣し、勅語を伝達することにしたのだ。台湾経営は児玉頼みでありようやく緒に就いたばかりだ、病気であるなら任地で静養することを希望する、これが勅語の趣旨であった。いまや児玉は台湾経営に不可欠の存在となっていた。

明治天皇の勅旨である。これには児玉も当初の決心を翻し、「恐懼の至りに不堪《たえず》」謹んで聖旨に従うしかなかった。[105]

恵州起義と児玉

九月二十八日のことである。一人の男が基隆港に降り立った。男の名を孫逸仙《そんいっせん》（孫文）という。彼は北清事変で忙殺されている清朝の隙を突き、南清での挙兵と革命政権の樹立を画策していた。

十月四日、児玉は後藤新平に旨を含め、孫文と会談させた。これより先の九月二十九日、内務省は「孫逸仙の陰謀は之を防遏する方針なり」と後藤に山県内閣の方針を伝えていた。それにもかかわらず児玉は孫文の台湾上陸を許したのだ。[106]

会談内容は闇に包まれている。一説では、後藤は孫文に対し、武器弾薬の供与と陸軍将校派遣を約束し、革命軍を厦門に東進させて台湾銀行厦門支店の資金を奪取するよう勧めたらしい。[107] しかも孫文は、台湾総督府の支援と引き換えに、革命軍による台湾銀行厦門支店の資金奪取を軍事介入の口実として、日本が厦門を占領することに同意したとされる。

ただし、児玉が政府方針に反し独断で孫文支援を約束したようにも思われず、真相は歴史の闇の彼方に隠れたままである。

十月六日、鄭士良《ていしりょう》率いる革命軍が恵州で挙兵するが、児玉は動かず、十月二十二日革命軍は解散に追い込まれた。この間の十月十九日に第四次伊藤博文内閣が成立したが、伊藤内閣は革命軍への支持に消極的であり、児玉もその方針に従ったのだ。孫文は十一月十日、台湾を後にしている。

経済中心の対岸経営

厦門事件は、厦門の有力者の心に疑惑を惹起させ、対岸経営の障害となった。そこで児玉は、国際紛争を回避し、清国人有力者と提携しつつ、経済主体の対岸経営を推進することとした。先述したように、児玉は、台湾を策源地として南清・南洋への進出を目論んでいたからだ。[108]

児玉が対岸経営（南清への経済進出）の実行機関として設立したのが愛久沢直哉《あくざわなおや》を責任者とする三五公司であった。三五公司は表面上、日清合弁会社であったが、内実は台湾総督府の対岸経営実行機関であり、その意味で、三五公司は後年の南満洲鉄道株式会社の先駆たる植民会社に近い性格を有していた。三五公司は、広東省で潮汕鉄道経営を、福建省で樟脳事業を展開している。[109] 児玉は、福建・広東方面に将来進出するための布石を打ったのだ。

児玉は特に広東省汕頭《すわとう》と潮州とを結ぶ潮汕鉄道建設に熱意を示し、外交・財政上の理由から適当の費目がないこともあり、非合法であることを知りつつ、台湾罹災救助基金の内から七十万円を流用して台湾籍民の林麗生に貸し出し、林の名義で出資（株式引受）させている。外資規制があり日本人が株式引受をできなかったため、林を利用したのだ。当然、所管官庁たる内務省台湾課長の熊谷喜一郎は児玉の不法を注意したが、児玉は「不法あらば主務省の属僚が後始末すればよい。その場合の為の属僚ではないか」と例の大声で叱咤し、これを押し切ったと伝わる。[110]

ただし、経済主体の対岸経営といっても、児玉は完全に出兵の企図を放棄していたわけではなく、何らかの好機があれば大陸に出兵し権益を確保する意図を有していたようだ。児玉は寺内正毅宛の書簡において、清国処分は五〜六年の期間を要し、その間、出兵の機会もあるだろうから、帝国の利益となる手段を第一と考え、中央関係者による南清・南洋視察を行なって欲しい、と述べている。[111]

だが、あくまでも児玉の基本方針は、経済的手段による南清・南洋進出であった。そのため、児玉は明治三十三年十二月の意見書で、南清一帯はもちろん、南洋諸島や暹羅《シャム》（タイ）などの未開国で植民事業を行なうことを日本の国是とすべきであり、植民政策を担当する拓殖務省（明治三十年廃止）を再設置して、台湾総督に拓殖務大臣を兼摂させるべきである、と述べている。[112]

結局、拓殖務省再設置は実現しなかったが、明治三十五年には児玉の副官であった小沢徳平が暹羅に派遣されている。[113] 児玉は中央に植民地戦略の司令塔となる省を設置すると共に、台湾を策源地として南清・南洋へ進出する南進戦略を構想していたのだ。通説では、日本の植民地政策には戦略がなかったとされているが、児玉の植民政策には明確な戦略があったようだ。

8、台湾総督としてのリーダーシップ

児玉の統治手法

本章の最後に台湾総督としての児玉の統治手法やリーダーシップの特徴を確認しておきたい。

第一に、台湾総督としての児玉は、文武にまたがる総督権限を適切果断に行使して文武両官の権限範囲を明確化することで行政問題に対する軍部の発言力を抑制し、政令二途の弊害を克服して政治の統一＝文官中心の民政主義的統治を確立することに成功した。

第二に、民心安堵を施政の大方針とした児玉は、政治における台湾総督の第一の役割を「民心掌握」にあると考え、様々な政策を実行し、新政に対する台湾人住民の支持獲得に成功した。台湾総督府医院長兼同医学校長の高木友枝が述べているように、児玉は「人心の収攬に見事な腕前」を発揮したのだ。[114] 政治の統一といい、人心掌握といい、児玉は台湾総督として果たすべき役割をよく心得ていたようだ。

第三に、児玉は陸軍次官時代同様に、台湾総督としても、将来ヴィジョンの調査研究を重視した。実際、台湾着任時に後藤新平に対して、「目前の行政上処理すべき問題を整理し、併せて将来に対するの計画を深く講究することを怠つてはならぬ」という方針を指示している。[115] そして、「人民の安堵」を施政方針とした児玉は、調査研究結果を基礎として、曹公祠の復興、清時代の典礼に学んだ饗老典および陳家への褒賞などといった台湾の現地事情や旧慣習を利用した政策を展開したのだ。なお、調査研究を重視した児玉の姿勢は、旧慣調査を実施して台湾統治の参考とすることを目的とした臨時台湾旧慣調査会の設立（明治三十四年）という形で結実している。

第四に、「仕事の挙がると否とは人に在つて存す」を信条とする児玉は後藤を民政局長に抜擢した事例に象徴されるように、人物本位で有能な人材を登用し、可能な限りの待遇を与え、彼らの能力を信じ全面的に仕事を任せた。[116]

人才を見抜く慧眼を持つ児玉は、文官の頂点に立つ後藤新平、石塚英蔵の他に、陸軍幕僚参謀長の木越安綱、秘書官の関屋貞三郎、医学衛生行政・医学教育の高木友枝、旧慣調査の岡松参太郎、土木行政の長尾半平といった人物を登用している。児玉は事をなすには人材を結集して適所に配することが重要であることを認識していたのだ。

なお、児玉が台湾で登用した人物には文官が多いが、これは児玉が「陸軍の者は、常識が欠乏して居つて困る」と考え、官制上軍人を使用しなくてもよい仕事には文官を使

用したことに起因するようだ[117]。

児玉は、採用に際しては、会談五分も及ばぬうちに、「君に台湾の衛生に関することは全部まかすからやって呉れ」（高木友枝）と述べ被採用者の心を掌握し、仕事を任す際には、計画案に関して二時間近く説明・質疑を行ない納得して仕事を任した以後は大綱を統べるだけで一切干渉することはなかった[118]。

さらに、児玉は待遇にも留意し、関屋の登用に際しては、初叙高等官七等が慣例のところを、高等官六等という破格な条件で採用している。この時、内務省地方局長柴田家門《かもん》から地方官採用に悪影響が出ると反対の声が上がったが、児玉は「乃公《おれ》が頭を下げてあやまるからそれで何とか納めて置いてくれんか」と柴田を説得したという。また、阿片行政の功績が認められ後藤が勲二等に昇叙される際には、毒薬を売って叙勲とは何事かという反対の声を抑えるために、陸軍大臣を兼務して繁劇な児玉が賞典局にわざわざ足を運んで関係者を説得して解決を急がせている[119]。

児玉がこのように人を遇するに厚い態度を示したため、その「個人的感化力」（竹越与三郎）に感作を受けた官吏の間に「この人のためなら死んでもよい」（高木友枝）という意識が生まれ、それが必然的に職務能率の向上につながったのである。まさに児玉は「人を知り人を使ふことの大変上手な」（高木友枝）人物で、人心を掌握し部下のやる気を引き出して快く働かせることに関しては達人の域に達していたのだ[120]。

第五に、科学技術力を社会統合の手段として重視したのも児玉の統治手法の特徴であるが、これは項を改めて詳述したい。

この他の特徴としては、行政機構における大胆な行政整理・行政改革がある。児玉は官僚政治の弊害が知らぬ間に増える人員とそれに伴う経費膨張にあると考え、冗費・冗員の削減に絶えず留意していたのだ。また、官吏の間に跋扈していた汚職の一掃にも熱心で、工事入札に蔓延する談合や請託の風潮を一洗することにも成功している[121]。

科学技術力による社会統合

児玉は「科学上の理解力」を有する人物で、学術上の意見を聞いて政策への適合性を判断する能力に鋭敏であり、学術を政策に応用することに秀でた能力を持っていた[122]。それゆえ児玉は、科学技術力を重視し、それを社会統合の手段として利用した[123]。

たとえば、台湾縦貫鉄道の敷設には、①経済的理由や②軍事的理由の他に、③社会統合という目的があった。台北・台中・台南の三地方は言葉も多少違い「別国の様」であった。そのため児玉は縦貫鉄道を敷設することで、三地域の相互依存度を高めようとしたのである[124]。

　また、台湾近代化のためにはコレラやペストなどといった疫病の克服が必須であった。児玉は内務省衛生局長経験者の民政長官後藤新平に手腕を振るわせる形で、公衆衛生制度の確立と医師養成に成功している。後藤は、台湾総督府医学校設立、水道整備といったハード面の整備に尽力したのみならず、ソフト面の人材登用にも注目し、「台湾衛生学の父」と呼ばれた高木友枝や「台湾医学の父」と呼ばれた堀内次雄などを起用して公共衛生の改善に成功したのだ[125]。

権限委譲と卓越した統率力

　台湾総督としての児玉のリーダーシップは、細部までゆるがせにしない陸軍次官時代のスタイルから大きく変化している。すなわち、「有名な干渉家」としての側面は影を潜め、大綱を総攬して重要案件の裁否の実権を把握するのみで、後藤新平に権限を委譲して後藤をして任意にその所信を断行せしめたのだ。そのため児玉は、後藤の権限が空洞化しないようにするため地方長官からの陳情であってもなるべく後藤を経由させるようにした。

　たとえば、庁長が庁治に関し要請した際に、児玉は「予は兵隊にして、一も民政を知る所なし。往いて之れを民政長官に聴け」と発言し、地方長官が民政長官をバイパスして台湾総督に直接上申する変則を諫めている。つまり児玉は、統一ある政治を実行するために、地方官に民政長官の権威を再確認させたのだ。この他にも、児玉が「在府するも重要事項の外は直裁しない」と発言したとの逸話も残されており、後藤に委譲した権限の空洞化を防止しようとする児玉の姿勢は徹底していたようだ[126]。

　もっとも、権限委譲とはいっても、年によっては後藤が台北を半年近く離れることがあったので、後藤の留守中は児玉が「総て雑務に従事」することもあったことも忘れてはならない[127]。

　ところで、権限を下僚に委譲し任せるという点では、児玉も大山巌も大差なく、さらにいうならば「便所のドア」（押した方に開くの意味）と綽名され悪名高き杉山元（太平洋戦争開戦時の参謀総長）らに代表される昭和期の軍事指導者と児玉との間にもリーダーとしての外観には大きな差は存在しない。だが、リーダーとしてのスタイルは同じであっても、その実質には大きな違いがあった。昭和期には、上司の不勉強が原因となって局長以上の役職で下剋上が流行したのに反して、児玉が長を務める組織では下剋上が発生しなかったからだ[128]。

児玉の下で下剋上が発生しなかった理由として、①児玉が細部に至るまで組織内の仕事を理解していたこと、②児玉の圧倒的な統率統御力（部内統制力）を挙げることができる。

第一の点に関しては、石塚英蔵が児玉は事務の大綱を統べて些細な事には毫も関係しなかったが、「何事も能く徹底して頭に止めて置かれた」ため、部下が実権を握る属僚政治とはならなかったと回顧している[129]。石塚の回想が示すように、児玉は大変勉強熱心であった。官吏が地方出張から戻ると、必ず呼び出して調査事項に関し詳細な説明を要求し質問を試みてみたり、下僚の提出した報告書類は必ず通読して朱点や貼紙をしたうえで下僚に戻したりしている[130]。

より重要なのは第二の点だ。陸軍大臣杉山元の下には「石橋をたたいても渡らぬ」能吏の梅津美治郎次官が、陸軍大臣板垣征四郎の下には「剃刀」東条英機次官がいたように、児玉の下にも豪腕の後藤や剛腹な石塚をはじめとする錚々たるメンバーが揃っていた。だが、児玉の下では下剋上が起きなかったのだ。この秘訣を秘書官の関屋貞三郎が次のように説明している。児玉は「よく人言を容れられるけれども、人に乗ぜられるとか人に担がれるとかいふことは絶対にない人」で「お世辞などを挿んだりする間隙のない人」であった。そのため、「非常に統率力をもつてをられ、部下のものにはビクともいはせないやうな人」であった、と[131]。

この絶大な統率統御力があるからこそ、「属僚が主にして、大臣は客たる如き観がある」と評された本国の省と異なり、台湾では台湾総督が属僚政治の弊を抑圧し「真の主長にして、政治の発動者」たることができたのである[132]。さらにいうならば、児玉が文武両官の軋轢を調整し政治の統一を達成できたのも、児玉の圧倒的な統率統御力の賜物であったのだ。

果断と調整力

しかし、明確な統治ヴィジョンや部内統制力があっても、政策の実現に必要となる①決断力や、②外部機関との調整力がなくては、統治ヴィジョンや政策も絵に描いた餅であり、政治家・行政長官として卓越した業績を残すことはできない。だが、児玉はこの二つの面でも傑出した能力を持っていた。

第一に、児玉の迅速果断な決断力は台湾総督になっても健在であった。児玉の果断を示す次のような逸話がある。当時、コレラか何かの予防接種が登場し始めた頃で、国内外の学界でも効能が確認されていなかった。これに着目した藤田嗣章が台湾で希望者に実施しようとして児玉に相談したところ、児玉は「効力があるなら、先づ我輩にやれ」

と述べた。藤田もこれには驚き、「総督の身体は陛下から不肖私が御預りしてゐると僣越ながら心得てゐる。故に、まだ普ねく学界の承認を得ぬ方法を先づ総督に試みるわけにはゆかぬ。殊に年齢・体質・既往症なども考慮に入れねばならぬので姑《しば》らく見合はせる」と答えたという[133]。児玉はどのような問題であっても迅速に即断即答しなければ気が済まない性格であったようだ。

予防接種の例からわかるように、児玉は最新医学を理解し軍隊内に採用しようとする傾向があった[134]。台湾の風土病で軍隊の最大脅威となったのがマラリヤである。明治三十四年、マラリヤは蚊が媒介することを知った陸軍省医務局長小池正直が、台湾守備歩兵第一大隊で防蚊試験を実施したいと児玉に献策した。児玉は直ちに献策を受け入れ実験が開始され、防蚊試験は良好な成績を挙げた。大隊長の小原正恒は、児玉の英断を褒めている[135]。

第二に、児玉の台湾総督在任中は、台湾と中央政府および議会との連絡調整が非常に円滑であった。政策実現のためには、中央政府の中でも金と法律を握る大蔵省や法制局との関係が重要である。特に法制局が難関で、予算は取れても官制ができないという矛盾が起きがちだ。だが、児玉は大蔵次官（総務長官）の阪谷芳郎・田尻稲次郎や法制局部長の亀井英三郎と緊密な信頼関係を構築することに成功したため、彼らの助けを借りて多少無理な予算や規則でも審査を通過させることができたようだ。また、児玉は立憲政友会の野田卯太郎をはじめとする議会関係者と適度の連絡を保持しており、このことが予算通過に寄与したようである[136]。

児玉の高い説得能力と折衝能力を示す次の挿話が伝わっている。大蔵次官の阪谷は財政規律主義者として有名で、各省から鬼門視されていた。だが、児玉は大蔵省に自ら足を運び、大蔵次官の阪谷のみならず、関係する局課長を歴訪し、予算請求の理由を説明して次官の同意を得られるよう懇請し、阪谷および関係局課長を「魅惑」することに成功したというのだ[137]。

このように、児玉は、明確な統治ヴィジョンに基づく政策の実施を決断すると共に政策実現に必要な外部機関の支持を調達し、それを必要な権限を委譲された有能な人材に実施させることで、台湾総督として傑出した業績をあげることに成功したのである。

台湾総督の一日

ところで児玉は台湾総督としてどのような日常を過ごしていたのだろうか。本節の締めに総督の素顔を覗いてみよう。

台湾全体の陸軍衛生を統括した台湾陸軍軍医部長藤田嗣章の診立てでは、児玉の台湾総督就任は健康的に無理があった。脳卒中が全癒したとはいえ、まだ警戒すべき状態であったからだ。そこで、藤田は養生法を考え、児玉もそれをよく守った。これによると、通常児玉は次のような一日を送ったようだ。

午前七時起床、朝食は軽いものですます。午前十時総督府へ出務し、昼食はサンドイッチ。午後二時、従者二名を連れて総督府から数丁離れた清香園に散策に出る。午後は児玉と同じく漢詩を趣味とする新聞社員を招待して閑談することもある。午後四時官舎に帰り、夕食はなるべく軽いものを食べる。午後九時以降は来客と面会せず、副官堀内文次郎や秘書官横沢次郎と雑話をして過ごし、午後十時に就寝する。なお、大好物の酒は禁酒であった。

後藤に実務を一任していたためか、まさに大人《たいじん》の一日である。六時間の在庁時間はゆっくりと流れていったようだ。

藤田によれば、台湾総督には投資先や利権を求めて紹介状を持った来客が殺到した。児玉は彼らのさばき方も巧みで、引見して要旨を聞き、実現不可能な要請は即座に却下し、見込みのあるものに限り、民政長官後藤新平に面会・詳話させたという。藤田はこれを見て、児玉の俊敏さを軍記物で描かれた源義経のようであったと評している▼[138]。なお、児玉は藤田を評価・信頼し、後に藤田の息子嗣雄が児玉の娘のモト（元子）と結婚し、両家は縁戚関係となっている。

児玉は、陸軍次官時代同様に、部下を食事に招待し、彼らの会食中の対応を見て人物の長所短所を鑑定することを得意とした▼[139]。また変わったところでは、平素の規律・整頓状態・科学に対する注意はトイレを観察すれば推理できるとの持論を持ち、公立学校・公立病院・兵営を視察するに際して、必ずトイレを視察したようだ▼[140]。

南清政策・台湾統治の手段としての仏教

中原鄧州の下で参禅に励んだ児玉は台湾で鎮南山臨済護国禅寺の創建に関与している。着任から一年以上が経過した頃のことである。児玉は剣潭寺を訪問し、この荒寺を拠点に布教に励む梅山玄秀と出会い、その志に感銘を受け、喜捨を固辞する梅山を押し切って、月額六円の布施と茅屋（円山精舎）とを寄進した。明治三十三年七月、茅屋が完成するや、児玉は鎮南山と命名し「萬里鎮南呼快哉」（萬里南を鎮めて快哉を呼ばん）との一絶を賦している。そしてこれを基礎として、児玉が開基、梅山が開山となり創建されたのが、鎮南山臨済護国禅寺（明治四十五年に入仏式と児玉の七回忌法要が執行《しゅぎょう》された）である。ただし、人の主義を尊重する児玉は鎮南山臨済護国禅寺や北白川宮台南御遺跡所（後の台南神社）に他者の参拝を強制することはなかった。[141]

児玉が鎮南山臨済護国禅寺を開基した理由が気になるところである。明治三十二年、児玉は臨済宗僧侶である足利天応の南清仏教視察に旅費を贈与した際に、日清両国民の精神的結合の手段として仏教を利用できないかと述べている。だとするならば、児玉の意図は、仏教を南清政策や台湾統治（人心の安定・教化）に利用することにあったようだ。[142]

かくして台湾総督として台湾経営を軌道に乗せたことで、児玉は朝野の間で行政長官として嘖嘖《さくさく》たる名声をかち得ることとなった。台湾総督が「行政長官」児玉の試金石となったのだ。そして、児玉は行政長官としての業績を基盤に政治の世界に進出することとなる。

日露戦争後、台湾の林家庭園内で開催された園遊会での児玉。画面中央、脚を組んで座る人物が児玉（台湾日日新報社編『児玉総督凱旋歓迎紀念写真帖』台湾日日新報社、一九〇六年）。

石塚英蔵（石川源一郎編刊『台湾名所写真帖』）

台湾総督府（石川源一郎編刊『台湾名所写真帖』）

台湾総督官邸（児玉秀雄編『藤園記念画帖　児玉源太郎十三回忌記念』マツノ書店、二〇一〇年）。

第十一章　悪戯好きの洗練された紳士

1、児玉の外見と性格

その相貌

ここで、児玉の人となりについて説明しておこう。児玉は当時としても非常に小柄で、身長は約五尺（約百五十センチ）程度、体重は少将時代の測定で十二貫六百八十目（四十七・五十五キログラム）であった。身長約百六十四センチの後藤新平と並んで撮影した有名な児玉の写真は、背丈を揃えるために、児玉を蜜柑箱の上に立たせて撮影したと伝わる。▼1

だが、短軀ではあったが、パリの仕立屋が「閣下の御体は最も均整が取れている」と称讃したように、全身の皮膚と筋肉が健康的に発達していて少しの緩みもない身体をしていた。そのため、頤《おとがい》に三角形の鬚《あごひげ》を生やして、椅子に腰を下ろした児玉には、小男とは思わせない自然の威容があった。▼2

容貌に関しては、三十代半ば頃には禿頭となりつつあったが、前額が広く発達していて、その顔色は浅黒く日焼けしていた。▼3

児玉と会った人に一番印象を与える外見的特徴は、炯々として人を射るような眼光であった。そのくせ、得意の洒落を飛ばして笑う時の児玉の眼は、眼尻に深い皺を幾筋も寄せて、糸を引いたように細くなった。眼に次ぐ特徴は、連隊長時代に「大声隊長」の異名をとった声である。明瞭かつ音吐朗々として少しの濁りもなく、よく透る声であった。特に笑い声に特徴があり、「キャッキャッ」と刻むように笑ったようだ。▼4

児玉源太郎と後藤新平（周南市美術博物館提供）。撮影時に、背の低い児玉は蜜柑箱に載り後藤との背丈を合わせた。

外見といえば、児玉は若い頃からなかなかおしゃれで、尉官時代から時宜にかなった洋服や和服を一通り揃えていた。といっても児玉には辺幅を飾る意図はなく、失礼にならないように身分相応の服装をするという点に主眼があった。そのため、公人としての児玉は瀟洒に軍服を着こなした。頭髪を綺麗に分け、細いズボンをはいたその姿は、洗練されたフランス将官のように人目に映ったようだ。だが、その反面私邸での児玉は、質素な和服の単衣に兵児帯をグルグル巻いて下駄履きの気楽な装いであったようだ。そのため、私用で料理屋に出かけると、身なりで判断されて玄関払いされることがあった。なお、児玉はふんどしを締めなかったようで、和服の時は周囲の者が困ることもあったと、芸者お鯉が回想している。▼5

電光の如き鋭敏さ

児玉は決断力や科学上の理解力に秀でた人物であったが、これを支えたのが頭脳の鋭敏さである。新渡戸稲造は児玉の賢さを電光にたとえて、「〔児玉は〕まるで電光のやうにピカピカする鋭さを呈して居て、身体全体が花火であるかの如くピカピカして」いたと述べている。

新渡戸によれば、児玉は先進的学問教育を受けていないにもかかわらず、法律問題から技術問題に至るまで、どんなに複雑な問題でも即座に理解して裁断を下すことができた。頭の良さでは医師である後藤新平よりも児玉の方が「ずっと上」で、後藤が理解するまでに二十分はかかる技術的問題でも、児玉は十分で理解したという。

また、後に陸軍大将に累進する長州閥の大井成元《しげもと》は、児玉が重大事であっても「二、三時間考へて対策を示し意見を述べる」ので、「軽忽」であり「考へが非常に浅い」と山県有朋や寺内正毅が顰蹙していたが、両者の批判は不適当であり、児玉の決断は迅速であっても正鵠を失うことはなかった。児玉が二、三時間で考えた結論に達するまでに、山県は六ヶ月、寺内は二年かかったと述懐しその頭脳の冴えを讃えている。

とはいっても、人間は年齢を重ね地位が上昇するにつれ、頭脳の鋭敏さに陰りが生じるものだ。だが、この点でも児玉は非凡であった。石黒忠悳によれば、人間はよほど注意をしないと地位が上昇するにつれ才能が減じる。後藤でさえも大臣に就任後は「十分の三〔三割〕ぐらいは確かに鈍った」が、児玉と陸奥宗光の二人だけは、大臣となっても才能に陰りが生じることはなかった、という。▼6

その性格――悪戯好きと涙もろさ

児玉の性格は、連隊長時代の用兵ぶりが示すように、生来放胆かつ豪放であったが、必要に応じて細心緻密さを示すこともあり、矛盾する性格を併せ持っていた。緻密さを示す挿話として次の逸話がある。児玉家には、小杉堅吉、三谷清太という二人の家僕がいたが、共に文盲であり、児玉は機密の漏洩を防止するため、彼らに書類の整理をさせていたというのだ。[7]

また、高位の人間にありがちな軍人臭さや役人臭さがないのも児玉の性格的特徴であり、物に頓着せず、陽気で開放的かつ天真爛漫な児玉の性格は多くの人を惹き付けた。[8]

児玉の人間的魅力といえば、折に触れて飛び出す諧謔や悪戯と涙もろさである。陽気な児玉はなかなかの悪戯好きであった。こんな話が伝わっている。台湾南部視察旅行の時のことである。随行員に勲三等の酒豪がいて、夜と昼を逆転したような大騒ぎをしたため、汽車に乗ると寝不足が祟って居眠りを始めた。これを見た児玉は、「勲四等に降叙す」と書いた紙をその人物に結びつけたため、眼を覚ました当人が閉口したという。

また、前夜大騒ぎした愛久沢直哉が煙草酔いした際には、当人の不在時に葉巻の灰を紙に落として粉薬包を作製し、戻ってきた愛久沢に「是は俺が日露戦争の時に、俺に附いて居た軍医が調剤して呉れたもので、まだ一二服はたしかあつた筈だから飲んで見ろ」と言ってだまして飲ませた。暫くして児玉が治ったかと尋ねると、愛久沢が不思議と気分がさっぱりしたと述べたので、児玉は「煙草に酔つたのだから、煙草の灰で治ほるのが当然だ」とすまし顔で種明かしをし、愛久沢を口惜しがらせている。[9] といっても、児玉はただ人をからかい面白がっていたわけではなく、その真意は人の悪癖を矯正することにあったようだ。

開放的で放胆な児玉は、よく諧謔を述べて人を閉口させることがあった。長尾半平が洋行から戻り児玉に復命した時のことである。児玉はクリスチャンで禁欲的な長尾に対し、「復命する前に何処で地獄〔娼婦〕を買つたか、それを話さなければ後を聞かない」との一声を発し、これを否定する長尾と押し問答を演じて長尾を困惑させている。[10] 児玉は諧謔を発することで、長尾の心を緩和させたのだ。児玉流の巧妙な人心操縦術といえよう。

児玉は一見冷血そうに見えて、「非常に涙脆い」（石塚英蔵）人間であった。この点に関して新渡戸稲造が次のような逸話を述懐している。

ある日のことである。台湾総督府官邸で児玉に涙があるか否かが議論となった。その席に児玉に朝夕随従している秘書官が二人在席していたが、二人共児玉の涙を見たことがないというので議論が決しなかった。

だが、児玉は少年時に辛苦を嘗めたためか、何かに感情移入すると非常に涙もろいところがあり、新渡戸は義太夫「弁慶上使の段」を聴いてもらい泣きする児玉の姿を見た。その後、新渡戸が宴席に居た老妓に確認すると「御前は泣き上戸よ」という答えが返ってきたそうだ。[11]

また、流行作家で児玉と面識を有する村上浪六も御家騒動をテーマにした義太夫『阿波の鳴門』を聴く児玉が涙を止めどなく流すのを側で目撃している。これなど児玉家断絶となった自身の体験を投影した結果であろう。児玉は大の浄瑠璃好きであるが、村上によれば、児玉は悲しい場面になるといつも手放しで泣いたそうである。[12]

愛用品には所有者の性格が表れる。児玉は古い矢立を愛用していたが、これは悪戯好きの児玉の性格を象徴するかのようにスリから奪ったものであった。日清戦争当時のことである。児玉が平服で新橋から広島に赴く途中で、軍人を装ったスリが列車に搭乗して来た。児玉はスリの正体を見抜き警戒していたところ、スリも平服の人物が陸軍次官児玉少将であることを察知して驚愕し、次の停車場で慌てて逃げ出した。この時、スリが置き忘れていった矢立を児玉が収得して愛用したのである。[13]

2、人脈

政策実現を助けた人脈

児玉の人格に魅了された腹心には、陸軍大臣時代の中村雄次郎、台湾時代の後藤新平・新渡戸稲造・石塚英蔵・関屋貞三郎、日露戦争期の松川敏胤・井口省吾・福島安正、実業家の杉山茂丸などがいる。彼らに代表されるように、児玉の知遇を得たり、仕えたりした人物は、みな児玉の魅力の虜となり彼を渇仰《かつごう》したが、それでいて児玉は、郷党の先輩山県有朋とは異なり派閥を作らなかった。児玉は出身・藩閥にこだわらず能力本位で人材を登用し、有能な人物を網羅的に集めたのだ。また、後藤や松川の例からわかるように、児玉は一度信頼した人物にはすべてを任せ、非難や中傷があっても決して見捨てることがなかった。[14]

児玉は、桂太郎を看病した逸話から窺えるように友情にも篤く、軍人では桂・寺内正毅・乃木希典・福原豊功・藤田嗣章、官僚では阪谷芳郎や熊本籠城戦で苦楽を共にした品川弥二郎などと深い交友があった。特に乃木とは肝胆相照らす仲で、両者の絆が公的生活でも有益に作用した。寺内とは軍事政策で意見が合わないことも多かったが、児玉は公私を明確に区別して、私生活では水魚の交わりを結んでいる。寺内の堅実、児玉の機略縦横・果断が性格的に絶妙の配合となったためであろう。

なお、児玉は友人に対し極めて世話好きという側面があった。教導隊時代の後輩に、北清事変で活躍した山口素臣《もとおみ》陸軍大将がいた。山口には嗣子がいなかった。そこで児玉は、山口の弟の二女を養女として教育を施した後、山口が愛撫した大賀十八《じゅうはち》に嫁がせて、彼に家を継がせることで山口家の断絶を防いでいる。▼[15]

また、職務に忠実かつ精励な児玉は、上司の信頼を得ることができた。帝国軍人として第一歩を踏み出すに際しての山田顕義、尉官時代の野津鎮雄、佐官時代の谷干城・山県有朋、将官時代の大山巖というように、児玉が仕えた上司はみな児玉を高く評価し、その活動を後援した。児玉の昇進が速かったのも上司の後押しがあってのことなのだ。

ヴィジョンを政策として実現するには、多くの人の協力が必要であり、リーダーには人脈形成に必要な人間的魅力が必要となる。児玉は、大臣・台湾総督・参謀総長として優れたヴィジョンを持ちその実現に乗り出したが、その人格的魅力で軍・政・官・財の各界に幅広い人脈を形成し、その豊富な人脈を駆使して上司・友人・部下からの協力を引き出せたがゆえに、その経綸を政策として実現することができたのだ。

怪人・杉山茂丸との交流

明治から昭和初期にかけて、政界の黒幕と評された一人の男がいた。杉山茂丸である。杉山は児玉と「異体同心」(堀内文次郎)といってよいほど親密な間柄で、児玉は杉山の意見を参考にすることがあったようだ。児玉の副官を務めた堀内文次郎のように、児玉に対する後藤新平の献策は杉山の意見に基づくものだとか、児玉の満洲経営根本策は杉山の献策に基づくものだと評する人物もいたほどだ。▼[16]

杉山は弁舌のみならず筆も立ち、多くの著作を書いて政界内幕話を披露しているが、茂丸ならぬ「法螺丸」だと綽名されたことから窺えるように、その話には信のおけないものが多い。たとえば、第一次桂太郎内閣成立経緯に関して、日本に居ないはずの杉山があたかもその場に居合わせたかのように、児玉ら関係者の発言を記録している。そのため、本書でも杉山の回想からの引用はなるべく控えた。

ただし、児玉が杉山を重用したのは事実である。児玉が杉山からの電報を手にしたまま急逝したという説があるほど両者の関係は深かったのだ。だが、その主たる役割は、山県有朋や桂太郎などの要人と児玉との間を往復するメッセンジャーとしてのもので、政治運営の円滑剤、要人間の緩衝材というものであった。特に山県有朋は杉山を信頼して使ったようだ。日露講和交渉開始を目前に控えた明治三十八年七月、山県は満洲軍視察の名目で御用船「河内丸」に乗り込み日本を離れたが、この極秘旅行に杉山も同行して児玉と接触している。[17]

また、杉山には経済的才覚があった。そのため、児玉は杉山の経済手腕に依拠して、杉山を米国に派遣して外債引受交渉にあたらせたり、台湾銀行設立に関し彼の意見を聴取したりしている。さらに杉山は、日露戦争後の南満洲鉄道経営に関し、官民合同の株式会社案を児玉に具申したりもしている。[18]児玉は、英米財界人との人脈や理財の才に富む点に杉山の利用価値を見出して重用したようだ。

児玉と杉山は頻繁に悪戯をしあうほど親密な間柄であった。最近まで築地本願寺には児玉が寄進した「凱旋釜」の記念碑が存在したが、その由来は杉山の悪戯に由来する。日露戦争で児玉が満洲に出征するに際し、杉山は児玉の凱旋時に「身代不相応」のお祝いをすると約束した。児玉が凱旋すると、杉山は先祖伝来の茶釜を贈呈すると述べたが、そこは杉山のことである。実際に贈り届けたのは、「五石釜」と称する大釜二個であった。十人以上でないと動かせないほどの巨釜に児玉も当惑し、置き場に困って寄進した先が築地本願寺であったのだ。[19]

杉山は児玉の重用と友情とに応え、児玉の没後に児玉の伝記編纂を企画・後援すると共に、東京向島の自邸内に児玉を祀った児玉神社を創建したりしている。

3、趣味と日常生活

趣味と嗜好

青年時代の児玉は「児玉と言ふ男は、全身胆なると共に、全身胃である」といわれるほど鯨飲馬食の健啖家で知られた。だが、洋行を機会に「暴飲暴食は自から其身を危うする悪習」であるから矯正しなければならないと考えを改め、帰朝後は小食となっている。

児玉の大好物といえば酒と煙草である。若い頃の児玉は、周囲に知らない人がいないほどの酒豪であった。といっても悪癖はなく陽気に騒ぐ明るい酒であった。日清戦争頃の酒量は一升に達することもあったようだ。だが、日清戦争後に脳卒中で倒れて以降は、医師の勧告で日本酒を廃し、飲んでも葡萄酒一杯程度に止めるようになった。禁酒継続には、愛妾朝田時子による「強て禁酒の戒を破らせ玉ふならば妾は今日限りお暇を賜はるべし」の脅しも功があったと伝わる。

しかし日露戦争中、旅順陥落の祝勝会でシャンペンを飲んだことが契機となり、凱旋後は晩酌に葡萄酒を飲むようになった。しかも祝勝会や宴会が続いたこともあってついつい飲み過ごし酒量が増えてしまった。一般には児玉の死の遠因は日露戦争の過労といわれているがこれは誤りで、脳専門医の見解では戦後の飲酒が脳卒中再発の重大因子であったようである。

また、児玉はかなりのヘビースモーカーで、いつ掃除したのかわからないような愛用のパイプを常に使用して、両切りの外国煙草を愛煙していた。児玉が愛用した水煙草用の中国製水煙具が現存している。[20]

知的趣味に関しては、二〇三高地陥落後に乃木希典・志賀重昂と詩会を開いたことからも窺えるように漢詩が趣味であった。蔵書が現存する読書好きの山県有朋に対し、児玉は公務多忙であったため書巻を披く閑暇がなく、読書家とはいえなかったようだ。

とはいっても読書嫌いではなく、伝記物（特に欧州の軍人の伝記）を好み、満洲の陣中では浄瑠璃本を愛読した。戦国時代の名将の逸話を集めた『名将言行録』も愛読書の一つで、修養に有益だと田中義一に勧めたという。さらに、外国語がまったく駄目な児玉は、洋書の伝記を翻訳させて読むこともあったようだ。また、伝記好きの児玉は自身でも自伝を刊行しようと考え折を見て書き溜めていたが、急逝したため断簡しか残らなかった。[21]

軍人といえば宴席、宴席といえば芸者がつきものである。通人である児玉には三府、馬関に行きつけがあり、京都では大津屋や一力、大阪では富田屋、下関では春帆楼がお気に入りであった。

児玉の遊び方は陽気で賑やかかつ淡泊なもので、早寝のため夜も早く引き揚げる方であった。のみならず、態度もさばけていて窮屈なところがないため、花柳界での児玉人気は非常なものがあり、芸妓は児玉の座敷に呼ばれないのを恥としたほどだ。奉天会戦後に児玉が戦況上奏のため一時秘密帰国した際には、昵懇の芸妓が児玉歓迎の宴を開いたということからもその人気の高さが窺える。

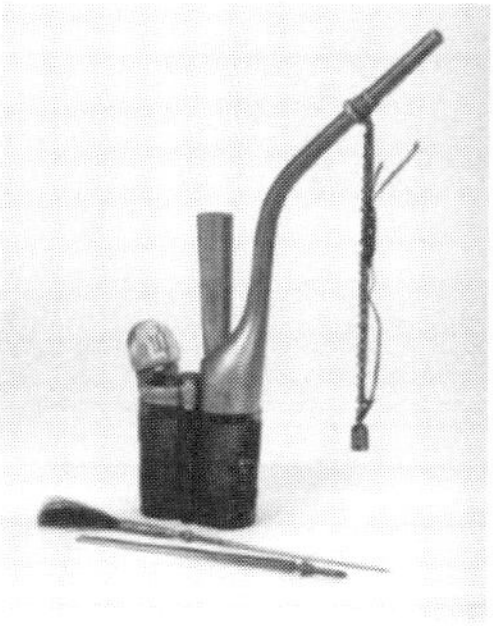

児玉源太郎愛用の煙草容器と中国製水煙具（周南市美術博物館提供）。

児玉の芸者人気を示す次の逸話がある。日露戦争中に、児玉が尾野実信参謀の求めで扇面に「花柳元是共有物　不許豪客独占春」(芸妓はみんなで楽しむものなので、豪客が独占するのは許されない)と書いた際に、尾野が「豪客とい ふ字は将軍〔児玉のこと〕とお替へになつてはどうでせう」と述べたというのだ。[22]

日常生活

児玉は非常に早寝早起きの人物であった。児玉の朝は午前五時頃に起床し、庭園内を散歩した後、水浴びをして新聞書籍を読むことから始まる。また夜も午後八時ないし九時に就寝するのが普通で、宴会などで帰宅が遅くなっても十一時前には帰宅したようだ。[23]

将校必須の三術といえば、馬術・戦術・射撃術である。だが、佐賀の乱での負傷が影響して、児玉は外国語と並び乗馬を苦手とした。しかし、非常に健脚であったため、通勤や近距離は馬車を使わず徒歩で移動することが多かった。といっても将官は乗馬本分者ということもあって、児玉も馬を愛養しており、特に月毛の白馬を好んだようだ。そのため、「白馬将軍」の異名で呼ばれることがあったと伝わる。ただし、最晩年は明治天皇から下賜された有色の「舞鶴」を愛馬とした。[24]

また、「洗練された紳士」である児玉は、非常に交際上手な人間で、外国語がまったく駄目であったのにもかかわらず、巧みに挨拶をして外国人の信頼を得ることができた。この点は、外国語の達人でありながら外国人からの信頼の低い福島安正とは好対照であった。

この点に関し、日露戦争のイギリス従軍武官イアン・ハミルトンが次のように述べている。「児玉将軍は日本に育ち、日本語のみを話す純日本人でありながら、洗練された世界共通のモダン紳士であるし、福島将軍は外国を知り、外国語を操りながら徹頭徹尾外国人と相容れぬ日本人である」。児玉は語学に精通している人間よりも外国人との折衝が巧みであったのだ。[25]

児玉の愛馬「舞鶴」(博文館編『児玉陸軍大将』マツノ書店、二〇〇五年)。

4、郷里徳山と児玉

別荘に見る人間性

児玉は郷里を思う心が篤く、所用で徳山を通過する際には、寸暇を作ってよく帰郷した。明治三十五年、児玉は徳山児玉邸（現在の児玉公園）の敷地内に、自身の設計で「三五庵」という五十㎡（三間×五間）ほどの草葺き屋根の別荘を増築している。庭園の植木や置石の配置も児玉が考え、庵の間取りは孝明天皇の茶室を模したと伝わる。児玉は、台湾から東京の往復に際し、時々三五庵で起居し心身を休めた。[26]

また、児玉には、明治三十二年に工費三百八十円を投じて建てた別荘「南菜園」が台北城外の古亭庄にあった。公私混同を激しく嫌った児玉は、建築に際して「総督府などから埃一〔ママ〕本貰つてはならぬ」と工事担当者に厳命している。南菜園という名称が象徴しているように、同園を開いた児玉の意図は野菜に乏しい台湾で野菜栽培を奨励することにあった。そのため児玉は、日曜になると従卒一名を連れて南菜園を訪ねては、草むしりから施肥までを自らの手で行ない野菜作りに精を出したようだ。後に古亭庄には農場が広がり、児玉は「古亭庄に野菜の繁盛となりしは誠に本懐だ」と述べるに至っている。なお、南菜園附近は井戸に乏しく水の便が悪い土地であった。そこで児玉は園内に「普泉」と名付けた井戸を掘り、周辺住民の自由使用に供している。[27]

山県有朋や大山巌といった陸軍指導者の別荘と比較して、「天下一まづい」と評された児玉の別荘は、三五庵にしても南菜園にしても、質素な点に特徴がある。別荘からも、児玉の飾らず物に頓着しない人柄が窺えるようだ。[28]

児玉文庫

明治三十年一月十一日、英照皇太后（孝明天皇の女御で明治天皇の嫡母）が崩御した。大喪が行なわれることとなり、陸軍次官の児玉は大喪使事務官を兼任し、大喪終了後に御内帑金三百円が下賜された。御内帑金の使途を思案した児玉は、郷里の「公益」になる事業に使いたいと考え、私設図書館「児玉文庫」を創立することとした。児玉は、費用対効果を考え、図書館は費用の割には公益が大きいと考えたのだ。しかも、高等教育が現在ほど普及していない当時、知識は書籍で獲得するしかなく、徳山のような田舎では書籍は貴重品であった。つまり児玉は、費用対効果と郷里徳山の青少年の知的能力向上に有益であるという二つの理由から、児玉文庫の創設に乗り出したのだ。[29]戦力を構成する一要素として知力を重視した児玉らしい御内帑金の用途であるといえよう。

児玉文庫は、児玉が買い戻した生家敷地内に建設された。明治三十五年十二月に文部大臣に私立図書館設置の申請書が提出された後、明治三十六年一月二十三日午前十時から開庫式が開かれ、来賓百余名の前で児玉も挨拶を述べている。

児玉文庫の初期の蔵書は、旧徳山藩校興譲館蔵書と、博文館（当時の大手出版社）・桂太郎・寺内正毅などの有志からの寄贈書で構成され、明治三十八年当時の蔵書数は八千八百四十冊に及んだ。

明治四十一年頃の児玉文庫の様子を見てみよう。開館時間は午前八時から午後五時までで、和装本は五冊、洋装本は二冊、両方の場合は三冊まで貸出可能であった。閲覧者は一日平均二十一・四人で、学生の利用率が最も高かった。

児玉は図書館員養成目的の講習会に文庫から人を派遣するなど図書館運営に熱心であり、児玉文庫は徳山の知的拠点となった。だが、児玉文庫は昭和二十年七月の徳山大空襲で惜しくも焼失してしまい、現在は門札、貸出箱と図書六冊が残るのみである。[30]

海軍煉炭製造所の徳山誘致

明治三十四年の山陽鉄道全線開通により、徳山は不景気に陥った。そこで、徳山町長野村恒造が海軍煉炭製造所（後の海軍燃料廠）建設計画の存在を知り、誘致運動を展開した。
この海軍煉炭製造所誘致に児玉が関与したとする説がある。この説に関しては、海軍の計画が陸軍の児玉の意見により左右されるはずがないとか、児玉が地元への利益誘導をするはずがないといった理由から、児玉が誘致に関与していないとする反論が出されていて、これまで児玉の関与の存否が不明とされていた。[31]
だが、今回著者は、児玉の誘致への関与を示す次の書簡を新発見することができた。これによると、明治三十七年五月十六日、児玉は海軍次官斎藤実に宛てて、「拝啓仕候。然者、此間罷出御願仕御座候、徳山町に於而無烟炭精製所之件に付、町長貴族院議員野村恒造と申人上京致候間《ママ》、御多用中恐入候へ共、御面会之上希望御察取被下候奉願上度候」と書いている。[32]
つまり、児玉が海軍次官の斎藤に海軍煉炭製造所の徳山誘致を働きかけ、誘致運動の中心者で旧知の徳山町長野村恒造による海軍への請願を斡旋していたことは間違いないのである。児玉の斡旋や野村を中心とした村民全体の誘致運動とにより、明治三十八年海軍煉炭製造所が徳山で操業を開始し、徳山が産業都市へ発展する契機となった。児玉は郷里徳山の経済発展の恩人でもあったのだ。

5、父としての児玉

子煩悩な子福者

家庭人としての児玉は大変な子煩悩であった。台湾総督として、また満洲軍総参謀長として外地にある時には、家族との書信の往復を楽しみとした。「健康に蠅を逐つゝ厠に入る図」との一文が入った自画像入りの絵葉書や、クリスマス直後に長男秀雄に宛てて書かれた「昨日はクリストマスに付、何か好き品相届候哉と相待ち居候へ共、未着」という絵葉書は、満洲での滞陣中でも余裕を失わない児玉の飄逸な性格を現在に伝える好史料となっている。

児玉は、初孫ということもあって、秀雄の長女貞子を非常に寵愛した。日露戦争中に貞子に宛てた絵葉書が多数残されており、児玉が頭を悩ませた旅順陥落後には「貞ちゃんはほしいか旅順」というユーモラスな絵葉書を送っている▼33。

秀雄への訓誡と助言

また、父としての児玉は、子女に訓誡すると共にその相談に乗り人生の進路を助言することがあった。児玉は十二人の子女を持つ子福者であるので、本書では長男秀雄のケースを紹介してみたいと思う。

当時の旧制高等学校などでは賄征伐と称する学校騒動が頻繁に発生していた。賄征伐とは、寮に寄宿する学生が献立などへの不満から器物を破壊するなどの騒ぎを起こすことである。後の総理大臣原敬や正岡子規も征伐に参加し、原はそのため司法省法学校を放校処分となっている。

明治三十年、児玉の長男秀雄が在学する仙台の第二高等学校において校長の失態を原因とする学校騒擾が発生し、新聞でも報道された。学生が同盟を結んで学校長に辞職を求め、これに秀雄も参加していたのだ。

騒動を知った児玉は、「何卒個人と国家との分画を明瞭にして、之を学理に照し」て考えるのが重要だ。校長の失策を失策として糺すのは良いが、「生徒同盟して同一の働作」をなすようなことは断じて不可と考える。あなたは同盟に参加していないと考えるが、念のため注意しておく、と秀雄に書き送った。

児玉は青少年が政治問題に狂奔すること、すなわち青少年が民権的悪風習に感染するのを予防しなければならないと考えていた。児玉は学生同盟に加わった秀雄に民権的悪風習の影、さらには政治運動で非業の死を遂げた次郎彦の片影を看取していたのだ。

児玉の懇書を読んだ秀雄は直ちに自己の非を悟った。早速秀雄は、校長排斥運動の正義を確信して同盟に参加したが、非を悟ったので、誓約を取り消す旨の脱盟通知を送付している。[34]

一方で、児玉は秀雄の大学志望学科の選定に関して助言を行なっている。秀雄は法科大学進学を決心していたが、法科大学には法律学専攻もあれば政治経済学専攻もあり、進路に迷った秀雄は児玉に助言を求めたのだ。

これには千軍万馬の児玉も回答に困った。そこで児玉は田尻稲次郎（大蔵官僚・日本で最初の法学博士の一人）や添田寿一（大蔵官僚・経済学者）などから意見を聴取したうえで、秀雄に次のような回答を書き送っている。

「一日も速く月給を望む者は法律」専攻が良く、「一般社会の信用を得て社会の公益を謀るべき事は政治学」が良いが、政治学を専攻することを希望する。[35]

児玉の手紙を読んだ秀雄は助言に従い東京帝国大学法科大学政治学科に入学した。そして、同校卒業後に文官高等試験に合格して大蔵省に入省した秀雄は、妻・沢子の父である寺内正毅に重用され、寺内朝鮮総督の下で秘書官・会計局長・総務局長を歴任し、寺内内閣期には内閣書記官長を務めている。秀雄は寺内没後も内務大臣などを歴任し、官僚政治家として大成した。

日露戦争凱旋後、杉山茂丸が築地瓢屋で催した祝賀会での児玉。画面左、芸者に囲まれているのが児玉（森山守次『児玉大将伝』星野錫、一九〇八年）。

児玉が日露戦争出征中に初孫の児玉貞子に宛てた書簡（児玉秀雄編『藤園記念画帖　児玉源太郎十三回忌記念』マツノ書店、二〇一〇年）。

児玉が満洲から本国の家族宛てに送った自画像入りのユーモラスな書簡（児玉秀雄編『藤園記念画帖　児玉源太郎十三回忌記念』マツノ書店、二〇一〇年）。

南菜園（児玉秀雄編『藤園記念画帖　児玉源太郎十三回忌記念』マツノ書店、二〇一〇年）。

三五庵（児玉秀雄編『藤園記念画帖　児玉源太郎十三回忌記念』マツノ書店、二〇一〇年）。

児玉文庫（児玉秀雄編『藤園記念画帖　児玉源太郎十三回忌記念』マツノ書店、二〇一〇年）。

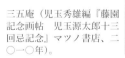

第二部　戦血山野を染めて総て荒涼中に在り

日露戦争凱旋後台湾帰任時の児玉源太郎（児玉秀雄編『藤園記念画帖　児玉源太郎十三回忌記念』マツノ書店、二〇一〇年）

第十二章　軍備充実と軍政刷新——軍制大改革

陸軍大臣時代の児玉（児玉秀雄編『藤園記念画帖　児玉源太郎十三回忌記念』マツノ書店、二〇一〇年）。

1、陸軍大臣就任と省内人事

大臣就任の経緯と主要人事

明治三十三年（一九〇〇年）十二月二十三日、児玉は台湾総督のまま第四次伊藤博文内閣の陸軍大臣に就任し、初入閣することとなった。前任者の桂太郎が病気を理由に陸軍大臣を辞職し、児玉を後任に推薦したため、児玉が陸軍大臣の椅子に座ったのだ。[1]桂はこれ以前から二度も辞表を提出していた。そのため関係者の間では、桂陸軍大臣後任人事が取沙汰されていて、児玉が後任ならば「一般に治りも宜敷」とか「台湾将軍より外は無之《これなく》」と評されている。児玉の陸軍大臣就任は順当な人事であったようだ。[2]

ここで省内の主要ポストを確認しておこう。陸軍省の枢軸は総務長官（陸軍次官）・軍務局長・軍事課長のラインだ。大臣就任時から退任時まで児玉を支えた総務長官は中村雄次郎である。中村は、軍務局勤務が長い軍政の能吏で、陸軍次官時代の児玉を軍務局第一課長として支えた人物であった。中村を評して「智慧の塊」と呼んだ児玉は中村との相性が良く名コンビとして知られたようだ。[3]明晰な頭脳と細心な注意力を持つ中村は、議会での名答弁で知られ、名政府委員として名声嘖々たるものがあった。[4]頭脳明晰かつ細心という点で、中村は非常に児玉と似た種類の人物であったようだ。

なお、中村は児玉の陸軍大臣辞任（明治三十五年三月）から約一ヶ月未満にして予備役となって陸軍を去り製鉄所長官に転じたが、その理由は児玉の後任の陸軍大臣寺内正毅との性格の不一致にあった。同じく軍事課長井口省吾も寺内との相性が悪く、児玉辞任に際し、中村の留職を条件に軍事課長に留まったものの、中村の離職に合わせて陸軍省を去り参謀本部総務部長に転じている。[5] 寺内の陸軍大臣就任は陸軍省内に大きな波紋を呼んだようだ。

軍務局長は木越安綱である。木越は児玉次官に軍務局軍事課長として仕えた人物であるが、児玉の陸軍大臣就任から二ヶ月未満で歩兵第二十三旅団長に転じて、総務長官の中村雄次郎が軍務局長を兼務することとなった。また、軍事課長は宇佐川一正であったが、児玉の陸軍大臣就任から四ヶ月未満で歩兵第二十旅団長に転じ、後任の座には井口省吾が就いている。

児玉人事の特徴

リーダーシップの本質の一つは、誰を選んで、誰を切るかの人事にある。児玉人事の特徴は、第一に児玉自身の精力主義を反映した「少員多働」主義にあった。このため児玉は、木越転職の機を捉え、総務長官（陸軍次官）・軍務局長分離方式を廃止し、総務長官の中村雄次郎に軍務局長を兼務させている。[6]

特徴の第二は、「活動本位」の選抜である。児玉は少将昇進に伴い旅団長に転職した宇佐川一正軍事課長の後任として、編制業務に通暁する砲兵課長井口省吾を登用し、井口の後釜の砲兵課長には「砲兵界第一流の人物」として知られた山口勝を抜擢している。井口は日露戦争期に参謀本部総務部長や満洲軍参謀として児玉を支えた人物である。児玉と井口との関係は児玉の陸軍大臣時代に緊密となり、それが戦時に活きたのだ。また、山口は以後六年以上砲兵課長に留職し、日露戦争では二十八サンチ榴弾砲の旅順投入を陸軍大臣寺内正毅に進言するなど、陸軍大臣の砲兵幕僚として日露戦争の勝利や砲兵発展に大きく貢献した人物である。[7] 現任者の昇進に伴う転職の機会を利用して、中村、井口、山口といった有能な人材を抜擢した児玉の人事手腕は卓越したものがあったと評価できよう。

陸軍の欠陥

陸軍大臣就任から半年以上が経過すると、児玉は、陸軍の欠陥が、①軍紀風紀の弛緩、②訓練教育の不十分、③経理の不良にあると理解した。児玉によれば、明治十年以後の射撃、十六年頃からの操典軌典研究（フランス式マニュアルの精読・暗記）、十八年頃からの「兵学実用」（メッケルにより導入された参謀旅行や兵棋演習といった実地応用の戦術研究）というように、陸軍には時代ごとの流行があり、陸軍の軍事教育は大幅に進歩したが、日清戦争の勝利を経て「諸事不振」の時代が到来したのだ。

そこで児玉は、軍紀風紀の厳粛のためには衛戍勤務（衛兵や巡察を通じて軍紀風紀を監視し、衛戍地の警備を行なうこと）の励行を、訓練教育の改善のためには特命検閲条例の制定を、経理刷新のためには補助機関の費用を節減して浮いた金で戦闘力を充実させる対策をとることでこれらの問題を改善しようとした[8]。改革の詳細は後述するとして、ここで政治家としての児玉の活動を見ることにしよう。

2、「政治家」児玉の誕生

閣内対立を調整する

明治三十四年（一九〇一年）五月二日、総理大臣伊藤博文は、閣内の財政問題をめぐる対立が原因で辞表を提出した。事の発端は、大蔵大臣渡辺国武が、緊縮財政案を立て、本年度の公債支弁官業の中止を主張し、逓信大臣原敬ら五大臣と対立したことにある。この時、陸軍大臣の児玉は、海軍大臣山本権兵衛・外務大臣加藤高明と共に調停に努めたが、失敗に終わっている[9]。

この後、伊藤の調停により一時妥協が成立したものの、渡辺が新規事業を一切認めないことを内容とする明治三十五年度以降の財政計画案を提出したため、閣僚から猛反発が起きた。前回は調停に努めた児玉も今回は渡辺案に反対した。

この時期、児玉は、台湾開発に米国資本を導入する目的で、米国財界とのコネクションを持つ杉山茂丸を米国に派遣して外債募集にあたらせることを計画していた。そのため、児玉は、台湾事業公債発行をめぐって渡辺との衝突が免れないことを覚悟し、辞表提出の際に明治天皇に奉呈するための意見書を下僚に起草させたようだ[10]。こうして、財政政策で閣内が分裂した結果、第四次伊藤内閣は瓦解することとなった。

後継首相選定に関与する

五月十六日、井上馨に内閣組織の大命が降下した。翌十七日、児玉は井上を訪問し、「時局難を救ふ為、（井上）伯自ら起つに非れは桂子を勧誘して蹶起せしむべし」と述べている。児玉は、時局救済のため井上か桂太郎が総理大臣を引き受けるべきだと説くことで、井上の勇断を促したのである[11]。台湾経営に成功した児玉の政治的地位は後継首相の選定に関して発言できるまで高まっていたのだ。

井上は陸軍大臣に桂を配する考えであったが、桂は児玉を陸軍大臣に推してこれを拒否、児玉も陸軍大臣として井上内閣へ入閣することを拒否した[12]。小林道彦氏が指摘するように、児玉の真意は桂の総理就任にあったのだ[13]。井上が閣僚を得ることに失敗して組閣を辞退すると、桂に大命が下った。この時児玉は、桂へ大命が降下するとの情報を事前につかむや桂と密会し、奮起して時局の困難を救うべきだと諄々と説いている。会談の際児玉は、「友誼上、黙過」できないと発言しており、両者間の信頼と友情の深さが窺われる[14]。

　六月二日、第一次桂太郎内閣が成立した。元勲以外の薩長人の組閣はこれが初めてであり、閣僚も新世代中心であるため「二流内閣」と酷評され、短命政権が予想されたが、第一次桂内閣は戦前最長の約四年七ヶ月継続し、その間日露戦争を勝利に導くなど歴史に大きな足跡を残すこととなった。児玉自身も、桂内閣については、「台湾之《の》為めには、便利之《の》好《よ》き内閣」であると述べている[15]。

　桂内閣での児玉は、日英同盟締結交渉過程で、元老と政府との間の意見を調整したり、外務大臣小村寿太郎や海軍大臣山本権兵衛と共に同盟案作成に関与したりするなど、外交政策にも関与している[16]。明治三十五年一月に日英同盟が締結され、二月に児玉は日英同盟締結の功により旭日大綬章を授与されているが、児玉も日英同盟論者であったのだ[17]。

　こうして児玉は、軍事分野や植民地行政のみならず、首相選定や外交政策に一定程度の発言力を持つまで成長し、政治家としても活躍し始めることとなった。「政治家」児玉がここに誕生したのである。

明治天皇の薄い信任

　ところで明治天皇は、第一次桂内閣の組閣に際して、陸軍大臣児玉と海軍大臣山本権兵衛の二人に特に留任を命じている。だが、明治天皇にとって、児玉の陸軍大臣留任は「一時の権宜」（一時的な臨機的措置）であった。明治天皇は桂太郎を児玉の後任の陸軍大臣に就任させることを企図していたのだ。そのため、桂は本来であれば陸軍将校分限令の規定により総理大臣就任時に予備役編入となるところを、明治天皇の思し召しで現役陸軍大将に留まっている[18]。

　また、児玉自身も陸軍大臣留任は、「一時非常の事」であると考え、そのうち明治天皇が適任者を選んで、児玉をして台湾経営に専念せしむると確信していた[19]。

　八月二十九日に、明治天皇は、児玉の陸軍大臣兼任を解いて、総理大臣の桂か古参将官を陸軍大臣に任命したいとの意向を侍従長徳大寺実則に漏らしている。では、なぜ明治天皇は児玉の陸軍大臣兼任を解こうと考えたのか？

　その理由は、①兼任だと台湾経営が停頓退縮するので、台湾総督に専念させたいと考えたこと、②陸軍会計改革に対する不満、③第五師団復員奏上の遅延や火薬庫焼失の奏上を怠ったことといった上奏に関する児玉の不手際などにあった。[20] 明治天皇は台湾総督としての児玉を高く評価・信頼する一方で、陸軍大臣としての児玉をそれほど高く評価・信頼していなかったようだ。

　だが、明治天皇と対照的に桂は、陸軍大臣としての児玉の業績を高く評価し、その手腕を信頼していた。そのことは桂が総理大臣就任前の五月十七日、閣僚銓衡中の井上馨から陸軍大臣就任を打診された際に、次のように述べていることからもわかる。

「陸相の事は些の懸念を要せず、（中略）児玉と余とは同心異体にして両者の意見亦一致す。而《し》かも陸軍は万事秩序的に進歩を為しつつある上に、実は重大の事柄は常に余の意見をも諮詢せられつつあるなれば、今更余を以て児玉に代るも格別の利益なし。また、台湾とても三年前の状態とは大に異なるものあれば、児玉は東京に置きて差支《さしつかえ》なし」。[21]

　児玉が省内の重大問題について常に桂の意見を諮詢していたため桂とは同心一体であり、しかも台湾の状態も改善していることから、桂は児玉の陸軍大臣兼任を問題ないと考えていたのだ。そのため、兼任のままでは台湾統治がおろそかになると考える明治天皇の考えと差異が生じたのである。

3、陸軍大臣としてのリーダーシップ

組織を活性化させた児玉流の執務スタイル

　陸軍大臣としての児玉は、書類に盲判を捺すだけの従来の陸軍大臣と異なる執務方法で省内に新風を呼び込み、組織の活性化に成功している。前任陸軍大臣の桂太郎も軍政の達人であったが、児玉の場合、桂陸軍大臣と異なり、総務長官（陸軍次官）や軍務局長任せにはせずに、自ら細事に至るまで事務を処理したのだ。しかも、児玉は、事務の起案に際しても、局長や課長経由で起案者に指示を出すことを迂遠と考え、直接主任課員を招致し指示を出すと共に、自ら筆を執って文章を加筆修正することもした。[22] こうすることで、間に入る人間の数が少なくなって起案者との距離が短くなり、両者の間に信頼関係が醸成されやすく責任の所在も明確となった。

　さらに、児玉は「軍事参議院条例案」を自身で起案することまでしている。[23] 大臣自らが条例案を起案する例は、歴代陸軍大臣でも稀であろう。

　また、児玉は、疑問点がある場合に、主任課員を個別的に呼び寄せて意見を訊いた。書類は主任課員が起案して、課長→局長→総務長官（次官）と上がっていくので、元を

正して原案がどのように変遷したのかを知るためには、主任課員に質すのが一番であると、児玉は考えていたのだ。さらに、質問方法にも特徴があり、寺内正毅が緻密な訊き方をするのとは対照的に、児玉は大綱を把握するような訊き方をし、了解すると「直ぐ帰れ」と述べたようだ。[24]

不祥事に「神速」に対処せよ

平時のリーダーは、事件や不祥事が出来した際に、リーダーとしての資質を試される。児玉の陸軍大臣在職中、陸軍では第五連隊遭難事件、兵卒虐待事件、馬蹄銀分捕り事件などの事件や不祥事が続発した。事件や不祥事が発生すると、ややもするとトップは外部からの非難があって初めて処置を行ないがちである。

だが、児玉は事件や不祥事発生時に外部の非難や攻撃といった「他動的勧誘」を待たずに、「神速且《かつ》適当」に処置を決行すべきことを「当然の義務」と考え、師団長にもこの方針の遵守を要求した。[25]児玉による事件や不祥事への対応ぶりを第五連隊遭難事件と馬蹄銀分捕り事件を例に分析してみよう。

第五連隊遭難事件での迅速な対応

明治三十五年（一九〇二年）一月、雪中行軍中の歩兵第五連隊第二大隊が八甲田山麓で遭難し百九十九人の死者を出す事件が発生した。当然、兵士を出している遭難地附近の人々は疑懼や不安の念を興すと共に、惨事の原因は軍隊の無謀にあるとして憤怒の情に駆られて真相の解明を欲し、帝国議会でも遭難事件が問題とされた。

不祥事発生に際しリーダーには素早い対応が要求されるが、児玉の対応は極めて迅速かつ適切であった。児玉が凍死者発見の報告を受けたのは一月二十八日から二十九日にかけてのことである。遭難事件を知るや夙夜心を悩まし、寝食を安んぜずという状況となった児玉は、速やかに陸軍省総務局機密課員田村沖之甫《おきのすけ》を派遣して実況を査察・報告させると共に、陸軍省人事局長中岡黙《もく》を委員長とする遭難取調委員会を発足させ、調査と善後処理にあたらせた。

一月三十一日、児玉は委員に対し、①凍死者は「戦死者同様」として取り扱う、②凍死者は遭難地に官費で埋葬する、③行軍計画の当否を審査して責任の所在を明確にする等の方針を明確に示した。さらに児玉はこの方針に基づき、遭難死没者遺族に一時金を賜与する勅令、遭難死者埋葬に関する勅令および遭難者捜索従事者に糧食等を支給する勅令（明治三十五年勅令第四十一号〜四十三号）を矢継ぎ早に発令させると共に、帝国議会に遭難者捜索救護のための追加予算を請求して認諾を得るなどしている。このような児玉の迅速な対応が功を奏し、世論も漸次鎮静に向かったのであった[26]。

軍紀粛正問題と馬蹄銀事件

またこの当時、軍紀粛正が問題となっていた。日清戦争の勝利に酔った陸軍では軍紀が弛緩し、河川で水雷を使用して魚類を捕獲し地方民の反感を買ったり、料理店に飲食料金を滞納して軍隊の評判を下げたりする軍人が出ていたのだ。児玉は衛戍条例改正により、この問題を解決しようとしたが、改正は在職中に実現しなかった[27]。

児玉の陸軍大臣在職中には、より深刻な軍紀弛緩問題が発生している。馬蹄銀分捕り事件がそれである。この事件は、北清事変に出征した軍隊の将校以下が、金品を不正に略奪した事件である。噂が流れるや児玉は直ちに調査に着手し、明治三十四年四月八日附で、第十一師団歩兵第十二連隊大隊長として出征した杉浦幸治に位記返上を命じる処分を行なっている[28]。

だが、事件はこれで終わらなかった。明治三十五年一月になり、河野太三郎が児玉に第五師団長以下の不正略奪を密告し、帝国議会でも分捕り事件が問題とされたのだ。陸軍は河野を誣告罪で訴えたが、二月に入ると関係者の家宅捜索が開始され、多数の証拠品が押収される事態となり、馬蹄銀分捕りの噂が事実であることが明白となった。北清事変当時の歩兵第十一連隊長粟屋幹《みき》の自宅から馬蹄銀や関係書類が押収されたとの報告を聞いた児玉は「殊の外心痛」の様子であったようだ。

こうして粟屋らが広島衛戍監獄未決監に留置され、軍法会議にかけられることとなった。馬蹄銀分捕りは、陸軍の威信にとどまらず国威を毀損する大事件である。児玉は粟屋事件に責任を感じ、調査不足と監督不行き届きを理由に明治天皇に対し進退伺を提出している（陸軍大臣辞職後の四月十二日却下[29]）。

児玉の大臣辞職後の明治三十五年五月、粟屋らは軍法会議で予審免訴を言い渡された。粟屋らの行為を処罰する条文が陸軍刑法に存在しなかったのだ。だが、陸軍大臣在職当時の児玉は、陸軍刑法に略奪を犯罪とする規定がないという理由で、粟屋らが無罪判決を受けたとしても、粟屋らを何らかの行政処分に附する意向であったようだ[30]。後任陸軍大臣の寺内正毅も事態を黙視できず、粟屋を行政処分（停職）に附すると共に、部下の監督不行き届きを理由に、北清事変当時の歩兵第九旅団長真鍋斌を休職としている。

4、陸軍大臣としての児玉の施策

児玉による軍制大改革

児玉流の執務により、陸軍省内の事務敏活化と組織活性化に成功した児玉は、①「軍備充実」と②「軍政刷新」を柱とする軍制大改革に乗り出した。児玉は軍制改革の意図を「行政を整理して無用の冗費を有用に転し、且材料の改良」を図ることにあると述べており、「軍備充実」と「軍政刷新」は密接に関連していた。[31]「整理＝拡充」は児玉の一貫した政策方針であったのだ。児玉の軍制大改革については、これまで詳細に論じられたことがないので、詳しく説明してみたい。

「陸軍省文官組織化」論という名の幻

ところで、陸軍大臣時代の児玉に関しては、小林道彦氏が、児玉は「陸軍省の文官組織化」（文官に委ねることが可能な行政事項を文官に委ねること）を企図していたと論じ、これが通説となっている。具体的には、①児玉は「文官官僚」でも執行可能な業務は彼らに任すべき」であると考えた。業務とは「統帥、軍務軍機、作戦、戦闘行動以外の業務」のことを指し、陸海軍大臣文官制はもとより、総務長官や人事局長にも文官を任用しようとした。②児玉は、大蔵省官吏を招致して省内の経理事務を執らせて山県有朋に睨まれたのみならず、「陸軍の経理事務を文官に一任」しようとした、という説だ。[32]

※小林道彦氏は、「陸軍省の文官組織化」を陸軍省のダウンサイジングとも呼んでいる。同氏の定義によれば、陸軍省のダウンサイジングとは、補助機関などの不要機関を整理削減して陸軍省の規模を縮小するという意味ではなく、「文官に委ねられる行政事項は文官に委ね」て「プロフェッショナルな軍隊」を目指すという意味である。後述するように、著者は児玉が「陸軍省の文官組織化」を目指したという説は誤りであると考えるが、補助機関を整理削減しようとしたという意味で、児玉は陸軍省を効率化しようとしたと考えている。

だが、この通説は典拠としている史料の信憑性に問題があり、再検討の余地がある。①の根拠は、『読売新聞』（明治三十四年八月二十二・二十三日）の記事である。だが、『読売新聞』（明治三十四年八月二十三日）には、児玉が大臣・総務長官・局長に文官を任命しようとしたとする八月二十二日の記事は、「或る一個人の希望意見にして、斯くなれば好都合なるべしとの談に止り、当局者に於ては未だ夢寐にも其様な考へなし」と書かれている。[33]つまり、児玉が陸海軍大臣・総務長官・人事局長を文官化しようとしたという説は、誤報を論拠とした根拠薄弱な説であるのだ。

また、②の根拠は雑誌『太陽』所収の滄溟漁史（国防研究家・安井滄溟）「陸軍省の幹部」である。だが、大蔵省より官吏を招致したため、山県有朋から睨まれたという点については、軍務局課員として児玉に仕えた首藤多喜馬《すどうたきま》が「私共はさう云ふ事は一向に存じません」と述べこれを否定している。▼34

さらに、児玉が「陸軍の経理事務を文官に一任」しようとしたという点については、軍務課長井口省吾が提案した「経理部、獣医部及薬剤官を文官制度」とする改革案を、児玉は不採用としており、まったくの虚説である。▼35 ①の論点とも関係するが、通説とは正反対に、児玉は経理部や獣医部の文官化に反対しており、彼が「統帥、軍務軍機、作戦、戦闘行動以外の業務」を文官官僚に一任しようとしたという説は明らかに成り立たないのだ。歴史学は証拠能力の高い史料による立証を必要とする学問である。著者の典拠は一次史料たる井口省吾日記であるので、小林氏が自説を維持し続けるためには雑誌記事や新聞といった二次史料ではなく、一次史料に基づいた立証が必要となろう。

このように、児玉が陸軍大臣として、経理事務をはじめとする「統帥、軍務軍機、作戦、戦闘行動以外の業務」を文官に一任しようと考えていたとする通説は誤りである可能性が極めて高いことが判明した。では、実際の児玉は陸軍大臣としてどのような軍制大改革を実施したのであろうか？　以下、この点について説明したい。

児玉の「軍備充実」案

軍政に通暁する児玉も、長く台湾総督として地方に出て中央から離れていたこともあり、陸軍行政一般の現状については、事情を把握するのに時間がかかった。特に予算については研究に時間がかかり、児玉が大要を把握できたのは明治三十四年夏頃であった。この時児玉が知ったのは予想以上に窮乏した陸軍予算の現状であった。桂内閣は明治三十四年度で約五千五百万円の歳入不足に直面しており、児玉は既定歳出予算の定額内で軍備拡張（十三個師団体制の早期確立）を進める必要があったのだ。そこで、児玉が打ち出したのが、冗費、特に戦闘能力に直接関係のない補助機関の経費を削減して、軍隊の実力を充実させるという方針であった。児玉はこれを「軍備充実」と名付けている。

具体的には、補助機関を整理（憲兵の削減、都督部の廃止、隊附軍吏の全廃）し、冗費を削減することにより約八十万円の金額を得て、この金を①騎兵連隊の人員・乗馬数増加、②野戦砲兵連隊の馬匹増加、③要塞砲兵隊内での攻城砲兵隊（野戦重砲兵隊）の編成、④電信教導大隊（一個）新設などに使用しようとしたのだ。児玉は自身の意図を「行政を整理して無用の冗費を有用に転し、且材料の改良」を図ることにあると述べている。[36] なお、電信教導大隊新設は、従来工兵大隊や鉄道大隊で実施されていた通信技術教育を両大隊から分離して電信教導大隊で実施することで、通信技術教育の進歩充実を図ったものである。[37]

大臣のリーダーシップは予算配分に反映されるが、児玉は従来の予算配分を大胆に変更し、実戦に不必要な補助機関を減少させ、それにより得た浮き資源を情報通信能力の強化や、機動力および砲兵火力の増強に振り向けたのだ。

特に重要であったのが、攻城砲兵隊の編成である。陸軍は、欧州諸国の要塞発達を踏まえて、大陸での戦争で半永久要塞や、臨時もしくは半永久築城の野戦陣地、清国・韓国に存在する旧式築城の都市を攻略する必要があると考えていた。しかもこれらは野戦砲兵では破壊困難である。そこで、陸軍は要塞や野戦築城陣地を攻略する目的で、十二サンチ榴弾砲を有する繋駕重砲兵大隊と徒歩砲兵隊とを編成して、将来戦に備えようとしたのだ。[38]

攻城砲兵の重要性を認識する児玉は、砲兵課長山口勝の意見に基づき、東京湾・呉（広島湾）・下関の各要塞砲兵連隊に輓馬を配属し、攻城砲兵隊編成の基礎を作る決断を下した。この児玉の予算措置が功を奏し、明治三十五年、東京湾・広島湾・下関の各要塞砲兵連隊において、繋駕重砲兵部隊（乙隊）が各一個大隊ずつ新設されるに至っている。児玉はマインツで見た徒歩砲兵が二十一サンチ榴弾砲を馬で牽引する光景を、施策に反映したのだ。日露戦争緒戦の鴨緑江会戦では、乙隊を基礎に編成された野戦重砲兵連隊（十二サンチ榴弾砲二十門）が戦勝の立役者となっている。軍事課員の奈良武次が評したように、児玉と山口には「先見英断」の明があったのだ。[39]

児玉の「軍政刷新」構想

さらに児玉は軍備充実にとどまらず「軍政刷新」を実施しようとした。児玉の目指した軍政刷新は、①陸海軍の一致を実現するために、軍事参議官条例を廃止して「軍事参議院」を設置すること、②経理法規を改正して会計事務を刷新すること、③軍紀緊粛のために衛戍条例を改正すること、④軍隊の進歩を図るために特命検閲条例を作ること、⑤都督部（事実上、戦時の軍司令部編成準備のための機関）を廃止することを主要な柱とする軍制の大改革であった。[40] なお、都督部廃止や会計事務刷新は、補助機関整理という意味で「軍備充実」構想と密接に関係している。

児玉の陸軍大臣在任期間が短かったため、在任中に実現したものは、②の師団経理部条例・陸軍監督部条例の制定（明治三十五年一月）および④の陸軍特命検閲条例制定（明治三十四年十月）と少ないが、児玉の軍政刷新案は後任陸軍大臣の寺内正毅に引き継がれ、①は軍事参議院条例制定（明治三十六年）として、③は東京衛戍総督部条例制定（明治三十七年）として、⑤は都督部条例廃止（明治三十七年）として実現している。

なお、児玉の政治力が向上したにもかかわらず、軍政刷新構想には、陸軍次官時代に預り置いたままの帷幄上奏権縮小が入っていない。やはり、児玉はある時期以降、帷幄上奏権縮小の考えを放棄したといわざるを得ないだろう。

陸海軍一致のために

児玉の軍政刷新構想で特に重要なのが軍事参議院設置と会計事務刷新である。当時、戦時大本営条例により、参謀総長が陸海軍全軍の作戦を計画すると規定されていた。そのため、陸海軍の完全な対等を目指す海軍大臣山本権兵衛はこれに不満で、陸海軍間の長期にわたる紛糾の種となっていた。[41]

そこで児玉は、陸海軍の対立を解決して陸海軍一致を実現するために、従来の軍事参議官条例を廃止して、元帥、陸海軍大臣、参謀総長、海軍軍令部長、教育総監などで構成される軍事参議院を新設しようとしたのだ。児玉は原案を自ら起案しており、その熱意のほどが窺われるが、軍事参議院条例案は児玉の陸軍大臣辞職後に、軍事課長井口省吾を介して、後任陸軍大臣の寺内正毅に提出され、紆余曲折を経た後、児玉の尽力もあって、明治三十六年十二月二十八日に公布されている。[42]

会計経理制度の大改革

また、従来等閑視されてきたが、会計事務刷新も大改革であった。といっても、先に一次史料を使い否定した経理部の文官化などではない。児玉の会計経理制度改革は、①師団監督部廃止と師団経理部新設、②陸軍監督部新設、③軍吏部廃止を柱とする会計経理部新設の大変革であった。児玉の改革により実現化した会計経理制度が陸軍解体まで大枠で引き継がれたことからも、この改革の重要さが窺える。

※軍務は「統帥」（作戦・用兵）と「軍政」（軍の組織・維持・管理）とに分かれ、軍政は「編制」と「経理」（人・物・金の維持管理）とに分かれている。経理のうち、「金銭・衣・食・住」に関する事項が「会計経理」と称され、経理官の職務とされた。[43]

会計経理は監督勤務と計算事務とに大別でき、児玉改革の以前は、「監督（会計業務の指揮および金銭物品の監査を担当）」と「軍吏（計算・出納・点検・照会・物品の調理を担当）」が担当しており、両者の職域の混淆が問題となっていた。しかも、改革前は陸軍大臣直轄の師団監督部が師団司令部から独立していたため、両者が対立し事務が停滞する弊害も生じていた。[44]

そこで、この弊害を解決する目的で、児玉は師団監督部を廃止して師団の会計経理一切を管掌する師団経理部を新設し、経理部長を師団長の指揮下に置くと共に、高等官であった軍吏を廃止して（軍吏部廃止）准士官である計算官（陸軍上等計手）を置くことで、会計経理事務の敏活化と合理化を図ったのだ。さらに、監督部長と異なり経理部長の職域外となった監督業務については、中央に監督機関である陸軍監督部を新設し、陸軍全体の会計経理を監督させることとしている。[45]

ややこしいので、例外事項を無視して、一言で説明するならば、児玉の会計経理制度改革は、師団司令部と師団監督部とが対立し事務が停滞する弊害を改善するために、師団経理部を師団長の指揮下に置いて、師団の会計経理を管掌させると共に、中央には陸軍大臣の指揮を受ける陸軍監督部を置いて、陸軍全体の会計経理を監督させるようにしたということになろう。

児玉による会計経理制度改革はこれ以外にも、軍隊と供給者の間に入って需要品の価格を吊り上げている用達商人を廃止して、需要品の直接購買を師団長に要請するなど多岐に及んでいる。[46]

だが、会計経理制度改革には反対意見も存在した。参謀本部次長寺内正毅が、師団経理部に師管内一切の経理を任せるべきであるとか、准士官に軍隊経理を掌らせるのは不可であるなどの反対意見を述べ、児玉がこれに同意しなかったのだ。そこで、軍事課長井口省吾と参謀本部総務部長田村怡与造が周旋し、児玉・寺内両者の対立を収めたようだ。[47]

児玉による軍制改革の特徴

このように、児玉による軍制改革は、帰休兵（現役のまま在営期間を短縮して帰郷を命じられた兵）の増加や演習費削減のような弥縫策だけにとどまらず、補助機関の廃止のような大胆なリストラの実施を通じて冗費を節約して浮き財源を作り、それを野戦重砲兵隊編成や電信教導隊設置のような新規事業に振り向けた点にその特徴がある。厳しい予算的制約下にありながら、不要不急の組織を廃止することで得た資金で実戦部隊強化のための新規事業を展開しようとした児玉の改革手法は高く評価されるべきであろう。

また、軍の事実上のトップである陸軍大臣や参謀総長は、過去の戦勝に酔うことなく、次の戦争の様相を鋭敏に洞察して、将来の戦争に適合するように、組織・ドクトリン・兵器体系を絶えず改革し続けなければならないが、陸軍大臣としての児玉の施策を見ると、児玉はこのことに気づいて改革を進めたということができそうだ。軍の指導者は将来の戦争の様相を洞察する予言者でなければならないが、児玉は軍の指導者に必須の予言者としての才能を有していたのである。

軍制改革に見る児玉の用兵思想

本節の最後に軍制改革の背後にある児玉の用兵思想について論じてみたい。児玉は、次の戦争における戦闘が要塞攻略戦ないし野戦陣地攻略戦になることや、堅固な要塞や陣地に籠もる敵に勝利するには火力の強化が重要であることを正確に洞察していた。

また、進行中の十三個師団制への拡張に伴う形で陸軍が大規模化して戦線が拡大するため、情報通信能力の大小が勝敗を決める鍵となることや、次の時代の戦争では陸海軍が個別に戦うのではなく、陸海軍が統合して戦う必要があることも正確に見抜いていた。

児玉は、このような将来の戦争像に基づいて、攻城砲兵隊（野戦重砲兵隊）の編成や電信教導大隊新設に着手すると共に、軍事参議院条例案の実現化に熱意を傾けたのである。従来の一部の陸軍大臣と異なり、数は力なりとして闇雲に軍備の量を増強するのではなく、次の時代の戦争像に基礎を置いて軍備拡充を行なった点に、陸軍大臣としての児玉の偉大さがあるといえる。

5、数度にわたる辞表の提出

台湾行政改革をめぐる混乱

児玉は軍制改革と共に台湾の行政改革（第十章参照）にも着手した。管見の限りでは、児玉は遅くとも明治三十四年八月二十五日までに、石塚英蔵に廃県問題の調査を命じている。[48] 改革案の要点は、①経費節減と事務敏活化を目的として県（当時は三県四庁制）を廃止して二十庁を設置（廃県置庁）すると共に、②民政部に警視総長を長とする警察本署を新設して、③警視総長が主管事務に関して庁長以下を指揮できるとしたことにあった。台湾総督府への中央集権化を目的とした改革案といえる。

だが、強力な権力を持つ警視総長を新設することについて、当初児玉は、台湾総督府内の円滑な運営上懸念があると考えていた。児玉の考えでは、もし民政長官と警視総長との間に意見対立が生じた場合、「地方之紛擾」に発展しかねないというのだ。[49]

そして、閣議でも警視総長の新設と警視総長の庁長以下への指揮権が紛議の種となった。台湾総督府官制改革案は九月二十五日に、台湾を所管する内務大臣内海忠勝から総理大臣桂太郎に提出され、十月一日に閣議に附されたものの、閣僚からの大反対に遭遇したのである。特に激烈に改革案を攻撃したのは海軍大臣山本権兵衛で、閣内で「孤立」した児玉は、怒気もあらわに「自分も大《おお》いに決する所あるを以て、該案を撤回するの外《ほか》なし」と述べるに至った。そして、桂内閣に愛想をつかした児玉は台湾総督に専念したいという理由で陸軍大臣の辞表を桂に提出したのである。[50]

だが、ここで法制局長官奥田義人が、①警察本署の代わりに警務局を設けて、警視総長を「警務局長」に改称し、②警務局長は「事急なるの場合に限り」庁長以下を指揮できるという修正案を提出した。台湾へ戻った児玉は、台湾総督府官僚に修正案を諮詢したが、後藤新平が辞職覚悟で修正案に反対したため、児玉は後藤を取るか修正案を取るかの二者択一を迫られた。児玉が選んだのは後藤で、その意志を桂に伝えた。[51]

妥協が成立したのは十月十六日のことである。児玉は、警視総長・警察本署の名称復活を条件に、総長が「事急なる場合に在ては」庁長以下を指揮できるとする修正を受け入れたのだ。そして、桂が閣僚の同意を取り付けた結果、改革案は閣議で承認されたのである。[52]

再度の辞表提出

陸軍大臣を兼務して軍制大改革を進める児玉であったが、台湾と本土を往復する生活は多忙を極め、関係者から兼任は施政上不都合であるとの声が上がっていた。既述したように、台湾経営の停頓退縮を心配する明治天皇は児玉の陸軍大臣兼任を解いて台湾総督に専念させたいと考えていた。これに対し桂太郎は、台湾総督府を内閣直轄に移し、児玉の台湾総督職を解き、後藤新平に台湾経営を任せたいと考えていた。だが、桂の計画に、法制局長官奥田義人が大反対したため、桂案は沙汰止みとなっている。[53]

既述したように、児玉自身も陸軍大臣留任は一時的な非常措置であると考えていた。のみならず、台湾に戻った児玉は総督府内における後藤新平と石塚英蔵の対立や民心の動向を見て「兼任の不利」を悟った。そこで、児玉は遅くとも明治三十四年十一月九日までに、総理大臣桂太郎に対し、陸軍大臣の辞表を提出している。児玉はその辞職理由を次のように説明する。

「二兎を逐ふ者は一兎を得す」という。兼任が「一日延びれば一日だけ台湾の不利益、イコール国家の不利益」（「一日延へは一日丈け台湾之不利益即国家之不利益」）であるので、陸軍大臣を辞職したい[54]。

児玉は台湾経営に深い愛着を感じるようになっていたのだ。

※『児玉源太郎関係文書』編者はこの辞表が、明治三十四年五月に、井上馨の組閣を妨害する目的で出されたと推定しているが、これは誤りで、児玉の書簡によれば十一月頃提出されたようだ。

6、陸軍大臣辞任

児玉は帷幄上奏権縮小を企図したのか？

十月および十一月の辞表は児玉が取り下げたため事なきを得た。だが、より深刻な政策対立が児玉を待ち構えていた。台湾守備隊削減をめぐる参謀本部との衝突がそれである。

この対立については、小林道彦氏が、①対立の背景に児玉による帷幄上奏権制限の意図が存在し、②対立軸は児玉と参謀総長大山巌との間に存在したと論じたうえで、③参謀本部次長寺内正毅との間の関係は良好で、桂・児玉・寺内という「鉄のトライアングル」が形成されたと説明し、これが通説となっている[55]。

具体的に見てみると、①について小林氏は、伊東巳代治書簡と奥田義人の行政改革案を論拠に、児玉が「行政整理の最高責任者に伊藤〔博文〕を推戴し、行政整理の一環として帷幄上奏権をも一気に解決」しようとした、と論じている[56]。

だが、伊東巳代治書簡には、行政整理の責任者に伊藤を推戴することに児玉が同意したとは書かれているが、帷幄上奏権そのものに関してや帷幄上奏権問題に対する児玉の賛否については全く書かれていない[57]。また、帷幄上奏権の範囲を制限すべきとの奥田案に対して、児玉が同意したことを示す史料は管見の限りではこれまで発見されていない[58]。

それゆえ、この史料を基に、この時期の児玉が帷幄上奏権の制限を企図していたとする小林説は、現在のところ、史料的根拠を欠いた説であるといえる。小林氏は明らかに史料解釈を誤っているのだ。しかも、政治力が向上したはずの児玉が陸軍大臣の政策として帷幄上奏権を打ち出していないことは既述した通りだ。今後、この時期の児玉が帷幄上奏権改革を目指していたと主張するには、児玉が帷幄上奏権制限を目指していたことを明確に示す一次史料の提示が求められるであろう。

また、②と③についても、後述する通り、実際には寺内が児玉の台湾守備隊削減案に猛反対しており、既述した会計経理制度改革をめぐる際の寺内と児玉の対立も併せて考えるならば、対立軸が児玉と大山との間にのみ存在したとか、児玉と寺内の間で「鉄」の関係が形成されたとはいえないのが実情である。

では、台湾守備隊削減をめぐって、陸軍省と参謀本部との間でどのような対立が生じたのであろうか。この点を一次史料を使い説明してみたい。

台湾守備隊削減をめぐる意見対立

児玉が台湾守備隊削減を軍事課長井口省吾に内示したのは、明治三十四年八月二十九日のことである。守備隊削減は冗費削減を目的とした児玉主導の政策であったのだ。この時の児玉の構想は台北の各歩兵大隊の中隊を二個小隊編制に削減し、将来的には旅団を連隊に縮小するというものであった（細部については省内の審査で修正されている）。

もっとも「整理＝拡充」を一貫した政策方針として掲げる児玉は、ただ兵力を削減するだけではなく、兵力削減の対象となった大隊には「機関銃隊」を附して戦力低下を防止する措置をとっている。そして児玉は、手続き上予め参謀総長の同意を得る必要があったにもかかわらず、台湾守備歩兵約四分の一を削減する内容の予算案を、「軽忽」（軽率）にも参謀本部に協議することなく帝国議会の議事に附してしまった。[59]

児玉が台湾守備隊削減を参謀総長大山巌に初めて正式に協議したのは、明治三十五年一月二十九日のことで、ここから陸軍省と参謀本部との対立が幕を開けることとなった。

陸軍省（児玉）と参謀本部の対立の根本には、台湾守備隊の置兵目的をめぐる意見の相違があった。児玉は、台湾守備隊の目的は①外敵からの防御と、②土匪鎮定とにあると考え、土匪が鎮定されつつある現状を鑑みて、兵力を縮小しても問題はないと考えていた。

だが、参謀本部の意見は違った。参謀本部は、土匪鎮定は台湾守備隊にとって枝葉末節の目的にすぎず、外敵からの防御こそが台湾守備隊の第一目的であると論じたうえで、東亜の現状を考えると、南清や南洋進出の根拠地である台湾に駐屯する守備隊は増兵することはあっても減兵すべきではないとして、児玉の意見に反対したのである（参謀総長大山巌「台湾守備兵削減す可らさるの議[60]」）。

守備隊削減反対の中心人物

大山巌も守備隊削減に反対であったことは間違いない。だが、同時に大山は部内の事務を下僚に任せていたことでも知られている。では、台湾守備隊削減案反対の主動者は誰であったのだろうか。児玉が参謀総長に出した協議案には、「台湾守備の兵力は主として外冦に対する目的を以て制定したるものなれは、本減兵には同意し難し」（第一部長伊地知幸介）、「当部意見は減兵に同意する能はす」（第二部長福島安正）との附箋がつけられている。さらに、井口省吾によれば、寺内正毅も児玉の独断減兵を知るや、「激怒」して児玉に対し「激烈なる交渉」を開始したという。[61]

寺内の激怒の背後には、軍備と経済の関係における、両者の認識の相違があった。冗費節約により新規事業を実施しようとしたことに示されるように、児玉は経済力と軍備のバランスを重視し、経済力に見合った軍備を整備しようと考えていた。これに対し寺内は、児玉の守備隊削減構想について、「将来甚しく経済を考慮して却《かえっ》て兵備を損する如き処置なきや猶《なお》注意すへし」と日記に書いているように、経済よりも軍備充実を優先する傾向があった。二人の軍備観は大きく隔絶していたのだ。[62]

以上のことから、台湾守備隊削減案に大山が反対したことは間違いないものの、参謀本部内の強硬反対派は寺内・伊地知・福島の三名であり、特に寺内が激しく守備隊削減案を攻撃したことが窺える。対立軸は児玉と大山の間にのみ存在したのではなく、児玉と大山・寺内・伊地知・福島の間に存在したのだ。

二月二十二日、参謀本部の反対意見を記した回答書が陸軍大臣に送付されるや、二十五日に児玉は井口らに引責辞任の決心を表明し、提出時期不明ながら、児玉は待罪書を明治天皇に提出している。そして二十七日、省部の対立は宮中に持ち込まれ、聖断を煩わすこととなったのである。

下った聖断は、児玉の守備隊削減案を決行すると共に、帝国議会の閉会を待って児玉の陸軍大臣兼職を解くというものであった。児玉が職を賭して主張した縮小案が採用されたのだ。なお、明治天皇は、児玉の待罪書について、「目下予算も公布后に就き如何とも為し難き」という理由で、これを却下している（三月一日）。そして三月二十七日に児玉は陸軍大臣の兼職を解かれ、寺内が後任陸軍大臣に任命された。

児玉は山県有朋や大山と後任人事を相談し、後任陸軍大臣に寺内を推したようだ。陸軍大臣となった寺内は、台湾守備隊削減と異なり直接的に戦闘力低減と結びつかない補助機関整理など一部の政策について、児玉の政策を継続している。[63]もっとも、寺内の陸軍大臣就任が、中村雄次郎や井口の転出という混乱（既述）を招いたことも忘れてはならない。

対立の背景

なぜ、台湾守備隊減兵をめぐる省部の対立は聖断を仰ぐまで深刻なものとなったのであろうか。その原因は、児玉が台湾守備隊削減を盛り込んだ予算案を、手続き上必要であった参謀総長の事前同意を得ることなく帝国議会に諮った「軽忽」な手続きミスにある。

しかし、減兵をめぐる児玉の手続きミスは非常に重大なミスであり、明治天皇は、侍従長の徳大寺実則を介して、後任陸軍大臣の寺内正毅に対し、「児玉陸相奉職之際、台湾守備隊減少之事、参謀総長へ交渉なく予算に組込議会へ提出に相成、参謀本部より異議を生し、彼是面働《かれこれめんどう》之儀有之《これあり》候間、右様之不都合無之様《これなきよう》、協議の件は不欠注意可被成《かかさずちゅういなさるべく》」との注意を与えている。[64]のみならず、児玉には上奏遅延の過去があり、「陸軍大臣」児玉に対する明治天皇の信頼が薄かったことは既述した通りだ。

しかも、児玉の軽率な手続きミスはこれが最初ではない。児玉は、直近の明治三十四年十二月にも教育総監部編制表改正を、参謀本部との協議を経ることなく推し進めようとして、参謀本部編制主任者から注意を受けているのだ。[65]

こうしたことを考えると、手続きミスがここまでこじれた背景には、手続きミスの内容が重大であったことと、児玉が軽率なミスを重ねたことがあるようだ。台湾総督としての児玉は、大蔵省や法制局官僚との連絡調整に努め、政策実現に必要な外部機関の支持調達に巧みさを示したが、陸軍大臣としての児玉は、改革に性急なあまり、関係機関との調整連絡を怠ってしまったのだ。

従来、台湾守備隊削減をめぐる対立の背景には、児玉による帷幄上奏縮小の意図があったといわれていたが、一次史料からはそのような事実を読み取ることができない。守備隊削減をめぐる省部の対立は、児玉の重複した「軽忽」な手続きミスに起因するものであり、対立の根本的理由は、台湾置兵目的をめぐる意見の相違や、経済と軍備の関係に関する認識の相違にあったのだ。

大山・寺内と児玉の関係

本節の最後に、大山巌・寺内正毅と児玉の関係を確認しておこう。小林道彦氏は、この頃児玉と寺内の間に「鉄」の関係が結ばれた一方で、児玉と大山の関係は微妙であったと指摘し、これが通説となっている。[66]だが、これは次の二点から誤りだ。

第一に、児玉と寺内の関係は、姻戚関係や緊密だった私的交際はともかくとして、政策面では水と油であったからだ。そもそも、井口省吾が指摘しているように、寺内は国事に関することとなると、児玉を敵とすることに躊躇することはなかった。[67]この井口の証言を裏付けるように、寺内は「たとへ、親朋の間柄でも、又、親戚の間柄でも、国家の為めには、一歩といへども児玉にゆづるわけには参らぬ」との言葉を残している。[68] 親友かつ親戚の児玉とも政策対立では一歩も譲らないというのだ。そのため、私的交際では水と魚との関係にあった児玉と寺内も、政策面では水と油であり、会計経理制度改革や台湾守備隊削減問題で激しく対立したのである。

　第二に、児玉と大山の関係は、児玉次官・大山陸軍大臣時代以降、一貫して良好であったからだ。参謀総長の大山は、明治三十四年九月から十月にかけて辞意を表明した際に、「平素自分之《の》宿願」であるとして、児玉にその地位を譲りたいと述べている。[69] 発言の真意が問題となるが、既述したように、大山は陸軍大臣時代に児玉を次官として抜擢し、その能力を高く評価していた人物である。また、後述するように、明治三十六年にも大山は児玉に参謀総長を譲りたいと発言すると共に、児玉の識量と人物を認め参謀本部次長に抜擢している。大山夫人の大山捨松が、大山の大好物を嗜好順に列挙（第一に児玉、第二に尾野実信、第三にビフテキ）して、その筆頭に児玉を挙げていることも併せて、大山のこの言葉は彼の本心だと解釈すべきであろう。[70]

　このように、通説とは異なり、児玉と大山の関係は、大臣・次官以降、極めて良好に継続している一方、児玉と寺内の関係は、私的交際は別として政策面では波瀾含みの関係であったのだ。

第十三章　大鉈を揮って削るべし

1、伊藤への絶交宣言と外遊中止

政党との調停に努める

帝国議会開会以降、日本では政党の力が高まりつつあった。政党政治の時代の到来を予感した伊藤博文は明治三十三年に立憲政友会を結党し、初代総裁となっている。児玉は、政党は「立憲政治を誤る」と考え、衆議院における政党勢力の減殺を主張するなど反政党主義のスタンスを取っていたが、その児玉であっても政党の力を無視することはできない時代が到来しつつあったのだ。▼[1]

第一次桂太郎内閣は、明治三十四年十二月開会の第十六議会において、衆議院第一党の政友会と妥協し、行財政整理の実行を条件に、明治三十五年度予算を成立させた。

だが、桂内閣は行政整理に失敗してしまう。明治三十五年三月に、法制局長官奥田義人を主査とする政務調査委員が設置され、行財政整理の審査を開始し「奥田案」と呼ばれる行政整理案を桂総理大臣に提出するも、陸軍などの猛反発を招き、奥田案が有名無実化したのである。桂内閣は、十二月開会の第十七議会に、海軍第三期拡張計画予算案とその財源となる地租増徴継続案の二案を提出したが、これが政党の怒りを買った。政友会は地租増徴ではなく、行財政整理により海軍拡張の財源を捻出すべしと主張、衆議院の特別委員会が地租増徴継続法案を否決し、議会が停会となったのだ。

この時、政友会との調停工作に尽力したのが、児玉であった。児玉は、桂総理大臣の代理として政友会総裁の伊藤博文と直接面会し交渉にあたっている。だが、政友会の拒

内務大臣時代の児玉（児玉秀雄編『藤園記念画帖　児玉源太郎十三回忌記念』マツノ書店、二〇一〇年）。

絶に遭い、児玉の調停工作は失敗に終わり、十二月二十八日、衆議院は解散された。[2] 明治三十六年度予算案が無効となり、桂内閣は窮地に陥った。

伊藤博文に絶交を宣言する

予算案無効で窮境に陥ったのは桂内閣だけではない。台湾総督の児玉も同様の悲境にあった。というのも、六千万円で計画した台湾事業公債案を三千五百万円に減額された時から、児玉と後藤新平は台湾事業第二期計画で減額分を奪還しようと考えており、台湾事業第二期計画案の命運が第十八議会にかかっていたからである。[3]

明治三十六年（一九〇三年）二月二十二日、桂内閣と政友会総裁伊藤博文との間で妥協の密約が成立した。その内容は、地租増徴継続法案は撤回し、海軍拡張の財源には鉄道建設費を充て、鉄道事業は公債で行なうというものであった。だが、妥協は、伊藤の希望で政友会幹部には秘密とされた。そのため、三月一日の総選挙で勝利した政友会が、この妥協を承認する必要があった。

五月十二日、第十八議会が開会され、五月二十日に桂内閣と政友会の妥協が成立した。だが、政友会が桂内閣に譲歩するところの多い妥協内容であったため、政友会内部には妥協に反対する空気が強く残った。そこで伊藤が総裁辞任の意向を暗示してまで反対の動きを抑え、ようやく五月二十四日になって政友会議員総会で妥協案が承認された。[4]

しかし、この妥協に不平を抱く政友会議員が、妥協条件に含まれていない台湾事業費（基隆築港費・台湾鉄道建設費）を削除する挙に出た。第一期事業費を使い尽くしているので、第二期事業計画案が否決されれば、既設の基隆築港工事の努力が水泡に帰してしまう。児玉は大磯に伊藤を訪問して苦境を訴えると共に、帰京後に政友会幹部の原敬と面会し尽力を依頼したが効力はなく、主査会は台湾事業費の削除を決定してしまった。

窮境に陥った児玉は、伊藤に書簡を送り、「小生之《の》立場としては、悲境無此上事《このうえなき》」であり、事ここに至っては「政友会之《の》雅量に依る外無御座《ほかござなく》」と苦衷を示し、伊藤が出馬して事態解決の道筋を開くことを依頼した。だが、児玉と伊藤の談判は不調に終わってしまう。この時、公憤を発した児玉は、伊藤に対して「今後政治上の問題に於ては再び閣下と見ざる可し」との激語を放ったと伝わる。

伊藤に絶交を宣言した児玉は、薬王寺前町の自宅に帰り悄然として一人涙を流し辞職を決意したが、総理大臣の桂太郎が慰撫に努め、次年度まで基隆築港費として予備費四十万円を支出する決断を下したため、児玉も桂の苦衷と国家の大事を鑑み隠忍することとした。[5]

こうして台湾事業は曲がりなりにも継続することが可能となり、明治三十七年の台湾事業公債法改正で、起債総額が三千五百万円から四千百万円となり、公債支弁事業に大租権整理が追加されたのである。[6]

大租権整理

ここで大租権整理について説明しておこう。台湾では土地の権利義務関係が非常に複雑で、地主である大租戸と、耕作権を持ち小作人を使用する小租戸という二重の地主が存在したため、同一の耕地から地租が二重に徴収されていた。そこで、台湾総督府は大租権を買収して小租戸に完全な土地所有権を与えることで、土地の権利義務関係を単純化し、課税対象者を特定することとした。

これが大租権整理で、大租権買収の結果、土地調査事業により地積が約一・七倍に増加したことと併せて、地租は約三倍半の大増収となっている。大租権整理は台湾総督府の財政基盤確立の一助となった重要政策であったのだ。[7]

桂の政治手腕に対する不満

児玉と伊藤博文の関係に言及したので、この頃の児玉と桂太郎の関係についても言及しておきたい。桂は児玉のことを「親友」にして「同志」と認識しており、他者に対し「児玉は首相の腹心第一」であると語ることもあった。[8]

だが、一方の児玉は、確かに桂とは親友であるものの、明治三十四年の台湾行政改革時の閣内紛糾の記憶もあってか、総理大臣としての桂の閣内統制力に不満があった。そのため児玉は伊東巳代治に対して、総理大臣としての桂の優柔不断を嘆き「第二の後入伯〔後入：他人の意見に動かされやすいこと〕」であると罵ると同時に、閣僚に対する桂の統制力〔「弾圧の力」〕不足が近い将来閣僚間に不和を生じさせる端緒となることを憂慮する趣旨の発言をしている。[9] 桂の児玉に対する感情と児玉の桂に対する感情の間には雲泥の差があったのだ。

桂の政治手腕に対する児玉の不信はこの後も続き、明治三十六年十一月、児玉は「大黒〔桂太郎〕の八方〔八方美人〕故、万事尻抜けの事のみ」で内政が不統一を極め苦慮していると、後藤新平に書き送っている。[10] さらに、ポーツマス講和条約締結後の明治三十八年九月二十五日に書かれた覚書においても、児玉は、桂内閣は開戦前から威信が欠乏していたのみならず、桂の芸妓落籍が一般人心に悪影響を及ぼしたとして、日露戦争中の桂の政治指導を批判する文章を書き残している。[11]

南アフリカ・欧米視察と突然の外遊中止

明治三十六年六月十九日、児玉は、欧州、南アフリカおよび米国への出張を命じられた。期間は六ヶ月である。この出張は児玉がかねてから希望していたことであった。[12]推測になるが、当時の航路を考慮すると、旅行ルートは南アフリカ、欧州、米国の順であろう。随員は新渡戸稲造（前台湾総督府民政部殖産局長心得）、関屋貞三郎（台湾総督府参事官）および小沢徳平歩兵少佐であり、小沢には二千円の旅費が支給された。[13]なお、関屋は、後に内務大臣秘書官や台湾総督秘書官として児玉に仕え、日露戦争に際しては児玉と共に満洲に赴いた経歴を持つ人物で、児玉お気に入りの官僚である。

問題は外遊目的である。小林道彦氏は、外遊目的が①ボーア戦争の実況検分、②日英同盟の信頼性向上、③日英米連繫の模索、④南阿への日本人移民の可能性を探ることにあったと指摘してこれが通説となっている。だが、これを裏付ける明確な史料は存在せず、推測に止まる説であるため、検討の余地が残る。[14]

②〜④については具体的な史料的根拠がない。可能性がありそうなのは①である。ボーア戦争は、南アフリカの支配をめぐって、イギリスとボーア人（オランダ系アフリカーナー）との間で二度にわたり生起した戦争である。第二次ボーア戦争は一九〇二年五月に終結したが、ボーア人のゲリラ戦術に悩まされたイギリスは、約四十五万の将兵を動員、約二億三千万ポンドの戦費を費消し、国家財政を破綻させ、国際社会での威信を低下させた。しかし、陸軍がこの戦争にすでに観戦武官を派遣して情報収集や戦訓分析に努めていたことや、児玉の派遣が戦争終結後であったことを考えると、戦争の実況見分が目的であるという説も成立しないように思われる。

では、外遊目的は何であったのか。史料によれば、児玉の外遊は、植民地制度を視察し、その実況を観察したいという素志に基づくものであり、児玉が台湾総督として植民地経営にあたっていたことも勘案すると、外遊目的は小林説と異なり植民地視察にあったようだ。[15]児玉は、植民地を視察することで、今後の台湾経営戦略を練るのに必要な参考材料を収集しようとしたのである。

六月二十五日、児玉の送別会が東京で開かれ、児玉は臨席者に出遊の挨拶を述べた。送別会では、富豪の要請であっても容易に絵筆を染めることがない高潔の画家橋本雅邦が珍しく筆を執り、千里を行って千里を帰るという寓意を込めて猛虎を描き、児玉の壮途を祝したと伝わる。[16]

だが、植民地視察は児玉の宿志であったものの、国内外の情勢がこれを許さなかった。児玉が桂改造内閣の内務大臣兼文部大臣に就任して中央政界の渦中に身を投じることになり、巡遊計画が急遽中止となったのである。

2、内務大臣としての政策とリーダーシップ

三顕職を兼勤する

当時の桂太郎内閣は、内に行財政改革、外に対露交渉と、内憂外患を抱えていた。これに加え、教科書検定疑獄事件や株式取引所への命令変更問題をめぐり、文部大臣および農商務大臣に対する問責決議案が帝国議会を通過し、内閣は窮境にあった。桂は、現下の難局は伊藤博文か山県有朋でなければ対処できないとして、二人に辞意を表明し、明治三十六年七月一日、病気を理由に辞表を提出し、葉山の別荘長雲閣に引き籠もった。

七月十日頃、親友桂の苦境を知った児玉は、大蔵大臣曾《そ》禰《ね》荒助《あらすけ》と共に、桂の葉山別荘を訪れ、留任を勧告した。児玉は、行財政改革の実行と内閣改造の必要性を説き、自身が内務大臣となって桂を支援すると述べた。児玉の内閣改造案は、有力閣僚の兼任をもって行財政改革を進め、改革後に専任にするというものであった。[17] 児玉は、有力閣僚の兼任により内閣の凝集力を高めて行財政改革を進めることを提案し、自身が内務大臣に就任することを買って出たのだ。従来あまり指摘されてこなかったが、児玉の内務大臣就任は児玉自身の提案に起因したのである。

七月十五日、児玉は内海忠勝の後任として内務大臣に就任した（台湾総督との兼任）。七月十七日、桂は内閣改造を行なう。桂は、不祥事のため問責決議が出された文部大臣菊池大麓《だいろく》および農商務大臣平田東助、行財政改革に反対する逓信大臣芳川顕正《よしかわあきまさ》を大臣の座から外し、内務大臣の児玉に文部大臣を、司法大臣清浦奎吾に農商務大臣を、大蔵大臣の曾禰荒助に逓信大臣を兼任させ、彼らを中心とする異例の少人数内閣を組織したのだ。[18] 児玉の内閣改造案が活かされた陣容といえる。

兼任三大臣の児玉・清浦・曾禰が行政整理委員に任命され、桂を含めた四人で行政整理案が協議・調整されたが、桂が「児玉男〔爵〕を基礎」として改造内閣を組織したと述べたように、一身をもって三顕職を兼勤する副総理格の児玉が改造内閣の要石であった。[19]

内務官僚による適格審査

内務大臣に就任した児玉には、内務官僚からの適格審査が待ち構えていた。児玉が就任するや、少壮官僚の間で「果して内相の適格者なりや」との疑問が起こり、児玉の器量をテストしようということになったのだ。テストの方法は、

風俗壊乱を理由に発禁処分となった書画（春画の類であろう）を重要書類に挟んで大臣机に提出しておき、秘書官が頃合いを見計らって大臣室に伺候して、大臣の反応を見るというものであった。

　このテストにかけられた大臣の多くは狼狽の態を示したり、見なかったような擬態を示したりしたが、児玉の反応は違った。児玉は秘書官が伺候しても、書画を書類と共に平然と閲覧しつつ、「重要書類の披見中ぢや、さがれ！」と例の大声で一喝したのである[20]。

実行を要求した大臣訓示

児玉は台湾での「無方針の方針」を内務大臣としても使った。八月十日、地方長官会議が開催され、警視総監大浦兼武や各府県知事が会同した。この会議で、児玉は従来の慣例を破り、「児玉式」の会議を演出した。従来の内務大臣は、地方長官会議で訓示や指示事項を出すのを慣例とした。そこで、内務省参事官の水野錬太郎が「どんな訓示をなされますか」と尋ねたところ、児玉は歴代大臣の訓示綴りを要求し、これを熟読した後に、今までこれだけのことを言っていれば十分なので、「ただこれを実行すれば足りる」（「只之を実行せしむれば足る」）と述べ、従来の訓示を印刷させて、地方長官会議で配布せしめ、次のように訓示したのだ。

「地方行政の振張刷新に関しては、地方制度施行以来、先任諸大臣は其蘊奥《そのうんのう》を尽し、屢《しばしば》訓示せられたる所にして、既に諸君の了知せらるる所ならん。故に本大臣は茲に再び之《これ》を繰返すの必要を認めず。只諸君の記憶を新にするが為め、前任諸大臣の訓令を配布し、諸君の注意を喚起せんと欲す。本大臣の希望する所は、只一に之が実効〔ママ〕を挙げらるるにあり[21]」。

　同じ訓示を繰り返すよりも、実行の一事のみを求めたこの訓示は、児玉の性格を象徴する内容であったといえよう。

「立憲的政治家」として警察の選挙干渉を諫める

ただし、児玉が訓示内で具体的に要望した事項がある。児玉は、警察による選挙干渉を諫めると共に、会同者に「中正不偏」の地位に立って、「選挙の自由公正を保持」すべきことを要求したのだ[22]。当時、警察による選挙干渉がしばしば行なわれていた。そこで、児玉は、警視庁や府県警察部が政治警察に重きを置く弊風を打破しようとしてこの訓示を発し、警察の取り扱い手続きを改めたのだ。この改革は児玉の創意に出たものであり、水野錬太郎はこの措置をとった児玉を「立憲的政治家」と高く評価している[23]。

内務大臣としてのリーダーシップ

児玉は陸軍次官、台湾総督として陸軍省や台湾総督府の事務敏活化と組織活性化に成功したが、内務大臣としても従来の職務慣習を打破して省内に新風を吹き込み組織活性化に成功している。内務大臣としての執務の特徴は以下の諸点だ。

第一に児玉は、現役の陸軍中将であるにもかかわらず、軍服を着用せずにフロックコート姿で内務省に登庁することで、軍人ではなく文官として政治を行なう意思を明確に示した（第十三章タイトル下の写真参照）。これにより、武断主義の政治家という内務官僚の警戒心を解き、内務官僚から「軍人出であったが、少しも軍人型の臭味なく純然たる文化人であった」という評価を得ることに成功している。[24]

第二に、歴代内務大臣が十時以降に登庁する慣習を改め、毎朝必ず午前八時の規定時刻前に登庁して事務を執り、省内の吏僚を一驚させた。そのため、従来早く出勤したことのない高等官が非常に驚き、児玉が小言を言わずとも自然に彼らの出勤が早くなり、内務省の事務能率が大きく向上することとなった。[25]

第三に、児玉は内務省所管事務の研究に熱心であり、午前八時に登庁するや随時に局長や課長を呼び出し、詳しく所管事務について質問し、その報告を聴取した。このため、児玉は短期間のうちに諸種の事項に通暁し、改革や政策の腹案を練ることが可能となった。[26]

また、児玉は、地方に出張した官僚が復命する際に、書面による復命では満足せずに、出張者を官邸に召致し、関係局課の官僚を集めて口頭による復命を聴き、相互に質疑応答を行ない、それが終わるや酒や茶菓を喫しつつ、打ち解けた雰囲気の中で交わされる雑談を通して、地方の実情を知ることに努めた。これにより、児玉自身が地方の実況を詳細に把握できたのみならず、報告者も書面復命以上の責任を感じ、やる気を喚起されたという。[27]

第四に、内務官僚が府県統廃合に反対する意見書を児玉に提出した事例（後述）からもわかるように、児玉は下僚に遠慮なく自由に意見を述べさせた。児玉は「文官は兵隊と違ひ、右向け右でなく、下官であっても意見があれば遠慮なく上官と議論する。これが文官のよい所である」と述べているが、これを実践したのだ。[28]

第五に、児玉は予算編成方法にも個性を発揮した。山県有朋をはじめとする歴代内務大臣の多くは、自身で予算方針を立てた後、各局長に各局の予算案を説明させて承認ないし修正箇所を指示するか、あるいは各局長提出の予算書を考査して大臣の判断を下すのが通例であった。だが児玉の予算編成方法は、歴代の内務大臣と異なり、大方針を立案後に細部を自身で計算するというものであった。すなわち、児玉は予算方針を立案した後、自ら算盤を使って細かい事項を検討して自身の意見を形成し、こうやってはどうかと官僚に相談したのだ。[29]

第六に、「仕事の挙がると否とは人に在つて存す」を信条として、人材抜擢と適材適所を心がける児玉は、内務省庁舎内外で官僚と接触することに努め、その人物識見を鑑定することに努力した。たとえば、児玉は「単に役所に於て部下に接触するのみでは真に人を知ることを得ない」と述べ、高等官を三～四のグループに分けて、一週間から二週間に一度の頻度で五～六人の内務官僚を官邸に招待して夕食を共にし、官職の関係を離れて胸襟を開いて懇談する機会を設けている。児玉は自由な雰囲気の中で交わされる緩話を通して、内務行政に関する情報交換を行なうと共に官僚の人物識見を鑑定しようとしたのだ。[30]

第七に、児玉は「官邸は大臣の私宅ではない、寧ろ省の倶楽部とするがよい。役所の人は誰でも来て勝手に使つてよい。余暇があれば碁も打つべし、将棋もさすべし」と官邸開放論を展開し、官邸を開放した事例に代表されるように、官僚の人心掌握に巧みであった。[31]

このように、児玉が積極的に官僚と接触する機会を設け、彼らと忌憚なき意見の交換を行なったため、内務省内の空気は明るくなり、活気が横溢して、官僚は愉快に働くようになった。[32]政治主導を広言して官僚を使うことに失敗したり、逆に官僚に操縦されて意のままに動く政治家が数多いが、児玉は政治家として官僚を巧みに統御するのみならず、有能な官僚の叡智を引き出してそれを自身の政策に転化させることに抜群の手腕を発揮したのだ。

内務大臣としての理想と政策

内務省は、地方行政や警察を所管する内政の総括官庁である。内務省は警保局と地方局を通じて政治行政面で民衆を統制していたが、社会問題の登場と共に社会政策を担当する社会局の設立が求められていた。

児玉は遠大なる理想と経綸とを胸に秘め内務大臣の椅子に座った。児玉は自身の政治理念を「内政は王道、外交は覇道」という言葉で下僚に示している。また、大臣の任に就くや児玉は「内務行政の整理をなさんと欲せば、小刀を用ひ鉋を掛けるが如き尋常手段にては不可なり。必ずや大鉈を用ひて根本的整理を断行せざるべからず」と語ったと伝わる（「此種の事業は小刀《ナイフ》を用ひ鉋を掛ける如き尋常手段にては不可也《ふかなり》。必ずやそれ大鉈を揮つて削らざるべからず」とする説もある）。有名な「児玉の大鉈整理」という言葉は彼のこの発言に由来する。[33]

内務大臣として児玉が実行しようとした政策は、①府県を半減（三府四十三県から三府二十四県へ）させる府県統廃合と地方分権、②警察改革（既述）、③文部省廃止と内務省への統合、④社会政策、⑤東京市電車事業統一であった。[34]

府県半減案とその挫折

地方制度の大改革を企図する児玉は、大鉈を振るって府県統廃合と郡統廃合（郡制廃止も企図したとする史料もある）を断行しようとし、内務省地方局長吉原三郎と内務官僚水野錬太郎にその調査を命じた。この当時、行政整理による政費節減の必要性のみならず、交通機関発達の観点からも府県統廃合が必要視されていた。そこで児玉は、統廃合により、府県の規模を二倍に拡大すると共に行政権限委譲による地方分権化を進め、府県の実質的なプロヴィンス（州）化を目指そうとしたのだ。[35]

だが、府県統廃合は地方民の強い抵抗が予期された難事であった。そこで吉原と水野が児玉に「実行には種々の支障があり、地方民の苦情が百出すると思ひますが、大臣は果して之を決行しますか」と念を押したところ、児玉は「自分は万難を排してやる積りである」と述べて断固たる決心を示し、調査が開始されることとなった。[36]

調査の結果成立した府県統廃合案は、児玉の出身県である山口県が広島県に併合されるなど三府四十三県から三府二十四県へと府県を半減する内容であった。

だが、府県統廃合案に対して、廃県とされた県選出の衆議院議員や市長などが廃県反対運動を開始した。[37] たとえば山口県関係者が上京し「大臣は山口県を潰してしまふのか」と児玉に迫り、児玉が「是は君、なかなか大変なことだね」との嘆声を水野に漏らすことがあったと伝わる。[38]

府県統廃合に反対する声は内務省内からも上がり、内務官僚の有吉忠一《ちゅういち》が浩瀚な反対理由書を起案して児玉に提出している。さらに山県系の官僚出身政治家である平田東助が児玉を訪問し、統廃合により県民が受ける利益と不利益とを比較して、利益少なくして弊害の多い案であると統廃合に反対する意見を述べ、児玉が「さうか、さうであらう、委細能く分つた。止めやう」と答えることもあったようだ。[39] 児玉が反対意見を含め広く意見を聴取し政策形成をしていたことが窺える。

府県統廃合案は最終的に児玉の内務大臣退任後に頓挫した。児玉の府県統廃合案は当初から「突飛であり軽挙」[40]であるとの世評があったが、その評判通りとなったのだ。しかし、地方制度改革の必要性を洞察して大改革を断行しようとした児玉の識見と大局観は高く評価されて然るべきであろう。

市電事業統一と社会政策

先進的考えの持ち主である児玉は、陸軍大臣として将来の戦争像を洞察して砲兵火力や通信能力の向上に努めたが、内務大臣としても将来の社会動向を見据えた政策を展開しようとした。

第一に、児玉は東京市電車事業の統一にも着眼し、東京市長を督励してその実行に着手させている。明治三十三年、内務省は、東京市街鉄道、川崎電気鉄道（後に東京電気鉄道に改称）、東京馬車鉄道（後に東京電車鉄道に改称）の三社に東京での電気鉄道営業の特許を与えた。しかし、電気鉄道が異なる鉄道会社により運営されているために、乗客は別会社の電車に乗り換えるたびに運賃を支払う必要があった。そこで、児玉は東京市の電車事業統一を企図したのである。実際、内務大臣任中に、東京市街鉄道と東京電車鉄道との合併交渉が開始されるや、児玉は両社の仲裁役である渋沢栄一と協議を行なっている。だが、東京市街鉄道の株主総会で重役間に激烈な紛争が生じたため、合併は失敗に終わった。[41]

第二に、児玉は近い将来において社会問題が内政上喫緊の課題となることを鋭く洞察して、水野錬太郎に社会政策に関する調査を命じている。この時児玉は、自ら筆を執って「感化事業・社会問題と警察・地方自治体の社会政策的施設等」の研究事項を列挙して水野に与え、その対策を研究すべきことを指示している。水野によれば調査要求事項は労働問題、宗教と社会問題、教育と社会政策および農村の興廃など多岐に及んだという。水野が報告書を完成させて持参するや、児玉はこれを精読して圏点を附し、疑問点を質すと共に自分の意見も書き加える熱心さであった。[42]

児玉の政策が大胆かつ先進的なものであったため、児玉に対する内務官僚の評価は高かった。たとえば水野は内務大臣としての児玉を評して、「児玉さんは軍人であったが文臣としても手腕と識見を有し、専門文官と比して遜色がなかった」、「内務行政に関して卓越せる識見を有せられた立派なる政治家」であると述べ、文官官僚と比べても遜色がない内務行政の識見と、政治家としての手腕とを高く評価している。[43] 先に紹介した児玉による「一介の武弁」という自称は、山県有朋と同様に謙遜に過ぎなかったのである。

3、失敗に終わった大鉈整理

文部省廃止構想とその挫折

児玉は文部大臣としても大鉈を振り下ろそうとした。文部省を廃止してその業務を内務省の一局に移管することを企図したのだ。[44]

だが、桂内閣の文部省廃止説が世に漏れるや、文部省の内外で存置論者の抵抗が開始された。省外では元文部次官で貴族院議員の久保田譲や元文部官僚の伊沢修二らが廃省反対の声を上げると共に、文部省廃止反対同志会が結成されて文部省廃止反対運動を展開した。

一方、省内における抵抗運動は、文部総務長官（文部次官）の岡田良平を中心に展開された。児玉の文部大臣就任が文部省廃止の下準備であるとの噂が流れるや、岡田は省内の廃止論者と協力して児玉に対し存省論を痛論すると共にその真意を質した。児玉の回答は「文部省廃止のことなどは一向閣議で聞いてゐない。よし又聞いて居るにしても、当局の文部大臣として、口外すべき筋合のものでないことは、文部省官吏たる諸君が諒承するであらう」という曖昧なものであった。

だが、「聞いて居るにしても、当局の文部大臣として、口外すべき筋合のものでない」の一節で、内閣や児玉が廃省の意図を有していることは明白である。そこで岡田は、元文部大臣の浜尾新《あらた》や元東京帝国大学総長加藤弘之といった貴族院議員と連携して存置運動を展開すると共に、元文部大臣で有力な枢密顧問官である蜂須賀茂韶《もちあき》を説得し、枢密院の空気を文部省存置に転向させた。[45]

結局、文部省廃止構想は、九月二十二日に、存省論者の久保田譲が児玉の後任として文部大臣に就任したことにより、存省方針が明確となった。

管見の限りでは、先行研究において、文部省廃止構想が頓挫した決定的要因について説明がなされていない。だが、今回新たに発見した児玉の史料には、「文部問題は要するに枢密院之関門通過六ケ敷為め存省之事に相決し申候。是は残念なれ共、小生微力之致す所に御座候」とあり、岡田の枢密院工作が功を奏し、廃省案の枢密院通過が困難となったことが、存省を決定づけた最大要因であったようだ。[46]

陸軍幼年学校廃止構想の挫折

また児玉は、行政整理の一環として、自身が改革した陸軍幼年学校の廃止を提唱している。児玉の意図に関しては、児玉の統帥権改革構想と関係づける説もあるが、[47] 先に論証したように、この頃の児玉が統帥権改革を企図していなかったことは明白であり、この説は成り立たない。やはり、児玉の意図は深刻な財政難を救うための窮余の一策というのが妥当なところであろう。

結局、陸軍幼年学校廃止構想は、教育総監部をはじめとする陸軍からの猛反対に遭遇し、九月初め頃頓挫を余儀なくされた。[48]

大鉈整理失敗の理由

児玉の大鉈整理案は、府県半減、文部省廃省、陸軍幼年学校廃止とそのすべてが失敗に終わっている。大鉈整理案が世を騒がす頃、児玉は「振りあげた鉈の手元も緩みけり庭の木立の昔を思へば」との歌を詠んでいるが、児玉といえども蔦の如く情弊が絡む幾多の障害を排除してまで大鉈を振り下ろすことは困難であったのだ。[49] ではなぜ、台湾総督として総督府改革に大鉈を振り下ろすことに成功した児玉が、大臣としては大鉈整理に失敗したのであろうか。

その理由は、対露関係の緊迫化などいろいろ考えられるが、内務大臣三ヶ月弱、文部大臣二ヶ月弱と在職期間が短かったこと、権限が強大な台湾総督と比較して大臣の権限が弱かったこと、整理案に関係する機関や関係者が多く合意形成が困難であったことが失敗の主因であろう。

内務大臣時代の児玉（森山守次『児玉大将伝』星野錫、一九〇八年）。

第十四章　名利は糞土の如し

1、対露交渉始まる

対露関係の緊迫化

明治三十六年四月八日は、ロシアが清国と締結した満洲還付条約の第二期撤兵期限である。だが、ロシアは撤兵を履行しなかった。第二期撤兵中止を契機として、日本政府および参謀本部は次第に態度を硬化させていった。

四月二十一日には京都にある山県有朋の別荘無鄰菴《むりんあん》で、総理大臣桂太郎、外務大臣小村寿太郎、伊藤博文および山県有朋の四名が対露交渉の根本方針を討議し、満韓交換論により対露交渉を行なうことが決議されている（無鄰菴会議）[1]。

一方、参謀本部には、四月十一日に、清国保定駐在の立花小一郎より、撤兵が実施されないばかりか、ある部分は増兵されているとの報告があった。この報告をうけ、総務部長井口省吾、第一部長松川敏胤および第二部長福島安正が、参謀本部次長田村怡与造に迫って時局の解決を勧告している[2]。撤兵中止は日本政府および参謀本部にとって黙過することのできない問題であったのだ。

さらに、五月六日には、ロシアが韓国領の龍巌浦（龍岩浦、龍岩里）に工事を始めたことを韓国の陸軍駐在員が確認した。朝鮮半島を日本独立の保障地として敵対する第三国の勢力圏内に入れさせないことは日本の国是であり、参謀本部はロシアの動きに強い警戒感を抱いた[3]。

対露交渉の開始

七月二十八日、政府は駐露公使栗野慎一郎にロシアとの交渉を開始すべきとの訓令を送り、ここに対露交渉が開始

参謀本部次長時代の児玉（児玉秀雄編『藤園記念画帖　児玉源太郎十三回忌記念』マツノ書店、二〇一〇年）。

された。児玉は後藤新平に宛てた八月三日附の書簡で、外務省の予想では対露交渉が七割の確率で破談に終わると報じている。[4]

八月十二日、日本側は日本側有利の満韓交換を内容とする協定案をロシア側に手交した。だが、ロシア側の対案提出は十月三日までずれ込んだ。当然、政府首脳や参謀本部内にはロシア側の遷延戦術を警戒する雰囲気が生まれた。しかも、ロシア側の対案は、満洲問題を交渉の範囲外とし、韓国の三分の一に相当する北緯三十九度以北を中立地帯とすること、朝鮮海峡の自由航行を迫害する軍事施設を韓国沿岸に設置しないことを要求する「無理非道」（桂太郎）の内容であった。[5]

この間、児玉も外交動向に目を光らせており、八月二十四日附の後藤宛て書簡において、日露関係が切迫しており多少の動揺は免れ得ないと報じている。[6]

2、参謀本部次長就任と降格人事説の誤り

田村怡与造の急死

十月一日、参謀本部を悲報が襲った。参謀本部次長田村怡与造が死去したのである。田村は対露作戦計画立案の中心人物であった。陸軍大臣寺内正毅が、陸軍の実力者である山県有朋へ宛てた書簡の中で、「無二之良将」を喪ったと述べ田村の死を悼んだことからも陸軍首脳部の深い落胆ぶりが窺える。[7]

「田村次長は諸務を総攬するの人物にあらす〔中略〕此人にして病気等の支障ある時は之を代理する者手の出す所を知らさらん」。[8]

これは参謀本部第一部長松川敏胤が明治三十五年に書いた田村評であるが、松川の予言が的中したわけである。

政府が対露折衝に着手している時期でもあり、その後任者選びが政府・陸軍内の重要課題となった。参謀本部内では参謀本部総務部長井口省吾と松川が「次長詮衡に就て骨を折」り、井口が陸軍次官石本新六に次長候補者を尋ねたところ、石本から「そんなことを我々が言うても駄目だ、上の方でするのだから、そんな差出口をせぬ方がよからう」との回答を得た。数日後、内務大臣兼台湾総督の児玉が内務大臣の椅子を離れ参謀本部次長に就任し、一同を大広間に集め「今度自分は参謀次長になつたから、そのつもりで勉強して呉れ」と挨拶したので、皆が驚いたという。[9]

参謀本部次長就任の経緯と就任快諾の理由

児玉が参謀本部次長に就任するまでには紆余曲折があった。参謀総長大山巖は同郷（鹿児島）出身で縁戚関係にあ

る伊地知幸介を簡抜したい意向を漏らしたが、寺内正毅がこれに反対した。また、井口省吾は福島安正を推したが大山が賛成しなかった。そこで山県有朋が児玉を推し、総理大臣桂太郎と会談した児玉が「心より引受可申《もうすべく》」と述べるも、桂は「児玉男を基礎」として内閣を組織していたため児玉を閣内から出したくなく、児玉の次長就任に消極的であった。[10]

　十月六日、山県は桂の同意を取り付けるが、翌七日、大山が参謀総長の職を山県に譲りたいと申し出た。さらに大山は参謀総長を児玉に譲りたいとまで申し出るが、桂の反対に遭い、大山も児玉が次長に就任するならば異議はないと述べたため、十月十二日、児玉が次長に補職されたのである。

　陸軍の最高実力者である山県は、「軍国之事を第一位」に考える必要がある現情勢下では、児玉の次長就任が最適と考えていた。児玉も寺内から「今日は軍国の政を布くの状である」との文字のある山県書簡を見せられ「予を参謀次長たらしめんとする意である」と悟ったという。[11]

　では、大山はなぜ児玉に参謀総長を譲りたいと述べたり、児玉の次長就任に同意したりしたのであろうか。日露戦争中に大山の元帥副官を務めた尾野実信は、大山が児玉の識量とその人物を好んだため、児玉を次長に抜擢したと回想している。[12]台湾守備隊削減をめぐる意見対立はあったものの、大山は陸軍次官として自分を補佐した児玉の能力と性格を高く評価しており、両者の良好な人間関係が児玉の次長就任の基礎となったのである。

　一方の児玉はなぜ参謀本部次長に就任することに同意したのであろうか。ここに興味深い指摘がある。参謀本部第三部長大沢界雄《かいゆう》の観察だ。

　大沢は児玉がこの時すでに日露戦争が不可避であると看破していたと指摘したうえで、児玉が参謀総長としてではなく次長として参謀本部入りしたことに「妙味」があると説く。すなわち、児玉は参謀総長よりも次長に就任した方が手腕を振るうのに便利であることを見て取ると共に、「総長たるも次長たるも成効は彼の一身に帰する」ことを詳知していたため次長に就任したのだという。[13]大沢の観察眼は児玉の胸中を抉出しているといえよう。

降格人事説の誤り

　ところで、内務大臣は親任官の顕職であり、参謀本部次長は勅任官であるため（上位より、親任官→勅任官→奏任官→判任官→雇員・傭人の順）、児玉の次長就任は、「破格の降格人事」と評されることが多い。[14]

　たとえば研究者の越沢明《こしざわあきら》氏は児玉の次長就任を「参謀

次長のランクは奏任官であり、親任官から勅任官の下の奏任官への人事は階級が絶対である軍人社会では到底受け入れがたい二階級の降格である。しかし、児玉は自分以外に候補はいないと異例の降格人事を受け入れた」と述べている[15]。

しかし、「破格の降格人事」として世上に名高い児玉の次長就任であるが、児玉は内務大臣を免じられても、親任官である台湾総督に留任したままであり、厳密には実質的に降格人事とならないように配慮がなされていた。つまり、破格の降格人事という通説は誤りであるのだ[16]。

従って、児玉の伝記を書いた「ホラ丸」こと杉山茂丸が児玉の伝記の中で述べているような、宮中席次の関係で「昼餐の際に大臣、大将らの親任官や、自分が育てた師団長などが、玉座近くに席を占めて箸を執るのに、勅任官たる次長は、遥か末席の別卓で食事をせねばならなかった」などという事態は生じないことになる[17]。

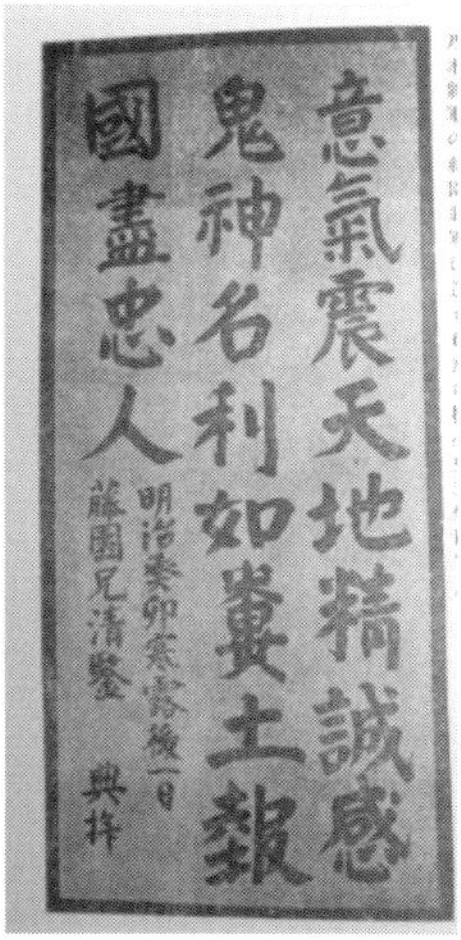

児玉の参謀本部次長就任に際し乃木希典が送った漢詩（吉武源五郎編『児玉藤園将軍』後輯、拓殖新報社、一九一八年）。

さらに、越沢氏は参謀本部次長を「奏任官」としたうえで、児玉が「勅任官」の内務大臣から「奏任官」の次長に就任したとして降格人事であることを殊更に強調しているが、児玉は次長に就任後も親任官の台湾総督に留任したままであるので降格人事ではないし、そもそも次長は「勅任官」であるというのが正しく、越沢氏の指摘は二重の意味で誤っている。

だが、破格の降格人事ではないにしろ、陸軍大臣経験者の児玉が次長に就任したことは地位の高下を度外視したものとされ、児玉は関係者から称賛された。たとえば、児玉の親友である乃木希典は、「意気震天地《いきてんちをふるわし》　精誠感鬼神《せいせいきじんをかんぜしむ》　名利如糞土《めいりはふんどのごとし》　報国尽忠人《ほうこくじんちゅうのひと》」（次長に就任したその意気は天地を震わし、精誠は鬼神を感動せしめた。児玉にとって名利は糞土のようなもので、彼こそ報国尽忠の人というべきだ）との漢詩を児玉に贈っている[18]。

参謀本部改革説の誤り

ところで、児玉の参謀本部次長就任に際し、陸軍大臣寺内正毅は、明治天皇の下問に対して「参謀本部設置は憲法制定以前に係り、組織不備にして改正を要する点が少なくない。ロシアとの交渉が結了すれば、児玉に参謀本部の改正に着手させて、その後に次長の交迭を行なうのがよい」（現代語訳）と奉答している。[19]

小林道彦氏は、これを根拠として、児玉と寺内の間には、この時点で平和克復後の大山巖の引退と児玉の参謀総長就任による参謀本部改革（参謀本部権限の削減や陸軍省のスリム化）の黙契が成立していたとの仮説を提起している。[20]

だがこの仮説は誤りである。なぜならば、児玉は明治三十七年八月に「台湾を以て公生涯を終り度《たく》奉《たてまつり》存《ぞんじ》候」と述べて、台湾総督として公的生涯を終える意思を明確にしており、参謀総長に就任する意思がなかったことは明白であるからだ。[21]しかも、参謀本部改正を必要と考えているのは寺内であって、この時期に児玉がそれを考えていたことを示す史料的根拠は存在しない。さらに、寺内の奉答は、児玉に参謀本部改革をやらせたいという寺内の個人的希望を述べているだけで、児玉の同意を得たことを述べているものではない。従って、寺内の奉答のみで、児玉と寺内の間に、参謀本部改革の黙契があったとするには、論拠が薄弱であるといわざるを得ないのだ。

参謀本部次長就任の意義

十月十二日、参謀本部次長に就任した児玉は、即日参謀本部に出頭し、各部長部員等を一堂に集め新任の披露挨拶を行なった。このような新任挨拶の場合は「各部長部員等の忠実なる補佐と勉強とに依り、我重大なる任務を遂行するを得ん」とするのが恒例であったが、児玉は旧套を脱して、単に「部長部員の忠実なる勉強を希望す」との一言をもって挨拶を終え、直ちに「世界の通信秘密漏洩予防の方法」を課題として各員の研究に付している。[22]

児玉が次長に就任したことの意義は以下の三つである。

第一に、参謀本部内が日露開戦へ向け活気づいたことである。前任者の田村怡与造は、早期日露開戦を焦る参謀本部第一部長松川敏胤らから「恐露病」と見なされていた。[23]参謀本部部員福田雅太郎も田村から「どうもいまの雲行では上の方では開戦すると云ふことは六かしい。それで一先づ開戦論をやめて、お前達は、防禦作戦の計画をしてはどうか」と言われたという。[24]そこに早期開戦論者と見られていた児玉が着任したことで参謀本部内はにわかに活気を呈した。福田は就任挨拶直後の児玉に呼ばれ、

児玉「朝鮮の測量はどうであるか」
福田「まだできて居りませぬ」
児玉「それでは早速掛る様にせよ。費用はいくら掛つても構はぬ」

という会話を交わし、にわかに韓国測量の命令が下り部内も活気を呈したとし、児玉が次長に就任したことで「一大光明を認めた様な気がした」と回想している。[25]

また、参謀本部総務部長井口省吾は、児玉着任前の状況を「大山参謀総長又戦意なし、加ふるに陸海協和を欠き、両大臣就中山本大臣機を見るの明なく戦を決して起つの意なし。帝国の大事将に去らんとす」と痛歎し、児玉の着任を「昨今の時局此有力の次長を得、国家の為め又本部の為め可歓《よろこぶべし》可祝《いわうべし》」と日記に書いて歓喜している。[26]

第二に、開戦時期の促進と政戦略一致に有益であったことだ。児玉は、次長に就任するや、内にあっては参謀総長大山巌の決意を促進し、部長以下を督励して開戦諸準備に従事させると共に、外に対しては元老の恐露病を除去し政府の決心を促すことにより開戦時期促進と政戦略一致に努めたのだ。

たとえば、児玉は、大山に対して、慎重な元老と積極論の参謀総長という「一人二様の使い分けは、理由の立たないこと」だとして、六月二十二日の「朝鮮問題解決に関する意見書」で述べた強硬論を元老会議においても主張すべきであると説き、伊藤博文に対しては、現在の兵力で開戦したとしても「必ずしも必勝の算なしとは云えない」と述べてその決心を促がしている。[27]

第三に、陸軍と海軍との関係が好転するきっかけとなったことだ。従来、前次長田村怡与造の性格もあって陸海軍関係は円滑を欠いていたが、児玉の次長就任は陸海軍間の空気を変化させる契機となった。

たとえば、軍令部参謀であった財部彪《たからべたけし》は、田村が死去し児玉が次長に就任した出来事を「天佑」だと述べている。財部が「田村さんが歿《な》くなられて好かつたと思ひます」と極論するほど、田村の存在は陸海軍関係にとってマイナス要因であったのだ。財部によれば、日露戦争において陸海軍の協同作戦がうまくいったのは、田村の急死後に児玉が次長に就任したからだという。[28]

さらに、参謀本部副官の堀内文次郎は次のように述べている。「人事上困難」であったのは「海軍の山本大将と陸軍の児玉大将か意合はす、最初の商議は相当衝突」したことだ。しかし、「両者共、善く国家本位の意を体し無理に我意を張ることなく」、さらに参謀総長大山や海軍軍令部長伊東祐亨《ゆうこう》が存在したこともあってうまくまとまりがついた。[29]このように、児玉の次長就任は、陸海軍関係を好転させる契機となり、陸海軍間の作戦調整をやりやすくさせたのだ。

部内人事と児玉の人材網羅主義

児玉の参謀本部次長着任当時の参謀本部の陣容は、参謀総長大山巖（鹿児島県）、次長児玉（山口県）、総務部長井口省吾（砲兵、旧二、陸大一、静岡県）、第一部長松川敏胤（歩兵、旧五、陸大三、宮城県）、第二部長福島安正（歩兵、長野県）、第三部長大沢界雄（輜重兵、旧四、陸大四、愛知県）、第四部長大島健一（砲兵、旧四、岐阜県）、第五部長落合豊三郎（工兵、旧三、陸大二、島根県）という顔ぶれである。

薩長藩閥出身者もしくは準藩閥とされる人物は、大山と山県有朋の側近の大島の二人のみであり、六人の部長のうち四人が陸大出身者と、出身藩（県）に拘泥しない陸大出身者中心の能力主義に近い人事配置である。児玉はこの配置を変更しなかった。寺内正毅が陸軍大臣時代に、次官・軍務局長・軍事課長を自派の人物で固め、陸軍省の長州閥化を進めたことはあまりにも有名である。だが、「仕事の挙がると否とは人に在つて存す」を信条とする児玉は、出身に拘泥することなく配下に有能な人材を網羅したのである。

なお、部長のうち児玉が懐刀として重用したのは、陸軍大学校兵学教官歴が長く戦術書の著作もあり陸軍随一の作戦の名家と謳われた松川、陸軍大臣時代の児玉に軍務局軍事課長として仕えた井口、有能な情報将校である福島の三人であった。

3、児玉の早期開戦論

現実主義者児玉の早期開戦論

近年、日露戦争開戦前の児玉が避戦論者であったという説が提起されている。▼30 だが、冷徹な現実主義者である児玉は早期開戦論者であり、避戦論者という説は誤りである。

たとえば、明治三十六年十月十六日、児玉は参謀本部の各部長を晩餐に招き、ロシアの国土侵略は「三百年の国是に由来」するもので、「両国の戦争は遂に免れない」と日露戦争不可避論を述べたうえで、「一大決心を以て起つの時がきた」と早期開戦論を唱えている。さらに、児玉は十二月十日頃に、日露交渉は平和的解決を見るだろうが、これは開戦を両三年延期するにすぎず、ロシアの極東軍備増強を考えると日本の不利はかえって大きくなると述べている。

しかも、十二月十一日にロシア側が第一次対案と同内容の第二次対案を提出し政府関係者を失望させるや、児玉は参謀本部各部長を前に「最早軍事外交に移るべき時期に到来したと信ずる。蓋し露に戦意あるや明瞭なればなり」（十二月十四日）と開戦論を述べると共に、総理大臣桂太郎の

附表4：開戦前の両軍の陸軍兵力数

	歩兵	騎兵	砲兵	兵力
日本軍	156大隊	54中隊	106中隊（636門）	20万人
ロシア軍	1740大隊	1085中隊	700大隊	207.6万人
ロシア軍（在極東、1904年２月上旬）	68大隊	35中隊	148門	不明

出典：沼田多稼蔵『日露陸戦新史』（芙蓉書房、一九八〇年）二八、三六頁。参謀本部第四部編『明治三十七八年役露軍之行動』第一巻（東京偕行社、一九〇八年）七五～七六頁。

決心を促がし、これがきっかけで桂内閣は陸海軍に対し開戦準備を通告している（十二月二十一日）。この時、桂が児玉と会見するのを嫌っていることを知った児玉は周囲に「嫌わるるも仕方なし、飽迄所思を注入して決心を持たしめなければならぬ」と豪語している[31]。やはり、児玉は早期開戦論者であったのだ。

　軍事的脅威は相手国の意図と能力を指標として判断されるが、児玉は以前より、不凍港を求めようとするロシアの南進策をロシア国家の遺伝的性質と見て警戒していた。しかもこの頃の児玉は、最近のロシアの目的が朝鮮沿岸進出にあると判断していた[32]。

　また、軍事能力面でも、参謀本部はシベリア鉄道完成以後には彼我の陸軍軍事力バランスが逆転し、勝利の見込みが無くなると見ており、明治三十六年が日本に最有利でロシアに最不利の時期と考えていた（開戦前の在極東ロシア軍と日本軍との陸軍兵力は附表4参照）。しかも、海軍は明治三十七年中に極東におけるロシアの戦艦数が日本の二倍以上になると予測していた[33]。明治三十六年は、陸海の軍事バランスが、日本優位からロシア優位へとシフトする転換期であり、陸海の軍事バランスの面からも、早期開戦が望まれたのだ。

　ロシアが開戦意思と軍事能力を持っているならば日本は戦争を避けようがない。児玉もなるべくなら戦争を回避したかったであろうが、①不凍港を求め朝鮮沿岸を目指すロシアの侵略体質を基に今回の日露交渉が妥結したとしても三年以内の日露開戦が必至であるという判断と、②軍事バランス分析を基に、児玉は早期開戦論を唱えたのだ[34]。その意味で児玉の早期開戦論は透徹した現実主義に立脚したものであったといえる。

財界の協力を得て世論を喚起する

　児玉は勝敗に関して、現在の兵力でも「必ずしも必勝の算なしとは云えない」と考えていた[35]。だが、陸軍の軍事力面では勝算ありと考えていた児玉であったが、最大の弱点が財力にあると認識していた。換言すると、児玉は、日本が対露戦争を戦い抜くだけの戦費の負担に耐え得るだけの財力を有していないと見ていたのだ。

たとえば十月十六日、児玉は参謀本部各部長を前に、日露戦争の戦費が一年間で八億円に達すると予測したうえで、日本の弱点は戦費を賄う財政力にあると論じると共に、この弱点を克服するため、「全責任を自己一身に負担」し、各汽船会社・鉄道会社を説き無償輸送をさせるべく関係者を説得していると説明している。[36]

実際、児玉は、参謀本部次長就任以前に、日本郵船社長の近藤廉平の許に杉山茂丸を派遣して、軍用船舶を無料で政府に提供するとの建白を行なって欲しいと伝えている。[37]

また、十月十七日、児玉は財界に大きな影響力を持つ渋沢栄一を兜町の事務所に訪問し、平和論者の渋沢をはじめとする経済界関係者が強硬論を唱えて戦争不可避の覚悟を示したならば、ロシアが譲歩して戦争が回避されるかもしれないと説き、協力を要請している。なお、この時の会見で渋沢は、戦争になれば運輸が関係するので、日本郵船の船舶を政府に提供させてみてはとの提案を行ない、児玉はその実行を依頼している。そして、翌十八日、渋沢はこれを近藤と協議した。

軍用船舶無償提供の件は後に児玉が撤回したものの、こうした児玉の根回しが功を奏し、十月二十四日に日本郵船が戦時に際し政府への協力を厭わない旨の決議書を逓信大臣に提出すると共に、二十八日には銀行倶楽部の晩餐会において、近藤が「一大覚悟を以て開戦すべきである」と早期開戦論を述べ、渋沢もこれに同意する旨の演説をするに至ったのである。[38]

また、児玉は次長に就任する以前に、帰朝中のロンドン総領事荒川巳次《みのじ》と接触し、ロンドン金融界の状況やロンドンでの外債起債の可能性を質問している。[39]

このように、児玉は作戦面にとどまらず、財界の協力を取り付けて国内世論を喚起することや、外債起債の可能性まで考慮をめぐらしていたのだ。リデル・ハートは、軍事的手段のみならず、経済的、外交的、心理的手段を使って国家目的を達成すべきとの大戦略《グランド・ストラテジー》理論を提唱した。軍事力のみならず経済力や国内世論にも考慮を及ぼして対露戦略を立案した児玉は、大戦略家というにふさわしい人物であったのだ。

4、陸海軍間の作戦調整に尽力する

陸海軍円滑化の立役者児玉源太郎

児玉の頭を悩ませた問題に陸海軍の意見対立がある。参謀本部部員尾野実信によると、開戦約半年前まで陸海軍の協調は完全とは言い難かった。その原因は海軍大臣山本権兵衛と参謀本部次長田村怡与造の両者が「人の謂ふことを聞かない」性格であったため両者の折り合いが付かず、それが陸海両軍の下僚にも影響して何かと議論になりがちなことにあった。それが児玉の次長就任と共に「海軍との意思疎通も段々と宜く」なったという[40]。

参謀本部と海軍軍令部は親睦会である星桜会を組織し鯨飲談笑裡に意思疎通を図るなど努力はしていた。だが、海軍大臣の山本が、「韓国の如きは失ふも可なり。帝国は固有の領土を防衛すれば足りる」と発言し、ややもすると山本の影響を受けがちな海軍軍令部長伊東祐亨が、朝鮮半島を日本「独立の保障地」とする参謀総長大山巌の「朝鮮問題解決に関する意見書」に連署せず、大山が単独上奏する事態まで生じていた[41]。

つまり、陸軍は国防の第一線を朝鮮半島と見る一方、海軍は日本周辺海上に第一線を見ていたのだ。この国防観の相違は後に作戦計画をめぐる争いとして噴出することとなる。

陸海軍協調が戦勝の重要要素と考える児玉は次長就任直後に、参謀本部各部長を集め、「対露の策陸海軍協同和合より急なるはなし」、「余が職分の半面は両者の円満を計るを以て主とする。これがためには些々たる意気地の如きは放擲しなければならぬ」と訓示し、以後、短気で有名な児玉の海軍将校に対する態度は慇懃を極めた[42]。

しかし、児玉の努力にもかかわらず、その後も陸海軍は開戦時期、臨時派遣隊問題、旅順要塞攻略、第二軍上陸作戦などの問題で対立することが多く、問題が起きるたびに児玉は海軍に振り回され陸海軍協調のため苦悩することとなった。では、児玉はどのようにして、陸海軍間の意見対立をまとめたのだろうか。開戦時期と臨時派遣隊問題を例にこの点を説明してみたい。

「対露作戦計画」の策定と臨時派遣隊

朝鮮半島は日本「独立の保障地」である。そのため、陸軍も日露戦争の最低限の必成目的を、朝鮮半島の確保に設定していた[43]。

児玉は参謀本部次長に就任すると、韓国における作戦計画を中心とした対露作戦計画の研究・審議を進めた。明治三十六年十月二十日に「韓国に於ける第二次作戦計画の方針」が定められ、十一月一日には仁川二個師団上陸案と海州二個師団上陸案が児玉の裁決に託されている。同日附の書簡で児玉は、最終的には開戦とならないかもしれないが、「陸軍の方は次長就任以来開戦の準備に着手し、一段だけは決了したので、いつ開戦となっても差し支えないようにしてある」（現代語訳）と書いている。[44] 児玉の次長就任により参謀本部の開戦準備は迅速に完了したのだ。

十二月には「対露作戦計画」が完成した。この計画は二期に分かれており、鴨緑江以南の作戦で韓国を軍事占領する作戦を第一期、鴨緑江以北満洲の作戦を第二期とし、第一期の作戦を上陸地に応じて複数立案している点に特徴があった。[45]

第一期作戦の主眼は、戦略的にも政略的にも重要な京城の占領にあった。師団が動員下令後に京城に進出するまでには時間がかかるため、参謀本部はロシアが日本の機先を制し京城を占領することや、韓国皇帝高宗がロシアなどの公使館に移動することを恐れた。そこで考え出されたのが、臨時派遣隊を京城に派遣することでロシアに先んじて確実に京城を占領し、後続部隊の到着を待つという案である。[46]

だが、海軍は制海権獲得のために開戦劈頭に旅順艦隊を急襲することを計画していたため、開戦に際し臨時派遣隊の韓国派遣よりも敵艦隊急襲作戦を優先させたかった。というのも、急襲以前に臨時派遣隊が派遣されると、急襲の意図がロシア側に察知され急襲作戦が失敗に終わる危険性があったからだ。[47] そのため、陸海軍の作戦を調整することが必要となった。

児玉の妥協と海軍の違約

明治三十六年十二月三十日、陸海軍統帥部首脳は陸海軍の戦略方針の相違を調整する目的で、陸海軍協同作戦に関する会議を開催した。会議では、①戦争は海軍による敵艦隊急襲により開始すること、②臨時派遣隊の韓国派遣は海軍の行動後か早くてもそれと同時に行なうことが決定された。すなわち、陸海軍協調を第一と考える児玉は海軍に妥協して、海軍の先制を優先したのである。なお、この妥協は、海軍側が命令一下「二十四時間以内」に敵に向かい出帆可能と明言したため陸軍側が譲歩して成立したものだった。しかし、この海軍側の発言は後に問題の火種となる運命にあった。[48]

※なお、小林道彦氏は、この日の会議で児玉が臨時派遣隊を発案したと説明してこれが通説となっているが、これは誤りである。なぜならば、参謀本部は、十月に臨時派遣隊編成要領を研究しているからだ。しかも、参謀本部は児玉の参謀本部次長就任以前の十月九日附で「臨時韓国派遣隊編制要領」を作成しており、臨時派遣隊が児玉の発案である可能性は皆無に近いといえる。[49]

明治三十七年（一九〇四年）一月七日の閣議では、参謀総長および海軍軍令部長が各々次長を同伴して閣議に列席することを初めて許された。だが、閣議の席上、海軍側は前言を翻し「一月二十日」にならなければ出動準備が完了しないと言明し参謀本部を失望させた。[50]

海軍側の発言はさらに変化する。一月十九日、参謀本部は海軍の出兵準備完了日である「二十日」に臨時派遣隊を出発させることを海軍軍令部と協議したが、これに対し海軍は前言を再度翻して「二十六日頃」でなければ出発準備が整わないと回答してきたのだ。この時、海軍は日本へ向けて回航中の「日進」・「春日」のコロンボ出港を待っていたのである。参謀本部から見ると、開戦決行が海軍のために遷延に遷延を重ねたわけである。[51]

児玉ら参謀本部関係者は最初の海軍の発言を信じて陸軍の動員下令を一月二十日と考えていたが、前日の十九日になり海軍が二十六日頃に延期する旨を回答したことで、早期開戦を焦慮する参謀本部内は憤慨に満たされた。そこで「不平の発散」を目的に発議されたのが、一月二十日に回向院へ大相撲春興業の総見に行くという案であった。この日の取り組みでは、軽量の荒岩が前三場所続けて負け知らずの重量横綱常陸山に勝利したため、児玉らは小国日本が大国ロシアに勝利する前兆と考え、帰途、料理屋で痛飲したという。[52]

ともあれ、この陸海軍の対立は、臨時派遣隊の韓国派遣が先か、開戦劈頭の敵艦隊急襲が先かという開戦の方法だけでなく、それに密接にリンクする形で開戦時期も問題になって惹き起こされたものであったのだ。しかも意見対立の根底には、先述したように、朝鮮半島を国防の第一線と考える陸軍と、日本周辺海上にあると考える海軍との国防観の相違が存在した。

このような紛糾があったためであろう、開戦初期、参謀本部第一部長松川敏胤は、海軍大臣山本権兵衛のことを日記に「国賊」と書いている。松川らの参謀本部幕僚層を巧みに統制して陸海軍協調に尽力した児玉の苦労は大きかったといえる。[53] 海軍の違約に憤慨する参謀本部幕僚層の不満を抑えつつ海軍側の要請に妥協して、陸海軍の作戦調整を進めた児玉の功績は、高く評価されて然るべきであろう。

陸海軍協同一致のため戦時大本営条例を改正する

ところで、陸海軍協同作戦に関する会議開催二日前の明治三十六年十二月二十八日、戦時大本営条例が改正されて陸主海従から陸海平等となると共に、児玉が陸軍大臣時代に提案した軍事参議院条例が制定されている。陸海軍協同一致の実現は陸軍大臣以来の児玉の政策課題であったが、陸海軍参謀本部次長に就任した児玉は、戦時を見据えて、陸海軍間の作戦協議円滑化のため、陸海軍対立という懸案問題の解決に手をつけたのだ。従来、児玉が戦時大本営条例改正を主張した「根拠文書は無い」とされてきたが[54]、今回、これを立証する複数の史料を確認することができた。

明治二十六年制定の戦時大本営条例では、陸軍の参謀総長が「陸海軍の大作戦を計画」すると明記されていた（第二条）。だが、海軍側は陸主海従のこの規定に不満を抱き、陸海対等に改めるべきだと考えていた。

陸海完全平等の実現に執念を燃やしたのが、明治三十一年十一月に海軍大臣に就任した山本権兵衛である。山本は、明治三十二年一月に、戦時大本営条例改正を陸軍大臣桂太郎に提議し、「帝国陸海軍の大作戦を計画するは参謀総長の任とす」とあるのを改めて、「特命を受けたる将官」を戦時大本営幕僚の首班にすべきだと主張したのだ。しかし、桂と参謀総長川上操六がこれに反対し、陸海軍の対立は山本・桂の両大臣が単独で帷幄上奏を行なう異例の事態に発展した。しかも、明治天皇も聖裁を下さなかったため、戦時大本営条例改正問題は、未解決のままとなっていた[55]。

児玉は、参謀本部次長に就任するや、早速この問題の解決に乗り出した。児玉は、この問題を放置した場合、戦時における陸海軍間の作戦協議に支障が出ることを危惧したのだ。児玉は、海軍大臣山本の意見を容れて戦時大本営条例改正を実現すると共に、天皇に直隷する諮詢機関（軍事参議院）を設置して、国防用兵に関し陸海軍の意見が対立した場合、この諮詢機関に諮詢して意見の統一を図らせると共に、重要軍務の諮詢に対する審議決定機関とすべきである、と主張した。そして、児玉は、参謀総長大山巌、陸軍大臣寺内正毅、元帥山県有朋を説得し、彼らの同意を取り付け、十二月二十八日、戦時大本営条例が改正され、軍事参議院条例が制定されたのである。従来等閑視されてきたが、両条例の字句修正をめぐり、児玉が山県元帥・大山元帥・寺内の意見を調整したことを示す書簡（二十六日附）も残されており、両条例の改正・制定が、児玉主導でなされたことは確実である[56]。

このように、児玉は、陸海軍の作戦協議を円滑に進める目的で、海軍側の主張に譲歩するよう大山・山県・寺内を説得し、陸軍大臣時代以来の持論である軍事参議院設置を成し遂げたのだ。ただし、先に見たように、児玉の妥協にもかかわらず陸海軍の協同一致は不完全であった。そのため、日露戦争後の児玉は、陸海軍の完全な協同一致の実現を企図した提言を行なうこととなる（後述）。

第十五章　初戦の結果は全局の成敗に関する

1、児玉の戦争指導方針

開戦当初の作戦方針

明治三十七年二月四日の御前会議で開戦が決せられると、二月八日、連合艦隊が旅順港に奇襲攻撃をかけて日露戦争が開始された。宣戦布告は二月十日であるが、当時の国際法では宣戦布告なき攻撃開始が可能であった。

二月七日頃から、児玉は参謀本部に泊まり込むことが多くなり、多くの場合、参謀本部構内に存在したメッケルの旧宿舎で起臥し、作戦計画の精緻化に努めていた。▼1

開戦当初の参謀本部の作戦方針は、①三個師団をもって敵に先立ち韓国を占領すること、②満洲を主作戦地として陸軍主力を投入し、敵野戦軍主力を攻撃するために、まず遼陽に向かい進撃すること、③ウスリーを支作戦地とし、一個師団（第八師団）を投入して敵を牽制することというもので、旅順を攻撃するか否かや、樺太を占領するか否かについては、未決定であった。時間が経過するほど兵力劣勢となる日本軍がこの作戦で勝利を収めるためには、迅速に兵力を集中し、ロシア軍の集中未完に乗じて、これを逐次殲滅する必要があった。▼2

上記三方針の他に、児玉は特殊作戦（四番目の方針）として、後方連絡線破壊（鉄道線破壊）、通信線破壊、後方破壊活動、馬賊の組織化・使用を計画していた。たとえば明治三十六年十一月、児玉は、支那通軍人の青木宣純に対し、①日清協同の諜報機関の組織化、②ロシア軍の後方連絡線の破壊、③馬賊団組織化と馬賊団を使用したロシア軍の側背に対する脅威の任務に従事することを依頼し、清国の実

日露戦争出征前の児玉（左）。児玉の隣は腹心の満洲軍総司令部作戦主任参謀松川敏胤（児玉秀雄編『藤園記念画帖　児玉源太郎十三回忌記念』マツノ書店、二〇一〇年）。

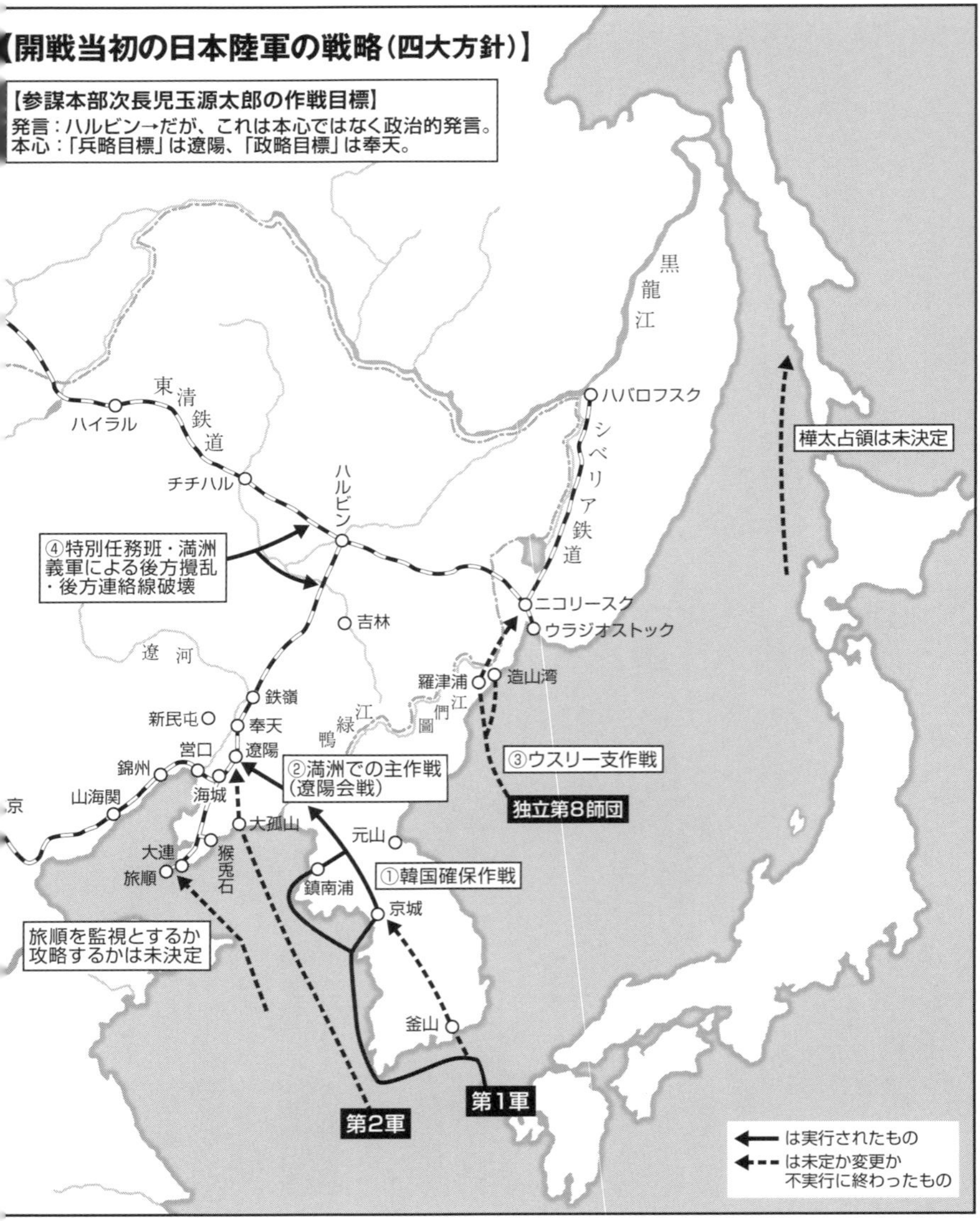
【開戦当初の日本陸軍の戦略（四大方針）】
【参謀本部次長児玉源太郎の作戦目標】
発言：ハルビン→だが、これは本心ではなく政治的発言。
本心：「兵略目標」は遼陽、「政略目標」は奉天。
黒龍江
ハバロフスク
シベリア鉄道
樺太占領は未決定
東清鉄道
ハイラル
チチハル
ハルビン
④特別任務班・満洲義軍による後方攪乱・後方連絡線破壊
ニコリースク
ウラジオストック
吉林
遼河
羅津浦
造山湾
鉄嶺
新民屯
奉天
遼陽
鴨緑江
們圖江
③ウスリー支作戦
営口
錦州
海城
②満洲での主作戦（遼陽会戦）
京
山海関
大孤山
独立第8師団
元山
大連
旅順
猴兎石
鎮南浦
①韓国確保作戦
京城
旅順を監視とするか攻略するかは未決定
釜山
第1軍
第2軍
は実行されたもの
は未定か変更か不実行に終わったもの

【対露作戦計画の大方針(明治37年6月10日決定)】

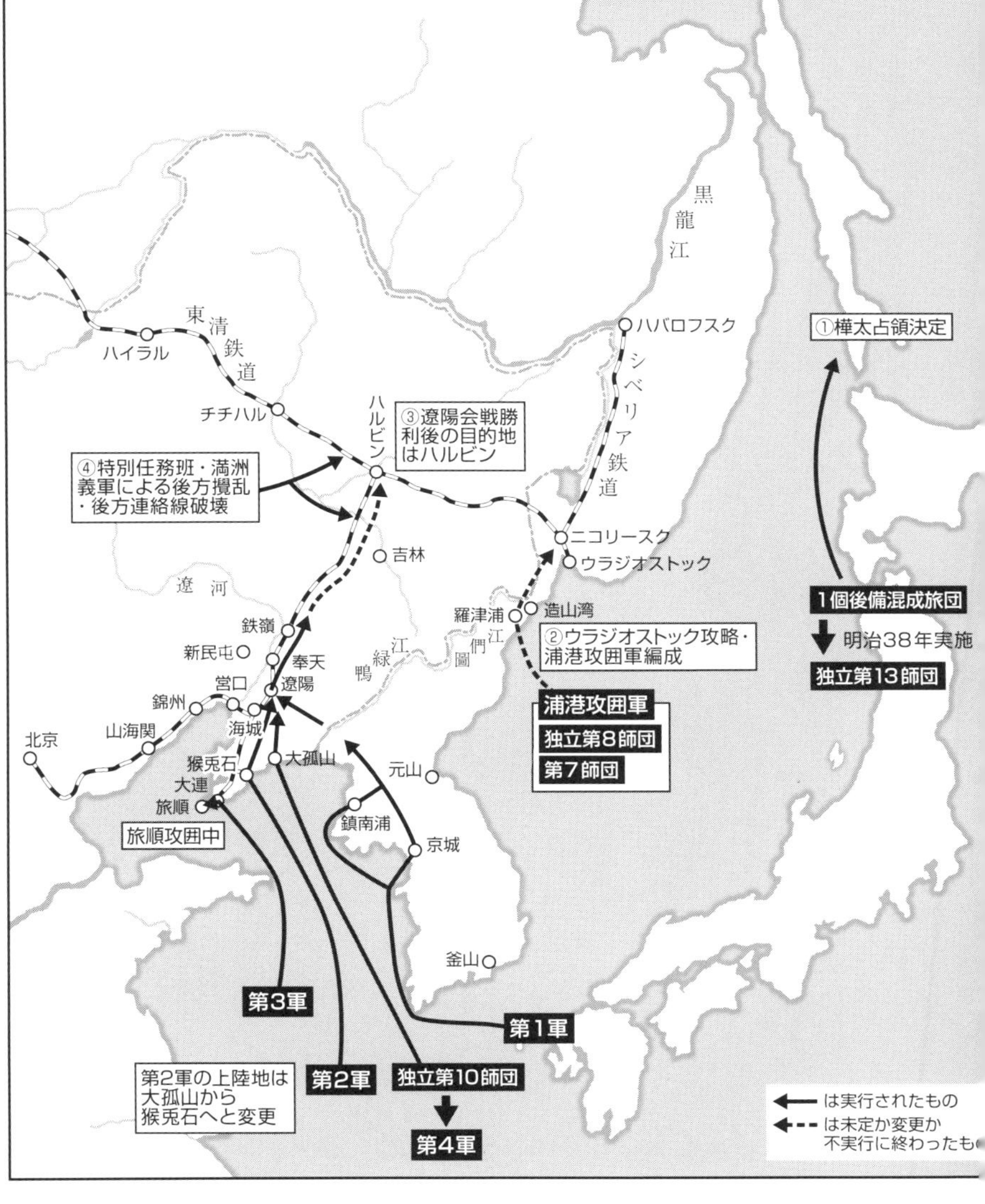

児玉源太郎の対露戦略

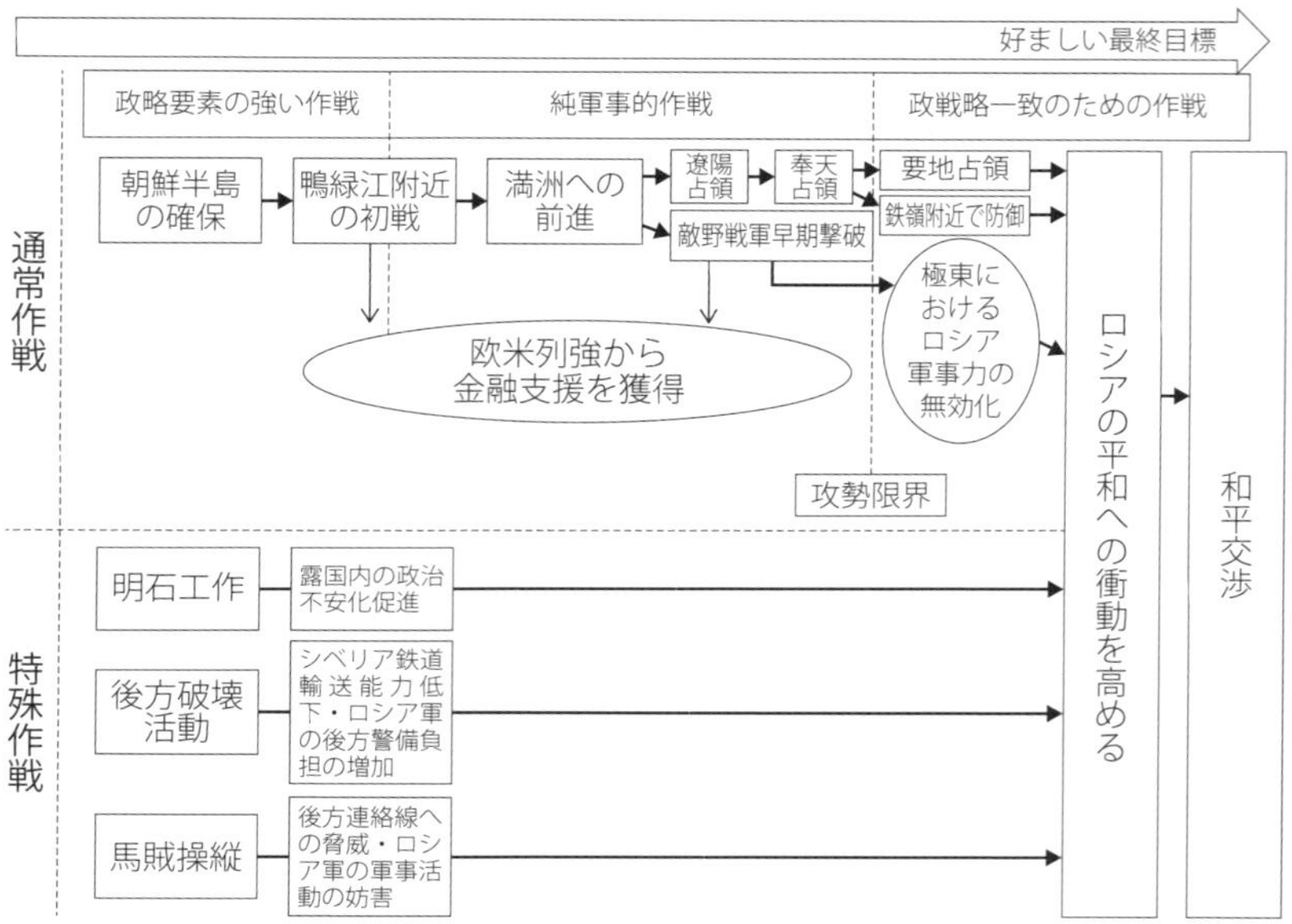

力者袁世凱と親しい青木を清国公使館附武官として送り出している。

また、児玉は、明石元二郎による対露諜報破壊工作、いわゆる「明石工作」にも関与しており、明治三十七年一月十二日に明石に対して、モスクワやペテルブルクに外国人情報提供者を二名ずつ配置して、情報を比較検討できるようにせよとの指示を出している。[3]

以上のような開戦当初の作戦方針は頗る簡単に見えるが、これには当時の用兵思想が関係している。シュリーフェン・プランで有名な参謀総長アルフレート・フォン・シュリーフェンが敵主力との最初の衝突以後にまで及ぶ細かい作戦計画を立案したのに対し、普仏戦争当時の参謀総長ヘルムート・フォン・モルトケは第一期会戦までの作戦しか立案しなかった。児玉以下の参謀本部部員は、普仏戦争史の研究やメッケルを通じてモルトケの作戦思想の影響を受けており、これが簡単な作戦方針となって表出したのである。[4]

児玉の戦争指導構想

ここで、児玉の戦争指導構想を確認しておこう。昭和期の軍人堀場一雄によれば、戦争指導の要諦は、①戦争目的の確立、②進軍限界の規整、③戦争終結の把握にあるという。[5]果たして児玉は、戦争の目的をどこに定め、対露戦争

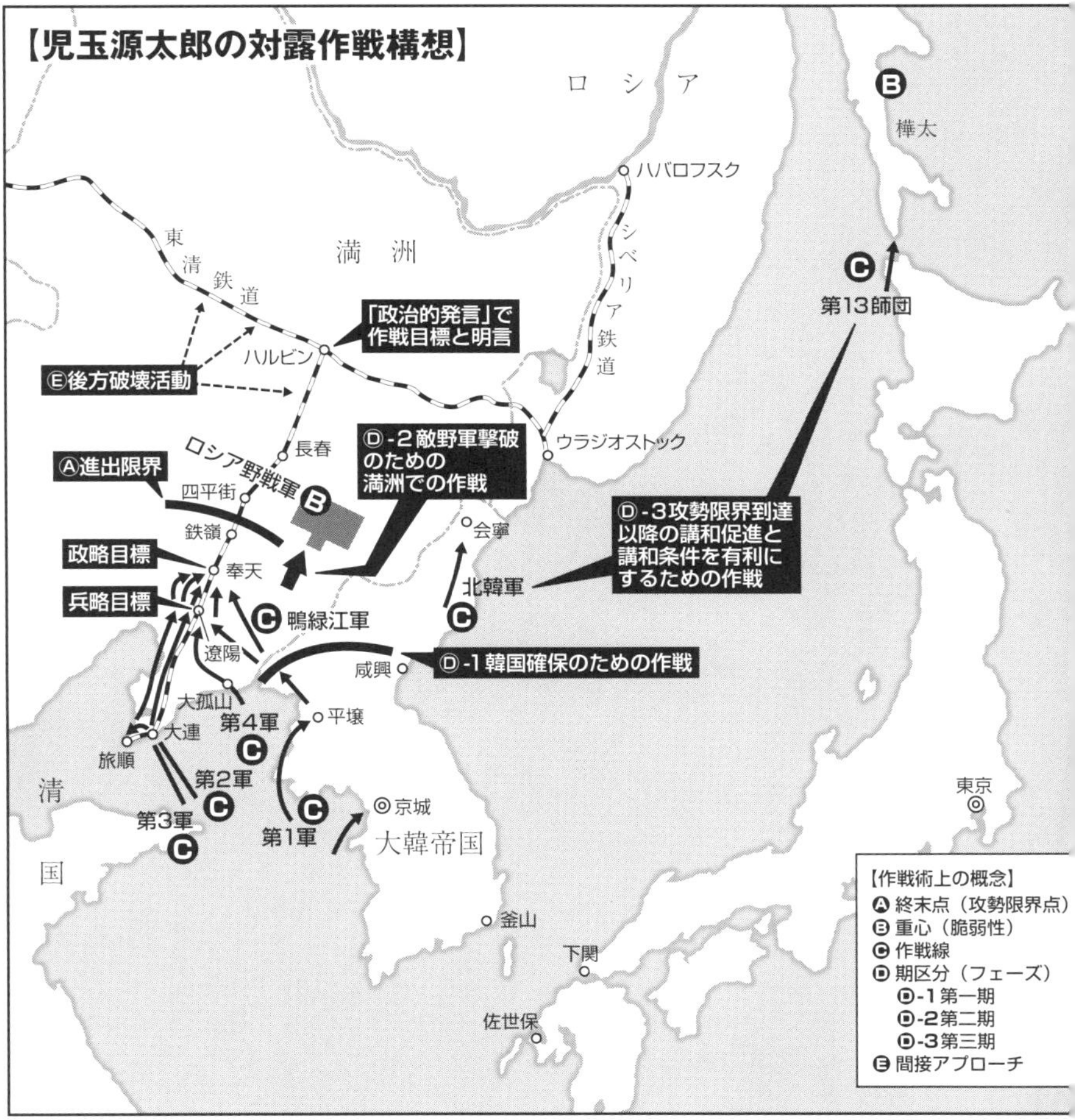

の地理的進出限界をどこに設定し、戦争をどのように終結させる腹案を有していたのであろうか。

児玉執筆の「日露講和締結に満足する覚書」によれば、児玉は戦争目的を、不凍港を狙い朝鮮沿岸への進出を企図するロシアを満洲・朝鮮から駆逐して、日本の生存を確保することに設定した。[6]

では、進出限界はどこか。明治三十七年六月十日に、児玉、桂太郎、山県有朋および大山巌らが会議のうえ決議した対露作戦方針では、遼陽会戦勝利後の目的地がハルビンに設定されている。[7] だが、覚書によれば、この児玉のハルビン攻略論は、「策略上の明言」にすぎず、児玉は実際にはそのような考えを持っていなかったようだ。児玉は、戦争目的達成のための目標を「兵略目標」と「政略目標」とに分けて考えていた。そして兵略目標を遼陽に、政略目標を奉天に設定していた。しかも児玉は、遼陽・奉天の二目標の攻略をもって「作戦上の目的」は達成と考え、それ以後は「政略の活動」により戦争を終結させるのが「至当」であると考えていたのだ。[8]

　つまり、児玉はこの戦争の地理的進出限界を奉天附近に設定し、奉天占領以後、戦争終結を目的として軍事から外交を含めた政略へと国家活動の重心を移すべきであると考えていたのである。

児玉構想の軍事学的意義

　軍事学的に特記すべきは以下の諸点だ。第一に、児玉が戦争目的を満洲・朝鮮からロシアを駆逐して日本の生存を安全にすると明確に確立している点だ。これにより、戦争目的を基礎に立案される作戦計画において、作戦目標や進出限界を明確に設定することが容易となった。

　第二に、児玉が目標を政略目標と兵略（軍事戦略・作戦）目標との二つに分けて考えており、政略目標の奉天占領をもって、軍事から政略（政治・外交）へと移行すべきであるとの認識を有していた点である。

　国家戦略は政略と軍事戦略から構成されるが、児玉は参謀本部次長でありながら、国家戦略レヴェルの視点から陸軍の戦略を構成・立案していたのである。これは、児玉が「戦争とは他の手段でもってする国家政策の継続である」というクラウゼヴィッツ的な戦争観の持ち主であったことを物語っている。児玉は、戦争（軍事）は政治目的達成のための手段であり、手段である戦争（軍事）は目的を離れて考えることはできないということを理解していた軍人であったのだ。

　第三に、児玉が、地理的進出限界を明確に設定すると共に、進出限界到達以後は軍事から政略へと活動の重点を移し戦争を終結させるべきだとして、ロシア奥地への進軍を抑制的に考えている点だ。

　クラウゼヴィッツは、あらゆる戦争において戦勝者は敵を完全に撃滅できるわけではなく、多くの場合において「勝利の限界点」（攻勢限界）が出現すると述べている。児玉はロシア軍の後退戦略に引き込まれて、知らないうちに勝利の限界点を超越する事態を恐れていたのだ。児玉は、開戦当初の時点で、勝利の限界点を見極めることの重要性を認識して戦争指導を進め、戦勝を続けてもそれを維持した。戦勝を続け戦線を拡大し、戦争資源を消耗した昭和期の軍人とは異なる戦争理解である。

　第四に、この覚書に、政略上の活動は、奉天会戦（明治三十八年三月十日終了）以前に着手して、奉天会戦の結果を利用して、有利な講和条件で講和条約を締結すべきであったと書かれていることからわかるように、児玉が戦闘の勝利と戦争の勝利とは別個のものであると認識し、戦闘の勝利を利用して戦争の勝利を獲得しようと考えていた点も重要だ。[9] つまり、児玉は戦闘を戦争目的達成のための手段であると明確に認識していたのだ。

また、詳しくは後述するが、児玉は、日露戦争末期に自ら東京に戻り、政府首脳の意見を講和の方向にまとめているが、戦争終結の把握という点でも児玉は卓越した働きを見せている。このように、児玉は戦争指導の要諦を理解していたと評価できそうだ。

なお、開戦当初の作戦方針と児玉の戦争指導方針を併せて考えると、児玉は、戦争を次の三期に分けて考えていたようである。第二期は純軍事的作戦であるが、第一期と第三期は政治的要素が濃厚な作戦である。

第一期　最低限の戦争目的である韓国確保のための作戦
第二期　敵野戦軍撃滅のための満洲での作戦
第三期　攻勢限界到達以後の講和促進と講和条件を有利にするための作戦

2、鴨緑江の戦い

初戦に必勝を期す

児玉は初戦（最初の本格的戦闘）を重要視していた。初戦の勝敗が内外に与える影響は甚大であり、爾後の戦争指導に重大な関係を有するのみならず、軍隊の士気振作も初戦の結果に大きく左右される。しかも初戦に勝てば外債募集上の効果も大きいし戦争の主導権も掌握できる。それゆえ軍隊は初戦に必勝を期さねばならないと児玉は考えていたのだ。たとえば児玉は、対米世論工作のために渡米する金子堅太郎に対して、初戦に負ければ士気が阻喪するので、初戦に勝利することが重要であり、そのためにロシア軍に対して二倍の兵力を集中する計画であると述べている。[10]

初戦を戦うことになったのが、朝鮮半島を北上し南満洲に進入して敵を攻撃する任務を附与された第一軍であった。児玉は第一軍司令官黒木為楨《ためもと》に対し、井口省吾を介して「第一軍は第一に敵に接衝するを以て、其行動は特に慎重ならさるへからす。蓋し初戦の結果は実に全局の成敗に関する大なるを以てなり」との注意を伝達している。[11]

また、児玉は第一軍参謀長藤井茂太に対して書簡を送り、「為し得る限り平壌・安州の間に於て初戦を試み度〔中略〕

附表5：主要戦闘における両軍の兵力数と損害数

	日本軍			ロシア軍		
	兵力	火砲	戦死傷者	兵力	火砲	戦死傷者
鴨緑江	42500	122	932	16000	40	2284
南山	36922	198	4285	15000	125	1336
遼陽	134500	474	23533	224600	653	15890
沙河	120800	488	20497	221600	750	41346
黒溝台	53800	160	9324	105100	428	11743
奉天	249800	992	70432	309600	1219	89423
旅順第一回総攻撃	50765	380	15860	33700	488	1500
旅順第二回総攻撃	44100	427	3800	32500	646	4532
旅順第三回総攻撃	64000	426	16936	31700	638	4000

出典：参謀本部編『明治三十七八年日露戦史』全十巻（東京偕行社、一九一二〜一九一四年）、陸軍省編『日露戦争統計集』第五巻（東洋書林、一九九四年）五三〜八〇頁。

初戦に彼の胆を砕き候事、最も肝要と奉存候。〔中略〕是非鴨緑江渡河前に一回彼を撃破致度ものと奉存候」と書いている。韓国確保と初戦の勝利を重要と考える児玉は、可能な限りの大兵力を朝鮮北部に進め、韓国占領を確実にすると共に、初戦を平壌北方で行ないロシア軍を撃破してロシア側の士気を挫きたいと考えていたのだ。[12]

初戦の勝利と児玉の歓喜

だが、第一軍が清韓国境の鴨緑江に到達するまでに、小規模な戦闘は惹起したものの、児玉の企図する敵軍の士気を挫くような戦闘は生起しなかった。最初の本格的戦闘は、四月二十九日に開始された鴨緑江の戦いである。初戦を重要視する児玉は、敵に対し約二・六倍の兵力と約三倍の火砲を投入すると共に、陸軍大臣時代に自らが編成させた野戦重砲兵連隊（十二サンチ榴弾砲二十門）を投入し必勝を期している（附表5参照）。児玉の計画が功を奏し、第一軍はこの戦闘に勝利した。勝因の一つが敵の野戦陣地を破壊した野戦重砲兵連隊の強大な火力であった。[13] 将来の戦争像を見越してこの部隊を整備した児玉の先見性が初戦の勝利をもたらしたのだ。

鴨緑江の戦いの勝利により、日本は韓国確保を確実にし、国外での日本公債の人気が向上することとなった。全知全能を傾けて立案した初戦の勝報に接した児玉の喜びようは非常なもので、五月二日、児玉は祝勝の意味を込めて自身が考案した「駆露人《くろうど》料理」で大本営陸軍部幕僚をもてなしている。この料理の献立書には、敵将クロパトキンを斬るの意を込めた「黒鳩　切焼」など、諧謔好きな児玉の性格を示す文字が並んでいる。[14]

3、第二軍上陸作戦

困難な上陸作戦

大本営陸軍部は第一軍に朝鮮半島を北進させる一方で、第二軍を遼東半島に上陸させ、ロシア満洲軍と旅順要塞守備隊とを分断させることを計画していた。児玉は明治天皇の上奏に際し、第二軍の作戦の成否は「全軍の安危に関する所」であると説明すると共に、上陸作戦が極めて困難かつ危険であると述べている。児玉は、ロシア満洲軍ないし旅順要塞守備隊が第二軍上陸半成の虚に乗じて攻勢に転じることを危惧していたのだ。[15] 第二軍上陸作戦が失敗しては、日本軍の作戦は頓挫を来す。このように考えた児玉は、作戦計画参与者から「上陸を極秘に附せねばならぬ」という一札を提出させるほど、機密保持を徹底させた。[16]

開戦当初、大本営陸軍部は第二軍の上陸地を大孤山附近に予定していた。だが、児玉は第一回旅順口閉塞作戦の成功を過大に予想した大本営海軍部の勧告に従い、大連湾附近にこれを改め、軍の編成も大連湾附近の地形に合わせて山砲師団から野砲師団（野砲は山地での機動力に劣るが威力が大きい）へと改める決断を下した。[17] この児玉の決断の背景には、大本営海軍部の勧告の他に成功を急ぐ児玉の心理状態も影響していた。児玉は、海軍が開戦劈頭の旅順港奇襲作戦や仁川沖海戦で勝利を収めて名声を博したのを嫉妬し、「陸軍勝戦の大成功が一日も早からんことを欲する」と時々口外していたという。[18] 児玉も人間であり、功名心や嫉妬心とは無縁ではなかったのだ。

だが、海軍側の作戦が思うように進捗しなかったこともあり、上陸地点は最終的に猴兎《こうと》石《せき》に変更された。児玉はまたもや海軍との作戦調整に頭を悩ませざるを得なかったのだ。だが、この間も、児玉は海軍側の要請に基づき、第三回旅順口閉塞作戦のために、船腹量が切迫していたにもかかわらず陸軍の運送船六隻を提供することに同意しており、陸海軍の協調を重視する児玉の姿勢に変わりはなかった。[19]

苦境でも揺るがぬ決心

五月五日、第二軍第一次上陸部隊が猴兎石に上陸した。この時児玉はロシア軍による攻勢を危惧しており、砲声が盛んとの報告が現地から入るや、「〔ロシア軍が〕居ると見えるなー。やることはやるだろう」と述べている。大本営の運輸通信長官である大沢界雄によればこの一言には「小敵何かあらん。我か鋭鋒に当れ」という児玉の満腔の豪気が表現されていたという。だが、児玉の心配に反して、第二軍の揚陸は大きな抵抗に遭遇することなく進められた。[20]

上陸開始当初、揚陸効程が予想より進捗しなかった。五月七日、大沢は上陸地の風波が激しいため小蒸気や団平船《だんぺいぶね》が沈没・破損したら惨事になるとして、児玉に上陸計画の変更を意見具申した。だが、児玉は頑として応じず、すべて予定計画通りに実行する決定を下した。この日の部長会議で児玉は、遅々たる揚陸効程を風刺して「一里二里なら転馬《てんま》〔伝馬船〕でも漕ぐが、五里と距たたりや風任せ」という都都逸を詠んでいる。現地から遠く離れた東京で揚陸効程が遅いと心配してもしようがないという意味である。[21]

目先の苦境に決心を左右されない点は児玉の面目躍如たるところである。一度これと決断したら決心を変更することがない意志の堅確さは、多くの関係者が指摘する児玉の美点の一つであった。[22]

しかし、大沢の心配は杞憂に終わり、児玉の余裕に満ちた決心が的中した。五月十四日、予定より一日遅れたものの十日間で兵員約五万余、馬匹一万余および約三十中隊分の野砲の揚陸が完了した。大沢は風波に曝された海岸での揚陸動作としては「充分の成功」と評価している。児玉は「大沢君万歳!」とシャンペンで祝杯を挙げ大沢の労をねぎらった。[23] 大本営参謀の田中義一は、敵情不明にもかかわらず上陸作戦を断行した児玉の決断を「破天荒の決断」と高く評価している。[24]

独立第十師団上陸地をめぐる寺内との対立

主要部隊の上陸を完了した第二軍は、五月十五日、北は普蘭店・大沙河の線、西は金州北方の高地を占領すべく本格的な作戦行動を開始した。第二軍は上陸開始後第十一日で作戦行動を開始できたのである。そして、五月二十六日、第二軍は大本営を驚愕させた四千人以上もの死傷者を出して南山の攻略に成功した。

だが、第一軍と第二軍との中間には広大な間隙が存在していた。この間隙を敵に分断される可能性があることから、大本営は独立第十師団を上陸させて間隙を塞ごうとした。だが、上陸地をめぐって論争が起きた。御前会議の席上、陸軍大臣寺内正毅が大孤山上陸は不得策であると述べたのに対し児玉が反論し論争となったのだ。[25] 最終的に上陸地は大孤山附近となり、五月十九日、独立第十師団は、同地に上陸を開始している。

4、満洲軍総司令部の編成

児玉の大本営分置論

野戦軍が遼陽を目指し進撃を開始すると、大陸に展開する野戦軍を指揮する総司令部を満洲に設置する必要が出てきた。だが、総司令部の権限をめぐり陸軍内部で対立が発生した。

事の発端は、明治三十七年三月上旬に児玉が発した「遼東半島に数軍を派遣せる後には大本営の一部を前遣するつもりなり。これがため皇太子殿下を奉ずるを得ば最も理想的なり」の一言にあった。児玉は、大本営の一部を満洲に進め、皇太子（後の大正天皇）を総司令官に奉じるつもりであったのだ（大本営分置論）。

三月十二日、児玉は、参謀本部に赴いた皇太子（大本営附）を「満洲の馬賊は殿下を欣慕するや久し。殿下の満洲に君臨遊ばさるるを一日千秋の思いにて待ちつつあり」という児玉一流の諧謔でもって出迎え皇太子を微笑させた。[26]

児玉の大本営分置論は、現在の参謀本部の大部分を戦地に進出させ、本国には山県有朋を参謀総長として残すというものである。慎重で神経質な山県が総司令官では、作戦の細部に干渉する可能性が高い。そのため児玉は、山県が総司令官では「到底纏まりが付かぬ」と予測し、山県を参謀総長として本国に残し、自身が満洲における作戦の実権を握ろうと考えたのだ。[27]

四月七日、児玉の命を受けた幕僚が、陸軍大総督府編成要領および同勤務令を脱稿した。その内容は、外征陸軍の作戦を指揮する「陸軍大総督府」を編成して戦地に進め、陸軍大総督に作戦・兵站（陸軍大総督が画策し参謀総長が処理）・人事（将官以下の進級補除）に関する権限を附与するというものであった。[28]

日清戦争末期、参謀総長小松宮彰仁親王を征清大総督とする征清大総督府が大陸に進出しており、恐らく児玉はこの先例に倣ったのであろう。

寺内の反対

だが、陸軍大総督案に寺内正毅率いる陸軍省が反対した（四月八日）。陸軍大総督府に強大な権限を与えては、「大本営は単に空権を擁するのみの状態」となり、軍令の系統を転倒させてしまう。それゆえ、現在の軍司令部に準じた権限を附与するに止め、その名称も「陸軍総督府」とすべきだというのだ。[29]

陸軍省案を知るや今度は、参謀総長大山巌が憤慨した。大山は兵站・人事に関する権限が総督に無いと、戦場で意の如く外征軍を指揮できないとして、陸軍省案に反対したのだ。省部の意見の隔たりは大きかった。そこで、児玉が案文を修正した上奏案が作られ、五月十二日に寺内も上奏案に異存なしと同意した。[30]

山県の中間高等司令部案と児玉の激怒

五月十三日、大山が「陸軍総督府」を編成して戦地に進出させるべきだと内奏した。[31] 大山の内奏に接した明治天皇は、山県に下問を行なうこととした。五月二十三日、山県は、野戦軍と大本営との間に中間機関（中間高等司令部）を置き、野戦軍の作戦（兵站、経理、人事を除く）を指揮させるべきであると奉答している。[32]

だが、これを聞いた児玉が憤慨し次のように述べた。

「作戦に関する機関の編成は総長の責任にして他の案を奉行するを得ず。〔中略〕その実行は総長の大任なり。故に総長これを実行し得ざるに於ては須らく辞職すべきなり」。[33]

山県案に賛同する者に、総理大臣桂太郎、寺内および海軍大臣の山本権兵衛があり、児玉に賛同する者に大山以下の参謀本部要職者がいて、ここに複雑な交渉が発生することとなった。[34]

明治天皇の調停

参謀本部と山県・政府派（桂・寺内・山本）との意見対立の調整には明治天皇の介入が必要であった。五月二十五日、天皇は大山に左記の御沙汰書を下した。その内容は、①満洲において行動する「数軍」を指揮する高等司令部を編成して戦地に進める、②高等司令部は作戦指揮と司令部自営に必要な機関を備えるというもので、山県の奉答に近い内容であった。

児玉も天皇の御沙汰には従わざるを得ない。参謀本部は、この御沙汰書に従い、「野戦軍統帥部」編成要領および同勤務令を起草した。[35]

第三軍指揮系統をめぐる対立

対立は収まったかに見えた。だが、ここで第三軍の指揮系統に関する物議が発生する。高等司令部編成問題は第三軍の統帥問題と密接に関係していたのだ。当時、旅順攻囲に任ずる第三軍を陸軍総督ではなく大本営にて指揮すべきという意見が桂から出されており、寺内も同意していた。そのため、御沙汰書にある「数軍」の中に、第三軍を含むのか否かが問題となった。[36]

六月二日、山県・政府派（桂・寺内・山本）と参謀本部派（大山・児玉）の対立が頂点を迎えた。この日、桂と山県が第三軍を野戦軍統帥部の指揮下に置かないとの決定を下したのである。六月三日、児玉はこれに激怒し、次のように述べた。

「長岡〔外史、大本営幕僚附〕君、君行きて山県元帥に伝えよ。この愚を再現せば予は坊主となり山中に引退し断じて再会せず」[37]。

児玉の引退を賭した反対の甲斐があり、六月十八日、桂と児玉の間で第三軍所属問題は第三軍を「数軍」に含むということで解決した。ただし、桂によれば、この決定は、とりあえず両方面の軍（北進軍・第三軍）を満洲軍総司令官の指揮下に置いておき、今後の作戦の結果必要が生じた場合、大本営の命令で第三軍を満洲軍総司令官の指揮下から外すという含みを持たせたものであったようだ[38]。

児玉・寺内間に残された感情のしこり

一方の高等司令部問題に関しては、六月十一日、大山および寺内が「野戦軍総司令部」編成案を明治天皇に上奏した。しかし、天皇がこの名称を不適切と考えたため、名称は「満洲軍総司令部」に変更されることとなった[39]。山県らの意見に近い天皇は、野戦軍総司令部の名が持つ意味の大きさを憂慮し、中間機関の権限をより明確化・限定化したかったのであろう。

こうした経緯を経て、六月十三日、天皇が満洲軍総司令部編成要領を裁可し、二十日、満洲軍総司令部が編成された。ただし、寺内の観測では、児玉も大山も最初の「野戦軍総督」（陸軍大総督のことか）の意思を捨てていなかったようだ。しかも、この間の参謀本部と陸軍省の対立により、省部の関係は「感情甚《はなはだ》良ならす」（寺内）という状態になった[40]。児玉・寺内の政策・戦略をめぐる意見の相違はこれほどまでに甚だしかったのだ。

山県・寺内構想の挫折

こうして、満洲軍総司令部は純然たる作戦専門の司令部として出発した。しかし、満洲軍総司令部が後方勤務や経理・衛生などを一切行なわないとした点は多くの問題を生じさせた。このままでは、将来的に満洲軍の作戦が兵站のため掣肘を受ける可能性がある。こう考えた児玉は、明治三十八年（一九〇五年）四月上旬に一時帰国した機会を利用して、満洲軍総司令部内に総兵站監部を設置し、経理・衛生に至るまで後方勤務を統一指揮させるべきだと主張し、大本営を納得させた。かくして、五月、満洲軍総兵站監部が成立し、満洲軍総参謀長が総兵站監を、一部の満洲軍参謀が総兵站監部参謀を兼務するなどして、総兵站監部が各軍の後方勤務を統制整理することとなった[41]。

つまり、山県・桂・寺内らの意見は実戦の現実の前で修正を迫られることとなったのである。山県らの構想は戦場の現実の前に挫折し、児玉・大山らの意見の正しさが証明されたのだ。

※もっとも、これまで等閑視されていたが、満洲軍総司令部の東京出発の際に、満洲軍総司令部と大本営陸軍部との間で、兵站・衛生・経理の諸機関を満洲軍総司令部に付する約束がなされていたようである（井口省吾文書研究会編『日露戦争と井口省吾』四七九頁）。

さて、満洲軍総司令部編成問題での主張からわかるように、児玉は出征軍（満洲軍）の作戦を円滑に行なうためには出征軍司令部（満洲軍総司令部）になるべく多くの権限を委譲すべきだと考えていた。これに対し、山県や寺内らは出征軍に多くの権限を委譲すると、本国の大本営による出征軍の統制が利きにくくなると考えた。この見解の相違は、満洲軍総司令部の出征中、何度も表面化することとなり、大本営と満洲軍総司令部との意見対立の原因となっている。

そうした意見対立に、児玉が糧秣購入を委任するように大本営へ要求した台湾米購入問題をめぐる電報戦、児玉が戦闘序列を適当に組織する権限は満洲軍総司令官にありと主張した第三軍の戦闘序列変更と鴨緑江軍新設問題（後述）などがあり、児玉の意見が通らなかったこともあった。こうした経緯があったため、明治三十八年に起きた後備混成旅団編成問題に際しては、大本営が児玉の意見を聴取しておきながらこれを採用しなかったことで、怒った児玉が「当方の意見を軽視されているようなので、今後は当方に意見を問い合わせてこないように」（現代語訳）と述べるまでに至っている。[42]

5、絶妙な人事

大山はなぜ総参謀長に児玉を起用したのか？

明治三十七年六月二十日、児玉は満洲軍総参謀長に就任した。総司令官は大山巌である。谷寿夫『機密日露戦史』は、大山が総司令官就任に際して総参謀長に児玉を起用した理由について、大山が第二軍司令官として出征した日清戦争の時に、参謀長井上光との仲が悪かったため、「特に児玉大将を希望」したと説明している。[43] 谷はその理由を明確にしていないが、実はこれは重要な問題である。

日清戦争当時、大山は井上との関係が良好ではなく、旅順攻撃の作戦方針をめぐり両者間で激烈な論戦が展開されて「一時緊張したる場面を呈した」ことがあった。威海衛攻撃の際には激怒した大山が井上を叱責している。[44] 一般に

「茫洋」とか「茫将」と評される大山は、実は作戦にも一家言持った人物であると共に、激しい性格を持ち合わせた人間であったのだ。

満洲軍参謀尾野実信によれば、大山と児玉は互いに「親和し信頼」しあっていたといい、先述したように、大山夫人の捨松は「元帥が嗜きなものは児玉さんと尾野さんとビフステーキ」と語ったという[45]。

つまり、大山は、日清戦争当時、参謀長との関係が不良で作戦に支障をきたしたことを踏まえ、自身との関係が良好な児玉を総参謀長に起用することとしたのである。

総参謀長であることのメリット

一方の児玉も、山県有朋が総司令官では纏まりがつかないので、大山が総司令官でなければ総参謀長にならない、と述べていることからわかるように、大山に相性の良さを感じていた。また、大山は勝ち戦が続く間は、一切を児玉に任せる方針を採ったため、児玉としても力量を発揮しやすかった。大本営陸軍部副官堀内文次郎が指摘するように、もし、総司令官が山県であったとしたら、満洲軍の作戦は史実ほど円滑には進まなかったに違いない[46]。

しかも、大山の信任を受け万事を委ねられた児玉は大山に対する敬意を失わなかった。児玉は総司令官に報告しなければならない案件は些細なことであっても、専断の処置に出ることなく大山に報告したのだ。そのため、戦争中を通じて児玉と大山の関係は良好なまま推移している[47]。

相性・大山の委任主義というメリットの他に、児玉には大山を総司令官に奉じることで、大山が各軍司令官を統御してくれるメリットも享受できた。各軍司令官（黒木為楨・奥保鞏・乃木希典・野津道貫・川村景明）は児玉より年長であり、軍歴の多くを軍事官僚として過ごした児玉をはるかに凌ぐ実戦経験と軍功を誇っていた。

特に難物なのが、野津である。野津は日清戦争に際し、独断専行により上級司令部の意向を無視したのみならず、三国干渉の遼東半島還付時には、廟議決定に反対し再戦を唱えた過去を有していた。しかも、野津は児玉を「若造」のように見ていたのだ[48]。

この猛将野津を抑えることができたのが、大山であった。軍司令官に必要なのは威望であるが、幕末以来西郷隆盛と志士活動を共にし、近代陸軍の創始者の一人である大山には他を圧する威望があった。実際、大山は田村怡与造の参謀本部次長就任に際し、自身より年長の教育総監野津の反対を抑えて、田村を次長に就けることに成功している[49]。

大山が自身の役割について、「野津大将等は戦争に掛ては勿論予よりも上手なり。併しながら彼等は出先にて互に剛情を張り意見の一致せざること多々あるべきは予知するに難からざる所、其時之を纏めて決行せしむることが予の任務」であると述べている。このことからわかるように、大山は自身の威望で、自信に溢れ個性の強い軍司令官たちを統御することに自身の役割を見出していたのだ。[50] しかもこれは児玉には不可能な役割である。

　このように、総司令官大山と総参謀長児玉という組み合わせは絶妙の配置であり、これが戦勝の要因の一つとなったのだ。

大将昇進を喜ばず

　六月六日、児玉は岡沢精・長谷川好道・西寛二郎・乃木希典と共に陸軍大将に昇進した。五十二歳（満年齢）、現役大将中最年少の大将である。

　だが親任式当日の早朝、児玉は山県有朋に対し、五大将の昇進に関し何らかの意見を述べている。早速山県は寺内正毅を呼び出して児玉の意見の件を相談し、寺内は「一の情実の為めに起りし問題なるを以て急に世間体を修飾すること難し。能く調査して為すへし」と答えている。[51]

　児玉の意見の内容は不明であるが、小林道彦氏が児玉の昇進辞退に類することだと推測しており、著者も同感である。[52]

　確かに児玉はこの昇進を喜ばなかった。昇進を知った児玉は「戦争がまだこれから前途遼遠であるといふのに、自分がいま大将になるといふのは非常に面白くない」と述べ、「一将功成万骨枯《いっしょうこうなりばんこつかる》」との詩を吟じたという。日露戦争中、大山巌も同じ詩をノートに書き残しており、児玉と大山の相性の良さを考えると興味深い。[53]

戦争の長期化を覚悟する

　七月六日、大山巌・児玉ら満洲軍総司令部員は、皇族をはじめとする紳士貴顕や民衆の見送りを受け新橋停車場を出発し、十五日に大連に上陸、二十三日に北上を開始した。

　当時、満洲軍総司令部参謀（第三課長＝後方主任）の井口省吾が東京事務係としてしばらくの間、東京に居残ったため、児玉は「井口の延着には事務上甚困難、小生近頃細事を見ず、急に高級副官兼所の事とて万事不手廻りの事に御座候」と嘆いている。[54] 後述するように、この頃の児玉は、台湾総督の時のように、自身は大綱を握るだけで、細かい事務を信頼する幕僚に任せるようになっていたのだ。

　また、児玉は、七月二十二日に、ロシア軍の欧露から極東への軍隊輸送状況に基づき、冬営の準備が必要であると、参謀本部次長長岡外史に宛てた書簡の中で述べている。児玉は戦争の長期化を覚悟しつつあったのだ。さらに、この書簡で児玉は、補助輸卒の働きを評価して、待遇改善と、上等兵や下士への昇進の道を開くべきとの提案も行なっている。児玉は、戦争における後方勤務の重要性を認識し、後方勤務者のやる気を喚起させる方策を提案したのである。[55]児玉はこうした細かいことまで配慮のできる人物であった。

第二軍に前進を督促する

この時期の児玉を悩ませた問題に第二軍の前進躊躇問題がある。第二軍は遼東半島上陸後から消極的な作戦が目立ち、前進を躊躇しては児玉や大本営の督励を何度も受けていた。

第二軍の消極的作戦の原因は、第二軍参謀長落合豊三郎の過度に慎重な性格にあった。落合は「非常に大事を取る人」であった。そのため戦争中に「第二軍の作戦は最も慎重ならざるべからず。万一第二軍が失敗するが如き事あれば全軍の失敗となり、帝国の失敗となるから非常に注意を要す」と周囲に漏らしていた。そのため、軍司令官奥保鞏と落合の関係が悪く、司令部内が二派に分かれていたという。[56]

この頃、第二軍には大石橋・営口の早期占領が求められていた。営口が旅順要塞への補給路として使われていたからである。だが、第二軍は敵兵力や兵站状況の不良を理由に前進を躊躇した。そこで、七月十六日に児玉が落合に電報を打ち、なるべく速やかに大石橋・営口の線を占領すべきとの注意を行ない、最終的に満洲軍総司令官命令で第二軍が前進を開始する事態が発生している。[57]

遼陽会戦後に慎重すぎる作戦指導を理由に落合は第二軍参謀長を解任されることになるが、その萌芽がすでに現れていたのだ。

第十六章　諸君の意見は国家の意見なり

1、第一回旅順総攻撃の失敗

旅順攻略決定の経緯

明治三十七年三月上旬の会議の席上、児玉が旅順の背面に竹柵を作ればよいとの冗談を述べたのは有名な話である。この挿話が示すように児玉は二正面作戦（兵力分割）を回避して主決戦正面に兵力を集中するため、旅順は攻略せずに監視にとどめる意向であった。

だが、連合艦隊による旅順方面での作戦の失敗を見た参謀本部は、三月中旬になり海上からの旅順艦隊撃滅は困難と考え、三月十四日に二個師団を基幹とする攻城軍を編成して旅順を攻略する作戦計画を決定した[1]。

ロシア艦隊の根拠地である旅順攻略を海軍ではなく、陸軍が先に言い出したのには理由がある。海軍は開戦劈頭の旅順艦隊急襲作戦や旅順口閉塞作戦などの手段を通じて、陸軍の支援を受けることなく独力で旅順を陥落できると考えていたのだ。攻城軍編成決定後も海軍は旅順攻略をせかしておらず、四月六日の陸海軍会議決議事項には、第二軍が塩大澳《えんだいおう》に上陸したとしても、海軍は直ちに旅順要塞を攻略することを要請しない、との一文が存在する[2]。

だが、ロシア政府が五月二十日に太平洋第二艦隊（バルチック艦隊）の極東派遣を公表すると、旅順艦隊撃滅を急ぐ必要が生じ、七月以降、大本営や海軍は、迅速に旅順を攻略せよとの圧力を強めた。たとえば、七月中旬、海軍側の要請を受けた参謀総長山県有朋は満洲軍総司令官大山巌に対して、早急に旅順を攻略するよう伝えている。

七月十八日、児玉は大連で第三軍参謀長の伊地知幸介と

参謀本部事務室における児玉（児玉秀雄編『藤園記念画帖　児玉源太郎十三回忌記念』マツノ書店、二〇一〇年）。

附表６：日本軍消費弾薬数

	小銃弾（歩兵）	野砲・重砲弾	火砲一門平均消費弾
鴨緑江	840444	6292	49.1
南山	2195825	34049	157.6
遼陽	8385971	120567	249.1
沙河	8347347	96317	206.6
黒溝台	3960445	25113	91.6
奉天	21561998	344855	349
旅順第一回総攻撃	2681469	113595	295.8
旅順第二回総攻撃	1509588	44955	104.7
旅順第三回総攻撃	3273836	51964	121.9

出典：陸軍省編『日露戦争統計集』第十二巻（東洋書林、一九九四年）二一三〜二三八頁。

協議し、伊地知から前進陣地の攻撃を七月二十五日から実施し、直ちに攻囲線を占領するとの約束を取りつけた。この時、児玉は時間が経過すると敵が陣地の防御を強化するので、「愚図愚図仕ちよつては戦は勝てないぜ」と伊地知に迫ったと伝わる。

実は、児玉も参加した六月十日の政府・陸軍首脳会議では、旅順攻略後に第三軍を直ちに野戦で使用することが決議されていた。つまり、児玉は、旅順攻略後に第三軍を遼陽以北の会戦で使用することを企図しており、旅順の防御が強化されるという理由以外に、兵力分割を回避する観点からも、早期の旅順攻略を望んでいたのだ。だが、逆にいえば、児玉は第三軍の早期北進が可能と考えるほど旅順攻略戦の見通しに楽観的であったということにもなろう。

第三軍は大山に旅順攻略は八月末を予定すると回答していた。七月二十六日に、山県は第三軍司令官乃木希典に宛てて早期の攻略を要請する書簡を書いているが、そこには海軍側の事情とバルチック艦隊東航の見地から旅順攻略は「頗る拙速を尚ぶ」とか「旅順陥落之遅速は、全軍勝敗に繋る至重重大の問題」であるとの文字が並んでいる。[3]

第三軍は、旅順攻略後に北進して決戦正面の会戦に参加して欲しいという満洲軍の要求に応えるためにも、バルチック艦隊到着以前に旅順を攻略して欲しいという海軍の要求に応えるためにも、迅速に旅順を攻略する必要に迫られていたのだ。

戦略予備をめぐる論争

大本営が第三軍に対し旅順攻略の日程短縮を求めていた

頃、大本営と満洲軍との間では戦略予備の使用に関する対立が生じていた。内地には、八月四日に動員された第七師団とウスリー作戦に投入予定の第八師団が控置されていた。七月下旬に、バルチック艦隊東航の確報が伝えられると、大本営は速やかな旅順陥落を急務としてウスリー作戦を中止し、第八師団を出征させることとした。だが、第三軍は満洲軍に隷属し、その満洲軍は遼陽会戦の準備を進めていたため、第八師団が遼陽方面に投入される恐れがあった。そのため、大本営は八月三日頃から第八師団を大阪に集中し戦勢を傍観することとした。

だが、八月二十五日、このことを知った児玉は参謀本部次長長岡外史に対し、その不徹底な用兵を非難すると共に、満洲軍総司令官の名前で、第八師団を大阪で空しく待機させることなく、金州に輸送して満洲軍総予備とするのが得策であるとの電報を発した。だが、大本営はこれに明答を与えなかった。かくして、第八師団は第一回旅順総攻撃にも遼陽会戦にも使用されることなく遊兵と化してしまったのだ。[4]

児玉の非難は正鵠を射ていた。なぜならば、第一回旅順総攻撃の際に第三軍は旅順の死命を制する望台高地の占領に一時的に成功しているからだ（八月二十四日）。一方で、旅順総攻撃直後に生起した遼陽会戦ではあと一歩というところで第一軍がロシア軍の後方連絡線を遮断できなかった。もし、第八師団が満洲の戦野に投入されていれば、旅順総攻撃か、遼陽会戦の結末は史実とは違ったものになっていたはずである。

第一回旅順総攻撃失敗をめぐる論点

約一万六千人もの戦死傷者を出して失敗に終わった第一回旅順総攻撃については、一連の著作で詳細に論じたので説明はそちらに譲る。[5] ただし、次の諸点は指摘しておこう。

第一に、司馬遼太郎の小説『坂の上の雲』刊行以来、肉弾主義や第三軍の無能といったイメージが貼り付いている第一回旅順総攻撃であるが、東北正面を強襲法（砲撃の後、歩兵が突撃し要塞を奪取する方法）で攻撃した第三軍司令部の判断に誤りはなかった。

児玉も第一回総攻撃前は強襲法で攻略が可能と考えていた（後述）。攻撃方面については、最初から二〇三高地のある西北方面を攻めるべきとの批判もあるが、第三軍の任務は速やかな旅順攻略であり、それには要塞の「死命を制する」（＝要塞陥落）ことのできる東北方面の望台高地を占領するのが攻略の近道であった。[6] 実際、ステッセルが開城を決定した理由は望台の陥落による。[7]

また、二〇三高地は間接射撃のための観測地としては最

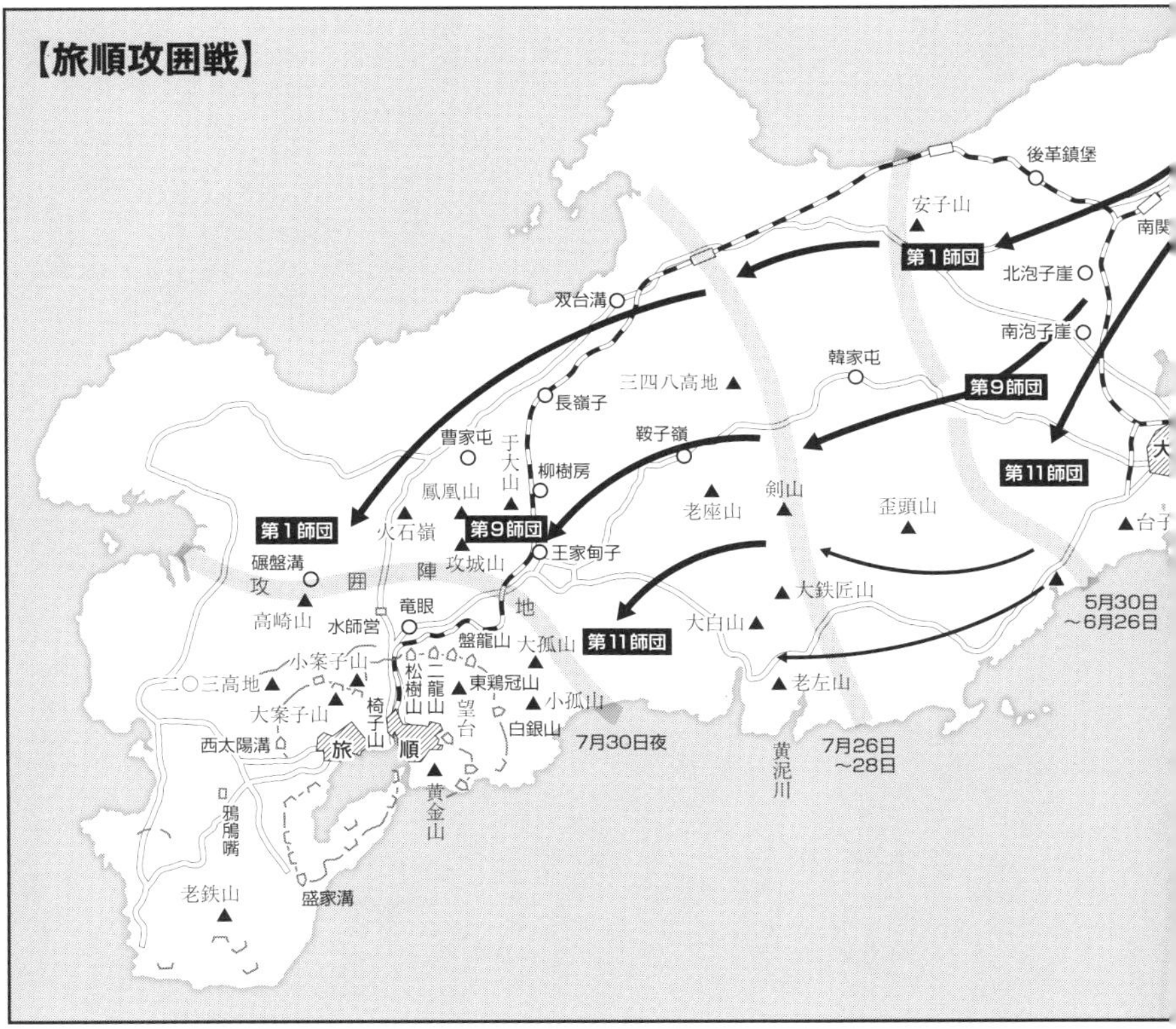

適であるが、同高地の占領は要塞攻略に直結しない。というのも、旅順を陥落させるには同高地の背後にある複数の防衛線を攻略しなければならないからだ。西北方面からの攻撃には要塞陥落までに多大な時間と労力を要するのだ。

※なお、小林道彦氏は、第三軍や児玉が攻撃方面を望台に選定した理由を、望台からロシア艦隊に対する直接照準射撃を行なうためであったと指摘しているが、これは明白な誤りである。望台が選ばれた理由は、要塞の「死命を制する」地点であったことにある。児玉が希望する第三軍の早期北進のためには、要塞陥落が必須条件であった。しかも、二〇三高地奪取後の敵艦射撃が間接射撃で実施されたことからわかるように、当時の間接射撃の精度は高く「直接」照準射撃を実施せずとも精確な敵艦隊砲撃が可能であった。小林氏の指摘は二重の意味で誤っているといえる。▼8

第二に、第三軍は、第一回旅順総攻撃時

に十一万発以上（砲一門当たり約二百九十六発）もの砲弾を消費しており、肉弾主義という第三軍批判も正確ではない（附表6参照）。

第三に、第一回総攻撃以降の旅順難戦の責任を第三軍にのみ求める歴史観も現在では否定されている。難戦の原因は、旅順要塞に関する情報収集の失敗、要塞攻撃に対する戦術研究の不足、砲弾不足や威力ある火砲の不足といった兵器行政の不備などにあり、失敗の責任は第三軍のみならず参謀本部や陸軍省にもあるからだ。

そもそも第三軍の立場が難しかった理由は、その任務の二重性にある。第三軍は、①一刻も早い旅順攻略と北進軍への合流（攻撃目的：旅順要塞陥落。攻撃目標：旅順の死命を制する望台一帯）、②バルチック艦隊到着以前の旅順艦隊撃滅（攻撃目的：敵艦隊撃破。攻撃目標：敵艦間接砲撃のための観測点となる二〇三高地）という相反する二つの役割を期待されていたのだ。[9]

とはいっても、第一回旅順総攻撃の失敗は満洲軍にとって打撃であった。なぜならば、満洲軍は北の決戦正面での野戦と南の旅順での要塞戦という性格の異なる二正面作戦を戦うことを強いられたからである。児玉は少ない戦争資源をどう配分するかを考えながら作戦を指導する必要に迫られたのだ。

2、遼陽会戦

児玉の執務スタイルと役割

満洲軍総司令部は三課（作戦・情報・兵站）に分かれ、各課起案の命令・訓令・通報・報告は課長の認可を得、児玉の命を待って発送することになっており、児玉の責任は重大であった。なお、作戦は児玉・松川敏胤（作戦主任参謀）・田中義一ラインで立案された。児玉は、作戦主任参謀就任を固辞する松川を「松川の作戦はそのまま断行する」という殺し文句で登用している。「法螺戦術」と評された松川の作戦は、大胆かつ人の意表を突くものであったが、これが児玉の用兵思想と合致したためであろう。[10]

満洲軍参謀尾野実信は、児玉の仕事ぶりについて、「職責に就ては頗る厳格熱心であつた、若し職責を怠り或は間違ひを生じた時の如きは、目の玉が飛び出る程叱り飛ばされた」としながらも、「大抵仕事は我々幕僚がやつて、（児玉）大将はただ書類に花押をするに過ぎない」と述べている。なお、総司令部の兵站主任参謀井口省吾や情報主任参謀福島安正にしても部下が作った案に花押を押すだけで、唯一松川のみが「自身で屢々」作戦立案作業をやっていたという。[11] 大山巌同様、児玉も下僚の職務地位を尊重し、全幅の信任をもって仕事を下僚に任せ、濫りに職域に干渉することを避けたのだ。[12]

しかし、児玉は花押を押すだけといっても盲判を押していたわけではない。参謀本部第五部員として旅順要塞攻略計画を立案した佐藤鋼次郎によれば、児玉は「何でも自分に解らぬ事は、誰にでも質問する。其質問の答に対し少しでも腑に落ちない事は、ドシドシ反問する。能く分りさへすれば、直に採用して決行」したといい、曖昧に答えようものならぐんぐん相手の急所を突いて難詰したようだ。[13]

満洲軍総司令部参謀部業務分担区分表

満洲軍総司令官　大山巌
総参謀長　児玉源太郎

- 第一課 ― 松川敏胤歩兵大佐
  - 河合操歩兵少佐
  - 田中義一歩兵少佐
  - 兼任 尾野実信歩兵少佐
  - 兼任 小池安之歩兵少佐
  - 東正彦歩兵大尉
  - 大竹沢治歩兵大尉
  - 兼任 国司伍七歩兵大尉
- 第二課 ― 福島安正少将
  - 小池安之歩兵少佐
  - 田中国重騎兵少佐
  - 兼任 田中義一歩兵少佐
  - 岡田重久歩兵大尉
- 第三課 ― 井口省吾少将
  - 尾野実信歩兵少佐
  - 兼任 河合操歩兵少佐
  - 国司伍七歩兵大尉
  - 兼任 東正彦歩兵大尉

出典：谷寿夫『機密日露戦史』（原書房、一九六六年）一九二頁。

つまり、総参謀長としての児玉は、大綱を把握し、有能な部下を信頼して彼らに仕事を任せることで下僚の衆知を活用しつつも、厳しい質問を通じて、解決すべき課題が何かということと問題解決の方向性を示したのだ。

また、児玉は参謀を参集して軍議を凝らす際には、階級の上下を度外視して、参謀が主張したいと思うことを腹蔵なく発言させた。そのため、参謀が会議に列すると「議論沸騰、口角泡を飛ばして毫も遺憾なきを期」した。さらに児玉は部下を諌めて次のように語っていた。曰く、「会議は神聖にして諸氏の意見は直ちに国家の意見也。然るに若し諸君知つて云はず、別に意見を有すと云ふものあらば、即ち国家に対する不忠不親切の至りにして、此の如きは決して軍人の道に非るなり」と。児玉自身がこのような態度であったため、幕僚たちも「議事を終りて一度場外に出づるや、今迄眼を怒らし耳を赤ふして論争せしものも、翻然議場の紛争を忘れて親しき事骨肉も啻《ただ》ならざるを常」としたという。[14]

実際、国運を双肩に担うという重大な責任感を持つが故に、総司令部の参謀は、井口・松川・福島を中心に、論客揃いで、日露戦役中「戦略戦術上意見を異にし、議論風発、四筵《しえん》〔周囲〕

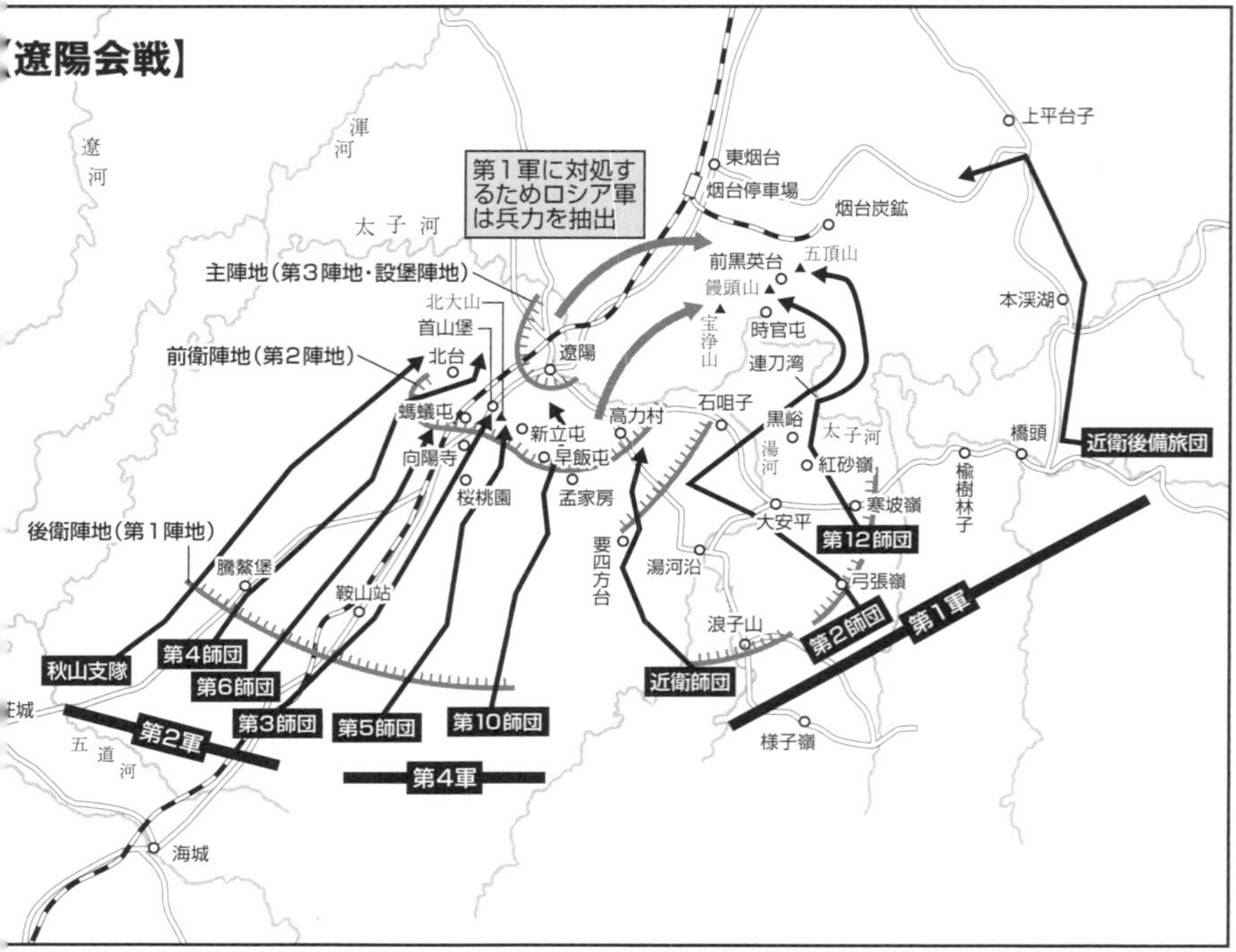

を驚か」すことが頻繁に起こった。[15]そしてこの参謀の議論に裁断を下すのが「総参謀長」としての児玉の役割であった。つまり、総司令部内における児玉の役割は、作戦立案者としてよりも、むしろ、松川・井口・福島といった参謀の議論を聴取して各説の利害得失を分析し、論戦を「裁決」するという、参謀たちの「裁定者」という点に大きなウエイトがあったのだ。

なお、作戦方針をめぐって激論を戦わせても、松川・井口・福島といった満洲軍主任参謀の関係は良好であった。これにはいくつかの理由が考えられるが、児玉・松川・井口・福島が狭い空間に同居して生活を共にし一体感を共有していたことが寄与している。最近発見された児玉の書簡にはそれを窺わせる次の一文が登場する。

「住居も支那人家屋にて、殊に此節《このせつ》福嶋、井口、松川と四人同居、随分面白き事沢山に御座候。御送り被下《くだされ》候石油のコンロにて時々牛鳥等の鍋焼を四人にて喰へ、大ゐに愉快を覚へ申候」[16]。

総参謀長も含め指導者は上司の支持と部下の援助（フォロワーシップ）があって任務を効果的に達成することが可能となる。児玉は上司の大山からの絶大な信任と、下僚の才能や自発的服従を引き出す絶妙な人心掌握術で総司令部の組織運営を行なっていたのだ。

また、指導者の重要な資質の一つとして、有能かつ忠実な部下を選択してチームとして一致団結させる点を指摘できるが、児玉はこの資質に秀でていたともいえそうだ。

児玉の大英断

遼陽会戦は満洲軍総司令部が初めて現地で指揮する大会戦であった。遼陽は道路と東清鉄道南満洲支線が集合する満洲の戦略要地である。そのためもあり、日本軍は遼陽会戦で戦争が終結するかもしれないと考えこの会戦を重要視していた。[17]

遼陽会戦の時期をめぐって総司令部内には、①旅順陥落前に実施すべきだという説と、②井口省吾が主張した旅順陥落後に第三軍の到着を待って実施すべきだという説とがあった。ここで児玉は幕僚の議論の裁定者として決断力を発揮し、優勢であるロシア軍に対し第三軍の到着（＝旅順陥落）を待つことなく前進する英断を下した。満洲軍参謀田中義一はこの児玉の決断に関して陸軍大臣寺内正毅宛ての書簡において以下のように述べている。

「優勢なる敵に対し此攻撃前進は実に児玉閣下の勇大なる御決心と存候。世間には旅順陥落を待ち第三軍を合したる後にするを可とする等の議論も又有之《これあり》候得共、我に兵力加はれば彼れは尚ほ多数の兵力を増加し、且つ第三軍を招致するには多くの日子を費す次第に付き、今日の御決心は最も時機に適したる儀に被存《ぞんぜられ》候。要するに時日は是れ敵に御座候[18]」。

つまり、児玉が第三軍の合流を待たない決断を下した理由は、①日本軍が第三軍到着を待った場合、ロシア軍は日本軍が得るよりも多くの増援を得ることのできる時間的余裕を得ること、②第三軍が旅順を陥落させ遼陽決戦に合流するまでには多くの時日がかかることの二点にあり、児玉が時間の経過はロシア軍に有利と考えていたことがわかる。この児玉の決断は、旅順陥落が明治三十八年一月までずれ込んだことを考えると、遼陽会戦戦勝の基因となった大英断と評価できよう。

遼陽会戦の作戦計画

八月五日、満洲軍総司令部は遼陽攻撃の作戦計画を作成した。その要旨は、第一軍主力は太子河《たいしが》右岸に渡河して遼陽の東方から攻撃する、第二・第四軍は遼陽・海城街道から敵を攻撃する、総予備隊（一個師団）は遼陽・海城街道附近に位置するというものである。[19]

この計画は一翼包囲による決勝会戦を目指したもので、

右翼兵団である第一軍が速やかに太子河右岸に進出してロシア軍の側背を衝き、もし可能であれば後方連絡線を遮断することで、普仏戦争におけるセダン戦の再現を企図したのだ。しかも、第一軍が敵側背に迫ることで、遼陽南方のロシア軍が退却すれば、第二軍・第四軍による猛烈果敢な追撃により敵を圧倒撃滅するという展開も期待できる。

この作戦の鍵は、松川敏胤が「遼陽攻撃は第一軍の太子河右岸に於ける運動に依りて決せらるるは、作戦計画に依るも明か」であると述べていることからわかるように、総司令部が第一軍の太子河渡河の地点や時期をどう指導するのかという点にある。[20]

だが、作戦計画そのものは妥当であったが、総司令部の第一軍に対する作戦指導に問題があった。八月十二日、第一軍参謀副長の松石安治が松川に、敵が太子河右岸の黒英台附近に兵力を展開しつつあるので「我は尚ほ遠く上流に於てするに非ざれば安全に渡河するを得ず〔中略〕随て軍の主力は矢張左岸より前進せざる可らず」と電報したのにもかかわらず、総司令部はこれに明確な回答を与えなかったのだ。[21]

松川は遼陽会戦後に、敵の退路に及ぼす効果は上流ほど大きいことは地図を見れば明瞭であるのにもかかわらず、なぜ第一軍はもっと上流から太子河渡河を行なわなかったのかと第一軍を批判する所見を日記に書いている。総司令部が松石の質問に明確に回答を与えなかったことが惜しまれるところだ。[22]

第二陣地をめぐる判断ミス

ところで、ロシア軍は、遼陽周辺に三重の防御陣地を構築していた。第一陣地は、鞍山站・浪子山・寒坡山の線に構築された、後退してくる部隊を収容する後衛陣地。第二陣地は第一陣地から約二十キロ遼陽に戻った場所に置かれ、螞蟻屯から首山堡、早飯屯、高力屯を経て太子河に至る延長約二十二キロにおよぶ前衛陣地である。第三陣地は遼陽市街前面に築かれた縦深約四キロの主陣地で、日本軍は設堡陣地と呼んでいた。三線にわたる防御陣地（総縦深二十一〜二十六キロ）には、地雷が埋設され、鹿砦《ろくさい》、鉄条網、狼穽《ろうせい》（落とし穴）といった障害物が設けられていた。[23]

当初、ロシア軍は第一陣地で決戦を行なう意図であったが、第一軍により側背を脅威されたため、八月二十七日、第一陣地を放棄して第二陣地に後退、第二・第四軍はこれを追撃した。遼陽会戦は退却する敵を追撃することから始まったのだ。

ここで重要になったのがロシア軍はどこで抵抗するのか、すなわち主抵抗線はどこなのかという問題であった。満洲軍総司令部は敵の主抵抗線を遼陽前面の第三陣地であると判断し、第二陣地は第一陣地に続く第二の小抵抗線と判断していた。

そのため、各軍の追撃が不活発であるのを目撃した児玉は、松川敏胤に訓令の起案を命じ、自ら修正したうえで、「今日の戦勝を利用し、退却若くは退走する敵をして潰滅に陥らしむる如く努力するは各高級指揮官の任なり」という要旨の訓令を出した（八月二十八日）[24]。児玉は、ロシア軍が退却するという先入観に基づき、敵を逃がさないようにする作戦指導方針であったのだ。

翌二十九日、第二陣地を主抵抗線と考える第二軍は、攻撃前に首山堡附近の敵陣地に対する威力偵察を求める意見具申を行なった。だが、総司令部は「そんなことをして居つたら敵を逸してしまう。速に攻撃しなければいけない。威力偵察の如きまだるつこいことをしてはならぬ」と同意せず、第二軍に首山堡奪取を命じた。攻撃命令が出た以上は仕方がない。第二軍司令部は、威力偵察を止めて「地形も敵情も判らない」まま、三十日払暁から首山堡を攻撃する決心をした。だが、敵は首山堡で頑強に抵抗した。第二軍は第二陣地をめぐる戦闘で歩兵第三十四連隊長関谷銘次郎や同連隊第一大隊長橘周太（戦死後、「軍神」と称えられる）をはじめとする多大な損害を出している[25]。児玉は主抵抗線に関する判断を誤ったのだ。

同じ二十九日、総司令部は「遼陽の敵は多分退却するならん。〔中略〕第二軍参謀長が首山堡の防禦工事堅固なる理由を以て慎重なるは最も不可なり」と判断して、松川敏胤と井口省吾は遼陽会戦後に第二軍参謀長落合豊三郎の更迭を行なう方針で意見が一致している。八月二十日に児玉は落合の転出が可能か否かを問い合わせる電報を本国に打電しており、松川らの意見は児玉の意見とも合致していた。第二軍は上陸以来、落合の慎重な性格が影響して「躊躇逡巡、常に活気を欠く」有様で、軍の主要な進退は一挙一動、大本営や総司令部の干渉により行なわれており、児玉は以前から落合を更迭する必要を感じていたのだ[26]。

惜しまれるミス

八月二十九日、児玉は、第一軍参謀長に宛てて「敵若し遼陽に於て真面目〔本格的〕の抵抗を為す場合に於ては、第一軍の主力か太子河右岸に戦備を整へあることを以て総攻撃の基礎とすへく、敵若し遼陽を撤する場合に於ては、太子河右岸に在る第一軍の主力は敵をして潰滅に陥らしむるの戦況到るへし」との電報を打電している[27]。児玉は第一軍の包翼運動を遼陽会戦の鍵と見て大きな期待をかけていた。

なお、この時児玉は第一軍参謀長に渡河兵力を問い合わせ、三個師団中、二個師団との回答を得ている。だが、会戦後に松川敏胤は、第一軍近衛師団が右岸の戦闘にも左岸の戦闘にも積極的に参加せず遊兵化したのは、「甚だ残念であり、このことが遼陽会戦に完勝できなかった原因であると書いている。だとしたら、この時、満洲軍総司令部は、近衛師団が右岸に参加できるよう、何らかの措置をとるべきあったのではないだろうか。この点でも、第一軍に対する満洲軍の作戦指導は不適切であった[28]。

遼陽陥落

八月三十日、三十一日と第二軍は首山堡をめぐる攻防戦で苦戦するが、三十日の満洲軍総司令部の情勢判断は、ロシア軍の「左岸総兵力約十個師団中主力が孟家房、首山堡の間に配置指向せられあるは、地勢上最も痛痒を感ぜざる地区にして、一点突破を受くるも敢て恐るるに足らず〔中略〕明日は第一軍主力意気衝天の勇を以て右岸に進出、敵の退路に逼迫し、茲に殲滅的好機を収得するに至らん」というものであった[29]。つまり、総司令部は、第一軍による退路進出に期待して、敵主力を引きとめることができれば、第二・第四軍方面が突破されても、痛くはないと考えていたのだ。このことと、二十九日の児玉電報とを考えあわせると、この時点での児玉は、第一軍の包翼運動を容易にするために、第二・第四軍をして孟家房・首山堡を攻撃せしめることでロシア軍主力を拘束しようと考えていたらしい。

第一軍主力が太子河渡河を終えた三十一日、児玉は、「敵は遼陽付近に於て決戦を求めたる如く、本日中には勝敗を決するに至る」との電報を本国に打電している[30]。ロシア軍が第一軍に対する反撃のために兵力を転用する必要に迫られ、第二陣地を放棄し第三陣地に退却を開始したのだ。第二・第四軍はこれを好機と見て追撃を開始する。だが、児玉の見通しと異なり、ロシア軍は第三陣地で頑強に抵抗したため、第二・第四軍は第三陣地に正面から堅塁に衝き当たる形となり、熾烈な野戦陣地攻略戦が展開されるに至った。松川敏胤は、この苦戦について、「敵の堅塁に我兵力を吸い込まるると云ふ様な有様に候得ば、此処に至りては殆んど策も略も施す可き余地無かりしものと思はれ候」と語っている[31]。

だが、太子河右岸の第一軍がロシア軍に各個撃破される危険性があったため、第二・第四軍は第一軍の窮地を救うためにも損害覚悟で激烈な正面攻撃を実施して、速やかに遼陽を占領する必要があった。

激戦が続く九月三日、大山巌や児玉をはじめとする総司令部首脳は戦況視察のために首山堡西南高地を訪れた。第二軍司令部と共に首山から遼陽方面を双眼鏡で見ると、遼陽停車場が炎上しているのが見えた。だが、戦況は一向に進展しない。これにしびれを切らしたのが児玉である。この時児玉は「アー、もう逃げて行ってもよかりそうなものだがナァ」と嘆声を発したという。▼32 児玉の期待に反して、この日も第二・第四軍はロシア軍の堅塁を前に苦戦を強いられた。だが日没後にようやくロシア軍に退却の兆候が見られ、諸隊は直ちに敵陣地に突入し、四日午前一時頃、日本軍は遼陽の各城門を占領した。

児玉は、第一軍に対する作戦指導の不手際やロシア軍の主抵抗線に関する判断ミスという誤りを犯しつつも、第一軍を作戦の基礎に置く大胆な一翼包囲作戦によりロシア軍に勝利したのである。だが、頑強な正面攻撃は高くついた。日本軍はロシア軍よりも多い約二万三千五百人の戦死傷者を出すと共に、約十二万発もの砲弾を消費したことで兵員と弾薬補充の問題に苦しむこととなったからだ。しかも、日本軍は敗走するロシア軍を追撃する余力がなく、計画していた敵野戦軍の各個撃破に失敗してしまった。かくして、日本軍は南北二正面で消耗戦を強いられることとなったのである（主要戦闘での損害数と消費弾薬数は附表5・6参照）。

ただし、総司令部は損害に見合う教訓も得た。後方連絡線に対する脅威に神経過敏であるという敵将クロパトキンの性格的弱点を看破したことだ。クロパトキンの基本戦略は、決戦を回避しつつ日本軍の前進を遅延させ、欧露からの増援到着後に圧倒的戦力をもって攻勢に転じるというものであったが、このことが側面・背後に対するクロパトキンの恐怖心を生み出したのだ。

松川敏胤は、遼陽会戦の経験に基づいてこのクロパトキンの心理的弱点を見抜き、「迂回するものは能く迂回せらる」という当時の兵学界の戦理に反し、「迂回するものは敵に迂回せられずして能く迂回す」という信念を抱くことになった。▼33 そして、この遼陽会戦の実戦経験に基づき、奉天会戦において約一・二五倍の優勢を誇るロシア軍に対し放胆果敢な繞回運動を仕掛けたのである。従来の戦史研究では等閑視されてきたが、戦争とは相手の心理を読んで計画を立てるものなのである。

外国人観戦員退去問題

砲弾で戦う遼陽会戦が終了するや、紙とペンを使った新たな戦いが開始された。第二軍に従軍していた外国人観戦員（従軍記者）の一部が、待遇の悪さに立腹して引き揚げ、遼陽会戦の結果について日本に不利な報道をしたため、英米の世論が変調をきたし、公債価格が下落したのだ。

九月十六日、この事態を受けて、参謀総長山県有朋が大山巌に対して、外国人観戦員に対しては、軍機に抵触しない範囲において「懇篤開闊《こんとくかいかつ》」（懇切丁寧かつ開放的）に待遇せよとの訓電を発した。[34]

二十二日、訓電の内容を知った旅順視察中の児玉は大山の名誉を損ねたことを理由に山県に宛てて辞表を提出した。しかも、ロシア軍が総前進に転じるわずか三日前の十月二日、児玉の辞表提出を知った松川敏胤、井口省吾、福島安正の三人が「連署し責を分たん」として大山に辞職を申し出て、大山に慰留されている。満洲軍の危機といってよい。[35]

十月一日、山県は、児玉を宛名人として、聖意により辞職願が不聴許となり、「国家危急存亡の今日、宜しく協力同心、閫外《こんがい》の重寄を全ふす可き」との明治天皇の御沙汰があった旨の電報を打電している。[36]

十月五日に児玉が旅順から遼陽に帰着すると、児玉の心情を気の毒と感じる大山が児玉と「篤《とく》と談合」した結果、本件は無事解決した。[37] こうして児玉をはじめとする満洲軍幹部の連袂辞職という悪夢は回避されたのである。

※なお、児玉の辞表提出を「戦略予備問題」（第八師団使用問題）に起因すると論じる研究者もいる。だが、辞表提出の経緯を説明した十月六日附山県宛て大山書簡によれば、辞表提出の理由は外国人観戦員退去問題となっており、この説は一次史料から確認がとれない誤った説である。[38]

明治三十七年九月三日、首山堡北麓高地で観戦中の満洲軍総司令部。写真一番右が奥保鞏、その左の椅子に座る人物が大山巌（『日露戦争写真画報第八集』博文館、一九〇四年）。

ドイツ皇族カール・アントン・ホーエンツォレルン（中央長身の人物）を烟台停車場に出迎えた児玉（一番右）と福島安正（一番左）。児玉は自ら幕僚を率い外国観戦武官を接伴し成功を収めたが、第二軍の幕僚のように外国人の接待に不得手な者もいて、児玉の辞職問題を惹起させた（大沼十太郎『日露戦史写真帖　上巻』東京印刷編輯部、一九一五年）。

第十七章　実は厠に隠れ居たりしなり

1、第一回旅順行

二十八サンチ榴弾砲の投入

　さて、旅順では、第一回総攻撃に失敗した第三軍が、今後の方針についての軍議を開催した（八月三十日）。だが、敵要塞に向けて対壕を掘って近迫する正攻法採用の可否をめぐり議論が紛糾した。午前十時から始まった会議は午後四時に至るも結論が出ない。会議を主導すべき第三軍参謀長伊地知幸介が「決心の遅鈍」で決断力に欠けていたため、賛否を表明しなかったのが原因であった。そこで見かねた第三軍司令官乃木希典が鶴の一声を発して、正攻法を実施することとなった。軍参謀長は幕僚の意見を集約して作戦方針を決定し、それを軍司令官に提示するのが主たる職務であるが、「優柔不断にして咄嗟の決断に乏しい」伊地知は軍参謀長としての役割を果たせなかったのだ。決断力に富む児玉とは対照的である[1]。

　要塞攻略には重砲が不可欠だ。しかし、第三軍は九月から十月にかけて深刻な重砲弾不足に直面していた。しかも十五サンチ榴弾砲に代表される破壊力の大きい重砲の砲数も限られていた。そこで、大本営は八月下旬、対艦用の海岸砲である二十八サンチ榴弾砲を旅順要塞攻撃に投入することとした。

　二十八サンチ榴弾砲の投入の発議者については、一般には長岡外史と陸軍技術審査部長有坂成章《なりあきら》とされているが、一次史料によれば、陸軍大臣寺内正毅と次官石本新六が「発意」し、寺内が有坂の意見を聴取して投入を決定したようだ。有坂の陰に隠れた寺内と石本の功績はもっと高く評価

烟台の満洲軍総司令部で作戦会議中の児玉（右）・井口省吾（中央）・松川敏胤（左）（『征露写真画帖第九編』実業之日本社、一九〇五年）。

されてもよい[2]。

なお、これ以前に寺内は二十八サンチ榴弾砲の旅順投入を出征前の児玉（参謀本部次長）に提案しているが、参謀本部の議論は「中小口径火砲の砲撃に次ぐに強襲を以てせは」旅順要塞を攻略できるというもので、寺内の先見的な提案は採用されなかった。第一回総攻撃前の児玉は、同砲を投入することなく、第三軍同様に「強襲法」で旅順要塞を陥落させることが可能と考えていたのだ。開戦当初の児玉以下の参謀本部は、旅順要塞攻撃にこれほどまで楽観的であったのである[3]。

ところで、二十八サンチ榴弾砲の据え付けには約一ヶ月近くを要すると予想されていた。だが、有坂が開発した急造ベトン製砲床（臨時特設砲床）と第三臨時築城団備砲班（班長、横田穣《みのる》）の努力があって、工事着手から概ね二週間で据え付けが完了している。当初六門であった二十八サンチ榴弾砲は、最終的に十八門にまで増強され、旅順に発送された砲弾数は約一万八千発（一門平均約一千発）に及んだ[4]。

開戦直後は二十八サンチ榴弾砲の投入に消極的だった児玉も、十月一日に六門の巨砲が最初の一発を発射するのを実視してその命中精度と破壊力に強い印象を受けた。そこで三日に、二十八サンチ榴弾砲が旅順総攻撃に「偉大の援助」があるのでさらに六門を追加投入すべきだとの意見を山県有朋に打電し、投入が実現している[5]。

児玉の旅順視察とその意義

二〇三高地攻略戦における児玉の活躍の影に隠れて知名度が低いが、児玉は九月中旬から十月初旬にかけて旅順を視察している。旅順攻略戦の進捗状況を気にする児玉は、九月十五日に満洲軍参謀田中義一と東正彦《ひがしまさひこ》を連れて旅順に向けて遼陽を出発し、十八日に旅順に到着、十月二日に旅順を離れるまで、児玉は大連と旅順を往復する生活を送っているのだ。

十九日から二十日にかけて第三軍は前進堡塁に攻撃をかけた。だが、竜眼北方堡塁、水師営南方堡塁、南山坡山《なんざんはざん》の占領には成功したものの、二〇三高地の占領には失敗してしまう。ちなみに、児玉は両日とも乃木希典と一緒に高地から攻撃を観戦している[6]。

二十日、豊島山から二〇三高地攻撃を観戦していた児玉は、攻撃の不進捗を不満に感じ「歩兵が相変らず躊躇しているからだ」と不満の声を発した。これを聞いた攻城砲兵司令部の高級部員佐藤鋼次郎が、敵陣地の掩蓋が堅固なので十五サンチ以上の榴弾砲でなければ破壊できないのに、それ以下の火砲しか使用しなかったため、敵兵の籠もる掩蔽部が破壊できなかったのが攻撃失敗の原因である。歩兵は悪くないと述べた。これに対し児玉は「なぜ軍は其掩蔽部を破壊し得られる丈けの力ある火砲（十五サンチ以上の榴弾砲）を、第一師団の方面に持つて往かなかつたのか。軍は何時も二兎を追うから駄目だ」と述べ、第三軍の重砲運用を批判している。[7]児玉はこの後も第三軍の作戦を「二兎を追う」と批判しているが、だとすると児玉の用兵思想の特徴の一つは兵力や火力を攻撃目標に徹底して集中するというものであったようだ。

児玉の旅順視察は三つの点で効果的であった。第一に、児玉は要塞戦の実況について理解を深めることができた。児玉は視察結果に基づき、九月二十八日に大山巌に宛てた電報で旅順攻撃計画を披歴している。それによれば、児玉の攻撃計画は、①観測拠点南山坡山を利用した敵艦に対する間接砲撃、二〇三高地の占領および二龍山・松樹山二堡塁の占領、②ある一点からの大突撃による要塞攻略の二段階案であった。[8]

第二に、第三軍の砲弾不足を実視した児玉は、重砲弾や野砲弾の補充を斡旋して第三軍の窮境を改善している。たとえば、九月二十二日に第一師団の野砲弾が三十余発（総数か一門当たりかは不明）になると知るや、児玉は直ちに野砲弾二千発を支給し、第一師団の苦境を救っている。また、二十八日には、陸軍大臣寺内正毅と交渉して、野砲弾の製造数を調整して、重砲弾三万発の製作を優先させる措置をとらせている。[9]

第三に、二十八サンチ榴弾砲の火力に感銘を受けた児玉が同砲の増加要請を出したことだ。これにより第三軍の火力は大きく向上した。

2、沙河会戦

児玉の不決断

児玉の関心が旅順に集中していた頃、遼陽方面では満洲軍に危機が迫っていた。十月二日、クロパトキンは、部下軍隊に諭告を出し、攻勢をとる意思を宣言したのだ。この宣言は欧州を経由して、十月八日に東京の大本営に到着した。誉田《ほんだ》甚八《じんぱち》（大本営陸軍部参謀課報掛）によれば、日本軍はこの他にも間諜の報告によりロシア軍が渾河を渡河する日時・場所・兵力の概要を察知していたという。[10]

しかし、日本軍はせっかくの情報を活かすことができない状態にあった。満洲軍総司令部内の参謀たちの議論の「裁定者」である児玉が、十月五日に遼陽に帰着するまで総司令部を留守にしており、この間、井口省吾と松川敏胤との間で激烈な論争が展開され、収拾がつかない状態にあった

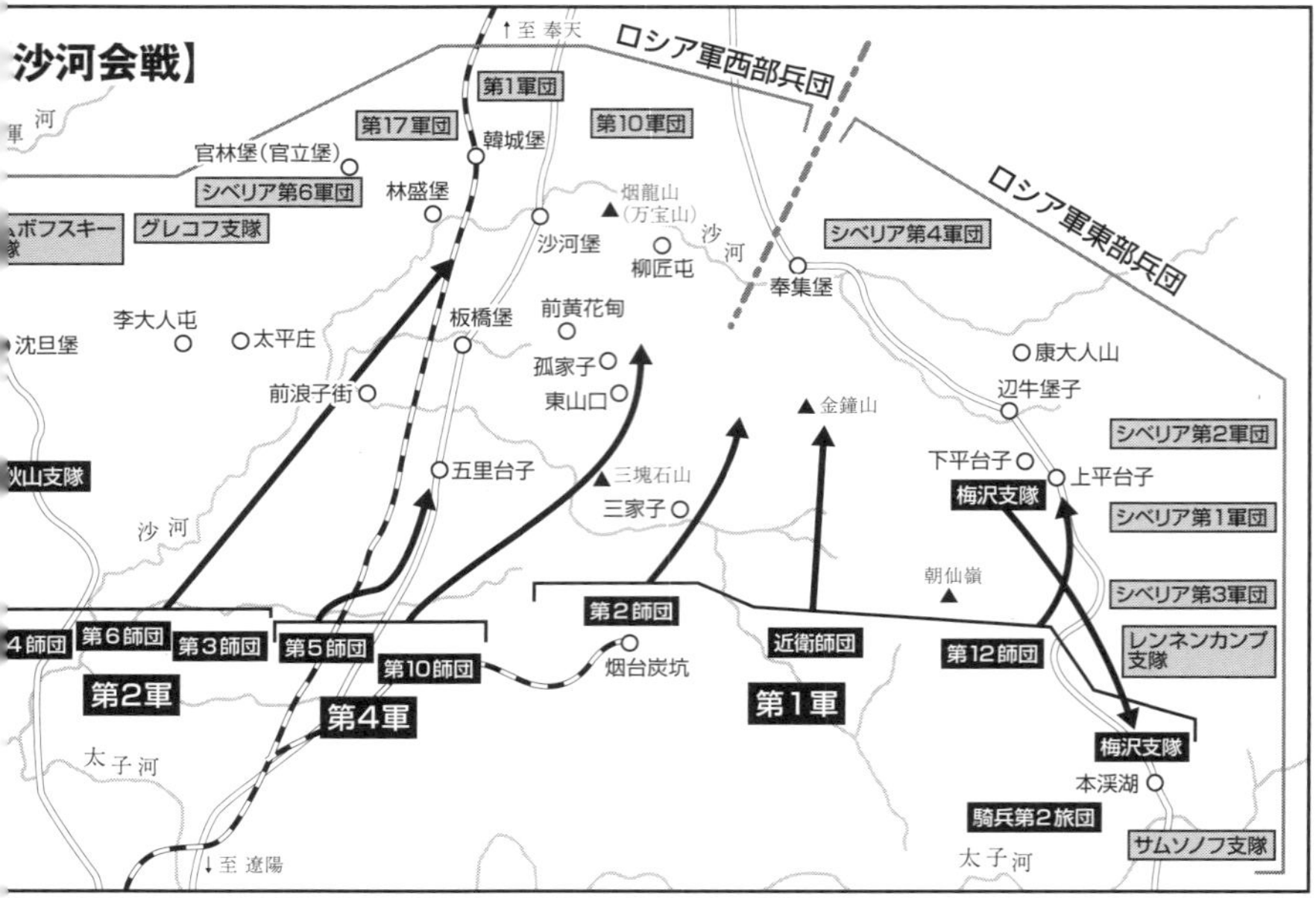

からだ。[11]

児玉の遼陽帰着前のことである。敵の行動が活発との情報が到着するや、総司令部内では、敵を陣地前に引き付けて火力で叩いた後に敵の消耗に乗じて攻勢に転ずべきであるという井口の火力攻勢防御案と、敵の攻勢準備未完の隙に乗じて一刻も早く攻勢に出るのを可とする松川の即時攻勢移転論とが対立して、議論が尽きなかった。この時ばかりは、従来自ら状況を求めて知ろうとしたことが一度もなかった満洲軍総司令官大山巌が、数回にわたり松川参謀を部屋に呼び寄せ、敵情を要求したというから、[12]まさに「議論風発、四筵を驚か」したわけである。

児玉の遼陽帰着後の七日、幕僚会議が開催された。総司令部は諸報告を総合した結果、敵がすでに攻勢動作に出たものと判断していた。児玉は、内心松川案（即時攻勢移転論）に傾いていたが、珍しく決断に躊躇して「余は務めて兵力を集結し、何時にても攻勢に転し得る如くせんと欲す」という、[13]攻守いずれとも決しない命令を総司令官名で出すこととした。

八日、ロシア軍が日本軍の第一線に近接しない状況を見た児玉は、敵の南下の意図に疑問を抱き、進んで攻勢に出る必要がないと考えて決心を翻しかけたが、井口、松川の議論は前日来変わることなく、それどころかますます激しさを加えたため、各軍司令部の意見を聴取することとした。
しかし、松川と児玉の間には「総司令官の決心命令等策定に方り、各軍と協議し又は其意見を徴するは絶対に之を避くべく、総司令官の命令不良に基づく失敗の全責任は総司令部に於て負担すべし」との約束があったためにそうするわけにもいかない。そこで、児玉は羅大台《らだいだい》（満洲軍総司令部戦闘指揮所予定位置であり、第四軍司令部所在地）に各軍の高級参謀を招致し、談笑諧謔の中でそれとなく意見を質そうという一計を思いついた。[14]

これが羅大台会議である。松川は後に「沙河《さか》戦の作戦計画を立てて福島、井口等と議論を闘はし児玉総参謀長をして其裁決に苦ましめ、遂に羅大台に各軍の参謀長を集めて其意見を叩き、総参謀長初めて攻勢移転に決心したり」と日誌に書いているが、児玉が裁決を苦しむというからには八日の井口と松川の議論は相当の激論であったものと思われる。[15]

八日の時点における児玉の真意はどこにあったのだろうか。八日、児玉は、井口、松川らを羅大台に派遣し、太子河右岸で予期された大作戦のための総司令部戦闘指揮所予定位置を偵察させている。[16]このことから推測するに、八日当時の児玉は、陣地に拠る火力攻勢防御案に傾いていたようである。

しかし、児玉が決断に躊躇していた八日、ロシア軍が梅沢道治率いる近衛後備混成旅団の守備する本渓湖《ほんけいこ》に攻勢をかけてきた。かくして沙河会戦が幕を開けた。

羅大台会議

十月九日、松川敏胤と福島安正を引き連れた児玉は、羅大台附近の地形確認を名目に同地に赴き、午後一時三十分から第一軍参謀長藤井茂太、第一軍作戦主任参謀福田雅太郎および第四軍参謀長上原勇作らと会同した。上原と藤井は井口案（火力攻勢防御案）を主張した。しかし、ここで福田が松川案に賛意を表し、「今時分会議とは何ぞ」、「意見に二様あるとは何の意ぞ」と興奮して述べるに至った。これにより、火力攻勢防御案に傾きつつあった児玉は、決心を翻して直に攻勢に転ずる決心を固め、「全軍は第一軍の右翼を軸とし東北方に旋回しつつ敵を攻撃し、これを鉄道線路より離隔し山地に圧迫すへく〔以下略〕」と作戦方針を語り出した。[17]

児玉が語り終えるや福田は軍刀を抜かんとするばかりの勢いで直ちに総攻撃の命令下達を希望したが、児玉は「オレにはそんな権限はない」と福田を叱りつけた。指揮官の承認もないのに、前線で勝手に命令を下した辻政信に代表される昭和陸軍の参謀とは異なる態度だ。

遼陽帰還後、児玉は松川を部屋に呼び「敵は渾河の左岸に集合しつつあり」、「我は敵の全く集合を了らさる前之れを撃破する」と書かれた小紙片を渡し、命令の起案を命じた。約一時間半後、松川が命令を持参して総司令官大山の部屋を訪問すると、大山は「児玉さんは承知ですか」と確認した後に決裁し、翌十日から日本軍は前進を開始した。[18]かくして、沙河会戦は遼陽会戦のような野戦陣地攻略戦ではなく、前進する両軍が衝突する遭遇戦となったのだ。

失敗した児玉の作戦

羅大台会議で児玉が作戦方針を説明したことからもわかるように、作戦の基本構想は児玉自身が立案したものであった。これについては満洲軍参謀の田中国重も、沙河会戦の作戦は、児玉が「土間に椅子机を置き兵棋の隊標を並べて考案を廻らせ」た児玉自身の立案によるものであったと回想している。[19]この児玉の基本構想を受けて松川敏胤が立案した作戦計画（十月十日）は以下のようなものであった（傍線部著者）。

「二、予は奉天街道の東側の敵を東北方に圧迫せんとす。

三、第一軍は其決心に従ひ昨日の命令の如く奉集堡に向ひ敵を攻撃す可し。

四、第四軍は明払暁前進を起す迄に五里台子の敵を駆逐し右旋回をなさしめつつ柳匠屯に向ひ敵を攻撃すへし。

五、第二軍は明払暁運動を起し前面の敵を撃破し直進して沙河堡、官林堡〔官立堡〕の線に達し、第四軍の右翼旋回攻撃を容易ならしむへし」。[20]

これによると、全軍が第一軍の右翼を軸とし東北方に旋回するという児玉の構想は中央突破に修正されたようである。一般に包囲とされる沙河会戦の作戦だが、中央突破（突破から包囲へ）というのが正しいのだ。作戦のポイントは、①第四軍が中央突破後に右旋回し、②奉天街道東側の敵を東北方に圧迫することにあり、その際、③右旋回拠点となる五里台子を奪取できるか否かが作戦の成否を決める鍵であった。[21]

しかし、五里台子東方高地の攻撃を担当した第五師団の動きが緩慢であったため、第四軍は予定の右旋回ができず、十日、十一日の両日、日本軍の前進は意の如くならなかった。そのため、激怒した児玉は第五師団を前線から下げて満洲軍総司令官の総予備隊とする決断を下した。懲罰的措置である。

第五師団参謀長仁田原《にたはら》重行《しげゆき》は総司令部に招致されて児玉から小言を頂戴し、「御小言を頂戴する小生は実にたまった者に無之候」と愚痴をいう破目になっている。仁田原によると、十日の五里台子攻撃が失敗した原因は、①師団長

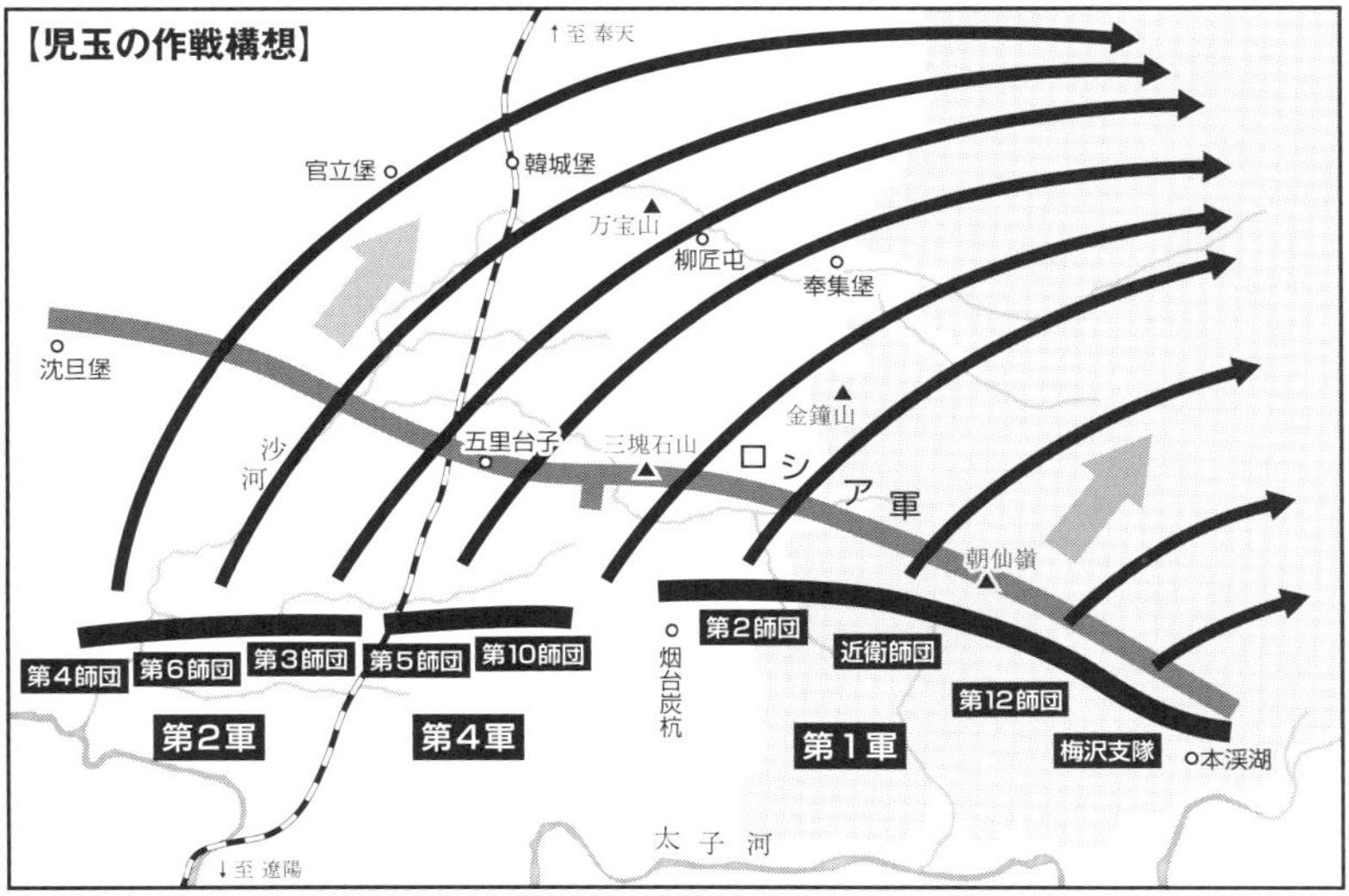

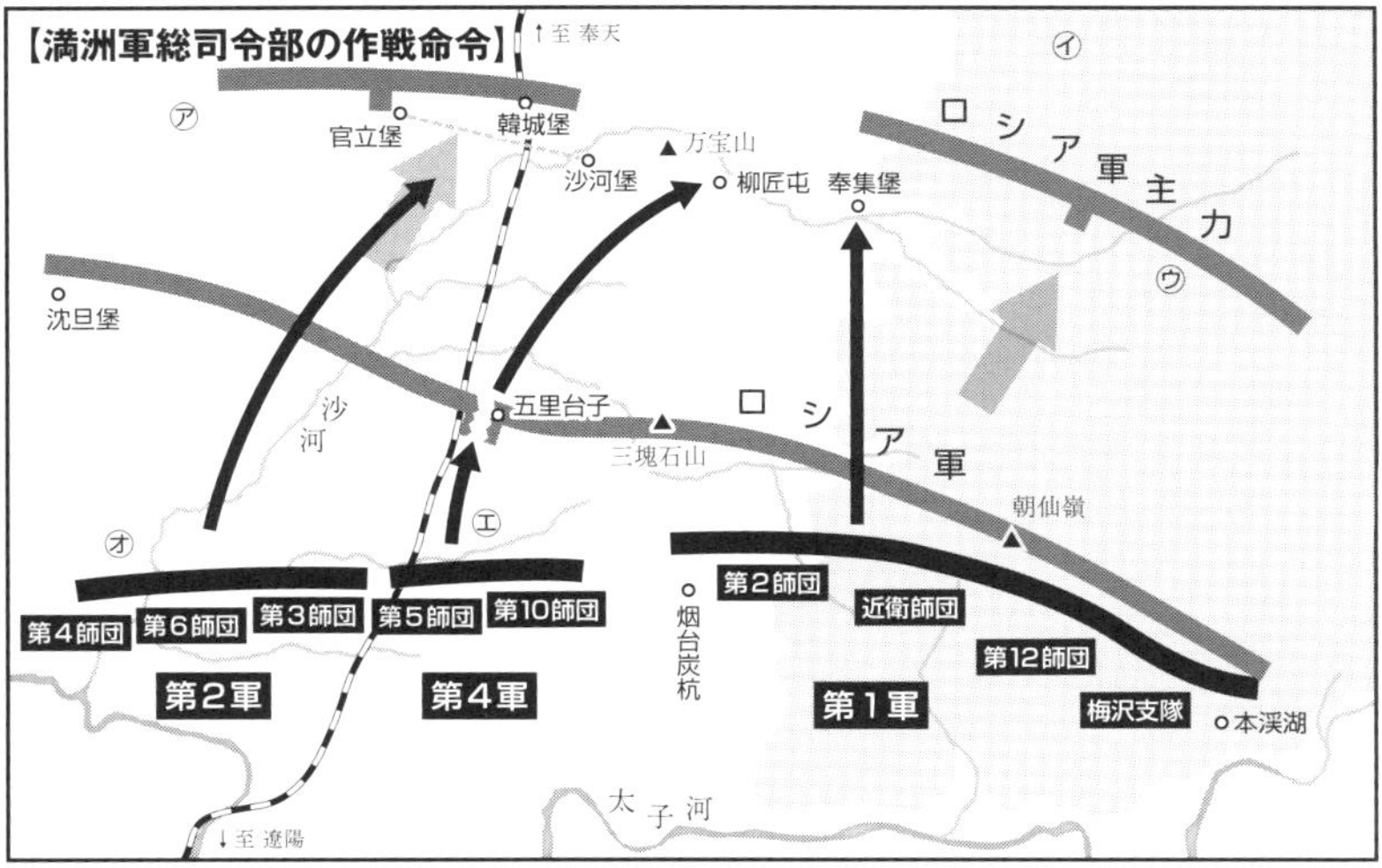

【沙河会戦における児玉の作戦構想と満洲軍総司令部の作戦命令の対比

児玉が羅大台会議で示した沙河会戦の作戦構想は、「全軍は第一軍の右翼を軸とし東北方に旋回しつつ敵を攻撃し、を鉄道線路より離隔し山地に圧迫すへく、之か為、第二軍は其左翼を前進せしめつつ李大人屯方向に攻撃前進し、第軍は先つ五里台子を占領したる後、東山口方向に攻撃前進し、第一軍は第四軍の五里台子占領後其運動に連繋し奉集方向に前進し、総予備隊は焼達溝附近に前進せしむへき予定」（下線部著者）というものであった。つまり、第1軍を回軸として、満洲軍全体が東北方に右旋回しつつ、ロシア軍を東北山地方面に圧迫するという構想だ。

だが、10月10日の満洲軍の命令を読むと、この児玉の基本構想は、下記の中央突破（突破から包囲へ）に修正されたよう

㋐鉄道線以西は北進。

㋑鉄道線以東は五里台子奪取後に右旋回して、東北山地方面に敵軍主力を圧迫。

㋒ロシア軍の主攻方向は日本軍右翼であった。満洲軍総司令部はこれを利用して、中央突破後に第4軍を右旋回させとで、ロシア軍主力を鉄道線路・主要道路外の東北山地方面に追い込んで、これを捕捉し撃滅しようとした。

㋓第4軍は戦線中央の五里台子を奪取（中央突破）後に柳匠屯に向かって右旋回しつつ敵軍主力を東北山地方面に圧る。

㋔第2軍は鉄道線以西を官立堡・沙河堡の線を目標として北進する。

上田有沢《ありさわ》が威厳に欠けるため、部下が命令をなかなか実行しない点と、②第五師団の両旅団長（歩兵第九旅団長山田保永《やすなが》、歩兵第二十一旅団長村山邦彦）の「攻撃動作が緩慢」という点にあった。▼22

変化した戦争の様相

第四軍の右旋回に失敗した満洲軍総司令部は、総予備隊である後備歩兵二個旅団を第四軍に配属して、三家子附近の敵軍に集中攻撃をかけ突破することとした。翌十二日、第四軍第十師団による三塊石山《さんかいせきざん》攻略と第二軍第六師団による前浪子街奪取で、戦線に亀裂が生じかけた。だが、突破は成功しない。戦機を逃すことを恐れた児玉は焦慮して「大に興奮」して自ら電話で各軍参謀長を叱咤した。▼23 そして、十三日、児玉は、次の要旨の通報を各軍に出している。

> 沙河会戦は敵兵力の集結未完に乗じ攻撃をかけようとして始まった「一大野戦」（遭遇戦）である。そのため「決勝の機会」となることを期待したが、予期に反し四日が経過しても決着がつかない。戦闘が長期化すれば兵力と弾薬が消耗し、消耗に補充が追い付かなくなる。ゆえに一時的に損耗が大きくなっても、「戦闘決勝の時期を早」めるように戦闘を指導せよ。▼24

だが、沙河会戦は児玉が待望した遭遇戦であったのにもかかわらず決勝会戦とはならなかった。日露戦争の会戦は直近の普仏戦争の会戦と異なり、戦闘日数が長期化し、決定的勝敗がつかなくなった点に特徴がある。▼25 児玉は旅順要塞攻略に続いて、戦前には想像すらしなかった種類の戦闘を戦うことを強いられたのだ。次の時代の戦争の様相を百パーセント正確に洞察するのは児玉でも困難であったのである。

戦血山野を染める

その後、戦闘は日本軍有利に進み、十六日、万宝山において山田保永少将が指揮する山田支隊がロシア軍の夜襲を受けて敗走するなどのこともあったが、十八日に沙河会戦は終了し、日本軍は沙河左岸に陣地を占領して防備を固めた。

沙河会戦は児玉に強い印象を残したようだ。漢詩が趣味の児玉は陣中でも余暇があると漢詩を詠み、松川敏胤と互いに和韻しあっていたが、ある時「賦沙河会戦」と題する漢詩を詠んでいる。その漢詩は、「鳩爺意気大　来欲決雌雄　沙河秋高處　唯任守兼攻　恃衆謀何拙　連軍山西東　遼陽軍容静　旭旗飜天風　暁渡太子河　已見圧露戎　突破喊声頻　南北勢不同　戦血染山野　総在荒涼中」（クロパトキンは意気高々と、雌雄を決せんと欲し攻勢をかけてきた。秋の空が高く澄みわたる沙河で、日本軍は守備と攻撃に任じている。ロシア軍は数を頼むあまり謀が拙い。軍が山の東西に連なっていて、遼陽の日本軍は静寂を保っている。旭日旗を天風に飜して、暁に太子河を渡河すると、すでにロシア軍が圧倒されているのが見えた。敵陣を突破する喊声が頻りに聞こえ、日本軍とロシア軍の勢いには違いがあった。戦血が山野を染めて、すべてが荒涼の中にある）というものである。[26]

便所に籠もり言い訳を考える

沙河会戦の最末期、井口と松川との間でまたもや議論が勃発している。敵と触接して停止すべきではないと主張する松川と、弾薬不足を理由に停止を主張する井口との論争である。しかし、かねてから参謀総長山県有朋との間で、秘密暗号を使用し電報交換を行なっていた児玉は、①旅順攻略が「先決問題」であり、②翌年春と見込まれる本国での兵備急増が完了するまで満洲軍は遼陽附近で守勢をとって北進を停止すべきであるという趣旨の秘密電報を受け取っており、このことが念頭にあったため、松川案に不同意を示した。[27]つまり、児玉は、北進停止・旅順攻略優先という方針を採ることとしたのである。

また、児玉は十月十九日に、敵に対しもう一回打撃を与えたいが、砲弾欠乏のため実行できず、停止して弾薬補充を待たなければならないのは「実に遺憾に堪えず」と、山県有朋に打電している。だとすると、砲弾不足も追撃不実行の原因であったようだ。[28]

このように沙河会戦の追撃停止は、砲弾不足に政略的要素が加味されたものであったが、十一月中旬、弾薬の補給が所期の数量に近づくに及び、今度は松川と井口が一緒になって断然攻勢に転ずべきだと主張した。十三日の会議では児玉が不同意を唱えたが両名はこれに屈せず、十五日の会議で再度攻勢を主張した。今回は児玉も賛同して大山の部屋に赴いたが、すぐに戻ってきて大山が不同意である旨を伝えた。

十六日には松川と井口が「今後の作戦に於て満洲軍が現在の姿勢に在るの利害」という意見書を起案して児玉に手渡し大山の決裁を仰ぐこととなったが、大山の部屋から出てきた児玉は「総司令官は攻撃の意思なし」と意見書を両名に返却した。類似のやりとりが何度か続いた後、軍隊の行動が至難な冬季となりこの騒動は終りを告げた。[29]

松川はこの間の児玉の態度に疑問を抱いていたらしい。松川が児玉の態度の裏に存在した事情を知ったのは大正十年になってからのことであった。松川は次のように日誌に書いている。

凱旋に際し、児玉が私に向かって「君等の献策を大山元帥に取次きたりとは全くの詐謀にて、実は厠に隠れ居たりしなり」と述べた。私はその理由を深く詮索しなかったが、ローズヴェルト大統領がロシア軍による万宝山の勝利を理由に金子堅太郎に講和を持ちかけ、それが大山と児玉の耳に入ったことが戦況を鈍らせた原因のようである。[30]
つまり、政治的配慮が作戦を抑え込んだのである。児玉は大本営と連絡を取りつつ、講和も含めた国家戦略の見地から軍事戦略を構築していたのだ。

児玉の師団長・旅団長評価

沙河会戦終結直後、児玉は陸軍大臣寺内正毅に宛てて第三軍以外の満洲軍各軍の師団長・旅団長の評価を述べた書簡を書いている。[31]

これによると児玉は日露戦争で勝敗の鍵を握るのが旅団長だと考えていた。旅団長中、児玉の評価が高いのは、連隊長時代に部下であった歩兵第十九旅団長の安東貞美である。逆に児玉の評価が最も低いのは、歩兵第二十一旅団長村山邦彦（「殆んと見込なし」）、近衛歩兵第一旅団長伊崎良《よし》熈《き》（「大いに申分あり」、「勇気に乏しき」）、歩兵第七旅団長須永武義（「不決断」）の三人で、児玉はこの「三枚揃は何れも不評判」と書いている。なお、児玉は他の書簡でも、伊崎について「一旅団を指揮する事は六ヶ敷人物」と評しているので、彼を旅団長失格者と見ていたようだ。[32]また、万宝山の敗将である歩兵第九旅団長山田保永（「勇気なく」）と歩兵第二十旅団長丸井政亜《まさあ》の評価も低く、丸井は軽傷であるにもかかわらず強いて後送させられたようだ。

師団長で評価が高いのは、第四師団長塚本勝嘉《かつよし》と第十師団長川村景明で、逆に評価が低いのが「心経過敏」な近衛師団長の浅田信興と「不決断」の第五師団長上田有沢で、特に上田は更迭が必要だと明言されていて、十一月に木越安綱が新師団長に任命されている。なお、塚本就任で第四師団の面目が一新したと書かれているので、児玉は前第四師団長小川又次にも問題ありと考えていたようだ。

一般には、浅田は「豪傑」、小川は「今謙信」として通っているが、砲火の下ではその人物の真の人間性が表出するものなのである。[33]

3、第二回総攻撃失敗と二〇三高地論争

一点突破案か広正面案か

一方、旅順では第二回旅順総攻撃を控えた第三軍が極度の砲弾不足に悩んでいた（附表7参照）。そこで、第三軍参謀副長伊地知幸介が児玉に一門当たり三百発に増加して欲しいと要請した。だが、児玉は、当方面はいつ大戦闘が生

起するかわからない状況下にあるので絶対に補給できないと返電している。[34]旅順を重視する児玉であったが、主決戦方面で敵が攻勢に出そうな情勢下では伊地知の要請に応えることはできなかったのだ。

第二回旅順総攻撃の作戦計画は、第一師団が松樹山堡塁を、第九師団が二龍山堡塁を、第十一師団が東鶏冠山堡塁を攻撃し、これが成功したら後方高地一帯に進出するというものであった（広正面案）。だが、この作戦計画を知った児玉は、各師団に各個の攻撃点を指示するよりも「一点に向ひ攻撃力を集中」するのが得策であるので、第十一師団には盤龍山砲台方面から二龍山堡塁に向かわせるのが良いと伝え（一点突破案）、さらに数日後には「攻撃正面広きに過き、前回の覆轍《ふくてつ》を踏む」恐れがあるので再考を望むと第三軍に伝えた。だが、第三軍は作戦を変更しなかった。第三軍は、各堡塁が密接な相互支援関係にあるので一点突破案は困難であると判断したのだ。[35]

果たしてどちらの案が正しいのか。地図で確認すると、児玉案では第十一師団は敵前で側面運動をすることになる。しかも一点突破案では盤龍山砲台を境としてその左右どちらかを攻撃することになるが、目標以外の堡塁からの側射を受けやすく、攻撃や奪取後の確保が困難である。堡塁・砲台が密接に支援しあっている要塞戦では、野戦と異なり一点突破は集中攻撃を浴びて失敗しやすいのだ。[36]それゆえ、この場合、第三軍の広正面案の方が戦術的に妥当であるといえそうだ。

かくして十月二十六日から開始された第二回旅順総攻撃は、側背から攻撃側を射撃する側防機関の破壊不十分や、外壕通過手段の不備などが原因でまたもや失敗に終わったのである。

軍司令部改造論の出現

第三軍の相次ぐ攻撃失敗に、大本営や満洲軍では第三軍司令部改造論（この時点では乃木希典更迭論ではない）が台頭した。十一月六日、児玉は第三軍参謀長の更迭を山県有朋に提案、同日長岡外史も軍司令部改造が必要だと井口省吾に書き送っている。[37]

さらに二十九日には、井口が長岡に宛てて、旅順攻略後の第三軍司令部復員解散論に同意した、児玉もこの案に同感であると書いた。かくして、第三軍司令部改造論は乃木更迭論に発展するに至ったのだ。[38]

主攻論争と海軍への抗議

十月十五日、バルチック艦隊がリバウ港を抜錨した。大本営の判断では同艦隊の日本近海到着は明治三十八年一月

附表７：第三軍平均一門消費弾薬

	明治37年８月	９月	10月	11月	12月
攻城砲全体	317	87	52	207	96
野砲弾全体（山砲を除く）	317	146	23	61	137
十五サンチ榴弾砲（16門）	339	76	4	212	106
二十八サンチ榴弾砲（18門）			207	506	309

出典：宿利重一『旅順戦と乃木将軍』（春秋社、一九四一年）六〇〜六三、六七頁。

下旬、連合艦隊の艦船修理期間を考えると、十二月上旬までに、旅順を落とすか旅順艦隊を撃破する必要があった。[39]

　そこで、山県有朋は十一月九日に大山巌に宛てて、第三軍に敵艦隊撃破を急がせるようにとの電報を打電する。暗に観測点としての二〇三高地占領を示唆したのだ。だが、大山の回答は、第三軍の東北正面攻撃を支持し、大阪で待機中の第七師団の投入を求めるものであった。第七師団投入は児玉の意見でもある。大山電を見た山県は直ちに第七師団の投入を決断した。[40]

　こうなれば衰竜の袖にすがり天皇の権威を借りて、満洲軍の東北正面攻撃説を変更させるしかない。そう考えた山県は十四日御前会議を開催した後、速やかに旅順を攻略する必要があるが、もし不可能ならば、旅順港内を瞰制できる地点を占領し、敵艦と修理施設を破壊せよと、大山に打電した。だが、天皇の権威を借りた要請も大山には通じず、大山は、港内を瞰制するためにも従来通り望台高地を占領するのが捷径かつ有効である、同高地と同時に二〇三高地を攻めては二兎を追って一兎も得ない結果となると返電した。大山は大本営の二〇三高地主攻案を斥けてまで第三軍の東北正面主攻案を支持したのである。[41]

　そして、児玉の考えも大山と同じであった。十一月十六日、児玉は、旅順陥落に至らなくても旅順の「死命を制する程度には成功すべしと信ず」と山県に発電している。児玉は、次回の総攻撃で、旅順の死命を制する地「望台」を占領できると考えていたのだ。[42]

　実は、児玉は以前からバルチック艦隊に過剰に反応する大本営や海軍に不満を持っていた。そのため、児玉は海軍軍令部長に対して、十二月十日以降旅順の封鎖を緩めるとの海軍の意見は「陸軍への脅威〔脅迫〕」であるとの抗議電報を発電している（十一月）。また、後藤新平に対して、大本営は「〔山本〕権兵衛之権幕」に圧倒されて狼狽している。山県が例の神経質な短所を発揮して海軍の要請を真面目に引き受けており、「馬鹿馬鹿敷」思うと書き送っている（八月二十日）。[43]

※なお、児玉が、次回の総攻撃で旅順の死命を制することができると山県に断言したのには次のような理由がある。十一月十三日、第三軍参謀白井二郎が、満洲軍総司令部に旅順の攻撃計画を説明するため第三軍司令部を出発した。白井も含め第三軍司令部は第三回総攻撃の成功を確信しており、「今度は第三軍は旅順を攻略することは大丈夫だらう、さうだらうな」との児玉の問いに対して、白井は、「今度は大丈夫成功します」と答えている（長南政義編『日露戦争第三軍関係史料集』五七四〜五七五頁）。すなわち、旅順陥落に至らなくても旅順の「死命を制する程度には成功すべしと信ず」という、山県に対する児玉の発言は、第三軍司令部の自信に満ちた回答に基づいてなされたのだ。

ただし、第三軍には満洲軍に対する要求事項があった。白井に与えられた訓令に「野山砲弾の要求」および「砲数は北へ割くも弾丸を欲す」という項目があったのがそれだ（谷寿夫『機密日露戦史』二一九〜二二〇頁）。つまり、白井は児玉に対して、第三軍が有する火砲の幾分かは沙河方面の決戦正面に提供しても良いので、そのぶん砲弾を増加してくれるよう要求したのである。そこで、満洲軍総司令部は第三軍に対し野山砲一門あたり約二百発の弾丸を支給するとの約束をしている。

実は、約一週間前の十一月六日、児玉は第三軍司令官乃木希典に宛てた書簡において、「如此《かくのごとき》情況に付、何時破裂致候哉も難計《はかりがたき》に付、貴軍より野砲弾之御請求も御座候へども、何分此大決戦を前面に引受居候場合にて、御求めに応じ難く、是又遺憾千万に御座候」と述べている（宿利重一『児玉源太郎』六五五頁）。

つまり、この当時の児玉は沙河方面で決戦が生起する可能性が高いと判断していたが、第三軍の砲弾要請に対し、可能な限りその要望に応えようとしたのである。二正面作戦を戦う児玉の苦心を象徴する挿話といえよう。

満洲軍と第三軍の対立

同じ頃、攻撃目標をめぐる大本営と満洲軍・第三軍の対立の他に、第三軍と満洲軍との間でも、敵艦砲撃に関し対立が生じていた。これより先、南山坡山を占領した第三軍は、海軍側に配慮して、同山からの観測により、二十八サンチ榴弾砲を使い敵艦砲撃を実施していた。だが、敵艦隊が白玉山の死角に逃げ込んだため、第三軍は散布射撃に変更したものの、効果が上がらない。そこで、満洲軍が砲弾消費と火砲の命数の関係もあるので第三回旅順総攻撃のことを考えて当分これを中止するよう要請したものの、中止は海軍を「大失望」させると考える第三軍はこれを拒否した。

これをうけて十一月十二日、児玉は「二兎を追うべからず。二十八サンチは威力を本攻に用ゆべし。無駄弾丸を送るべからず」と要求したが、それでも第三軍は首を縦に振らなかった。最終的に第三軍は敵艦砲撃を中止したが、▼44満洲軍と海軍との間に挟まれた第三軍の苦しい立場が窺える。

乃木希典宛児玉源太郎書簡（明治三十七年十一月六日附、下関市立長府博物館所蔵）。

第三軍からの野砲弾の請求に応じられないこと、第三軍からの戦況報告が簡単すぎて満洲軍総司令官大山巌も心配しているので詳細な戦況を知らせて欲しいことなどが書かれている。

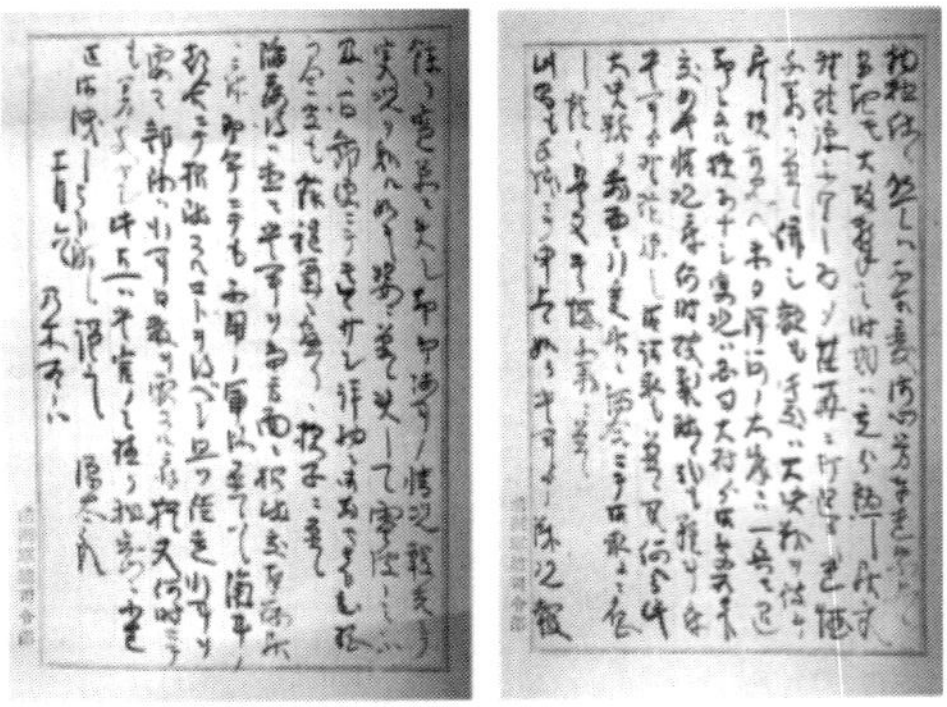

明治三十七年九月十八日、児玉を主賓として会食中の第三軍の師団長と外国観戦武官。画面中央こちら向きの黒い軍服の人物が第三軍司令官乃木希典。その右側のブレている人物が児玉か（大本営写真班撮影『日露戦役写真帖　陸地測量部蔵版』小川一真、一九〇六年）。

二十八サンチ榴弾砲運搬の様子。画面右下の木柱は戦死者の墓標（大本営写真班撮影『日露戦役写真帖　第八巻』小川一真、一九〇五年）。

沙河会戦において、督戦中の満洲軍総司令部幕僚（『征露写真画帖第十一編』実業之日本社、一九〇五年）。

烟台の満洲軍総司令部前での満洲軍総司令官大山巌以下の総司令部員（大本営写真班撮影『日露戦役写真帖第二十三巻』小川一真出版部、一九〇五年）。

明治三十七年十一月十二日、大山巌誕生日の記念撮影。最前列右から、渡辺寿、田中義一、松川敏胤、福島安正、大山巌、児玉、井口省吾、一人おいて小池安之。

烟台の満洲軍総司令部内での児玉。画面左下に戦利品であるロシア軍の軍用太鼓を加工して作った火鉢が見える（『征露写真画帖第九編』実業之日本社、一九〇五年）。

ロシア軍の軍用太鼓（周南市美術博物館提供）。

実物未調査のため確たることは言えないものの、所蔵先はロシア軍の軍用太鼓としているが、児玉愛用の太鼓の火鉢である可能性がある。

児玉愛用の太鼓の火鉢。この火鉢は遼陽会戦でロシア軍が遺棄した軍用太鼓を再利用して作られたものだ。火箸も薬莢を再利用した薬莢火箸である。児玉は太鼓の火鉢で暖を取りつつ対露作戦を練ったのである（東京日日新聞社・大阪毎日新聞社編『秘録維新七十年図鑑』東京日日新聞社、一九三七年、一九三頁）。

児玉・松川敏胤・井口省吾・福島安正四人の居室内部（『征露写真画帖第十二編』実業之日本社、一九〇五年）。

烟台の満洲軍総司令部。右が児玉の居室、左が松川敏胤・井口省吾・福島安正の居室（『征露写真画帖第十二編』実業之日本社、一九〇五年）。

第十八章　親友乃木と会い、軍に忠告せん

1、第二回旅順行

二〇三高地奪取の失敗

十一月二十六日、第三軍は最後の決心と重大な責任をもって第三回旅順総攻撃を開始した。攻撃の目的は望台一帯の高地を奪取して旅順の死命を制することにあり、主攻は松樹山から東鶏冠山堡塁にかけての東北正面に指向された。だが、万全の準備を整えて実施した攻撃は失敗に終わり、第三軍司令官乃木希典は最後の手段として、中村覚少将率いる特別予備隊（白襷隊）を投入して夜間奇襲をかけるもこれも失敗に終わる。

そこで、乃木は主攻を二〇三高地に転換（＝要塞攻略よりも敵艦隊撃滅を優先）する決断を下し、二十七日から二十八サンチ榴弾砲の支援射撃の下、第一師団をもって二〇三高地に対する攻撃を開始した。

二十八日、第一師団は二〇三高地西南山頂の一角の占領に成功した。だが、二十九日午前零時三十分、ロシア軍に奪取されてしまう。この間、同師団は二〇三高地東北山頂の一部の占領にも成功しているが、こちらもロシア軍に奪還されている。

もはや第一師団には突撃を継続する余力は残されていない。二〇三高地の戦闘が決戦の様相を呈していることを看破した乃木は、総予備隊の第七師団を投入することを決意し、第七師団長大迫尚敏に両師団の統一指揮を命じた。そして、両師団は三十日午前十時から二〇三高地に対する突撃を開始することとなったのである。

二〇三高地中央鞍部の塹壕銃眼から見た旅順港（大本営写真班撮影『日露戦役写真帖　第十二巻』小川一真出版部、一九〇五年）。

遺書を書き旅順へ向かう

第三軍がせっかく占領した二〇三高地を二度も喪失したことで、満洲軍総司令部の第三軍に対する信頼は地に落ちた。総司令部は敗戦の原因を次のように判断した。

第三軍司令部の位置が前線から遠く偵察が不十分のみならず、総予備隊（第七師団）を二〇三高地から約一日行程の遠距離に置いたため投入時機を失し、二〇三高地を二度も奪還されてしまった。第三軍の用兵は「帥兵の法を失するもの」だ。[1]

そこで総司令部は、十一月二十九日午後五時四十分、第三軍司令官に対し、「二百三高地に対する戦闘の状況不利なるは指揮統一の宜しきを得さるもの多きに帰すると云はさるを得す。畢竟高等司令部及予備隊の位置遠きに失し、敵の逆襲に対し之を救済するの時機を誤りたるものなり」。明朝の攻撃に際しては、高等司令部を適当の位置に進出させて自ら地形と時機とを観察して占領の機会を逸しないようにせよ、との訓令を出した。[2] 第三軍司令部の指揮能力に対する不信任表明といってよい内容である。

もはや二〇三高地攻撃を第三軍に任せておくことはできない。児玉は二〇三高地攻撃の「失敗回復」を目的に旅順に赴く決心を固め、懐刀の松川敏胤にその意志を示した。[3]

松川は、「その必要はないであろう、特に前回の児玉の旅順行の前例に鑑み、北進軍のためにも南下を希望しない」と述べ児玉を諫止し、「必要ならば第三軍参謀副長を召致すればよろしかろう」（現代語訳）と告げたが、松川と異なり旅順の戦況を死活的に重要と考える児玉は激昂して譲らず「自分は大迫第七師団長と共に二〇三攻撃をあくまで貫徹せんとす。然し、行く目的は親友乃木と会い、軍に忠告するのみ故、安心して可なり」と答えた。

そこで松川は、総司令官大山巌に自分から「乃木将軍へ、予に代り児玉を差遣す。児玉の云う所は予の云う所と心得べしとの一札を乞う」と児玉に提案した。児玉は最初この提案に不要であると答えたが、松川の熱心な説得に折れて、「一、貴官を第三軍に派遣す。二、余は第三軍の攻撃指導に関し、要すれは満洲軍総司令官の名を以て第三軍に命令することを貴官に委す」と書かれた大山の訓令を懐に旅順に赴くこととなった。[4]

なお、近年、桑原嶽氏により、この訓令の存在に関し、疑義が呈されているが、「満洲軍機密作戦日誌」に書かれていることなので、実在は確実である。ただし、児玉は乃木の説得に成功したので、同訓令は未使用のまま大山に返納されている。出発に際し、大山は自身の着用する毛皮のチョッキを脱いで児玉に与え、「逐日寒気相加ふるにより、これを着用、自愛を望む」との言葉をかけている。[5]

そして、十一月二十九日午後八時、児玉は満洲軍参謀田中国重を連れて機関車一輛が牽引する有蓋貨車に乗り込み烟台《えんだい》を出発し旅順へ急行した。児玉の決心はただならぬものがあった。出発前に「二〇三高地を占領せされは生きて帰らす」と覚悟し長男の秀雄宛ての遺言状を書き、これを台湾総督秘書官の関屋貞三郎に託したほどである。だが、そこは諧謔好きの児玉であった。「無暗に開けてはならぬ」と書いた紙包を出発前に残し、奏任官待遇通訳の上田恭輔が我慢しきれずに開けたところ春画が入っていたとの逸話も残されている。[6]

暗澹たる児玉の気持ちを表したかのような漆黒の闇夜を汽車は進んだ。車中の児玉は田中に命じて各停車場に到着するたびに旅順の戦況を確かめることを命じ、田中が寝ることを勧めても横になることなく一言も発せずに腕を組んで考えに耽っていたと伝わる。[7]

三十日、二〇三高地陥落の情報を接受した児玉は、初めて愁眉を開き歓喜に満ちた顔色になり、第三軍に祝電を打電するよう命じた。だが、翌十二月一日の大連での朝食（洋食）時、二〇三高地が再奪還されたとの報告に接した児玉は激怒して「怪しからん。第三軍の馬鹿野郎」と机を叩き、「田中貴様は食ふなら食へ。元来朝より洋食を食ふ馬鹿かあるか、飯を呉れ」と述べて、食事もそこそこに旅順に急行した。なおこの時、児玉は一個歩兵連隊（歩兵第十七連隊が送られた）を派遣するよう大山に要請し承認を得ている。[8]歩兵第十七連隊は、新しく満洲に派遣された第八師団隷下の部隊で、開戦以来の戦訓に学んで、当初から戦時定員を超える戦闘員三千二百四十七人（輸卒や各部将兵を除く）を擁する精鋭部隊であった。二〇三高地奪還に死を賭した児玉の尋常ならざる決意が窺われる。

児玉と乃木の会談

児玉が長嶺子の駅に到着したのは、十二月一日午前十一時三十分のことである。第三軍参謀副長大庭二郎と参謀津野田是重が児玉を出迎えたが、児玉の機嫌はすこぶる悪く、「何故に停車場に通信所を設置せざるや」と大庭を叱りつけている。児玉は午後十二時に柳樹房の第三軍司令部に到着して昼食を摂った後に司令部を出発、曹家屯で乃木希典と会い、一緒に高崎山に赴いた。[9]

この間、児玉は第三軍司令部で書類を点検し、機密日誌が途中までしか書かれていない怠慢を発見して、第三軍作戦主任参謀白井二郎を叱責している。また、高崎山に向かう途中で、補充兵の通過する道路脇に墓地を発見した児玉は、補充兵の志気沮喪を憂慮し、墓地の移動を命じている。さらに、高崎山では二〇三高地攻撃で大損害を出した第七師団長大迫尚敏が、「多数の部下を殺し誠に相済まぬ。是非今一度攻撃せしめられたし」と涙を流しながら児玉に訴えた。児玉は天を仰いでこれに答えなかったが、大迫が悄然として帰った後、第七師団に再度攻撃させるよう命じている。[10]

児玉と乃木の会談は高崎山で行なわれた。新史料によれば、児玉は「執拗に攻撃し以て其目的を達成すへき」という大山巌の意図を乃木に伝えた。これは確実だが、これ以降の会談内容については諸説ある。田中国重は児玉が高崎山で「二〇三高地の指揮を予に委せよ」と乃木に語り、乃木が涙を流しながら「致方なし委す」もしくは「残念なれとも君に委せる」と述べ同意したと回想し、第三軍司令部の日誌などを利用して書かれた四手井綱正の旅順戦史は、乃木が「目的を達する迄、爾霊山の攻撃を続行す」との決心を児玉に示し、児玉が作戦に関し「友人として腹蔵なき意見を開陳すへき承諾」を乃木から得たとしている。[11]

なお、近年、児玉の作戦指導関与に関しては疑義が呈されているが、乃木が児玉に対し、第三軍の作戦指導に関与する許可を与えたのは間違いない。ただ、後述するように児玉は乃木の権威を損ねないようなやり方で実質的に指揮権を行使している。日露戦争の重要局面で、西南戦争以来の児玉と乃木の親友関係がここにきて生きたのだ。

2、二〇三高地攻撃と児玉

児玉の激怒

これ以後の児玉の足跡に関しては不明な点が多いため、一般的な児玉伝の記述に誤りが多い。たとえば小林道彦氏は、児玉の命による重砲の陣地変換が二度あったと書いているほどだ。[12] そこで、新史料を含む良質な史料を基になるべく正確に児玉の動向を追ってみたい。

十二月二日から四日にかけて、第三軍は攻撃を停止して攻撃準備に着手した。この間、第七師団の攻撃命令の軍隊区分に同じ中隊が二つ書かれていることを知った児玉が第七師団参謀白水淡《しろうずあわし》の陸軍大学校卒業徽章（天保銭）を摑み、「これをよこせ、お前などはこんなものをつけてゐる資格がない」と激怒する一幕があった。[13] この頃、各大隊や中隊は戦死傷者が続出し、生存者を集め集成中隊を作っていたため、このような誤りが生じやすかったのだ。

また、二日には、第三軍が保持する二〇三高地の西南部山頂の一角から敵艦隊を通視可能であるとの報告を耳にした児玉が、攻城砲兵司令部部員の奈良武次に砲撃開始を督促し、満洲軍参謀国司伍七・白水淡・海軍参謀岩村団次郎を観測将校として派遣している。新史料（公刊戦史の草稿）

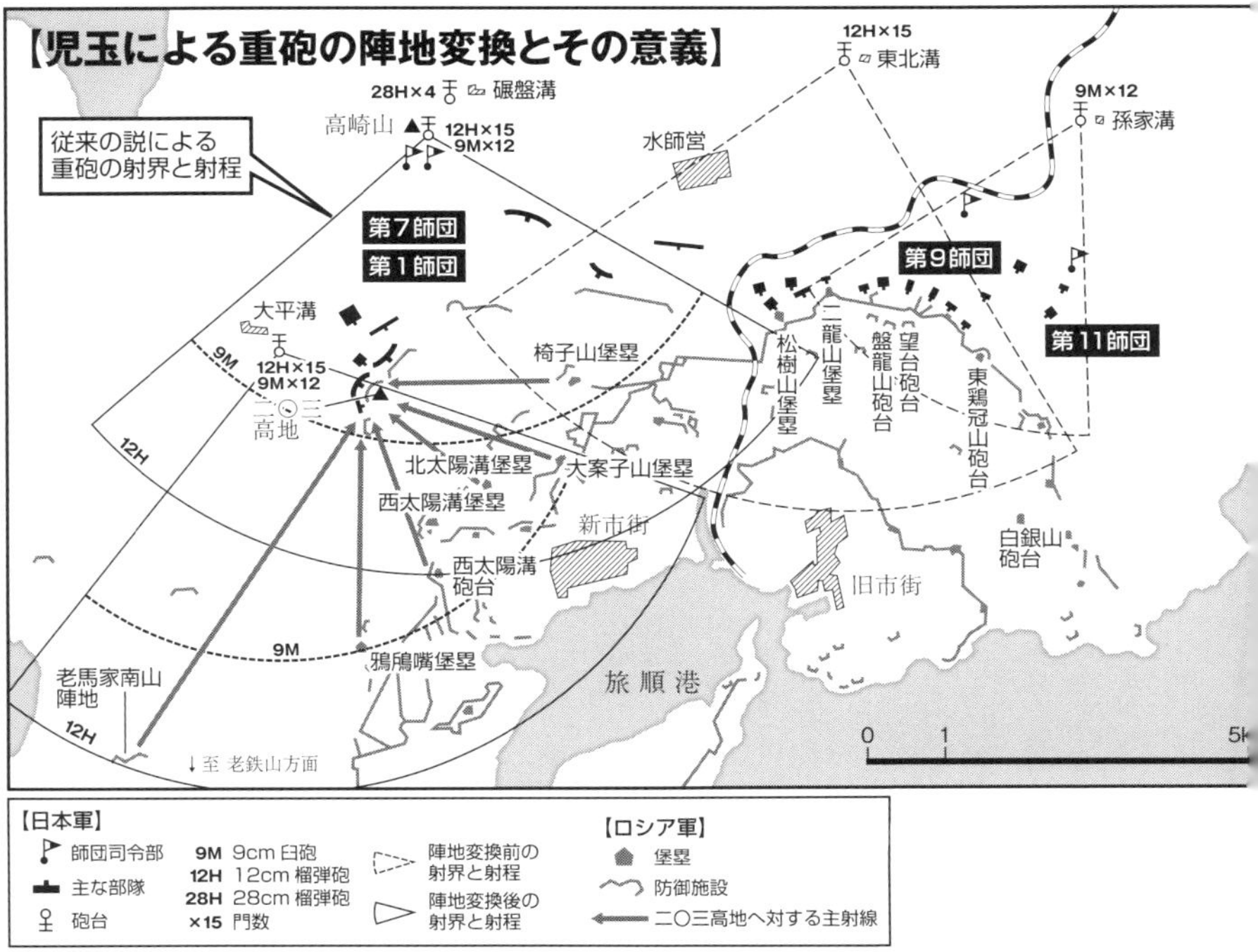

第3軍が二〇三高地を一時的に占領してもロシア軍に奪還されてしまう一因は、西太陽溝・鴉鳾嘴堡塁と老鉄山方面
諸砲台などから二〇三高地に向けてなされるロシア軍の砲射撃にあった。そこで、児玉は、12月3日、第3軍の反対
押し切って、十二サンチ榴弾砲15門を東北溝から大平溝に、九サンチ臼砲12門を孫家溝から大平溝南方に陣地変換
二〇三高地を支援している西太陽溝・鴉鳾嘴の敵堡塁と老鉄山方面の諸砲台を制圧することを指示した（3日午前2時
令下達、4日陣地変換完了）。
十二サンチ榴弾砲の最大射程距離は約5600メートル、九サンチ臼砲の最大射程距離は約4200メートルである。
では、これらの重砲は高崎山に陣地変換されたといわれてきたが、高崎山から鴉鳾嘴堡塁までは約6000メートルあるた
ここからでは同堡塁を制圧できない。だが、これらの重砲が陣地変換された大平溝周辺からだと、西太陽溝・鴉鳾嘴
塁と老鉄山方面の諸砲台が重砲の射程距離内に収まるため制圧射撃が可能となる。

によれば、児玉の命を受けた白水らは午前八時に出発して午後二時に帰着し、「爾霊山西南巓頂より旅順港内を見ること恰も我掌を指すか如く、大艦七隻、小船舶十五隻あり。宜しく速に同巓頂の西南角に堅固なる主脚地を作るを要す。然れとも、過早に軍艦を射撃せは未た其堅固ならさるに敵の砲火を誘致するに至らん」と報告した。つまり、児玉が二〇三高地上の観測将校に対し「そこから旅順港は見えるか」と電話口で尋ねたという有名な逸話は虚構だったのだ。

白水らの報告を聞いた児玉は「すぐ撃て」と主張したが、奈良がこれに反対したので、観測所設置後に敵艦砲撃を開始することとなった（午後二時四十五分から構築開始）[14]。奈良は、すぐに敵艦砲撃を開始した場合、観

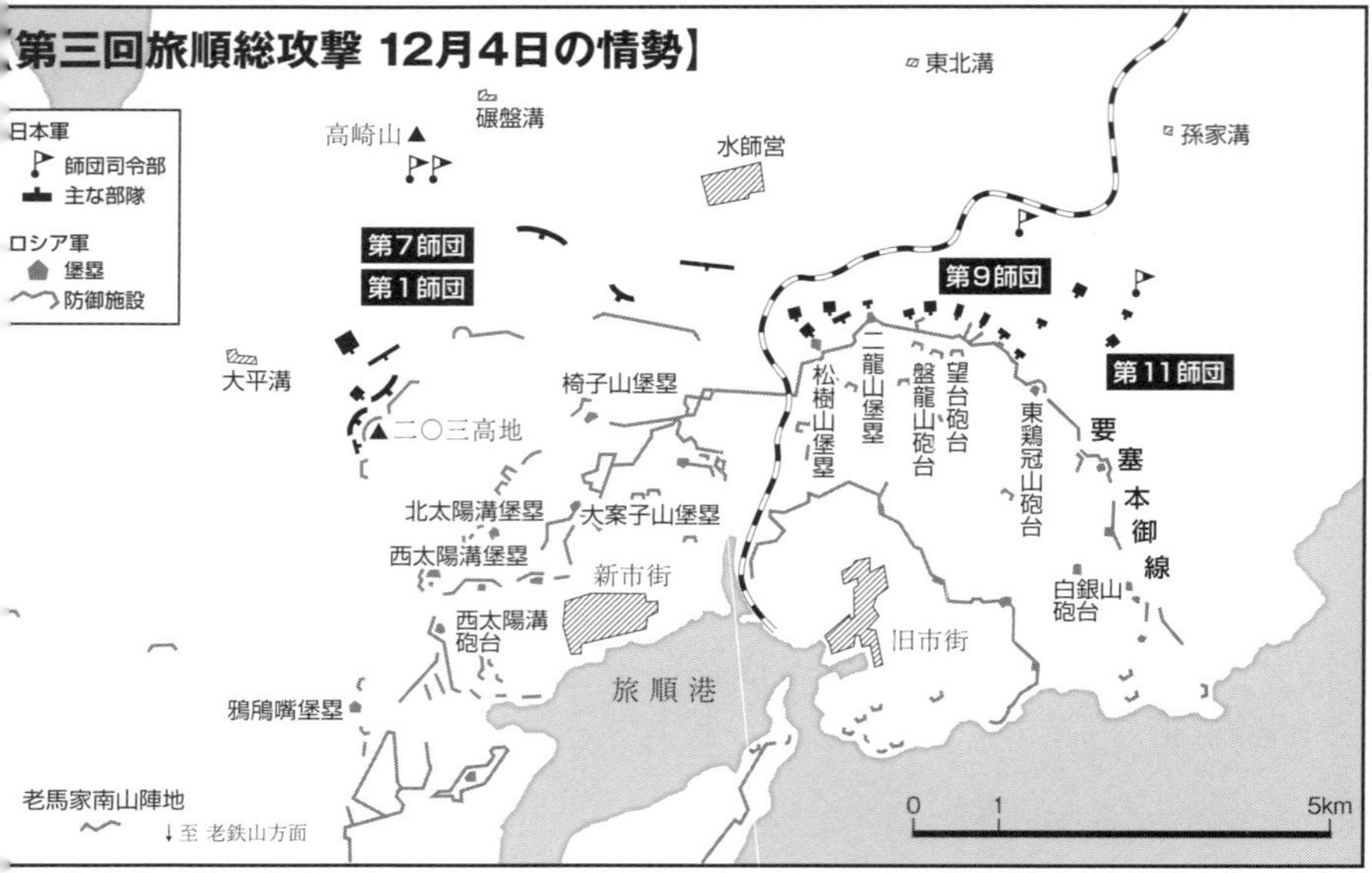

測地点である西南部にとりついた部隊がロシア軍の反撃により追い落とされることを危惧して反対したようだ。

また、先の新史料によれば、児玉は同じ二日に、二〇三高地東北部顚頂の敵胸墻内に日本兵が残存しているとの報告を得て、第七師団参謀石黒千久之助に対し次のような「指示」を出している。すなわち、二〇三高地攻撃部隊長斎藤太郎（歩兵第十四旅団長）に、この情報を伝え「速に該生存者に所要の弾薬と糧食を補充して之を助け、成し得れは該顚頂占領の動機を作り、能はすんは之を救助すへき」ことを要求するようにという指示である。[15]

重砲の陣地変換命令（後述）が出された三日には、第七師団長大迫尚敏が、まず二〇三高地西南部山頂を占領した後に、東北部山頂を攻略すべきという二〇三高地攻撃案を乃木に提出し、児玉が二〇三高地攻撃隊長斎藤太郎少将に下問しこれを承認している。[16] これらは公刊戦史の草稿や公刊戦史に明記された事実であり、児玉が乃木の作戦に承認を与えたり、作戦会議を主導したりする形（後述）で第三軍の指揮権を実質的に行使していたことは間違いないといえる。

児玉は二〇三高地攻めで何をしたのか？

児玉が二〇三高地攻撃に際し指示したことは以下の三つ

である。[17]

一、第三軍の反対を押し切って、重砲隊（十二サンチ榴弾砲十五門、九サンチ臼砲十二門）を大平溝に陣地変換し、二〇三高地を支援している西太陽溝・鴉鳩嘴の敵堡塁と老鉄山方面の諸砲台を制圧することを指示（十二月三日午前二時命令下達、四日陣地変換完了）。

二、残兵が保持する二〇三高地西南部山頂の一角が敵の逆襲（恢復攻撃）により奪還されるのを防止するため（二〇三高地占領後、敵の逆襲に備えるためとする史料もある）、二十八サンチ榴弾砲で一昼夜十五分ごとに頂上附近を砲撃する。[18]

三、二十～三十人で構成された突撃隊を、二〇三高地陥落まで繰り返し繰り返し投入する（肉弾戦）。

一に関しては、田中国重回想を典拠とした谷寿夫『機密日露戦史』が、重砲隊は椅子山の制圧のために高崎山に陣地変換したと書いていて、これが通説とされている。[19]だがこれは誤りで、十二月三日から四日にかけて、二〇三高地山頂の確実な占領保持に必要な西太陽溝・鴉鳩嘴・老鉄山方面の敵砲台制圧のため、大平溝周辺に陣地変換したというのが正しい。

十二サンチ榴弾砲は十五サンチ榴弾砲と並び高い威力を有する攻城砲の新式主砲である。第三軍の保有する十二サンチ榴弾砲（二十八門）の過半数を二〇三高地を支援する諸堡塁・砲台の制圧に集中投入した児玉の決断が二〇三高地攻略成功を呼び込んだのだ。[20]

二に関して『機密日露戦史』は、奈良武次が「友軍に危険なり」と不同意を唱えたが、児玉は「砲撃は味方打ちを恐れず」と述べ承服しなかったと書いている。[21]『坂の上の雲』にも登場する有名な逸話であるが、これも事実でない可能性が高い。

というのも、奈良本人は、二〇三高地が占領される前に、児玉に呼ばれてその宿舎に赴いたところ、第七師団長大迫尚敏も同席しており、以下のような会話を交わしたと回想しているからだ。[22]

児玉「師団長より我突撃前后に亘り二十八珊砲弾は其部隊附近に散落し其破片に依り我兵の死傷する者相当にあり忍び難き故突撃前后射撃を見合すか射程を延ばして敵の後方を射撃するやうせられたしと申出であるも如何」。

奈良「一応御尤なり余自らも之を目撃し居れり、唯是迄の経験に徴すれば露兵の頑強なる陣地堅守は意外に勇敢にて我砲撃の止むや否や直に復《また》陣地に進入し守備に就く故敵

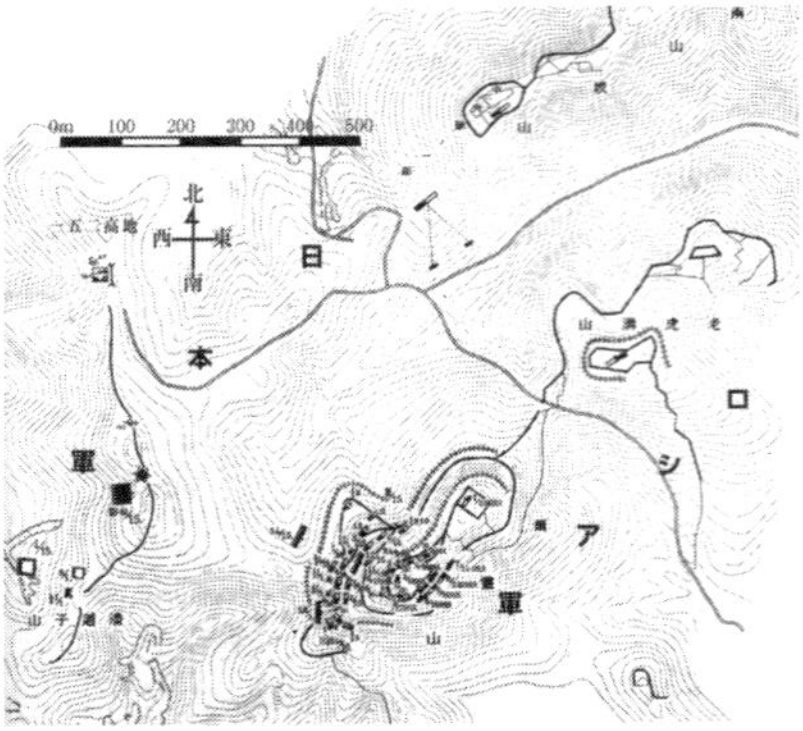

(上) 二〇三高地への第一次攻撃 (九月十九日〜二十二日) の状況
日本軍塹壕線からは、二〇三高地山頂まで約400m、第一陣地までで も約300m近い距離がある。

二〇三高地の半腹から見た同高地頂上（大本営写真班撮影『日露戦役写真帖第十二巻』小川一真出版部、一九〇五年）。
画面手前から山頂に向かってのびるのは第三軍の対壕である。

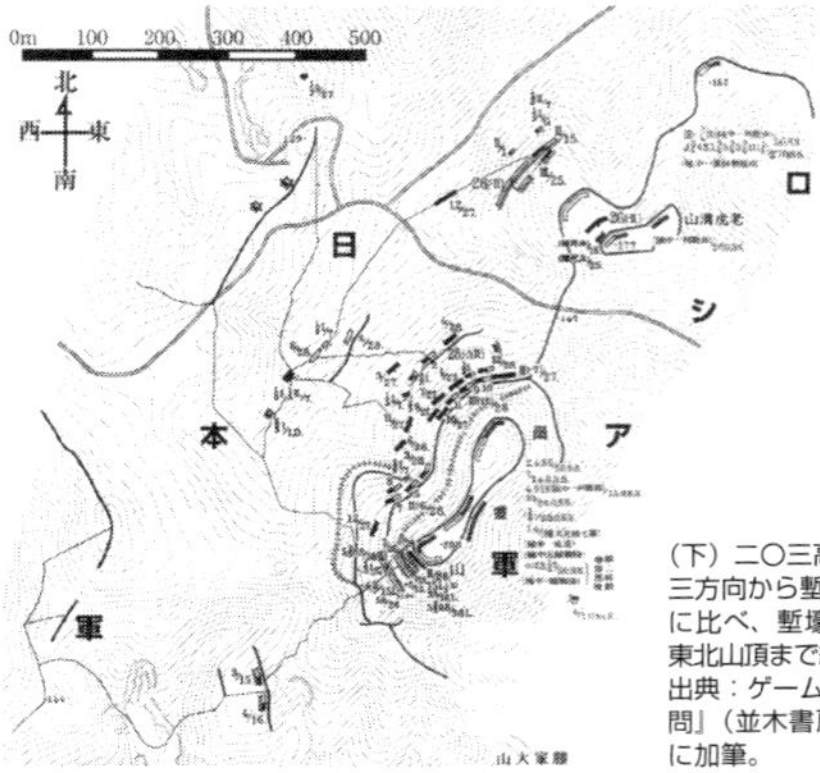

(下) 二〇三高地最終攻撃の状況
三方向から塹壕線が構築されている。九月の第一次攻撃に比べ、塹壕線が二〇三高地西南山頂まで、約150m、東北山頂まで約200mの位置まで接近していることに注意。
出典：ゲームジャーナル編集部編『坂の上の雲５つの疑問』(並木書房、二〇一一年) 二三、三七頁所収の図版に加筆。

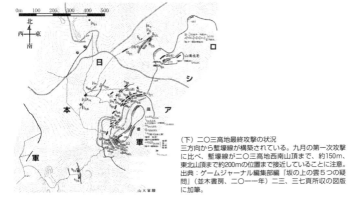

の塹壕既に破壊し守備兵既に死傷せりと思惟し突入すれば直に新守備兵の猛烈なる機関銃射撃に遇ひ撃退せらるるの悲況を呈するを常とす、依て余は忍て〔自軍歩兵が〕突入するまで射撃を継続し敵の再進入を防遏する方針を取り居るなり、突撃隊も亦我砲弾に依る多少の損害を忍で突入の成功陣地の奪取に猛進せられては如何哉と考ふ」。
児玉「〔第七師団長に向かい〕師団長は如何に考ふるや」。
大迫「然らば止むを得ざるべし」と首肯する。

田中の回想に依拠した『機密日露戦史』は奈良が「友軍に危険なり」と述べたとするのに対し、奈良本人は味方撃ちを恐れず賛成したと述べており、二人の回想は百八十度異なる。だが、児玉が自分にわからないことを質問してよくわかると直ちに採用する性格であったことを考えると、奈良本人の回想の方が真実に近いのではないだろうか。

ただし、奈良が児玉の指示に不同意を唱えたという通説は誤りである可能性が高いものの、一昼夜十五分ごとに二〇三高地頂上附近を砲撃せよという児玉の指示が、二〇三高地に対する敵の逆襲企図を挫折させ、二〇三高地占領に寄与したことは間違いない。

三に関しては、第三軍作戦主任参謀白井二郎が次のように回想している。総司令官大山の代理として旅順に来て二〇三高地奪取を督励していた児玉は「私共軍の参謀や師団の参謀長以下に対し、まるで大学校の学生に問題でも課するやうに、二〇三高地の攻撃案を提出せよ」と命じたが、白井らは点数を競うわけではないので「師団の参謀長以下皆一緒に相談して同一の答案を出した」ら児玉も笑いながら「ウン、マアマア斯《こ》うだらう」と述べた。この答案は、二十人から三十人の突撃隊をいくつも作り、敵砲台から遮蔽されている場所に、繰り返し何度でも突撃するという「飽くまでも肉弾を注入する」案であった。[23]

この白井の回想が正しければ、二〇三高地攻撃計画は第三軍および師団の参謀が計画し、児玉はそれを承認しただけである。また、二〇三高地は児玉が承認した「肉弾」を注入する攻撃法により陥落したことになる。第三軍司令部の「肉弾」攻撃ばかりが批判されることが多いが、児玉も「肉弾」を投入するしか良策はなかったのだ。そして、日本軍は最初から消耗戦による勝利を狙ったわけではないものの、攻囲下にあって兵力の補充ができないロシア軍が二〇三高地をめぐる消耗戦に敗れたため、十二月五日に二〇三高地を占領し、直ちに敵艦砲撃を開始したのである。[24]

児玉の役割をどう評価すべきか？

二〇三高地攻撃における児玉の役割をどう評価すべきで

あろうか。児玉が乃木から承諾を得て実質的に指揮権を行使したことは確かである。だが、児玉はいつもの彼のやり方通り、参謀に質問をしてそれを承認するという、参謀の智嚢を巧みにリードする方法で作戦を指導した。児玉と乃木の会見を知らない参謀たちは、自分が命令されたとは感じていなかったであろう。児玉は「親友」乃木の権威に傷がつかないよう巧妙に作戦を指導したのだ。旅順行きに際し、児玉は松川に「親友乃木と会い、軍に忠告するのみ故安心して可なり」と述べているが、児玉の発言は本心であったのだ。だからこそ、児玉は松川が携帯を進めた「一札」の持参を渋ったのである。

旅順における児玉の的確な作戦指導、迅速な決断および即決的措置が二〇三高地陥落を「早く」実現させたことは確実だ。特に、反対を押し切って重砲隊を陣地変換させ、重火力を集中運用した効果は大きかった。また、決断に躊躇する第三軍参謀長の性格を考えると、重砲の陣地変換にしても二十八サンチ榴弾砲による十五分ごとの頂上砲撃にしても、児玉が作戦に関与しなければ、迅速な決定と措置をみなかったはずである。拙速は巧遅に勝るというが、戦争では、迅速な決断が作戦テンポを速くさせ勝利を呼び込むものなのだ。

ただし、児玉のやり方は「陸大問答的」方法で第三軍司令部や師団の参謀の考えを引き出すものであったため、被質問者が従来の経験に基づいて「二〇三高地陥落」という正答を導き出したのも確かである。第三軍司令部および師団の参謀たちが二〇三高地陥落に果たした役割も小さくはないのだ。従って著者は、二〇三高地陥落に果たした児玉の役割を高く評価しつつも、児玉のみならず、第三軍司令部および師団参謀たちも二〇三高地攻略の立役者であったと評価したい。

児玉の提案

ところで、十二月六日、児玉は、攻撃重点を西北方面に転換してはとの意見を出している。そこで、翌七日、乃木の命を受けた第三軍参謀井上幾太《いくた》郎《ろう》が現地偵察に赴いた。

その結果、①二〇三高地前面の椅子山、太陽溝堡塁は東北方面の堡塁と比較して堅固さの点において遜色がなく、②二〇三高地からその方面に正攻法の攻路を掘開するには敵に向かった降下斜面を進まなければならず、東北方面の上り斜面に向かう攻路掘開と比べ困難である、③最終的には白玉山の防衛ラインの奪取が必要、などの理由で、井上は攻撃正面変更の不可を説き、児玉もその説明を聞いて西北方面転換の非なることを納得している。▼[25]

やはり、西北方面主攻案には無理があり、第三軍が採用し満洲軍総司令部も支持した東北方面主攻案が正しかったのだ。

乃木更迭論

しかし、旅順はまだ陥落しない。第三軍の北進には時間がかかるように思われた。そこで、十二月九日、山県有朋は、沙河方面でロシア軍が決戦を挑む兆候があるので、ロシア軍の旅順出撃を防止する部隊を旅順に残し、残余の部隊を北進させることを児玉に諮っている。[26]

また、東京に一時帰国した井口省吾が山県と、①第三軍の野戦師団を後備隊と入れ替え、抽出した野戦師団で第五軍を編成し、西寛二郎を軍司令官にする、②第三軍司令部は旅順陥落後に凱旋復員させることを話し合っている。[27]

つまり、大本営と満洲軍は、沙河方面での決戦に備えるために、第三軍の編成を四個野戦師団編成から後備部隊中心の編成に替え、抽出した野戦師団で第五軍を編成・北進させ、遼東守備軍司令官の西寛二郎を第五軍司令官に就任させると共に、旅順陥落後に第三軍司令部を復員解散させる計画であったのだ。

そして、明治三十八年（一九〇五年）一月一日、旅順が陥落する。翌二日、「児玉の意を受け」た満洲軍参謀田中義一が「第三軍復員の電報案」を児玉に渡した。児玉がこの電文に署名しようとした瞬間、同室で起居していた松川敏胤が、「第三軍司令部復員のことは予て承知すと雖、これ陥落以前の問題に属し、今これをなすは禍根を後世に残すものなり」とこれに反対、その結果、最終的に第三軍参謀長伊地知幸介ら幕僚数人が更迭されただけで、乃木は更迭されずに済むこととなった。[28]松川の反対に遭うまで児玉も乃木更迭に賛同していたのだ。

しかし、問題はここで終わらなかったようだ。明治三十八年に児玉は長岡外史に宛てて、「十一日出の手紙見た。大将の転職に付きては、長谷川第三軍に、西遼東〔書簡切れ〕に、乃木韓国に当たるを当然と考ふ。然らされは紛議の生するも計り難し。慎重に再考を望む」と書いている。[29]

つまり、乃木が第三軍司令官に留任した後も、乃木転職論が大本営および満洲軍においてくすぶり続け、韓国駐箚軍司令官長谷川好道を第三軍司令官に就任させて、乃木を長谷川の後任に据える人事案が児玉の胸中に存在したのである。

2、満洲軍の危機

児玉の敵情判断ミス

旅順攻略という試練を乗り越えた満洲軍には新たな危機

が迫っていた。一月二十五日、ロシア軍約七個師団が、日本軍左翼の黒溝台附近で攻勢に出たのである。日本軍最大の危機と称された黒溝台会戦の幕開けであった。両軍は期間中の最高温度摂氏零下八度、最低同十四度という極寒の中で激戦を展開した。[30]

ロシア軍の猛攻に、児玉も一時は第三軍未着という不利な時期に決戦を強制されるのではとかなり心配するほどの難戦であった。[31]

満洲軍は中央と右翼から第八・第五・第二師団を黒溝台方面に転用し、臨時立見軍を編成して、二十九日に大苦戦の末にロシア軍を撃退した。第二師団転用に際し、満洲軍参謀国司伍七から決裁を求められた大山巌は、「児玉さんか宜しいとなれは私は何も異存なし。私は今より川上〔川上操六の息子素一、満洲軍総司令部幕僚附〕を連れて猟に出つる故、万時児玉さんに宜敷頼みます」と述べている。[32]大山は児玉を信頼して干渉を控えると共に、敗戦の危機に焦慮する若手参謀を落ち着かせるために敢えて平静を装ったのだ。

黒溝台会戦において満洲軍に敵情判断のミスがあったことはよく知られている。一月中旬から複数の在外武官からロシア第二軍が攻勢のため南下するとの報告があり、満洲軍参謀（情報）小池安之が松川敏胤に警告を発したが、松川は厳寒積雪中の大兵団の運動は困難であるとの判断に基づき、威力偵察であると誤認したのだ。[33]一般には、すべての責任は松川にあり、児玉は判断ミスと無関係とされている。だが、これは正しくない。[34]

そもそも、児玉も松川同様に「寒気頓に加り、大部隊の作戦働作は不可能」であると考えていた。[35]

また、児玉は、戦役中松川に「総司令官の閲を請ふ時は事の大小を問はす決して成板のもの若しくは浄写したるものを以てすへからす。必すや草稿を以てすへしと」と訓誡していたが、在外武官からの報告は草稿に書かれていたはずである。しかも、総司令部内の報告類はすべて児玉が閲覧する制度になっている。児玉が在外武官からの情報を承知していた可能性はかなり高いといえよう。[36]

3、鴨緑江軍新設をめぐる大本営との対立

鴨緑江軍編成問題

この頃、大本営と満洲軍との間で第三軍の戦闘序列変更と鴨緑江軍新設をめぐり争議が惹起した。事の発端は、旅順陥落後の一月八日、大本営が第三軍の戦闘序列変更を満洲軍に内報し、これに対して児玉が戦闘序列を適当に組織することは満洲軍総司令官の権限であるので、大本営の行

為は「総司令官の職権を無視」するものだと強く抗議したことにある。

さらに、満洲軍は、①鴨緑江軍の運用地域が大兵の運動に不適な山地であるため、敵を牽制しようとして逆に牽制される可能性があること、②主決戦方面に兵力を集中すべきであること、③指揮統一の原則に反することを理由に、鴨緑江軍新設に反対した[37]。

だが、一月十二日、大本営は第三軍の戦闘序列を改めると共に鴨緑江軍を新設し韓国駐劄軍司令官の隷下に入れてしまう。同軍は第三軍から第十一師団を割いて編成されているので、この大本営の措置は奉天会戦における第三軍の包翼戦に悪影響を与えた。

来たる奉天会戦で満洲軍の指揮下にない鴨緑江軍が独自に行動しては作戦に支障が出る。そこで、児玉は二月九日に鴨緑江軍司令官川村景明と協議し、①満洲軍との協同作戦に同意を取り付けると共に、②協同に際して韓国駐劄軍司令官経由で協議をするのは不便であるので、満洲軍と鴨緑江軍が直接協議を行なう旨の発言を引き出している[38]。

実際、鴨緑江軍は奉天会戦で、満洲軍の希望に沿って行動し、ロシア軍数個師団の牽制に成功している。二〇三高地攻防戦での作戦介入に続き、今回も児玉は巧妙なやり方で指揮系統の壁を乗り越えたのだ。児玉だけでなく、児玉の説得を独断で受け入れた川村も戦争をよく知る偉大な将帥であったといえる。

陣中での児玉

ここで児玉の陣中生活を覗いてみよう。児玉は陣中で閑を得ると、松川敏胤や福島安正を相手に囲碁を楽しんだり、趣味の漢詩を松川と詠みあったりした。また、内地からの来客者が多く来たが、面会者の対応に巧みで、満洲利権を狙う利権屋が来ると、相手の意思を看破して先手を打ちやり込めて帰してしまったという[39]。

戦争中の健康状態は良好で、児玉は出征中に体重を増やした。なお、軍医監の橋本綱常からは日本酒禁止令が出されている。もっとも、一月八日に開催された第一軍附観戦武官参加の午餐会では、管理部の手違いでシャンペンと誤ってリンゴ水で杯を重ねてしまい、夜間に腹を下すこともあった[40]。

また、人心掌握に巧みな児玉は、俸給を台湾総督秘書官の関屋貞三郎に預けて罐詰などの慰藉品を購入させ、満洲軍総司令部内の部下や、巡視先の各軍将兵に分与し労をねぎらった。最初、児玉の意図を知らない関屋が数ヶ月分の俸給を内地の児玉家に送金した際には、普段関屋を怒ることのない児玉が珍しく叱りつけたという[41]。さらに児玉は、満洲軍総司令部内において、自らコックを監督して調理をさせた料理を幕僚等に振舞い、「是れ余が故郷の料理也《なり》」と説明しつつ一緒に食事を楽しむこともあったようだ。

観戦武官への配慮

洗練された紳士である児玉は外国人の心をも魅了した。日露戦争には列強各国から多くの観戦武官が従軍していたが、国際社会を味方につける重要性を認識する児玉は、観戦武官の接伴に注意し、彼らの満足を得ることに成功したのだ。軍人は列強軍人と交際可能な洗練された紳士たるべしと説いた児玉は、外国語ができないにもかかわらず、洗練された振る舞いで外国人を心服させたのだ。[42]

児玉は果断の人であるが、これが鋭敏過ぎて悪く作用することもあった。たとえば、児玉は「日本のラスプーチン」の異名をとる神道行者飯野《いいの》吉三郎《きちさぶろう》の働きかけを受け汽船二隻を買い入れ、陸軍大臣などを困却させている。[43]

二〇三高地からの観測により碾盤溝附近から敵艦砲撃中の二十八サンチ榴弾砲（大沼十太郎『日露戦史写真帖　上巻』東京印刷編輯部、一九一五年）。

田中国重（大沼十太郎『日露戦史写真帖　上巻』東京印刷編輯部、一九一五年）。

第十九章　万難を排して奉天東北に進出せよ

1、奉天会戦の作戦計画と問題点

作戦計画

旅順攻略戦と遼陽・沙河会戦で人的資源を消耗した日本軍が後備兵主体の後備師団や後備歩兵旅団を編成する必要に迫られたのに対し、ロシア軍は欧露から一線級の部隊をシベリア鉄道経由で続々と増遣し続けた。このままでは、数と質の両面で両軍の戦力差が開く一方である。大本営の判断では、二月末が彼我兵力上、最も日本軍に有利であった（附表8参照）。日本軍は一刻も早くロシア野戦軍を撃滅して講和動機を作り出す必要があった。そこで満洲軍は大軍の機動が可能となる結氷末期に攻勢に出ることとした。かくして、満洲軍総司令官大山巌が「日露戦争の関ヶ原」にして決勝会戦であると位置付けた奉天会戦が幕を開けることとなったのである。▼[1]

『坂の上の雲』の影響もあり、奉天会戦の作戦計画は中央突破と説明されることが多い。すなわち、まず鴨緑江軍と第一軍が敵左翼に陽動攻撃をかけ、次いで第三軍が敵右翼に陽動攻撃を行ない、両翼での陽動作戦でロシア軍の兵力が分散したところを、第二・第四軍がその間隙を衝いて中央突破を図るというものだ。

だが、この説は最新の研究で否定されている。実際の作戦構想は、渾河左岸（渾河以南地区）において、敵を包囲殲滅するというものであった。具体的には、鴨緑江軍と第一軍が敵左翼を脅威して敵の注意と兵力を牽き付け、第四軍は最初守勢をとってロシア軍の中央突破に備える。そして、第二軍の翼端突破と第三軍の繞回運動とにより、奉天

満洲軍総司令部玄関前での児玉と総司令部幕僚。後列左が児玉、児玉の右隣は小池安之、下は中川幸助か。中川は外国人を「毛唐」と発言し、児玉から「毛唐とは何事だ」と叱責された（児玉秀雄編『藤園記念画帖　児玉源太郎十三回忌記念』マツノ書店、二〇一〇年、東京日日新聞社ほか『参戦二十将星日露大戦を語る　陸軍篇』五六頁）。

附表８：大本営による両軍兵力見積り

	明治38年１月末	２月末	３月末	４月末	５月末
日本軍	133900	185167	202367	211367	211367
ロシア軍	279600	322400	370600	419400	468500
日本軍から見た両軍差	－145700	－137233	－168233	－208033	－257133

出典：誉田甚八「日露戦役感想録」（防衛省防衛研究所戦史研究センター所蔵）。

附表９：満洲軍による攻撃部署案と尾野実信による意見具申案の比較

	満洲軍案	尾野実信案
第一軍	58（1.70）	40（1.50）
第二軍	42（1.10～1.40）	54（1.86）
第三軍	36（1.86）	48（2.74）
第四軍	42（3.58）	36（1.53）
予備隊	24	24

数字は歩兵大隊数、（　）内は一メートル当たりの銃数。出典：谷寿夫『機密日露戦史』（原書房、一九六六年）五三一～五三三頁。

奉天会戦における満洲軍総司令部と第３軍司令部の作戦構想】

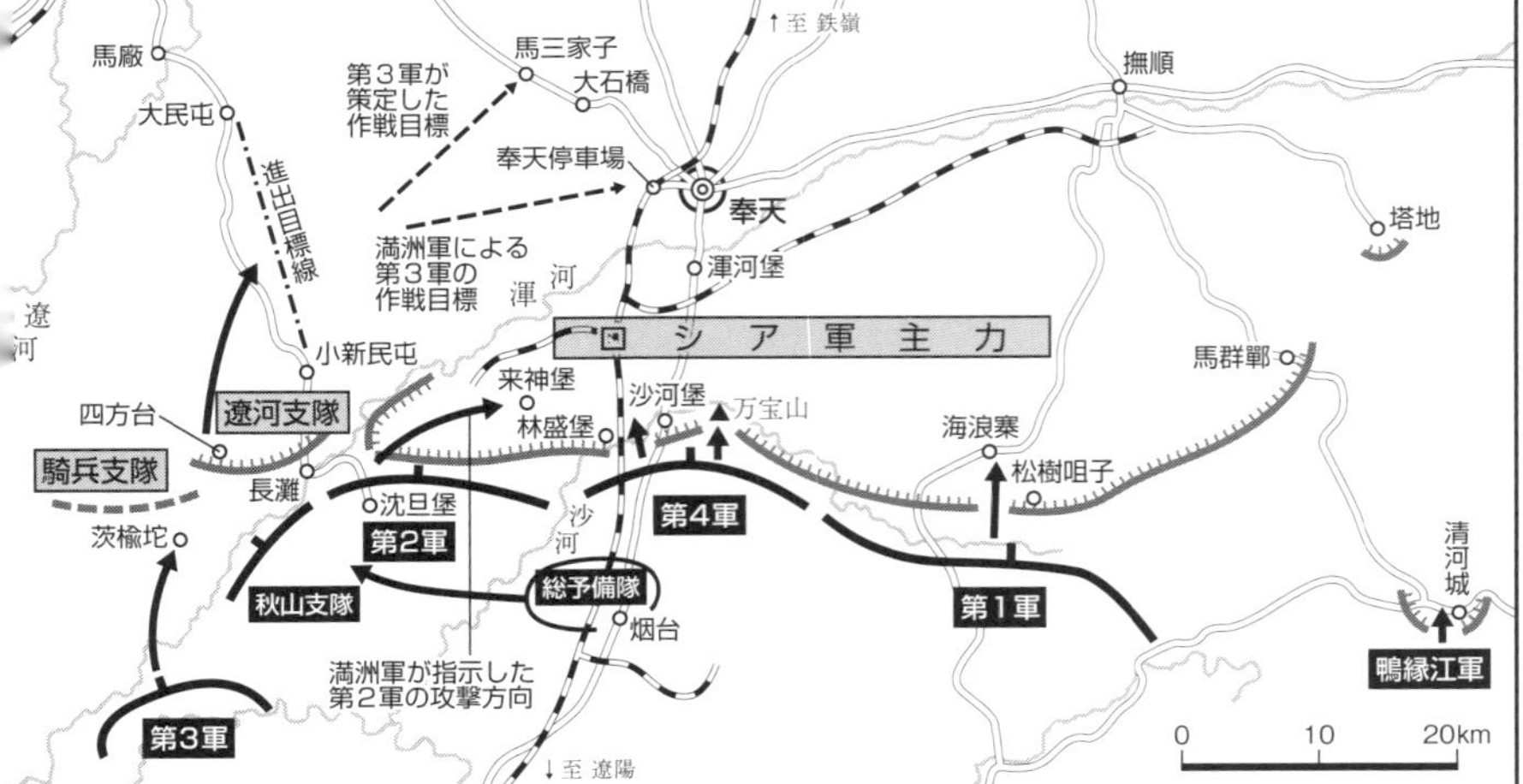

洲軍総司令部は、主攻を第2軍左翼に置き、第2軍の翼端突破と第3軍の繞回運動とにより、奉天西南もしくは奉天方からロシア軍を包囲殲滅することを計画していた。第３軍は作戦目標を馬三家子と定め、大きな包囲網を形成しよと企図していた。第3軍案はリスクが高いが、成功した場合の戦果も大きい。一方、満洲軍総司令部（総参謀長児源太郎）は馬三家子が左に偏りすぎているので作戦目標を奉天停車場にすべきという意見であった。満洲軍総司令は第3軍よりも小さな包囲を企図していたことになるが、これは満洲軍総司令部が第3軍の繞回運動により多くの敵牽制し、第2軍左翼の行動を容易にしようと考えていたことが影響している。

典：長南政義「ロシア軍殲滅を目指した大運動戦 乃木希典の奉天会戦」「歴史群像」2014年８月号（学研パブリッシング、2014年）収の図版を基に著者が加筆・修正。

西南もしくは奉天西方からロシア軍を包囲することによって殲滅するというものである。しかも、第三軍の繞回運動にはロシア軍の退却動機を作為し、第二軍の翼端突破を容易にしたり、ロシア軍に陣外決戦を強要したりする効果も期待できた。[2] それゆえ、作戦の鍵は第三軍の繞回運動にあったといえる。

つまり、遼陽会戦の教訓に学んだ満洲軍総司令部は、企図の秘匿（包囲翼兵団である第三軍を第二軍の左後方に配置する）、鴨緑江軍・第一軍による陽動攻撃、第二軍・第三軍による敵右翼側背に対する機動を組み合わせた包囲作戦を採用したのである。そして、会戦初期、この作戦は成功を収め、ロシア軍が日本軍の主攻方面を東部方面と誤り同方面に予備兵力を投入したため、第三軍は敵の大規模な攻撃に遭遇することなく迅速にロシア軍右翼側面に進出することができた。だが、この第三軍の迅速な機動は、ロシア軍に対し心理的奇襲効果を持つ一方で、第二軍と第三軍主力（第一・第七師団）との間に約二十キロの間隙を生むこととなり、これが作戦指導面上の大きな難問を作り出す結果ともなった。

兵力部署の不徹底

作戦計画は妥当であった。だが、兵力配分に問題があった。脅威や守勢を任務とする第一・第四軍の兵力が多く、主攻方面（第三軍および第二軍左翼）の兵力が少なかったのである。そこで、満洲軍参謀尾野実信が主攻方面の兵力を十分に強化して「大鉄槌」をもってロシア軍の右側背を完全に包囲すべきとの意見書を提出し、児玉の注意によって尾野案を参考に修正作業が実施された（附表第9参照）。[3]

だが、修正は若干程度にとどまった。そのため、会戦末期、満洲軍は、第三軍の兵力不足が原因でロシア軍の後方連絡線を遮断できず、ロシア軍が大縦隊で鉄嶺に向けて続々と退却することを許してしまったのだ。この時、尾野と松川は次のようなやりとりを交わしている。

尾野「どうでありますか」。
松川「残念だ」という他に、何の返事もなし。

尾野は、満洲軍が全周包囲の環を閉じることができなかった原因を「全く思切つた兵力区分を仕なかった罪であります」と結んでいるが、至言であろう。[4]

では、なぜ兵力部署が不徹底となったのか。包囲された軍が敵の包囲に対処する方法の一つに、正面より進んで攻勢に転じる方法がある。[5] 奉天会戦は、日本軍が約二十五万の劣勢な兵力で約三十一万の優勢なロシア軍を包囲するものであった。兵力部署の不徹底に陥った理由は、主攻方面の兵力を過度に強化しすぎると中央が手薄になり、優勢な予備兵力を有するロシア軍に中央を突破されることを、満洲軍総司令部が危惧した点にあるのだろう。

これを裏付ける史料がある。児玉がイギリス軍観戦武官に話した内容を記録した覚書がそれだ。この史料には次のようにある。

私（児玉）は奉天における「交戦は並行かつ同時に戦われる二つの戦闘に分解できる」と考えていた。「これら二つの戦闘は鉄道線路の両側で生起し、この場合、ロシア軍はいずれか一方で攻勢をとり、他の一方では守勢に立つと想定していた」[6]。

つまり、児玉はロシア軍が鉄道線路を境として東西いずれか一方で攻勢に出ると判断していたのである。この児玉の証言と第四軍の任務（ロシア軍の中央突破に備える）とをあわせて考えるならば、児玉は第四軍に対するロシア軍の攻撃を危惧したため、同軍の歩兵大隊数を多くしていたようだ。

2、児玉の作戦指導

第三軍の前進は緩慢だったのか？

『坂の上の雲』の影響で、奉天会戦初期における第三軍は「前進が遅々」としていたという印象が強く、歴史家が書いた児玉伝にも「乃木軍の進撃速度は緩慢」で児玉が前進を督促したと書かれている[7]。

だが、この説も最新の研究で否定されている。確かに、会戦末期の第三軍は、兵力損耗が激しかったため（三月九日に第三軍左翼に位置していた第九師団の実力は一個連隊程度しかなかった。さらに、第三軍全体でも会戦末期におけるその実力は「二分の一弱に減じ、それが将校に於て特に甚しかつた」という）[8]攻撃力や進撃速度が鈍化したのは事実であるが、会戦初期における第三軍の進撃は満洲軍総司令部の予想を上回るもので、総司令部は第三軍の猛進を控制する必要があったのだ。

二月二十二日、鴨緑江軍がロシア軍の側背を脅威する目的で前進を開始し、二十四日夜に清河城を占領した後、馬群鄲に向かい進撃した。約一個師団半のロシア軍兵力が東進したとの報告に接した児玉は、陽動攻撃が成功したと判断し、松川敏胤の意見に基づき、予定を早めて二月二十七日から第三軍の前進を開始させる決断を下すと共に、第一・第二・第四軍には企図秘匿の目的で砲撃を開始させる。[9]

三月一日、満洲軍は全軍を挙げて攻勢に転じた。だが、第一・第二・第四軍方面の攻撃は堅固な野戦陣地に阻止され、七日まで大きな進展をみせなかった。一方、第三軍の前進は順調で、渾河左岸に展開するロシア軍主力の側背に進出することに成功する。第三軍と他軍との間隙が開きつつあった。

そのため総司令部は第三軍が孤軍長駆して奉天西方に進出することを好まず、その前進を控制しようとした。二日午前零時頃には児玉が第三軍参謀長松永正敏を電話に呼び出して交渉を開始するや、松永は耳が遠いのを理由に自分に代わって参謀井上幾太郎を電話に出させることとした。事の重大性を認識する井上が、第三軍司令官乃木希典の意向を確認したところ、「総司令部の命令の如何に関せず軍は予定の通り前進する」という決意であった。そこで彼は電話に出るや児玉の発言が一切聞こえないふりを装って、軍司令官の決心は前進することである旨を告げて電話機から離れている。[10]

殲滅の好機を逸した停止命令

二日、第三軍は苦戦する各軍を尻目に快調に進撃し、奉天西約十五キロの鉄道堤に進出した。だが、第三軍主力と、第二軍に隣接する第三軍右翼（第九師団）との間には約二十キロもの大きな間隙が存在した。[11] 第三軍主力は、猛進するあまり敵中深く孤立していたのだ。そこで、三日午前一時四十五分、満洲軍総司令部は、「貴官は明三日、軍の運動を中止せしむへし」という命令を出して、第三軍の前進を停止させた。[12]

だが、この総司令部の前進停止命令は高くついた。なぜならば、第三軍主力（二個師団）の正面には二個軍団（実数は二個師団）のロシア軍しかおらず、しかも二日夜から三日にかけて集結した敵軍は混乱状態にあったため、もし前進を継続していれば、ロシア軍の退路を遮断して殲滅的戦果を挙げることが期待できたからだ。この点に関して、第三軍作戦主任参謀白井二郎は、もし第三軍がこの二個師団をもって前面の敵を攻撃していたならば、たとえ「第三軍が全滅」しても、「殲滅に近い結果」を得られた可能性が大きかったと指摘している。[13]

そして、第三軍が停止している間にロシア軍は辛うじて戦線を張り直すことに成功した。総司令部の前進停止命令は、ロシア軍に態勢立て直しの時間的余裕を与え、包囲殲滅の機を逸する結果を招いたのだ。総司令部は、第三軍を外翼に機動させれば大なる戦果が得られることを知りつつ

【奉天会戦初期の戦況　3月1日〜3日】

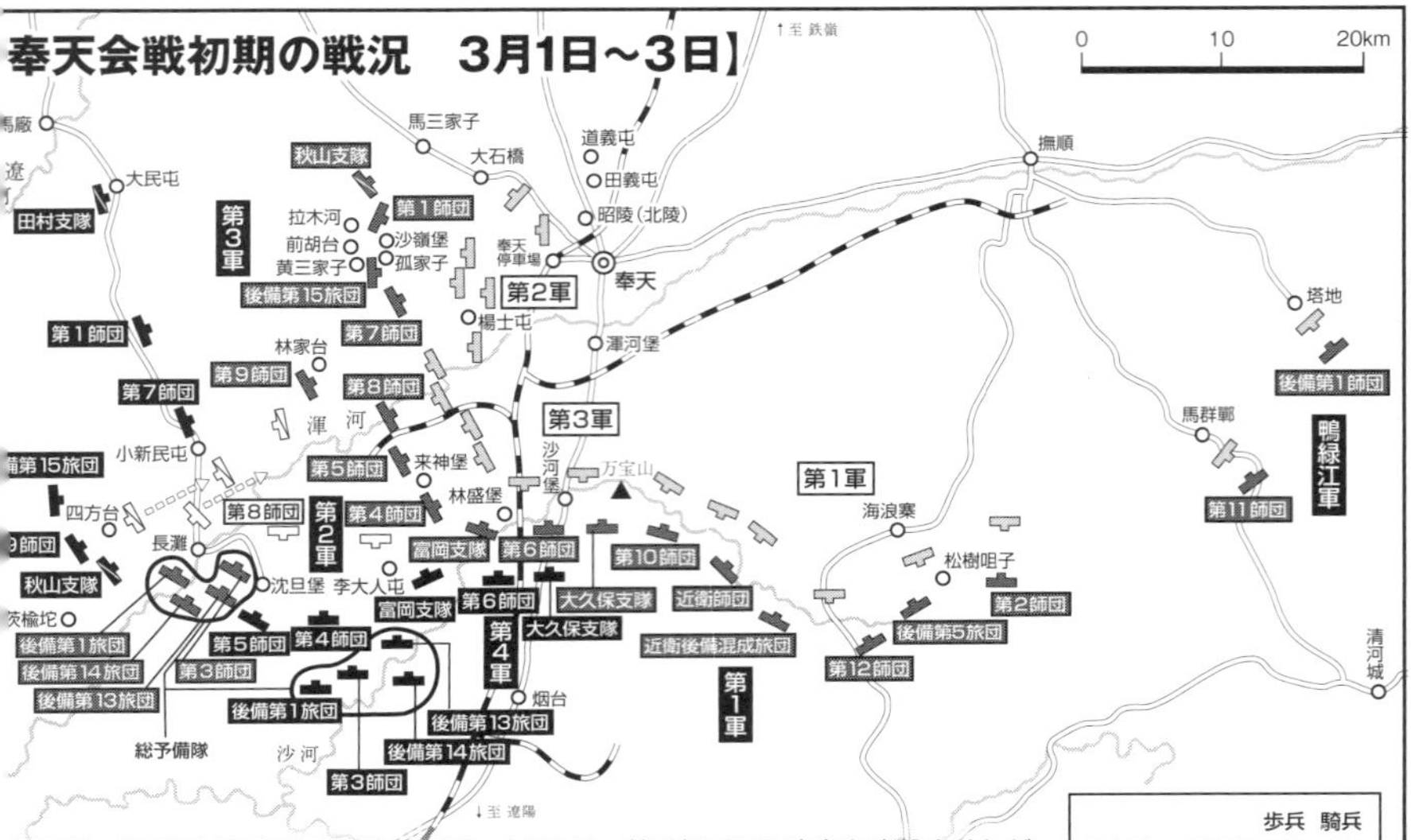

戦初期、第3軍は第2軍の攻撃を容易にするため、第9師団に四方台を攻撃させたが、れにより第9師団の前進が遅延し、第3軍主力と第9師団との距離が大きく開いた。かし乃木は軍主力が敵中に孤立することを恐れずに、ロシア軍主力を捕捉撃滅すべく猛然迅速」な前進を続行させた。満洲軍総司令部はこれに危険を感じて第3軍の前進掣肘した。

典：長南政義「ロシア軍殲滅を目指した大運動戦 乃木希典の奉天会戦」「歴史群像」2014年8月号研パブリッシング、2014年）所収の図版を基に著者が加筆・修正。

も、第三軍の孤立を懸念して、第三軍の猛進を停止させてしまったのである。前進停止命令は大きな判断ミスであったといえる。尾野実信は、総司令部が「始終孤立を気遣ひ、屢々其前進を引止め」たが、これは「不必要」であったと批評しているが、妥当な意見であるといえよう。[14]

遅きに失した前進督促

三日夜、満洲軍は渾河右岸攻撃の作戦計画を各軍に示した。この作戦計画は、松川敏胤が立案し、児玉が「過早」であると考える井口省吾の反対を押し切って採択したものである。[15]計画は、ロシア軍が日本軍により沙河右岸から撃攘された後、あらかじめ構築していた渾河右岸の陣地に拠り再度頑強に抵抗することを予想して立案されたもので、その場合、努めて敵の防御陣地、特に渾河堡附近の敵陣地正面に対する力攻を避けることとされており、第三軍に軍の右翼を馬三家子に置き東北方に面して敵の退路に進出するよう命じていた。[16]つまり、満洲軍は、これまでの渾河左岸（以南）地区で敵を捕捉撃滅するという方針を修正し、堅固な敵正面陣地に対する力攻を回避するために軍主

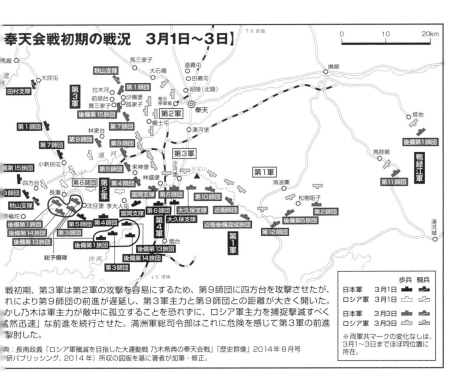

力を渾河右岸（以北）に移し、ロシア軍の退路を遮断して奉天附近でロシア軍を撃滅しようとしたのである。そのため、満洲軍は延翼行動を実施することとし、第三軍に対して現位置を第二軍に譲って北進すべしとの命令を発した[17]。満洲軍はここにきてようやく第三軍による退路遮断に攻撃重点を移したのだ。

七日は、満洲軍と児玉にとって会戦中における「最大苦痛」の一日であった。総予備隊をすべて投入し尽くしていたうえに、戦況が険悪であったため、児玉の顔には「暗雲漲り」、総司令部は苦悶の裡にこの日を過ごしたという[18]。そして、児玉のこの焦慮と苦悶は、「〔第三軍の〕運動は頗る遅緩」であるので、迅速果敢に攻撃せよという、第三軍への命令となって表出することとなった[19]。小説などに登場する、第三軍の進撃は緩慢である、猛進せよという命令はこの時発令されたものなのだ。満洲軍総司令部が会戦初期に第三軍の猛進を控制しようとしたことを考慮すると、この命令は酷な仕打ちであるといわざるを得ない。

長蛇を逸する

同じ七日にはロシア軍が退却を開始している。だが、満洲軍総司令部は敵軍が退却する兆候を確認しつつも退却開始に気づくのが遅れ、追撃の好機を逸してしまった。松川敏胤は「敵に出し抜かれたるは真に大元帥陛下に対し申訳の無い次第」であると口惜しがっている[20]。

翌八日午前十一時、満洲軍は追撃命令を下達した。だが、敵の退路に迫った第三軍は連日の激戦で戦力が枯渇しており、五十輛編成の列車が三十分ごとに北進するのを黙許するしかなかった。この時、松川はようやく兵力配分に関する尾野実信の意見が正解だと感じたというが後の祭りであった[21]。

退路遮断を企図する第三軍に対するロシア軍の逆襲は猛烈を極めた。かの有名な砂塵を捲き上げる烈風が吹き荒れた九日には、松川敏胤が白井二郎に「長蛇を逸すべからず」と激励し、ロシア軍の反撃に苦しむ白井が「長蛇を逸するを待ちつつあり」と回答する一幕があった[22]。

第三軍の敗走は満洲軍全体の敗北を誘発する端緒になりかねないため、第三軍の圧力を軽減する必要がある。こう考えた児玉は自ら電話口に立ち、第四軍に対し、優勢な敵の逆襲を受け危機にある第三軍を救うため、「第四軍は全軍の運命を賭し万難を排し、明払暁迄に奉天東北に進出して友軍を救へ」と命令している[23]。

翌十日、第三軍はロシア軍の退路を完全に遮断しようと試みたものの、ロシア軍の頑強な抵抗に遭い、退路遮断は思うように達成できない。そして、総司令部は閉じること

奉天会戦最終局面　3月5日夜～9日夜】

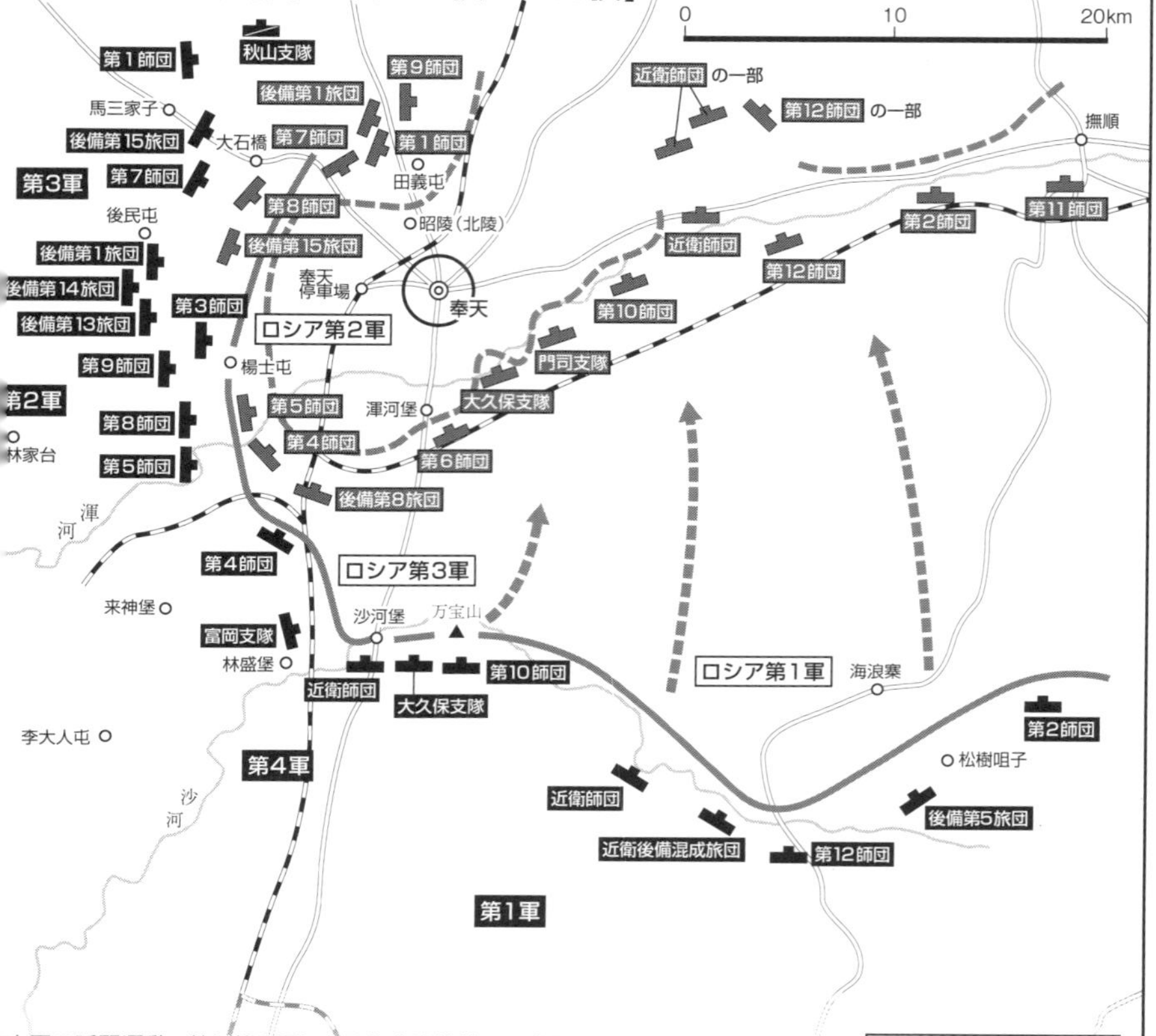

本軍の延翼運動、特に第3軍による後方連絡線への進撃を防ぐため、ロシア
は次々と奉天西方に予備部隊を投入した。これにより第3軍は大きな損害を被
ことととなり、その前進速度は低下した。こうして日本軍はロシア軍の退路遮断
であと一歩と迫ったが、力及ばず「包囲殲滅」はならなかった。

典：長南政義「ロシア軍殲滅を目指した大運動戦 乃木希典の奉天会戦」「歴史群像」2014年８月号
研パブリッシング、2014年）所収の図版を基に著者が加筆・修正。

【日本軍】　歩兵　騎兵
3月5日夜の位置
3月9日夜の位置
【ロシア軍】
3月5日夜の戦線
3月7日夜の後退
3月9日夜の戦線

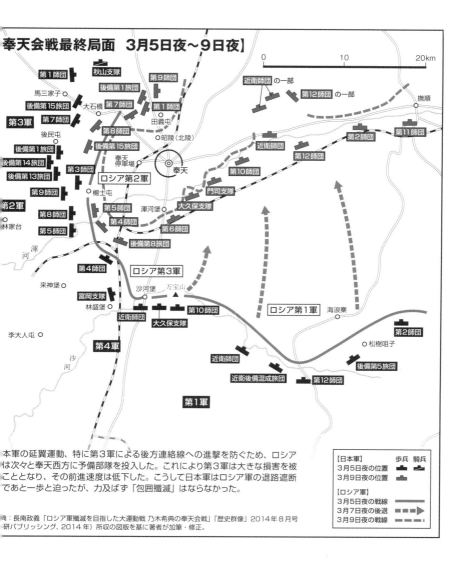

のできなかった包囲の環からロシア軍の大縦隊が退却していくのを知った。

尾野「どうでありますか」。

松川「残念だ」という他に、何の返事もなし。

前述したこの会話はこの時のものだったのだ。こうして、満洲軍は奉天占領には成功したものの、これまでの会戦と同様にロシア軍を戦場から後退させただけにとどまり、野戦軍に対し再起不能な損害を与えるという会戦目的を達成できないまま奉天会戦を戦い終えたのである。

児玉による奉天会戦評価

もっとも、児玉はこの結果をある程度予測していたようだ。というのも、児玉は、奉天会戦を総括して、「奉天会戦の戦果は予想していたよりもはるかに大きかったが、ロシア軍を包囲して第二のセダンを惹き起こせるとは全く考えなかった」と、語っているからだ。[24] 児玉は、決勝会戦の時代が過去のものになり、戦争は一回の会戦では決着がつかなくなってしまったことを敏感に察知していたのだ。

だが、満洲軍の作戦指導に不手際があり、戦果が減少したこともまた確かである。第一に脅威や敵の出撃阻止を任務とする各軍と比べて、包囲翼兵団である第三軍の兵力が寡少であった。第二に、第三軍に対する作戦指導が不適切であった。包囲作戦では、包囲翼兵団の機動速度が重要となる。児玉はしばしば第三軍の快進撃を控制しようとし、三日には第三軍の運動を中止すべきとの命令を出しているが、ここは進撃順調な第三軍の思い切った独断に任せるべきであった。もし、この時第三軍が前進を継続し敵地深く侵入していれば、奉天に進出してロシア軍の退路を遮断しロシア軍の殲滅に成功した可能性が高い。第三軍の前進を停止させた児玉の判断が悔やまれるところである。

第二十章　戦争をやめる技倆

1、児玉の戦争終末戦略

現実主義的思考に立脚した講和論

自身が「政略目標」と考える奉天占領に成功したことで、児玉は、軍事作戦の季節が過ぎて外交の季節が到来したことを痛感した。

多くの論者が指摘しているように、児玉が早期講和論者であったことは確かである。だが、児玉が具体的に講和についてどのように考えていたのかは、これまで史料が少なく不明確であった。しかし、最近、児玉が執筆した「日露講和締結に満足する覚書」（明治三十八年九月二十五日）という史料が発見され、児玉が講和についてどのような考えを持っていたのかが明確となった。そこで、この史料を使用して児玉の戦争終末戦略を分析してみたい。

この覚書によれば、児玉は、戦争目的を、満洲・朝鮮からロシアを駆逐して日本の生存を安全にすることに設定していた。そして戦争目的達成のための、兵略（軍事戦略）目標を遼陽に、政略目標を奉天に設定し、遼陽・奉天の占領により、日露戦争の軍事作戦目的が達成されると考えていた。そのため児玉は、奉天会戦以前に政略上の活動に着手し、奉天会戦の結果を利用して有利な講和条件を獲得することこそが政府の取るべき手段であると考えていた。だが、現実には、政府はこれを「等閑に附し」てしまい、講和の機会を逃してしまった。児玉はこのことを「遺憾」であると批判している。▼1

覚書によると、児玉の早期講和論は、次のような日露両軍の現状分析に依拠するものであった。

奉天の満洲軍総司令部内庭における児玉（吉武源五郎編『児玉藤園将軍』前輯、拓殖新報社、一九一八年）。

第一に戦費・国家財政の問題だ。児玉は、賠償金獲得は「始より不可能」であると考えていた。児玉の判断では、戦争が継続して、日本軍が戦勝を重ねてウラジオストックを占領し、ハルビンを越えてバイカル湖まで進出したとしても、日本は賠償金を獲得することはできない。

児玉の計算では、日本は開戦以来の一年半で十五億円もの戦費を費消している。児玉の想定では、日本が講和ではなく継戦を選択した場合、次の進撃目標であるハルビン進出に必要な道路・鉄道修復に必要な期間から考えて、最低でも戦争はあと二年継続し、その間の戦費は二十億と予想され、合計三十五億もの戦費が必要となるが、この額は国家生存上の脅威となる。従って、戦争を継続した場合の巨額な戦費を考えると、比較的戦費が少ないうえに戦争目的が達成できた時期に講和を締結するのが得策であると、児玉は考えたのだ。[2]

第二に、敗戦時に喪失するものが日露両国では釣り合わない点だ。児玉によれば、ロシアは敗戦を重ね続けてバイカル湖以西に退却したとしても、極東政策が瓦解し極東に投下した資本が回収できないだけで、国家の生存が脅威に曝されることはない。これに対し、日本が敗戦した場合は、ロシアに満洲・朝鮮を併呑され、日本はロシアの脅威に絶えず曝されることとなる。[3]

第三に、彼我軍隊の状況だ。児玉の分析では、ロシア軍は常備部隊の三分の一を本国に現存させているのに対し、日本は常備兵役（現役＋予備役）どころか国民兵役の者まで召集し、常備部隊の有為の幹部は戦死傷して臨時任用者が多数を占めており、兵卒も短期教育の補充兵ばかりで、戦場での動作に不安がある。[4]

児玉の発言を統計的見地から考察してみよう。軍事史家の大江志乃夫氏によれば、明治三十七年の「陸軍兵備急設案」に基づき動員された第十六師団は、未教育兵に近い補充兵が全兵員の三分の一以上、一～二等卒の四十三・三％を占めており、同師団の野戦師団としての戦闘能力はかなり低かったという。より深刻だったのは、消耗の激しい初級将校の不足であった。大江氏の研究によると、戦役参加兵科将校一万七千九百七十人中、戦没者は二千七十九人（戦死率約十一・六％）。その補充は、戦時特別補充制度による准士官の現役少尉進級・一年志願兵予後備役将校の召集・一年志願兵予備役将校の特別養成で行なった。だが、明治三十八年七月一日現在の予後備役歩兵将校全四千七百十一人中既召集者は四千三百九十人であり、予後備役将校が尽きていた日本陸軍は、奉天会戦（将校の戦死傷行方不明者二千百五十四人）規模の会戦を再度実施した場合、補充できる初級将校を有していなかった。[5]

一方のロシア軍は、欧露からの兵力増遣により、質の面でも数の面でも日本陸軍との戦力差を開かせつつあった。確かに、奉天会戦直後の日本陸軍は、戦果獲得の坂の極限点に立っており、あとは戦果喪失の坂を転げ落ちるしかない状況にあったのだ。

このように、児玉の早期講和論は、戦争目的とその達成手段である国力の限界とを比較検討した、冷徹なまでの現実主義的な思考に基づくものであったのだ。

講和不成立の場合の作戦構想

では、講和不成立の場合はどうするべきか？　児玉は、講和不成立の場合は、鉄嶺以北に適当な陣地を構築し、その陣地で「永久の防禦」をなして講和時期の到来を待つしかないと考えていた。[6] 戦争は相手がいるものであり、相手が講和に応じなければ、手詰まりなのである。戦争を終わらせることの困難さを児玉は痛感したであろう。

児玉の鉄嶺以北防御構想を用兵思想史的に説明すると、次のようになる。すなわち、日本陸軍は継戦能力の限界にきており、クラウゼヴィッツのいう「勝利の限界点」（攻勢から防勢への転換点）に到達した以上、防勢に転換して有利な態勢で敵を迎撃するしかない。クラウゼヴィッツは、「攻勢から防勢への転換点」が「すべての戦役計画の自然な目標」であり、この目標以上のものを追求することは何の成果ももたらさない「無益な努力」であるばかりではなく、敵の反撃を招く「危険な努力」であるとも述べている。[7] つまり、戦役計画策定に際しては、「勝利の限界点」を見極めることが死活的に重要なのだ。児玉は、この転換点を適切に見抜き、和平促進へと動くことにより「危険な努力」を能動的に回避する慧眼を有していた稀有な将軍であったのだ。

確かに、児玉自身が認めているように、児玉はハルビンに対する攻勢どころか、バイカル湖まで進出すべきだと明言し、実際にその計画・準備に着手している。しかし、児玉によれば、これは「策略」であって、本心ではハルビン

政府および大本営と打ち合わせのため極秘帰国途中の児玉（伝記研究会編輯『伝記』第二巻第三号、南光社、一九三五年）。
下列中央が児玉。児玉の向って右は田中義一。児玉の左後ろは立花小一郎、立花の右が東正彦。明治三十八年三月二十六日「讃岐丸」甲板上で撮影。

【鉄嶺以北の補給計画】
兵站総監部作成(明治38年4月22日)

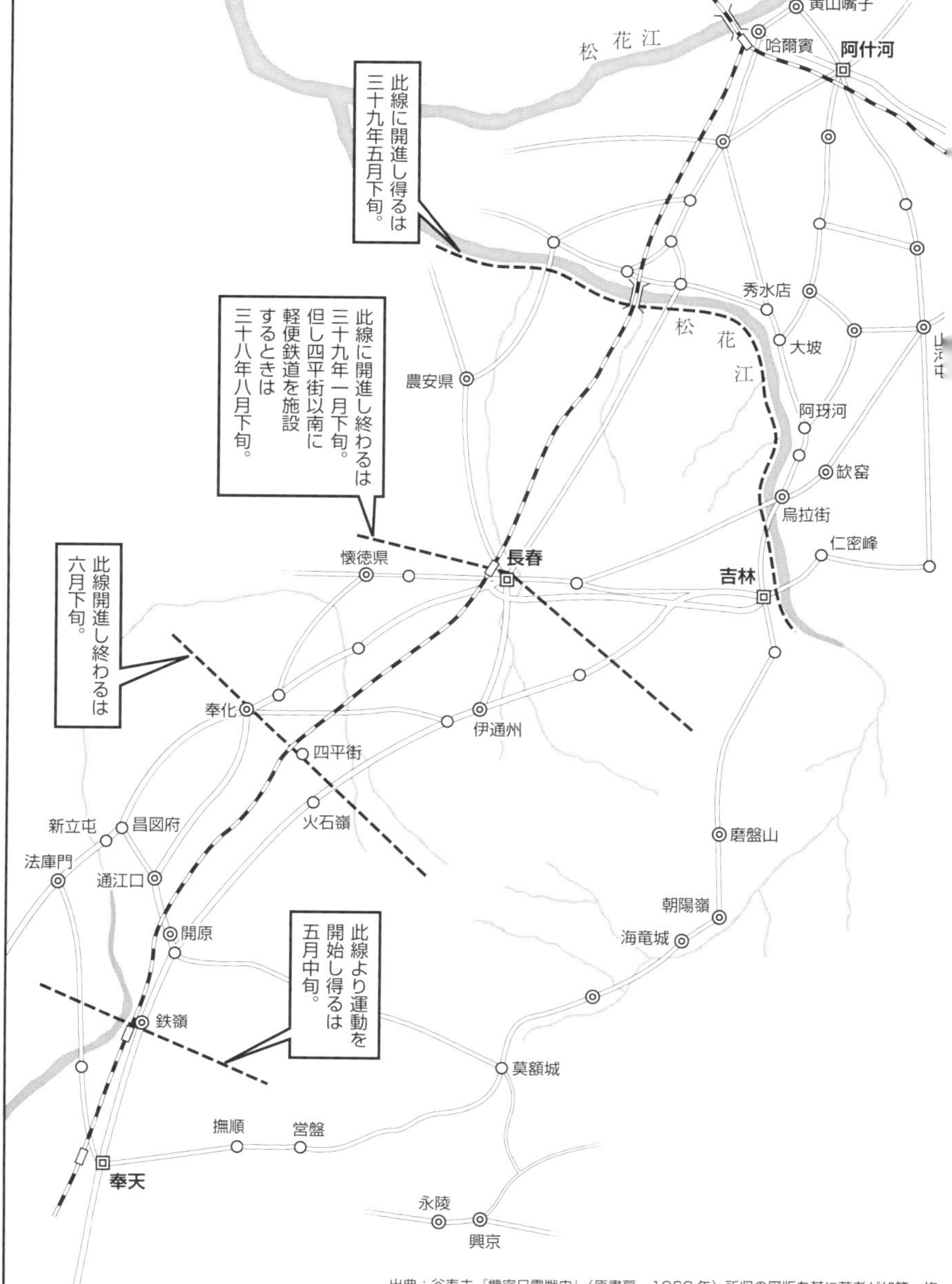

出典:谷寿夫『機密日露戦史』(原書房、1966 年)所収の図版を基に著者が加筆・修

まで進出する気持ちはなかった、と述べている。[8]

児玉のいう策略とは、対外的には、①日本軍の苦境を秘匿してロシア側に日本の継戦能力の限界を悟られないようにするためや、②講和交渉妥結を促進させるために、対内的には③満洲軍の士気振作をはかるために、攻勢作戦に出るということである。[9]

児玉がハルビン進出を現実的には不可能であると考えた根拠は以下の点だ。第一に、日本陸軍は兵力不足であった。児玉によれば、ハルビン進出のためにはウラジオストックを封鎖しなければならず、ウラジオストック封鎖に七個師団、ハルビン攻撃に三十個師団の合計三十七個師団が必要となる。しかし、平時十三個師団体制の日本陸軍があと二十四個師団を増設するのは「倒底《ママ》不可能」な話である。第二に、後方連絡線整備の必要性という点だ。児玉の計算では、鉄道および道路の改修修理に多大に日数を要するので、うまくいってもハルビン攻略は一年半後になるはずであった（附図「鉄嶺以北の補給計画」参照）[10]。

覚書から窺うことのできる児玉の戦争終末戦略の特徴をまとめると次のようになろう。

①児玉は、軍備・財政的理由から、政略目標たる奉天占領以前から政略上の活動に着手し、奉天会戦の戦勝を利用して有利な講和条件を獲得すべきであると考えていた。その点では、児玉は確かに日本の要人随一の早期講和論者であった。賠償金を最初から獲得できないと判断していたのも評価できる。②また、ロシア側に日本の継戦能力の限界を悟らせないための、かつロシア側に講和を強制するための「策略」として、本心に反してまでハルビン占領を主張していた。③そして、もし、講和不成立の場合には、鉄嶺以北での陣地防御構想を有していた。

2、政府首脳の意見を講和でまとめる

大山・児玉主導で始まった講和への動き

軍事的勝利（戦闘の勝利）と政治的勝利（戦争の勝利）は全く別次元の問題であり、戦争に勝利するためには、軍事的勝利を政治的勝利へと昇華させる必要がある。

山本権兵衛に「軍配を振る」（戦争をやめる）ことを依頼した有名な挿話からわかるように、満洲軍総司令官大山巌は、出征前から、政戦両略の一致、すなわち外交敏活化による速やかなる停戦を「高唱」していた。[11] そのため、奉天会戦での軍事的勝利を政治的勝利へと結びつけようとする動きは大山・児玉主導で開始されることとなった。三月十三日、大山は、爾後の作戦指導における政戦略一致の必要性に関し、大本営に意見を具申している。大山の意見は次

のようなものだ。

「奉天戦勝後における戦略」は「政策と一致」させることが必要である。持久作戦をとるにしても敵を急追するにしても、戦略と政策とが一致しなければ、「幾万の生命を賭して遂行せらるべき戦闘も、無意義、無結果に終る」であろう。もし、ハルビンを陥落させたとしても「政策」がこれに伴わなければこの軍事行動は「無用の運動」となる。[12]

つまり、大山は、今後の戦略は政略(政治・外交)運用を主位に置き、軍事作戦を政略に順応させるべきであると説いたのである。軍事作戦を政治目的達成の手段と考える健全な発想であり、もとよりこれは児玉の意見でもあった。

大本営は奉天会戦後の第三期作戦計画を立案する必要があった。それには児玉を本国に召還し、本国と戦地の意見を調整する必要がある。そこで、参謀本部次長長岡外史の提案に基づき、三月二十日、児玉召還の電報が打電された。[13]

児玉が満洲軍参謀の田中義一・東正彦らを随行して上京の途に上ったのは二十二日のことである。旅の途中で児玉は田中に対し、「田中火附役が今度は火消役をやらにゃならんから、三十列車位に書くか」と述べている。開戦前、開戦論者の田中は軍首脳を開戦に同意せしめるため、八列車と見積もられたシベリア鉄道の輸送能力を六列車に改竄した前歴があった。児玉は、田中の数字改竄を見抜いたうえで、それを皮肉って今度は早期戦争終結に軍・政府首脳の意見を一致せしめるために、シベリア鉄道の輸送能力を誇大に報告しようかと述べたわけである。[14]

一時帰国

三月二十八日、大本営・政府・元老の意見を早期講和論にまとめるために児玉が東京に到着した。児玉帰京の表向きの理由は明治天皇に奉天会戦の戦況を奏上することにあった。だが、出迎えた長岡外史に対して児玉は「おれは戦争を止むるため上京したのだ」と述べている。このことからわかるように、児玉が帰京した真の理由は本国首脳の意見を早期戦争終結の方向にまとめることにあった。[15]

帰京した児玉の主張は、「戦争を始めたものは適当の時機に於て戦争を止める技倆が無からねばならぬ」、「此の上貧乏国が戦争を続けて何になるか」というもので、元老には現位置からの前進が困難であることを説いた。[16]

この児玉の周旋が功を奏し、四月七日に、密接の関係にある政略と軍略の歩調を一つにして、「迅速かつ満足に平和の克復を計る」ため、適切な手段をとることが元老と政府関係者の間で決議され、翌八日の閣議でこの早期平和克復方針が承認された。[17]

しかし、外交の進行手段について政府(総理大臣桂太郎、外務大臣小村寿太郎)・元老(伊藤博文・山県有朋)との間で意見が分かれ、児玉が両者の意見を調整する必要が生じた。その内情を児玉は大山に宛てて次のように書き送っている。「今後外交政策に付、漸く過る七日、元老会議にて外交と今後之作戦を一致せしむる事」で決定したが、「外交之進行手段に付、伊藤・山県之論と桂・小村之論と一致せず。依て両者之間に立ち之を一致せしむるの必要」があった。これに四〜五日を費やし、四月十七日の元老会議で都合よく決定した。その大要は、「日本より米国を仲間に立て、働き懸けの手段を取る」ということである。[18]

両者の対立点は何だったのであろうか。小村は、バルチック艦隊が仏領カムラン湾に停泊している状況で講和を締結した場合、日本は領土や賠償金を獲得できず、戦争が「徒爾」(無益)に終わってしまうと考えていた。そのため、小村は、講和交渉開始に先だってバルチック艦隊を殲滅すべきだと考えていた。

この小村の意を受けて児玉邸を訪問した外務省政務局長の山座円次郎に対し、児玉は「奉天会戦後の情勢は既に一兵の補充だも許さず、唯平和の一活路あるのみ」と述べたという。[19] 児玉が最初から賠償金獲得を不可能と考えていたことは先に指摘した。児玉の目には賠償金や領土獲得の機会を窺う小村の意見は愚かなものに映ったに間違いない。

つまり、桂・小村と伊藤・山県との間の意見対立の争点は、バルチック艦隊との艦隊決戦以前に、講和交渉(ないしは米国への講和斡旋依頼)を開始すべきか否かにあったようである。そして、両者間の意見対立を収めたのが児玉であったのだ。

このようにして、児玉は、本国政府(政治)と国外の戦場(軍事)とを結びつけると共に、政府・元老間の意見対立を調整して平和回復への道筋をつけることに成功したのである。戦場での勝利を政治的勝利に変換させた児玉の功績は極めて大きいといえるであろう。

かくして、児玉は、五月五日に新橋停車場から出発し、下関、釜山などを経由して二十日夜に奉天に帰着した。なお、途中で後藤新平に書き送った書簡によれば、児玉自身による東京行の評価はかなり厳しく、「我より進て解決之道を取る」(米国を仲介として早期和平を図る)という外交方針のみがようやくのことで定まっただけで、いずれの問題も解決しておらず、伊藤と桂の関係が「冷熱定り難き天候」であるため、今後の成り行きが案じられる、というものであった。[20] 先行き不透明な世界に生きる当事者の評価と結果を知る歴史家の評価との違いがわかり興味深い。

3、講和期の軍事作戦

桂の馬鹿が

五月二十七日から始まった日本海海戦で日本は圧勝を収めた。続いて六月九日には、ローズヴェルト米大統領が日露両国に講和を勧告し、戦争は講和期に入ることとなった。

東京滞在中の児玉は小村寿太郎に「この上は戦えぬ。日清戦争の時は軍人が欲しなかったが、この度は軍人の方より講和を望んでいるのである。強いて談判を纏めて呉れ」と述べている。だが、政府の講和条件には児玉が取れないと考えていた賠償金の文字が含まれていた。満洲への帰路に京城でこのことを知った児玉が、「桂の馬鹿が償金をとる気になっている」と語ったのは有名な話であろう。▼21

政治攻勢の一端としての軍事攻勢

講和期の戦争指導の眼目は、軍事作戦を手段として使用し、講和の促進と有利な講和条件獲得を図ることにある。

児玉が東京滞在中の三月三十日、参謀総長山県有朋が「明治三十八年三月以後に於ける作戦方針」を明治天皇に内奏した。これは、作戦目的として、①ロシア軍を「朝鮮及び満洲より撃攘」し、②将来東洋の平和を保証するために必要な「土地を占領」することを示し、目的達成の手段として、①満洲軍は従前の任務を継続し、ハルビンに向けて前進すること、②北韓の敵を駆逐すること、③樺太を占領することなどを定めたものであった。▼22

有利な講和条件獲得を目的とした作戦方針である。ローズヴェルト米大統領もロシア政府に「戦争継続の無益なることを暁悟せしめる捷径」は樺太占領であるとして、日本政府に樺太占領を勧めていた。だが、山県や海軍が樺太占領に対し消極的であった。▼23

そこで、樺太遠征の推進者である参謀本部次長長岡外史は、児玉の力を借りることとし、「閣下に大旋回の御工風《ママ》を乞ふ」との暗号電報を打電した。▼24

六月十四日、満洲の児玉から山県宛ての意見書が届いた。その内容は次のようなものであった。

講和談判開始が近い現下における作戦方針は、「媾和談判をして成る可く速に且つ有利に結了」に導くように策定する必要がある。換言するならば、「彼れの痛痒を感ずる所に向ひて勇進し、談判一日を遅延せば一日丈けの要求が重大となるの感を起さしむる」必要があるのだ。そして、この目的達成のためには、樺太を占領し、ウスリーに対する前進も継続し、満洲軍も準備ができ次第猶予なく前進してロシア軍に「一大打撃」を与えることが「甚だ緊要」である。[25]

すなわち児玉は、一日でも早い講和条約締結のために、ロシアに講和が一日遅れれば一日分の損があることを痛感させるように、樺太・ウスリー・満洲の三方面で同時攻勢を実施すべきだと説いたのだ。

児玉電報は関係者を震駭させ、廟議を一変させた。十六日には、山県が新作戦方針（「六月初旬に於ける作戦方針」）を上奏している。これは、満洲軍が雨季前に前面の敵を攻撃すると共に、満洲軍の作戦に呼応して北韓方面よりウラジオストックを脅威し、樺太占領をも実行するというものであった。[26] つまり、三方面での攻勢作戦である。大本営と児玉は、敵に至大の痛撃を与えて講和を促進するために攻勢に出ようとしたのだ。

かくして、北関作戦（北韓作戦とも。ロシア軍を朝鮮半島東北部から駆逐する作戦）と樺太作戦が実施され、前者は部分的成功に終わったものの、後者は成功裡に終了したのである。

以上の経緯からわかるように、児玉は、奉天会戦後の作戦を、相手を和平交渉のテーブルに引き出すための攻勢作戦（講和促進のための攻勢作戦）として立案していた。つまり、児玉は、講和期の軍事攻勢を、ロシアを和平交渉に引き出すための幅広い政治攻勢の一端を担うものとして捉えていたのだ。これまであまり指摘されてこなかったが、この点はもっと評価されてよいことだと思われる。

敵国皇帝の心理的弱点を衝く

児玉が樺太遠征を後援した理由はどこにあったのだろうか。児玉は、「アメリカに於ける媾和談判を有利に導く唯一絶対の力」は、「媾和大使の能弁」ではなくて「軍の威力を伸ばして彼れを説服せしむるにある」ことを認識していた。[27] 児玉は、講和成立を促進させると共に、より有利な講和条件を獲得するために攻勢作戦をしかけようとしたのだ。

この児玉の意見は敵国の主権者の心理を的確に見抜いていた。六月六日、ロシア皇帝ニコライ二世は、駐米国公使ジョージ・メイヤーに対し、「ロシアの領土に足は一歩も踏み入れられていないが、余はいつまでも彼らが樺太を攻撃可能なことを承知している……したがって、そうした事態が生じない以前に〔和平〕会談が行われることが重要である」と語っている。[28]

クラウゼヴィッツは、敵の「重心」（力の中心かつ弱点）を衝く必要性を説いた。[29] 当時日本軍はロシア領を占領していなかった。そのため、ロシア皇帝は日本軍がロシア領を奪取する以前に講和条約を締結する必要性を感じていた。

児玉は、敵国皇帝の心中を見透かしてその心理的弱点（重心）を衝く軍事作戦の実施を支持したのだ。この児玉の見識の高さはもっと高く評価されてもよい。

講和期における児玉

戦場における軍事的勝利と戦争の政治的勝利は別次元の問題である。というのも、戦場における軍事的勝利は、戦争の政治的勝利を必ずしももたらすものではなく、戦争終結のための政治的機会を提供するにすぎないからだ。日露戦争のような限定戦争においては政治攻勢単独あるいは軍事攻勢単独では勝利を得ることはできず、政治攻勢と軍事攻勢とがうまい具合に調整されなければならないのだ。

ブライアン・ボンドは、政治指導者が戦場における軍事的勝利を最大限活用し、戦争の勝利へと変換させなければならないと説いた。ボンドは、それが成功した例として普仏戦争を挙げ、宰相ビスマルクの指導力を高く評価している。ビスマルクは、戦争中も軍事を政治的に統制し、講和成立の条件が整ったと見るや軍部の反対を巧みに抑えて戦争を終結させ、戦場における軍事的勝利を戦争の政治的勝利へと変換させることに成功したのだ。[30]

遼陽附近の会戦で戦争を終結させることが可能かもしれないという開戦前の日本陸軍の予想に反し、日露戦争は戦場における会戦での勝利が戦争の結末をもたらさない戦争であった。そのため、日本が奉天会戦での戦勝を戦争の政治的勝利へと変換させるためには、戦争相手のロシアに戦闘の結果を受け入れさせる必要があった。

児玉はこの点においても才能を発揮した。児玉は自身が政略目標と考える奉天を占領するや、速やかな停戦の必要性を感じ、大山巌の名で軍事作戦を政略に順応させるべきであると説くと共に、秘密裡に一時帰国し、対立する政府・元老・大本営間の意見を調整して和平克復への道筋をつけたのだ。

さらに、児玉は、講和期の軍事攻勢がロシアを和平交渉に引き出すための幅広い政治攻勢の一端を担うものであると認識しており、ロシア皇帝の心理的弱点を看破してそれを衝くための軍事作戦を実行に移させた。戦場での勝利を政治的勝利に変換させる点で、児玉は余人には実行困難な非常に大きな役割を果たしたのである。

4、二度と戦はすまいもの

交渉方法への批判

八月十日、ローズヴェルト米大統領の仲介でポーツマス講和会議が始まり、難航の末、九月五日、両国全権が講和条約に調印した。日本は賠償金こそ獲得できなかったものの、①韓国における日本の優越権の承認、②長春以南の東清鉄道南満洲支線の譲渡、③旅順・大連の租借権の譲渡などをロシア側に認めさせることができた。

講和条約に対する児玉の評価は複雑だ。児玉は、講和締結には「満足」の意を表しつつも、講和交渉は「失敗」であると捉えていた。児玉が「遺憾」とするのは、①講和条件と②日本側全権の「折衝」（＝交渉方法）の二点にあった。児玉は、交渉のやり方として、樺太割譲と、最初から獲得を期待できない賠償金とを関連させたのが誤りであり、賠償金は速やかに撤回して、最初から日本軍が樺太全島の占領に成功している事実を基礎にして交渉した方が、たとえ樺太半分を返還することになっても、何らかの権利を獲得できたのではないか、と批判的であったのだ。▼[31]

軟派との批判に満足する

講和締結は政府にとっても児玉にとっても満足すべきものであった。だが、戦争で大きな犠牲を強いられた国民は賠償金なしでの講和に反対し、暴動を起こした。日比谷焼打ち事件である（九月五日～七日）。

民衆や政党政治家から「軟派の隊長」と見なされた市ヶ谷の児玉邸には警備兵が派遣されたが、幸いにも焼打ちだけは免れている。

児玉は、

勝てばにくまれまけてはならぬ
　二度と戦はすまいもの

という都都逸を詠んだが、国家の生存上必要な「講和の張本人」と目されることには「満足」と「悦」びとを感じていた。児玉は「軟派」と批判される時期が来ることを出征前から覚悟していたのだ。しかも、軍人からではなく民間政治家からこのような批判が出たことを、軍人の知識が民間政治家のそれに勝る証拠だと愉快にも感じていた。

焼打ち事件に関して児玉は、政府が講和に先だって惑いやすい「下級多数の愚民」を指導する必要があったとし、指導を怠った政府を批判している。児玉の認識では、「多数愚民に臨むには相応の政策」が必要であり、政府は「政治家社会」のみに注意して「愚民社会」に対する政策を欠いていたというのだ。政策の詳細については「児玉は政事家になった」という声が聞こえそうなので大略に止めるが、軍隊の凱旋に際しては、「下級多数分子の感情を害せざる如く」注意すべきであると、述べている。▼[32]

内務大臣として社会政策の必要性を説いた児玉らしい意見といえる。児玉は民衆という新たな政治的アクターの擡頭を認識し、それに対する政策を胸中に抱き始めたのだ。

平和克服後の社会政策の必要を説く

児玉は一般民衆のみならず、復員兵士に対する社会政策にも考案をめぐらせていた。第零次世界大戦とも呼ばれ総力戦の先駆けとなった日露戦争では、兵役年齢人口の八人に一人が軍隊に動員されると共に、砲兵工廠や民間工場で多くの職工が軍需品製造に従事した。そのため、平和の到来と共に、彼らの再就職を支援する必要が生じる[33]。

児玉は凱旋前からこの問題に気づいており、復員帰郷後の凱旋軍人の授産方法と和平成立後に失業した職人に対する授産方法を「社会政策」として研究する必要があると考え、陸軍大臣に注意を促していたのだ[34]。

内政外交の刷新を説く

児玉は日本が日露戦争の結果一躍して「一等国」になるとは考えておらず、日露戦争を一段階として、国内の「内政外交を刷新」する第二段階に進まなければならないと考えていた。というのも、日本の陸海軍は列強に劣らないが、「政治経済文学の思想品位」、特に「実業界」の活動が「拙劣」だからだ。そして内政外交を刷新するためには、今後の日本は「勉めて戦争を避くる手段」を採用して発展していくべきであり、日露戦争の戦勝を国家将来の政策の発展のために利用しなければ日露戦争は「意味なき戦争」に終わると、児玉は考えていた[35]。

ブライアン・ボンドは、戦争の決定的勝利とは、戦場の軍事的勝利ではなく、戦後の永続的で自国にとって有利な平和を確立することにあると説いた[36]。戦勝の余韻に浸ることなく、戦争をなるべく回避しながらの国益拡張や政策発展を説くあたりに、単なる軍人に止まらない児玉という人物のスケールの大きさを感じさせる。

戦争指導者としての児玉――三つの位相の統合者

大日本帝国憲法の欠点は、各国家機関が各々独立して天皇を輔弼して責任を負う分立構造となっていることにあった。つまり、国務（政治）と統帥（軍事）、陸軍と海軍が対立した場合、両者を統合できるのは建前上、天皇以外に存在しなかったのだ。だが、憲法解釈上、天皇の統合的役割は名目上のもので、統合機能は元老などの憲法外の存在が担う必要があった。日露戦争は第零次世界大戦とも呼ばれ、総力戦の先駆けであると評価されるが、憲法の分立構造は総力戦を戦ううえで大きな阻害要因となるはずであった。

だが、児玉は、前線に展開する満洲総司令部の総参謀長にすぎなかったにもかかわらず、憲法の制約から自らを解放し、①国務と統帥、②陸軍と海軍、③本国と出先（出征軍）の統合的役割を積極的に担うことで、国家意思の統一や国家の戦略ヴィジョン形成に強力な指導力を発揮したのである。そして、その際に有利に作用したのが、山県有朋や桂太郎など政府首脳との長年に亙る緊密な人間関係にあった。歴史学者の戸部良一氏によれば、太平洋戦争当時の総理大臣兼陸軍大臣兼参謀総長の東条英機は、国家の戦争指導の頂点にありながら、「けじめ」を重視して各役職の職務を使い分けようとするあまり、陸海軍対立や国務と統帥の対立の解決に失敗したとされる。[37] 東条の失敗を考えると、児玉が政戦略の一致や陸海軍の対立の調整に積極的な役割を果たしたことは、日露戦争の勝因の一つとして高く評価できる。

児玉は天才的戦術家か?

では、作戦指導者としての児玉はどうか。司馬遼太郎が児玉を天才的作戦家と描写して以来、児玉には作戦・戦術の天才というイメージがまとわりついている。[38] だが、遼陽会戦や奉天会戦での児玉の作戦指導には問題があり、旅順戦の見通しも楽観的で、遼陽会戦や黒溝台会戦では判断ミスを犯している。さらには、沙河会戦では自身が立案した作戦が失敗している。

児玉の作戦は百発百中というイメージがあるが、児玉も誤算や失敗とは無縁ではなかったのだ。だが、児玉は摩擦に満ちた戦争を限られた情報に基づいて戦っていたのであり、誤算や失敗が生じるのは当然である。そのうえで、近代日本の他の軍事指導者と比較した場合、児玉の作戦や判断は、総じて的確であった。

確かに児玉は自身で戦術レヴェルの作戦を立案するという点では天才とはいえないかもしれない。だが、児玉は、「勝利の限界点」(攻勢限界)や「重心」を感覚的に理解すると共に、講和促進や有利な講和条件獲得のための手段として軍事作戦を利用するなど、戦争指導者として抜群の冴えを示した。

また、児玉は、参謀等の議論や意見によく耳を傾け、参謀たちの意見対立をうまくまとめることに巧みな参謀たちの議論の「裁定者」という点でも卓越していた。児玉は、参謀本部次長ないし満洲軍総参謀長として参謀たちの会議を主宰し、参謀の議論を活発にさせることで、参謀たちの意見を巧妙に引き出し、各意見の利害得失を考えたうえで最良の判断を下すことができた。換言すれば、人の才能を使うことが巧みであったのだ。

また、児玉には決断力があった。これは総参謀長として必須の能力である。総参謀長として重要なのは参謀たちの意見に耳を傾け意見を集約し、最終的決断を下す能力である。第三軍参謀長伊地知幸介は「気の長い人で、容易に決定を与へない」（井上幾太郎）、「事に躊躇逡巡して決断力に乏し」（佐藤鋼次郎）と評されたように、優柔不断であったため、参謀長としての重責を果たせず旅順攻略後に更迭された。[39] しかし、児玉は、沙河会戦の際の井口と松川の激論などの事例に見られるように、「周囲を驚かす」ような激論が勃発した際に、それを「裁定」し決断を下すことができた。

「戦争指導者」・「人の才能を巧みに使う才」・「決断力」、児玉の真価はこの点にあったのだ。

明治三十八年九月二十三日、昌図陣地視察中の児玉（右から五人目の黒い軍服の人物）と大山巌（右から四人目のカーキ色の軍服の人物）（大沼十太郎『日露戦史写真帖　下巻』東京印刷編輯部、一九一五年）。

満洲での出征一周年記念会における余興の席での児玉（博文館編『児玉陸軍大将』（マツノ書店、二〇〇五年）。

画面中央の左手をテーブルに置き煙草を持つ人物が児玉。その右、脚を組んで椅子に座る大柄の人物が大山巌。

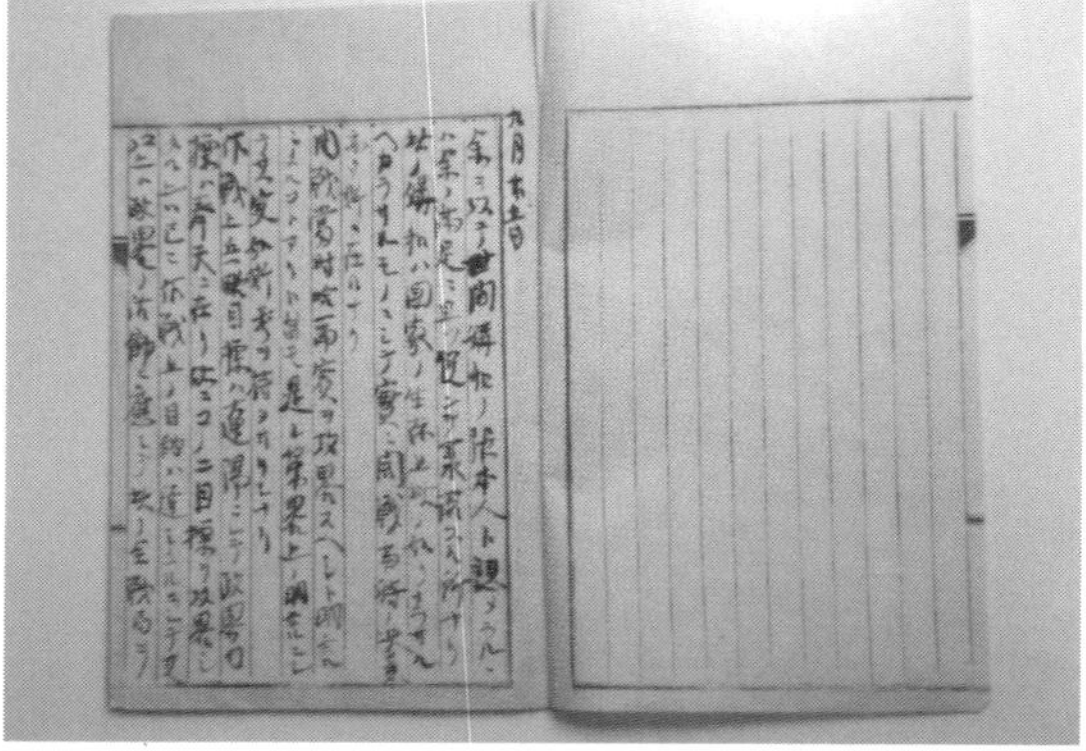

「日露講和締結に満足する覚書」（尚友倶楽部児玉源太郎関係文書編集委員会編『児玉源太郎関係文書』（尚友倶楽部、二〇一四年）。

奉天における二元帥六大将（大沼十太郎『日露戦史写真帖　下巻』東京印刷編輯部、一九一五年）。

左から順に、黒木為楨、野津道貫、山県有朋、大山巌、奥保鞏、乃木希典、児玉、川村景明。明治三十八年七月、山県が満洲軍視察の目的で訪満した際に撮影された。

満洲軍総司令部庭内の山県有朋と児玉（大沼十太郎『日露戦史写真帖　下巻』東京印刷編輯部、一九一五年）。

画面左が山県、その右奥が児玉、打球しているのが福島安正。

明治三十八年十二月三日、検疫を終えて、宇品に上陸した満洲軍総司令部（大沼十太郎『日露戦史写真帖　下巻』東京印刷編輯部、一九一五年）。

左から一台目の人力車に乗った人物が大山巌、二台目が児玉。

第二十一章　突飛新式の果断家の終焉

1、児玉内閣構想と統監府官制四条問題

内閣組織の意思なし

日露戦争での児玉の軍功はその政治的地位を飛躍的に高めた。元老や政治家の間では、平和克服後、総理大臣桂太郎の後継として児玉を推す声が上がっていた。[1] だが、児玉には内閣を組織する意思はなかった。

桂は、政友会の原敬と政権授受協議を行ない、国民の反対が予想された講和条約に対する政友会の支持の代償として、政友会総裁西園寺公望への政権禅譲を約束していた。この時、桂は次の西園寺内閣の陸軍大臣候補者として、現大臣寺内正毅の留任が好ましいが、寺内が辞職した場合は児玉が良いとしている。[2] 桂は、戦勝で政治的地位を向上させたものの、児玉は後継首相たりえないと考えていたのだ。

しかし、桂は、戦功ある児玉が総理大臣への野心を抱いているかもしれないとも考えていた。そこで、後継首相打診の目的で、後藤新平に伝言を託して満洲へ派遣している。桂の伝言は、自分は総理大臣を辞職して西園寺に譲る考えであるので、もし児玉に内閣組織の意向があれば自分に伝えるようにというものであった。講和条約締結前日の九月四日から五日にかけて、奉天で後藤と会見した児玉の答えは、内閣組織の意思なく、自分は台湾総督に留まり台湾経営に専念するというものであった。[3]

児玉と趙爾巽。前列左から児玉、盛京将軍趙爾巽、大山巌。大山の左上は松川敏胤。趙爾巽は日露戦争後の日本軍による軍政方針に苦情を申し立てたことで知られる（大沼十太郎『日露戦史写真帖　下巻』東京印刷編輯部、一九一五年）。

伊藤博文の児玉内閣構想?

通説では、明治三十八年九月頃に元老の伊藤博文が、政友会と憲政本党の一部を合同させて、児玉を総理大臣とす

る児玉内閣を樹立しようとしたとされている。この説を唱えた伊藤之雄氏によれば、根拠は『原敬日記』明治三十八年九月十七日・十八日条である。[4]

だが、十七日条には政友会と憲政本党の合同の話は出てくるが、伊藤が児玉を総理にすると述べたとは書かれていない。

児玉の名前が出るのは十八日条であるが、そこには憲政本党の大石正巳が伊藤を総理として政友会・憲政本党・藩閥が連合して内閣を組織する意思を示したので、原敬が「徒らに当局者に反対するは予想の結果を生ぜずして却て他人の為めに糞骨折るの結果とならん、桂倒れて児玉出るが如きは政党に取りて何の利益もなし」と述べて大石の構想に反対したとあるだけで、伊藤が児玉を総理とする内閣を構想していたか否かは必ずしも明確ではない。そのため、著者は通説に疑問を感じている。ただし、伊藤の児玉内閣構想説は通説だけに著者の史料解釈が誤っているかもしれず、疑義を呈して後考を俟ちたいと思う。

※なお、小林道彦氏は、伊藤が帷幄上奏権縮小を含む憲法改革のパートナーとして児玉を考えており、児玉が伊藤の構想を陸軍の側から支えようとしたとして、児玉を「立憲主義的軍人」と論じている（小林道彦『児玉源太郎』二九四〜二九六頁）。

しかし、この時期の伊藤が児玉を憲法改革のパートナーと見なしていたことを示す史料は、現在のところ確認されていない。もっとも、小林氏はその根拠として『原敬日記』（明治三十八年九月十七日・十八日条）を挙げているが、『原敬日記』には、伊藤の意図については何も書かれていないため論拠たりえない。しかも、伊藤の児玉内閣構想説を最初に提起した伊藤之雄氏は、児玉内閣構想単独では、伊藤の「気まぐれ」と評価しており、伊藤の児玉内閣構想を伊藤が児玉を憲法改革のパートナーと考えていた論拠にはならない（伊藤之雄『立憲国家と日露戦争』二六五頁）。

また、この時期の児玉が、帷幄上奏権縮小を含めた統帥権改革を企図していたことや、陸軍側から伊藤の構想を支える意図を有していたことを示す史料も現時点では存在しない。小林氏が、児玉が伊藤の憲法改革に陸軍の側から呼応しようとしたとする推測の論拠としているのは、「陸軍定員令改正の件」（明治二十七年）が第二次伊藤内閣の時に提出されたことであるが、その後の明治二十八年に児玉が同じ伊藤内閣において「陸軍平時編制」（＝帷幄上奏権強化）を承認しているので、論拠としては不十分である。小林氏が自説を維持するためには、この時期の伊藤が児玉をパートナーとして考えていたことや、児玉が伊藤の憲法改革構想と連動する意図を有していたことを明確に示す史料を提示する必要がある。

統監府官制四条問題と児玉

児玉は明治三十八年十一月二十五日、凱旋の途についた。三十日、「丹後丸」で大連を抜錨、十二月三日宇品に上陸、七日午前十時三十九分、貴紳名士の歓迎を受け新橋停車場に凱旋した[5]。

二十日、大本営と満洲軍総司令部の復員が下令され、これに伴い、大山巌が参謀総長に就任し、児玉は参謀本部次長事務取扱を命じられた。児玉は不在中の間に滞っていた台湾総督としての事務を片付けるために二十二日台湾に向けて新橋停車場を出発し、台湾で新年を迎えている（明治三十九年（一九〇六年）一月二十四日、帰京[6]）。

児玉の東京不在中に発生したのが統監府官制四条問題（統監府及理事庁官制、明治三十八年十二月二十一日公布）である。同条は韓国統監に韓国守備軍司令官に対する指揮命令権を認めていた。そのため、初代韓国統監に文官の伊藤博文が就任すると、文官の伊藤が軍隊の指揮命令権を持つことに対し、韓国駐劄軍司令官長谷川好道、山県有朋および参謀総長大山巌以下の参謀本部から反対の声が上がったのだ。四条問題は最終的に明治天皇が大山と陸軍大臣寺内正毅に統監の軍事指揮権を認める勅語を与え解決した（明治三十九年一月十四日[7]）。

この問題に関する児玉の意見に関しては、小林道彦氏が、史料的根拠を示すことなく、児玉は四条に賛成の伊藤・寺内を支持したと推測し、これが通説となっている[8]。

だが、児玉は十二月三十日に、四条問題に関して「統監府官制善後策の件」を内容とする電報を台湾から参謀本部に発している[9]。一般に「善後策」とは、後始末をうまくつける方法のことを意味する。つまり、児玉はすでに公布済みであった四条に対する何らかの対策を電報で述べたのだ。だとするならば、児玉が四条に賛成であったとは考えられず、基本的には反対のスタンスをとりつつも、同官制が公布済みであることを理由にやむを得ず賛成する態度であった可能性が高い。さらに、児玉の電報到着以後も、大山や井口省吾以下の参謀本部部長は四条に反対の姿勢を変えておらず、参謀本部における児玉の影響力の強さを考慮すると、児玉は四条に基本的には反対であった蓋然性が高いといえよう[10]。

2、満洲・韓国経営構想

文官総督構想と関東州民政署の設置

日露戦争後、凱旋軍人に対する社会政策（既述）以外に、満韓経営と軍備整備をどう進めるのかが問題となった。まず前者から見ていきたい。

児玉は明治三十七年七月頃には、関東州の統治構想についての腹案を持っていた。これによれば、児玉は守備軍司令官に対峙（「守備司令官対持〔峙〕」）させる形で文官の関東州総督を置き、文官総督に「行政財政司法」を総轄させる考えであった（軍事指揮権を含まないことに注意[11]）。

なお、小林道彦氏はこの史料（児玉書簡）と「満洲経営策梗概」（後述）とを根拠に、児玉が文官総督に軍事指揮権を附与する構想であったと指摘している[12]。だが、この説には問題がある。というのも、二つの史料は書かれた時期に一年以上のズレが存在するのみならず、児玉書簡では文官総督に軍事指揮権を附与するとはなっていないのに対し、「満洲経営策梗概」では遼東総督（文官か否か不明）が兼任する鉄道庁長官に鉄道守備隊の指揮権を附与するとなっていて内容に矛盾があるからだ。

しかも、「満洲経営策梗概」（明治三十八年九月）には、関東総督府（明治三十八年九月二十六日裁可）を意味する「目下詮議中の遼東総督府」という一文があり、関東総督が武官制であった以上、遼東総督には武官の就任が予定されていた可能性が限りなく高い[13]。それゆえ、時期や内容の異なる二つの史料を安易に併用して、児玉が文官総督に軍事指揮権を附与する構想であったと論ずる小林説は史料解釈を誤った間違った説であるといわざるを得ないのだ。

児玉の文官統治構想が一部実験的に実施されたのが、関東州民政署の設置である。明治三十八年六月にロシア租借地の民政を担当する関東州民政署が業務を開始した。同署は満洲軍総兵站監でもあった児玉に所属し、児玉が抜擢した民政長官石塚英蔵以下、職員はすべて文官であった。新史料によれば、児玉は、民政長官適任者は目下のところ石塚しかおらず、民政長官として石塚を「稽古」させたいと考え石塚を抜擢したのだ[14]。通説では児玉は最初から文官の関東州総督に後藤新平を充てようとしていたとされてきたが、この人事配置から考えると石塚を総督の第一候補者と考えていたようだ[15]。

同署事務官の関屋貞三郎によれば、明治三十八年五月、東京から奉天への帰途に大連に立ち寄った児玉は、インフラ事項（道路・水道・電力）や行政事項（警察・租税）から売店の使用料、墓地、火葬場といった細事に至るまでの諸事項を関屋との立ち話の間に巻紙に書いて彼に手渡している。児玉は大きなことから小さなことまで非常によく気がつく人間で、軍事以外の民政事項を常に考えていたのだ[16]。

「満洲経営策梗概」

児玉は、鴨緑江の戦いの直後から、戦後の満洲経営に関する調査を開始し、米国留学経験者で語学に通じた陸軍通訳の上田恭輔に東インド会社の調査を命じている。[17]つまり、当初の児玉は官営ではなく民営（会社方式）体制で経済中心の満洲経営を行なうことを視野に入れていたのである。

近年発見された史料（「満州経営に関する意見書草稿」）によれば、明治三十八年末から三十九年初頭にかけての児玉の全体的な満洲経営戦略は、満洲の「開放」と同時に、他日の戦場として「陰に戦争の準備」を行なうという方針の下、満洲経営の基礎を鉄道経営に置くという内容であった。そして、鉄道経営は、「軌道の改善」（広軌化）と満洲鉄道庁による政府直轄経営とに基軸を置くとされた。

また、ロシアによる復讐戦が近い将来生起する可能性は低いと考えていたとする通説とは異なり、[18]児玉はロシアの復讐戦を強く警戒しており、外交・経済でロシアの後塵を拝する日本がロシアの復讐戦を回避する好手段は「兵力の優勢」にあると考えていた。さらに、児玉は満洲において大規模な貿易市場を開いて大きな利益を得ることを難しいと認識していた。そのため児玉は、満洲を開放して共同市場とすることで日露間に経済的相互依存関係を構築し、第二次日露戦争を回避しようとする理想は実現困難であると考えていたようだ。

対清政策については、児玉は日本の支援により清国の軍事・政治を改善させることは極めて困難であると評価しており、たとえ改善できたとしても日清同盟ではなく露清同盟を生み出す結果に終わると予測していた。[19]

なお、児玉は復讐戦を回避する好手段を「兵力の優勢」にあると考えているが、後述するように、彼は「兵力の優勢」を単なる「数」の優勢と考えずに、兵力の「質」や「文装的軍備」（潜在的軍事力としての移民や鉄道など）を含めた総合的軍事力の優勢として捉えていたようだ。

児玉の満洲経営策が具体的に示されたのが「満洲経営策梗概」である。この文書は通説では後藤新平の起案によるものだとされてきたが、運輸通信長官大沢界雄の日記によれば、明治三十八年九月五日に大沢が起草して児玉に送付し、児玉が大沢の構想に若干の修正を加えた形で完成したようだ。[20]

「梗概」は、「戦後満洲経営唯一の要訣は、陽に鉄道経営の仮面を装い、陰に百般の施設を実行するにあり」という満洲経営の基本方針を説いた有名な一文で始まる。この方針に沿う形で、租借地の統治機関と鉄道経営機関は「別個」のものとされ、鉄道経営機関として政府直轄による満洲鉄道庁を設置し、鉄道庁は鉄道以外、政治や軍事に無関係のように仮装することとされた。

また、鉄道庁の役割は、鉄道経営のみならず、鉱山経営・移民奨励・地方警察・露清両国との外交交渉および諜報活動にまで及ぶとされていた。つまり、児玉は満洲における鉄道経営・鉱山経営・治安維持・外交・軍事的諜報活動などの諸権限を分離せずに、政府機関たる満洲鉄道庁を組織して、その下に統一化しようとしたのだ。

一方、租借地の統治機関としては遼東総督府が設置され、鉄道庁と総督府との衝突が予想されるため、鉄道庁長官が遼東総督を兼任し、鉄道守備隊が総督隷下の部隊から派遣され、鉄道庁長官の指揮を受けるとされた。[21]

一般には「梗概」の構想は、東インド会社方式と理解されることが多いが、よく読むと統治機関も鉄道機関も政府機関（政府直轄方式・国有経営方式）とされているので、この時点での児玉は東インド会社方式を採用しなかったようである。そして、「梗概」を具体化する作業が開始されることとなった。

断ずること神の如し

明治三十九年一月、児玉を委員長とする満洲経営委員会が設置された。委員は、外務次官珍田捨巳・外務省政務局長山座円次郎・大蔵次官若槻礼次郎・大蔵省主計局長荒井賢太郎・逓信次官仲小路廉・陸軍次官石本新六・法制局参事官道家齊である。[22] 外務・大蔵・逓信・陸軍といった満洲経営に関係のある各省の次官と局長を集めた少数精鋭の陣容であった。

委員会では、ポーツマス講和条約や満洲善後条約に違反するという理由で、国有経営方式（政府直轄方式）が断念され、株式会社による会社経営方式（後の南満洲鉄道株式会社）で鉄道経営を行なうことが決議されている。[23]

若槻によると、委員の誰よりも満洲を熟知する児玉が出した意見を中心に委員会の審議が進んだようだ。また、委員長としての児玉は、決断が「果敢」といえるほどに極めて迅速で、躊躇したり困ったりすることなどなく「ああよしよし」とどんどん物事を決めていった。若槻は児玉を「断ずること神のごとし」と評しているが、そのような児玉の下で働くことを「非常に愉快」かつ「頼もしく」感じたと回想している。[24] 児玉は幕僚会議の主催者としてのみならず、文官中心の委員会の主催者としても、決断の迅速さで部下を魅了し、その信頼とやる気を喚起することに成功したのである。

満鉄総裁人事

このような経緯を経て、六月七日、南満洲鉄道株式会社設立に関する勅令が公布され、満鉄は半官半民の会社として出発することとなり、逝去直前の七月十四日、児玉は南満洲鉄道株式会社設立委員長に任命された。満鉄の本質は、営利会社の仮面をかぶった国策機関であり、その性格は商法上の商事会社というよりも特許植民会社に近いといえた。

満鉄総裁の人選については、児玉が最初から後藤新平の起用を考えていたというのが通説となっている。[25]だが、これは正しくない。

当初児玉は、鉄道・土木工学の大家として知られる古市《ふるいち》公威《こうい》（韓国統監府鉄道管理局長官）を満鉄総裁に就けようと考えていた。だが、古市が辞退して後藤を推薦した。また、阪谷芳郎も後藤を推薦していた。そこで、児玉は後藤に総裁就任を打診したようだ。[26]

そして、逝去前日の二十二日、児玉は市ヶ谷の児玉邸で後藤と約三時間半に亙り会談し総裁就任を勧めたが、後藤が固辞して快諾しない。そのため児玉は「前意に固執することなく、辞退が許されない理由もあわせて慎重に考慮するように」（現代語訳）と述べて後藤と別れたという。[27]

児玉の満洲経営案

今回の平和を「長時期に亘る休戦」と認識する児玉は、第二次日露戦争の勃発を予想しており、勝利の鍵が鉄道経営の巧拙にあると見ていた。また、児玉は、南満洲鉄道株式会社の事業として、①鉄道経営、②炭鉱開発、③移民、④牧畜諸農工業を考えていた。なかでも児玉は移民を重視しており、十年以内に五十万人の移民を送り出し、移民を中核に積極的な満洲経営を行ない、その利潤を第二次日露戦争の戦費に充てる構想を抱いていた。ちなみに、児玉は、南満洲鉄道株式会社本社所在地や各停車場に、三府四十三県の人間を地方別に配置し、日本の縮図を造る計画であったようだ。[28]

なぜ、移民が必要なのか。その理由は、児玉が「永久の決勝」（半永久的な領有）は日本人の数の増減により決まると見ていたからである。児玉は、五十万の移民と数百頭の家畜があれば、戦況が有利な場合には敵国を侵略する準備ともなるし、不利な場合でも和平到来を待つことが可能になると考えていた。しかも、移民が増えれば関東州のアルザス＝ロレーヌ化も見込める。[29]つまり、児玉にとって移民と鉄道は潜在的軍備であったのだ。児玉流の「文装的武備」である。

児玉の満韓一体経営論

児玉は長期的戦略として満韓一体経営を考えていたふしがある。そもそも児玉は、京城ではなく「平壌に新日本の根拠」を置き、平壌から「南北に拡張」すべきという韓国経営構想を抱いており、しかも韓国の防衛と南部満洲の利権の扶植は不即不離の関係にあると考えていた。

そこで、満韓経営の首脳機関を統一するため、関東総督府を廃止して韓国駐箚軍司令部にその組織・権限を移しこれを植民地総督的に改編し、これに韓国・関東州のみならず琿春・吉林・長春・法庫門を経て錦州府に至る線以南の地の作戦準備・民政・商工業を統一的に計画させる満韓一体の植民地経営構想を頭に描いていた。これが無理なら、植民地問題を管轄する一省（植民地省）を本国に創設して満韓一体の経営を行なわせてもいいというのが児玉の考えである。しかも、児玉は南満洲鉄道経営者に韓国鉄道を貸し付け、統一経営を行なう構想まで企図していた[30]。

一般に、日本には植民地戦略と呼べるべきものが存在しなかったといわれるが、児玉は、長期的な観点から満韓一体の積極的植民地戦略を構想していたのだ。

満洲経営方針をめぐる伊藤博文との対立

だが、児玉の満洲経営方針は伊藤博文のそれと異なるものであった。たとえば、明治三十九年二月十六日に伊藤博文、山県有朋、大山巌、井上馨の四元老、西園寺公望総理大臣、加藤高明外務大臣、児玉が集まり大磯で開催された大磯会議では、満洲問題に関して数件が解決したものの、児玉の熱心な主張が原因で「頗る重要な」案件が未解決なままに終わっている[31]。

そして、五月二十二日に総理大臣官邸で開催された「満洲問題に関する協議会」では、児玉が満洲経営の一切を管轄する官衙（植民地省）の創設を提起したのに対し、伊藤が「児玉参謀総長等は、満洲に於ける日本の位地〔ママ〕を、根本的に誤解して居らるるやうである。〔中略〕満洲は決して我国の属地では無い。純然たる清国領土の一部である」と述べ、児玉の満洲経営構想を否定している。協議会では、軍政署の撤廃や、関東総督府の平時組織化（関東都督府の創設）が定められ、満洲開放の方針が決定された[32]。

小林道彦氏は、児玉と伊藤の対立軸が、児玉の積極的満洲経営論と伊藤の消極論とにあったと指摘しているが、妥当であろう[33]。

3、軍備整備構想

参謀総長に就任する

明治三十九年四月十一日、児玉は台湾総督を免じられ参謀総長に就任した。台湾経営に対する児玉の功績は極めて大きく、この時、児玉は台湾総督としての勲功により子爵に陞爵している。なお、児玉は参謀本部次長に福島安正を、福島の後任の第二部長に松石安治を抜擢している。松石は松川敏胤と並び戦略戦術の大家と称された人物である。[34]児玉は福島・松川・松石を中心に戦後の参謀本部運営を進めようとしたのだ。

就任経緯は次のようなものだ。一月頃から、大山巖の参謀総長引退、児玉の総長就任が関係者の間で協議され始めた。この時、山本権兵衛が児玉の総長就任に反対している。二月四日、児玉の総長就任が内決したが、明治天皇は台湾経営を理由に児玉を台湾総督に留任させて、児玉以外の人物を総長に就任させる意向であった。後任台湾総督の選定に手間取ったようだが、佐久間左馬太が就任することとなり、児玉の総長就任が公表された。なお、児玉の総長就任を明治天皇に強く推薦したのは山県有朋であったようだ。[35]

このように、児玉の総長就任は明治天皇の反対を押し切ってのものであった。台湾総督は軍事・行政両面の手腕を必要とする。明治天皇は児玉の行政手腕と軍事的能力を高く評価していたのだ。

軍制改革をめぐる寺内との対立

ところで、参謀総長に就任した児玉が陸軍大臣寺内正毅と連携して統帥権改革に乗り出したという仮説が小林道彦氏により提起され、これが通説となっている。[36]

だが、一次史料を確認する限りでは、この時期の児玉と寺内は対立しており、児玉と寺内が連携しようとした事実は見出せず、この説は誤りである。

たとえば、明治三十九年一月の財部彪日記には、「児玉男と寺内中将とは絶体〔対〕に反対なりとの咄あり。先に児玉男は西男（西寛二郎、教育総監）にして陸大臣たらは参謀本部に留まるへし、否らされば他にす」と述べたという記述がある。[37]つまり、児玉と寺内が対立していて、児玉は西寛二郎が陸軍大臣ならば参謀本部に留まると述べ、寺内の陸軍大臣更迭を要求したというのだ。

そのため、明治天皇は、児玉の参謀総長就任後に、「突飛新式之果断」家である児玉と、「著〔着〕実緻密之旧式家」の寺内とが衝突することを懸念して、両者の関係円滑化に配慮を促す内意を大山巖と山県有朋に示している。[38]

児玉と寺内の対立理由は明確ではない。だが、戦後の軍制改革をめぐり、児玉が参謀本部を純然たる「作戦上の統帥部」とするために動員編制の権限を陸軍省に移管しようと考えたのに対し、寺内はフランス軍制（現行の軍令・軍政二元主義と異なり、政府が軍令機関を統制する軍令・軍政一元主義）の採用を考えており、両者の対立軸は参謀本部権限の縮小程度や参謀本部を陸軍省の統制下に置くか否かと

児玉源太郎と山県有朋の軍備観の相違

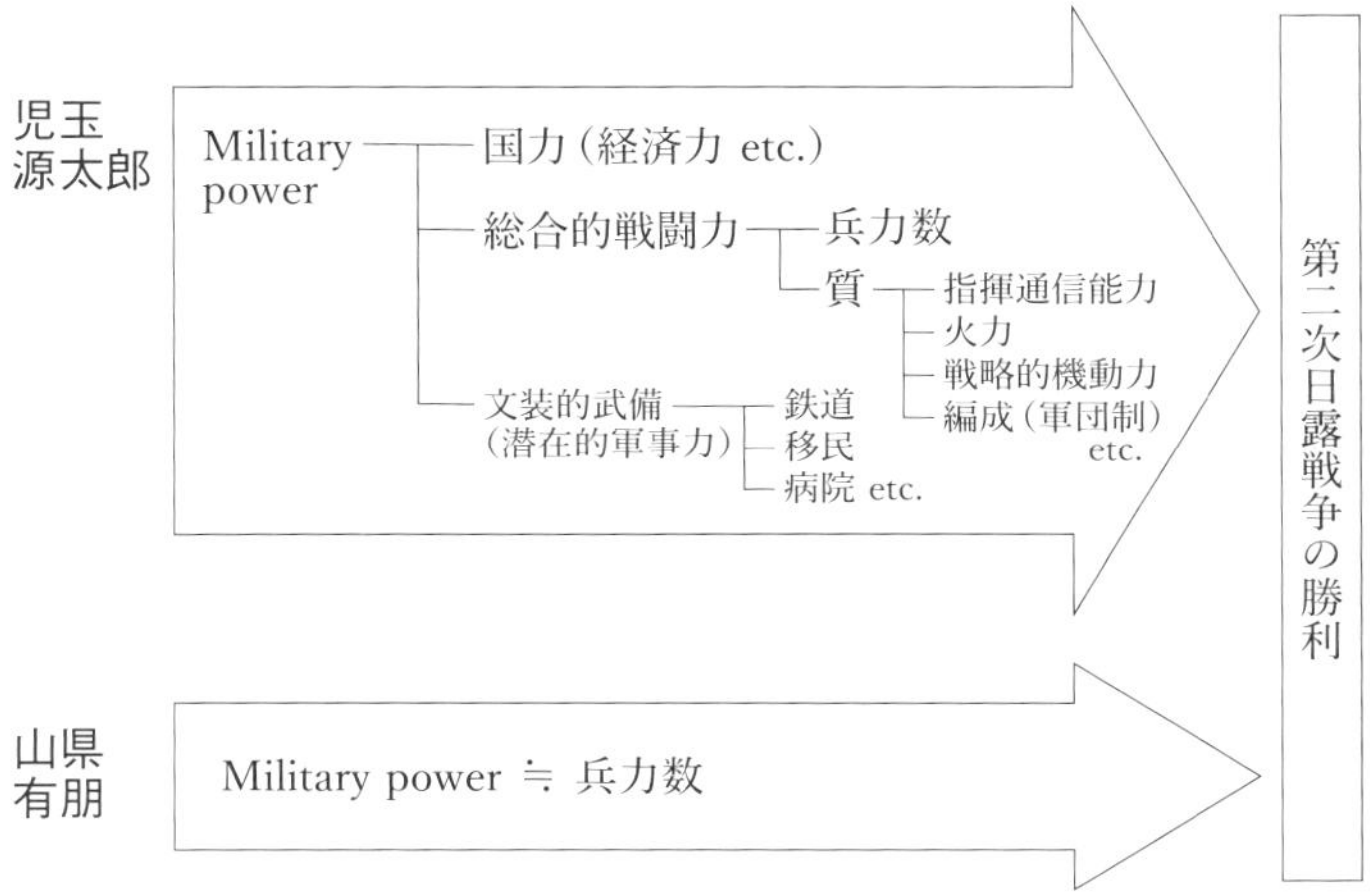

児玉も山県有朋もロシアによる復讐戦（第二次日露戦争）を強く警戒する点で変わりはなかった。だが、第二次日露戦争を戦うための軍備をどう整備するのかという点で相違があった。児玉は、軍事力のみならず国力や文装的武備を含めた「パワーの諸要素」を手段として第二次日露戦争に勝利しようと考えたのに対し、山県は「パワー」を「軍事力」として捉える傾向が強かった。しかも、「軍事力」についても、児玉が「質」を含む総合的軍事力として捉えていたのに対し、山県は「軍事力」を「兵力数」として捉える傾向が強かった。

いう点にあったようだ。[39]

しかも、明治四十一年の福島安正日記には「参謀本部条例改正、明治二［三］十九年春児玉大将総長当時よりの問題なり。陸軍大臣之を握り潰して今日に至れり」とある。つまり、寺内は、児玉が進めていた参謀本部条例改正案に反対してこれを握り潰し、明治四十一年になってフランス軍制に基づく改正案を提起したのだ。[40] 児玉と寺内が対立していたことは明確であろう。一次史料を見る限りでは、児玉と寺内が提携して、明治憲法に適合する形に統帥権改革を進めようとしたという小林説は成り立たないのだ。小林氏が今後、自説を維持するためには、推測ではなく両者が提携して統帥権改革を行なおうとしたことを示す一次史料の明示が求められるであろう。

軍備整備をめぐる山県との対立

児玉の凱旋以前から、山県有朋と児玉との間には戦後の軍備拡張をめぐる対立が存在した。当時、ロシアが極東で使用可能な兵力は五十個師団と見積もられていたが、山県がロシアの復讐戦に備えて平時二十五個師団・戦時五十個師団体制を主張したのに対し、児玉がこの案は国力不相応であり、自分の力ではこのような負荷の大きい任には耐えられないと述べて山県案に反対したのだ。児玉は凱旋後に、山県との衝突を覚悟して「厳格なる決心にて論争」する意志を固めた。[41]

一般には児玉の軍備整備案は田中義一が起案したといわれてきた。だが、新史料によれば、起案者は尾野実信というのが正しい。国力不相応な軍備は国運の衰微を招くと考える児玉は、陸軍の組織的利益ばかりを考えるのではなく、国家の経済状態に鑑み、予算全般に亙り詳細な考慮を払いつつ、軍備整備案を考案した。しかも、尾野の案を見た児玉はまだ過大だとして、二度三度と繰り返し整備案の書き直しを尾野に命じたという。[42] つまり、児玉は陸軍のみの個別利益よりも、国家の全体利益を優先させたのだ。国務大臣経験者として苦しい財政状況を知る児玉ならではの卓見といえよう。

かくして完成した児玉案は、平時十九～二十個師団・戦時三十八～四十個師団体制というもので、現有常備師団十七個師団に二個～三個師団を増設するに止まる抑制的な拡張案であった。児玉は数の不足を、①同盟などの外交手段、②作戦計画の巧妙、③質（後述）で補うことができると考えていたのだ。[43]

軍制改革案の基本思想

児玉案（「我陸軍の戦後経営に関し参考とすへき一般の要件」）の基本方針は、①戦後経営の基本を「国力培養〔国力充実〕を本義とし、過大の兵備拡張を回避する」（現代語訳）ことに置くと共に、②軍隊の戦闘力は兵数ではなく、「真に活動し得る実力」にあるとして、③軍備増強はぜひ拡張しなければならないものを除いて、「整理充実」を優先するというものであった。

すなわち、児玉は国力充実を最優先し国力不相応の軍備拡張を諌めると共に、軍備整備に際しては兵力数よりも戦力充実を優先する方針を明確にしたのだ。なお、整理充実を優先する方針には、日清戦後の軍備拡張計画が兵備充実（質）をおろそかにして兵備拡張（数）を優先した結果、日露戦争で砲弾不足などに喘いだ苦い戦争経験が反映されていた。

そして、この基本方針の根底には、「陸軍の戦後に於ける経営を企画するに方り最も戒慎すへきは、戦勝の余光に駆られ国家の大計を顧慮せす国力不相当の軍費を要求して急激に過大の兵備を拡張せんと欲し、為めに国運の衰微を招くに在り」という思想があった。[44] 児玉は国家全体の利益の観点から陸軍の戦後経営を考え、国運を傾ける国力不相応な軍拡が実施されることを警戒していたのだ。

児玉の軍備整備案

平時十九個師団・戦時三十八個師団案について詳しく見

児玉源太郎の軍団構想　―明治三十八年（一九〇五年）―

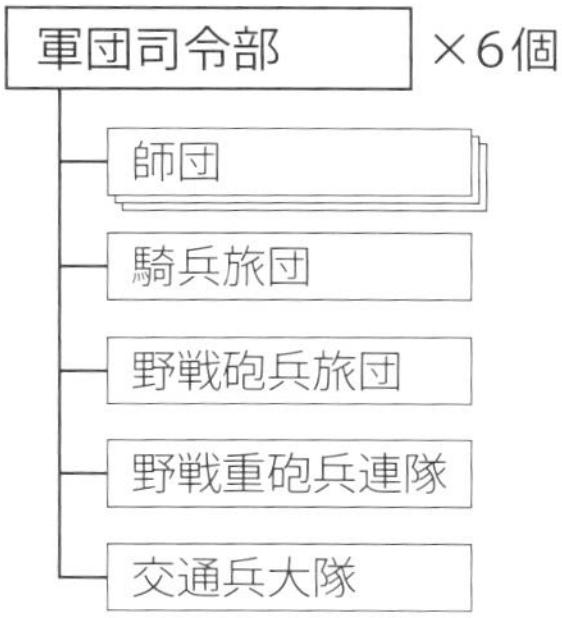

児玉は日露戦争の教訓に基づき、軍団制を導入しようとした。児玉の軍団構想は、日露戦争において軍直轄で活躍した騎兵旅団や砲兵旅団を常設し、それを軍団に持たせるというものであった。

児玉は日露戦争の戦訓から、将来戦において師団が前線で騎兵を使用する必要性が減少することを正確に見抜いていた。そこで、児玉は師団の騎兵連隊を削除（ただし、近衛師団のみ削除せず）して、各軍団に騎兵旅団一個を附することとした。

また、児玉は将来戦において遭遇戦が生起することは稀有であり、陣地戦が主体となることや、陣地戦では強大な砲兵火力が死活的に重要になることも正確に洞察していた。そこで、各軍団に野戦砲兵旅団一個と野戦重砲兵連隊一個を附することとした。

さらに、児玉は戦場の範囲と使用兵力が巨大化しつつあるこれからの戦争では、指揮統率の敏活化のために電信・電話を活用することが重要であり、通信網を完備できるか否かが戦闘の勝敗を決する一大原因となると考えていた。そこで、通信機関を担当する交通兵を新設して、交通兵大隊一個を各軍団にもたせることとした。

だが、児玉の急死により、正確な将来戦の様相予測に基づく軍団構想は実現せずに終わった。

てみると、児玉案は、第一期に必要最小限の兵力拡張と現有兵力の充実を行ない、第二期に戦時倍増のための整備を行なうという、二段階の軍備増強計画であった。

第一期の具体的構想は、師団を二個増設し、平時十九個師団とし、近衛師団を除く十八個師団で六個軍団（一個軍団は三個師団基幹）を編成し、軍団直轄部隊として各軍団に騎兵・野戦砲兵各一個旅団、野戦重砲兵一個連隊、交通兵（通信担当）一個大隊を付ける。そして、師団は戦時歩兵大隊の銃数を約八百から約千に増強して攻撃継続力を確保すると共に、歩兵に乗馬歩兵や機関砲隊を附加して火力の増強を図るというものであった。

第一期計画の特徴は、指揮通信能力の強化、火力の増強、戦略的機動力の向上にある。そしてその根底に流れる編制思想には、「今後の戦闘は恐らく陣地戦に限られ、遭遇戦は稀にしか生起しない」（現代語訳）とか、使用兵力と戦場の範囲が大規模化する将来の戦争では通信網の完備の程度が勝敗を決する、という戦争形態の未来予測が存在した。

すなわち、自身が経験した戦争の実相から将来の戦争像を予測して軍備整備を図るという点に児玉の用兵思想の特徴があったのだ

第二期は、常備師団隷下の歩兵連隊・砲兵連隊ごとに独立大隊を、騎兵連隊・工兵大隊・輜重兵大隊ごとに独立中

隊を編成しておく。そして、戦時にはこれらの独立部隊を基幹として十九個の予備師団を編成し、常備師団と併せて三十八個師団とする構想であった。▼45

戦闘力とは兵力数にあらず

児玉は軍隊の「戦闘力」は単なる兵隊の数（「兵数の計算」）にあるのではなく「真に活動し得る実力」にあると考えていた。そこで、銃数増加による攻撃継続力確保、火力の増強、戦略的機動力の向上の他に、交通兵という兵種を新設して電信電話の活用による「指揮統率の敏活」や、鉄道隊の拡張により輸送業務を快速にして「兵站業務の敏活」を図るべきだと考えていた。さらに、兵器の改良（「兵器、材料等の改正」）にも注意し、野山砲の改良進歩、野戦攻城砲の主砲に曲射砲を採用すること、機関砲の改良および迫撃砲や擲爆薬（手榴弾）の研究の必要も提案していた。▼46

このように、児玉案は常備師団数を八個増設しようとする山県案と比べて、増設数を二個に抑えて、指揮通信能力・火力・戦略的機動力の増強を図る点に特徴があり、「数」を重視する山県案に対し「質」を重視していたといえる。

明治四十年（一九〇七年）に、二個師団が増設されて十九個師団体制となったことに鑑みても、児玉案は国力相応の現実的な軍備整備計画であった。

参謀本部の組織改正と省部間の権限整理

児玉案は、単に①軍備増強計画のみならず、②兵器や鉄道の改良、③参謀本部の組織改正と省部間の権限整理、④韓国および満洲における軍事経営機関の統一、⑤陸海軍の協調までを視野に入れた、陸軍軍制全般に亙る軍制改革案であった。以下では、まだ言及していない③と⑤の詳細を確認してみよう。▼47

まずは参謀本部の組織改正と省部間の権限整理についてである。これは次の問題意識に基づいていた。第一に、作戦計画を担当する主任部が二部存在するため、計画に統一を欠いたり、業務に偏りが生じたりする弊害が存在する。第二に、諜報の主任部が非常置であるため諜報勤務の発達が阻害されており、その結果作戦計画に支障が出ている。第三に、「動員編制」は本来陸軍省に属すべき業務であるが、参謀本部の業務となっているため、参謀本部が軍事行政に干渉して省部間の確執が生じ、作戦準備・作戦行動に悪影響が出ている、という問題意識である。

そこで、第一と第二の問題を解決するために、参謀本部の編制を機能別五部制に改め、作戦部・情報部の分離独立を実現化する解決策がとられた。実は、日露戦争当時の参謀本部は作戦機能と情報機能とが未分離であり、第一部がロシア、朝鮮、満洲などに関する作戦および情報を担当し、

第二部が台湾と清国などに関する作戦および情報を担当することになっていて（地域別担当制）、開戦後、第一部長松川敏胤系の諜報網と第二部長福島安正系の諜報網との二派が生じ、両派が競争、反目して、諜報活動に混乱が生じていたのだ。[48]

第三の問題の解決策としては、参謀本部を純然たる戦時における「作戦上の統帥部」と位置づけ、動員編制業務や行政事項に関する業務を陸軍省に移管し、作戦専任体制に改める手段がとられた。

具体的には参謀本部の編制を、第一部（作戦計画）、第二部（諜報および軍事統計）、第三部（動員、編制、諸勤務令に関する調査および兵站業務。ただし、動員編制は実務を担当するのではなく、陸軍省に対し「提議、承諾」の権限を執行するに止まる）、第四部（運輸交通）、第五部（要塞）の五部編制とし、この他に参謀本部は陸軍大学校・編纂部（戦史および文庫などの業務を担当）・陸地測量部を持つこととするとしたのである。

なお、明治四十一年の参謀本部条例改正で、機能別の五部制が採用されると共に作戦と情報の分離がなされ、第一部が作戦を、第二部が情報を担当する体制となり、この体制は第二次世界大戦期まで変化しなかった。すべてではないが児玉案は実現化したのだ。

※なお、児玉案にある編制動員業務を陸軍省に委ねるべきだという提案を、統帥権の肥大化を抑え、参謀本部の政治的突出を防止する構想であったと説明する論者もいるが（小林道彦『児玉源太郎』二九六～二九七頁）、これは過大評価であろう。というのも、児玉案は、日露戦争の経験を踏まえ、有事に際し陸軍省と参謀本部との間で確執が生じ、作戦準備・作戦行動に悪影響が生じることを防止するための措置として、動員編制といった軍事行政業務を陸軍省に移管しようとするものであり、省部間の権限を整理するものであっても参謀本部の統帥権の肥大化の抑制を企図したものではないからだ（長南政義『新史料による日露戦争陸戦史』七五七～七五九頁）。

国家戦略に吻合した「帝国」作戦計画に基づく軍備整備

また、児玉が陸軍大臣以来実現に努めてきた陸海軍の協調については、次のように述べられている。第一に、戦後の軍事力整備に際しては、陸海軍が自軍の軍備拡張に汲々としたならば、国家経済の発達を阻害し、敵を倒す軍備が自国を倒す凶器となってしまう恐れがある。そのため、陸海軍が「我田引水的欲望」を抑制して協同熟議し、国家の大綱に基づいて国家財政を斟酌しながら軍事力整備を進めるべきである。つまり、児玉案は、陸海軍軍備と財政の調和の必要性と、陸海軍の協議調整に基づく国家戦略に吻合した陸海軍軍備整備の必要性を説いたのである。

第二に、現状では、参謀本部立案の作戦計画は海軍軍令部と協定したものではないので、「陸軍」の作戦計画に止まり、「帝国」の作戦計画となっていない。そこで、陸海軍が協定した帝国作戦計画を策定することが必要であると、児玉案は説いた。児玉案のこの提案は、日露戦争期の陸海軍対立の経験を反映したものであろう。そして、「帝国」作戦計画の発想は、不完全ながらも帝国国防方針策定として明治四十年に実現している。

統帥権改革説への疑問

なお、読んでわかるように、児玉は参謀本部を純然たる戦時の作戦統帥部にしようとし、動員編制業務を陸軍省に移管することを考えていたが、これは必ずしも「参謀本部の規模縮小」（小林道彦氏）を意味するものではない[49]。というのも、児玉の意図は、陸軍省と参謀本部の権限を整理・明確化し、動員編制業務の陸軍省移管により浮いた資源を、情報部門をはじめとする参謀本部の機能強化に充てるということにあり、これは児玉が陸軍次官以来一貫して保持し続けた「整理＝拡充」方針の具現化であるといえるからだ。しかも、動員業務は軍令よりも軍政に関係の深い業務で、本来陸軍省に属した方が合理的な業務であるからなおさらだ[50]。

また、小林道彦氏は、児玉が参謀総長として帷幄上奏権を縮小し、参謀本部や統帥権を憲法体制に適合させようとしたと推測し（統帥権改革説）、これが通説となっているが[51]、「我陸軍の戦後経営に関し参考とすへき一般の要件」などの史料にはそのようなことは書かれていない。さらに、過去において児玉が帷幄上奏権強化の動きを承認したり、陸軍省の一部文官化に反対したりしたことは本書で説明した通りだ。小林氏が、児玉が参謀総長として統帥権改革を実行しようとしたという説を維持するためには、参謀総長時代の児玉が帷幄上奏権縮小や陸軍省文官化などの統帥権改革を行なおうとしたことを明確に示す史料を提示する必要があるといえる。

終焉

児玉は多くの抵抗と障害が予想される軍制改革という大きな難問を抱えていた。だが、児玉にはその難問を解決する時間が残されていなかった。七月二十一日朝のことである。気分のすぐれない児玉は主治医の多納光儀を邸宅に招いた。体温は三十七度六分であり軽い風邪のように思われた。翌二十二日、多納が再度往診したが、体温は三十七度五分と前日とあまり変化がなかった。午後、児玉は後藤新平と会談し、後藤に満洲鉄道総裁に就任するよう説得を試みたが、後藤はこれを拒絶して児玉邸を辞している。夕食には日頃から嗜好する西洋料理を斥け、軽い日本料理を食したという。「頭が熱い熱い」と言いながら、寝室に入ったのは午後九時過ぎで、九時半頃、召し使いが一通の電報(三男常雄からのものであったという)を差し入れると、児玉はこれを読んだまま眠りに就いた。だが、これが永遠の眠りとなった。

二十三日朝、多納が児玉邸を訪れた。だが、早起きの児玉がまだ起きていない。彼を出迎えた夫人の松子は、訝しがりながらも多納と対話を続けたが、急に松子を呼ぶけたたましい使用人の声が階上から聞こえた。慌てて階段を駆け上がった松子と多納とが見たものは、眠るようにしてこと切れていた児玉の姿であった。死因は脳溢血。児玉は五十五歳を一期に波瀾と光輝とに満ちたその生涯を終えたのである。▼[52]

二十八日、葬儀が青山練兵場に設けられた式場で執行された。この日の空は満天泣くが如くに曇り、細雨が糸の如く降り注いでいた。それはまるで天が児玉の死を嘆き悲しんでいるかのような天候であった。雨が降り注ぐ中を約二千人の葬列が児玉邸から式場に進んだ。会葬者数約一万人を数えた葬儀は、児玉の禅の師であった曹洞宗青松寺の前住職北野元峰《げんぽう》を導師として荘重に挙行され、児玉は青山墓地に埋葬(後に多磨霊園に改葬)された。戒名は「大観院殿藤園玄機大居士」。奇しくもその塋域《けいいき》は、日清戦争を勝利に導いた川上操六の隣であった。

山県による挽歌

児玉の死は関係者に衝撃を与えた。たとえば、樺太境界設定作業にあたっていた大島健一は、児玉の訃報を知って驚愕すると共に、「戦後経営、軍制改正等要務多端之折柄に而、児玉家一門のみならす国家之一大恨事に御座候」とその死を嘆いている。▼[53]

また、山県有朋は、その死を惜しんで、「越えはまた里やあらむと　たの《〔頼〕》みてし　杖さへを《〔折〕》れぬ　老の坂みち《〔道〕》」との和歌を詠んだ。▼[54] この和歌は、後事を託すべき「杖」というべき児玉を失った喪失感を表現したものである。山県は、児玉の政治的・軍事的才覚を桂太郎や寺内正毅のそれ以上に高く評価していたのだ。

山県は児玉を抜擢した人物の一人であったが、児玉の晩年期になると作戦面でも軍事政策面でも両者の意見は合致しないことが多くなった。しかし、山県は一流の人物であった。児玉を参謀総長に推薦したことからもわかるように、山県は、意見対立を超えて、児玉の能力を高く評価して信頼し、老いた自分が日露戦争前よりも一層厳しくなった環境下で国家経営・陸軍経営を実行していくに際しての「杖」として児玉を頼りにしていたのである。

青山練兵場に設けられた葬場に到着した児玉の霊柩。右には明治天皇から下賜された児玉の愛馬「舞鶴」が見える（博文館編『児玉陸軍大将』マツノ書店、二〇〇五年）。

終章　児玉源太郎とは？——窮境に勝機を識る男

満洲国新京（現、中華人民共和国吉林省長春）にあった北村西望作の児玉源太郎銅像（著者所蔵）。

政治家・行政長官・軍政指導者としての児玉

「軍服を着た政治家」であった児玉の公的生涯を一言で表現するならば「平時の飽くなき改革者、戦時の卓越した戦争・作戦指導者」ということになろう。しかも、彼が従事した改革や戦争・作戦指導は、歴代台湾総督が失敗した難治の地・台湾での成功や、大国ロシアを相手にした戦争の勝利に象徴されるように、窮境の中での成功であった。その意味で児玉は「窮境に勝機を識る男」といえた。指導者は窮境にあってこそその真価が試されるが、児玉はどんなに厳しい状況下に置かれても、強固な意志と頑強な知性で障害や抵抗を克服してその所信を断行し、成功を収めたのだ。

　児玉の政治理念は「内政は王道、外交は覇道」というもので、内政は善政により民衆の生活を安定させてその心をつかむ政治を、外交は権謀術数をも厭わない帝国主義的政策を理想とした。

　指導者としての児玉の特徴は、置かれた地位や環境に応じてリーダーシップの手法を変化させたことにある。細事に細かい「有名な干渉家」で知られた陸軍次官としての彼が、台湾総督に就任するや大綱を総攬するだけで、自らが抜擢した後藤新平に権限を委譲したのがその好例である。

　また、政治家・行政長官・軍政指導者としての児玉が、組織の運営を任せられるや、新規事業の着手やリストラといった組織制度改革を実施した点も見逃せない。時代が進み環境が変わると、組織や制度は制度疲労を起こし劣化する。児玉は時代の進運に合わせて組織や制度を改革し続ける必要があることを理解していたのだ。

　児玉は卓越した会議運営力や、遅滞なく事務を裁く卓越した事務処理能力などで組織を活性化することに巧みであった。そして、組織活性化の成功を基盤に、新規事業に着手した。たとえば、軍事関係の事例では、新規事業は、次の戦争の様相を鋭敏に洞察して、将来の戦争に適合するように、組織・装備・操典（ドクトリン）を大幅に改変する形でなされた。その際、児玉は、厳しい予算制約下にあっても、不要不急な組織の統廃合などに代表されるリストラで冗費を節約して資源を得て、これを新規事業に投入することで組織制度の改革を行なおうとした。児玉は、従来の予算の流れを変えることで、新規事業を行なおうとしたのだ。

つまり、児玉はヴィジョンや解決すべき問題を自ら設定すると共に解決の方向性を示し、強固な意志でそれを断行する指導者であったといえた。

また、台湾総督時代に、外部からの支持を獲得して改革への道筋をつけた事例に象徴されるように、児玉は調整能力にも秀でていた。改革は単独では達成できず、元老や財政・法制関係者などといった外部からの支持が不可欠なのである。

さらに仕事の成否は人にありと考える児玉は、人材鑑識眼にも優れ、大胆な人材抜擢を断行して有能な人物を配下に集めた。しかも、自ら抜擢した人物に十分な権限を附与してやる気を喚起させると共に、権限が形骸化しないように、内部・外部からの干渉を許さず彼らを保護した。

もっとも、昭和期に日中戦争不拡大を唱える参謀本部作戦部長石原莞爾が拡大派の作戦課長武藤章を自身で抜擢しておきながら、抑えつけることができなかったり、昭和期の軍高官が下僚に担がれて彼らの都合の良いようにコントロールされたりした事例からもわかるように、優秀な人物が集まると、組織内の統制を維持することが難しくなるのも確かだ。だが、児玉は関屋貞三郎の回想にあったように、組織内統制に「非常な統率力」を発揮し、属僚政治という弊害の出現を防ぐことができた。そしてこれには勉強家の児玉が自己の職務に関する知識を豊富に持っており、大臣になっても自身で案を起案するほどであったことが関係している。つまり、児玉の知力が彼の圧倒的統率力の源の一つとなったのだ。

①将来的ヴィジョン、②ヴィジョンに基づく組織・兵器・操典（ドクトリン）の大改革、③大胆なリストラと予算の流れの変更、④調整能力、⑤人材抜擢の巧みさ、⑥圧倒的な内部統制力といった点が、「平時の飽くなき改革者」児玉の特質といえる。さらに、「突飛果断」の人物として知られたように、児玉には改革を断行するのに必要な、⑦決断力と実行力があった。どんなに将来的ヴィジョンに基づ

き改革案を構想しても、改革実施を決断し、数々の障害を排除して改革を断行するだけの実行力がなければ改革案は絵に描いた餅にすぎないからだ。

軍事・作戦指導者としての児玉――「予言的改革者」

　では、軍事・作戦指導者としての児玉はどうか。児玉の用兵思想の特徴は、戦略次元では重心や勝利の限界点を意識して戦争を指導し、会戦では敵軍側背への大胆な包囲機動を得意とし、二〇三高地攻略戦規模の戦闘では決勝点への火力と兵力の集中を旨とした点にある。しかも、児玉は、即断即決で主導権を握り、相手側の対応力を上回ることを得意とした。

　勝利の限界点を知るには直観力が必要となる。クラウゼヴィッツは軍事的天才には「クゥ・ドゥイユ」（真実を迅速・適切に把握する能力）や「決断力」が必要であると説いたが、児玉はこの天才的直観や決断力に極めて優れていた。[▼1]

　児玉は通常戦争のみならず、土匪平定作戦に代表される「戦争に至らない軍事行動」（Military Operations Other Than War, MOOTW）でも成功を収めることができた。「戦争に至らない軍事行動」では、軍事能力のみならず民政事項に関する能力が必要となるが、児玉がこの点にも才能を発揮したことは本書で説明した通りだ。戦場の環境が変化すれば戦いの文法も変化する。この変化に適応できなければ優秀な軍事指導者とはいえないが、児玉は、戦場の環境の変化に適応することができたのだ。

　また、軍事指導者としての児玉が、将校の知的能力が軍隊の実力の消長を左右すると考えると共に、軍事力を単なる数ではなく、指揮通信能力・火力・戦略的機動力などといった質を含めた総合的戦闘力として捉えていたことも興味深い。

　陸軍大臣や参謀総長といった軍の指導者は、次の時代の戦争の様相を洞察して、将来の戦争の様相に適合するように、軍事システム（組織編制・ドクトリン・兵器体系など）を絶えず改革し続けなければならない。つまり、軍の指導者は「予言的改革者」である必要があるのだ。児玉は、臨時陸軍制度審査委員長、陸軍大臣、参謀総長として、将来の戦争の様相を正確に洞察して、絶えず制度改革に努めた。その意味で、児玉は「予言的改革者」としても卓越した能力を有していた。

　もちろん児玉にもミスはあった。たとえば、旅順要塞の攻略を楽観視したのがその例である。しかし児玉は、攻略が難しいと察知するや、二度も旅順に足を運び、作戦指導に関与するなどして、このミスを挽回している。

　最晩年の児玉は、戦争を回避して内政外交を刷新すべきだと書いたり、国力相応の軍備整備の必要性を説いたりした事例が示すように、軍という個別利益よりも国家という全体利益を優先するようになっていた。それゆえ、児玉があともう少し長く生きていれば、日本の針路も変わっていたのでは、と評する論者も多い。だが、時代は政党や民衆が政治に大きな影響力を持つ時代に入りつつあった。反政党主義者であった児玉が、そのような時代に成功を収めるためには、桂太郎のように自身の政党観を改める必要があったであろう。

いずれにせよ、民衆の擡頭に伴う社会政策、国家戦略に吻合した陸海軍統合の軍事戦略、国力相応の軍備整備、統一的植民地経営戦略、勃興しつつある清国ナショナリズムへの対処、一等国への坂を登りつめようとしていた日本は数々の難題を抱えていた。だが、児玉はそれらを解決しないまま急逝したのである。児玉がこのような難問を解決に導く諸策を用意していた事実を考えると、児玉は、「明治史の失われた可能性」であったのだ。

台南における児玉（台湾日日新報社編『児玉総督凱旋歓迎紀念写真帖』台湾日日新報社、一九〇六年）。

北投における放鳥射撃会において射撃中の児玉（台湾日日新報社編『児玉総督凱旋歓迎紀念写真帖』台湾日日新報社、一九〇六年）。

多磨霊園内の児玉源太郎墓所（著者撮影）。

江の島の児玉神社（著者撮影）。

児玉源太郎遺髪塔（著者撮影）。
明治三十九年（一九〇六年）九月八日、生誕地徳山にある児玉家墓所の一角に遺髪が納められた。

周南市の児玉神社（著者撮影）。
　大正十二年（一九二三年）に江の島の児玉神社から分祀し、旧宅跡に建てられた。

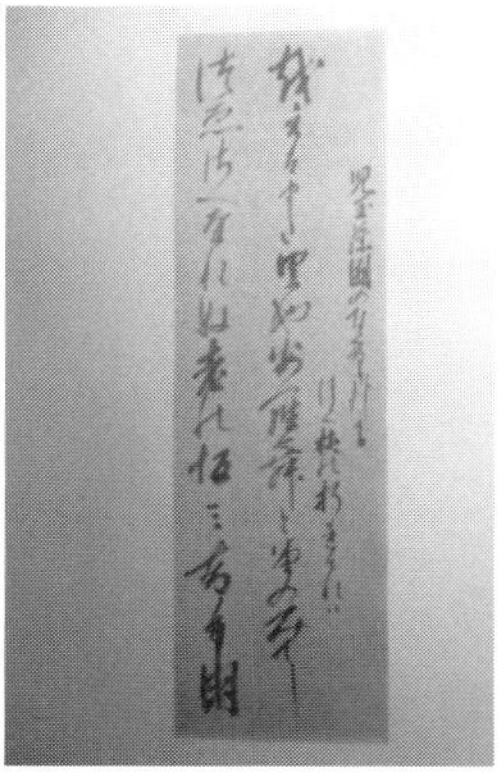

山県有朋が児玉の死を惜しんで詠んだ和歌（児玉秀雄編『藤園記念画帖　児玉源太郎十三回忌記念』マツノ書店、二〇一〇年）。
　「越えはまた　里やあらむとたのみてしつえさへをれぬ老の坂みち　有朋」と書かれている。

註（本文）

序章

▼1 宿利重一『児玉源太郎』（マツノ書店、一九九三年）七八三頁。

▼2 「参謀次長として「不適任」だった明石元二郎」長南政義『新史料による日露戦争陸戦史　覆される通説』（並木書房、二〇一五年）第三十一章。

▼3 ローレンス・J・ピーター『ピーターの法則　創造的無能のすすめ』（ダイヤモンド社、二〇〇三年）。

▼4 小林道彦『児玉源太郎　そこから旅順港は見えるか』（ミネルヴァ書房、二〇一二年）。加登川幸太郎氏、生出寿氏、古川薫氏の児玉伝については参考文献一覧を参照のこと。

▼5 そのため、児玉の政治史的役割については、小林道彦『児玉源太郎』をはじめとする小林氏の一連の児玉研究から学ぶところが多かった。明記して謝意を表したい。

第一章

▼1 十五日誕生説は、霞会館華族家系大成編輯委員会編『平成新修旧華族家系大成』上巻（霞会館、一九九六年）五九六頁。一般に、生誕地は「横本丁」とされるが、周南市教育委員会が建てた「桜馬場」案内板掲載の「徳山藩御家中屋敷絵図」（天保十二年頃）には、「本丁」とある。

▼2 幼名や号については、児玉秀雄編『藤園記念画帖　児玉源太郎十三回忌記念』（マツノ書店、二〇一〇年）二、五六頁。藤園の号の由来については、周南市美術博物館編刊『児玉源太郎と近代国家への歩み展　日本の進路を託された男』（二〇一一年）一二頁。児玉文庫編刊『私立児玉文庫一覧』（一九〇八年）一～二頁。八月児であったことについては、宿利重一『児玉源太郎』七五頁。

▼3 森山守次『児玉大将伝』（星野錫、一九〇八年）一一～一二頁。

▼4 「児玉略系」（「児玉家資料」周南市美術博物館所蔵）。

▼5 以上、児玉家については、宿利重一『児玉源太郎』五九～七一頁、「児玉略系」（「児玉家資料」周南市美術博物館所蔵）。

▼6 時山弥八編『稿本もりのしげり』（時山弥八、一九一六年）三五七頁。古川薫「児玉源太郎の秘話と等身像」宿利重一『児玉源太郎』一頁。

▼7 森山守次『児玉大将伝』九頁、宿利重一『児玉源太郎』七一、七六頁。

▼8 宿利重一『児玉源太郎』二九、七六～七八頁。次郎彦が家督相続を仰せ付けられた日付については、「児玉家資料」（周南市美術博物館所蔵）。なお、小林道彦『児玉源太郎』（三頁）は、次郎彦が弘化二年（一八四五年）に養子に迎えられたとするが、これは正しくない。さらに小林氏は、次郎彦とヒサの実子である文太郎を忠碩の実子とし、児玉の実弟としているが、これも誤りである（小林道彦『児玉源太郎』xxiv頁）。

▼9 以上、次郎彦の事績については、児玉秀雄編『藤園記念画帖　児玉源太郎十三回忌記念』二～六頁。宿利重一『児玉源太郎』七九～八五、八九～九〇頁。「児玉次郎彦伝」児玉文庫編刊『私立児玉文庫一覧』（一九二六年）三六～三八頁。なお、宿利重一『児玉源太郎』は、次郎彦が悲運に斃れた徳山藩の先覚者に対する義憤もあって、有栖川宮家

の家臣を名乗り『大日本野史』稿本の返還交渉を行なったとする。
▼10 宿利重一『児玉源太郎』八五～八九頁。森山守次『児玉大将伝』二二頁。
▼11 宿利重一『児玉源太郎』一〇五～一二九頁。島田蕃根翁延寿会編刊『島田蕃根翁』（一九〇八年）。
▼12 森山守次『児玉大将伝』二三頁。宿利重一『児玉源太郎』一〇五～一〇七頁。
▼13 藤の字の件については、宿利重一『児玉源太郎』一〇八～一一〇頁。
▼14 博文館編『児玉陸軍大将』（マツノ書店、二〇〇五年）口絵写真「最近の児玉大将」。宿利重一『児玉源太郎』一〇七～一〇八頁。
▼15 森山守次『児玉大将伝』三〇頁。
▼16 以上、森山守次『児玉大将伝』四〇～四三頁、宿利重一『児玉源太郎』九二～一〇〇頁。
▼17 小林道彦『児玉源太郎』八頁。森山守次『児玉大将伝』四二～四三頁。
▼18 村上先『経国の片影』（仁仙閣、一九二〇年）三二七頁。
▼19 児玉文庫編刊『私立児玉文庫一覧』（一～二頁）によれば、児玉は英照皇太后大喪使事務官を務めたことで下賜された御内帑金三百円に自身の金員を加えて生家の地を買い戻し、「藤の園」と名付けたという。
▼20 以上、森山守次『児玉大将伝』四四～四六頁。
▼21 森山守次『児玉大将伝』四七頁。
▼22 児玉秀雄「児玉源太郎」犬養健ほか『父の映像』（筑摩書房、一九八八年）一三一～一三二頁。
▼23 宿利重一『児玉源太郎』一〇四～一〇五頁。「児玉家資料」（周南市美術博物館所蔵）。
▼24 「志士血盟書」（徳山毛利家所蔵）。
▼25 明治十六年三月二十六日附児玉源太郎宛浅見端書簡、尚友倶楽部児玉源太郎関係文書編集委員会編『児玉源太郎関係文書』（尚友倶楽部、二〇一四年）一六頁。
▼26 以上、「児玉家資料」（周南市美術博物館所蔵）。

第二章

▼1 以上、森山守次『児玉大将伝』五四頁。「児玉家資料」、「献功隊士服装之図」（周南市美術博物館所蔵）。
▼2 「山崎隊日記」徳山市史編纂委員会編『徳山市史史料』中（徳山市、一九六六年）一八〇頁。
▼3 総勢七百人説は、森山守次『児玉大将伝』五五頁。総勢千三百人説は、末松謙澄編『防長回天史』第六篇中（第十一）（末松春彦、一九二一年）六二六頁。
▼4 黒田甲子郎編『元帥寺内伯爵伝』（大空社、一九八八年）一〇五～一〇六頁。
▼5 梅地庸之丞「函館方面の一部分に就て」維新戦歿者五十年祭事務所編『維新戦役実歴談』（維新戦歿者五十年祭事務所、一九一七年）四六七頁。
▼6 「備忘録」徳山市史編纂委員会編『徳山市史史料』中、一七七頁。
▼7 「山崎隊日記」徳山市史編纂委員会編『徳山市史史料』中、一九二頁。
▼8 小林道彦『児玉源太郎』一五頁。「山崎隊日記」徳山市史編纂委員会編『徳山市史史料』中、一九二頁。森山守次『児

玉大将伝』（五九頁）も二十四日を献功隊の初戦とする。

▼9 「山崎隊日記」徳山市史編纂委員会編『徳山市史史料』中、一九二頁。

▼10 梅地庸之丞「函館方面の一部分に就て」維新戦歿者五十年祭事務所編『維新戦役実歴談』四六八～四六九頁。

▼11 以上、献功隊・山崎隊については、徳山市史編纂委員会編『徳山市史史料』中、一七七～二〇〇頁、梅地庸之丞「函館方面の一部分に就て」維新戦歿者五十年祭事務所編『維新戦役実歴談』四六一～四七四頁、森山守次『児玉大将伝』五三～六一頁、小林省三「箱館戦争における徳山諸隊（山崎隊・献功隊）の活躍について」山口県地方史学会編刊『山口県地方史研究』（二〇〇七年）。

▼12 以上、森山守次『児玉大将伝』六一～六二頁。宿利重一『児玉源太郎』一三八～一三九頁。

▼13 宿利重一『児玉源太郎』一三八～一三九頁、小林道彦『児玉源太郎』一六頁、森山守次『児玉大将伝』六二頁。

▼14 森山守次『児玉大将伝』六二～六三頁。引用部および大村の構想は、村田峰次郎『大村益次郎先生伝』（稲垣常三郎、一八九二年）三四～三六頁。

▼15 宿利重一『児玉源太郎』一四一頁。

▼16 大村益次郎先生伝記刊行会編『大村益次郎』（肇書房、一九四四年）八二四頁。

▼17 河東精兵の大阪移転日は、森山守次『児玉大将伝』六三頁。大村の兵学寮設置構想は、村田峰次郎『大村益次郎先生伝』三四～三六頁。

▼18 「陸軍省沿革史」大山梓編『山県有朋意見書』（原書房、一九六六年）四四（明治二年十二月二十八日条）、四六（明治三年四月三日、五月十二日条）頁、黒田甲子郎編『元帥寺内伯爵伝』一二九頁。

▼19 『官員録』明治三年（須原屋茂兵衛、一八七〇年）五〇丁裏～五一丁表。揖斐については、森山守次『児玉大将伝』六三頁、年不明十月二十一日附児玉源太郎宛揖斐章書簡『児玉源太郎関係文書』二六頁。

▼20 偕行社編纂部編『偕行社記事』第七五四号（偕行社、一九三七年）二二頁。

▼21 小林道彦『児玉源太郎』一七頁。

▼22 『法令全書』明治五年（内閣官報局、一八八九年）八五四頁。なお、明治四年四月十四日頃に作成されたと推測される「教導隊掟書」の「教導隊生徒撰挙及び教育の儀」第六条には、卒業後は下士官に任用する予定であるが、学術に非常に練達したものは将校に任用する場合もある、と明記されている（柳生悦子『史話まぼろしの陸軍兵学寮』六興出版、一九八三年、二一八頁）。

▼23 小原正忠編『小原正恒自叙伝』（小原正忠、一九三〇年）一二頁。『法令全書』明治五年、九〇二頁。

▼24 朝比奈知泉『老記者の思ひ出』（中央公論社、一九三八年）二八九～二九〇頁。

▼25 以上、脱隊騒動については、末松謙澄編『防長回天史』第六編下（十二）（末松春彦、一九二一年）第三十八章・第四十章、森山守次『児玉大将伝』六三～六四頁、妻木忠太編『木戸孝允日記』（早川良吉、一九三三年）第一、三一九～三二一頁。

▼26 小林道彦『児玉源太郎』一九頁、一坂太郎『長州奇兵隊』（中央公論新社、二〇〇二年）第九章、石川卓美・田中彰

編『奇兵隊反乱史料・脱隊暴動一件紀事材料』（マツノ書店、一九八一年）一〇二頁。
▼27 森山守次『児玉大将伝』六四頁。

第三章

▼1 初任が年齢等で決定されたことについては、黒田甲子郎『元帥寺内伯爵伝』一三二頁。月棒は、「陸軍省沿革史」大山梓編『山県有朋意見書』四九、六三頁。
▼2 樋口武「兵学寮青年学舎生徒手帳」『陸軍兵学寮関係史料』受入番号00253（靖国神社靖国偕行文庫所蔵）。
▼3 古川薫『斜陽に立つ　乃木希典と児玉源太郎』（文藝春秋、二〇一一年）一一五～一一六頁。児玉がエリートではなかったとするのは、加登川幸太郎『児玉源太郎にみる大胆な人の使い方・仕え方』（日新報道、一九八五年）五四頁、小林道彦『児玉源太郎』一七頁。
▼4 以上、陸軍省編『陸軍沿革要覧』正編（陸軍省、一八九〇年）四五～四六、五〇頁。
▼5 以上、吉武源五郎編『児玉藤園将軍』後輯（拓殖新報社、一九一八年）一三五～一三六頁。
▼6 『台湾日日新報』明治三十九年八月三・四日。
▼7 『台湾日日新報』明治三十九年七月二十八・二十九・三十一日。
▼8 『台湾日日新報』明治三十九年八月一日。
▼9 児玉源太郎口述『熊本籠城談』（白土幸力、一九〇〇年増補訂正再版）一九八頁。
▼10 明治六年十二月十七日附児玉源太郎宛山田穎太郎書簡『児玉源太郎関係文書』一五二頁。
▼11 以上、この日の戦いについては、『佐賀征討日誌』（一八七四年、国会図書館は『佐賀征討記』で登録するが本書は表紙の表題とする。類書に『佐賀征討記』一八七四年、国会図書館所蔵がある）第二号六丁裏～一〇丁、陸軍参謀局編輯『佐賀征討戦記』（陸軍文庫、一八七五年）二四丁裏～二七丁表。児玉が「左り下道」方面で負傷したことは、『児玉源太郎関係文書』二七三頁。児玉負傷の様子は、森山守次『児玉大将伝』八三～八四頁。児玉が、第十大隊第四中隊所属であったことについては、『佐賀征討日誌』第二号九丁裏。
▼12 明治七年三月二十六日附児玉源太郎宛林隼之輔書簡『児玉源太郎関係文書』一〇二頁。
▼13 小林道彦『児玉源太郎』二八頁。
▼14 著者の推測を裏付ける情報として、児玉逝去時の新聞記事にも「中津隈」で負傷とある。新聞集成明治編年史編纂会編『新聞集成明治編年史』第十三巻（林泉社、一九四〇年）一二一頁。
▼15 小林道彦『児玉源太郎』三二頁。
▼16 明治七年八月二十七日附「遠藤貞一郎宛児玉源太郎書簡」（周南市立中央図書館所蔵）。
▼17 石黒忠悳『懐旧九十年』（博文館、一九三六年）三一三～三一四頁。
▼18 吉武源五郎編『児玉藤園将軍』前輯（拓殖新報社、一九一八年）五～六頁。
▼19 吉武源五郎編『児玉藤園将軍』後輯一七、一三七頁。
▼20 なお、小林道彦『児玉源太郎』三三～三五頁は、児玉が熊本補任を躊躇した理由の一つに、後に妻となる岩永マツ（松

子）との結婚問題があったと指摘するが、著者は論拠が弱いと考える。

第四章

▼1 霞会館華族家系大成編輯委員会編『平成新修旧華族家系大成』上巻、五九六頁。宿利重一『児玉源太郎』（一五六頁）は七女とする。

▼2 古川薫『斜陽に立つ　乃木希典と児玉源太郎』一二一〜一二三頁。小林道彦『児玉源太郎』三三〜三四頁。

▼3 児玉源太郎口述『熊本籠城談』一七五頁。

▼4 明治八年八月三十日、同年十月九日附児玉源太郎宛浅見栄三郎書簡『児玉源太郎関係文書』四〜六頁。宿利重一『児玉源太郎』三七頁。

▼5 琉球派遣部隊については、原剛『明治期国土防衛史』（錦正社、二〇〇二年）一六九頁。

▼6 明治九年九月十四日附児玉源太郎宛伊舎堂盛英書簡『児玉源太郎関係文書』一九頁。

▼7 年不明四月三十日附児玉源太郎宛大島邦秀書簡、明治九年二月二十九日附児玉源太郎宛高島茂徳書簡『児玉源太郎関係文書』二七、五九〜六四頁。

▼8 和田政雄『乃木希典日記』（金園社、一九七〇年）明治九年一月十六日、三月十二・二十六日、七月二十二・二十五・二十七日条。

▼9 砲兵の銃剣の件は、「敬神党の乱の際の日誌」『児玉源太郎関係文書』三一三頁。

▼10 歩兵営襲撃と鎮定までの経緯は、「敬神党の乱の際の日誌」『児玉源太郎関係文書』三一三〜三一四頁、小早川秀雄『血史　熊本敬神党』（隆文館、一九一〇年）八一〜八七頁。

▼11 以上の児玉の行動は、児玉源太郎口述『熊本籠城談』一七一〜一八七頁。

▼12 司令長官代理就任については『児玉源太郎関係文書』二九一〜二九二頁。善後策については、児玉源太郎口述『熊本籠城談』一九一〜一九四頁、「敬神党の乱の際の日誌」『児玉源太郎関係文書』三一四〜三一六頁。

▼13 児玉源太郎口述『熊本籠城談』一九二〜一九三頁。

▼14 「明治9年　卿官房　中西国事件密事日記10月」（JACAR（アジア歴史資料センター）Ref. C08052373800〜900・陸軍省-卿官房-M9-1-17・防衛省防衛研究所戦史研究センター所蔵）、『児玉源太郎関係文書』二九五、三〇四頁。

▼15 『児玉源太郎関係文書』三一七、三〇八、三〇九頁。児玉源太郎口述『熊本籠城談』一九六〜一九七、一九九〜二〇〇頁。

▼16 吉武源五郎編『児玉藤園将軍』後輯二二頁。

▼17 森山守次『児玉大将伝』九七頁。

▼18 宿利重一『児玉源太郎』一六〇〜一六一頁。

▼19 小林道彦『児玉源太郎』五四〜五五頁。

▼20 宿利重一『児玉源太郎』一八八頁、小林道彦『児玉源太郎』五六〜五八頁。

▼21 小林道彦『児玉源太郎』五七頁。小林道彦「児玉源太郎ゆかりの地を訪ねて」児玉源太郎顕彰会編刊『藤園　児玉源太郎顕彰会会報』第二号（二〇一七年）七頁。

▼22 『児玉源太郎関係文書』二九一〜二九二頁。

▼23 先行研究とは、小林道彦『児玉源太郎』（四七〜四八頁）のことを指す。

▼24　小林道彦『児玉源太郎』四九～五〇頁。
▼25　「敬神党の乱の際の日誌」『児玉源太郎関係文書』三一四頁。
▼26　明治九年十一月八日附児玉源太郎宛野津道貫・西寛二郎書簡『児玉源太郎関係文書』九〇頁。
▼27　宿利重一『増補　乃木希典』（マツノ書店、二〇〇四年）一九三～一九五頁。以後の乃木・福原間の書簡のやりとりは、一九六～二〇五頁。
▼28　博文館編『児玉陸軍大将』一六頁。
▼29　宮内省臨時帝室編修局編『明治天皇紀』第三（吉川弘文館、一九六九年）七三四頁。
▼30　児玉源太郎口述『熊本籠城談』二〇〇～二〇二頁。
▼31　宿利重一『児玉源太郎』一七〇～一七一頁。

第五章
▼1　小川原正道『西南戦争　西郷隆盛と日本最後の内戦』（中央公論新社、二〇〇八年）七三～七五頁。徳富猪一郎『陸軍大将川上操六』（大空社、一九八八年）四〇～四一頁。
▼2　以上、照会書については、小川原正道『西南戦争』七四頁。児玉の発言については、児玉秀雄編『藤園記念画帖　児玉源太郎十三回忌記念』二一～二二頁、博文館編『児玉陸軍大将』一七頁。
▼3　児玉源太郎口述『熊本籠城談』二～三頁。なお、谷本人は対立の存在を児玉の誤解とする。児玉源太郎口述『熊本籠城談』二六五～二六六頁。
▼4　谷干城「熊本守城戦略」島内登志衛編『谷干城遺稿』下（靖献社、一九一二年）七一～七三頁。
▼5　博文館編『児玉陸軍大将』一六頁。
▼6　工兵技術については、高橋信武『西南戦争の考古学的研究』（吉川弘文館、二〇一七年）、鈴木淳「西南戦争と新技術」小林和幸編『明治史講義　【テーマ篇】』（筑摩書房、二〇一八年）。樺山の発言については、黒龍会編『西南記伝』中巻一（原書房、一九六九年）三九三頁。
▼7　たとえば、落合弘樹『西南戦争と西郷隆盛』（吉川弘文館、二〇一三年）は、「戦国時代の築城術の到達点というべき長大な石垣と櫓によって構築された幾何学的縄張は、近代戦でも絶大な効果を発揮した」としている（同書一六〇頁）。
▼8　小川原正道『西南戦争』七八頁、児玉源太郎口述『熊本籠城談』四～五頁。
▼9　以上、児玉源太郎口述『熊本籠城談』八～一三頁。なお、大澤博明氏は、北川龍蔵を北川柳造と比定しており、本書もそれに従った。大澤博明『児玉源太郎　明治陸軍のリーダーシップ』（山川出版社、二〇一四年）一五頁。
▼10　児玉源太郎口述『熊本籠城談』二四～二五頁。喜多平四郎『征西従軍日誌　一巡査の西南戦争』（二〇〇一年、講談社）三三頁。
▼11　カール・フォン・クラウゼヴィッツ『戦争論　レクラム版』（芙蓉書房出版、二〇〇一年）六八～六九頁。
▼12　「熊本城「自焼説」が有力　西南戦争140年　研究者らシンポ」『熊本日日新聞』インターネット記事平成二十九年十一月六日（https://www.47news.jp/613860.html）。
▼13　熊本市熊本城調査研究センター編刊『熊本城跡発掘調査報告書2　～本丸御殿の調査～』第2分冊（二〇一六年）三六六～三六七頁。富田紘一「熊本城炎上の謎を探る」熊本城顕彰会編刊『熊本城　復刊　第百号記念号』（二〇一五年）。

▼14 富田紘一『熊本城　歴史と魅力』（熊本城顕彰会、二〇〇八年）一二〇～一二一頁。第六師管主計分団「熊本鎮台会計部従征中日誌」（明治四十四年）猪飼隆明『西南戦争　戦争の大義と動員される民衆』（吉川弘文館、二〇〇八年）五四～五五頁。

▼15 博文館編『児玉陸軍大将』一七～一八頁。

▼16 喜多平四郎『征西従軍日誌』七四頁。『熊本鎮台戦闘日記』巻一（一八八二年）一四丁。

▼17 児玉源太郎口述『熊本籠城談』一五四～一六一頁。

▼18 陸上自衛隊北熊本修親会編『新編西南戦史』（一九七七年）一八二～一八三頁。喜多平四郎『征西従軍日誌』四八、七八頁。児玉源太郎口述『熊本籠城談』六四～六五、一六二頁。熊本市熊本城調査研究センター編刊『熊本城跡発掘調査報告書2　～本丸御殿の調査～』第2分冊三六二～三六三頁。

▼19 『熊本鎮台戦闘日記』巻一、一六～一七丁。児玉源太郎口述『熊本籠城談』四八～四九、一五八～一五九頁。

▼20 以上、排泄物処理・死体埋葬については、児玉源太郎口述『熊本籠城談』一五四～一五八頁。戦死者数は、同上二四七頁。

▼21 宿利重一『児玉源太郎』一八二頁。児玉源太郎口述『熊本籠城談』三九～四一、四九～五一頁。

▼22 『熊本鎮台戦闘日記』巻一（一八八二年）二八丁、児玉源太郎口述『熊本籠城談』五一～五二頁。

▼23 『熊本鎮台戦闘日記』巻一、三七～四二丁。喜多平四郎『征西従軍日誌』五八～七一頁。陸上自衛隊北熊本修親会編『新編西南戦史』一七七頁。

▼24 『熊本鎮台戦闘日記』巻一、六一～六二丁。

▼25 以上、突囲隊編成の経緯と準備・計画は、『熊本鎮台戦闘日記』巻一、六六、六九～七三丁。児玉源太郎口述『熊本籠城談』七九～八一、八三～九四、一〇四～一〇五頁。

▼26 児玉源太郎口述『熊本籠城談』八三頁。森山守次『児玉大将伝』第二篇二一〇頁。

▼27 児玉源太郎口述『熊本籠城談』一一六～一一八頁。

▼28 小林道彦『児玉源太郎』七六～七七頁。

▼29 明治十年四月二十三日附谷干城宛児玉源太郎書簡、島村登志衛編『谷干城遺稿』下、四一五頁。

▼30 小林道彦『児玉源太郎』七八～八七頁。

▼31 徳富猪一郎『近世日本国民史』第99巻（時事通信社、一九六二年）二二一頁。高橋信武『西南戦争の考古学的研究』六六～六九頁、第二章。

▼32 偵察・作戦立案は『熊本鎮台戦闘日記』巻三（一八八二年）一六丁表裏、明治十年六月十九日附谷干城宛野津道貫書簡、島村登志衛編『谷干城遺稿』下、四三四頁。出張参謀部と本営間の連絡、隣接兵団との作戦調整は「戦闘報告　明治10年5月1日～10年9月8日」（JACAR.Ref. C09082225500）、「戦闘報告原書　明治10年5月11日～10年7月17日」（JACAR.Ref. C09084042600・C09084045400・C09084045500）、「探偵電信報告　明治10年5月30日～10年9月18日」（JACAR.Ref. C09083754200）。会計建て直しは「探偵戦闘報告1　明治10年6月14日～10年7月21日」（JACAR.Ref. C09082189500）に「会計之事務大に整頓」とある。暗号制定は「豊後口枢要書類綴　明治10年6月8日～10年8月19日」（JACAR.Ref.

C09084499000）。密偵を使用した情報収集は「戦闘報告原書　明治10年6月22日～明治10年9月17日」（JACAR.Ref.C09080559600・以上、防衛省防衛研究所戦史研究センター所蔵）。鎮台本営と征討軍団本営との連絡は、参謀本部陸軍部編纂課編『征西戦記稿』下（青潮社、一九八七年）巻五八、一四頁。

▼33　吉武源五郎編『児玉藤園将軍』後輯二二～二三頁。

▼34　小林道彦『児玉源太郎』八〇～八一頁。

▼35　明治十年五月二十六日附谷干城宛児玉源太郎書簡（財団法人熊本城顕彰会所蔵）。

▼36　「戦闘報告原書　明治10年5月11日～10年7月17日」(JACAR.Ref.C09084040540)。

▼37　明治十年六月二十九日附谷干城宛児玉源太郎書簡、島村登志衛編『谷干城遺稿』下、四四三～四四四頁。

▼38　小林道彦『児玉源太郎』八八頁。

▼39　赤松峠・陸地峠の戦況と川上・奥の管轄については、参謀本部陸軍部編纂課編『征西戦記稿』中（青潮社、一九八七年）巻四七、一六～二一頁。

▼40　『熊本鎮台戦闘日記』巻三、一五～一九丁。

▼41　『熊本鎮台戦闘日記』巻三、二〇～二四丁。小林道彦『児玉源太郎』八九頁。なお、小林氏は七月十二日の戦闘を十一日のことと誤記している。

▼42　高橋信武『西南戦争の考古学的研究』六六～七一頁。

▼43　『熊本鎮台戦闘日記』巻三、五三～五五丁。

▼44　喜多兵四郎『征西従軍日誌』二〇九頁。

▼45　小林道彦『児玉源太郎』九一頁。

▼46　参謀本部陸軍部編纂課編『征西戦記稿』下、巻五八、一四頁。

▼47　明治十年五月二十三日附乃木希典宛谷干城書簡、島村登志衛編『谷干城遺稿』下、四一七～四一八頁。

▼48　明治十年七月十一日附谷干城宛乃木希典書簡、島村登志衛編『谷干城遺稿』下、四五九頁。

▼49　明治十年七月二十日附谷干城宛樺山資紀書簡、島村登志衛編『谷干城遺稿』下、四六三～四六四頁。

▼50　小林道彦『児玉源太郎』八三頁。

▼51　明治十年七月二十五日附谷干城宛樺山資紀書簡、島村登志衛編『谷干城遺稿』下、四六八頁。

▼52　明治十年七月二十日附谷干城宛別役成義書簡、島村登志衛編『谷干城遺稿』下、四六五頁。

▼53　児玉源太郎談『熊本籠城談』五二～五三頁。『東京日日新聞』大正元年九月二十日。

▼54　和田政雄『乃木希典日記』六月二十四日条。

▼55　宿利重一『児玉源太郎』一八七頁。

第六章

▼1　小林道彦『児玉源太郎』九五頁。秦郁彦編『日本陸海軍総合事典』（東京大学出版会、一九九一年）二八二頁。

▼2　小林道彦「史料紹介　神風連の乱　ある「待罪書」をめぐって」『北九州市立大学法政論集』第三八巻第一・二合併号（北九州市立大学法学会、二〇一〇年）一九九頁。明治十一年三月八日附樺山資紀宛谷干城書簡（「樺山資紀関係文書」一四五、国会図書館憲政資料室所蔵）。

▼3　熊本滞在説は、古川薫『天辺の椅子』（毎日新聞社、一九九三年）一三三頁。児玉の東京転居・滞在は、明治十一年

五月十六日附児玉源太郎宛浅見栄三郎書簡、明治十一年三月十五日附浅見端書簡『児玉源太郎関係文書』八、一三頁や、明治十一年二月二十二日附、三月五日附、三月十六日附谷干城宛樺山資紀書簡島村登志衛編『谷干城遺稿』下、四九〇～四九四頁から確認できる。

▼4 児玉秀雄編『藤園記念画帖　児玉源太郎十三回忌記念』二五頁。日暮忠誠編『官員録』明治十一年七月（拡隆舎、一八七八年）目録三丁。

▼5 小林道彦『児玉源太郎』九六頁。

▼6 「明治9年より明治13年まで　密事編冊」（JACAR.Ref. C08052394400・陸軍省-卿官房-M9-2-18・防衛省防衛研究所戦史研究センター所蔵）。

▼7 森山守次『児玉大将伝』一六三～一六四頁。徳富猪一郎『陸軍大将川上操六』五一頁、黒田甲子郎『奥元帥伝』（国民社、一九三三年）七二頁。

▼8 「明治11年 大日記参謀監軍内外各局 12月水 陸軍省第1局」（JACAR.Ref. C04027974700・防衛省防衛研究所戦史研究センター所蔵）。

▼9 小林道彦『児玉源太郎』五八～五九頁。

▼10 明治十一年三月八日附樺山資紀宛谷干城書簡（「樺山資紀関係文書」一四五）。明治十一年三月五日附谷干城宛樺山資紀書簡、島村登志衛編『谷干城遺稿』下、四九二頁。

▼11 宿利重一『児玉源太郎』三八～三九頁。森山守次『児玉大将伝』児玉大将略年譜二～三頁。秦郁彦編『日本陸海軍総合事典』六〇頁。

▼12 「明治11年12月　報知牒」（JACAR.Ref.C10070963400・参謀本部-雑-M11-9-94・防衛省防衛研究所戦史研究センター所蔵）。

▼13 児玉の近衛都督代理については「明治11年　大日記参謀監軍内外各局 12月水 陸軍省第1局」（JACAR.Ref. C04027973600・陸軍省-大日記-M11-15-39・防衛省防衛研究所戦史研究センター所蔵）など。山県の神経不調については、伊藤之雄『山県有朋　愚直な権力者の生涯』（文藝春秋、二〇〇九年）一七二～一七三頁。

▼14 「山県元帥児玉大将談」『東京朝日新聞』明治三十九年七月二十六日。

▼15 森岡守成『余生随筆』（日本国防協会、一八三七年）四三頁。

▼16 小林道彦『児玉源太郎』九八、一〇三頁。

▼17 古川薫『天辺の椅子』一七七頁も、児玉が初めて欧州外遊に出た明治二十四年の時点で「将官クラスで外遊していないのは、源太郎だけ」とするが、先任の奥保鞏のように、外遊時期が児玉より遅れた将官は存在する。

▼18 大崎善四郎編『明治官員録　明治十三年六月』（矢島百太郎、一八八〇年）目録三丁。『改正官員録　懐中早見』（万屋真形活版所、一八八五年）目録二頁。

▼19 宿利重一『児玉源太郎』二四二頁。

▼20 以上、森山守次『児玉大将伝』第二篇六七、一五一～一五二頁。

▼21 森山守次『児玉大将伝』第二篇六七頁。

▼22 「検閲報告　東部、西部検閲　明治13年」（文庫-千代田史料-490・防衛省防衛研究所戦史研究センター所蔵）。

▼23 「検閲報告　東部、西部検閲　明治14年」（文庫-千代田史料-492・防衛省防衛研究所戦史研究センター所蔵）。

▼24 明治十四年四月十一日附児玉源太郎宛乃木希典書簡『児玉

▼25 源太郎関係文書』八六～八七頁。

▼26 以上、「検閲報告　東部、西部検閲　明治14年」。

▼27 博文館編『児玉陸軍大将』一二頁。

▼28 森山守次『児玉大将伝』一六七頁。

▼29 森山守次『児玉大将伝』一六五～一六六頁。

▼30 森山守次『児玉大将伝』第二篇一一一～一一二頁。

宇野俊一校注『桂太郎自伝』（平凡社、一九九三年）九七頁。

明治十六年一月十五日附寺内正毅宛児玉源太郎書簡（「寺内正毅関係文書」一二一―一、国会図書館憲政資料室所蔵）。

▼31 森山守次『児玉大将伝』一七〇～一七二頁。大澤博明『近代日本の東アジア政策と軍事　内閣制と軍備路線の確立』（成文堂、二〇〇一年）九～一一頁。

▼32 『仏国歩兵陣中要務実地演習軌典』は「児玉家資料」（周南市美術博物館所蔵）。明治十八年四月二十五日附寺内正毅宛児玉源太郎書簡（「寺内正毅関係文書」一二一―二）。

▼33 児玉源太郎『児玉陸軍少将欧洲巡廻報告書』（監軍部、一八九三年）九〇丁。

▼34 以上、「検閲報告　東部、中部、西部検閲　明治15～明治16年」（文庫-千代田-493・防衛省防衛研究所戦史研究センター所蔵）。

▼35 「検閲報告　東部、中部、西部　明治17年」（文庫-千代田-494・防衛省防衛研究所戦史研究センター所蔵）。

▼36 宿利重一「児玉大将の片影」偕行社編纂部編『偕行社記事』昭和十四年三月号（偕行社、一九三九年）二五九～二六〇頁。

▼37 知事の件は、尚友倶楽部ほか編『水野錬太郎回想録・関係文書』（尚友倶楽部、一九九八年）七六頁。法律勉強の件は、吉武源五郎編『児玉藤園将軍』後輯四六頁。

第七章

▼1 明治十八年四月二十五日附寺内正毅宛児玉源太郎書簡（「寺内正毅関係文書」一二一―二）。

▼2 「参謀本部歴史草案（7～8）　明治17～18　6／29（宮崎史料）」（JACAR.Ref.C15120030000・防衛省防衛研究所戦史研究センター所蔵）。大澤博明『近代日本の東アジア政策と軍事』一〇九頁。

▼3 「参謀本部歴史草案（7～8）　明治17～18　6／29（宮崎史料）」（JACAR.Ref. C15120030200・防衛省防衛研究所戦史研究センター所蔵）。

▼4 「参謀本部歴史草案（7～8）　明治17～18　6／29（宮崎史料）」（JACAR.Ref.C15120030000）。大澤博明『近代日本の東アジア政策と軍事』一〇九～一一〇頁。

▼5 宿利重一『児玉源太郎』二四七～二四八頁。

▼6 児玉を「遅れて来たフランス派」とするのは、小林道彦『児玉源太郎』（一〇五頁）である。

▼7 森山守次『児玉大将伝』一七四～一七五頁。

▼8 森山守次『児玉大将伝』一七五頁、宿利重一『日本陸軍史研究メッケル少佐』（マツノ書店、二〇一〇年）五九～六五頁。

▼9 以上、宿利重一『日本陸軍史研究メッケル少佐』二一〇～二一九頁、大井成元「メッケル将軍の思出」『日本陸軍史研究メッケル少佐』一八～一九頁。川上の関与については、徳富猪一郎『陸軍大将川上操六』九二頁。

▼10 宿利重一『日本陸軍史研究メッケル少佐』二一八頁。明治

二十四年十二月十日附寺内正毅宛児玉源太郎書簡（「寺内正毅関係文書」一二一―五）。
▼11　宿利重一『日本陸軍史研究メッケル少佐』二一八〜二一九頁。徳富猪一郎編『公爵桂太郎伝』乾巻（原書房、二〇〇四年）四三七頁。
▼12　宇野俊一校注『桂太郎自伝』一〇三〜一〇四頁。大井成元「メッケル将軍の思出」一九〜二二頁。黒野耐『帝国陸軍の〈改革と抵抗〉』（講談社、二〇〇六年）五七〜五八頁。
▼13　大井成元「メッケル将軍の思出」一六、二〇〜二二頁。陸軍省官制改革は、徳富猪一郎『陸軍大将川上操六』九二頁、「明治20年　貳大日記　7月」（JACAR.Ref. C06080253200・防衛省防衛研究所戦史研究センター所蔵）。
▼14　宇野俊一校注『桂太郎自伝』一一〇頁。
▼15　森山守次『児玉大将伝』第二篇一〇、四七頁。
▼16　黒野耐『帝国陸軍の〈改革と抵抗〉』五八頁。宿利重一『日本陸軍史研究メッケル少佐』二二六〜二二七頁。
▼17　森山守次『児玉大将伝』第二篇一〇〜一一頁。
▼18　以上、「明治20年　貳大日記　5月」（JACAR.Ref. C06080235600・防衛省防衛研究所戦史研究センター所蔵）。
▼19　以上、「明治19年　訓令大日記　陸軍省　乙」（JACAR.Ref.C10073063800・防衛省防衛研究所戦史研究センター所蔵）、「砲兵編制に関する書類（その1）　明治17〜32年」（JACAR.Ref.C12121426900・防衛省防衛研究所戦史研究センター所蔵）。
▼20　山本四郎「小川又次稿「清国征討策案」（1887）について」『日本史研究』第七五号（日本史研究会、一九六四年）。宿利重一『日本陸軍史研究メッケル少佐』二四二〜二四三頁。
▼21　大澤博明『児玉源太郎　明治陸軍のリーダーシップ』二七六九頁。
▼22　阿川弘之『井上成美』（新潮社、一九九四年）三六八〜三六九頁。
▼23　「参謀本部歴史草案（9〜11）　明治19〜21　7／29（宮崎史料）」（JACAR.Ref. C15120031000・防衛省防衛研究所戦史研究センター所蔵）。
▼24　以上、陸軍紛議については、黒野耐『帝国陸軍の〈改革と抵抗〉』第二章を参照にした。
▼25　以上、宇野俊一『桂太郎』（吉川弘文館、二〇〇六年）四七〜四九頁。長岡外史文書研究会編『長岡外史関係文書回顧録篇』（吉川弘文館、一九八九年）二六〜二七、三一〜四〇、五四〜五八頁。
▼26　上法快男編『陸軍大学校』（芙蓉書房、一九七八年）一一三、一二三〜一二七、一四〇頁。宿利重一『日本陸軍史研究メッケル少佐』一二三〜一二五頁。
▼27　以上、藤井茂太『九州参謀旅行記事　明治廿一年二月　国防軍之部』（牧野直身、一八八八年）一〜一四頁。通説は、古川薫『天辺の椅子』一七〇頁。
▼28　小林道彦『児玉源太郎』一一一頁。監軍部条例については、『法令全書』明治二十年上巻（内閣官報局）明治二十年六月勅令六〇頁。
▼29　児玉源太郎「児玉少将新兵教育に就ての談話」偕行社編纂部編『偕行社記事』第三一号（偕行社、一八九〇年）。
▼30　大江洋代「日清・日露戦争と陸軍官僚制の成立」小林道彦・黒沢文貴編著『日本政治史のなかの陸海軍　軍政優位体制

▼31 の形成と崩壊1868～1945』(ミネルヴァ書房、二〇一三年)六九～七〇頁。

▼32 宿利重一『児玉源太郎』二三九～二四二頁。

▼33 長田昇『児玉源太郎』一三四～一三五頁。明治二十七年三月十四日附井上馨宛桂太郎書簡、千葉功編『桂太郎発書翰集』(東京大学出版会、二〇一一年)九五頁。

▼34 明治二十七年三月十四日附井上馨宛桂太郎書簡、千葉功編『桂太郎発書翰集』九五頁。

▼35 明治二十七年十一月一日附児玉源太郎宛毛利元功書簡『児玉源太郎関係文書』一三三～一三四頁。

▼36 長田昇『児玉源太郎』(「児玉源太郎」出版記念委員会、二〇〇三年)一七九～一八一頁。間取り図が同書一八八頁にある。購入年と坪数は、市谷薬王寺町誌編纂会編『市谷薬王寺町誌』(薬王寺町会、一九七九年)一四頁。

▼37 以上、長田昇『児玉源太郎』一八一～一八七頁、宿利重一『児玉源太郎』二四三～二四五頁。

以上、中原鄧州『南天棒行脚録』(大阪屋号書店、一九二一年)二〇七～二一三、二四八～二四九、二七八～二七九頁。

第八章

▼1 視察目的は、児玉源太郎『児玉陸軍少将欧洲巡廻報告書』二〇、四八丁。

▼2 以上、明治二十四年十月二十九日附寺内正毅宛児玉源太郎書簡(「寺内正毅関係文書」一二一―三)。児玉源太郎『児玉陸軍少将欧洲巡廻報告書』一～二丁。

▼3 以上、明治二十四年十一月三十日附寺内正毅宛児玉源太郎書簡(「寺内正毅関係文書」一二一―四)。

▼4 以上、明治二十四年十二月十日附、十二月二十七日附寺内正毅宛児玉源太郎書簡(「寺内正毅関係文書」一二一―五～六)。児玉の身長は、森山守次『児玉大将伝』第二篇三三頁。体格については、新渡戸稲造『偉人群像』(実業之日本社、一九三一年)三二九頁。池田正介の話は、森山守次『児玉大将伝』一八四頁。

▼5 以上、明治二十四年十二月二十七日附寺内正毅宛児玉源太郎書簡(「寺内正毅関係文書」一二一―六)。児玉源太郎『児玉陸軍少将欧洲巡廻報告書』六、一〇、五八丁。

▼6 以上、明治二十四年十二月二十七日附寺内正毅宛児玉源太郎書簡(「寺内正毅関係文書」一二一―六)。児玉源太郎『児玉陸軍少将欧洲巡廻報告書』九丁。

▼7 明治二十五年一月十三日附寺内正毅ほか宛児玉源太郎書簡(「寺内正毅関係文書」一二一―七)。

▼8 以上、児玉源太郎『児玉陸軍少将欧洲巡廻報告書』一三～一五、二三～二五丁。

▼9 明治二十五年一月十三日附寺内正毅ほか宛児玉源太郎書簡(「寺内正毅関係文書」一二一―七)。

▼10 明治二十五年二月一日附寺内正毅宛児玉源太郎書簡(「寺内正毅関係文書」一二一―八)。

▼11 児玉源太郎『児玉陸軍少将欧洲巡廻報告書』二九丁。

▼12 以上、児玉源太郎『児玉陸軍少将欧洲巡廻報告書』二七～二八、三五丁。

▼13 以上、児玉源太郎『児玉陸軍少将欧洲巡廻報告書』三四、二八丁。

▼14 児玉源太郎『児玉陸軍少将欧洲巡廻報告書』三六丁。なお、

児玉のロシア視察については、野邑理栄子『陸軍幼年学校体制の研究　エリート養成と軍事・教育・政治』（吉川弘文館、二〇〇六年）を参考にした。

▼15 小林道彦『児玉源太郎』一二五〜一二六、一四五頁。

▼16 明治二十五年二月一日附寺内正毅宛児玉源太郎書簡（「寺内正毅関係文書」一二一―八）。

▼17 「洋行日記」『児玉源太郎関係文書』二一三頁。

▼18 以上、児玉源太郎『児玉陸軍少将欧洲巡廻報告書』四八〜四九丁。明治二十五年二月二十一日附寺内正毅宛児玉源太郎書簡（「寺内正毅関係文書」一二一―九）。

▼19 以上、明治二十五年二月二十一日附寺内正毅宛児玉源太郎書簡（「寺内正毅関係文書」一二一―九）。児玉源太郎『児玉陸軍少将欧洲巡廻報告書』七五〜七六丁。

▼20 明治二十五年二月二十一日附寺内正毅宛児玉源太郎書簡（「寺内正毅関係文書」一二一―九）。児玉源太郎『児玉陸軍少将欧洲巡廻報告書』九〜一〇丁。

▼21 「洋行日記」『児玉源太郎関係文書』二〇五〜二〇七頁。

▼22 児玉源太郎『児玉陸軍少将欧洲巡廻報告書』九〇〜九一丁。

▼23 宿利重一『児玉源太郎』二五六〜二五八、二七七〜二七九頁。訪問日は、「洋行日記」『児玉源太郎関係文書』二〇八頁。

▼24 吉武源五郎編『児玉藤園将軍』前輯四七〜四八頁。

▼25 以下、本節の記述は、明治二十五年七月八日附井上馨宛野村靖書簡『伊藤博文関係文書』六（塙書房、一九七八年）三五一〜三五六頁。なお、この書簡に初めて注目したのは小林道彦『児玉源太郎』であり、見解を異にする部分もあるが本節の記述に際し同書も参考にした。明記して謝意を表する。

▼26 児玉の口癖は、吉武源五郎編『児玉藤園将軍』後輯八二頁。「児玉源太郎大将を偲ぶ」松波仁一郎編『水野博士古稀記念論策と随筆』（水野錬太郎先生古稀祝賀会事務所、一九三七年）五七二頁。

▼27 「明治24年 貳大日記9月」（JACAR.Ref. C06081522300・防衛省防衛研究所戦史研究センター所蔵）児玉源太郎『児玉陸軍少将欧洲巡廻報告書』五〇丁。

▼28 児玉源太郎『児玉陸軍少将欧洲巡廻報告書』九四〜九五丁。

第九章

▼1 以上、明治二十五年八月十五日附桂太郎宛大山巌書簡、千葉功編『桂太郎関係文書』（東京大学出版会、二〇一〇年）一一六頁。尾野実信編『元帥公爵大山巌』（大山元帥伝刊行会、一九三五年）五〇一頁。

▼2 明治二十五年八月十五日附桂太郎宛大山巌書簡、千葉功編『桂太郎関係文書』一一六頁。

▼3 明治二十五年八月十九日附児玉源太郎宛大山巌書簡『児玉源太郎関係文書』二八頁。

▼4 明治二十四年一月九日附井上馨宛大山巌書簡（「井上馨関係文書」四八〇―五、国会図書館憲政資料室所蔵）。宿利重一『児玉源太郎』二六一〜二六二頁。

▼5 干渉家は、鶴見祐輔『後藤新平』第二巻（勁草書房、一九九〇年）一二頁。細部に細かいと逸話は、宿利重一『児玉源太郎』二六三〜二六四頁。

▼6 以上、大島健一談話は、宿利重一『児玉源太郎』二六二頁。明治天皇と大山のやりとりは、「陸軍検閲条例他覚書」（「大

山巌関係文書」四七―(二)、国会図書館憲政資料室所蔵)。

▼7 宿利重一『児玉源太郎』二八五頁。

▼8 西浦進『昭和戦争史の証言　日本陸軍終焉の真実』(日本経済新聞出版社、二〇一三年)四三、七七頁。

▼9 明治二十五年十一月十五日附三好重臣宛児玉源太郎書簡(「南大曹旧蔵名家書翰集」、早稲田大学図書館所蔵)。

▼10 以上、加登川幸太郎『児玉源太郎にみる大胆な人の使い方・仕え方』九二頁、原文は明治二十五年九月発刊『兵事週報』。

▼11 「第五回帝国議会衆議院予算委員会速記録第四科第一号」明治二十六年十二月六日、一頁。

▼12 「意見書覚書」『児玉源太郎関係文書』二六五～二六七頁。

▼13 伊藤隆・尾崎春盛編『尾崎三良日記』下巻(中央公論社、一九九二年)九頁。

▼14 「第四回帝国議会貴族院議事速記録第四十一号」明治二十六年二月二十八日、六一一～六一三頁。

▼15 鳥谷部春汀「児玉台湾総督」『春汀全集』第二巻(博文館、一九〇九年)一三四頁、吉武源五郎編『児玉藤園将軍』後輯一〇三、一二九～一三四頁。

▼16 森山守次『児玉大将伝』第二篇、五六～五七、一〇七～一〇八頁。

▼17 明治二十八年四月二十四日附阪谷芳郎宛児玉源太郎書簡(「阪谷芳郎関係文書」一二八―四～六、国会図書館憲政資料室所蔵)。

▼18 以上、日清戦争後の軍備拡張の件と石塚英蔵と児玉の関係については、吉武源五郎編『児玉藤園将軍』前輯一七～一八、三一頁。

▼19 山崎俊彦・中久喜信周『政界之五名士』(文声社、一九〇二年)一二三頁。「児玉台湾総督」鳥谷部春汀『春汀全集』第二巻、一三四頁。

▼20 以上、竜門社編『渋沢栄一伝記資料』第二三巻(渋沢栄一伝記資料刊行会、一九五八年)一一一～一一八頁。

▼21 「自明治26年至明治27年　密事簿」(JACAR.Ref.C10060418200～300・防衛省防衛研究所戦史研究センター所蔵)。原剛『明治期国土防衛史』二〇二～二〇八頁。

▼22 日清戦争の作戦経過については、平野龍二氏の名著『日清・日露戦争における政策と戦略　「海洋限定戦争」と陸海軍の協同』(千倉書房、二〇一五年)を参照とした、明記して謝意を表す。

▼23 宿利重一『児玉源太郎』二八六頁。

▼24 以上、宿利重一『児玉源太郎』二九〇～二九二頁。斎藤聖二『日清戦争の軍事戦略』(芙蓉書房出版、二〇〇三年)二二一～二二三頁。

▼25 「山県元帥児玉大将談」『東京朝日新聞』明治三十九年七月二十六日。鳥谷部春汀「児玉台湾総督」『春汀全集』第二巻、一三三四～一三五頁。

▼26 吉武源五郎編『児玉藤園将軍』前輯一九頁。

▼27 桑田悦編『近代日本戦争史　第一編　日清・日露戦争』(同台経済懇話会、一九九五年)二六〇～二六一頁。

▼28 松波仁一郎「児玉・寺内の両大将」『牛の込合ひ　松波随筆』(三教書院、一九三九年)三五七～三六一頁。

▼29 明治二十七年九月二十二日附寺内正毅宛児玉源太郎書簡(「寺内正毅関係文書」一二一―一〇)。

▼30 明治二十七年九月二十七日附児玉源太郎宛大山巌書簡『児玉源太郎関係文書』二九頁。

▼31 季武嘉也「新史料が明かす知将の卓見 大戦略家児玉源太郎の避戦論」『中央公論』一二九巻五号（中央公論新社、二〇一五年）一六六頁。

▼32 明治二十七年十月九日附井上馨宛山県有朋書簡（「憲政史編纂会収集文書」六七一、国会図書館憲政資料室所蔵）。

▼33 明治二十七年十月三十一日児玉源太郎宛山県有朋書簡『児玉源太郎関係文書』一四四～一四五頁。

▼34 『児玉源太郎関係文書』一四四～一四五頁。徳富猪一郎編『公爵山縣有朋伝』下巻（原書房、一九六九年）一七六頁。

▼35 （明治二十七年）十一月七日附川上操六宛児玉源太郎書簡（「川上操六関係文書」1―（3）―2、国会図書館憲政資料室所蔵）。

▼36 小林道彦『児玉源太郎』一四一～一四二頁。

▼37 「揚子江附近へ軍艦を派遣する意見書草稿」『児玉源太郎関係文書』二三二～二三四頁。ただし、この意見書草稿が児玉の自筆か否かはまだ検討の余地がある。

▼38 明治二十七年十一月三十日附井上馨宛児玉源太郎書簡（「井上馨関係文書」四八〇―一〇）。

▼39 以上、明治二十七年十二月一日附井上馨宛児玉源太郎書簡（「井上馨関係文書」四八〇―一一）。小林道彦『児玉源太郎』一四三頁。明治二十七年十一月一日附児玉源太郎宛毛利元功書簡『児玉源太郎関係文書』一三三～一三四頁。

▼40 明治二十八年一月二十一日附川上操六宛児玉源太郎書簡（「川上操六関係文書」1―（3）―3）。

▼41 以上、明治二十八年五月八日附児玉源太郎宛川上操六電報（「樺山資紀関係文書　第二期」三六九―二、国会図書館憲政資料室所蔵）。小林道彦『児玉源太郎』一四〇頁。

▼42 渡辺幾治郎『明治天皇の聖徳　軍事』（千倉書房、一九四二年）一六五～一六七頁。

▼43 以上、宮内省臨時帝室編修局編『明治天皇紀』第八（吉川弘文館、一九七三年）七六三～七六四頁。渡辺幾治郎『明治天皇と軍事』（千倉書房、一九三八年）一六三～一六五頁。明治二十八年四月十三日附伊藤博文宛徳大寺実則書簡、伊藤博文関係文書研究会編『伊藤博文関係文書』六、二二七頁。

▼44 小林道彦『児玉源太郎』一五四頁。

▼45 日清戦争の戦病死者数は、桑田悦編『近代日本戦争史　第一編　日清・日露戦争』二三二頁。後藤新平「児玉部長宛上申書」（「後藤新平文書」六―九―三、奥州市立後藤新平記念館所蔵）。

▼46 鶴見祐輔『後藤新平』第一巻（勁草書房、一九六五年）六七〇～六七四頁。

▼47 陸軍省編『臨時陸軍検疫部報告摘要』（陸軍省、一八九六年）二頁。

▼48 鶴見祐輔『後藤新平』第一巻、六八一～六八二頁。立石駒吉編『後藤新平論集』（伊藤元治郎、一九一一年）四二頁。

▼49 鶴見祐輔『後藤新平』第一巻、六七八～六七九頁。

▼50 明治二十八年四月二十日附野村靖宛児玉源太郎書簡（「野村靖関係文書」七―一―三一、国会図書館憲政資料室所蔵）。

▼51 明治二十八年六月十七日附後藤新平宛児玉源太郎書簡（「後藤新平文書」）。なお、後藤と寺内の対立は、鶴見祐輔『後藤新平』第一巻、七二九～七三五頁。

▼52 立石駒吉編『後藤新平論集』四九頁。

▼53 以上、検疫に関しては、鶴見祐輔『後藤新平』第一巻、第

▼54 五章、森重祥子「児玉源太郎と検疫　後藤新平との出会い」『児玉源太郎と近代国家への歩み展』所収などを参考とした。

▼55 鶴見祐輔『後藤新平』第一巻、七二〇頁、宿利重一『児玉源太郎』三一八頁。

▼56 立石駒吉編『後藤新平論集』三五〜三六頁。陸軍省編『臨時陸軍検疫部報告摘要』九〜一〇頁。

▼57 以上、「軍備に関する意見書草稿」『児玉源太郎関係文書』二三五〜二三八頁。

▼58 「第五回帝国議会衆議院予算委員会速記録第四科第一号」明治二十六年十二月六日、一〜三頁。

▼59 以上、大江志乃夫『日露戦争の軍事史的研究』(岩波書店、一九七六年)八〜一二頁。小林道彦『大正政変　国家経営構想の分裂』(千倉書房、二〇一五年)六頁。

▼60 宇都宮太郎関係資料研究会編『日本陸軍とアジア政策　陸軍大将宇都宮太郎日記1』(岩波書店、二〇〇七年)六、三七一頁。

▼61 明治二十八年七月二十七日附児玉源太郎宛桂太郎書簡『児玉源太郎関係文書』三二頁。同書は本書簡を明治二十六年と比定しているが、誤記である可能性が高い。

▼62 野邑理栄子『陸軍幼年学校体制の研究』四九〜五二頁。児玉の幼年学校構想については、野邑氏著作を大いに参考とした。

▼63 明治〔二十八〕年〔五〕月附伊藤博文宛末松謙澄書簡、伊藤博文関係文書研究会編『伊藤博文関係文書』五（塙書房、一九七七年）四三四頁。

▼64 児玉が最年少の現役陸軍中将であることについては、大澤博明『児玉源太郎』三八頁。

▼65 徳富猪一郎編『公爵桂太郎伝』乾巻、六九八〜六九九頁。「山県元帥児玉大将談」『東京朝日新聞』明治三十九年七月二十六日。長田昇『児玉源太郎』一七六〜一七九頁。斎藤聖二『日清戦争の軍事戦略』二五四頁。なお、明治二十九年三月三日附桂太郎宛寺内正毅書簡に、児玉の病状が快方に向かいつつあり、二〜三ヶ月で快復するはずだという旨の記述がある(千葉功編『桂太郎関係文書』二五八頁)。

▼66 以上、長田昇『児玉源太郎』一七六〜一七八頁。吉武源五郎編『児玉藤園将軍』前輯一四〇〜一四一頁。

▼67 森山守次『児玉大将伝』二七六〜二七七頁。

▼68 江森泰吉編『大隈伯百話』(実業之日本社、一九〇九年)五五〇〜五五一頁。

▼69 江森泰吉編『大隈伯百話』五五一頁。

▼70 江森泰吉編『大隈伯百話』五五一〜五五二頁。

▼71 明治二十九年十月六日附乃木希典宛児玉源太郎書簡、宿利重一『児玉源太郎』七〜九頁。明治二十九年十月十七日附桂太郎宛山県有朋書簡、千葉功編『桂太郎関係文書』三六三頁。「欲庵随筆」(『野村靖日記』)明治二十九年十月十一日条(『野村靖関係文書』一一—一二)。

▼72 明治二十三年七月七日附三好重臣宛児玉源太郎書簡、千葉功編『桂太郎関係文書』一五六頁。千葉功『桂太郎　外に帝国主義、内に立憲主義』(中央公論新社、二〇一二年)三五〜三六頁。

▼73 宮内省臨時帝室編修局編『明治天皇紀』第九（吉川弘文館、一九七三年）三二三〜三二四頁。

▼74 陸軍省編『臨時台湾電信灯標建設部報告』(陸軍省、一八九八年)一〜二頁。

▼75　以上、石原藤夫『国際通信の日本史　植民地化解消へ苦闘の九十九年』（東海大学出版会、一九九九年）一二六〜一三四頁。陸軍省編『臨時台湾電信灯標建設部報告』一〜一一頁。

▼76　陸軍省編『臨時台湾電信灯標建設部報告』五、九〜一一頁。

▼77　森山守次『児玉大将伝』第二篇一四七〜一四八頁。

▼78　関東電気通信局編『日米海底通信小史』（関東電気通信局、一九五七年）八四〜八五頁。小山公利「政戦両略と通信」『偕行社記事』昭和十八年十一月号（偕行社、一九四三年）三六頁。「児玉ケーブル」の呼称は、石原藤夫『国際通信の日本史』一四四〜一四五頁。

▼79　小林道彦『児玉源太郎』一六四頁。鵜沢家文書研究会編「史料紹介　鵜沢総司「明治三十年　児玉源太郎清国視察随行日記」」『軍事史学』第四三巻第二号（錦正社、二〇〇七年）一二六〜一三九頁。

▼80　「明治30年乾　貳大日記12月」（JACAR.Ref.C06082689300・防衛省防衛研究所戦史研究センター所蔵）。

▼81　小林道彦『児玉源太郎』一三一〜一三二頁ほか、小林道彦「児玉源太郎と統帥権改革」小林道彦・黒沢文貴編『日本政治史のなかの陸海軍　軍政優位体制の形成と崩壊1868〜1945』（ミネルヴァ書房、二〇一三年）、小林道彦「児玉源太郎と原敬」伊藤之雄編『原敬と政党政治の確立』（千倉書房、二〇一四年）、由井正臣「日本帝国主義成立期の軍部」原秀三郎ほか編『大系・日本国家史5　近代Ⅱ』（東京大学出版会、一九七六年）。

▼82　小林龍夫編『翠雨荘日記　伊東家文書』（原書房、一九六六年）八七七〜八七九頁。

▼83　小林龍夫編『翠雨荘日記　伊東家文書』八七九〜八八〇頁。

▼84　小林龍夫編『翠雨荘日記　伊東家文書』九一六〜九一七頁。

▼85　陸軍省編『明治天皇御伝記史料　明治軍事史』下巻（原書房、一九七九年、以下『明治軍事史』と呼称する）九九五〜九九八頁。

▼86　由井正臣「日本帝国主義成立期の軍部」原秀三郎ほか編『大系・日本国家史5　近代Ⅱ』一一二〜一一三頁。

▼87　小林道彦『児玉源太郎』一五八頁。

▼88　「明治29年乾　貳大日記6月」（JACAR.Ref.C06082281000・防衛省防衛研究所戦史研究センター所蔵）。

▼89　小林道彦『児玉源太郎』一五九頁、小林道彦「児玉源太郎と統帥権改革」小林道彦・黒沢文貴編『日本政治史のなかの陸海軍』九八頁。

▼90　「明治30年　壹大日記　編冊補遺壹」（JACAR.Ref.C04013463500・防衛省防衛研究所戦史研究センター所蔵）。

▼91　小林龍夫編『翠雨荘日記　伊東家文書』九一五〜九一六頁。伊藤孝夫『大正デモクラシー期の法と社会』（京都大学学術出版会、二〇〇〇年）二二五頁。

▼92　伊藤孝夫『大正デモクラシー期の法と社会』二二五〜二二六頁。

第十章

▼1　小林道彦『児玉源太郎』一七二頁。

▼2　鳥谷部春汀「児玉台湾総督」『春汀全集』第二巻、一三〇頁。

▼3　山田武吉「児玉総督、後藤長官時代の台湾」『草莽文叢』（大日社、一九三六年）五五頁。

▼4　原奎一郎編『原敬日記』第一巻（福村出版、一九六五年）

▼5 明治二十九年二月二日条、二三〇頁。宿利重一『児玉源太郎』三二九〜三三〇頁。吉武源五郎編『児玉藤園将軍』後輯八九頁。後藤新平「台湾の実況」拓殖大学創立百年史編纂室編『台湾論3』(拓殖大学、二〇〇三年)一九八頁。
▼6 鶴見祐輔『後藤新平』第二巻、五七頁。
▼7 黒谷了太郎編『宮尾舜治伝』(吉岡荒造、一九三九年)追送文集九〜一〇頁。鶴見祐輔『後藤新平』第二巻、一三〜一四頁。駄場裕司『後藤新平をめぐる権力構造の研究』(南窓社、二〇〇七年)九〇頁。
▼8 鶴見祐輔『後藤新平』第二巻、一四〜一五頁。
▼9 菜花野人『後藤新平論』(統一社、一九一九年)七〇〜七一頁。
▼10 以上、吉武源五郎編『児玉藤園将軍』前輯三一〜三二頁。
▼11 鶴見祐輔『後藤新平』第二巻、五七頁。菜花野人『後藤新平論』七二〜七三頁。原奎一郎編『原敬日記』第二巻(福村出版、一九六五年)明治三十九年十二月十五日条、二一六頁。明治三十四年十月二十一日附桂太郎宛児玉源太郎書簡、千葉功編『桂太郎関係文書』(東京大学出版会、二〇一〇年)一五八頁。
▼12 高浜三郎『台湾統治概史』(新行社、一九三六年)一三八頁。
▼13 鶴見祐輔『後藤新平』第二巻、一二頁。
▼14 鶴見祐輔『後藤新平』第二巻、八四、八六〜八七頁。
▼15 以上、木越・小原・藤田に関しては、菜花野人『後藤新平論』九二、七四〜七六頁。林に関しては、宰顕栄翁伝記編纂会編刊『宰顕栄翁伝』(一九三九年)四六五頁。
▼16 鶴見祐輔『後藤新平』第二巻、三三四〜三三七頁。
▼17 鶴見祐輔『後藤新平』第二巻、九〜一〇頁。朝田時子の件は、横沢次郎『児玉藤園将軍逸事』(新高堂書店、一九一四年)一〇七頁。
▼18 鶴見祐輔『後藤新平』第二巻、一八頁。
▼19 鶴見祐輔『後藤新平』第二巻、二四〜二七頁。
▼20 児玉源太郎「明治三十一年五月二十五日地方長官に対する児玉総督談話要領」(「後藤新平文書」七—四)。
▼21 児玉が軍隊集屯化の方針を採ったことについては、明治三十一年六月二十日附山県有朋宛児玉源太郎書簡、尚友倶楽部山県有朋関係文書編纂委員会編『山県有朋関係文書』二(尚友倶楽部、二〇〇六年)九七〜九八頁。
▼22 以上、「明治二十九年法律第六十三号中改正法律案委員会会議録」明治三十五年二月二十五日、二三頁。台湾総督府陸軍幕僚『台湾総督府陸軍幕僚歴史草案』第二巻(川口喜三男、二〇〇四年)九三六〜九三七頁。
▼23 以上、五万挺の銃器と十万発の弾薬は、井出季和太『台湾治績志』(青史社、一九八八年)三一九頁。歳入額・国庫補充金額は、鶴見祐輔『後藤新平』第二巻、一九一〜一九二頁。一億円売却論は、鶴見祐輔『後藤新平』第二巻、二四頁。
▼24 ただし、治蕃事業のみは着手早々に児玉が離任したため、後任台湾総督の佐久間左馬太が解決している。
▼25 鶴見祐輔『後藤新平』第二巻、一〇七〜一〇八頁。伊能嘉矩「児玉総督治台小史」拓殖大学創立百年史編纂室編『台湾論3』七頁。
▼26 以上、鶴見祐輔『後藤新平』第二巻、一〇九〜一一五頁。
▼27 長岡外史文書研究会編『長岡外史関係文書　回顧録篇』二

○〜二一頁。
▼28 以上、井出季和太『台湾治績志』三〇一頁。鶴見祐輔『後藤新平』第二巻、一一六〜一二〇頁。
▼29 小林道彦『児玉源太郎』一七二頁。
▼30 鳥谷部春汀「児玉台湾総督」『春汀全集』第二巻、一三五頁。
▼31 以上、台湾勤務は約二年が原則については、明治三十四年十月二十一日附桂太郎宛児玉源太郎書簡、千葉功編『桂太郎関係文書』一五七〜一五八頁。木越については、舩木繁『陸軍大臣木越安綱』(河出書房新社、一九九三年)一八〇〜一八一頁。児玉が立見の転出を「栄転」と述べた件については、児玉源太郎「立見将軍の栄転を送る辞」東京雄弁同志倶楽部編『式辞と演説』(いろは書房、一九二二年)五三〜五五頁。堀内更迭については、明治三十二年八月十六日附岡部政蔵宛児玉源太郎書簡、吉武源五郎編『児玉藤園将軍』後輯口絵写真。小沢については、黒龍会編『東亜先覚志士記伝』下巻(原書房、一九七七年)列伝一七四頁。
▼32 台湾総督府陸軍幕僚『台湾総督府陸軍幕僚歴史草案』第二巻、八四〇〜八四四頁。
▼33 以上、台湾総督府陸軍幕僚『台湾総督府陸軍幕僚歴史草案』第二巻、一一六九〜一一七七頁。同上、第三巻(川口喜三男、二〇〇五年)一二三〇〜一二三一頁。
▼34 峡謙斎「台湾の地方税」『台湾論3』一二八頁。
▼35 井出季和太『台湾治績志』三〇二頁。
▼36 諭告は鶴見祐輔『後藤新平』第二巻、七三頁。官吏罷免数は「明治二十九年至同三十一年職員調」(「後藤新平文書」七—七)。井出季和太『台湾治績志』三〇二頁。
▼37 鶴見祐輔『後藤新平』第二巻、七三頁。
▼38 井出季和太『台湾治績志』三〇一〜三〇四頁。鶴見祐輔『後藤新平』第二巻、七四頁。
▼39 以上、待遇改善については、鶴見祐輔『後藤新平』第二巻、七五〜七六頁。制服制定については、岡本真希子『植民地官僚の政治史　朝鮮・台湾総督府と帝国日本』(三元社、二〇〇八年)一〇八〜一〇九頁。児玉の演説については、「児玉総督の服装に関する演説」『台湾日日新報』明治三十二年二月十一日。
▼40 明治三十一年六月二十日附山県有朋宛児玉源太郎書簡、尚友倶楽部山県有朋関係文書編纂委員会編『山県有朋関係文書』二、九七〜九八頁。
▼41 明治三十一年十二月十六日附児玉秀雄宛児玉源太郎書簡、尚友倶楽部児玉秀雄関係文書編集委員会編『児玉秀雄関係文書』Ⅰ(尚友倶楽部、二〇一〇年)五〜六頁。
▼42 土匪平定戦を植民地戦争と初めて指摘したのは、大江志乃夫『日露戦争と日本軍隊』(立風書房、一九八七年)四四〜六七頁である。児玉とロバーツの比較については、竹越与三郎『台湾統治志』(博文館、一九〇五年)四六頁。
▼43 COIN作戦については、福田毅「米国流の戦争方法と対反乱(COIN)作戦　イラク戦争後の米陸軍ドクトリンをめぐる論争とその背景」『レファレンス』第七〇六号(国立国会図書館、二〇〇九年)。
▼44 児玉源太郎「明治三十一年六月三日幕僚参謀長及各旅団長に対する児玉総督訓示の要領」(「後藤新平文書」七—四)。
▼45 以上、台湾総督府陸軍幕僚『台湾総督府陸軍幕僚歴史草案』第二巻、九三六〜九三九頁。
▼46 鶴見祐輔『後藤新平』第二巻、九三頁。

▼47 鶴見祐輔『後藤新平』第二巻、一四三頁。

▼48 鶴見祐輔『後藤新平』第二巻、一〇六頁。

▼49 明治三十一年六月二十日附山県有朋宛児玉源太郎書簡、尚友倶楽部山県有朋関係文書編纂委員会編『山県有朋関係文書』二、九七〜九八頁。鶴見祐輔『後藤新平』第二巻、一二六〜一二七頁。

▼50 以上、鶴見祐輔『後藤新平』第二巻、一二九〜一三三、一四二頁。

▼51 以上、横沢次郎『児玉藤園将軍逸事』一一七〜一二三頁。〔明治三十二年〕二月二十三日附後藤新平宛児玉源太郎書簡(「後藤新平文書」)。など、同書簡は明治三十三年と推定されているが、これは三十二年の誤りと思われる。記して後考を俟つ。

▼52 明治三十二年八月十五日附山県有朋宛児玉源太郎書簡、尚友倶楽部山県有朋関係文書編纂委員会編『山県有朋関係文書』二、九九頁。

▼53 以上、七縦七擒は、井出季和太『台湾治績志』三一六頁。政治的戸籍および授産は、横沢次郎『児玉藤園将軍逸事』二六頁、鶴見祐輔『後藤新平』第二巻、一三七、一四六頁。想定外の効果は、峡謙斎「台湾財政談」拓殖大学創立百年史編纂室編『台湾論3』一〇〇〜一〇一頁。

▼54 以上、保甲制度は、鶴見祐輔『後藤新平』第二巻、一五四〜一五九頁、幸顕栄翁伝記編纂会編刊『幸顕栄翁伝』二九六〜二九七頁、後藤新平「台湾の実況」拓殖大学創立百年史編纂室編『台湾論3』二〇四〜二〇五頁。

▼55 以上、練習所と湯目については、井出季和太『台湾治績志』三一二〜三一四頁、吉武源五郎編『児玉藤園将軍』後輯九〇〜九一頁。現地語奨励については、竹越与三郎『台湾統治志』二四九〜二五〇頁。

▼56 児玉自身が策定は、吉武源五郎編『児玉藤園将軍』前輯三頁。訓令は、『台湾陸軍処務提要　明治三十六年改訂』(台湾総督府陸軍幕僚副官部、一九〇三年)二七五〜二七六頁。

▼57 横沢次郎『児玉藤園将軍逸事』三八〜三九頁。

▼58 以上、児玉の大島への返信は、吉武源五郎編『児玉藤園将軍』後輯八三頁。土匪大討伐の経緯は、鶴見祐輔『後藤新平』第二巻、一四七〜一四九頁。

▼59 「明治三十六年二月二日官邸に於て殖産局及糖務局各高等官招集の際総督閣下談話の要目」(「児玉源太郎関係文書」一七五、国会図書館憲政資料室所蔵)。井出季和太『台湾治績志』三二二頁。

▼60 「対蕃政略」(「児玉源太郎関係文書」一八八—一—二)。井出季和太『台湾治績志』三二〇〜三二一頁。

▼61 吉武源五郎編『児玉藤園将軍』後輯九三〜九四頁。

▼62 明治三十五年八月七日附寺内正毅宛児玉源太郎書簡(「寺内正毅関係文書」一二一—二〇)。

▼63 児玉源太郎「明治三十一年五月二十五日地方長官に対する児玉総督談話要領」(「後藤新平文書」七—四)。

▼64 以上、日本合同通信社編刊『台湾大観』(一九三二年)一一六、二三九頁。

▼65 以上、鶴見祐輔『後藤新平』第二巻、四四〜四六、八八頁。

▼66 鶴見祐輔『後藤新平』第二巻、七七頁。

▼67 井出季和太『台湾治績志』三五〇頁。宿利重一『児玉源太郎』三八七〜三八八頁。

▼68 日本合同通信社編刊『台湾大観』一二〇頁。

▼69 井出季和太『台湾治績志』三五一頁。横沢次郎『児玉藤園将軍逸事』四八～五一頁。
▼70 井出季和太『台湾治績志』三四六～三四九頁。横沢次郎『児玉藤園将軍逸事』四四～四六頁。
▼71 横沢次郎『児玉藤園将軍逸事』九六～九七頁。日本合同通信社編刊『台湾大観』一二五頁。
▼72 以上、横沢次郎『児玉藤園将軍逸事』八三～八七頁。
▼73 横沢次郎『児玉藤園将軍逸事』八七～九三頁。日本合同通信社編刊『台湾大観』一二一～一二四頁。
▼74 鶴見祐輔『後藤新平』第二巻、一七〇、一九〇～一九三頁。財政二十年計画については、竹越与三郎『台湾統治志』二二五～二二八頁。
▼75 鶴見祐輔『後藤新平』第二巻、一七一頁。
▼76 鶴見祐輔『後藤新平』第二巻、一七四～一八九頁。
▼77 鶴見祐輔『後藤新平』第二巻、二四六～二五四頁。日本合同通信社編刊『台湾大観』二三八～二三九頁。
▼78 宿利重一『児玉源太郎』三六六頁。
▼79 宿利重一『児玉源太郎』三六四～三六五頁。
▼80 新渡戸稲造『偉人群像』三三一～三三三頁。なお、新渡戸については、草原克豪『新渡戸稲造　1862～1933　我、太平洋の橋とならん』（藤原書店、二〇一二年）を参照した。
▼81 以上、新渡戸稲造『偉人群像』三三三～三三六頁。
▼82 財政独立は、井出季和太『台湾治績志』三六九頁。
▼83 以上、児玉源太郎「台湾統治の既往及将来に関する覚書」（「後藤新平文書」七―八）。
▼84 鶴見祐輔『後藤新平』第二巻、四二三～四二七、四八四～四八九頁。
▼85 容閎『西学東漸記　容閎自伝』（平凡社、一九六九年）二六一～二六四頁。
▼86 「児玉源太郎伯」東亜同文会編『対支回顧録』下巻（原書房、一九八一年）七八一～七八二頁。
▼87 大山梓編『山県有朋意見書』二五五頁以下。
▼88 児玉源太郎「厦門事件の顚末及対岸将来の政策」（「後藤新平文書」七―三九―一）。
▼89 小林道彦『児玉源太郎』一八二～一八三頁。
▼90 「後藤新平日記」明治三十三年七月一日条（「後藤新平文書」三一―一―一七）。
▼91 明治三十三年七月八日附寺内正毅宛児玉源太郎書簡（「寺内正毅関係文書」一二一―一四）。
▼92 明治三十三年八月八日附寺内正毅宛児玉源太郎書簡（「寺内正毅関係文書」一二一―一五）。
▼93 児玉源太郎「厦門事件の顚末及対岸将来の政策」。
▼94 児玉源太郎「厦門事件の顚末及対岸将来の政策」。
▼95 斎藤聖二「厦門事件再考」（『日本史研究』第三〇五号（日本史研究会、一九八八年）三二頁。鶴見祐輔『後藤新平』第二巻、四五八頁。
▼96 以上、児玉源太郎「厦門事件の顚末及対岸将来の政策」。明治三十三年八月十六日附寺内正毅宛児玉源太郎書簡（「寺内正毅関係文書」一二一―一六）。
▼97 明治三十三年八月十七日附寺内正毅宛児玉源太郎書簡（「寺内正毅関係文書」一二一―一七）。
▼98 「後藤新平日記」明治三十三年八月十八日条（「後藤新平文書」三一―一―一七）。

▼99 以上、大山巌「日記」明治三十三年八月二十一～二十二日条（「大山巌関係文書」）。児玉源太郎「厦門事件の顚末及対岸将来の政策」。

▼100 明治三十三年八月二十五日附寺内正毅宛児玉源太郎書簡（「寺内正毅関係文書」一二一―一八）。

▼101 斎藤聖二「厦門事件再考」『日本史研究』第三〇五号、四〇頁。斎藤聖二『北清事変と日本軍』（芙蓉書房出版、二〇〇六年）二四二頁。

▼102 以上の経過は、児玉源太郎「厦門事件の顚末及対岸将来の政策」。

▼103 児玉源太郎「厦門事件の顚末及対岸将来の政策」。吉武源五郎編『児玉藤園将軍』前輯八九頁。

▼104 憤死云々は、宿利重一『児玉源太郎』三五一頁。

▼105 以上、鶴見祐輔『後藤新平』第二巻、四八二～四八三頁。宮内省臨時帝室編修局編『明治天皇紀』第九、八八九頁。「恐懼の至り」は、明治三十三年九月二十四日附山県有朋宛児玉源太郎書簡、尚友倶楽部山県有朋関係文書編纂委員会編『山県有朋関係文書』二、一〇〇～一〇一頁。

▼106 小林道彦『児玉源太郎』一八九～一九〇頁。波多野勝『満蒙独立運動』（PHP研究所、二〇〇一年）五二～五三頁。

▼107 深町英夫『孫文　近代化の岐路』（岩波書店、二〇一六年）四〇頁。

▼108 児玉源太郎「厦門事件の顚末及対岸将来の政策」。

▼109 鶴見祐輔『後藤新平』第二巻、四八九～五〇四頁。

▼110 鶴見祐輔『後藤新平』第二巻、五〇〇頁。宿利重一『児玉源太郎』四〇〇～四〇一頁。

▼111 明治三十三年十月二十四日附寺内正毅宛児玉源太郎書簡（「寺内正毅関係文書」一二一―一九）。

▼112 鶴見祐輔『後藤新平』第二巻、五七三～五七六頁。

▼113 小沢については、東亜同文会編『対支回顧録』下巻、四五七～四六〇頁。

▼114 日本合同通信社編刊『台湾大観』二三七頁。

▼115 鶴見祐輔『後藤新平』第二巻、三九三頁。

▼116 「児玉源太郎大将を偲ぶ」松波仁一郎編『水野博士古稀記念論策と随筆』五七五頁。

▼117 吉武源五郎編『児玉藤園将軍』後輯三六頁。

▼118 鶴見祐輔『後藤新平』第二巻、三六一～三六二、二四三～二四四頁。

▼119 鶴見祐輔『後藤新平』第二巻、二六二頁。横沢次郎『児玉藤園将軍逸事』九九～一〇二頁。

▼120 以上、鶴見祐輔『後藤新平』第二巻、三六一～三六二頁。伊能嘉矩「児玉総督治台小史」拓殖大学創立百年史編纂室編『台湾論3』一一頁。

▼121 吉武源五郎編『児玉藤園将軍』後輯九〇頁。日本合同通信社編刊『台湾大観』二六〇～二六五頁。

▼122 吉武源五郎編『児玉藤園将軍』前輯七〇～七一頁。

▼123 小林道彦氏はこれを「文明による社会統合」といっている。小林道彦『児玉源太郎』一九二～一九三頁。

▼124 祝辰巳「台湾財政の過去及び現在」拓殖大学創立百年史編纂室編『台湾論3』六五～六六頁。

▼125 高木については、高木友枝先生追憶誌刊行会編刊『高木友枝先生追憶誌』（一九五七年）。堀内については、井出季和太『台湾治績志』三四一頁。

▼126 吉武源五郎編『児玉藤園将軍』後輯八二～八三、八七頁。

▼127 明治三十三年三月二日附寺内正毅宛児玉源太郎書簡（『寺内正毅関係文書』一二一―一三）。
▼128 昭和陸軍の高級軍人の不勉強と下剋上の実態については、西浦進『昭和戦争史の証言　日本陸軍終焉の真実』七七頁以下が詳しい。
▼129 以上、吉武源五郎編『児玉藤園将軍』前輯三三頁。
▼130 吉武源五郎編『児玉藤園将軍』後輯七五頁。横沢次郎『児玉藤園将軍逸事』三四頁。
▼131 以上、「石橋をたたいても」は、西浦進『昭和戦争史の証言　日本陸軍終焉の真実』一八七頁。関屋証言は、東京日日新聞社・大阪毎日新聞社『参戦二十将星　回顧三十年　日露大戦を語る　陸軍篇』（東京日日新聞社・大阪毎日新聞社、一九三五年）五四～五五頁。
▼132 伊能嘉矩「児玉総督治台小史」拓殖大学創立百年史編纂室編『台湾論3』一一頁。
▼133 以上、青木袈裟美編『陸軍軍医中将藤田嗣章』（陸軍軍医団、一九四三年）四九～五二頁。
▼134 高木友枝も児玉が「科学上の理解力」を有していたと証言している（吉武源五郎編『児玉藤園将軍』前輯七〇頁）。
▼135 小原正忠編『小原正恒自叙伝』八八～九〇頁。
▼136 関屋貞三郎「児玉総督後藤長官を憶ふ」（「児玉源太郎関係文書」二〇一、国会図書館憲政資料室所蔵）。
▼137 宿利重一『児玉源太郎』七一三～七一四頁。
▼138 以上、児玉の養生法と面会者への対応は、青木袈裟美編『陸軍軍医中将藤田嗣章』五一、四九頁。
▼139 吉武源五郎編『児玉藤園将軍』後輯一二～一三、七六頁。
▼140 青木大勇「後藤民政長官と児玉総督」『平凡な六十年』（原口一億、一九三六年）七八頁。森山守次『児玉大将伝』第二篇一七〇～一七一頁。
▼141 横沢次郎『児玉藤園将軍逸事』四二～四四頁。宿利重一『児玉源太郎』三九六～三九七頁。吉武源五郎編『児玉藤園将軍』後輯一五～一六頁。「鎮南山縁起」黄葉秋造編『鎮南記念帖』（鎮南山臨済護国禅寺、一九一三年）。
▼142 「鎮南山縁起」黄葉秋造編『鎮南記念帖』一二～一三頁。松金公正「日本統治期における妙心寺派台湾布教の変遷」宇都宮大学国際学部編刊『宇都宮大学国際学部研究論集』第十二号（二〇〇一年）も参照。

第十一章

▼1 身長は、森山守次『児玉大将伝』第二篇三三頁。体重は、「児玉少将以下身体表」（「大山巌関係文書」四七―（二五））。蜜柑箱の件は、鶴見祐輔『後藤新平』第二巻、五二七頁。
▼2 仕立屋の件は、宿利重一『児玉源太郎』二五八頁。その他は、村上浪六「児玉大将の風格」『現代』第八巻第四号（大日本雄弁会講談社、一九二七年）。なお作家の村上は、少将時代から児玉の知遇を得ていた。
▼3 禿頭は、森山守次『児玉大将伝』参謀本部第一局長時代写真。森山守次『児玉大将伝』第二篇三四頁。
▼4 村上浪六「児玉大将の風格」『現代』第八巻第四号。森山守次『児玉大将伝』第二篇一一、一五八頁。
▼5 以上、黄葉秋造「青年時代の藤園将軍」『台湾日日新報』明治三十九年八月一日。吉武源五郎編『児玉藤園将軍』後輯一一〇頁。森山守次『児玉大将伝』第二篇七一、一七三頁。玄関払いとふんどしは、安藤照『お鯉物語』（福永書店、

▼6 一九二七年）三七三〜三七六、三八一頁。

▼7 以上、鶴見祐輔『後藤新平』第二巻、四九頁。新渡戸稲造『偉人群像』三二〇〜三二一頁。宿利重一『児玉源太郎』四〇六頁。石黒忠悳『懐旧九十年』三三〇頁。

▼8 児玉の性格は、「山県元帥談」博文館編『児玉陸軍大将』一二頁。家僕の件は、森山守次『児玉大将伝』第二篇一〇六頁、横沢次郎『児玉藤園将軍逸事』一〇四頁。

▼9 役人臭さや天真爛漫は、村上浪六「児玉大将の風格」『現代』第八巻第四号。陽気で開放的は、森山守次『児玉大将伝』第二篇二三頁、「大隈伯爵談」博文館編『児玉陸軍大将』博文館一五頁。

▼10 吉武源五郎編『児玉藤園将軍』後輯一七〜一八頁。

▼11 吉武源五郎編『児玉藤園将軍』後輯一二〜一三、一二六、一五六頁。

▼12 以上、吉武源五郎編『児玉藤園将軍』前輯三三〜三八頁。

▼13 村上浪六「児玉大将の風格」『現代』第八巻第四号。

▼14 森山守次『児玉大将伝』第二篇一六八〜一六九頁。

▼15 森山守次『児玉大将伝』第二篇二一〜二二頁。

▼16 森山守次『児玉大将伝』第二篇一〇八〜一〇九頁。

▼17 一又正雄『杉山茂丸　明治大陸政策の源流』（原書房、一九七五年）六二〜六四頁。満洲経営献策は、大熊浅次郎『信水堀内文次郎将軍を悼む』（大熊浅次郎、一九四二年）二頁。以上、児玉が杉山を重用した件は、高橋義雄『万象録　高橋箒庵日記』巻二（思文閣出版、一九八六年）一二頁。杉山の電報を手に急逝は、高橋義雄『万象録　高橋箒庵日記』巻四（思文閣出版、一九八八年）五〜六頁。メッセンジャーとしての杉山は、彼の自伝である『俗戦国策』（書肆心水、二〇〇六年）、杉山其日庵『山県元帥』（博文館、一九二五年）に詳しい。上記二書には児玉の発言も多数書かれている。山県に同行の件は、大熊浅次郎『信水堀内文次郎将軍を悼む』三頁。

▼18 一又正雄『杉山茂丸　明治大陸政策の源流』六四〜六五、一〇三〜一一二頁。南満洲鉄道については、大熊浅次郎『信水堀内文次郎将軍を悼む』四頁。

▼19 森山守次『児玉大将伝』第二篇一三二〜一三七頁。

▼20 以上、健啖家は、森山守次『児玉大将伝』第二篇八六〜八七頁。飲酒は、森山守次『児玉大将伝』第二篇三八〜三九、一一九、一七五〜一七七頁、「児玉氏の談話」『読売新聞』明治三十九年七月二十八日。酒と死因については、後藤省吾「児玉大将の病に就て」『衛生新報』明治三十九年八月一日。朝田時子の件は、横沢次郎『児玉藤園将軍逸事』一〇七頁。愛煙家は、森山守次『児玉大将伝』第二篇一一三〜一一四頁。

▼21 以上、漢詩は、森山守次『児玉大将伝』第二篇三八頁、和田政雄『乃木希典日記』明治三十七年十二月七日条。読書は、森山守次『児玉大将伝』第二篇四〇〜四一、一〇三〜一〇五頁。『名将言行録』は、吉武源五郎編『児玉藤園将軍』前輯三〇頁。

▼22 以上、森山守次『児玉大将伝』第二篇三九〜四〇、九九、一四九頁。横沢次郎『児玉藤園将軍逸事』一一八頁。東京日日新聞社・大阪毎日新聞社『参戦二十将星　回顧三十年日露大戦を語る　陸軍篇』三七〜三八頁。

▼23 早寝早起きは、森山守次『児玉大将伝』第二篇一四〇頁。

▼24 徒歩通勤は、森山守次『児玉大将伝』第二篇一一七頁。白

馬は、森山守次『児玉大将伝』第二篇六九頁。舞鶴は、博文館編『児玉陸軍大将』口絵写真、五六頁。

▼25 以上、森山守次『児玉大将伝』第二篇一八、一八〇頁。イアン・ハミルトン『思ひ出の日露戦争』(雄山閣、二〇一二年)二一～二二頁。吉武源五郎編『児玉藤園将軍』後輯八〇頁。

▼26 森山守次『児玉大将伝』第二篇五二頁。

▼27 横沢次郎『児玉藤園将軍逸事』五七～六九頁。鶴見祐輔『後藤新平』第二巻月報三～五頁。宿利重一『児玉源太郎』三九三～三九五頁。森山守次『児玉大将伝』第二篇二〇二～二〇三頁。井出季和太『台湾治績志』三五五頁。

▼28 森山守次『児玉大将伝』第二篇六三頁。

▼29 児玉の児玉文庫設立意図については、博文館編『児玉陸軍大将』四三～四四頁。

▼30 以上、児玉文庫については、博文館編『児玉陸軍大将』四三～四四頁。周南市美術博物館編刊『児玉源太郎と近代国家への歩み展 日本の進路を託された男』五六～五七頁。長田昇『児玉源太郎』二五二～二五五頁。

▼31 肯定説は、脇英夫ほか『徳山海軍燃料廠史』(徳山大学総合経済研究所、一九八九年)八、六一頁。懐疑説は、古川薫『天辺の椅子』二二三～二二四頁、長田昇『児玉源太郎』二五七頁。長田は児玉の「たまたま父の郷里の徳山が選定されたのだろう」という児玉国雄の証言を紹介する。

▼32 (明治三十七年)五月十六日附斎藤実宛児玉源太郎書簡(「斎藤実関係文書」七五三―一、国会図書館憲政資料室所蔵)。

▼33 以上、森山守次『児玉大将伝』第二篇一一八頁。貞子宛の絵葉書は、児玉秀雄編『藤園記念画帖 児玉源太郎十三回忌記念』。

▼34 以上、明治三十年三月十日附児玉秀雄宛児玉源太郎書簡、三月十二日附国分兵吉・児玉秀雄書簡、尚友倶楽部児玉秀雄関係文書編集委員会編『児玉秀雄関係文書』Ｉ(尚友倶楽部、二〇一〇年)三～四頁。小林道彦『児玉源太郎』一六五～一六六頁。

▼35 明治三十二年十月六日附児玉秀雄宛児玉源太郎書簡、児玉秀雄編『藤園記念画帖 児玉源太郎十三回忌記念』。時事新報社政治部編『手紙を通じて』(宝文館、一九二九年)四五～四七頁。

第十二章

▼1 宮内省臨時帝室編修局編『明治天皇紀』第九、九二三～九二五頁。宇野俊一校注『桂太郎自伝』二三〇～二三一頁。

▼2 明治三十三年十二月五日附寺内正毅宛大島義昌書簡(「寺内正毅関係文書」二二九―八)。

▼3 石井満『中村雄次郎伝』(中村雄次郎伝記刊行会、一九四三年)一四〇、五六～五七、六五頁。

▼4 石井満『中村雄次郎伝』五一～五四、一四四頁。

▼5 石井満『中村雄次郎伝』六六頁、井口省吾文書研究会編『日露戦争と井口省吾』(原書房、一九九四年)明治三十五年三月二十九日条、一五四頁。

▼6 波多野澄雄、黒沢文貴責任編集『侍従武官長奈良武次日記・回顧録』第四巻(柏書房、二〇〇〇年)三七頁。

▼7 波多野澄雄、黒沢文貴責任編集『侍従武官長奈良武次日記・回顧録』第四巻、三七頁。山口については、北島驥子雄「名将山口勝中将の回顧」偕行社砲兵沿革史刊行会編『砲兵沿

革史』第五巻上（偕行社、一九六六年）二七頁以下が詳しい。

▼8 以上、台湾総督府陸軍幕僚『台湾総督府陸軍幕僚歴史草案』第三巻、一二二八〜一二三〇頁。

▼9 宮内省臨時帝室編修局編『明治天皇紀』第十（吉川弘文館、一九七四年）五四〜五七頁。

▼10 以上、広瀬順晧監修『伊東巳代治日記・記録　未刊翠雨荘日記　憲政史編纂会旧蔵』第二巻（ゆまに書房、一九九九年）明治三十四年五月二日条、一五頁。

▼11 広瀬順晧監修『伊東巳代治日記・記録　未刊翠雨荘日記　憲政史編纂会旧蔵』第二巻、明治三十四年五月十七日条、一〇七頁。

▼12 広瀬順晧監修『伊東巳代治日記・記録　未刊翠雨荘日記　憲政史編纂会旧蔵』第二巻、明治三十四年五月十七日条、一三三〜一三五頁、明治三十四年五月二十二日条、一四九頁。

▼13 小林道彦『児玉源太郎』一九六頁。

▼14 広瀬順晧監修『伊東巳代治日記・記録　未刊翠雨荘日記　憲政史編纂会旧蔵』第二巻、明治三十四年五月二十三日条、一六七〜一七一頁。

▼15 明治〔三十四〕年六月十八日附石塚英蔵宛児玉源太郎書簡、吉武源五郎編『児玉藤園将軍』後輯口絵写真。

▼16 伊藤之雄『立憲国家と日露戦争　外交と内政１８９８〜１９０５』（木鐸社、二〇〇〇年）一三一〜一三四頁。

▼17 宮内省臨時帝室編修局編『明治天皇紀』第十、二〇二頁。

▼18 宮内省臨時帝室編修局編『明治天皇紀』第十、七〇〜七一、一〇二頁。

▼19 「陸軍大臣辞職願草稿」『児玉源太郎関係文書』二四四頁。

▼20 宮内省臨時帝室編修局編『明治天皇紀』第十、一〇二頁。

▼21 広瀬順晧監修『伊東巳代治日記・記録　未刊翠雨荘日記　憲政史編纂会旧蔵』第二巻、明治三十四年五月十七日条、一三四〜一三五頁。

▼22 波多野澄雄、黒沢文貴責任編集『侍従武官長奈良武次日記・回顧録』第四巻、三七頁。

▼23 井口省吾文書研究会編『日露戦争と井口省吾』明治三十四年五月十六日条、四三三頁。

▼24 「日露戦争三十年記念　大山（総司令官）児玉（総参謀長）を偲ぶ座談会」伝記研究会編輯『伝記』第二巻第三号（南光社、一九三五年）六五〜六六頁。

▼25 「明治三十五年二月　師団長会議書類」所収「明治35年2月7日師団長会議に於ける議事」（JACAR.Ref.C10071629100・陸軍省-雑-M35-12-114・防衛省防衛研究所戦史研究センター所蔵）。

▼26 以上、遭難事件の児玉の対応については、「明治35年　歩兵第5連隊　遭難に関する取調委員復命書」（JACAR.Ref.C10050149400・陸軍省-5 i 雪中行軍-M35-6-99・防衛省防衛研究所戦史研究センター所蔵）。

▼27 井口省吾文書研究会編『日露戦争と井口省吾』四一五、四三二頁。

▼28 「叙位裁可書　明治三十四年　叙位巻七」（A10110072500・国立公文書館所蔵）。

▼29 以上、馬蹄銀分捕り事件の経緯は、松下芳男『日本陸海軍騒動史』（土屋書店、一九七四年）一六九〜一七九頁、佐藤三郎「児玉源太郎陸相の辞表捧呈　馬蹄銀事件」日本歴

▼30 史学会編『日本歴史』第五〇六号（吉川弘文館）。馬蹄銀押収時の児玉の様子は、明治三十五年二月七日附伊藤博文宛伊東巳代治書簡、『伊藤博文関係文書』九（塙書房、一九八一年）五七頁。児玉の進退伺提出は、宮内省臨時帝室編修局編『明治天皇紀』第十、二二八～二二九頁。進退伺却下は、山本四郎編『寺内正毅日記　1900～1918』（京都女子大学、一九八〇年）明治三十五年四月十二日条。

▼31 『東京朝日新聞』明治三十五年五月十一日。

▼32 井口省吾文書研究会編『日露戦争と井口省吾』明治三十四年十二月二十五日条、一三八頁。

▼33 小林道彦『児玉源太郎』一九九～二〇〇、三二五頁。小林道彦「児玉源太郎と原敬」伊藤之雄編『原敬と政党政治の確立』五一～五二頁。

▼34 「陸海軍官制改正の議に就て」『読売新聞』明治三十四年八月二十三日、二面。なお、陸海軍官制改革の記事は、『東京朝日新聞』明治三十四年八月二十二・二十三日にも掲載されている。

▼35 「日露戦争三十年記念　大山（総司令官）児玉（総参謀長）を偲ぶ座談会」伝記研究会編輯『伝記』第二巻第三号、六四頁。

▼36 井口省吾文書研究会編『日露戦争と井口省吾』明治三十四年九月三日条、四四〇頁。

▼37 以上、「明治三十五年二月　師団長会議書類」所収「大臣より各師団長に訓示せられたる件」（JACAR.Ref.C10071629200・陸軍省-雑-M35-12-114・防衛省防衛研究所戦史研究センター所蔵）。井口省吾文書研究会編『日露戦争と井口省吾』明治三十四年九月二十一日条、一一九、四四二頁。憲兵削減については、井口省吾文書研究会編『日露戦争と井口省吾』明治三十四年九月二十八日条、四四二頁。『東京朝日新聞』明治三十六年二月四日。児玉の意図については、本章註31。

▼38 陸軍電信教導大隊条例は、児玉の陸軍大臣退任後の明治三十五年十月に制定された。宮内省臨時帝室編修局編『明治天皇紀』第十、二九九頁。

▼39 「攻城隊編制書類　明治34年9月」（JACAR.Ref.C12121348600～C12121350400・中央-軍事行政編制-390・防衛省防衛研究所戦史研究センター所蔵）。

▼40 以上、波多野澄雄、黒沢文貴責任編集『侍従武官長奈良武次日記・回顧録』第四巻、三八頁。攻城砲兵隊編成については、陸上自衛隊富士学校特科会編『日本砲兵史』（原書房、一九八〇年）三一～三四頁。「攻城隊編制書類　明治34年9月」。「野戦重砲兵隊に関する編制諸表　明治35年10月」（JACAR.Ref.C12121452100～12121452800・中央-軍事行政編制-502・防衛省防衛研究所戦史研究センター所蔵）。

▼41 井口省吾文書研究会編『日露戦争と井口省吾』明治三十四年五月十四・十六日条、四三二～四三三頁。

▼42 陸海軍の対立は、桑田悦編『近代日本戦争史　第一編　日清・日露戦争』三五五～三七四頁が詳しい。

▼43 以上、軍事参議院条例は、井口省吾文書研究会編『日露戦争と井口省吾』明治三十四年五月十六日条、明治三十五年四月十八日条、四三三、四五一頁。柴田隆一・中村賢治『陸軍経理部』（芙蓉書房、一九八一年）五九～六〇頁。

▼44　以上、若松会編刊『陸軍経理部よもやま話』(一九八二年)六～九頁。斎藤文賢『陸軍会計経理学』(素天社、一九〇二年)四一六～四一九頁。「明治35年乾　貳大日記2月」(JACAR.Ref. C06083550500～C06083550700・陸軍省-貳大日記-M35-2-16・防衛省防衛研究所戦史研究センター所蔵)。

▼45　「明治35年乾　貳大日記2月」(JACAR.Ref. C06083550500～C06083550700)。条例制定目的については、「大臣より各師団長に訓示せられたる件」(JACAR.Ref. C10071629200)も参照。

▼46　井口省吾文書研究会編『日露戦争と井口省吾』明治三十五年二月七日条、四二三頁。「明治35年2月7日師団長会議に於ける議事」(JACAR.Ref.C10071629100)。

▼47　井口省吾文書研究会編『日露戦争と井口省吾』明治三十四年十二月十六・十七・二十日条、一三六～一三七、四四五頁。

▼48　明治三十四年八月二十五日附後藤新平宛児玉源太郎書簡(「後藤新平文書」)。

▼49　明治三十四年九月十七日附後藤新平宛児玉源太郎書簡(「後藤新平文書」)。

▼50　「公文類聚　第二十五編　明治三十四年　第四巻　官職二官制二」(JACAR.Ref.A01200906700・国立公文書館所蔵)。広瀬順晧監修『伊東巳代治日記・記録　未刊翠雨荘日記　憲政史編纂会旧蔵』第三巻、明治三十四年十月九日条、二三一～二三八頁。

▼51　「公文類聚　第二十五編　明治三十四年　第四巻　官職二官制二」(JACAR.Ref.A01200906700)。広瀬順晧監修『伊東巳代治日記・記録　未刊翠雨荘日記　憲政史編纂会旧蔵』第三巻、明治三十四年十月九日・十七日条、二三九～二四〇、二七三～二七七頁。明治三十四年十月十七日附桂太郎宛児玉源太郎書簡、千葉功編『桂太郎関係文書』一五七頁。

▼52　十月十六日附桂総理発児玉総督宛電報「公文類聚　第二十五編　明治三十四年　第四巻　官職二　官制二」(JACAR.Ref.A01200906700)。明治三十四年十月二十一日附桂太郎宛児玉源太郎書簡、千葉功編『桂太郎関係文書』一五七～一五八頁。

▼53　小林道彦『児玉源太郎』二〇〇頁。広瀬順晧監修『伊東巳代治日記・記録　未刊翠雨荘日記　憲政史編纂会旧蔵』第二巻、明治三十四年七月二十七日条、五四九頁。

▼54　以上、「陸軍大臣辞職願草稿」『児玉源太郎関係文書』二四四頁。明治三十四年十一月九日附桂太郎宛児玉源太郎書簡、千葉功編『桂太郎関係文書』一五八頁。総督府内の対立は、明治三十四年十月二十一日附桂太郎宛児玉源太郎書簡、千葉功編『桂太郎関係文書』一五七～一五八頁。

▼55　小林道彦『児玉源太郎』二〇二～二〇五頁。

▼56　小林道彦『児玉源太郎』二〇三～二〇四頁。

▼57　明治三十五年一月一日附伊藤博文宛伊東巳代治書簡、岡義武・林茂校訂『大正デモクラシー期の政治　松本剛吉政治日誌』(岩波書店、一九七七年)六四〇頁。

▼58　あるいは、奥田案が児玉の手に渡り、児玉がそれを保管していたことを、帷幄上奏権縮小案に対する児玉の同意の根拠と考える人がいるかもしれない。だが、関係者に奥田案が配布されることは当然であり、入手・保管と奥田案への賛否は別問題であることは論を俟たない。

▼59 以上、井口省吾文書研究会編『日露戦争と井口省吾』明治三十四年八月二十九日条、明治三十五年一月二十日条、四四〇、四四七頁。宮内省臨時帝室編修局編『明治天皇紀』第十、二一七頁。

▼60 以上、「明治35年自1月至4月　秘密日記」所収「平時編制中台湾守備隊編制改正に付協議の件」(JACAR.Ref.C09122849200・参謀本部-雑-M-35-6-122・防衛省防衛研究所戦史研究センター所蔵)。「明治35年乾　貳大日記3月」所収「台湾守備隊編制改正に関する件」(JACAR.Ref.C06083564000・陸軍省-貳大日記-M-35-3-17・防衛省防衛研究所戦史研究センター所蔵)。

▼61 前出「平時編制中台湾守備隊編制改正に付協議の件」。黒田甲子郎編『元帥寺内伯爵伝』「逸話零聞」五六頁。

▼62 山本四郎編『寺内正毅日記　１９００～１９１８』明治三十五年三月一日条。

▼63 以上、前出「台湾守備隊編制改正に関する件」。井口省吾文書研究会編『日露戦争と井口省吾』明治三十五年二月二十五日条、一四八頁。山本四郎編『寺内正毅日記　１９００～１９１８』明治三十五年二月二十七・二十八日条、三月一日条。宮内省臨時帝室編修局編『明治天皇紀』第十、二一七頁。児玉が寺内を後任に推薦の件は、『東京朝日新聞』明治三十五年三月二十一日。明治三十五年三月十七日附桂太郎宛山県有朋書簡、千葉功編『桂太郎関係文書』三八三頁。寺内が児玉の方針を継続採用した件は、『東京朝日新聞』明治三十六年二月四日。

▼64 明治三十五年六月二十八日附寺内正毅宛徳大寺実則書簡(「寺内正毅関係文書」三二一九—二)。宮内省臨時帝室編修局編『明治天皇紀』第十、二五八～二五九頁。

▼65 「明治34年　秘密日記　参秘号」(JACAR.Ref.C09122712900・参謀本部-雑-M34-1-117・防衛省防衛研究所戦史研究センター所蔵)。

▼66 小林道彦『児玉源太郎』二〇四～二〇五頁。

▼67 黒田甲子郎編『元帥寺内伯爵伝』「逸話零聞」五五頁。

▼68 津野一輔「元帥寺内正毅伯」森田英亮編『名将名将軍を語る』(金星堂、一九三九年)一二三頁。津野は、陸軍大臣時代の寺内に陸相副官として仕えた寺内の側近である。

▼69 明治三十四年九月二十七日、十月八日附桂太郎宛山県有朋書簡、千葉功編『桂太郎関係文書』三八〇頁。明治〔三十四〕年九月十日附後藤新平宛児玉源太郎書簡(「後藤新平文書」)。

▼70 尾野実信「元帥大山巌卿」森田英亮編『名将名将軍を語る』六一～六二頁。

第十三章

▼1 「意見書覚書」『児玉源太郎関係文書』二六六～二六七頁。

▼2 徳富猪一郎編『公爵桂太郎伝』坤巻(原書房、一九六七年)六六四、六六六～六六七頁。

▼3 鶴見祐輔『後藤新平』第二巻、一九六～二〇一頁。

▼4 以上、桂内閣と政友会妥協の経緯は、伊藤之雄『伊藤博文　近代日本を創った男』(講談社、二〇〇九年)四七四～四七五頁。千葉功『桂太郎　外に帝国主義、内に立憲主義』九〇～九三頁。

▼5 以上、明治三十六年五月二十七日附伊藤博文宛児玉源太郎書簡、伊藤博文関係文書研究会編『伊藤博文関係文書』四

（塙書房、一九七六年）四三七頁。吉武源五郎編『児玉藤園将軍』前輯九六〜一〇〇頁。宿利重一『児玉源太郎』四七一〜四七四頁。

▼6 鶴見祐輔『後藤新平』第二巻、二〇七頁。

▼7 以上、鶴見祐輔『後藤新平』第二巻、二四六〜二五四頁。

▼8 宇野俊一『桂太郎自伝』一八〇頁。広瀬順晧監修『伊東巳代治日記・記録　未刊翠雨荘日記　憲政史編纂会旧蔵』第四巻、明治三十五年五月九日条、一八六頁。

▼9 広瀬順晧監修『伊東巳代治日記・記録　未刊翠雨荘日記　憲政史編纂会旧蔵』第四巻、明治三十五年五月九日条、一八五〜一八七頁。

▼10 明治三十六年十一月一日附後藤新平宛児玉源太郎書簡（「後藤新平文書」）。

▼11 「日露講和締結に満足する覚書」『児玉源太郎関係文書』二五七頁。

▼12 森山守次『児玉大将伝』三二九頁。宮内省臨時帝室編修局編『明治天皇紀』第十、四五五〜四五六頁。

▼13 小沢の旅費については、「明治36年乾　貳大日記6月」(JACAR.Ref.C06083772800・陸軍省-貳大日記-M36-6-26・防衛省防衛研究所戦史研究センター所蔵)。

▼14 小林道彦『児玉源太郎』二〇八〜二〇九頁。小林道彦「日露戦争から大正政変へ　1901〜1913」慶応義塾福沢研究センター編刊『近代日本研究』第二九巻（二〇一二年）一〇〜一一頁。

▼15 視察目的については、森山守次『児玉大将伝』三二九頁、児玉秀雄編『藤園記念画帖　児玉源太郎十三回忌記念』四五頁。

▼16 児玉秀雄編『藤園記念画帖　児玉源太郎十三回忌記念』四五頁。横沢次郎『児玉藤園将軍逸事』一一八〜一一九頁。

▼17 徳富猪一郎編『公爵桂太郎伝』坤巻、一三七頁。

▼18 芳川顕正の辞職理由は、宿利重一『児玉源太郎』四八〇頁。

▼19 明治三十六年十月五日附山県有朋宛桂太郎書簡、千葉功編『桂太郎発書翰集』三九一〜三九三頁。徳富猪一郎編『公爵山縣有朋伝』下巻、五八六頁。

▼20 宿利重一『児玉源太郎』四〇一〜四〇三頁。

▼21 以上、「児玉源太郎大将を偲ぶ」松波仁一郎編『水野博士古稀記念論策と随筆』五七六〜五七七頁。内務省警保局編刊『警察部長事務打合会議における内務大臣訓示要旨集』（一九二七年）一一頁。

▼22 内務省警保局編刊『警察部長事務打合会議における内務大臣訓示要旨集』一一頁。

▼23 「児玉源太郎大将を偲ぶ」松波仁一郎編『水野博士古稀記念論策と随筆』五七六〜五七七頁。

▼24 吉武源五郎編『児玉藤園将軍』後輯一一三頁。宿利重一『児玉源太郎』四八三頁。尚友倶楽部ほか編『水野錬太郎回想録・関係文書』七七頁。

▼25 宿利重一『児玉源太郎』四八三頁。吉武源五郎編『児玉藤園将軍』後輯五九〜六〇、六四頁。

▼26 宿利重一『児玉源太郎』四八三〜四八四頁。吉武源五郎編『児玉藤園将軍』後輯六三頁。

▼27 「児玉源太郎大将を偲ぶ」松波仁一郎編『水野博士古稀記念論策と随筆』五七五〜五七六頁。宿利重一『児玉源太郎』四九二、四八四頁。

▼28 尚友倶楽部ほか編『水野錬太郎回想録・関係文書』七六頁。
▼29 吉武源五郎編『児玉藤園将軍』後輯六二～六三頁。
▼30 「児玉源太郎大将を偲ぶ」松波仁一郎編『水野博士古稀記念論策と随筆』五七五頁。吉武源五郎編『児玉藤園将軍』後輯六三～六四頁。
▼31 「児玉源太郎大将を偲ぶ」松波仁一郎編『水野博士古稀記念論策と随筆』五七五頁。宿利重一『児玉源太郎』四九一～四九二頁。
▼32 「児玉源太郎大将を偲ぶ」松波仁一郎編『水野博士古稀記念論策と随筆』五七六頁。
▼33 以上、「日露講和締結に満足する覚書」『児玉源太郎関係文書』二六〇頁。児玉秀雄編『藤園記念画帖　児玉源太郎十三回忌記念』四五頁。森山守次『児玉大将伝』三三〇頁。
▼34 ②・④・⑤は、「児玉源太郎大将を偲ぶ」松波仁一郎編『水野博士古稀記念論策と随筆』五七二～五七三頁。①は、伊藤之雄『立憲国家と日露戦争　外交と内政1898～1905』二四〇頁。③は、伊藤之雄『立憲国家と日露戦争　外交と内政1898～1905』二三〇～二三三頁、松浦鎮次郎編刊『岡田良平先生小伝』（一九三五年）九一～九六頁。
▼35 「児玉源太郎大将を偲ぶ」松波仁一郎編『水野博士古稀記念論策と随筆』五七二頁。郡制廃止は、尚友倶楽部ほか編『水野錬太郎回想録・関係文書』七七頁。プロヴィンス化は、吉武源五郎編『児玉藤園将軍』前輯一六頁、小林道彦『児玉源太郎』二一二頁。
▼36 「児玉源太郎大将を偲ぶ」松波仁一郎編『水野博士古稀記念論策と随筆』五七二頁。
▼37 以上、伊藤之雄『立憲国家と日露戦争　外交と内政1898～1905』二四〇～二四二頁。
▼38 中央報徳会編刊『府県制五十年を語る』（一九四一年）一三～一四頁。
▼39 吉武源五郎編『児玉藤園将軍』後輯六〇頁、前輯一六～一七頁。
▼40 「児玉源太郎大将を偲ぶ」松波仁一郎編『水野博士古稀記念論策と随筆』五七二～五七三頁。
▼41 「児玉源太郎大将を偲ぶ」松波仁一郎編『水野博士古稀記念論策と随筆』五七三頁。竜門社編『渋沢栄一伝記資料』第九巻（渋沢栄一伝記資料刊行会、一九五六年）四五七～四八五頁。
▼42 「児玉源太郎大将を偲ぶ」松波仁一郎編『水野博士古稀記念論策と随筆』五七三頁。吉武源五郎編『児玉藤園将軍』後輯五〇～五一頁。
▼43 尚友倶楽部ほか編『水野錬太郎回想録・関係文書』七六頁。「児玉源太郎大将を偲ぶ」松波仁一郎編『水野博士古稀記念論策と随筆』五七二頁。
▼44 文部省廃止については、伊藤之雄『立憲国家と日露戦争　外交と内政1898～1905』二三〇～二三三頁、鄭賢珠「第1次桂内閣期の文部省廃止構想と阻止運動」『HUMANITAS』第三四号（奈良県立医科大学一般教育、二〇〇九年）。
▼45 以上、松浦鎮次郎編刊『岡田良平先生小伝』九一～九六頁。
▼46 明治三十六年〔九〕月二十一日附後藤新平宛児玉源太郎書簡（「後藤新平文書」）。
▼47 小林道彦『児玉源太郎』二一二頁。

▼48　以上、陸軍幼年学校廃止については、野邑理栄子『陸軍幼年学校体制の研究　エリート養成と軍事・教育・政治』一六七～一七〇頁。

▼49　宿利重一『児玉源太郎』四八六～四八七頁。

第十四章

▼1　徳富猪一郎編『公爵桂太郎伝』坤巻、一二〇～一二二、一五八～一六五頁。宇野俊一校注『桂太郎自伝』二八〇～二八一、三一七頁。なお、満韓交換論に代表される日本の外交政策については、千葉功『旧外交の形成』（勁草書房、二〇〇八年）が詳しい。

▼2　谷寿夫『機密日露戦史』（原書房、一九六六年、以後、谷戦史と略す）三五頁。

▼3　「明治三十六年五月　上聞　露国行動に関する判断　原案共」（JACAR.Ref. C09123086600・参謀本部-雑-M36-15-118・防衛省防衛研究所戦史研究センター所蔵）。参謀本部編『明治三十七・八年秘密日露戦史』（巌南堂書店、一九七七年。以後、秘密日露戦史と略す）第一、二五～二六、四七頁。

▼4　明治三十六年八月三日附後藤新平宛児玉源太郎書簡（「後藤新平文書」）。

▼5　「無理非道」は、明治三十六年十月九日附山県有朋宛桂太郎書簡、千葉功編『桂太郎発書翰集』三九五頁。

▼6　明治三十六年八月二十四日附後藤新平宛児玉源太郎書簡（「後藤新平文書」）。

▼7　徳富猪一郎『公爵山縣有朋伝』下巻、五八三頁。

▼8　松川敏胤「明治三十五年随筆」（「松川家資料」仙台市博物館所蔵）。

▼9　福田雅太郎「日露開戦に至る迄」偕行社編纂部編『偕行叢書三　戦争秘話（日露戦役）』第一輯（偕行社、一九三五年）七頁。

▼10　井口省吾文書研究会編『日露戦争と井口省吾』明治三十六年十月二日条、二五六頁。明治三十六年十月一日附山県有朋宛寺内正毅書簡、十月二日・十月五日附山県有朋宛桂太郎書簡ほか、徳富猪一郎『公爵山縣有朋伝』下巻、五八三～五八六頁。なお、『公爵山縣有朋伝』は、大山が福島か伊地知を簡抜したいと寺内に述べ、山県がこれに賛成しなかったとする。

▼11　以上、徳富猪一郎『公爵山縣有朋伝』下巻、五八七～五九〇頁。明治三十六年十月九日附山県有朋宛桂太郎書簡、千葉功編『桂太郎発書翰集』三九四頁。

▼12　陸軍省編『明治軍事史』下巻、一二七六頁。

▼13　大沢宗雄編『立志の人大沢界雄』（大覚寺、一九九一年）二〇九頁。

▼14　「破格の降格人事」は、小林道彦『児玉源太郎』二一五頁。

▼15　越沢明『後藤新平』（筑摩書房、二〇一一年）二一五頁。

▼16　なお、このことを最初に指摘したのは著者である。長南政義「児玉源太郎は天才作戦家ではなかった」ゲームジャーナル編集部編『坂の上の雲5つの疑問』（並木書房、二〇一一年）一二九頁、長南政義「児玉源太郎は名将だったのか？　～「参謀本部次長」「満洲軍総参謀長」としての児玉源太郎の手腕～」『國學院法研論叢』第四十号（國學院大學大学院法学研究会、二〇一三年）第一章第一節参照。
児玉の参謀本部次長就任が降格人事ではなかった点や、

児玉の満洲軍総参謀長としての役割が参謀の議論を聞き利害得失を検討して判断を下すことにあった点、二〇三高地攻略戦における児玉の作戦指導が陸大問答式（陸軍大学校の学生に対して問題を出すようなやり方）であった点について、大澤博明『児玉源太郎　明治陸軍のリーダーシップ』六二〜六三、六三〜六四、七〇〜七一、七八頁に、拙稿（『坂の上の雲5つの疑問』一二九、一三〇、一三二〜一三三、一五一頁）からの盗用が疑われる箇所が存在する。明記して大澤氏の研究姿勢を批判したい。

▼17 杉山茂丸『児玉大将伝』（中央公論社、一九八九年）三六七頁。

▼18 吉武源五郎編『児玉藤園将軍』後輯口絵写真。大澤博明『児玉源太郎　明治陸軍のリーダーシップ』六三頁。

▼19 宮内省臨時帝室編修局編『明治天皇紀』第十、五〇九頁。

▼20 小林道彦『児玉源太郎』二一五〜二一六頁。

▼21 明治三十七年八月二十日附後藤新平宛児玉源太郎書簡（「後藤新平文書」）。

▼22 森山守次『児玉大将伝』三三三〜三三四頁。「明治三十五年五月起部長会議録」（JACAR.Ref.C09122979700・参謀本部-雑-M35-19-135・防衛省防衛研究所戦史研究センター所蔵）十月十四日条にも「機密の事、動員計画の事は如何なる程度迄秘密なるやの件。1、計画は秘密なり。2、動員実行は秘にあらす。3、集中は秘にあらす」、「秘密取扱及取締方法研究委員を撰定し法令の不備を匡正し取締法を設くること」との記述があり『児玉大将伝』の記述は概ね事実と思われる。

▼23 松川敏胤「明治三十五年随筆」。

▼24 福田雅太郎「日露開戦に至る迄」偕行社編纂部編『偕行叢書三　戦争秘話（日露戦役）』第一輯、七頁。

▼25 福田雅太郎「日露開戦に至る迄」偕行社編纂部編『偕行叢書三　戦争秘話（日露戦役）』第一輯、八頁。

▼26 井口省吾文書研究会編『日露戦争と井口省吾』明治三十六年十月八日、十月十二日条、二五七〜二五八頁。

▼27 谷戦史三九〜四〇頁。

▼28 「日露戦役参加者史談会記録」（JACAR.Ref.C09050717800・海軍省-日露-M37-436・防衛省防衛研究所戦史研究センター所蔵）。

▼29 秘密日露戦史、日露戦役回想談、一〇〇頁。

▼30 季武嘉也「新史料が明かす知将の卓見　大戦略家児玉源太郎の避戦論」『中央公論』二〇一五年五月号。また、伊藤之雄『立憲国家と日露戦争　外交と内政1898〜1905』、千葉功『旧外交の形成』も日露戦争は回避できたという立場である。

▼31 以上、谷戦史七六、四一、九九頁。

▼32 「洋行日記」・「日露講和締結に満足する覚書」『児玉源太郎関係文書』二一三、二五九頁。

▼33 以上、秘密日露戦史、第一、三六〜三七頁。平野龍二『日清・日露戦争における政策と戦略　「海洋限定戦争」と陸海軍の協同』一六三〜一六五頁。

▼34 なお、児玉は早期開戦論者でありつつも、開戦決定の可否に関しては、政府の判断に従う意思を明確に示している。

▼35 谷戦史三九頁。

▼36 谷戦史七六頁。

▼37 末広一雄編刊『男爵近藤廉平伝　附遺稿』（一九二六年）

▼38 一九三～一九六頁。

▼39 以上、竜門社編『渋沢栄一伝記資料』第二八巻（渋沢栄一伝記資料刊行会、一九五九年）四七二～四七四頁、第八巻（一九五六年）二四五～二四六頁。吉武源五郎編『児玉藤園将軍』前輯一一～一三頁。末広一雄編刊『男爵近藤廉平伝 附遺稿』一九六～一九七頁。阪谷芳郎「日露戦役に於ける財政に就て」『将官談話会月報』第九七号（JACAR.Ref.C15120196500・中央-軍事行政その他-216・防衛省防衛研究所戦史研究センター所蔵）。

▼40 宿利重一『児玉源太郎』五〇九～五一一頁。

▼41 尾野実信「満洲軍総司令部の統帥に就て」今井清編『陸軍大学校課外講演集』第三輯（陸軍大学校将校集会所、一九三四年）五頁。

▼42 谷戦史六九、一〇〇頁。秘密日露戦史、第一、四七～五〇頁。

▼43 谷戦史一〇二頁。

▼44 秘密日露戦史、第一、四七～四九、九二頁。長南政義「史料紹介 陸軍大将松川敏胤の手帳・年譜」『國學院法研論叢』第三十六号（國學院大學大学院法学研究会、二〇〇九年）。

▼45 谷戦史九四～九五頁。井口省吾文書研究会編『日露戦争と井口省吾』明治三十六年十月二十・三十一日条、十一月一日条、二六〇～二六二頁。明治三十六年十一月一日附後藤新平宛児玉源太郎書簡（「後藤新平文書」）。

▼46 秘密日露戦史、第一、九二～九五頁。谷戦史九五頁。

▼47 秘密日露戦史、第一、九二～九五頁。千葉功『旧外交の形成』一二九～一三〇頁。

▼48 海軍軍令部編『極秘明治三十七八年海戦史』第一部戦紀巻一（⑨その他-千代田-469・防衛省防衛研究所戦史研究センター所蔵）三四～三六頁。

▼49 秘密日露戦史、第一、五八頁。谷戦史一〇〇～一〇一頁。海軍軍令部編『極秘明治三十七八年海戦史』第一部戦紀巻一、三六～三七頁。

▼50 小林道彦『児玉源太郎』二二三～二二五頁。「明治三十六年十月動員班 臨時編成要領草稿」（JACAR.Ref.C12121374900～C12121377900・中央-軍事行政編制-418・防衛省防衛研究所戦史研究センター所蔵）、井口省吾文書研究会編『日露戦争と井口省吾』明治三十六年十月二十七日条、四六一頁。臨時派遣隊については、長南政義『新史料による日露戦争陸戦史』第七章が詳しい。

▼51 谷戦史四二、一〇一頁。秘密日露戦史、第一、九七頁。

▼52 秘密日露戦史、第一、一〇二～一〇三頁。

▼53 谷戦史一〇三頁。なお、森山守次『児玉大将伝』（三四〇頁）は、児玉の余裕を象徴するもの、またはロシアに日本が開戦の決意なしと推測させるために行なったものとする。

▼54 松川敏胤「白鷺日誌 巻十一」大正三年三月二十日条（「松川家資料」仙台市博物館所蔵）。

▼55 桑田悦『偉人、児玉源太郎を偲ぶ』（児玉神社、一九九六年）一六頁。

▼56 以上、宮内省臨時帝室編修局編『明治天皇紀』第十、五五五～五六一頁。

以上、「密大日記 第1冊 昭和5年」（JACAR.Ref.Ref.C01003892400・陸軍省-密大日記-S5-1-3・防衛省防衛研究所戦史研究センター所蔵）。両条例の字句修正の件は、

明治三十六年〈十二月〉二十六日附桂太郎宛児玉源太郎書簡、千葉功編『桂太郎関係文書』一六〇頁。

第十五章

▼1 宿利重一『児玉源太郎』五九三頁。日付は、横沢次郎『児玉藤園将軍逸事』一三〇頁。

▼2 秘密日露戦史、第一、一一一〜一一二頁。

▼3 以上、長南政義『新史料による日露戦争陸戦史』六八六〜六八九頁。明石工作は、「日露戦役関係帝国ニ於テ密偵者使用雑件」(JACAR.Ref.B07090874700・外務省外交史料館所蔵)。

▼4 モルトケの作戦計画については、片岡徹也編『戦略論大系③モルトケ』(芙蓉書房出版、二〇〇二年)八三〜八四頁。普仏戦史は、フエリックス・ボンほか『普仏戦史摘訳論評』(偕行社、一八九九年)などが、明治期に刊行されており、参謀本部関係者は戦史に学んだのであろう。

▼5 堀場一雄『支那事変戦争指導史』(原書房、一九七三年)三八頁。

▼6 「日露講和締結に満足する覚書」『児玉源太郎関係文書』二五八〜二五九頁。

▼7 秘密日露戦史、第三、五八〜五九頁。

▼8 以上、「日露講和締結に満足する覚書」『児玉源太郎関係文書』二五四、二五八〜二五九頁。

▼9 「日露講和締結に満足する覚書」『児玉源太郎関係文書』二五四頁。

▼10 東京府教育会編『日露戦役秘録』(博文館、一九二九年)二七頁。

▼11 秘密日露戦史、第二、五〇頁。

▼12 藤井茂太『両戦役回顧談』(藤井茂太、一九三六年)三八頁。

▼13 長南政義『新史料による日露戦争陸戦史』一九八〜二〇二頁。

▼14 大沢宗雄編『立志の人大沢界雄』一六四頁。

▼15 宮内省臨時帝室編修局編『明治天皇紀』第十、七四九〜七五〇頁。

▼16 尾野実信「満洲軍総司令部の統帥に就て」今井清編『陸軍大学校課外講演集』第三輯、九頁。

▼17 秘密日露戦史、第二、四四〜四五、四七〜四八頁。

▼18 谷戦史一四九頁。

▼19 運送船提供の件は、大沢宗雄編『立志の人大沢界雄』一四〇〜一四一頁。

▼20 大沢宗雄編『立志の人大沢界雄』一六七頁。

▼21 以上、大沢宗雄編『立志の人大沢界雄』一六八、一七一〜一七二頁。

▼22 吉武源五郎編『児玉藤園将軍』前輯二〇、後輯一一六頁。

▼23 大沢界雄編『立志の人大沢界雄』一七五頁。

▼24 吉武源五郎編『児玉藤園将軍』前輯二六頁。

▼25 御前会議については、大沢宗雄編『立志の人大沢界雄』一五〇〜一五一頁。

▼26 以上、谷戦史一八一頁。

▼27 谷戦史一八二頁。海軍省編(奥付は海軍大臣官房編)『山本権兵衛と海軍』(原書房、一九六六年)二一七頁。

▼28 谷戦史一八二、一八四〜一八六頁。

▼29 谷戦史一八二〜一八三頁。

▼30 谷戦史一八三頁。山本四郎編『寺内正毅日記　1900〜

１９１８』明治三十七年五月十二日条。

▼31　谷戦史一八三頁。宮内省臨時帝室編修局編『明治天皇紀』第十、七四二～七四三頁。

▼32　谷戦史一八四頁。宮内省臨時帝室編修局編『明治天皇紀』第十、七四三～七四四頁。

▼33　谷戦史一八四頁。

▼34　谷戦史一八四頁。

▼35　以上、宮内省臨時帝室編修局編『明治天皇紀』第十、七四一頁。谷戦史一八六頁。

▼36　谷戦史一八四、一八六～一八七頁。

▼37　以上、谷戦史一八七～一八八頁。

▼38　谷戦史一八九頁。明治三十七年六月六日附山県有朋宛桂太郎書簡、千葉功編『桂太郎発書翰集』三九九頁。小林道彦『児玉源太郎』二四一頁。

▼39　以上、宮内省臨時帝室編修局編『明治天皇紀』第十、七六六～七六七頁。谷戦史一八八頁。

▼40　山本四郎編『寺内正毅日記　１９００～１９１８』明治三十七年六月十日条。

▼41　沼田多稼蔵『日露陸戦新史』（芙蓉書房、一九八〇年）二一八頁。参謀本部編『明治三十七八年日露戦史』第十巻（東京偕行社、一九一四年）七六九頁。

▼42　以上、台湾米購入問題については、長岡外史文書研究会編『長岡外史関係文書　回顧録篇』二〇〇～二〇九頁。後備混成旅団編成問題については、明治三十八年五月二十八日附、同六月六日附長岡外史宛児玉源太郎書簡、長岡外史文書研究会編『長岡外史関係文書　書簡・書類篇』（吉川弘文館、一九八九年）一五四～一五五頁。

▼43　谷戦史四一七頁。

▼44　長南政義「第二軍による旅順攻略戦・威海衛攻略戦についての再考察」陸地測量部撮影『日清戦況写真』（国書刊行会、二〇一三年）。

▼45　尾野実信「陣中に於ける満洲軍総司令官大山元帥と総参謀長児玉大将の動静」『偕行社記事』昭和八年三月号（偕行社、一九三三年）二三頁。

▼46　以上、海軍省編『山本権兵衛と海軍』二一七～二一八頁。秘密日露戦史、日露戦役回想談、九九頁。

▼47　宿利重一『児玉源太郎』六一六～六一七頁。陸軍省編『明治軍事史』下巻、一二七六頁。

▼48　長南政義『新史料による日露戦争陸戦史』六三二～六三四頁。「日露戦争三十年記念　大山（総司令官）児玉（総参謀長）を偲ぶ座談会」伝記研究会編輯『伝記』第二巻第三号、六六頁。

▼49　東京日日新聞社・大阪毎日新聞社『参戦二十将星　回顧三十年　日露大戦を語る　陸軍篇』八〇～八二頁。

▼50　海軍省編『山本権兵衛と海軍』二一七頁。

▼51　山本四郎編『寺内正毅日記　１９００～１９１８』明治三十七年六月六日条。

▼52　小林道彦『児玉源太郎』二四二頁。

▼53　東京日日新聞社・大阪毎日新聞社『参戦二十将星　回顧三十年　日露大戦を語る　陸軍篇』四六頁。尾野実信編『元帥公爵大山巌』七五四頁。

▼54　明治三十七年七月二十日附長岡外史宛児玉源太郎書簡、長岡外史文書研究会編『長岡外史関係文書　書簡・書類篇』一五二頁。

▼55　明治三十七年七月二十二日附長岡外史宛児玉源太郎書簡、長岡外史文書研究会編『長岡外史関係文書　書簡・書類篇』一五三頁。
▼56　鈴木荘六「自叙　荘六一代記」（「鈴木荘六文書」1、国文学研究資料館所蔵）。谷戦史四六四頁。
▼57　沼田多稼蔵『日露陸戦新史』七九～八三頁。

第十六章
▼1　以上、谷戦史一六六～一六七頁。佐藤鋼次郎『日露戦争秘史　旅順攻囲秘話』（軍事学指針社、一九三〇年）九九～一〇二頁。秘密日露戦史、第二、六八～六九頁。
▼2　桑田悦編『近代日本戦争史　第一編　日清・日露戦争』五〇五頁。秘密日露戦史、第二、八五～八六頁。なお、谷戦史一五一頁も参照。
▼3　以上、沼田多稼蔵『日露陸戦新史』八五～八七頁。児玉と伊地知の会見は、井上幾太郎「日露戦役従軍日記」長南政義編『日露戦争第三軍関係史料集　大庭二郎日記・井上幾太郎日記でみる旅順・奉天戦』（国書刊行会、二〇一四年）八九頁。児玉の伊地知に対する発言は、佐藤鋼次郎『日露戦争秘史　旅順攻囲秘話』一七八～一八〇頁。六月十日の決議は、秘密日露戦史、第三、五九頁。七月二十六日附山県有朋書簡は、宿利重一『児玉源太郎』六三四～六三五頁。
▼4　以上、谷戦史五一八～五一九頁。
▼5　長南政義編『日露戦争第三軍関係史料集』、『新史料による日露戦争陸戦史』、「第三軍参謀が語る旅順戦　～新史料「大庭二郎中佐日記」（防衛研究所所蔵）を中心に～」『坂の上の雲5つの疑問』（並木書房、二〇一一年）。
▼6　第三軍の任務は、秘密日露戦史、第三、三二頁。東北正面選定の理由については、「日露戦役従軍日記」長南政義編『日露戦争第三軍関係史料集』九八頁。谷戦史二二三頁。
▼7　I・I・ロストーノフ編『ソ連から見た日露戦争』（原書房、一九八〇年）二五〇頁。
▼8　小林道彦『児玉源太郎』二五〇頁。
▼9　長南政義『新史料による日露戦争陸戦史』四七八～四八〇頁。
▼10　谷戦史一九二～一九三頁。東京日日新聞社・大阪毎日新聞社編『参戦二十将星　回顧三十年　日露大戦を語る　陸軍篇』五七頁。安井滄溟『陸海軍人物史論』（博文館、一九一六年）八九頁。
▼11　尾野実信「陣中に於ける満洲軍総司令官大山元帥と総参謀長児玉大将の動静」『偕行社記事』昭和八年三月号、二三頁。
▼12　吉武源五郎編『児玉藤園将軍』前輯二四～二五頁。
▼13　佐藤鋼次郎『日露戦争秘史　旅順攻囲秘話』一〇四、一一一頁。
▼14　森山守次『児玉大将伝』四一七～四一八頁
▼15　松川敏胤「詩仏耶日誌　巻三十三」大正十四年三月六日条（「松川家資料」仙台市博物館所蔵）。
▼16　明治三十七年十一月十六日附児玉秀雄宛児玉源太郎書簡『児玉源太郎関係文書』一六九頁。
▼17　秘密日露戦史、日露戦役回想談、一三頁。
▼18　明治三十七年八月十五日附寺内正毅宛田中義一書簡（「寺内正毅関係文書」三一五―四）。
▼19　沼田多稼蔵『日露陸戦新史』九九頁。
▼20　明治三十七年九月二十八日附長岡外史宛松川敏胤書簡、長

▼21 岡外史文書研究会編『長岡外史関係文書　書簡・書類篇』二八七頁。

▼22 谷戦史四六八～四六九頁。

▼23 谷戦史四八〇頁。

▼24 I・I・ロストーノフ編『ソ連から見た日露戦争』二七六～二七七頁。

▼25 谷戦史四七二頁。命令・訓令のみ、野津道貫「征露日誌第六号」明治三十七年八月二十八日条（「野津道貫関係文書」三〇―六、国会図書館憲政資料室所蔵）。

▼26 鈴木荘六「自叙　荘六一代記」一六五～一六六頁。谷戦史四七三頁。

▼27 谷戦史四七三頁。明治三十七年八月二十一日附長岡外史宛井口省吾書簡、長岡外史文書研究会編『長岡外史関係文書　書簡・書類篇』一五頁。

▼28 谷戦史四七三頁。

▼29 谷戦史四七三～四七四頁。明治三十七年九月二十八日附長岡外史宛松川敏胤書簡、長岡外史文書研究会編『長岡外史関係文書　書簡・書類篇』二八七～二八八頁。

▼30 谷戦史四七五～四七六頁。

▼31 大沢宗雄編『立志の人大沢界雄』二四〇頁。

▼32 明治三十七年九月二十八日附長岡外史宛松川敏胤書簡、長岡外史文書研究会編『長岡外史関係文書　書簡・書類篇』二八七頁。

▼33 鈴木荘六「自叙　荘六一代記」一七七頁。大山巌「日記」明治三十七年九月三日条（「大山巌関係文書」二二一―（一九））。谷戦史四七九頁。

▼34 谷戦史五五〇～五五一頁。

▼35 宮内省臨時帝室編修局編『明治天皇紀』第十、八六八～八六九頁。

▼36 井口省吾文書研究会編『日露戦争と井口省吾』明治三十七年十月二日条、三一二頁。宿利重一『児玉源太郎』六四三～六四四頁。

▼37 宿利重一『児玉源太郎』六四七頁。

▼38 明治三十七年十月六日附山県有朋宛大山巌書簡、井口省吾文書研究会編『日露戦争と井口省吾』五〇七～五〇九頁。

▼ 小林道彦『児玉源太郎』三三八、二六三～二六四頁。明治三十七年十月六日附山県有朋宛大山巌書簡、井口省吾文書研究会編『日露戦争と井口省吾』五〇七～五〇九頁。

第十七章

▼1 井上幾太郎「日露戦役従軍日記」長南政義編『日露戦争第三軍関係史料集』一二一～一二二、一七〇頁。伊地知評は第三軍参謀井上幾太郎のもの。

▼2 山本四郎編『寺内正毅日記　1900～1918』明治三十七年八月二十五・二十六日条。「明治三十七八年戦役陸軍省軍務局砲兵課業務詳報」（JACAR Ref.C06040176200・陸軍省-日露戦役-M37-11-132・防衛省防衛研究所戦史研究センター所蔵）。

▼3 「明治三十七八年戦役陸軍省軍務局砲兵課業務詳報」（JACAR Ref.C06040176200）。

▼4 弾数は「明治三十七八年戦役陸軍省軍務局砲兵課業務詳報」（JACAR Ref.C06040176200）。横田穣については、長南政義『新史料による日露戦争陸戦史』七三三～七三五頁。

▼5 佐藤鋼次郎『日露戦争秘史　旅順攻囲秘話』三二一～三二

二頁。「陸軍との交渉及協同作戦」(JACAR.Ref.C09050702400・海軍省-日露-M37-418・防衛省防衛研究所戦史研究センター所蔵)。

▼6　以上、児玉の動向は、井口省吾文書研究会編『日露戦争と井口省吾』明治三十七年九月十五日条、三一〇頁。井上幾太郎「日露戦役従軍日記」長南政義編『日露戦争第三軍関係史料集』一三〇頁。乃木希典「旅順攻撃日誌」乃木神社・中央乃木会編刊『洗心』第一六五号(二〇一一年)明治三十七年九月十八日~十月二日条。

▼7　佐藤鋼次郎『日露戦争秘史　旅順攻囲秘話』三〇三~三〇五頁。

▼8　沼田多稼蔵『日露陸戦新史』一二九~一三〇頁。

▼9　「大庭二郎中佐日記」長南政義編『日露戦争第三軍関係史料集』四〇、四五頁。谷戦史四三八頁。

▼10　誉田甚八「日露戦役感想録」(戦役-日露戦役-57・防衛省防衛研究所戦史研究センター所蔵)。十月八日の日付は、宮内省臨時帝室編修局編『明治天皇紀』第十、八八二頁。

▼11　児玉の帰着日時は、井口省吾文書研究会編『日露戦争と井口省吾』明治三十七年十月五日条、三一三頁。

▼12　谷戦史四九六頁。

▼13　谷戦史四九六頁。

▼14　以上、谷戦史四九七頁。

▼15　松川敏胤「詩仏耶日誌　巻三十」大正十一年三月十八日条(「松川家資料」)。

▼16　井口省吾文書研究会編『日露戦争と井口省吾』明治三十七年十月八日条、三一三頁。

▼17　「日露戦史　前田歩兵中佐述　大正十五年　第二学年」(戦役-日露戦役-143。防衛省防衛研究所戦史研究センター所蔵)。谷戦史四九七~四九八頁。

▼18　以上、谷戦史四九八頁。

▼19　秘密日露戦史、日露戦役回想談、二一頁。

▼20　野津道貫「征露日記　第九号」明治三十七年十月十日条(「野津道貫関係文書」三〇―九)。

▼21　長南政義『新史料による日露戦争陸戦史』三九二~三九六頁。

▼22　以上、明治三十七年十月二十八日附長岡外史宛仁田原重行書簡、長岡外史文書研究会編『長岡外史関係文書　書簡・書類篇』二五一~二五二頁。

▼23　秘密日露戦史、日露戦役回想談、一六頁。

▼24　野津道貫「征露日記　第十号」明治三十七年十月十四日条(「野津道貫関係文書」三〇―一〇)。

▼25　大江志乃夫『日露戦争と日本軍隊』七七~七八頁。

▼26　児玉秀雄編『藤園記念画帖　児玉源太郎十三回忌記念』六七頁。尾野実信「陣中に於ける満洲軍総司令官大山元帥と総参謀長児玉大将の動静」『偕行社記事』昭和八年三月号、二三頁。

▼27　谷戦史五〇〇、五〇二頁。

▼28　谷戦史五〇二、五〇七頁。

▼29　以上、谷戦史五〇五~五〇六頁。

▼30　松川敏胤「詩仏耶日誌　巻二十八」大正十年五月六日条(「松川家資料」)。

▼31　明治三十七年十月二十二日附寺内正毅宛児玉源太郎書簡(「寺内正毅関係文書」一二一―一二)。

▼32　明治三十七年十二月十六日附寺内正毅宛児玉源太郎書簡

▼33 (「寺内正毅関係文書」一二一―一二三、国会図書館憲政資料室所蔵)。

▼34 半藤一利・秦郁彦・原剛ほか『歴代陸軍大将全覧　明治篇』(中央公論新社、二〇〇九年)二〇三頁。半藤一利・秦郁彦・原剛ほか『歴代陸軍大将全覧　大正篇』(中央公論新社、二〇〇九年)一四頁。

▼35 谷戦史四三八頁。

▼36 以上、四手井綱正「日露戦史講授録　第一篇(旅順攻城戦)」(一九四二年、陸軍大学校、靖国神社靖国偕行文庫)一四五～一四八頁。「大庭二郎中佐日記」長南政義編『日露戦争第三軍関係史料集』四三～四七頁。

▼37 大庭二郎「第3軍の旅順攻略関係史料」(戦役-日露戦役-325・防衛省防衛研究所戦史研究センター所蔵)、⑮「参謀長之注意事項」。

▼38 谷戦史二一三頁。

▼39 明治三十七年十一月二十九日附長岡外史宛井口省吾書簡、長岡外史文書研究会編『長岡外史関係文書　書簡・書類篇』二一一頁。

▼40 谷戦史二二一頁。

▼41 谷戦史二一三、二一五～二一六頁。陸軍省編『明治軍事史』下巻、一四三四～一四三七頁。

▼42 谷戦史二二〇～二二二頁。

▼43 谷戦史二二三頁。

▼44 明治三十七年八月二十日附後藤新平宛児玉源太郎書簡(「後藤新平文書」)。谷戦史二二三～二二四頁。

▼45 以上、谷戦史二一八～二二〇頁。「日露戦役従軍日記」長南政義編『日露戦争第三軍関係史料集』一五一、一五三頁。「大庭二郎中佐日記」長南政義編『日露戦争第三軍関係史料集』四五頁。

第十八章

▼1 陸軍省編『明治軍事史』下巻、一四四七～一四四八頁。

▼2 陸軍省編『明治軍事史』下巻、一四四七頁。

▼3 明治三十七年十二月十四日附児玉秀雄宛児玉源太郎書簡『児玉源太郎関係文書』一七〇頁。

▼4 以上、谷戦史二三三～二三四頁。陸軍省編『明治軍事史』下巻、一四四七～一四四八頁。

▼5 陸軍省編『明治軍事史』下巻、一四四八頁。谷戦史二三四頁。桑原嶽『名将乃木希典』(中央乃木会、二〇〇五年)二六六頁。

▼6 以上、秘密日露戦史、日露戦役回想談、二九頁。児玉の出発日時は、陸軍省編『明治軍事史』下巻、一四四八頁。春画の件は、吉武源五郎編『児玉藤園将軍』後輯四三頁。遺書の件は、東京日日新聞社・大阪毎日新聞社『参戦二十将星　回顧三十年　日露大戦を語る　陸軍篇』四七頁。

▼7 秘密日露戦史、日露戦役回想談、二九頁。

▼8 谷戦史二三四～二三五頁。秘密日露戦史、日露戦役回想談、二九～三〇頁。参謀本部編『明治三十七八年日露戦史』第六巻、五二六～五二七頁。歩兵第十七連隊の定員数については、陸軍省編『日露戦争統計集』第十巻、第十二編(東洋書林、一九九五年)一四四六、一五一一頁。

▼9 以上、「日露戦役従軍日記」長南政義編『日露戦争第三軍関係史料集』一七三頁。谷戦史二三五頁。和田政雄『乃木希典日記』明治三十七年十二月一日条。参謀本部編『明治

三十七八年日露戦史』第六巻、五二六頁。津野田是重ほか『戦記名著集　熱血秘史』第五巻（戦記名著刊行会、一九二九年）三三三頁。

▼10　秘密日露戦史、日露戦役回想録、三〇頁。

▼11　秘密日露戦史、日露戦役回想談、二七、三一頁、四手井綱正「日露戦史講授録　第一篇（旅順攻城戦）」一九六頁。児玉が伝えた大山の意図は、「日露戦史（手稿本）」（福島県立図書館（佐藤文庫）所蔵）。

▼12　小林道彦『児玉源太郎』は、重砲が高崎山移動後に（二七九頁）、大平溝に陣地変換したとする（二八一頁）。

▼13　東京日日新聞社・大阪毎日新聞社『参戦二十将星　回顧三十年　日露大戦を語る　陸軍篇』六七頁。谷戦史二三六頁。

▼14　以上、東京日日新聞社・大阪毎日新聞社『参戦二十将星　回顧三十年　日露大戦を語る　陸軍篇』六八〜六九頁。波多野澄雄、黒沢文貴責任編集『侍従武官長奈良武次日記・回顧録』第四巻、五九〜六〇頁。参謀本部編『明治三十七八年日露戦史』第六巻、五三〇頁。白水らの出発・帰着時間と報告内容については、「日露戦史（手稿本）」。

なお、児玉が「そこから旅順港は見えるか」と電話口で述べたとする通説は、小林道彦『児玉源太郎』二八〇頁。

▼15　「日露戦史（手稿本）」。

▼16　参謀本部編『明治三十七八年日露戦史』第六巻、五三四頁。

▼17　秘密日露戦史、日露戦役回想談、三一〜三二頁。谷戦史二三五頁。重砲の陣地変換は、四手井綱正「日露戦史講授録　第一篇（旅順攻城戦）」一九六頁、参謀本部編『明治三十七八年日露戦史』第六巻五三五頁、参謀本部編『明治三十七八年日露戦史』第六巻附図第三七〜三八。二十八サンチ榴弾砲による砲撃は、谷戦史二三五頁、朝日新聞社編刊『名将回顧　日露大戦秘史・陸戦篇』（一九三五年）一四四頁。肉弾戦は、白井二郎「旅順の攻城及奉天会戦に於ける第三軍に就て」長南政義編『日露戦争第三軍関係史料集』五八〇〜五八一頁。

▼18　この児玉の指示に基づいて、十二月一日に碾盤溝の二十八サンチ榴弾砲隊が昼間から連続終夜にわたり二〇三高地を射撃する措置がとられている。また、十二月四日に第七師団長が攻城砲兵司令官豊島少将と協議して、二十八サンチ榴弾砲を使い二〇三高地を絶えず射撃することを協定している（参謀本部編『明治三十七八年日露戦史』第六巻、五二七、五三九頁）。

▼19　谷戦史二三五頁。

▼20　砲数については、四手井綱正「日露戦史講授録　第一篇（旅順攻城戦）」九八頁。砲の威力については、佐藤鋼次郎『日露戦争秘史　旅順攻囲秘話』一〇七〜一一〇頁。井上幾太郎「日露戦役経歴談（旅順攻城戦の部）」長南政義編『日露戦争第三軍関係史料集』六二六頁。

▼21　谷戦史二三五頁。

▼22　波多野澄雄、黒沢文貴責任編集『侍従武官長奈良武次日記・回顧録』第四巻、五九頁。

▼23　白井二郎「旅順の攻城及奉天会戦に於ける第三軍に就て」長南政義編『日露戦争第三軍関係史料集』五八〇〜五八一頁。

▼24　なお、旅順艦隊の艦艇はこれ以前から、備砲と乗員の多くを陸上戦闘に転用していた。また、この時発射された二十八サンチ榴弾砲弾は沈没艦艇に直接的な致命傷を与えてお

らず、沈没艦艇の直接的沈没原因は自沈であった（陸軍省編『明治三十七八年戦役陸軍政史』第三、湘南堂書店、一九八三年、五二八頁）。

▼25 「日露戦役従軍日記」長南政義編『日露戦争第三軍関係史料集』一七四～一七五頁。

▼26 明治三十七年十二月九日附児玉源太郎宛山県有朋書簡、井口省吾文書研究会編『日露戦争と井口省吾』五二三頁。

▼27 井口省吾文書研究会編『日露戦争と井口省吾』四七七～四七八頁。

▼28 谷戦史二三八頁。

▼29 明治三十八年（年月日不明）附長岡外史宛児玉源太郎書簡、井口省吾文書研究会編『日露戦争と井口省吾』五一一頁。

▼30 気温は、沼田多稼蔵『日露陸戦新史』一七八頁。

▼31 明治三十八年二月七日附寺内正毅宛田中義一書簡（「寺内正毅関係文書」三一五―六）。

▼32 秘密日露戦史、日露戦役回想談、八五頁。

▼33 谷戦史五二四～五二五頁。

▼34 谷光太郎『敗北の理由』（ダイヤモンド社、二〇一〇年）一八〇頁。

▼35 明治三十七年十二月十六日附寺内正毅宛児玉源太郎書簡（「寺内正毅関係文書」一二一―一三）。

▼36 松川敏胤「尾山日誌　巻二」明治四十二年五月二十四日条（「松川家資料」）。

▼37 以上、谷戦史五二八～五三〇頁。沼田多稼蔵『日露陸戦新史』一七〇～一七二頁。

▼38 谷戦史五三五頁。沼田多稼蔵『日露陸戦新史』一七九～一八〇頁。

▼39 尾野実信「陣中に於ける満洲軍総司令官大山元帥と総参謀長児玉大将の動静」『偕行社記事』昭和八年三月号、二四頁。

▼40 明治三十七年十一月十六日附児玉秀雄宛児玉源太郎書簡『児玉源太郎関係文書』一六九頁。井口省吾文書研究会編『日露戦争と井口省吾』四八四～四八五頁。横沢次郎『児玉藤園将軍逸事』一四六頁。

▼41 東京日日新聞社・大阪毎日新聞社『参戦二十将星　回顧三十年　日露大戦を語る　陸軍篇』五二頁。横沢次郎『児玉藤園将軍逸事』一四六～一四七頁。下記の料理の件は、森山守次『児玉大将伝』四三九～四四〇頁。

▼42 東京日日新聞社・大阪毎日新聞社『参戦二十将星　回顧三十年　日露大戦を語る　陸軍篇』五六頁。イアン・ハミルトン『思ひ出の日露戦争』二一～二二頁。

▼43 谷戦史三八一頁。

第十九章

▼1 沼田多稼蔵『日露陸戦新史』一八七頁。

▼2 長南政義『新史料による日露戦争陸戦史』五六〇～五六九頁。

▼3 尾野実信「満洲軍総司令部の統帥に就て」今井清編『陸軍大学校課外講演集』第三輯、四四～四五頁。谷戦史五三一～五三四頁。

▼4 尾野実信「満洲軍総司令部の統帥に就て」今井清編『陸軍大学校課外講演集』第三輯、四六頁。

▼5 伊藤芳松『改正歩兵操典詳解　巻之上』（兵事雑誌社、一九〇九年）一一九～一二〇頁。

▼6 War Office, *The Russo-Japanese War: Reports from officers attached to the Japanese forces in the field Vol.4* (Great Britain, Bristol: Ganesha Pub, 2000) p.248.

▼7 司馬遼太郎『坂の上の雲』七（文庫新装版、文藝春秋、二〇一〇年）八八頁。小林道彦『児玉源太郎』二八八頁。

▼8 偕行社編纂部編『偕行叢書三　戦争秘話（日露戦役）』第一輯、一八五、一八七～一八八頁。

▼9 谷戦史五三七頁。

▼10 「日露戦役従軍日記」長南政義編『日露戦争第三軍関係史料集』二五四～二五五頁。

▼11 三月二日の第三軍進出位置と第九師団との間隙については、参謀本部編『明治三十七八年日露戦史』第八巻附図、第九。

▼12 四手井綱正「日露戦史講授録　第二篇（奉天会戦に於ける第三軍の包翼）」八三頁。参謀本部編『明治三十七八年日露戦史』第九巻、七六八頁。

▼13 偕行社編纂部編『偕行叢書三　戦争秘話（日露戦役）』第一輯、一七五頁。白井二郎「旅順の攻城及奉天会戦に於ける第三軍に就て」長南政義編『日露戦争第三軍関係史料集』六〇三頁。参謀本部編『明治三十七八年日露戦史』第八巻附図、第九。

▼14 尾野実信「満洲軍総司令部の統帥に就て」今井清編『陸軍大学校課外講演集』第三輯、四八頁。

▼15 谷戦史五四〇頁。

▼16 四手井綱正「日露戦史講授録　第二篇（奉天会戦に於ける第三軍の包翼）」一〇七～一〇八頁。谷戦史五四〇～五四一頁。

▼17 参謀本部編『明治三十七八年日露戦史』第九巻、八一一頁。「日露戦役従軍日記」長南政義編『日露戦争第三軍関係史料集』二七〇～二七三頁。

▼18 『神戸新聞』明治四十五年三月十日、一面。『神戸又新日報』大正三年三月十日、一面。

▼19 「日露戦役従軍日記」長南政義編『日露戦争第三軍関係史料集』二八八頁。

▼20 谷戦史五四五頁。

▼21 谷戦史五四五頁。

▼22 谷戦史五四六頁。

▼23 秘密日露戦史、日露戦役回想談、五四頁。

▼24 War Office, *The Russo-Japanese War: Reports from officers attached to the Japanese forces in the field Vol.4* (Great Britain, Bristol: Ganesha Pub, 2000) p.249.

第二十章

▼1 「日露講和締結に満足する覚書」『児玉源太郎関係文書』二五四、二五八～二五九頁。

▼2 「日露講和締結に満足する覚書」『児玉源太郎関係文書』二五五頁。

▼3 「日露講和締結に満足する覚書」『児玉源太郎関係文書』二五五頁。

▼4 「日露講和締結に満足する覚書」『児玉源太郎関係文書』二五五～二五六頁。

▼5 大江志乃夫『日露戦争の軍事史的研究』八四、二〇〇～二〇一、二一三～二一四頁。

▼6 「日露講和締結に満足する覚書」『児玉源太郎関係文書』二五六頁。

▼7 カール・フォン・クラウゼヴィッツ『戦争論　レクラム

版』二七九～二八〇、二八七～二八八頁。

▼8 「日露講和締結に満足する覚書」『児玉源太郎関係文書』二五六頁。

▼9 ②については後述。③については満洲軍参謀松川敏胤が軍隊をして常に前進せしめ士気の振作をはかるべきことを満洲軍総司令官大山巌に上申し認められている（沼田多稼蔵『日露陸戦新史』二三〇頁）。

▼10 「日露講和締結に満足する覚書」『児玉源太郎関係文書』二五六頁。

▼11 沼田多稼蔵『日露陸戦新史』二一三頁。海軍省編（奥付は海軍大臣官房編）『山本権兵衛と海軍』二一六～二一七頁。

▼12 沼田多稼蔵『日露陸戦新史』二〇二頁。陸軍省編『明治軍事史』下巻、一四七九頁。

▼13 長岡外史文書研究会編『長岡外史関係文書　回顧録篇』一二八～一三〇頁。

▼14 高倉徹一編『田中義一伝記』（田中義一伝記刊行会、一九五八年）三三二、二二九～二四二頁。

▼15 沼田多稼蔵『日露陸戦新史』二一三頁。谷戦史三一四頁。山本四郎編『寺内正毅日記　1900～1918』明治三十八年三月二十八日条。森山守次『児玉大将伝』四三〇～四三一頁。

▼16 長岡外史文書研究会編『長岡外史関係文書　回顧録篇』一四三、一五六頁。原奎一郎編『原敬日記』第二巻、明治三十八年四月二日条、一三〇頁。

▼17 沼田多稼蔵『日露陸戦新史』二一三～二一四頁。宮内省臨時帝室編修局編『明治天皇紀』第十一、一一六～一二〇頁。山本四郎編『寺内正毅日記　1900～1918』明治三十八年四月七日・八日条。

▼18 明治三十八年四月二十一日附大山巌宛児玉源太郎書簡（「大山巌関係文書」三一―（六）。国会図書館憲政資料室所蔵）。尾野実信編『元帥公爵大山巌』七三七～七三九頁。

▼19 以上、宮内省臨時帝室編修局編『明治天皇紀』第十一、一九三頁。山本四郎編『寺内正毅日記　1900～1918』明治三十八年四月十七日条。

▼20 明治三十八年（史料目録は三十七年）五月七日附後藤新平宛児玉源太郎書簡（「後藤新平文書」）。なおこの書簡は、従来明治三十七年のものとされてきたが、児玉が「明朝乗船釜山を経て戦地に参」るとあるので、明治三十八年が正しい。児玉の旅程については、森山守次『児玉大将伝』四三二頁。

▼21 以上、谷戦史六一三～六一四、六四五～六四六頁。

▼22 沼田多稼蔵『日露陸戦新史』二〇九～二一三頁。陸軍省編『明治軍事史』下巻、一四八三～一四八五頁。

▼23 宮内省臨時帝室編修局編『明治天皇紀』第十一、一六六頁。長岡外史文書研究会編『長岡外史関係文書　回顧録篇』一三五～一三六、一四〇頁。

▼24 長岡外史文書研究会編『長岡外史関係文書　回顧録篇』一四五頁。

▼25 長岡外史文書研究会編『長岡外史関係文書　回顧録篇』一四六～一四七頁。大沢宗雄編『立志の人大沢界雄』三三八頁。沼田多稼蔵『日露陸戦新史』二二五頁。

▼26 沼田多稼蔵『日露陸戦新史』二二四頁。陸軍省編『明治軍事史』下巻、一五〇九～一五一〇頁。

▼27 長岡外史文書研究会編『長岡外史関係文書　回顧録篇』一

五一頁。

▼28 デニス・ウォーナーほか『日露戦争全史』（時事通信社、一九七八年）六〇三頁。

▼29 カール・フォン・クラウゼヴィッツ『戦争論　レクラム版』三二二～三二三、三五七頁。

▼30 ブライアン・ボンド『戦史に学ぶ勝利の追求　ナポレオンからサダム・フセインまで』（東洋書林、二〇〇〇年）序論、第4章。

▼31 「日露講和締結に満足する覚書」『児玉源太郎関係文書』二五四～二五五、二五八頁。

▼32 以上、「日露講和締結に満足する覚書」『児玉源太郎関係文書』二五四～二五九頁。明治三十八年十月十三日附児玉秀雄宛児玉源太郎書簡『児玉源太郎関係文書』一七三頁。明治三十八年九月二十三日附長岡外史宛児玉源太郎書簡、長岡外史文書研究会編『長岡外史関係文書　書簡・書類篇』一五五～一五六頁。東京日日新聞社・大阪毎日新聞社『参戦二十将星　回顧三十年　日露大戦を語る　陸軍篇』五一頁。

▼33 大江志乃夫『日露戦争と日本軍隊』九一、九五頁。谷戦史四〇五、四二八頁。

▼34 明治三十八年九月二十八日附寺内正毅宛児玉源太郎書簡（「寺内正毅関係文書」一二一―一二五）。

▼35 「日露講和締結に満足する覚書」『児玉源太郎関係文書』二五九～二六〇頁。

▼36 ブライアン・ボンド『戦史に学ぶ勝利の追求　ナポレオンからサダム・フセインまで』序論。

▼37 戸部良一『自壊の病理　日本陸軍の組織分析』（日本経済新聞出版社、二〇一七年）五六～五九頁。

▼38 司馬遼太郎『坂の上の雲』四、文庫新装版、一四～一五頁、『坂の上の雲』三、文庫新装版、一七〇～一七二頁。

▼39 井上幾太郎「日露戦役経歴談」長南政義編『日露戦争第三軍関係史料集』六四一頁、佐藤鋼次郎『日露戦争秘史旅順攻囲秘話』一七六頁。

第二十一章

▼1 宿利重一『児玉源太郎』四九八頁。鳥谷部春汀「新参謀総長と前参謀総長」『春汀全集』第二巻、一四二頁。

▼2 原奎一郎編『原敬日記』第二巻、明治三十八年四月十六日条、十月六日条、一三一～一三三、一五二頁。

▼3 以上、鶴見祐輔『後藤新平』第二巻、六一七、六二〇～六二三頁。原奎一郎編『原敬日記』第二巻、明治三十八年八月二十二日条、十月六日条、一四五、一五二頁。

▼4 伊藤之雄『立憲国家と日露戦争　外交と内政１８９８～１９０５』二六四～二六五、二八六頁。原奎一郎編『原敬日記』第二巻、明治三十八年九月十七日・十八日条、一四九～一五〇頁。

▼5 森山守次『児玉大将伝』四五二～四五四頁。

▼6 森山守次『児玉大将伝』四六七頁。明治三十八年九月二十八日附寺内正毅宛児玉源太郎書簡（「寺内正毅関係文書」一二一―一二五）。井口省吾文書研究会編『日露戦争と井口省吾』明治三十八年十二月二十二日条、三九二頁。

▼7 瀧井一博『伊藤博文　知の政治家』（中央公論新社、二〇一〇年）二九五～二九七頁。

▼8 小林道彦『児玉源太郎』二九七～二九八頁。

▼9 井口省吾文書研究会編『日露戦争と井口省吾』明治三十八年十二月三十日・三十一日条、三九四頁。

▼10 井口省吾文書研究会編『日露戦争と井口省吾』明治三十九年一月八日・九日条、三九六頁。

▼11 明治三十七年七月二十三日附寺内正毅宛児玉源太郎書簡（「寺内正毅関係文書」一二一—二一）。

▼12 小林道彦「児玉源太郎と統帥権改革」小林道彦・黒沢文貴編『日本政治史のなかの陸海軍』一一一頁。

▼13 以上、「満洲経営策梗概」については、鶴見祐輔『後藤新平』第二巻、六五一頁。

▼14 大山梓『日露戦争の軍政史録』（芙蓉書房、一九七三年）一〇一～一〇三頁。石塚の抜擢については、明治三十八年（史料目録は三十七年と誤記）五月七日附後藤新平宛児玉源太郎書簡（「後藤新平文書」）。

▼15 通説的見解は、小林道彦『児玉源太郎』三〇一頁。

▼16 東京日日新聞社・大阪毎日新聞社『参戦二十将星　回顧三十年　日露大戦を語る　陸軍篇』四九～五〇頁。

▼17 鶴見祐輔『後藤新平』第二巻、六四九～六五〇頁。

▼18 小林道彦『児玉源太郎』二九八頁。

▼19 以上、「満州経営に関する意見書草稿」『児玉源太郎関係文書』二六一～二六二頁。鶴見祐輔『後藤新平』第二巻、六五一頁。

▼20 鶴見祐輔『後藤新平』第二巻、六五一頁。大沢宗雄編『立志の人大沢界雄』三四七～三四九頁。なお、典拠不明ながら、大澤博明『児玉源太郎　明治陸軍のリーダーシップ』（八七頁）も大沢の起案としている。

▼21 以上、「満洲経営策梗概」については、鶴見祐輔『後藤新平』第二巻、六五一～六五三頁。

▼22 「満洲の経営に付報告の件」『公文別録　内閣　明治十九年～大正元年　第一巻』（JACAR.Ref.A03023063000・国立公文書館所蔵）。

▼23 宿利重一『児玉源太郎』七五〇～七六二頁。「満洲の経営に付報告の件」『公文別録・内閣　明治十九年～大正元年第一巻』（JACAR.Ref.A03023063000）。

▼24 若槻礼次郎『明治・大正・昭和政界秘史　古風庵回顧録』（講談社、一九九四年）八八、九二頁。

▼25 小林道彦『児玉源太郎』三〇一頁。

▼26 故古市男爵記念事業会編刊『古市公威』（一九三七年）三七～三八頁。吉武源五郎編『児玉藤園将軍』前輯一八頁。

▼27 「満鉄総裁就職情由書」鶴見祐輔『後藤新平』第二巻、六六八、六七二頁。

▼28 「満鉄総裁就職情由書」鶴見祐輔『後藤新平』第二巻、六六九～六七〇頁。東京日日新聞社・大阪毎日新聞社『参戦二十将星　回顧三十年　日露大戦を語る　陸軍篇』五〇～五一頁。「長時期に亘る休戦」は、「我陸軍の戦後経営に関し参考とすへき一般の要件」（JACAR.Ref.C14061025400・文庫-宮崎-40・防衛省防衛研究所戦史研究センター所蔵）。

▼29 「満鉄総裁就職情由書」鶴見祐輔『後藤新平』第二巻、六六九～六七〇頁。

▼30 以上、「平壌に新日本の根拠」は、明治三十八年五月十六日附寺内正毅宛児玉源太郎書簡、長岡外史文書研究会編『長岡外史関係文書　書簡・書類篇』一五四頁。韓国鉄道の貸し付けは、「満鉄総裁就職情由書」鶴見祐輔『後藤新平』第二巻、六六八～六六九頁。その他は、「我陸軍の戦後経

営に関し参考とすへき一般の要件」（JACAR.Ref. C14061025500・文庫-宮崎-40・防衛省防衛研究所戦史研究センター所蔵）。

▼31 伊藤正徳編『加藤高明』上巻（加藤伯伝記編纂委員会、一九二九年）五八四頁。

▼32 平塚篤編『伊藤博文秘録』（春秋社、一九二九年）三九二～四〇九頁。

▼33 小林道彦『児玉源太郎』三〇〇頁。

▼34 以上、福島については、「福島安正男」東亜同文会編『対支回顧録』下巻、二六二～二八四頁。松石については、鵜崎鷺城『薩の海軍長の陸軍』（今日の話題社、一九八六年）二二九～二三六頁。松石抜擢については、「井口省吾日記」刊行会編『井口省吾日記』第三巻（講談社エディトリアル、二〇一八年）明治三十九年四月十六日条、一六頁。

▼35 以上、山本四郎編『寺内正毅日記　１９００～１９１８』明治三十九年一月九日条、一月十四日条。明治三十九年（史料目録は三十七年）二月十四日寺内正毅宛徳大寺実則書簡（「寺内正毅関係文書」三三九―四）。なおこの徳大寺書簡は従来明治三十七年のものとされてきたが、明治三十九年が正しい。明治三十九年二月九日附児玉秀雄宛児玉源太郎書簡『児玉源太郎関係文書』一七四頁。総長就任内決日と山県の推薦は、明治三十九年二月四日、寺内正毅宛山県有朋書簡（「寺内正毅関係文書」三六〇―四七）、尾野実信編『元帥公爵大山巌』七九七頁。

▼36 小林道彦『児玉源太郎』二九六～二九七頁。

▼37 「財部彪日記　明治三十九年」明治三十九年一月八日条（九日の余白にあるも九日の前に線があるので八日の記述と思われる。「財部彪関係文書」二〇、国会図書館憲政資料室所蔵）。

▼38 明治三十九年五月十二日附山県有朋宛徳大寺実則書簡、尾野実信編『元帥公爵大山巌』七九七～七九八頁。

▼39 「我陸軍の戦後経営に関し参考とすへき一般の要件」（JACAR.Ref.C14061025400～500）。大井成元「寺内陸相の軍制改革に反対」（「田中義一関係文書」四三二、国会図書館憲政資料室所蔵）。

▼40 福島安正「明治四十一年日記摘要」（「憲政資料室収集文書」一三五八―四、国会図書館憲政資料室所蔵）明治四十一年五月八日条。大井成元「寺内陸相の軍制改革に反対」。

▼41 山県案については、長岡外史文書研究会編『長岡外史関係文書　回顧録篇』二四一～二四三頁。児玉の反対理由については、明治三十八年十一月一日附山県有朋宛児玉源太郎書簡、長岡外史文書研究会編『長岡外史関係文書　書簡・書類篇』一五六～一五七頁。山県との論争の意志については、明治三十八年十一月五日附後藤新平宛児玉源太郎書簡（「後藤新平文書」）。

▼42 尾野実信「陣中に於ける満洲軍総司令官大山元帥と総参謀長児玉大将の動静」『偕行社記事』昭和八年三月号、二四～二五頁。「我陸軍の戦後経営に関し参考とすへき一般の要件」（JACAR.Ref.C14061025400～500）。

▼43 「我陸軍の戦後経営に関し参考とすへき一般の要件」（JACAR.Ref.C14061025400～500）。「陸軍拡張案　明治三十九年二月」（JACAR.Ref. C14061023600・文庫-宮崎-38・防衛省防衛研究所戦史研究センター所蔵）。

▼44 以上、「我陸軍の戦後経営に関し参考とすへき一般の要件」

▼45 (JACAR.Ref.C14061025400~500)。この文書には「大体に於て同意を表す」という児玉の直筆と花押が書かれており、本書ではこれを「児玉案」として扱う。

▼46 以上、児玉案は、「我陸軍の戦後経営に関し参考とすへき一般の要件」(JACAR.Ref.C14061025400~500)。児玉の軍備整備計画については、黒野耐『帝国国防方針の研究 陸海軍国防思想の展開と特徴』(総和社、二〇〇〇年)、『日本を滅ぼした国防方針』(文藝春秋、二〇〇二年)、小数賀良二『砲・工兵の日露戦争』(錦正社、二〇一六年)も参考にした。

▼47 「我陸軍の戦後経営に関し参考とすへき一般の要件」(JACAR.Ref.C14061025400~500)。

▼48 以下、本節と次節は特に注記しない限り、「我陸軍の戦後経営に関し参考とすへき一般の要件」(JACAR.Ref.C14061025400~500)。

▼49 松川系と福島系の対立については、谷戦史二五一頁。

▼50 小林道彦『児玉源太郎』三〇二頁。

▼51 動員業務については、松本一郎編『「陸軍成規類聚」研究資料』(緑蔭書房、二〇〇九年)三〇〇頁。

▼52 小林道彦『児玉源太郎』二九四~二九六頁。

▼53 以上、森山守次『児玉大将伝』四七三~四七五頁。長田昇『児玉源太郎』三九二頁。

▼54 明治三十九年八月十三日附寺内正毅宛大島健一書簡(「寺内正毅関係文書」一二八一一二)。

児玉秀雄編『藤園記念画帖 児玉源太郎十三回忌記念』、森山守次『児玉大将伝』四九三頁。

終章

▼1 カール・フォン・クラウゼヴィッツ『戦争論 レクラム版』七〇~七三頁。

主要参考文献一覧

1、児玉源太郎関係（公刊史料、雑誌記事等を含む）

青木大勇「後藤民政長官と児玉総督」『平凡な六十年』（原口一億、一九三六年）。

朝日新聞社編刊『名将回顧　日露大戦秘史・陸戦篇』（一九三五年）。
※田中国重が語る児玉の第二次旅順行の逸話を収録。
朝比奈知泉『老記者の思ひ出』（中央公論社、一九三八年）。

井出季和太「児玉総督時代」『台湾治績志』（青史社、一九八八年）。

伊能嘉矩「児玉総督治台小史」拓殖大学創立百年史編纂室編『台湾論3』（拓殖大学、二〇〇三年）。

鵜沢家文書研究会編「史料紹介　鵜沢総司「明治三十年　児玉源太郎清国視察随行日記」」『軍事史学』第四三巻第二号（錦正社、二〇〇七年）。

生出寿『謀将児玉源太郎』（光人社、二〇〇九年）。

大隈重信「児玉大将」江森泰吉編『大隈伯百話』（実業之日本社、一九〇九年）。

大澤博明『児玉源太郎　明治陸軍のリーダーシップ』（山川出版社、二〇一四年）。

大沢宗雄編『立志の人大沢界雄』（大覚寺、一九九一年）。
※児玉の逸話が書かれた日露戦争期の大沢界雄の日記を収録。
小川宣『児玉源太郎と徳山　生誕百五十年記念』（小川宣、二〇〇三年）。

尾野実信「陣中に於ける満洲軍総司令官大山元帥と総参謀長児玉大将の動静」『偕行社記事』昭和八年三月号（偕行社、一九三三年）。

加登川幸太郎『名将　児玉源太郎』（日本工業新聞社、一九八二年）。

加登川幸太郎『児玉源太郎にみる大胆な人の使い方・仕え方』（日新報道、一九八五年）。

黄葉秋造「青年時代の藤園将軍（一）～（十）」『台湾日日新報』明治三十九年七月二十八日～八月八日。

黄葉秋造編『鎮南記念帖』（鎮南山臨済護国禅寺、一九一三年）。

木村毅『大山・児玉・乃木』（大日本雄弁会講談社、一九三九年）。

木村毅「児玉源太郎大将」『明治名将伝』（博文館、一九四一年）。

近世名将言行録刊行会編「児玉源太郎」『近世名将言行録』第三巻（吉川弘文館、一九三四年）。

桑田悦『偉人、児玉源太郎を偲ぶ』（児玉神社、一九九六年）。

児玉源太郎口述『熊本籠城談』（白土幸力、一九〇〇年増補訂正再版）。

児玉源太郎「児玉少将新兵教育に就ての談話」偕行社編纂部編『偕行社記事』第三一号（偕行社、一八九〇年）。

児玉源太郎『児玉陸軍少将欧洲巡廻報告書』（監軍部、一八九三年）。

児玉源太郎「立見将軍の栄転を送る辞」東京雄弁同志倶楽部編『式辞と演説』（いろは書房、一九二三年）。

児玉源太郎顕彰会編刊『藤園　児玉源太郎顕彰会会報』第一～第三号（二〇一六～二〇一八年）。

児玉秀雄「児玉氏の談話」『読売新聞』明治三十九年七月二十八日。

児玉秀雄「児玉源太郎」犬養健ほか『父の映像』（筑摩書房、一九八八年）。

児玉秀雄編『藤園記念画帖　児玉源太郎十三回忌記念』（マツノ書店、二〇一〇年）。
※黒田甲子郎「藤園小伝」所収。
児玉文庫編刊『私立児玉文庫一覧』（一九〇八年）。

児玉文庫編刊『私立児玉文庫一覧』（一九二六年）。

後藤省吾「児玉大将の病に就て」『衛生新報』明治三十九年八月一日。

後藤新平「児玉大将と余」、「検疫部長当時の児玉大将」立石駒吉編『後藤新平論集』（伊藤元治郎、一九一一年）。

後藤新平「吾輩と児玉大将とは如何に肝膽相照したるか」『実業の世界』第七五巻第二号（実業之世界社、一九七八年）。

小林道彦『児玉源太郎　そこから旅順港は見えるか』（ミネルヴァ書房、二〇一二年）。

小林道彦「児玉源太郎と統帥権改革」小林道彦・黒沢文貴編『日本政治史のなかの陸海軍　軍政優位体制の形成と崩壊１８６８～１９４５』（ミネルヴァ書房、二〇一三年）。

小林道彦「児玉源太郎と原敬」伊藤之雄編『原敬と政党政治の確立』（千倉書房、二〇一四年）。

佐藤三郎「児玉源太郎陸相の辞表捧呈　馬蹄銀事件」日本歴史学会編『日本歴史』第五〇六号（吉川弘文館）。

周南市美術博物館編刊『児玉源太郎と近代国家への歩み展　日本の進路を託された男』（二〇一一年）。

周南市立中央図書館編刊『児玉源太郎資料展　文庫開設百周年記念』（二〇〇三年）。

宿利重一「児玉大将の片影」偕行社編纂部編『偕行社記事』昭和十四年三月号（偕行社、一九三九年）。

宿利重一『児玉源太郎』（マツノ書店、一九九三年）。

尚友倶楽部児玉源太郎関係文書編集委員会編『児玉源太郎関係文書』（尚友倶楽部、二〇一四年）。

尚友倶楽部児玉秀雄関係文書編集委員会編『児玉秀雄関係文書』Ⅰ（尚友倶楽部、二〇一〇年）。

季武嘉也「新史料が明かす知将の卓見　大戦略家児玉源太郎の避戦論」『中央公論』一二九巻五号（中央公論新社、二〇一五年）。

杉山茂丸『児玉大将伝』（中央公論社、一九九四年）。

杉山靖憲「第四代故伯爵児玉源太郎」『台湾歴代総督の治績』（帝国地方行政学会、一九二二年）。

関口隆正『故児玉参謀長伝』（金港堂、一九〇六年）。

台湾日日新報社編『児玉総督凱旋歓迎紀念写真帖』（台湾日日新報社、一九〇六年）。

高浜三郎「児玉総督時代」『台湾統治概史』（新行社、一九三六年）。

田中国重「児玉総参謀長の旅順行秘話」森田英亮編『名将名将軍を語る』（金星堂、一九三九年）。

長南政義「側近・縁故者が語る児玉源太郎の人物像」吉武源五郎編『児玉将軍十三回忌寄稿録』（マツノ書店、二〇一〇年）。

長南政義「児玉源太郎は天才作戦家ではなかった」『坂の上の雲5つの疑問』（並木書房、二〇一一年）。

長南政義「児玉源太郎は名将だったのか？　～「参謀本部次長」「満洲軍総参謀長」としての児玉源太郎の手腕～」『國學院法研論叢』第四十号（國學院大學大学院法学研究会、二〇一三年）。

「児玉源太郎伯」東亜同文会編『対支回顧録』下巻（原書房、一九八一年）。

東京日日新聞社・大阪毎日新聞社編刊『参戦二十将星　回顧三十年　日露大戦を語る　陸軍篇』（一九三五年）。
※関屋貞三郎や田中国重などが語る児玉の逸話を収録。
徳山市美術博物館編刊『児玉源太郎とその時代展』（一九九九年）。

鳥谷部春汀「児玉台湾総督」『春汀全集』第二巻（博文館、一九〇九年）。

長田昇『児玉源太郎』（「児玉源太郎」出版記念委員会、二〇〇三年）。

中村謙司『史論　児玉源太郎　明治日本を背負った男』（光人社、二〇〇六年）。

半井桃水編『江の島しるべ　附・児玉神社誌　藤園将軍略伝』（横沢次郎、一九二二年）。

「日露戦争三十年記念　大山（総司令官）児玉（総参謀長）を偲ぶ座談会」伝記研究会編輯『伝記』第二巻第三号（南光社、一九三五年）。

新渡戸稲造「児玉伯の思ひ出」『偉人群像』（実業之日本社、一九三一年）。

日本合同通信社編刊『台湾大観』（一九三二年）。
※横沢次郎、高木友枝らの児玉に関する回想談を多数所載。
博文館編『児玉陸軍大将』（マツノ書店、二〇〇五年）。

古川薫『天辺の椅子』（毎日新聞社、一九九三年）。

古川薫『斜陽に立つ　乃木希典と児玉源太郎』（文藝春秋、二〇一一年）。

松金公正「日本統治期における妙心寺派台湾布教の変遷　臨済護国禅寺建立の占める位置」宇都宮大学国際学部編刊『宇都宮大学国際学部研究論集』第十二号（二〇〇一年）。

「児玉源太郎大将を偲ぶ」松波仁一郎編『水野博士古稀記念論策と随筆』（水野錬太郎先生古稀祝賀会事務所、一九三七年）。

松波仁一郎「児玉・寺内の両大将」『牛の込合ひ　松波随筆』（三教書院、一九三九年）。

村上先「児玉子爵及ひ後藤男爵の治台記念事業に就て」、「児玉大將を懐ふ」『経国の片影』（仁仙閣、一九二〇年）。

村上浪六「児玉大将の風格」『現代』第八巻第四号（大日本雄弁会講談社、一九二七年）。

森山守次『児玉大将伝』（星野錫、一九〇八年）。

「山県元帥児玉大将談」『東京朝日新聞』明治三十九年七月二十六日。

山崎俊彦・中久喜信周「児玉源太郎」『政界之五名士』（文声社、一九〇二年）。

山田武吉「児玉総督、後藤長官時代の台湾」『草莽文叢』（大日社、一九三六年）。

横沢次郎『児玉藤園将軍逸事』（新高堂書店、一九一四年）。

横沢次郎『児玉総督油差政治』（台湾臨済護国禅寺、一九二三年）。

吉武源五郎編『児玉藤園将軍』前輯・後輯（拓殖新報社、一九一八年）。

吉武源五郎編『児玉大神を祭る』（拓殖新報社、一九二一年）。

吉武源五郎編『児玉神社献詠詩集』（拓殖新報社、一九三九年）。

吉武源五郎編『児玉将軍十三回忌寄稿録』（マツノ書店、二〇一〇年）。
※『児玉藤園将軍』（拓殖新報社）と『児玉藤園将軍逸事』（新高堂書店）の合本復刻。

2、未刊行史料

一、奥州市立後藤新平記念館
「後藤新平文書」。
二、外務省外交史料館
「日露戦役関係帝国ニ於テ密偵者使用雑件」。
三、国文学研究資料館所蔵「鈴木荘六文書」
鈴木荘六「自叙　荘六一代記」。
四、国立公文書館
「叙位裁可書　明治三十四年　叙位巻七」。「公文類聚　第二十五編　明治三十四年　第四巻　官職二　官制二」。「公文別録　内閣　明治十九年～大正元年　第一巻」。
五、国立国会図書館憲政資料室
「井上馨関係文書」。「大山巌関係文書」。「樺山資紀関係文書」。「樺山資紀関係文書　第二期」。「川上操六関係文書」。「憲政史編纂会収集文書」。「憲政資料室収集文書」。「児玉源太郎関係文書」。「阪谷芳郎関係文書」。「財部彪関係文書」。「田中義一関係文書」。「寺内正毅関係文書」。「野村靖関係文書」。

六、財団法人熊本城顕彰会

「明治十年五月二十六日附谷干城宛児玉源太郎書簡」。

七、周南市美術博物館

「児玉家資料」。

八、周南市立中央図書館

「遠藤貞一郎宛児玉源太郎書簡」。

九、仙台市博物館「松川家資料」

松川敏胤「明治三十五年随筆」。「松川敏胤日誌」。

十、徳山毛利家所蔵

「志士血盟書」。

十一、福島県立図書館（佐藤文庫）

「日露戦史（手稿本）」。

十二、防衛省防衛研究所戦史研究センター（順不同）

「明治9年　卿官房　中西国事件密事日記10月」。「戦闘報告　明治10年5月1日~10年9月8日」。「戦闘報告原書　明治10年5月11日~10年7月17日」。「戦闘報告原書　明治10年6月22日~明治10年9月17日」。「探偵戦闘報告1　明治10年6月14日~10年7月21日」。「探偵電信報告　明治10年5月30日~10年9月18日」。「豊後口枢要書類綴　明治10年6月8日~10年8月19日」。「明治9年より明治13年まで　密事編冊」。「明治11年　大日記参謀監軍内外各局　12月水　陸軍省第1局」。「明治11年12月　報知牒」。「明治11年　大日記参謀監軍内外各局　12月水　陸軍省第1局」。「検閲報告　東部、西部検閲　明治13年」。「検閲報告　東部、西部検閲　明治14年」。「検閲報告　東部、中部、西部検閲　明治15~明治16年」。「検閲報告　東部、中部、西部　明治17年」。「参謀本部歴史草案（7~8）明治17~18　6／29（宮崎史料）」。「明治20年 貳大日記 5月」。「明治20年 貳大日記 7月」。「明治19年　訓令大日記　陸軍省　乙」。「砲兵編制に関する書類（その1）　明治17~32年」。「参謀本部歴史草案（9~11）　明治19~21　7／29　（宮崎史料）」。「明治24年貳大日記9月」。「自明治26年至明治27年　密事簿」。「明治30年乾　貳大日記12月」。「明治29年乾　貳大日記6月」。「明治30年 壹大日記 編冊補遺壹」。「明治三十五年二月　師団長会議書類」。「明治35年　歩兵第5連隊　遭難に関する取調委員復命書」。「攻城隊編制書類　明治34年9月」。「野戦重砲兵隊に関する編制諸表　明治35年10月」。「明治35年乾　貳大日記2月」。「明治35年自1月至4月秘密日記」。「明治35年乾　貳大日記3月」。「明治34年　秘密日記　参秘号」。「明治36年乾　貳大日記6月」。「明治三十六年五月　上聞　露国行動に関する判断　原案共」。「明治三十五年五月起部長会議録」。「日露戦役参加者史談会記録」。阪谷芳郎「日露戦役に於ける財政に就て」『将官談話会月報』第九七号。海軍軍令部編『極秘明治三十七八年海戦史』。「明治三十六年十月動員班　臨時編成要領草稿」。「明治三十七八年戦役陸軍省軍務局砲兵課業務詳報」。「陸軍との交渉及協同作戦」。誉田甚八「日露戦役感想録」。「日露戦史　前田歩兵中佐述　大正十五年　第二学年」。大庭二郎「第3軍の旅順攻略関係史料」。「我陸軍の戦後経営に関し参考とすへき一般の要件」。「陸軍拡張案　明治三十九年二月」。「満大日記　明治三十八年四月　上」。

十三、靖国神社靖国偕行文庫

樋口武「兵学寮青年学舎生徒手帳」『陸軍兵学寮関係史料』。四手井綱正「日露戦史講授録　第一篇（旅順攻城戦）」（一九四二年、陸軍大学校）。

十四、早稲田大学図書館所蔵

「徳大寺実則日記」。「南大曹旧蔵名家書翰集」。

3、公刊史料

一、諸家文書

「井口省吾日記」刊行会編『井口省吾日記』第三巻（講談社エディトリアル、二〇一八年）。

井口省吾文書研究会編『日露戦争と井口省吾』（原書房、一九九四年）。

伊藤隆・尾崎春盛編『尾崎三良日記』下巻（中央公論社、一九九二年）。

伊藤博文関係文書研究会編『伊藤博文関係文書』四～六、九（塙書房、一九七六～一九八一年）。

宇都宮太郎関係資料研究会編『日本陸軍とアジア政策　陸軍大将宇都宮太郎日記1』（岩波書店、二〇〇七年）。

宇野俊一校注『桂太郎自伝』（平凡社、一九九三年）。

大山梓編『山県有朋意見書』（原書房、一九六六年）。

海軍省編（奥付は海軍大臣官房編）『山本権兵衛と海軍』（原書房、一九六六年）。

小林龍夫編『翠雨荘日記　伊東家文書』（原書房、一九六六年）。

島内登志衛編『谷干城遺稿』下（靖献社、一九一二年）。

尚友倶楽部ほか編『水野錬太郎回想録・関係文書』（尚友倶楽部、一九九八年）。

尚友倶楽部山県有朋関係文書編纂委員会編『山県有朋関係文書』一～三（二〇〇五～二〇〇七年、尚友倶楽部）。

高橋義雄『万象録　高橋箒庵日記』巻二・巻四巻（思文閣出版、一九八六・一九八八年）。

千葉功編『桂太郎関係文書』（東京大学出版会、二〇一〇年）。

千葉功編『桂太郎発書翰集』（東京大学出版会、二〇一一年）。

長南政義「史料紹介　陸軍大将松川敏胤の手帳・年譜」『國學院法研論叢』第三十六号（國學院大學大学院法学研究会、二〇〇九年）。

長南政義『日露戦争第三軍関係史料集　大庭二郎日記・井上幾太郎日記でみる旅順・奉天戦』（国書刊行会、二〇一四年）。

妻木忠太編『木戸孝允日記』（早川良吉、一九三二年）。

長岡外史文書研究会編『長岡外史関係文書　回顧録篇』（吉川弘文館、一九八九年）。

長岡外史文書研究会編『長岡外史関係文書　書簡・書類篇』（吉川弘文館、一九八九年）。

乃木希典「旅順攻撃日誌」乃木神社・中央乃木会編刊『洗心』第一六五号（二〇一一年）。

波多野澄雄、黒沢文貴責任編集『侍従武官長奈良武次日記・回顧録』第四巻（柏書房、二〇〇〇年）。

原奎一郎編『原敬日記』第一～第二巻（福村出版、一九六五年）。

広瀬順晧監修『伊東巳代治日記・記録　未刊翠雨荘日記　憲政史編纂会旧蔵』第一～第七巻（ゆまに書房、一九九九年）。

山本四郎編『寺内正毅日記　1900～1918』（京都女子大学、一九八〇年）。

竜門社編『渋沢栄一伝記資料』第八・第九・第二三・第二八巻（渋沢栄一伝記資料刊行会、一九五六～一九五九年）。

和田政雄『乃木希典日記』（金園社、一九七〇年）。

二、史料集など

石川卓美・田中彰編『奇兵隊反乱史料・脱隊暴動一件紀事材料』（マツノ書店、一九八一年）。

『熊本鎮台戦闘日記』巻一～巻三（一八八二年）。

徳山市史編纂委員会編『徳山市史史料』中（徳山市、一九六六年）。

三、帝国議会速記録

「第四回帝国議会貴族院議事速記録第四十一号」明治二十六年二月二十八日。

「第五回帝国議会衆議院予算委員会速記録第四科第一号」明治二十六年十二月六日。

4、研究書・伝記・戦史

青木袈裟美編『陸軍軍医中将藤田嗣章』（陸軍軍医団、一九四三年）。

阿川弘之『井上成美』（新潮社、一九九四年）。

安藤照『お鯉物語』（福永書店、一九二七年）。

猪飼隆明『西南戦争　戦争の大義と動員される民衆』（吉川弘文館、二〇〇八年）。

石井満『中村雄次郎伝』中村雄次郎伝記刊行会、一九四三年）。

石黒忠悳『懐旧九十年』（博文館、一九三六年）。

石原藤夫『国際通信の日本史　植民地化解消へ苦闘の九十九年』（東海大学出版会、一九九九年）。

維新戦歿者五十年祭事務所編『維新戦役実歴談』（維新戦歿者五十年祭事務所、一九一七年）。

市谷薬王寺町誌編纂会編『市谷薬王寺町誌』（薬王寺町会、一九七九年）。

一坂太郎『長州奇兵隊』（中央公論新社、二〇〇二年）。

一又正雄『杉山茂丸　明治大陸政策の源流』（原書房、一九七五年）。

井出季和太『台湾治績志』（青史社、一九八八年）。

伊藤孝夫『大正デモクラシー期の法と社会』（京都大学学術出版会、二〇〇〇年）。

伊藤正徳編『加藤高明』上巻（加藤伯伝記編纂委員会、一九二九年）。

伊藤之雄『立憲国家と日露戦争　外交と内政1898〜1905』（木鐸社、二〇〇〇年）。

伊藤之雄『伊藤博文　近代日本を創った男』（講談社、二〇〇九年）。

伊藤之雄『山県有朋　愚直な権力者の生涯』（文藝春秋、二〇〇九年）。

伊藤芳松『改正歩兵操典詳解　巻之上』（兵事雑誌社、一九〇九年）。

ウォーナー、デニスほか『日露戦争全史』（時事通信社、一九七八年）。

鵜崎鷺城『薩の海軍長の陸軍』（今日の話題社、一九八六年）。

宇野俊一『桂太郎』（吉川弘文館、二〇〇六年）。

大井成元「メッケル将軍の思出」宿利重一『日本陸軍史研究メッケル少佐』（マツノ書店、二〇一〇年）。

大江志乃夫『日露戦争の軍事史的研究』（岩波書店、一九七六年）。

大江志乃夫『日露戦争と日本軍隊』（立風書房、一九八七年）。

大熊浅次郎『信水堀内文次郎将軍を悼む』（大熊浅次郎、一九四二年）。

大崎善四郎編『明治官員録　明治十三年六月』（矢島百太郎、一八八〇年）。

大澤博明『近代日本の東アジア政策と軍事　内閣制と軍備路線の確立』（成文堂、二〇〇一年）。

大前信也『陸軍省軍務局と政治　軍備充実の政策形成過程』（芙蓉書房出版、二〇一七年）。

大村益次郎先生伝記刊行会編『大村益次郎』（肇書房、一九四四年）。

大山梓『日露戦争の軍政史録』（芙蓉書房、一九七三年）。

岡本真希子『植民地官僚の政治史　朝鮮・台湾総督府と帝国日本』（三元社、二〇〇八年）。

小川原正道『西南戦争　西郷隆盛と日本最後の内戦』（中央公論新社、二〇〇八年）。

落合弘樹『西南戦争と西郷隆盛』（吉川弘文館、二〇一三年）。

尾野実信編『元帥公爵大山巌』（大山元帥伝刊行所、一九三五年）。

小原正忠編『小原正恒自叙伝』（小原正忠、一九三〇年）。

偕行社編纂部編『偕行叢書三　戦争秘話（日露戦役）』第一輯（偕行社、一九三五年）。

偕行社砲兵沿革史刊行会編『砲兵沿革史』第五巻上（偕行社、一九六六年）。

『改正官員録　懐中早見』（万屋真形活版所、一八八五年）。

霞会館華族家系大成編輯委員会編『平成新修旧華族家系大成』上巻（霞会館、一九九六年）。

片岡徹也編『戦略論大系③モルトケ』（芙蓉書房出版、二〇〇二年）。

『官員録』明治三年（須原屋茂兵衛、一八七〇年）。

関東電気通信局編『日米海底通信小史』（関東電気通信局、一九五七年）。

喜多平四郎『征西従軍日誌　一巡査の西南戦争』（講談社、二〇〇一年）。

草原克豪『新渡戸稲造　1862～1933　我、太平洋の橋とならん』（藤原書店、二〇一二年）。

宮内省臨時帝室編修局編『明治天皇紀』全十二巻（吉川弘文館、一九七五年）。

熊本市熊本城調査研究センター編刊『熊本城跡発掘調査報告書2　～本丸御殿の調査～』第2分冊（二〇一六年）。

『熊本鎮台戦闘日記』巻一～巻三（一八八二年）。

クラウゼヴィッツ、カール・フォン『戦争論　レクラム版』（芙蓉書房出版、二〇〇一年）。

黒田甲子郎『奥元帥伝』（国民社、一九三三年）。

黒田甲子郎編『元帥寺内伯爵伝』（大空社、一九八八年）。

黒谷了太郎編『宮尾舜治伝』（吉岡荒造、一九三九年）。

黒野耐『帝国国防方針の研究　陸海軍国防思想の展開と特徴』（総和社、二〇〇〇年）。

黒野耐『日本を滅ぼした国防方針』（文藝春秋、二〇〇二年）。

黒野耐『帝国陸軍の〈改革と抵抗〉』（講談社、二〇〇六年）。

桑田悦編『近代日本戦争史　第一編　日清・日露戦争』（同台経済懇話会、一九九五年）。

桑原嶽『名将乃木希典』（中央乃木会、二〇〇五年）。

黒龍会編『西南記伝』中巻一（原書房、一九六九年）。

黒龍会編『東亜先覚志士記伝』下巻（原書房、一九七七年）。

幸顕栄翁伝記編纂会編刊『幸顕栄翁伝』（一九三九年）。

越沢明『後藤新平』（筑摩書房、二〇一一年）。

小数賀良二『砲・工兵の日露戦争』（錦正社、二〇一六年）。

小早川秀雄『血史　熊本敬神党』（隆文館、一九一〇年）。

小林和幸編『明治史講義　【テーマ篇】』（筑摩書房、二〇一八年）。

小林道彦・黒沢文貴編著『日本政治史のなかの陸海軍　軍政優位体制の形成と崩壊1868～1945』（ミネルヴァ書房、二〇一三年）。

小林道彦『大正政変　国家経営構想の分裂』（千倉書房、二〇一五年）。

故古市男爵記念事業会編刊『古市公威』（一九三七年）。

斎藤聖二『日清戦争の軍事戦略』（芙蓉書房出版、二〇〇三年）。

斎藤聖二『北清事変と日本軍』（芙蓉書房出版、二〇〇六年）。

斎藤文賢『陸軍会計経理学』（素天社、一九〇二年）。

『佐賀征討記』（一八七四年）。

『佐賀征討日誌』（一八七四年）。

佐藤鋼次郎『日露戦争秘史　旅順攻囲秘話』（軍事学指針社、一九三〇年）。

参謀本部編『明治二十七八年日清戦史』第一巻（東京印刷、一九〇四年）。

参謀本部編『明治三十七八年日露戦史』全十巻・附図全十巻（東京偕行社、一九一二～一九一五年）。

参謀本部編『明治三十七・八年秘密日露戦史』（巌南堂書店、一九七七年）。

参謀本部陸軍部編纂課『征西戦記稿』全四巻（青潮社、一九八七年）。

時事新報社政治部編『手紙を通じて』（宝文館、一九二九年）。

司馬遼太郎『坂の上の雲』一～八（文庫新装版、文藝春秋、二〇〇九年）。

柴田隆一・中村賢治『陸軍経理部』（芙蓉書房、一九八一年）。

島田蕃根翁延寿会編刊『島田蕃根翁』（一九〇八年）。

白井二郎『奉天会戦に於る第三軍の包翼戦』（教育研究社、一九二六年）。

宿利重一『旅順戦と乃木将軍』（春秋社、一九四一年）。

宿利重一『増補　乃木希典』（マツノ書店、二〇〇四年）。

宿利重一『日本陸軍史研究メッケル少佐』（マツノ書店、二〇一〇年）。

上法快男編『陸軍大学校』（芙蓉書房、一九七八年）。

新聞集成明治編年史編纂会編『新聞集成明治編年史』第十三巻（林泉社、一九四〇年）。

末広一雄編刊『男爵近藤廉平伝　附遺稿』（一九二六年）。

末松謙澄編『防長回天史』第六篇中・下（第十一・十二）（末松春彦、一九二一年）。

杉山茂丸『俗戦国策』（書肆心水、二〇〇六年）。

杉山其日庵（茂丸）『山県元帥』（博文館、一九二五年）。

台湾総督府陸軍幕僚『台湾総督府陸軍幕僚歴史草案』全三巻（川口喜三男、二〇〇三～二〇〇四年）。

『台湾陸軍処務提要　明治三十六年改訂』（台湾総督府陸軍幕僚副官部、一九〇三年）。

高倉徹一編『田中義一伝記』（田中義一伝記刊行会、一九五八年）。

高橋信武『西南戦争の考古学的研究』（吉川弘文館、二〇一七年）。

瀧井一博『伊藤博文　知の政治家』（中央公論新社、二〇一〇年）。

拓殖大学創立百年史編纂室編『台湾論3』（拓殖大学、二〇〇三年）。

竹越与三郎『台湾統治志』（博文館、一九〇五年）。

谷寿夫『機密日露戦史』（原書房、一九六六年）。

谷光太郎『敗北の理由』（ダイヤモンド社、二〇一〇年）。

駄場裕司『後藤新平をめぐる権力構造の研究』（南窓社、二〇〇七年）。

多門二郎、牛島貞雄、今井清編『陸軍大学校課外講演集』第一～三輯（陸軍大学校将校集会所、一九二九～一九三四年）。

千葉功『旧外交の形成』（勁草書房、二〇〇八年）。

千葉功『桂太郎　外に帝国主義、内に立憲主義』（中央公論新社、二〇一二年）。

中央報徳会編刊『府県制五十年を語る』（一九四一年）。

長南政義「第三軍参謀が語る旅順戦　～新史料「大庭二郎中佐日記」（防衛研究所所蔵）を中心に～」『坂の上の雲5つの疑問』（並木書房、二〇一一年）。

長南政義「第二軍による旅順攻略戦・威海衛攻略戦についての再考察」陸地測量部撮影『日清戦況写真』（国書刊行会、二〇一三年）。

長南政義『新史料による日露戦争陸戦史　覆される通説』（並木書房、二〇一五年）。

津野田是重ほか『戦記名著集　熱血秘史』第五巻（戦記名著刊行会、一九二九年）。

鶴見祐輔『後藤新平』第一～第二巻（勁草書房、一九六五～一九九〇年）。

東亜同文会編『対支回顧録』下巻（原書房、一九八一年）。

東京日日新聞社・大阪毎日新聞社編『秘録維新七十年図鑑』（東京日日新聞社、一九三七年）。

東京府教育会編『日露戦役秘録』（博文館、一九二九年）。

時山弥八編『稿本もりのしげり』（時山弥八、一九一六年）。

徳富猪一郎編『公爵山縣有朋伝』下巻（原書房、一九六九年）。

徳富猪一郎『近世日本国民史』第99巻（時事通信社、一九六二年）。

徳富猪一郎『陸軍大将川上操六』（大空社、一九八八年）。

徳富猪一郎編『公爵桂太郎伝』乾坤巻（原書房、二〇〇四年）。

戸部良一『自壊の病理　日本陸軍の組織分析』（日本経済新聞出版社、二〇一七年）。

富田紘一『熊本城　歴史と魅力』（熊本城顕彰会、二〇〇八年）。

内務省警保局編刊『警察部長事務打合会議における内務大臣訓示要旨集』（一九二七年）。

長岡外史関係文書研究会編『長岡外史関係文書　回顧録篇』（吉川弘文館、一九八九年）。

中原鄧州『南天棒行脚録』（大阪屋号書店、一九二一年）。

西浦進『昭和戦争史の証言　日本陸軍終焉の真実』（日本経済新聞出版社、二〇一三年）。

沼田多稼蔵『日露陸戦新史』（芙蓉書房、一九八〇年）。

野邑理栄子『陸軍幼年学校体制の研究　エリート養成と軍事・教育・政治』（吉川弘文館、二〇〇六年）。

波多野勝『満蒙独立運動』（ＰＨＰ研究所、二〇〇一年）。

波多野勝『奈良武次とその時代　陸軍中枢・宮中を歩んだエリート軍人』（芙蓉書房出版、二〇一五年）。

ハミルトン、イアン『思ひ出の日露戦争』（雄山閣、二〇一一年）。

原剛『明治期国土防衛史』（錦正社、二〇〇二年）。

半藤一利・秦郁彦・原剛ほか『歴代陸軍大将全覧　明治篇』（中央公論新社、二〇〇九年）。

半藤一利・秦郁彦・原剛ほか『歴代陸軍大将全覧　大正篇』（中央公論新社、二〇〇九年）。

ピーター、ローレンス・J『ピーターの法則　創造的無能のすすめ』（ダイヤモンド社、二〇〇三年）。

日暮忠誠編『官員録』明治十一年七月（拡隆舎、一八七八年）。

平塚篤編『伊藤博文秘録』（春秋社、一九二九年）。

平野龍二『日清・日露戦争における政策と戦略　「海洋限定戦争」と陸海軍の協同』（千倉書房、二〇一五年）。

深町英夫『孫文　近代化の岐路』（岩波書店、二〇一六年）。

藤井茂太『九州参謀旅行記事　明治廿一年二月　国防軍之部』（牧野直身、一八八八年）。

藤井茂太『両戦役回顧談』（藤井茂太、一九三六年）。

舩木繁『陸軍大臣木越安綱』（河出書房新社、一九九三年）。

『法令全書』明治五年（内閣官報局、一八八九年）。

『法令全書』明治二十年上巻（内閣官報局）。

堀場一雄『支那事変戦争指導史』（原書房、一九七三年）。

ボンド、ブライアン『戦史に学ぶ勝利の追求　ナポレオンからサダム・フセインまで』（東洋書林、二〇〇〇年）。

松浦鎮次郎編刊『岡田良平先生小伝』（一九三五年）。

松下芳男『日本陸海軍騒動史』（土屋書店、一九七四年）。

松本一郎編『「陸軍成規類聚」研究資料』（緑蔭書房、二〇〇九年）。

満鉄会編『満鉄四十年史』（吉川弘文館、二〇〇七年）。

村田峰次郎『大村益次郎先生伝』（稲垣常三郎、一八九二年）。

森岡守成『余生随筆』（日本国防協会、一八三七年）。

森田英亮編『名将名将軍を語る』（金星堂、一九三九年）。

柳生悦子『史話まぼろしの陸軍兵学寮』（六興出版、一九八三年）。

安井滄溟『陸海軍人物史論』（博文館、一九一六年）。

由井正臣「日本帝国主義成立期の軍部」原秀三郎ほか編『大系・日本国家史5　近代Ⅱ』（東京大学出版会、一九七六年）。

容閎『西学東漸記　容閎自伝』（平凡社、一九六九年）。

陸軍省編『陸軍沿革要覧』正編（陸軍省、一八九〇年）。

陸軍省編『臨時陸軍検疫部報告摘要』（陸軍省、一八九六年）。

陸軍省編『臨時台湾電信灯標建設部報告』（陸軍省、一八九八年）。

陸軍省編『明治天皇御伝記史料　明治軍事史』下巻（原書房、一九七九年）。

陸軍省編『明治三十七八年戦役陸軍政史』全十巻（湘南堂書店、一九八三年）。

陸軍省編『日露戦争統計集』全十五巻（東洋書林、一九九四〜一九九五年）。

陸軍参謀局編輯『佐賀征討戦記』（陸軍文庫、一八七五年）。

陸上自衛隊北熊本修親会編『新編西南戦史』（原書房、一九七七年）。

陸上自衛隊富士学校特科会編『日本砲兵史』（原書房、一九八〇年）。

ロストーノフ、I・I編『ソ連から見た日露戦争』（原書房、一九八〇年）。

若槻礼次郎『明治・大正・昭和政界秘史　古風庵回顧録』（講談社、一九九四年）。

若松会編刊『陸軍経理部よもやま話』（一九八二年）。

脇英夫ほか『徳山海軍燃料廠史』（徳山大学総合経済研究所、一九八九年）。

渡辺幾治郎『明治天皇と軍事』（千倉書房、一九三八年）。

渡辺幾治郎『明治天皇の聖徳　軍事』（千倉書房、一九四二年）。

5、雑誌記事・研究論文

偕行社編纂部編『偕行社記事』第七五四号（偕行社、一九三七年）。

小林省三「箱館戦争における徳山諸隊（山崎隊・献功隊）の活躍について」『山口県地方史研究』（山口県地方史学会、二〇〇七年）。

小林道彦「史料紹介　神風連の乱　ある「待罪書」をめぐって」『北九州市立大学法政論集論集』第三八巻第一・二合併号（北九州市立大学法学会、二〇一〇年）。

小林道彦「日露戦争から大正政変へ　１９０１～１９１３」『近代日本研究』第二九巻（慶応義塾福沢研究センター、二〇一二年）。

小山公利「政戦両略と通信」『偕行社記事』昭和十八年十一月号（偕行社、一九四三年）。

斎藤聖二「厦門事件再考」『日本史研究』第三〇五号（日本史研究会、一九八八年）。

鄭賢珠「第１次桂内閣期の文部省廃止構想と阻止運動」『ＨＵＭＡＮＩＴＡＳ』第三四号（奈良県立医科大学一般教育、二〇〇九年）。

富田紘一「熊本城炎上の謎を探る」『熊本城　復刊　第百号記念号』（熊本城顕彰会、二〇一五年）。

秦郁彦「再考・旅順二〇三高地攻め論争」『政経研究』四三巻四号（日本大学政経研究所、二〇〇七年）。

福田毅「米国流の戦争方法と対反乱（ＣＯＩＮ）作戦　イラク戦争後の米陸軍ドクトリンをめぐる論争とその背景」『レファレンス』第七〇六号（国立国会図書館、二〇〇九年）。

山本四郎「小川又次稿「清国征討策案」（１８８７）について」『日本史研究』第七五号（日本史研究会、一九六四年）。

6、洋書

War Office, *The Russo-Japanese War : Reports from officers attached to the Japanese forces in the field Vol.4* (Great Britain, Bristol: Ganesha Pub, 2000).

少佐	中佐	大佐	少将	中将	大将	留学または外国視察	陸軍大臣	参謀総長	教育総監
明治7年6月	明治11年	明治15年	明治18年	明治23年	明治31年	明治3年独国	明治31～33年		
28	32	36	39	44	52	24	52		
0.5	4	4	3	5	8		24		
明治7年2月	明治11年	明治15年	明治18年	明治23年	明治31年	明治19年独国		明治31～32年	
27	31	35	38	43	51	39		39	
2.3	4	4	3	5	8			24	
明治4年	明治10年	明治13年	明治18年	明治28年	明治37年	明治19年独国			
23	29	32	37	47	56	38			
初任	6	3	5	10	9				
明治12年2月	明治17年	明治20年	明治27年	明治31年	明治39年	明治15年仏国	明治35～44年		明治31～33年・明治37～38年
28	33	36	43	47	55	31	51		47・53
7	5	3	7	4	8		32		28
明治7年10月	明治13年	明治16年	明治22年	明治29年	明治37年	明治24年独国ほか	明治33～35年	明治39年	
23	29	32	38	45	53	40	49	55	
2.3	6	3	6	7	8		30	36	

附表１：桂太郎・川上操六・乃木希典・児玉源太郎・寺内正毅の初任・昇進・就職履歴概

		誕生	大隊第七等下士官	大隊第六等下士官	軍曹	権曹長	准少尉	少尉	中尉	大尉
桂太郎	年	弘化4年(1848)								明治7年1月
	年齢									28
	停年									初任
川上操六	年	嘉永元年(1848)							明治4年7月	明治4年11月
	年齢								24	24
	停年								初任	0.4
乃木希典	年	嘉永2年(1849)								
	年齢									
	停年									
寺内正毅	年	嘉永5年(1852)	明治3年6月		明治3年12月	明治4年1月		明治4年8月	明治4年11月	明治5年2月
	年齢		19		19	20		20	20	21
	停年		初任		0.6	0.1		0.7	0.3	0.3
児玉源太郎	年	嘉永5年(1852)		明治3年6月		明治3年12月	明治4年4月	明治4年8月	明治4年9月	明治5年7月
	年齢			19		19	20	20	20	21
	停年			初任		0.6	0.4	0.4	0.1	0.10

※年齢は数え年。

准中尉	中尉	大尉	少佐	中佐	大佐	少将	中将	大将
	明治４年９月	明治５年４月	明治10年５月	?	明治24年	明治30年	明治39年	
	22	23	28	?	42	48	57	
	0.1	0.7	5.1	?	?	6	9	
	明治４年11月	明治５年２月	明治12年２月	明治17年	明治20年	明治27年	明治31年	明治39年
	20	21	28	33	36	43	47	55
	0.3	0.3	7	5	3	7	4	8
	明治４年９月	明治５年７月	明治７年10月	明治13年	明治16年	明治22年	明治29年	明治37年
	20	21	23	29	32	38	45	53
	0.1	0.10	2.3	6	3	6	7	8
明治４年４月	明治４年８月14日	明治４年12月	明治11年以降	明治17年	明治20年	明治27年		
20	20	20	?	33	36	43		
0.5	0.4	0.4	６年以上	?	3	7		

※その他の同期の略歴は下記のとおり。
安治延（弘化２年・1845）　明治３年11月准中尉・明治４年８月４日中尉・明治７年９月大尉・明治14
３月少佐・明治26年中佐・明治27年大佐・明治32年少将・明治39年中将
玉恕忠（嘉永２年・1849）　明治４年８月14日少尉・明治５年１月中尉・明治10年10月大尉・明治18年
月少佐・明治28年中佐・明治31年大佐・明治36年少将・明治40年中将
内長人（嘉永３年・1850）　明治５年２月中尉・明治７年11月大尉・明治13年９月少佐・明治22年中佐・
治26年大佐・明治30年少将・明治38年中将
地庸之丞（嘉永６年・1853）明治７年５月17日少尉・明治10年７月中尉・明治19年５月大尉・明治28
４月少佐・明治32年中佐・明治36年大佐・明治40年少将

附表２：河野通好・寺内正毅・児玉源太郎・福原豊功の初任・昇進履歴概観

		誕生	大隊第七等下士官	大隊第六等下士官	大隊第四等（下）士官	軍曹	権曹長	准少尉	少尉
河野通好	年	嘉永３年（1850）		明治３年６月			明治３年10月	明治４年４月	明治４年８月６日
	年齢			21			21	22	22
	停年			初任			0.4	0.6	0.4
寺内正毅	年	嘉永５年（1852）	明治３年６月			明治３年12月	明治４年１月		明治４年８月14日
	年齢		19			19	20		20
	停年		初任			0.6	0.1		0.7
児玉源太郎	年	嘉永５年（1852）		明治３年６月			明治３年12月	明治４年４月	明治４年８月６日
	年齢			19			19	20	20
	停年			初任			0.6	0.4	0.4
福原豊功	年	嘉永５年（1852）			明治３年６月			明治３年11月	
	年齢				19			19	
	停年				初任			0.5	

※年齢は数え年。

※出典：「五十五年史（年譜）」宿利重一『児玉源太郎』（国際日本協会、一九四三年）二八頁〜。「官歴 黒田甲子郎編『元帥寺内伯爵伝』（元帥寺内伯爵伝記編纂所、一九二〇年）一頁〜。修史局編『百官履歴（日本史籍協会、一九二七〜一九二八年）上巻四五八頁〜、下巻二六頁〜。陸軍省編『陸軍現役将校同相当官実役停年名簿』（陸軍省）各年度。

児玉源太郎年譜

和暦	西暦	年齢（数え年）	児玉源太郎に関係する事項	一般事項
嘉永5	1852	1	閏2月25日（実は15日。太陽暦4月14日、4日）周防国都濃郡徳山村本丁（現、山口県周南市）に、徳山藩士児玉半九郎忠碩（100石）とモト（元子、児玉忠清の娘）の長男として生誕。幼名、百合若。	9月　明治天皇生誕。
安政3	1856	5	10月19日　父半九郎忠碩逝去（享年46）。浅見栄三郎正欽の次男、巌之丞が養子となり家督継承、巌之丞を改め次郎彦忠炳と名乗る。	4月18日　岩永マツ（後の児玉夫人）生誕。
安政5	1858	7	次郎彦が児玉の姉ヒサ（久子）と結婚。1月23日　次郎彦、児玉家家督を藩から正式に仰せ付けられる。	4月　井伊直弼が大老に就任。
安政6	1859	8	7月　藩校興譲館に入学。	
安政7・万延元	1860	9	次郎彦が飯田忠彦の著書『大日本野史』稿本を伏見奉行所から奪還する。	3月3日　桜田門外の変。
文久4・元治元	1864	13	8月12日　次郎彦が暗殺（享年23）されて家名断絶。	7月　禁門の変・第一次幕長戦争。8月5日　四国艦隊下関砲撃。8月9日　児玉次郎彦ら富山源次郎の暗殺に失敗。12月　高杉晋作挙兵、下関の新地会所を襲撃。
元治2・慶応元	1865	14	7月13日　家名復興。百合若は中小姓（25石）となり、元服して源太郎忠精と名乗る。10月　馬廻役（100石）となる。11月18日　練兵塾入塾。11月19日　志士血盟書に署名血判。	9月　大野直輔以下徳山藩士24人が誓詞に署名血判、明治元年2月までに総勢230人が血盟する。
慶応2	1866	15	9月3日　朝気隊加入を命じられる。	1月　薩長盟約成立。6月　第二次幕長戦争。12月　徳川慶喜第十五代将軍に就任。

慶応4・明治元	1868	17	9月23日　献功隊二番小隊半隊司令士として徳山を出陣。10月3日　三田尻を出港、佐渡国小木を経由し出羽国土崎港に着港（9日）、11月に青森着。	1月3日　鳥羽伏見の戦い。4月　江戸城開城。
明治2	1869	18	4月16日　北海道江差に上陸。4月24日　二股口の戦いで初陣を経験。5月8日　大川村台場の戦いで奮戦し敵を撃退。6月1日　品川に凱旋。8月1日　兵部省御雇で仏式歩兵学修行を命じられ、9月4日京都二條川東の仮兵営に入営。11月5日　大阪（玉造）の兵学寮に移る。	5月18日　榎本武揚降伏し五稜郭開城、戊辰戦争終結。6月　版籍奉還。9月4日　大村益次郎襲撃（11月5日死亡）。
明治3	1870	19	1月29日　脱隊騒動鎮圧のため天保山沖で乗船、下関を経て2月8日小郡海岸に上陸。2月9日　小郡附近の戦いに参加。3月3日　大阪に凱旋。6月2日　大隊第六等下士官。12月10日　陸軍権曹長。	1月24日　脱隊兵が山口藩議事館を包囲。10月　陸軍が仏式兵制を採用。
明治4	1871	20	4月15日　陸軍准少尉に任官し、歩兵第三連隊第二大隊副官となる。8月6日　陸軍少尉。9月21日　陸軍中尉。	7月　廃藩置県。8月　東京・大阪・鎮西（熊本）・東北（仙台）に鎮台設置（四鎮台制）。11月　岩倉使節団出発。
明治5	1872	21	1月21日　一等給を賜う。6月17日　歩兵第四番大隊副官から歩兵第十九番大隊副官に異動。7月25日　陸軍大尉。8月1日　大阪鎮台地方司令副官心得に異動。11月5日　姉ノブ（信子）が陸軍大尉波多野毅（後に中将）と結婚。	2月　兵部省廃止、陸軍省と海軍省設置。
明治6	1873	22	3月17日　大阪鎮台歩兵一大隊の近衛編入に伴い、取締として上京。10月9日　歩兵科二等。	1月　名古屋と広島に鎮台設置、六鎮台制となる。徴兵令発布。10月　明治六年政変、西郷隆盛下野。
明治7	1874	23	2月16日　陸軍少佐渡辺央の熊本鎮台差遣に随行する。2月23日　中津隈附近の戦闘で銃傷を負い、福岡仮病院に後送される。3月　正七位。4月　大阪に移り療養。8月28日　熊本鎮台准官参謀に異動。10月17日　岩永マツ（松子）と結婚。10月19日　陸軍少佐。	2月　佐賀の乱。5月　台湾出兵。

明治8	1875	24	1月2日　妻マツ入籍。10月8日　母モト永眠（享年64）。	9月　江華島事件。
明治9	1876	25	7月19日　長男秀雄誕生。8月14日　歩兵分遣隊巡視のため琉球に差遣。10月　敬神党の乱鎮圧に活躍。11月　敬神党の乱の顚末を報告するため上京。12月　熊本鎮台幕僚参謀副長に異動。12月13日　明治天皇に小御所へ召され午餐を賜わる。12月30日頃　熊本に帰任。	10月24日　敬神党の乱勃発。10月27日　秋月の乱勃発。10月28日　萩の乱勃発。
明治10	1877	26	2月～4月　西南戦争の熊本城籠城戦に従軍。5月～6月　熊本県浜町・馬見原本営で幕僚勤務に従事、以後各地を転戦。6月28日　陸地峠の戦いの敗因調査。7月9日　大分県黒沢の出張参謀部に出張。9月　熊本県八代・鹿児島県出水の出張参謀部で幕僚勤務に従事。10月6日　熊本城に凱旋。	2月　西南戦争勃発。9月24日　西郷隆盛が城山で自刃。
明治11	1878	27	1月31日　佐賀の乱・西南戦争の功績により勲四等に叙され、年金180円を下賜される。2月25日　近衛局出仕に異動。麴町区富士見町に居住。3月1日　熊本鎮台旧征討残務取纏御用兼勤。7月　近衛局参謀に異動。9月10日　勲功調査のため名古屋・大阪・広島の三鎮台に差遣。12月　近衛幕僚参謀副長に異動。12月9日　勲功調査御用掛兼勤。	5月　大久保利通暗殺。8月23日　竹橋事件勃発。12月　参謀本部設置。
明治12	1879	28	1月4日　陸軍始分列式の参謀を命じられる。1月15日　次男貞雄誕生。3月7日　歩兵内務書第三版取調兼勤。5月13日　敬神党の乱での軍旗被奪の報告遅延の科により謹慎三日間。	4月　琉球処分。
明治13	1880	29	4月30日　歩兵中佐に昇進し、東京鎮台歩兵第二連隊長兼佐倉営所司令官に異動。5月28日　正六位。	
明治14	1881	30	4月　対抗演習で乃木希典率いる歩兵第一連隊に勝利する。10月23日　三男友雄誕生。	10月　明治十四年の政変。10月12日　国会開設の詔。
明治15	1882	31	検閲を受け東京鎮台中「第一等」の評価を獲得。	1月　軍人勅諭公布。7月　壬午事変。

明治16	1883	32	2月6日　歩兵大佐。4月18日　従五位。	4月　陸軍大学校開校。
明治17	1884	33	3月29日　四男常雄誕生。	2月　陸軍卿大山巖らが欧州兵制視察に出発。7月　華族令公布。12月　甲申事変。
明治18	1885	34	3月　海陸合同演習で山沢静吾率いる歩兵第一連隊に勝利する。4月7日　勲三等に昇叙し、旭日中綬章を下賜される。この頃、御雇外国人ヒラレーから軍事学講義を受ける。5月26日　参謀本部管東局長に異動。7月24日　参謀本部第一局長となる。参謀本部へ異動後、フランス語学習に励むと共に、メッケル少佐の軍事学講義を受ける。	3月　メッケル少佐陸軍大学校教師となる。5月18日　監軍部（第一次、師団司令部の前身）設置。12月　内閣制度創設、伊藤博文が初代内閣総理大臣となる。
明治19	1886	35	3月11日　歩兵操典並びに鍬兵操典取調委員。3月19日　臨時陸軍制度審査委員。4月16日　戦時衛生事務改正委員。5月20日　砲兵隊編制審査委員。7月30日　士官下士官進級下調委員。9月16日（10月説もあり）五男国雄誕生。9月30日　陸軍大学校幹事を兼務。10月9日　軍用電信材料改良委員。	3月　参謀本部条例改正、陸海軍統合の参謀本部となる。この年、明治十九年の陸軍紛議勃発。
明治20	1887	36	2月25日　陸軍職工所編制審査委員。6月3日　監軍部参謀長に異動（兼職はそのまま）。10月3日　各内務書審査委員。10月24日　陸軍大学校長を兼務。	5月　監軍部（第二次、後の教育総監部）発足。
明治21	1888	37	1月23日　陸軍将校生徒試験委員長を兼務。5月　児玉次郎彦靖国神社に合祀。8月7日　長女ヨシ（芳子）誕生。	5月　鎮台制を廃止し師団制に改編。
明治22	1889	38	5月14日　第二師団特命検閲使属員。8月24日　陸軍少将。9月27日　従四位。	2月11日　大日本帝国憲法発布。3月　参謀本部条例改正、軍令機関が参謀本部と海軍参謀部に分かれる。
明治23	1890	39	1月12日　次女ナカ（仲子）誕生。9月19日　戦用器材審査委員。9月21日　近衛・第一・第二・第三・第四師団特命検閲使属員。この頃、家計が逼迫し破産の危機。	11月　第一回帝国議会召集。

明治24	1891	40	4月4日　六男八郎誕生。6月10日　軍隊教育視察のため欧州差遣を命じられる。10月25日　欧州へ向け出発。12月　パリ到着後、マインツに移動しメッケル大佐と面会。	シベリア鉄道起工。
明治25	1892	41	1月　ロシアを訪問。2月以降、ドイツ、オーストリア、ハンガリー、ベルギーを歴訪。7月1日　三女ミツ誕生。7月9日　予定を早めてパリを出発し帰国の途に就く。8月18日　帰朝。8月23日　陸軍次官に異動し軍務局長を併任。10月1日　鉄道会議議員。11月21日　陸軍省所管事務政府委員。	11月11日　山田顕義逝去。
明治26	1893	42	4月12日　陸軍省法官部長。5月2日　出師準備品目数量取調委員長。6月1日　紀淡海峡及び青野軍馬育成所へ差遣。8月3日　七男九一誕生。8月29日　輜重車輛審査委員長。11月24日　陸軍省所管事務政府委員。	
明治27	1894	43	日清戦争以前、「陸軍定員令改正の件」提出するも、開戦により流案となる。3月24日　「友ヶ島第二砲台設計に係る」砲工合同会議議長。9月8日　参謀本部御用取扱兼務。10月7日　広島差遣。10月25日　陸軍省所管事務政府委員。10月26日　正四位。12月1日　広島差遣。12月26日　勲二等に叙され、瑞宝章を下賜される。	8月1日　日清戦争宣戦布告。9月13日　大本営が広島に移転。
明治28	1895	44	2月4日　広島出張下命。3月25日　征清大総督府派遣中、大本営陸軍参謀。4月1日　臨時陸軍検疫部長兼務。6月27日　臨時台湾電信建設部長、臨時台湾灯標建設部長兼務。6月29日　台湾事務局委員。8月20日　日清戦争の功により男爵、功三級金鵄勲章、旭日重光章、年金700円。10月23日（26日説もあり）　四女モト（元子）誕生。11月　陸軍平時編制制定に賛成（帷幄上奏権強化に賛同）。11月14日　臨時広島軍用水道布設部長兼務。12月19日　陸軍省所管事務政府委員。	4月17日　日清講和条約。6月　台湾総督府開庁。

明治29	1896	45	2月3日　脳卒中で卒倒（4月27日　職務復帰）。10月14日　陸軍中将。10月28日　臨時政務調査委員。11月30日　陸軍省所管事務政府委員。12月30日　五女ツル（鶴子）誕生。	3月　製鉄所官制公布。
明治30	1897	46	1月16日　英照皇太后大喪使事務官を兼務。10月2日　威海衛占領軍の視察のため清国威海衛差遣。12月20日　陸軍省所管事務政府委員。	朝鮮、国号を大韓帝国に改称。
明治31	1898	47	1月14日　第三師団長に異動。2月26日　台湾総督に異動。3月8日従三位。	4月　福建省不割譲条約。
明治32	1899	48	12月27日　勲一等に昇叙し、瑞宝章を下賜される。	10月　第二次ボーア戦争（〜1902年）。
明治33	1900	49	7月　厦門出兵計画を立案し始める。7月21日　梅山玄秀、児玉の援助で建てられた円山精舎に移居。8月23日　厦門へ陸兵派遣の奉勅命令。8月24日　厦門東本願寺布教所放火事件。8月28日　台湾から厦門へ陸軍部隊を派遣するも、政府の命令で作戦中止。8月30日　台湾総督の辞表提出（9月11日　却下）。12月23日　陸軍大臣兼務。	6月　北清事変。
明治34	1901	50	4月20日　正三位。5月　親友・桂太郎の総理大臣就任を周旋。5月14日　長男秀雄、寺内正毅の長女サワ（沢子）と結婚。10月・11月　陸軍大臣の辞表を提出するも、取り下げる。この年、軍制大改革に着手。	2月　官営八幡製鉄所操業開始。
明治35	1902	51	1月29日　台湾守備隊削減をめぐり参謀本部次長寺内正毅ら参謀本部側と対立。1月30日　嫡孫貞子（長男秀雄の長女）誕生。2月27日　旭日大綬章。この頃、馬蹄銀事件の引責を理由に進退伺を提出（4月12日　却下）。3月27日　陸軍大臣の兼務を解かれる。	1月　日英同盟。

明治36	1903	52	1月23日児玉文庫開庫式。5月 伊藤博文に絶交を宣言。6月19日 欧州・南アフリカ・米国出張を命じられる。7月15日 内務大臣兼務。7月17日 文部大臣兼任。9月22日 文部大臣の兼務を解かれる。10月12日 内務大臣を免じられ、参謀本部次長に就任、台湾総督専任。12月陸海軍の協同一致のため、戦時大本営条例改正・軍事参議院条例制定に尽力。	12月28日 戦時大本営条例改正・軍事参議院条例制定。
明治37	1904	53	2月11日 大本営動員下令、大本営参謀次長兼兵站総監。4月8日 野戦軍総司令部案をめぐり、寺内正毅・山県有朋と対立（～6月13日）。4月29日 鴨緑江の戦い始まる。5月1日 鴨緑江の戦いに勝利。5月5日 第二軍が猴兎石に上陸開始。6月6日 陸軍大将。6月20日 満洲軍総司令部が編成され、満洲軍総参謀長に異動。7月6日 満洲へ向け東京出発。7月14日 大連に到着。7月18日 第三軍参謀長伊地知幸介に旅順要塞の前進陣地の早期攻略を促がす。8月19日 第一回旅順総攻撃始まる（～8月24日）。8月25日 遼陽会戦始まる。9月4日 遼陽占領。9月15日 旅順へ視察に赴く。9月19日 旅順で前進堡塁への攻撃始まる。9月22日 辞表提出（10月1日に却下）。10月5日 遼陽帰着。この頃、満洲軍総司令部で松川敏胤と井口省吾が激論を展開。10月8日 沙河会戦始まる。10月9日 羅大台会議で即時攻勢移転を決断。10月16日 万宝山の敗戦。10月18日 沙河会戦終結。10月26日 第二回旅順総攻撃始まる（～10月31日）。11月26日 第三回旅順総攻撃始まる。11月27日 第三軍が攻撃目標を二〇三高地に変更。11月29日 旅順へ向かう。12月1日 乃木希典と会談し作戦指導関与の同意を得る。12月5日 二〇三高地攻略。12月12日 烟台の満洲軍総司令部に帰着。	2月10日 日露戦争宣戦布告。

明治38	1905	54	1月1日　旅順開城。1月25日　黒溝台会戦始まる。2月22日　奉天会戦始まる。3月10日　奉天を占領。3月28日　戦況奏上のため帰京。4月　政府首脳の意見を早期講和にまとめる。5月5日　東京出発。5月20日　奉天着。5月9日　遼東守備軍司令官臨時事務取扱。5月11日　満洲軍総兵站監兼務。12月7日　東京に凱旋。12月20日　復員下令、参謀本部次長事務取扱。	9月5日　日露講和条約調印、日比谷焼打事件。12月　韓国統監府設置。
明治39	1906	55	1月　満洲経営委員会委員長。2月16日　大磯会議で満洲経営方針を協議。4月1日　戦功により功一級金鵄勲章、旭日桐花大綬章、年金1500円。4月11日　参謀総長に異動。台湾総督を免ぜられ、台湾総督としての功績により子爵。4月14日　陸軍勲功調査委員、明治三十七八年戦役陸軍凱旋観兵式諸兵参謀長。4月23日従二位。5月22日　満洲問題に関する協議会で伊藤博文と論争。7月14日　南満洲鉄道株式会社設立委員長。7月23日　脳溢血で薨去、正二位。8月4日　メッケル追悼式典で児玉起草の弔詞が井口省吾により代読される。	7月5日　メッケル逝去。11月　南満洲鉄道株式会社設立。
明治40年	1907		10月2日　秀雄、「源太郎の勲功に依り」伯爵を授与される。	

【著者略歴】

長南政義（ちょうなん・まさよし）

戦史研究家。國學院大學法学部卒業。國學院大學法学研究科博士課程前期（法学修士）及び拓殖大学大学院国際協力学研究科安全保障学専攻（安全保障学修士）修了。國學院大學法学研究科博士課程後期単位取得退学。政策研究大学院大学COEオーラルヒストリー・プロジェクト・研究アシスタント、国会図書館調査及び立法考査局非常勤職員、靖國神社靖國偕行文庫などを経て現職。

防衛省防衛研究所研究会講師（2017年）、防衛大学校部外講師（2018年）として児玉源太郎をテーマとした講義・講演を行なう。

著書『日露戦争第三軍関係史料集　大庭二郎日記・井上幾太郎日記でみる旅順・奉天戦』（国書刊行会、2014年）、『新史料による日露戦争陸戦史　覆される通説』（並木書房、2015年）。共著『日清戦況写真』（国書刊行会、2013年）など。論文「陸軍大将松川敏胤の手帳および日誌　日露戦争前夜の参謀本部と大正期の日本陸軍」『國學院大學法政論叢』第30輯（國學院大學大学院、2009年）、「児玉源太郎は名将だったのか？　「参謀本部次長」「満洲軍総参謀長」としての児玉源太郎の手腕」『國學院法研論叢』第40号（國學院大學大学院法学研究会、2013年）など多数。

日露戦争陸戦史、特に乃木希典率いる第三軍の研究の第一人者として知られ、その著作は、「日露戦争研究に大きな風穴を開ける」「画期的労作」（日本歴史学会『日本歴史』書評）、「日露戦争研究者が座右の書とすべき基本的文献」（軍事史学会『軍事史学』書評）、「軍人乃木を批判するには本書以上の研究書を書かねばならない」（帝京大学教授・筒井清忠『明治史講義【人物篇】』筑摩書房）など、学界関係者から高い評価を得ている。

児玉源太郎

2019年6月30日　第1刷発行
2021年9月30日　第3刷発行

著　　者　長南政義
発 行 者　和田　肇
発 行 所　株式会社　作品社
〒102-0072 東京都千代田区飯田橋 2-7-4
電　話　03-3262-9753
ＦＡＸ　03-3292-9757
http://www.sakuhinsha.com
振　替　00160-3-27183

装　　丁　小川惟久（装丁写真：周南市美術博物館提供）
本文組版　(有)一企画
戦況図・編集　樋口隆晴／制作　大野信長
(63,65,246,247,249,265,268,278,281,295,296,306,310,312,317頁)
印刷・製本　シナノ印刷㈱

ISBN978-4-86182-752-5 C0021